Da es schwierig ist, die Wahrheit zu schreiben, weil sie allenthalben unterdrückt wird, scheint es den meisten eine Gesinnungsfrage, ob die Wahrheit geschrieben wird oder nicht. — Die Wahrheit muß aber der Folgerungen wegen gesagt werden, die sich aus ihr für das Verhalten ergeben.

          Bert Brecht

Zur politischen Ökonomie des NS-Films
Band 1

Wolfgang Becker

Film und Herrschaft

Organisationsprinzipien und Organisationsstrukturen
der nationalsozialistischen Filmpropaganda

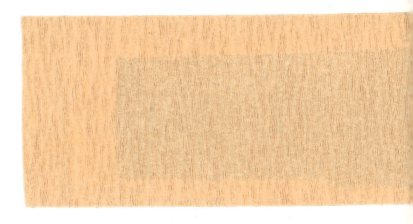

Verlag Volker Spiess

Veröffentlichung des
Instituts für Filmgestaltung Ulm

ISBN 3-920889-05-3

INHALTSVERZEICHNIS

Vorbemerkung 7
Einleitung 11

A. Die Phase der Herrschaftseroberung bis 1933 20
  1. Der Film im Propagandaapparat der NSDAP 20
  2. Zusammenarbeit und Auseinandersetzung der NSDAP mit dem etablierten Filmsystem 26
  3. Zur Krisensituation der deutschen Filmindustrie zu Beginn der 30'er Jahre 31

B. Die erste Phase der Herrschaftsstabilisierung: 1933–1937 32
  1. Das "Filmministerium" als erste politische Machtposition 32
  2. Die Beseitigung der Finanzkrise und die Gründung der "Filmkreditbank" 35
  3. Die Ständeordnung als Organisationssystem des NS-Films 42
    3.1. Die Durchsetzung der Unternehmerinteressen 42
    3.2. Von der "Vorläufigen Filmkammer" zur "Reichsfilmkammer" 47
    3.3. Personelle Besetzung und organisatorischer Aufbau der Reichsfilmkammer 53
    3.4. Zwangsmitgliedschaft und Berufsverbot 58
    3.5. Ergebnisse und Auswirkungen der "Ständeordnung" 64
  4. Der Weg vom liberalen Weimarer Lichtspielgesetz zur faschistischen Filmzensur 67
    4.1. Das "Gesetz über die Vorführung ausländischer Bildstreifen" als Instrument der politisch-ideologischen Reglementierung 67
    4.2. Verfahrensablauf der staatlichen Zensur und personelle Besetzung der Filmprüfstellen 72
    4.3. Die Vorzensur und die Funktion des Reichsfilmdramaturgen 76
    4.4. Die Verbotsgründe und ihre politisch-ideologische Anwendung seit Ende der 20'er Jahre 85
    4.5. Die politisch-ideologische und ökonomische Funktion der Prädikatisierung von Filmen 96
  5. Personelle und sachliche Veränderungen innerhalb des politischen Kontroll- und Lenkungssystems Mitte der 30'er Jahre 98
    5.1. Die Filmabteilung des Propagandaministeriums 98
    5.2. Die Reichsfilmkammer 102
  6. Das Ergebnis der Zusammenarbeit zwischen politischem Herrschaftsapparat und privater Filmwirtschaft 111
    6.1. Das politische Kontroll- und Lenkungssystem 111
    6.2. Die falsche Hoffnung der Filmindustrie auf ein Ende der Krise 113
    6.3. Die ökonomische Konzentration als Folge der Zusammenarbeit 116
  7. Die Parteifilmarbeit der NSDAP und ihrer Gliederungen 118

C. Die zweite Phase der Herrschaftsstabilisierung: 1937–1945 128
  1. Nationalisierung und Monopolisierung als gemeinsames Ziel der politischen Machtgruppen und des Filmmanagements 128
  2. Bürgermeister a.D. Dr. h.c. Max Winkler 133
  3. Die "Cautio"-Treuhandgesellschaft m.b.H. 139

4. Die Ministerialbürokratie und ihre Funktion beim Aufbau des staatlichen Monopolkonzerns ... 146
5. Die Finanzierung der "reichsmittelbaren" Filmwirtschaft ... 151
6. Aufkauf der Aktienmehrheiten und Geschäftsanteile der deutschen Filmfirmen aus Privathand ... 154
   6.1. Der T o b i s - Konzern ... 154
   6.2. Der U f a - Konzern ... 158
   6.3. Die Gründung der "T e r r a - Filmkunst GmbH" ... 162
   6.4. Die Gründung der "B a v a r i a - Filmkunst GmbH" ... 163
7. Die Expansionspolitik des NS-Regimes als Stütze filmwirtschaftlicher und filmpolitischer Interessen ... 165
   7.1. Die Gründung der "W i e n - Film GmbH" in Österreich ... 165
   7.2. Die Gründung der "P r a g - Film AG" im Protektorat Böhmen und Mähren ... 169
8. Ergebnisse und Auswirkungen des Nationalisierungsprozesses seit 1937 ... 171
9. Der Plan Winklers zur Gründung einer "IG-Film" als Holdinggesellschaft für den deutschen Film ... 176
10. Die unmittelbaren organisatorischen und wirtschaftlichen Vorbereitungen für die Gründung der "U f a - F i l m GmbH" ... 184
11. Kriegsbedingte Gefahren für die Liquidität des geplanten Monopolkonzerns ... 189
12. Die Gründung der "U f a - F i l m GmbH" ... 191
13. Aufbau, Arbeitsweise und personelle Besetzung der Ufa-Film ... 194
14. Das gesamte Organisationsgefüge der "reichsmittelbaren" deutschen Filmwirtschaft ... 202
15. Institutionen und Organisationen außerhalb des Monopolkonzerns ... 207
16. Joseph Goebbels und Max Winkler als Personalisierungen politischer und ökonomischer Interessen bei der Nationalisierung und Monopolisierung der deutschen Filmwirtschaft ... 210
17. Filmkapitalismus und Eroberungskrieg ... 213
    17.1. Zur Filmpolitik und Filmwirtschaft in den eroberten Ostgebieten ... 213
    17.2. Zur Filmpolitik und Filmwirtschaft in den eroberten Westgebieten ... 218
18. Der NS-Film im "Totalen Kriegseinsatz" und der Zusammenbruch des Monopolkonzerns ... 221
19. Ergebnisse und Auswirkungen der Nationalisierung und Monopolisierung der deutschen Filmwirtschaft seit 1942 ... 227

Anmerkungen ... 231
Quellen- und Literaturverzeichnis ... 275
Personenregister ... 294

Vorbemerkung

Die beiden Autoren unternehmen in ihren Arbeiten "Zur politischen Ökonomie des NS-Films" — hervorgegangen aus Dissertationen am Institut für Publizistik in Münster — den Versuch einer historisch-materialistischen Analyse der deutschen Filmwirtschaft und Filmpolitik in den 30'er und 40'er Jahren: zur Zeit des deutschen Faschismus.

Die thematischen Schwerpunkte der beiden aufeinander bezogenenen, aber in sich selbständigen Darstellungen ergeben sich aus der inhaltlichen Analyse selbst, aus der engen Partnerschaft zwischen der etablierten Wirtschaftsführung in der Filmindustrie und der auf einen massenmedialen Apparat angewiesenen Partei- und Staatsmacht.

Band 1 "Film und Herrschaft", verfaßt von Wolfgang B e c k e r, verfolgt, ausgehend von der wahlpropagandistischen Filmarbeit der NSDAP vor 1933, die Bemühungen der Partei- und Staatsführung, sich den bestehenden privatwirtschaftlichen Produktions- und Distributionsapparat des Mediums Film zur Errichtung und Stabilisierung ihrer Herrschaft anzueignen und als publikumswirksames Propagandainstrument auszubauen und zu nutzen. Die Arbeit gibt zunächst eine historische Darstellung des von Goebbels errichteten totalen Kontroll- und Lenkungssystems anhand der Beschreibung des Apparates und des Personals und verfolgt desweiteren das Zusammengehen von staatlichem und halbstaatlichem Machtapparat und wirtschaftlichen Führungsgruppen bis zum Ende des Krieges. Höhepunkt dieses ökonomischen und politischen Bündnisses war der Aufbau des sogenannten staatsmittelbaren Monopolkonzerns für die gesamte deutsche Filmwirtschaft im Jahre 1942.

Band 2 "Film und Kapital", verfaßt von Jürgen S p i k e r, wird in einem ersten Teil die historische Entwicklung des Films zu einem kapitalistischen Unternehmensverband mit deutlicher Tendenz zu ökonomischer und ideologischer Monopolisierung nachzeichnen, um von da aus die Errichtung eines Meinungs- und Unterhaltungsmonopols faschistischer Prägung zu begründen, die sowohl dem kapitalistischen Profitinteresse als auch dem Machtanspruch der staatsautoritären, nationalistischen Führungsclique des Dritten Reiches in idealer Weise entsprach.

Der Wunsch der Autoren ist es einmal, mit ihren Darstellungen dem interessierten Leser historische Grundlagen für eine materialistische Theorie des Films im Kapitalismus an die Hand zu geben, deren Erarbeitung heute immer noch durch die bewußte Verschleierung tatsächlicher Gegebenheiten aufgrund ökonomischer und ideologischer Interessen erschwert ist. Zum anderen gilt es, das Verständnis für die ökonomische und politische Entwicklung des bundesdeutschen Nachkriegsfilms zu erleichtern, der bei genauerem Hinsehen an keiner Stelle verleugnen kann, daß er das erste Halbjahrhundert deutscher Filmgeschichte kontinuierlich fortsetzte und noch fortsetzt.

Um die Ergebnisse der Arbeiten richtig zu verstehen und zu beurteilen, muß man sie für das nehmen, was sie tatsächlich sind: Resultate eines bestimmten historischen Bewußtseinsstandes. Es sind Stationen auf dem Weg zu einer dialektisch-materialistischen Medientheorie und damit gegen die herrschende idealistische Geschichtsauffassung und gegen funktionalistische Systemtheorien im Bereich der bürgerlichen Kommunikationswissenschaft gerichtet. Sie spiegeln Erkenntnisse wider, die es zu ergänzen und zu vervollkommnen gilt.

Die empirischen Befunde und Argumente sind so vorgestellt, wie sie in den Dissertationen ursprünglich festgehalten wurden, ohne wesentliche Überarbeitung — ein Erfordernis der Veröffentlichungsprozedur bei Promotionen. So liefern die beiden Darstellungen vornehmlich Materialien, Daten, Fakten usw., auf deren Basis Ansätze theoretischer Konstruktionen erfolgen müssen, die zu einer materialistischen Theorie der Ästhetik und Kommunikation führen. Es bedarf zweifellos weiterer empirischer Forschung und langen theoretischen Durchdenkens,
um einer Theorie speziell des Films einen ausdrücklichen und angemessenen Inhalt und eine entsprechende Form zu geben.

Die Autoren halten es für selbstverständlich, den historischen Stand ihrer Erkenntnisse selbst zu benennen und zu vermitteln: Nicht immer werden die theoretischen Überlegungen der Aufgabe gerecht, "die sichtbare, bloß erscheinende Bewegung auf die innere wirkliche Bewegung zu reduzieren" (Marx). Widersprüche und Unvollständigkeiten auf der theoretischen Wissensebene machen allerdings lediglich deutlich, daß der Prozeß der Bewußtseinsbildung niemals als fertig und endgültig anzusehen ist.

Daß die gewonnenen Erkenntnisse wesentliche Bausteine zu einer dialektisch-materialistischen Theorie des Films sind, haben nicht zuletzt die Autoren selbst in ihrer eigenen weiteren Arbeit erfahren.

Noch eine Bemerkung: Der Leser kann die selbstkritisch hervorgehobene Unsicherheit und Unklarheit in Teilbereichen leicht schon in der angewandten Terminologie erkennen. Es scheint schwierig zu sein, gegen einen sehr langen unreflektierten Gebrauch von Begriffen der bürgerlichen Wissenschaft die Terminologie durchzusetzen, die die von Marx analysierten Gesetze der Wirklichkeit bezeichnet: "Die philosophische Schlacht um Worte ist ein Teil der politischen Schlacht" (Althusser).

Bei der Einführung in die beiden historischen Darstellungen — von den beiden gemeinsam verfaßt — handelt es sich um das notwendige Bemühen, den theoretischen Bezugsrahmen für die materialistische Analyse der Filmpolitik und Filmwirtschaft im deutschen Faschismus zu bestimmen. Dabei sind nicht Vollständigkeit und Vollkommenheit bezweckt, sondern es geht um die Vorstellung des wissenschafts- und gesellschaftstheoretischen Standortes und um die wichtigsten Argumente bisheriger theoretischer Ergebnisse zum Faschismusbegriff und zu einer politischen Ökonomie des kapitalistischen Films.

Als Folge der engen Kooperation bei der theoretischen Diskussion ergab sich für die Autoren die Einsicht in die Notwendigkeit einer Arbeitsteilung, wie sie oben geschildert wurde. Inhaltliche Überschneidungen sind dabei selbstverständlich. Sie ergeben sich aus der Komplexität des Gegenstandes. Die Unterschiede liegen in den thematischen Schwerpunkten, wobei bei Berührungen der eine da summarisch verfährt, wo der andere ausführlich wird.

Zur Quellenlage und zur Gestaltung des wissenschaftlichen Apparates seien noch einige Hinweise und Anmerkungen erlaubt.

Die historischen Arbeiten fußen hauptsächlich auf der Auswertung eines umfangreichen Archivmaterials, auf ungedruckte Quellen. Dabei kam den Verfassern zunächst der "günstige" Umstand entgegen, daß im Dritten Reich nicht nur die politisch-ideologische Kontrolle des Films aktenkundig wurde, sondern daß auch alle Geschäftsvorgänge der Filmindustrie nach und nach unter die Kontrolle des Staatsapparates gerieten und sich so in den Akten der Ministerialbürokratie niederschlugen. Bei den herangezogenen Akten ist demnach zu unterscheiden zwischen solchen, die die politische Reglementierung spiegeln, und anderen, die vom Aufkauf der privaten Filmfirmen, deren Neuorganisation und monopolistischer Zusammenfassung bis hin zur finanziellen Kalkulation jedes einzelnen Filmprojektes sämtliche wirtschaftlichen Vorgänge erfassen.

Die Quellenlage ist jedoch keineswegs so befriedigend, wie dies nun erscheinen mag. Der Großteil der Akten ist infolge der Kriegseinwirkungen vernichtet worden oder verlorengegangen. Es konnten keine geschlossenen Aktenbestände ausgewertet werden. So schien zunächst die fast vollständige Zerstörung des Aktenmaterials aus dem sogenannten "Büro Winkler", der Schaltzentrale aller organisatorischen Maßnahmen und finanziellen Transaktionen, aus der Filmabteilung des Propagandaministeriums und aus der Reichsfilmkammer die Verfasser vor eine kaum lösbare Aufgabe zu stellen. Es zeigte sich dann jedoch, daß die erstrebte Analyse mit Hilfe des erhalten gebliebenen Schriftwechsels, den einzelne Entscheidungsträger, Gruppen und Institutionen aus dem Bereich des Filmwesens mit dem Reichsfinanzministerium und der Haushaltsabteilung des Propagandaministeriums geführt hatten, geleistet werden kann. Durch die Praxis der Aktenspiegelung (Abschriften, Durchschläge, Kopien etc.) aller wichtigen Wirtschafts- und Finanzvorgänge in den Unterlagen dieser Ministerialbehörden und -dienststellen, denen die allgemeine Wirtschafts- und Finanzaufsicht über die staatsmittelbare Filmwirtschaft oblag, sind die Motive, Entscheidungen, Projekte und Pläne jener Zeit im allgemeinen zu rekonstruieren.

Die beiden wichtigsten Quellenkomplexe befanden sich im Bundesarchiv; aus dessen Beständen wurden vor allem die Akten des Reichsfinanzministeriums und der Haushaltsabteilung des Propagandaministeriums herangezogen. Dort fanden sich auch Teilbestände und Aktensplitter verschiedener filmpolitischer und filmwirtschaftlicher Institutionen und Organisationen.

Dieses Grundlagenmaterial wurde ergänzt durch Bestände — vor allem Personalunterlagen — aus dem Berlin Document Center, die zum Teil bereits während der Abfassung der Arbeiten ins Bundesarchiv gelagert wurden.

Weitere größere Quellenkomplexe waren die bei der Rechtsnachfolgegesellschaft des ehemaligen reichseigenen Ufi-Konzerns, der Ufa-Film GmbH in Liquidation in Frankfurt (Main) und Berlin, vorgefundenen Akten.

Kennzeichen aller Aktenbestände war — bis auf wenige Ausnahmen — deren ungeordnete, nicht systematisierte Lagerung, so daß die Entstaubung und kritische Sichtung den Verfassern einige Geduld abverlangte.

Über diese "Primär"-Quellen hinaus ergab sich die Notwendigkeit, Publikationen der verschiedenen Institutionen und Gesellschaften mosaikartig zusammenzufügen. Im Deutschen Institut für Filmkunde (Wiesbaden) wurden die wichtigsten Zeitschriften und Buchveröffentlichungen jener Jahre eingesehen und teilweise systematisch durchgearbeitet; im Institut für Zeitgeschichte (München) wurden einige wenige Dokumente, die hauptsächlich über die Tätigkeit und die Person Max Winklers Auskunft geben, herangezogen.

Mehrere Versuche, an noch lebende Beteiligte heranzutreten, sind gescheitert. Lediglich der damalige Leiter der Filmprüfstelle in Berlin, Dr. Arnold Bacmeister, war bereit, den Verfassern mit Informationen aus seinem Erfahrungsbereich und aus seiner Sicht dienlich zu sein. Ihm gebührt der Dank der Autoren.
Nicht zugänglich waren den Verfassern Unterlagen und Akten des Potsdamer Zentralarchivs.

Im Quellenverzeichnis sind die benutzten Akten, deren Titel und Bestandsnummern — soweit es erforderlich erscheint — angeführt. Im laufenden Text verweisen die Anmerkungen nur auf die wichtigsten Aktenteile, da sonst eine unvorstellbare Fülle von Einzelakten genannt werden müßte. Insbesondere bei Personalien werden die Einzelquellen nicht immer genannt.
Alle im Quellenverzeichnis bezeichneten Materialien wurden von den Verfassern vollständig erfaßt, gesichtet und analysiert.
Die vorliegende Arbeit von Wolfgang Becker wurde im Frühjahr 1970 abgeschlossen.

Münster, Juni 1972   Wolfgang Becker
                                                                 Jürgen Spiker

Einleitung

I. Grundbedingung jeder materialistischen Filmtheorie ist die Feststellung der wirklichen Verhältnisse, unter denen Filme produziert, vermittelt und rezipiert werden. Denn wie die Entwicklung aller Formen des gesellschaftlichen Bewußtseins und aller Zweige der geistigen Produktion nur aus der Entwicklung des sozialen Lebens der Menschen zu erklären ist, das letzten Endes vom Charakter und von der Entwicklung der materiellen Produktion abhängt, so kann auch der Film nicht losgelöst von der ökonomischen Grundlage, isoliert vom gesellschaftlichen Sein betrachtet werden. Diese Anerkennung der sozioökonomischen Bedingtheit der geistig-künstlerischen Entwicklung bedeutet, daß der Film als Teil des gesellschaftlichen Systems und des einheitlichen Geschichtsprozesses den allgemeinen gesellschaftlichen Zwängen, Widersprüchen und Krisen unterliegt: "Aus der bestimmten Form der materiellen Produktion ergibt sich eine bestimmte Gliederung der Gesellschaft — Nr. 1, zweitens ein bestimmtes Verhältnis der Menschen zur Natur. Ihr Staatswesen und ihre geistige Aneignung ist durch beides bestimmt. Also auch die Art ihrer geistigen Produktion".*)

Eine Theorie des Films, die sich selbst als materialistisch versteht, muß also wesentlich auf die historische Analyse der filmischen Produktions- und Distributionsbedingungen rekurrieren: Eben weil das Kino — hier der Film des deutschen Faschismus — auf allen Ebenen seiner Existenz determiniert ist von der konkreten gesellschaftlichen Realität. D.h. zugleich, daß die Filmherstellung und -vermittlung als Teilbereich der kapitalistischen Bewußtseinsindustrie im Gesamtzusammenhang mit dem kapitalistischen Gesellschaftssystem gesehen werden muß.

Wenn die Autoren sich somit bemühen, die Realitäten aufzuzeigen, die die politisch-ideologische Nutzung des Mediums Film während einer bestimmten Phase der deutschen Geschichte ermöglichten, müssen sie zunächst die materiellen und — vermittelt über sie — die ideologischen Bedingungen für die Entwicklung des deutschen Faschismus benennen. Denn die ökonomische, politische usw. Organisation der Gesellschaft ist zugleich die Bedingung und Ursache für die Art der filmischen Produktionsweise. Das heißt: Die filmischen Prozesse, die im Überbau angesiedelt sind, bilden die Verhältnisse auf der gesellschaftlichen Basis im Bewußtsein ab; daraus folgt, daß die Art und Weise, wie die Filme die gesellschaftlichen Verhältnisse abzubilden vermögen, abhängig ist von den ökonomischen Bedingungen, unter denen die Filme als Überbauphänomene produziert werden; und diese ökonomischen Bedingungen werden ihrerseits durch die ökonomischen Bedingungen determiniert, die die Basis charakterisieren. Der historische Materialismus ist jedoch weit davon entfernt, im Ideologischen nur die reine Erscheinung des Ökonomischen zu sehen. Die Geschichte des Marxismus selbst hat diesen Verzerrungen den Namen "Ökonomismus" gegeben. Die Produktion ist der determinierende Faktor, aber nur "in letzter Instanz", wie Engels sagt: "Die ökonomische Lage ist die Basis, aber die verschiedenen Momente des Überbaus — politische Formen des Klassenkampfes und seine Resultate — Verfassungen, nach gewonnener Schlacht

---

*) Karl Marx: Theorien über den Mehrwert, MEW Bd. 26.1, S. 257.

durch die siegende Klasse festgestellt usw. — Rechtsformen, und nun gar die Reflexe aller dieser wirklichen Kämpfe im Gehirn der Beteiligten, politische, juristische, philosophische Theorien, religiöse Anschauungen und deren Weiterentwicklung zu Dogmensystemen, üben auch ihre Einwirkung auf den Verlauf der geschichtlichen Kämpfe aus und bestimmten in vielen Fällen vorwiegend deren Form...".*)

Aufgrund dieser Wechselwirkung von materieller und geistiger Produktion, aufgrund dieser Aktivität des Überbaus, welche die Bedingung der Möglichkeit ist für den verändernden Eingriff in den Geschichtsprozeß, werden Kenntnisse über Funktions- und Wirkungsgesetze der Überbaubereiche immer bedeutender: Wie eine stabilisierte Ideologie Rückhalt für bestehende gesellschaftliche Verhältnisse ist, werden Veränderungen an der Basis nicht möglich ohne vorbereitende und absichernde Aktivität im Überbau.

So war auch der Film als wichtiges Medium des ideologischen Überbaus im deutschen Faschismus nicht unschuldig; als Produkt des kapitalistischen Systems hatte er umgekehrt die Funktion, die Ideologie zu reproduzieren und dadurch das System zu erhalten. Womit der Charakter aller kommunikativen und ästhetischen Erscheinungen als Interpretament und wirkender Faktor der gesellschaftlichen Realität betont wird. Die Filme des deutschen Faschismus waren somit Zeugnisse und Faktoren der menschlichen Barbarei des Deutschland der 30'er und 40'er Jahre.

II. Die vorliegende historische Analyse der deutschen Filmindustrie arbeitet demnach mit einem marxistischen Geschichts- und Gesellschaftsbegriff: Sie begreift Gesellschaft als ein Ganzes, verfolgt die gesellschaftliche Entwicklung nach ökonomischen Gesetzen und leitet die politischen und kulturellen Entscheidungen letztlich aus sozioökonomischen Interessen und Konflikten ab.
Hierbei stützen sich die Autoren auf jene Deutungsversuche, die die Faschismustheorie — nach ihrer Meinung — am weitesten vorangetrieben und die wesentlichen Merkmale des Faschismusbegriffs am klarsten herausgearbeitet haben, womit sie die Schwäche aller bürgerlichen Faschismustheorien, die den grundlegenden Zusammenhang zwischen Faschismus und Kapitalismus leugnen, überwinden wollen.

Nach Reinhard Kühnl bestand die wesentliche soziale Funktion des Nationalsozialismus darin, die kapitalistische Wirtschaftsstruktur zu konservieren.**) Gerade von dieser sozialen Funktion sehen die bürgerlichen Ideologen ab. Ihre Erklärungen sind personalisierender und psychologisierender Natur. Sie gehen aus von dem Selbstverständnis des Faschismus und ignorieren die realhistorischen Kräfte, die diese politische Herrschaftsform auf dem Boden der kapitalistischen Gesellschaft hervorbrachten. Damit ist es ihnen unmöglich, den Faschismus als eine allgemeine politische Erscheinung aus den wirklichen gesellschaftlichen Strukturen selbst zu erklären.***)

---

*) Brief von Engels an Bloch vom 21.9.1890, MEW Bd. 37, S. 462 ff.

**) Reinhard Kühnl: Deutschland zwischen Demokratie und Faschismus, München 1969, insbes. S. 148 ff.

***) Vgl. Einleitung zu "Faschismus und Kapitalismus", Frankfurt 1967, S. 1 ff. (= Politische Texte).

Dem widerspricht auch nicht, daß der Sieg des Nationalsozialismus in Deutschland ab 1933 das politische Gesicht des Landes wesentlich veränderte: Die kapitalistische Gesellschaftsstruktur blieb unangetastet und damit der Widerspruch zwischen gesellschaftlicher Produktion und privater Aneignung bestehen. So ist eben nicht — wie bürgerliche Theorien verbreiten — zu leugnen, daß der Faschismus für die herrschende Klasse der Ausweg aus einer tiefgreifenden ökonomischen und politischen K r i s e ihres Herrschaftssystems gewesen ist.

Das deutsche Großkapital hatte sich gegen Ende der 20'er Jahre nicht mehr in der Lage gesehen, Stabilität und Wachstum zu sichern und bedrohliche soziale Konflikte allein abzuwenden. Deshalb verbündeten sich Teile der Großindustrie, insbesondere die nach nationaler Autarkie strebende rheinisch-westfälische Schwerindustrie, mit der erstarkenden nationalsozialistischen Massenbewegung, die ihrerseits das in Existenzängsten schwebende Kleinbürgertum an sich band und eine Harmonisierung der in sich zerrissenen Gesellschaft propagierte. Vor allem nach Ausschaltung ihres "linken" Flügels Anfang der 30'er Jahre löste die NSDAP dieses Versprechen immer eindeutiger zugunsten der Monopole ein, mit deren Hilfe Hitler seinen Machtanspruch zu verwirklichen suchte. Durch Subventionierung und Aufkauf sanierungsbedürftiger Unternehmen übernahm der NS-Staat die von der Industrie ersehnte zentrale Krisenregelung, sicherte sich damit endgültig das Vertrauen der deutschen Wirtschaft und schuf die Voraussetzungen für eine Wiederbelebung des deutschen Imperialismus, der zwei Jahrzehnte zuvor das Land in den Ersten Weltkrieg geführt hatte.

Im Nationalsozialismus erlebte das Bündnis zwischen Staatsführung und konservativem Beamtentum einerseits und dem Management von Großbanken und -konzernen andererseits aufs neue eine innige Verflechtung. Beide Seiten waren zur Realisierung ihres politischen und ökonomischen Herrschaftsanspruchs in wachsendem Maße aufeinander angewiesen. In beiderseitigem Interesse wurde ab 1933 systematisch die Förderung der großen Wirtschaftsunternehmen zu Lasten der kleineren betrieben. Sie kulminierte schließlich in der Errichtung sogenannter staatsmittelbarer Monopole.
Eben diese Entwicklung erlebte auch die deutsche Filmindustrie.

III. Allerdings kann eine Theorie, die den Faschismus als besondere Herrschaftsform der bürgerlichen Gesellschaft begreifen will, sich nicht damit begnügen, dessen soziale Funktion zu benennen. In dieser Hinsicht unterscheidet sich — wie Kühnl selbst hervorhebt — der Faschismus noch nicht von anderen Formen bürgerlicher Herrschaft: "Die Aufrechterhaltung des kapitalistischen Systems ist die zentrale Aufgabe nicht nur des faschistischen, sondern auch des bürgerlich demokratischen Staates. Das Spezifikum faschistischer Herrschaft liegt also nicht in ihrer sozialen Funktion, die sie mit parlamentarisch-parteienstaatlichen Systemen gemeinsam hat, sondern in den besonderen Formen der Herrschaftssicherung..."*)

Zu diesen besonderen Formen der Herrschaftssicherung zählt Kühnl: "Auf dem Sektor der Staatsorganisation: die faschistische Bewegung, aus der sich nach der

---

*) Reinhard Kühnl: Probleme der Interpretation des deutschen Faschismus, in: DAS ARGUMENT 58, S. 278 f.

'Machtergreifung' ein umfassendes System von staatlich kontrollierten Massenorganisationen entwickelt; die Zusammenfassung von Lohnabhängigen und Unternehmern in den gleichen, hierarchisch aufgebauten und staatlich gesteuerten Organisationen; staatliche Lenkungsmaßnahmen in der Wirtschaft; staatliches Propaganda- und Informationsmonopol und terroristische Unterdrückung aller oppositionellen Regungen. Auf dem ideologischen Sektor: Führerprinzip, Volksgemeinschaftsideologie und Freund-Feind-Schema."*) Und gerade diese weiteren wesentlichen Merkmale verweisen direkt auf die Entwicklung der Filmwirtschaft und Filmpolitik zwischen 1933 und 1945. Der deutsche Film wurde Bestandteil des umfassenden staatlichen Kontroll- und Manipulationsapparates, zu dem die NS-Führung mit industrieller Unterstützung die Massenmedien zusammenschweißte. Und hierbei wurden charakteristische Kriterien wie die zentrale politische und wirtschaftliche Lenkung seitens des Staates, die Unterdrückung und Reglementierung jeder potentiell systemgefährdenden Opposition, die terroristische Verfolgung jüdischer Bürger u.a.m. unmittelbar wirksam. Die hierarchisch strukturierte, vom Reichspropagandaministerium gesteuerte Reichsfilmkammer — Vorstellung einer ständischen Ordnung — faßte alle in der Filmwirtschaft Tätigen zwangsweise zusammen, wobei die Verweigerung der Mitgliedschaft Berufsverbot bedeutete. Das Büro Winkler sorgte nach einer Übergangsphase, während der die Beibehaltung der einzelunternehmerischen Selbständigkeit nur eine unzureichende Konsolidierung der Filmwirtschaft als Ganzes zuließ, für eine effektive Koordinierung der politischen und ökonomischen Interessen: Im staatsmittelbaren Monopolkonzern wurde der Wunsch des Staates, ein leistungsfähiges Propagandainstrument in die Hand zu bekommen, mit dem kapitalistischen Profitbedürfnis in bisher nicht gekanntem Ausmaß aufeinander abgestimmt und erfüllt.

Auf dem ideologischen Sektor wirkten die Filme — Abbilder und Produzenten systemkonformer Ideologie — als herrschaftsstabilisierende Faktoren — wenn es sich hierbei auch zweifellos um den konzentrierten und exemplarischen Ausdruck von reaktionärer Ideologie des ganzen bürgerlichen Lagers handelte, deren Tradition sehr viel weiter in die Geschichte zurückreicht und noch heute fortlebt.

IV. So wurde die Errichtung der offen terroristischen Diktatur des Faschismus zur ökonomischen und politischen Notwendigkeit: Angesichts der Krise der Verwertungsbedingungen des Kapitals und der Drohung einer proletarischen Revolution setzten Teile des Monopolkapitals auf die organisierte faschistische Massenbewegung. Staatsapparat und ökonomische Machtgruppen hatten nun ein starkes Interesse an massenmedialen Propagandainstrumenten, um ihre Machtentfaltung ständig ideologisch absichern zu können. Und aus diesem Grund waren die herrschenden Gruppen zugleich an einem leistungsfähigen Produktions- und Verteilungsapparat interessiert. Dieser Wunsch kam dem Sanierungsbedürfnis der Anfang der 30'er Jahre weithin defizitären und von zahlreichen Konkursen erschütterten Filmwirtschaft entgegen. Hier hatte sich unter den Belastungen der Weltwirtschaftskrise der ihr immanente Widerspruch zwischen einerseits stark spekulativem Profitinteresse und daraus resultierendem Überangebot und andererseits begrenzten, nur be-

---

*) R. Kühnl: Probleme der Interpretation des deutschen Faschismus, a.a.O., S. 279.

schränkt kalkulierbaren Ertragsmöglichkeiten verschärft.

Da die Weimarer Regierungen lediglich in geringem Umfang zu Stützungsmaßnahmen zu gewinnen waren, besannen sich die Standesvertreter der deutschen Filmindustrie — ihre einflußreichsten Persönlichkeiten waren identisch mit den Spitzenmanagern des größten deutschen Filmkonzerns, der UFA AG — jenes nationalen Bündnisses mit Großindustrie und Staats- bzw. Militärführung im 1. Weltkrieg, das damals überhaupt erst eine kapitalkräftige deutsche Filmproduktion zustandegebracht hatte.

Es fiel nun 1933 nicht schwer, angesichts der bedrohlichen Wirtschaftslage das mittlerweile im Produktions- und Verleihbereich entstandene Oligopol einiger weniger marktbeherrschender Konzerne auf eine Neuauflage dieses Zusammenspiels zwischen Staat, Kapital und Bewußtseinsindustrie einzuschwören. Wenn deren Realisierung sich auch nicht völlig nach den Wünschen der Wirtschaftsbosse anließ, die ihre unternehmerische Eigenständigkeit voll erhalten wissen wollten und nur eine staatliche Stabilisierungsstütze in dem von UFA-Chef Hugenberg geleiteten Reichswirtschaftsministerium anstrebten — so waren sie doch schnell bereit, sich dem politischen Anspruch des neu errichteten Ministeriums für Volksaufklärung und Propaganda zu beugen. Denn das Goebbels-Ministerium nahm die erhoffte Sanierung unverzüglich in Angriff.

Gegen eine politische "Gleichschaltung" und Kontrolle leistete die Filmindustrie daraufhin keinen Widerstand, zumal die politisch-propagandistischen Intentionen der NS-Staatsführung den in ihren Reihen verbreiteten Denkweisen und Wertvorstellungen entgegenkamen. So konnte Goebbels bei dem Sanierungsbemühen und der Reorganisation des deutschen Films nach dem "Führerprinzip" sogar auf Reformvorschlägen aufbauen, die die Filmfachverbände bereits vor 1933 entwickelt hatten.

Das Prinzip der Gewinnmaximierung, unabdingbare Voraussetzung für die Kooperationswilligkeit der Filmfirmen, blieb unangetastet; selbst später, als nach ersten unbefriedigenden Konsolidierungsbemühungen seit ungefähr 1936 mit Hilfe von Staatsgeldern der Aufkauf und die Konzentration der wenigen noch existierenden Großunternehmen im "staatsmittelbaren" UFI-Konzern begann, einem Monopolkonzern, der von 1942 ab mit hohen Gewinnen das gesamte Produktions- und Vertriebsgeschäft abwickelte.

Max Winkler, der geniale Wirtschafts- und Finanzexperte im Dienste zahlreicher Regierungen von den 20'er bis in die 50'er Jahre, betrieb keine grundlegende Änderung der kapitalistischen Wirtschaftsstruktur, sondern sorgte durch den Aufkauf von Aktienmehrheiten und GmbH-Anteilen nur für eine Verschiebung in den Kapitalbesitzverhältnissen. Nicht mehr der private Einzelunternehmer verfügte über den erwirtschafteten Gewinn, sondern die Ministerialbürokratie zusammen mit dem professionellen Management, das allerdings schon lange vor 1933 in den marktbeherrschenden anonymen Kapitalgesellschaften die wesentlichen Entscheidungspositionen innegehabt hatte und dessen Vertreter nun unter den Nationalsozialisten häufig erst den Höhepunkt ihrer beruflichen Karriere erreichten. Die Betrogenen waren in diesem "Verstaatlichungsprozeß" die Kleinaktionäre und die

Besitzer von Kleinunternehmen in der Branche. Sie gingen weithin leer aus bzw. wurden aus dem Filmgeschäft durch erschwerte Existenzbedingungen verdrängt, während die großen Kapitaleigner, Banken und Großaktionäre wie Hugenberg vom Staat lukrativ abgefunden wurden.

V. Die für die Entwicklung des Films wie für alle anderen Bereiche der Bewußtseinsindustrie entscheidende Funktion als Ideologieträger kann und darf nicht darüber hinwegtäuschen, daß unter kapitalistischen Produktionsverhältnissen die nicht-materielle Produktion ebenso zur Verwertung von Kapital dient: Der Film etwa unterliegt von Beginn seiner Geschichte an — zumindest in der westlichen Welt — dem kapitalistischen Verwertungsinteresse.

Dieser Doppelcharakter des Films als Ware und Ideologieträger bedingt somit zum einen, daß das Profitinteresse der Besitzer von Kapital, Produktions- und Distributionsmitteln der Filmindustrie dem Tauschwert gilt; zum anderen interessiert die Ware, die Bewußtseinsinhalte vermittelt, nicht nur als Profitobjekt, sondern auch als bestimmter Gebrauchswert: als Träger und Verbreiter von Ideologie. Der spezifische politische Gebrauchswert besteht für das Kapital dann darin, die Massen unter Kontrolle zu halten. Keineswegs sind demnach bei den publizistischen Medien allein die Tasuchwerte relevant, noch treten die Gebrauchswerte der gesellschaftlich kommunizierten Inhalte und Formen in den Vordergrund. Die Beziehungen zwischen Ware und Ideologieträger sind dialektische.

Der Film, als kapitalistisch betriebenes Massenkommunikationsmittel in den Händen des Kapitals, unterliegt in seiner eigenenen Produktions- und Distributionssphäre den allgemeinen Gesetzen der kapitalistischen Produktionsweise: Wie jedes andere Produkt erscheint er in der kapitalistischen Gesellschaft als Ware. Insofern ist eine politische Ökonomie des Films Teil einer allgemeinen politischen Ökonomie des Kapitalismus und aus dieser abzuleiten. Die Funktion des Mediums beschränkt sich nicht darauf, ein für das Gesamtsystem loyales Bewußtsein herzustellen: Das Kapital läßt schließlich nur die Produktion solcher Filme zu, von denen es sich die Erzielung eines Profits erhofft — womit keineswegs ausgeschlossen ist, daß auf einer bestimmten historischen Entwicklungsstufe die ideologische Funktion für die Herrschenden den Vorrang erhält. Im allgemeinen jedoch zielt das Kapital auf den Massenabsatz der Produkte, weil dieser die höchsten Gewinne garantiert. Es schafft sich deshalb einen möglichst großen Markt mit möglichst einheitlicher Bedarfsstruktur. Die dem Film wesensgemäße massenweise Reproduzierbarkeit ist diesem Verwertungsinteresse höchst willkommen. Entsprechend diesem Streben nach Profitmaximierung und dem daraus resultierenden Zwang nach größtmöglicher Popularisierung entwickelte die kapitalistische Filmindustrie eine Produktions- und Distributionspraxis, die auf einen hohen Massenabsatz ausgerichtet ist — damit aber wird sie auch von diesem abhängig.

Diese Abhängigkeit führt in der Geschichte der Filmindustrie immer wieder zu schweren Krisen: Es gibt in der kapitalistischen Gesellschaft kaum einen Wirtschaftszweig, in dem sich Zusammenbrüche und finanzielle Desaster von Unternehmen so häufen wie in der Filmbranche.

Das hohe Spekulationsrisiko wird zudem durch eine ökonomische Eigenart der

Filmware noch verstärkt. Die Preisforderungen für das einzelne Produkt der Filmindustrie richten sich nicht, wie sonst in der Wirtschaft üblich, nach den Herstellungskosten, Vertriebskosten und einer fixen Gewinnspanne. Der Eintrittspreis des Filmtheaters ist gegen diese Kosten- und Gewinnkalkulation indifferent. In der Regel hängt seine Festsetzung nur von der jeweiligen Platzkategorie innerhalb des einzelnen Theaters und von dessen Qualität als Uraufführungs-, Erstaufführungs- oder Nachspielkino ab, nicht aber von der Qualität oder den Produktionskosten des dort aufgeführten Films.

Für den Produzenten ist daher der effektive Tauschwert seines Produkts erst aus der Endabrechnung zu erkennen. Er kann nicht, wie etwa der Verleger von Büchern, die Herstellungskosten entsprechend einer sich eventuell abzeichnenden geringen Konsumentennachfrage durch Produktionsdrosselung zumindest in begrenztem Rahmen beeinflussen. In diesem Sinne ist der Film kein Massen-, sondern ein Einzelgut, dessen Herstellung zudem eines extrem hohen Kapitalaufwands bedarf. Solange er Zuschauer anlockt, kann mit der Amortisation des in Herstellung und Vertrieb investierten Kapitals sowie mit Gewinn, sehr schnell sogar mit hohen Profiten gerechnet werden. Bleiben die Kinos leer, steigen die Verluste rasch bis zum Ruin des Produktionsunternehmens.

Bei diesen hohen Risiken läge es nahe, nur Filme mit relativ niedrigem Kostenaufwand herzustellen und sie festumrissenen Zielgruppen anzubieten. Dem stehen aber, sich gegenseitig bedingend, Profitgier, kapitalistischer Konkurrenzdruck und die veräußerlichten Konsumbedürfnisse entgegen, die zu aufwendigen Schau-Spielen zwingen. So hat die Filmwirtschaft im Laufe ihrer kurzen Geschichte mit einer Fülle von Ersatzmaßnahmen die ersehnte Risikominderung herbeizuführen versucht, die aber keineswegs spektakuläre Krisen zu verhindern vermochten und nur den Warencharakter ihrer Produkte noch unterstreichen. Sie lassen sich im wesentlichen zu drei Komplexen zusammenfassen: Standardisierung von Produkt, Herstellung und Handel; Unternehmenskonzentration bis hin zur Errichtung von Monopolen; Risikoverteilung innerhalb der einzelnen Sparten und Inanspruchnahme branchenfremden Kapitals.

Die Analyse der Entwicklung des deutschen Films in den 30'er und 40'er Jahren verdeutlicht diese Tendenzen:
Die Filmwirtschaft, im Gefolge der allgemeinen Weltwirtschaftskrise, aber keineswegs allein durch diese erst initiiert, geriet Ende der 20'er Jahre in eine der schwersten Krisen ihrer Geschichte. Schon seit Jahren hatte sie Zerfallserscheinungen infolge von Überproduktion und starkem ausländischen Konkurrenzdruck gezeigt, denen ein nachlassendes Publikumsinteresse gegenüberstand. Zunächst hatte die Filmindustrie versucht, dem Besucherschwund mit erhöhtem Aufwand zu begegnen. So fand die technisch bereits früher mögliche Umstellung vom Stumm- auf den Tonfilm genau zu dem Zeitpunkt der krisenhaften Zuspitzung statt. (Auch die Einführung von Breitwandformaten und Mehr-Kanal-Tonsystemen war in späteren Jahren stets eine Reaktion der Filmwirtschaft auf rückläufige Besucherzahlen, nicht die zwangsläufige Anpassung an den neuesten technischen Standard, der zudem keineswegs eine qualitative Verbesserung der Filme selbst bewirkte.)
Den gewünschten Effekt, die Rückkehr der Zuschauermassen, erreichte die Filmindustrie damit aber nur kurzfristig. Die wesentlich erhöhten Belastungen ver-

schärften vielmehr die Krise noch. Nur einige Großkonzerne und wenige kleinere Unternehmen überlebten bis Anfang der 30'er Jahre den allgemeinen Niedergang.

Erst im Rahmen des "nationalen Bündnisses", das die Gesamtwirtschaft mit dem deutschen Faschismus einging, fand die Filmindustrie die ersehnte Hilfe: So zeichnete sich hier der Trend der kapitalistischen Gesellschaft ab, daß der Staat durch Förderung, Subventionierung, zeitweisen Aufkauf sanierungsbedürftiger Unternehmen usw. die Krisenregelung übernimmt. Die Verzahnung zwischen den führenden Filmkonzernen, den Großbanken und der Staatsführung erreichte ihren Höhepunkt. Und als Folge dieses von Kapital und Staat gemeinsam errichteten Kommunikationsmonopols gerieten Produzent und Konsument, Filmemacher und Publikum in die totale Abhängigkeit.

Der Doppelcharakter des Mediums Film als Ware und Ideologieträger wird somit von der Geschichte des NS-Films beispielhaft vermittelt: Um den für das Kapital und den Staat ersehnten Massenabsatz zu sichern, mußten die Filme permanent Rezeptionsbedürfnisse wachhalten, die das Gesellschaftssystem ideologisch stärkten, und gleichzeitig verhindern, daß sich beim Publikum Bedürfnisse artikulierten, die sich dem kapitalistischen und faschistischen System entzogen, es also unterminieren könnten.

Und so diente der NS-Film nicht nur der ideologischen Sicherung und Festigung der bestehenden Ordnung, sondern er wurde ein wichtiger ökonomischer Faktor im Verwertungszusammenhang des Kapitals. Massenabsatz und Massenloyalität als Voraussetzungen für die Systemerhaltung waren die ökonomischen und ideologischen Faktoren.

Dieser Entwicklung und Tendenz kam eine Grunderscheinung der kapitalistischen Gesellschaft entgegen: die Entfremdung des Menschen von seinem hergestellten Produkt als eine spezifische Folge der kapitalistischen Warenproduktion und der bei dieser geübten hochgradigen Arbeitsteilung. Der Hersteller des Produkts ist nicht mehr selbständiger Produzent, der Gebrauchwerte für den eigenen Bedarf schafft. Er ist vielmehr gezwungen, seine Arbeitskraft an den Besitzer der Produktionsmittel zu verkaufen und für den anonymen Markt zu arbeiten. So verliert er die unmittelbare Verbindung zu dem Gegenstand, an dessen Herstellung er beteiligt war: Das Arbeitsprodukt verselbständigt sich eben in Form der Ware. Die Ware wird zur "Universalkategorie des gesamten gesellschaftlichen Seins" (Lukács), die das Bewußtsein des Menschen prägt. So arbeitet der Filmemacher (Regisseur, Autor, Kameramann, Darsteller usw.) unter der Bedingung der kapitalistischen Warenproduktion — die ja während der Zeit des deutschen Faschismus nicht aufgehoben war — im Zustand der allgemeinen Entfremdung von seinem Produkt, von seinen Mitarbeitern und schließlich auch von sich selbst. Er wird damit für den Manipulationsverbund, der die Interessen des Kapitals und des Staates propagiert, leicht verwert- und einsetzbar.

Schließlich muß in diesem Zusammenhang auf die Rezipientenseite hingewiesen werden: Die Entfremdung formt ebenso das menschliche Wahrnehmungsvermögen. Wie die Beziehungen des Individuums zu den Objekten der ihn umgehenden Realität Warencharakter haben und deren gesellschaftliche Zusammenhänge und die eigene Funktion darin von ihm nicht begriffen werden, so auch die Beziehung zu den Abbildern dieser Realität im Film und schließlich zum Film selbst. Die Verdinglichung verwehrt dem Menschen das kritische Urteil über das, was ihm als Abbild der Realität angeboten wird; sie macht blind gegenüber den eigenen emanzipativen Interessen. So kann die kapitalistische Filmindustrie mit ihren Produkten auf vorhandene Bedürfnisse hinsteuern: Der Bedeutung des Tauschwertes entspricht eine Konsumhaltung, ein verfestigtes Bewußtsein, das der Filmindustrie den permanenten Absatz gleichartiger Produkte garantiert.

Die Wechselbeziehung von materieller Produktion und Bedürfnisproduktion unter kapitalistischen Verhältnissen wird somit deutlich: In der materiellen Produktion bilden sich eben jene Ideologiemomente heraus, die die Bewußtseinsindustrie, hier der Film, aufgreift und weiter verfestigt. "Dem Bedürfnis von unten, von der Ziellosigkeit abgelenkt zu werden, kommt der Bedarf von oben entgegen, von der Herrschaft des kapitalistischen Klassenziels abzulenken" (Haug).

Der nationalsozialistische Film jedenfalls kann als Kronzeuge für diese Tendenz gelten: Als Produkt jener gesellschaftlichen Verhältnisse hatte er die Funktion, die herrschende Ideologie zu reproduzieren und dadurch das System zu stabilisieren. Jedoch hat man nichts analysiert, wenn man sich damit begnügt zu sagen, daß jeder NS-Film die Ideologie des deutschen Faschismus bestärkt und widergespiegelt hat: Es sind die präzisen ideologischen Äußerungen eines jeden Films, die man untersuchen muß. Denn jeder Film fügt sich gemäß seiner Besonderheit in diesen Kreislauf ein.

Den zweifellos überzeugendsten und beachtlichsten Versuch, die Kontinuität der Ideologie und Propaganda im deutschen Spielfilm von Weimar bis heute detailliert zu belegen, hat Klaus Kreimeier mit seiner Sendereihe "Das Kino als Ideologiefabrik" *) unternommen. Seine ideologiekritische Analyse untersucht die Verbindung zwischen Filmwirklichkeit und gesellschaftlicher Wirklichkeit, zwischen filmdramaturgischen Stereotypen und Normen politischen Verhaltens, zwischen dem Dasein und Sosein der Menschen in den Filmen und dem Bewußtsein der Menschen, die in einer bestimmten historischen Epoche Filme rezipieren. Und er schreibt weiter dazu: "Der deutsche Trivialfilm widerlegt gründlich das bürgerliche Theorem von der 'einmaligen Katastrophe' des Faschismus: seine relative 'Geschichtslosigkeit' spiegelt die Latenz des Faschismus in der mühsamen Sterbegeschichte der Kapitalherrschaft."

---

*) Als Textbuch erschienen:
  Klaus Kreimeier "Das Kino als Ideologiefabrik", Berlin 1971,
  H. 45 der Reihe KINEMATHEK, hrsg. von den Freunden der deutschen Kinemathek e.V.

A. Die Phase der Herrschaftseroberung bis 1933

1. Der Film im Propagandaapparat der NSDAP

Auf dem Wege zur Eroberung der politischen Macht beschäftigte sich die NSDAP schon in den frühen 20'er Jahren kritisch mit den Produkten und den Produktionsbedingungen des privatwirtschaftlichen Filmwesens: Wie die gesamte Kunst wurde auch der Film eingespannt in das "Scheingefecht der Faschisten" gegen die "kapitalistische Zivilisation" 1).

Filmbesprechungen und Filmkritiken erschienen im "Völkischen Beobachter" bereits in dessen erstem Erscheinungsjahr 1920: 2) Beurteilungsmaßstäbe waren hauptsächlich die eigenen nationalen Parolen der Partei; der Film sollte in den "Dienst des Volkstums" und von einer späteren "völkischen" Regierung in den "Dienst einer völkischen Erneuerung" gestellt werden. 3)

Bereits zu diesem Zeitpunkt baute die nationalsozialistische Propaganda den Popanz des "jüdischen Finanzkapitals" in der Filmwirtschaft auf, das angeblich die Konzerne und Firmen beherrschte, und verschleierte so das eigentliche Problem der kapitalistischen Struktur der Filmwirtschaft. Insbesondere nach Ausschaltung des "sozialrevolutionären" Flügels der Partei im Jahre 1930 4) bedeutete filmischer Antikapitalismus offener filmischer Antisemitismus. 5) das heißt, der filmische Antisemitismus lenkte von der wahren Konfliktsituation der kapitalistischen Filmwirtschaftsstruktur ab. In einem der ersten programmatischen Aufsätze, in dem die nationalsozialistischen "Kunsttheoretiker" sich mit dem Film auseinandersetzen, wird dieser Zusammenhang deutlich: Der Kapitalismus habe den Film "als eine der erträgnisreichsten und dabei spekulativsten Möglichkeiten der wirtschaftlichen Betätigung erkannt", "der deutsche Film und seine Bewirtschaftung (sei) denjenigen kapitalistischen Kreisen ausgeliefert. . ., die besonders geneigt sind, spekulative Momente gelten zu lassen. Mit dürren Worten gesagt, der deutsche Film . . . befindet sich in der fast unbeschränkten Herrschaft des internationalen Judentums." 6) "Deutsches Wesen, Gefühl und deutsche Mentalität sind besonders zu pflegen. Wege hierzu, und zwar sowohl diejenigen politischer, kultureller, wie auch wirtschaftlicher Art, müssen gefunden werden und müssen vor allem auch begangen werden", heißt es an anderer Stelle, ohne die Forderung nach einer "Umbildung" des Filmsystems näher zu bestimmen. 7)
Während die Auseinandersetzung mit der privaten Filmwirtschaft und den Filmen selbst so schon damals in das "weltanschaulich-kulturelle" Programm der NSDAP aufgenommen wurde, schenkten die Nationalsozialisten eigenen Produktionsmöglichkeiten zunächst wenig Bedeutung; was sich auch nicht nach der Neugründung der Partei im Februar 1925 änderte.

Die Entdeckung und Nutzung der propagandistisch-organisatorischen Möglichkeiten des Films ist vielmehr erst eng verbunden mit der Person von Joseph Goebbels. Seine für die Parteipropaganda zuständigen Vorgänger innerhalb der Parteihierarchie haben den Film stark vernachlässigt: Weder Hermann Esser noch dessen Nachfolger als Reichspropagandaleiter Gregor Strasser versuchten, eigene Filmproduktionen intensiv für parteipropagandistische, d.h. in erster Linie wahlpropagandistische Zwecke einzuspannen.

Das änderte sich auch nicht, als Anfang 1928 Hitler selbst Strasser als Propagandachef der Partei ablöst. Die wenigen Filme, die — amateurhaft von Mitgliedern und Anhängern der Partei gedreht — Ereignisse und Vorgänge aus der Frühzeit der NSDAP im Bild festhielten, hatten gar keinen oder nur sehr geringen propagandistischen Wert: Sie gelangten kaum über den Kreis der eingeschriebenen Mitglieder, der Wähler und Sympathisierenden hinaus an eine breite Öffentlichkeit. Daß überhaupt dokumentarische Filme hergestellt und von der Partei aufbewahrt wurden, fand sicher zum Teil seinen Grund in der Ermangelung von Wochenschauaufnahmen, wie sie Anfang der 30'er Jahre, als die Anhängerschaft der Nationalsozialisten sich lawinenartig vermehrte, bei fast jedem öffentlichen Auftreten der SA und den zahlreichen Reden der faschistischen Führer entstanden. In den frühen 20'er Jahren jedenfalls zeigten die deutschen Wochenschauen noch wenig Interesse an den Kundgebungen der NSDAP. 8)

Die ersten nationalsozialistischen Filme 9) — z.B. Aufnahmen von der Kundgebung der "Deutschen Verbände" auf dem Königsplatz in München im Jahre 1922 — blieben reine Erinnerungsstücke, die man sich zehn oder zwanzig Jahre später stolz wieder zeigen ließ.

Auch die späteren ersten parteiamtlichen Filme von den Jahresfeiern der Faschisten in den Jahren 1927 und 1929 10) hatten lediglich interne Wirkungsmöglichkeiten: Sie führten immer nur den eigenen Parteigenossen die Größe der Partei vor Augen — wenn auch jene Vorläufer der "Reichsparteitagfilme" von Leni Riefenstahl mit großem Beifall aufgenommen wurden.

Waren demnach Esser, Strasser, Hitler und Himmler wenig an einer speziellen Filmpropaganda interessiert, so brachte Goebbels von vornherein eine Vorliebe für den Film und ein Wissen um die propagandistischen Möglichkeiten dieses Mediums mit. Goebbels, der die Möglichkeit der massenhaften Verbreitung faschistischer Ideen sah, war es dann auch, der als Reichspropagandaleiter 11) den ersten Anstoß zur Eingliederung des Films in die Propagandaarbeit der Partei gab. Als er im Jahre 1928, damals Gauleiter von Groß-Berlin, einen Amateurschmalfilm zu sehen bekam, den ein Dr. Bischoff aus Leipzig beim Dritten Märkertag in Berlin im Herbst des gleichen Jahres gedreht hatte, muß er von diesem Streifen sehr angetan gewesen sein; denn er ließ den Film auf Kosten des Gaus "von einem propagandistisch befähigten Parteigenossen" 12) zu einem "Werbefilm" der Partei umarbeiten.

Uraufgeführt wurde der Film — nun unter dem Titel "Kampf um Berlin" — zu Hitlers 40. Geburtstag am 20. April 1929. Auf die Parteiführer scheint er eine große Wirkung ausgeübt zu haben, so daß er in den folgenden Monaten bei den einzelnen Parteistellen im gesamten Reich aufgeführt wurde.

Über den Inhalt des Films, der zum erstenmal über den Charakter eines bloßen Dokumentes hinausging, heißt es bei Stark: "Unterstützt von entsprechender, humorvoll zusammengestellter Musik, wurde hier Kritik geübt am System, wurde mit knappen Worten und Bildern gezeigt, was wir besser machen wollen." Bis zum Mai 1931 wurde der Film in über 500 Ortsgruppen gezeigt, und über 140 000 Menschen haben ihn auf Parteiversammlungen gesehen. Dieser Erfolg ermutigte Goebbels und trug wesentlich dazu bei, dem Film innerhalb der Parteipropaganda größere Aufmerksamkeit zu widmen. Auf seine Initiative hin nahm der damalige Gaupropagandaleiter von Berlin, Georg Stark, im Sommer des Jahres 1930 die Vorarbeiten zur Gründung einer "Reichsfilmstelle" auf; am 1. November des gleichen Jahres wurde von Goebbels in seiner Eigenschaft als Reichspropagandaleiter und Gauleiter von Berlin in der Hedemannstraße die "Reichsfilmstelle" der NSDAP als eine Unterorganisation der Reichspropagandaleitung errichtet und der Ingenieur Georg Stark zu ihrem Leiter bestellt. 13) Mit dieser "Keimzelle" — wie sie später immer genannt wurde — war der Grundstock gelegt zu einer der größten Filmorganisationen einer politischen Partei; sie wurde zunächst vor allem in den Wahlkämpfen des Jahres 1932 als direktes Mittel der politischen Propaganda eingesetzt.

Die Arbeit der Reichsfilmstelle umspannte den gesamten Prozeß von der Herstellung eines Films bis zu seiner Vorführung. Jeder geplante Film, den die Partei oder eine ihrer Gliederungen zu drehen beabsichtigte, mußte bereits im Manuskript und Drehbuch bei der Reichsfilmstelle vorgelegt werden, und erst die mit einem Zensurzeichen und einer Berechtigungskarte für die Vorführung versehene Kopie konnte an die staatlichen Zensurstellen in München und Berlin weitergeleitet werden. Dieses Verfahren einer totalen Kontrolle des gesamten Herstellungsprozesses sollte später zum Vorbild für die Behandlung aller in der Filmwirtschaft hergestellten Filme werden: So bestand nach dem Lichtspielgesetz von 1934 bereits für das erste Expose eine Meldepflicht beim Reichsfilmdramaturgen, und desweiteren wurde der Produktionsablauf in jeder einzelnen Phase überwacht.

Zum einen konnte durch diese Vorzensur jede innerparteiliche Kritik, die sich in Filmen manifestierte, von vornherein ausgeschaltet werden; zum anderen beugte die Reichsfilmstelle auf diese Weise — und dies erscheint wesentlicher — einer eventuellen Beanstandung seitens der Filmprüfstellen vor und ersparte dem Hersteller, eben der Partei, durch diese "Selbstkontrolle" zusätzliche Kosten und unnötigen Zeitverlust infolge Schnittauflagen. Denn im Jahre 1931 mußten die Faschisten noch mit Tendenzen innerhalb der Zensurbehörden rechnen, die ein Verbot ihrer Filme befürchten ließen. 14)

Allerdings gab es auch schon damals für die Nazis günstige Bedingungen: So setzte sich der Leiter der Oberprüfstelle, Dr. Ernst Seeger, für eine Zulassung nazistischer Propagandafilme ein — etwa im Falle des NSDAP-Films "Hitler-Jugend in den Bergen". Für seine spätere Rolle als Oberprüfstellenleiter im NS-Staat unter den Nationalsozialisten ebnete er damit frühzeitig den Weg.

Es sollte jedoch nur noch wenige Zeit dauern, bis sich die Nationalsozialisten des allgemeinen Wohlwollens der staatlichen Zensurstellen sicher waren, so daß die Aktivität der partamtlichen Filmarbeit stark zunahm. Zudem waren finanzielle Schwierigkeiten, die die Reichsfilmstelle zunächst zu einer relativen Untätigkeit verurteilten, weitgehend aufgehoben, als aus der von Industrie und Banken unterstützten Parteikasse auch Gelder für die Filmpropaganda abgezweigt wurden. 15) Finanzielle Unterstützung erhielt die Partei für ihre Filmarbeit auch direkt aus Kreisen der privaten Filmwirtschaft, so von dem der NSDAP nahestehenden Filmproduzenten Bolten-Baeckers. 16) Hauptsächlich jedoch kamen die Mittel für die Herstellung von Filmen und für den Ausbau der Organisation mit zunehmender Aktivität aus den Filmveranstaltungen selbst, und nur bei Verlusten war man auf Zuschüsse der Partei angewiesen.

Zum überwiegenden Teil handelte es sich bei den Filmen um dokumentarische Aufnahmen von Kundgebungen, Veranstaltungen und Demonstrationszügen — sogenannte "NS-Bildberichte" — und um "Werbe-Sprechfilme", d.h. Tonfilmaufnahmen mit Reden von Hitler, Goebbels, Göring, Streicher und anderen Parteigrößen, und es gab nur wenige gestaltete Kurzfilme. Wesentlich für die Finanzierung der Filme war, daß der Ingenieur Erwin Käsemann durch ein von ihm erfundenes Tonfilmpatent die Herstellung von Wahl-Tonfilmen ermöglichte, ohne daß die Partei die hohen Lizenzgebühren der Filmindustrie bezahlen mußte. 17)

Stark bringt in seiner Denkschrift eine Aufstellung der 1931 vorhandenen Parteifilme: u.a. die beiden Reichsparteitagfilme von 1927 und 1928, den Film "Kampf um Berlin", den "NS-Bildbericht Nr. 1" und "NS-Bildbericht Nr. 2", einen "Angriff"-Werbefilm und einen Propagandafilm "Glaube an Deutschland"; daneben waren geplant Filme über die Not der Landwirtschaft, über alle NS-Zeitungen, die Verfilmung einiger Punkte des Parteiprogramms, Widmungen an umgekommene SA-Leute und weitere, von Willy Sage produzierte und monatlich erscheinende NS-Bildberichte.

Alle von der Partei oder einer ihrer Gliederungen hergestellten Filme sowie die von der Reichsfilmstelle aufgekauften Kopien eines Amateurfilms wurden durch den Parteifilmverleih für die Propaganda systematisch eingesetzt. Filmaufnahmen, die nicht auf ausdrücklichen Wunsch der Partei oder gar der Reichsfilmstelle hergestellt worden waren, konnten auch in die laufenden Bildberichte übernommen werden. Dem Hersteller — oft ein Schmalfilmamateur aus der NSDAP — wurden die Kosten rückwirkend erstattet; die Negative gingen anschließend in den Besitz der Reichsfilmstelle über.

Nach den Angaben von Georg Stark bestand bis zum 31. März 1931 ein Vertragsverhältnis mit einer Verleihfirme, die von einem Parteimitglied geleitet wurde. Ab April 1931 wurde der Verleih direkt der Parteifilmorganisation übertragen, d.h. die Zentrale des Verleihs war die Reichsfilmstelle. Sie mußte in ihrer Funktion als Verleihorganisation für eine weit gestreute Verbreitung der Propagandafilme sorgen, deren Wirkung in erster Linie auf Massenreproduktion und Massenkonsumtion aufbaute.

Die Filme wurden in den Parteiversammlungen und Wahlveranstaltungen nun auch einem erweiterten Publikum zur Vorführung gebracht, so daß der Film mehr und mehr zum Werkzeug der politischen Propagandaarbeit benutzt wurde. Neben die "Mann-zu-Mann-Propaganda" bei politischen Reden und neben Flugblätter und Parteipresse trat der Film, um die faschistischen Ideen in allen Kreisen der Bevölkerung zu verbreiten und direkte politische Aktionen vorzubereiten. Desweiteren nahmen mehr und mehr den Nationalsozialisten nahestehende private Kinobesitzer die Propagandafilme in ihr Beiprogramm auf, zumal die Anfang 1932 gegründete Verbandszelle nationalsozialistischer Theaterbesitzer die Einsatzmöglichkeiten in den öffentlichen Kinos wesentlich erhöhte. Die zentral von Berlin organisierte Filmarbeit erwies sich bald als unzureichend; es war nicht mehr möglich, sie von einer Stelle aus zu übersehen und zu leiten. Besonders der systematische Einsatz des Films bei den Wahlkämpfen 1932 erforderte eine ausgedehntere Organisation. In diesen Wahlkämpfen wurden insgesamt 182 Kopien für die Wählerwerbung und Wahlpropaganda eingesetzt. 18) Zum Zwecke des schnellen und reibungslosen Vertriebs entstanden in den verschiedenen Landesteilen Zweigstellen der Parteifilmzentrale, denen "die Propaganda auf filmischem Gebiet in den einzelnen Bezirken oblag". 19)

Die erste Landesfilmstelle wurde noch im Jahre 1932 von dem NSDAP-Mitglied Carl Neumann in Köln gegründet. Anfang 1933 existierten insgesamt acht Landesfilmstellen: Landesfilmstelle Ost (umfassend Schlesien und Ostpreußen) mit dem Sitz in Breslau; Landesfilmstelle Nordost (umfassend Brandenburg-Grenzmark-Großberlin) mit dem Sitz in Berlin; Landesfilmstelle Mitteldeutschland (umfassend Mitteldeutschland und Sachsen) mit dem Sitz in Halle; Landesfilmstelle Nord- und Niedersachsen (umfassend Norddeutschland, Mecklenburg, Pommern, Oldenburg, Schleswig-Holstein und die Hansestädte) mit dem Sitz in Hamburg; Landesfilmstelle West (umfassend Rheinland-Westfalen) mit dem Sitz in Köln; Landesfilmstelle Südwest (umfassend die südwestlichen Teile des Reiches) mit dem Sitz in Frankfurt am Main; Landesfilmstelle Süd (umfassend Bayern) mit dem Sitz in München und schließlich Landesfilmstelle Thüringen mit dem Sitz in Weimar. Fünf Landesfilmstellenleiter und Parteimitglieder waren auch später noch in der staatlichen und parteiamtlichen Filmarbeit besonders aktiv: Richard Quaas und Herbert Baerwald aus Breslau, Carl Neumann aus Köln, Adolf Engl aus München und Oswald Johnsen aus Weimar. Mit dieser erweiterten Organisation wuchs auch die aktive Arbeit in der Filmherstellung, so daß die Einnahmen der Partei durch Filmveranstaltungen stiegen und größere Filmprojekte verwirklicht werden konnten.

Die intensive Filmauswertung brachte der Partei schließlich sogar Gewinne: Die Filmpropaganda finanzierte sich nicht nur selbst, sondern warf einen Überschuß ab. Bei 120 möglichen Kopien konnte man mit einem Reingewinn von 13 000 RM rechnen. (Diese Ausrechnung von Georg Stark hat die ursprünglichen Herstellungskosten bereits abgezogen.) Hinzu kämen noch Werbeeinnahmen: Denn im Gegensatz zum späteren Verbot jeglicher Reklamefilme war bei den Parteifilmveranstaltungen die Werbung deutscher Industriefirmen gestattet.

So lag zwar in den Jahren 1932 und 1933 das Schwergewicht der Parteifilmarbeit auf der Herstellung "dokumentarischer" Propagandafilme, doch zeigte die Reichspropagandaleitung darüber hinaus ein reges Interesse, auch Spielfilme für ihre Zwecke zu produzieren. Dazu bedurfte es fraglos der Zusammenarbeit und der Unterstützung der etablierten Filmindustrie. Im Gegensatz etwa zur Verbreitung der Ideen und Parolen durch Plakate und Flugblätter bedarf eine politische Machtgruppe beim Medium Film der Unterstützung zumindest eines Teils der bestehenden Filmindustrie; der aufwendige Produktionsapparat, die hohen Herstellungs- und Distributionskosten und die an die öffentlichen Kinos gebundenen Vorführungen bei Normalfilmen verhindern in der Regel den Aufbau einer eigenen Filmorganisation, die mit dem vorhandenen Filmsystem konkurrieren könnte. Die Initiative ging damals sogar von der Industrie selbst aus: Nach den Angaben von Georg Stark machten im Jahre 1931 verschiedene Filmfirmen der Reichsfilmstelle Angebote, "nationalsozialistische, getarnte Spielfilme für den regulären Theaterverleih herzustellen" 20), und "unabhängige" Produktionsgesellschaften baten die Partei um ihre "ideelle" Hilfe in Form einer Mitarbeit am Manuskript und durch die Propagierung bestimmter nationaler Filme in der nationalsozialistischen Presse — ohne eine finanzielle Unterstützung zur Herstellung solcher "Tarnfilme" zu fordern. 21)

Im wesentlichen jedoch beschränkte sich die aktive Filmpropaganda der Nationalsozialisten vor 1933 auf die Herstellung und Verbreitung von Kurzfilmen. Sie sicherten und stärkten die Position der Partei innerhalb ihrer Anhängerschaft und verbreiteten und propagierten ihre Ideen und Schlagworte in weiten Kreisen der Bevölkerung. Solange jene "Tarnfilme" nur Ausnahmen darstellten und die öffentlichen Lichtspieltheater aus politischen und wirtschaftlichen Gründen eine reguläre Vorführung der Propagandafilme innerhalb des Programms überwiegend ablehnten, blieb der entscheidende Weg über Produktionen der etablierten Filmindustrie für die Partei vor 1933 versperrt. Gerade aber hier — in dem Vorhaben, Produktionen bei der privaten Filmwirtschaft in Auftrag zu geben und eigene kurze wie lange Propagandafilme in den Kinos öffentlich zu zeigen — lag die vielversprechendere Möglichkeit, den Film als Instrument des Herrschaftsaufbaus und der Herrschaftssicherung zu nutzen.

Joseph Goebbels war es dann, der diese notwendige Kooperation der Partei mit der privaten Filmwirtschaft zeitig erkannte und seine politischen und organisatorischen Maßnahmen danach ausrichtete. Seine Führungsposition auf dem Sektor Film ließ er sich dabei von keinem streitig machen.

Noch im Jahre 1932 beanspruchte Alfred Rosenberg die Kompetenzen der "weltanschaulich-kulturellen Filmpolitik" für sich und den "Kampfbund für deutsche Kultur"; für die Filmarbeit innerhalb der Reichspropagandaleitung sah dieser Plan nur "propagandistisch-organisatorische Funktionen" vor, d.h. ihre Herstellung von Filmen sollte beschränkt bleiben auf "reine Film-Reportagen von nationalsozialistischen Veranstaltungen, die im propagandistischen Sinne für die NSDAP verwertet" 22) werden konnten. Doch der Plan Rosenbergs von einer Abteilung Film in seinem "Kampfbund für deutsche Kultur", die die grundsätzliche Filmpolitik einer faschistischen Regierung zu bestimmen hätte, wurde nicht realisiert. Goebbels hatte vor 1933 bereits die Weichen für die zukünftige nationalsozialistische Filmpolitik gestellt, die ihm das gesamte Filmwesen unterstellen sollte.

Im strukturellen Aufbau der Reichspropagandaleitung deutete sich gegen Ende des Jahres 1932 das Vorhaben von Goebbels an, nach einer Regierungsübernahme durch die Nationalsozialisten ein Ministerium für Propaganda zu errichten: Die einzelnen propagandistischen Aktionsbereiche wurden innerhalb der Reichspropagandaleitung in Hauptabteilungen für Rundfunk, Presse, Film und "aktive" Propaganda zusammengefaßt. Goebbels hatte bereits am 22.1. 1932 die Kompetenzen des künftigen Ministeriums näher umrissen: "Gedacht ist an ein Volkserziehungsministerium, in dem Film, Radio, neue Bildungsstätten, Kunst, Kultur und Propaganda zusammengefaßt werden". 23)

Einen entschlossenen und unermüdlichen Helfer in der Filmarbeit hatte Goebbels damals in Arnold Raether gefunden, der seit 1932 die Leitung der Filmzentrale mit ihren Landesfilmstellen übernommen hatte. 24) Arnold Raether war somit Leiter der Hauptabteilung IV (Film) der RPL; außerdem waren ihm die organisatorisch als Abteilungen angegliederten Landesfilmstellen unterstellt. Seit Dezember 1932 stand ihm vor allem in finanziellen Fragen Karl Schulze von der Landesfilmstelle in München zur Seite. 25)

2. Zusammenarbeit und Auseinandersetzung der NSDAP mit dem etablierten Filmsystem

Der unmittelbare Vorstoß der Nationalsozialisten in das System der privaten deutschen Filmwirtschaft setzte bei den Kinobesitzern, also den kleinsten Einheiten der Filmwirtschaft, ein, um von hier aus einen indirekten Einfluß und wenn möglich ein wirksames Druckmittel auf die Filmproduktionen zu erhalten.

Als einer der ersten Kinobesitzer trat Carl Neumann, der auch die erste Landesfilmstelle in Köln gegründet hatte, in die NSDAP ein und begann den Aufbau der "Nationalsozialistischen Verbandszellen deutscher Lichtspieltheaterbesitzer". Es fanden sich in der Tat schnell einige Kinoinhaber und Parteimitglieder bereit, die Propagandafilme in ihren Kinos vorzuführen und so ein größeres Publikum mit den faschistischen Ideen bekanntzumachen. Außerdem nahmen sie in ihrem Programm nur noch "nationale" Filme auf und boykottierten Filme von jüdischen Firmen und Produzenten, von jüdischen Regisseuren und mit jüdischen Schauspielern — soweit sie vertraglich nicht gebunden waren.

Bereits Georg Stark hatte in seiner Denkschrift die Bildung solcher "Verbandszellen" und deren Zusammenschluß in einem "Bund nationaler Lichtspiel-Theaterbesitzer" vorgeschlagen, um der Partei ein "Einfallstor für NS-Filme" zu sichern. Die Gründe für diese Tendenz lagen einmal in der Möglichkeit, die in der Regel unabhängigen Einzelunternehmer leichter organisatorisch zusammenzufassen, und in dem Tatbestand, daß in den Kinos das geringste ausländische und jüdische Kapital war. Der lebhafte Zulauf auch von Nicht-Parteimitgliedern resultierte aber nicht zuletzt aus der Forderung der Verbandszellen nach Steuerermäßigung für die Kinobesitzer. Die Kinobesitzer, die in den Verbandszellen, den Untergliederungen der Reichsfilmstelle zusammengefaßt waren, bildeten als "Vereinigung nationalsozialistischer Lichtspiel-Theaterbesitzer" bald einen starken Block innerhalb des Reichsverbandes Deutscher Lichtspieltheaterbesitzer e.V.; ihre Zahl vergrößerte sich zusehends. 26) Wie einflußreich die Gruppe war, wurde im Jahr 1933 deutlich, als sich ihr Sprecher Adolf Engl gegen die herrschenden Tendenzen im Gesamtverband durchzusetzen wußte. 27)

Parallel zu diesem Aufbau von Verbandszellen auf dem Kinosektor verlief der Versuch, über Betriebszellen direkt in die Produktionsstätten einzudringen, um hier von unten Druck auf die Leitung der Firmen auszuüben. Mit Propagandamaterial "über leitende Persönlichkeiten, prominente Schauspieler, die Hintergründe von Geschäftstransaktionen, die Entwicklung des Elektrotrustes in der Filmindustrie" 28) ausgerüstet wollten die Nationalsozialisten der Bevölkerung den "katastrophalen" Zustand der Filmwirtschaft vor Augen halten. In Verbindung mit der dauernden Kritik an einzelnen Filmen hofften sie auf diese Weise in ihrem Kampf gegen die "von Juden verseuchte Filmindustrie" und deren "Profitgier" Anhänger und Verbündete für einen "deutschen Film", und d.h. potentielle NSDAP-Wähler zu finden. Diese propagandistische Arbeit der NS-Betriebszellen-Funktionäre institutionalisierte sich 1932 in der Filmbranche. Gelegenheit hierzu boten neben den Betriebsversammlungen vor allem die parteieigenen Presseorgane 29) und die Parteiveranstaltungen, auf denen dann außerdem noch eigene propagandistische Filmproduktionen vorgezeigt werden konnten.

Der unmittelbare Weg zu den Vorständen und Aufsichtsräten der Filmindustrie sollte der faschistischen Partei einige weitere Jahre versperrt bleiben und erst nach 1937 relevant werden. Geeignetere "Verbündete" als die Führungselite der Filmfirmen fand sie dagegen vor 1933 in den staatlichen Zensurbehörden: Viel zitiertes Beispiel ist der pazifistische amerikanische Film "Im Westen nichts Neues" nach dem Roman von Erich Maria Remarque (Regie: Lewis Milestone), der nach einigen Störaktionen der Berliner SA — angeführt von Gauleiter Joseph Goebbels — am 11. Dezember 1930 wegen "Gefährdung der öffentlichen Sicherheit" von der Berliner Film-Oberprüfstelle verboten wurde. Arnold Raether, vielbeschäftigtes Parteimitglied auf dem Gebiete des Films, schrieb einige Jahre später: "Mit diesem Anfangserfolg ging die Herrschaft des nicht nur jüdischen Filmkapitals, sondern auch des jüdischen Geistes seinem Ende entgegen." 30)

Wenn der Film auch nach Vornahme einiger Schnitte später wieder zur öffentlichen Vorführung freigegeben wurde, so ließ der "nationale" politische Kurs der Prüfungsbehörden mehr und mehr faschistische Propagandafilme, die unumwunden zum Sturz der Demokratie aufriefen, ungehindert die Zensur passieren.

Auf diese propagandistischen Kurzfilme hatte sich die Filmarbeit der Nationalsozialisten vor ihrer "Machtübernahme" konzentriert, in enger Zusammenarbeit mit den NS-Verbandszellen und mit Unterstützung der wenigen NS-Betriebszellen. Es gelang ihnen jedoch vor 1933 zu keiner Zeit, entscheidende Machtpositionen in der privaten Filmwirtschaft zu erobern. Nur wenige Produktionsgesellschaften, die sich bei den kommenden Machthabern beliebt machen wollten, stellten Langfilme her, bei denen die Partei auf fremde Produktionskapazitäten angewiesen war.

Der trotz aller propagandistischen Vorarbeiten nicht zu überschätzende Zwei-Mann-Betrieb der Hauptabteilung Film in der Reichspropagandaleitung war kaum in der Lage, konkurrierend gegenüber dem privatwirtschaftlichen Filmsystem aufzutreten. Außerdem war es den Nazis bis zu ihrem Regierungsantritt in keiner Weise gelungen, die für ein "völkisches" Deutschland geeigneten "Kräfte (zu) sammeln und (zu) organisieren", um "ein gesundes Filmwesen zu schaffen" und "den deutschen Film zu gestalten" 31). Zwar wurde bald nach der Übernahme der Macht von der neuen Regierung ein Ministerium für alle Propagandaangelegenheiten nach dem strukturellen Vorbild der Reichspropagandaleitung errichtet, in dem die "nationalsozialistische Filmpolitik" zentralisiert werden sollte, doch hieß es zunächst einmal, sich mit den in der privaten Filmwirtschaft Verantwortlichen und Herrschenden im Hinblick auf eine zukünftige Zusammenarbeit auseinanderzusetzen und zu arrangieren. Zwangsregelungen im Sinne von Enteignung bzw. Verstaatlichung standen hierbei nicht zur Diskussion. Kampfansagen der NSDAP gegen Großkapital und Monopole aus der Zeit vor 1930 wurden auf dem Gebiet des Films wie im gesamten Bereich der Wirtschaft nicht eingeleitet. Ein vorbereitetes und nun zu realisierendes "offizielles" Programm, wie der zukünftige "völkische" und "nationale" Film in seinen Organisationsstrukturen aussehen sollte, hatte nie existiert.

Einziges programmatisches Vorhaben der Faschisten war die "Säuberung" des Films von "rasse- und wesensfremden Elementen" und die Förderung eben jenes "deutschen, nationalen" und dem "Volkstum entsprechenden" Films durch "schärfste Gesetzgebung" — wie es Marian Kolb 1931 bereits formuliert hatte. 32)

Alle damals angekündigten Maßnahmen einer künftigen nationalsozialistischen Regierung bewegten sich innerhalb des durch das bestehende Filmsystem vorgegebenen Rahmens:

"1. Säuberung des gesamten Filmwesens von uns rasse- und wesensfremden Elementen.
2. Abschaffung des Starsystems.
3. Schärfste Gesetzgebung zur Förderung der deutschen, nationalen, unserem Volkstum entsprechenden Filme.
4. Aufhebung der Monopolstellung von Patentinhabern der Tonfilmapparaturen.
5. Konzessionierung der Lichtspieltheater nach dem Gesichtspunkt der Bedürfnisfrage." 33)

Der nazistische Antisemitismus sah die hohen Stargagen und Direktorengehälter, die Monopolstellung von Tonfilm-Patentinhabern und das unkontrollierte Anwachsen von Filmtheatern nur als Auswüchse jener "verjudeten Filmindustrie". Hans Zöberlein, faschistischer Schriftsteller und Filmautor, brachte den als Antikapitalismus verdrängten Antisemitismus im Film auf eine einfache Formel: "Hebräer machten aus der Filmkunst eine Filmindustrie." 34)

Alle Angriffe galten dem "jüdischen Filmkapital", das angeblich — die Faschisten versäumten keine Gelegenheit, dies mit irgendwelchen Zahlenangaben zu belegen — die Konzerne beherrschte und die wirtschaftliche Existenz der kleinen und mittleren Produktionsfirmen gefährdete. Die lächerliche Unterscheidung von "schaffendem" und "raffendem" Kapital wälzte die Schuld an den ökonomischen Mißständen auf ein ominöses "Finanzjudentum" im Film. Diese Taktik zeigte auch erheblichen Erfolg in den Interessenverbänden der Filmbranche, vor allem bei jenen Produzenten, die gegenüber den Großkonzernen aufgrund der ständig steigenden Produktionskosten nicht mehr konkurrenzfähig waren und deshalb in den Nationalsozialisten ihre Interessenvertreter zu sehen meinten. Jedoch sollte sich bald herausstellen, daß die Großkonzerne nach einigen "Säuberungsaktionen" unangetastet blieben.

Die "jüdische Verseuchung" war demnach nur eine Verschleierungstaktik der Nazis. Unter dem Deckmantel einer mittelstandsfreundlichen Politik wurden die Juden aus dem Filmwirtschaftsleben ausgeschaltet. Und darüber hinaus: Gerade die verbrecherischen Aktivitäten der Nazis bei der "Arisierung" stützten die "arischen" Konzerne. Zwar fehlen die direkten Unterlagen und Zahlen über die Ausschaltung der jüdischen Filmfirmen, doch kann aus dem Konzentrationseffekt der folgenden Jahre eindeutig der Schluß gezogen werden, daß das wesentliche "jüdische" Kapital bei den Klein- und Mittelbetrieben lag, und die "Arisierung" die Monopolbildung unterstützte. Vom Angriff der Nazis auf jüdisches Kapital bei Monopolgruppen partizipierten wiederum jene "arischen" Konzerne, die sich auch später behaupten konnten. Die Folge war: Klein- und Mittelbetriebe wurden angesichts der erforderlichen, von ihnen aber nicht zu realisierenden Großproduktionen von Ton- und Farbfilmen nach und nach zum Konkurs getrieben.

Die kapitalistische Basis des Filmwesens war bei den führenden Nationalsozialisten niemals in Frage gestellt. Goebbels selbst gab am 28. März 1933 — er war vor einigen Tagen erst zum neuen Propagandaminister ernannt worden — in seiner ersten programmatischen Rede im Berliner Kaiserhof über die künftige Gestaltung des Films den um ihre Stellung und finanzielle Sicherheit besorgten Vertretern der Filmwirtschaft die Zusicherung, keiner in der neuen Regierung beabsichtigte die wirtschaftliche Struktur des kapitalistischen Films abzuschaffen oder zu ändern: "Wir haben nicht die Absicht, die Produktionen zu lähmen. . . . Wir wollen auch nicht die private Initiative hindern, im Gegenteil, sie wird einen großen Anstoß durch die nationale Bewegung erhalten . . . Die Regierung will mit der schaffenden Filmwelt Hand in Hand gehen und mit dieser den gemeinsamen Weg beschreiten." 35) Doch bei dieser Vertrauenswerbung gegenüber den Unternehmern und Direktoren erwähnte Goebbels die materielle Krise im deutschen Film nicht; er forderte lediglich eine inhaltliche Neuorientierung der Produktionen, da allein auf diesem Wege der deutsche Film "gerettet" werden könnte. Schlagworte waren hier: "volkstümliche Stoffe", "Wirklichkeitsnähe", "Bekenntnis zur Zeit", "Amüsement", "Entspannung" usw., die der "privaten Initiative" Anstoß geben sollten.

Wie sehr Goebbels mit dieser Beschwörung einer "geistigen" Krise die ökonomische Realität verschleierte, mußte er selbst zwei Monate später durchblicken lassen: Am 19. Mai 1933 kündigte er finanzielle und wirtschaftliche Hilfsmaßnahmen der neuen Regierung an. Er sprach von "Wiederankurbelung" und "Beseitigung der Krise", von "Beihilfen des Staates" und "Bürgschaften". Zu diesem Zeitpunkt waren die Vorbereitungen zur Verbesserung der konjunkturellen Lage zwischen Staatsbürokratie und Filmindustrie bereits angelaufen. Die Vertreter der Staatsbürokratie und der Filmwirtschaft hatten ihre gemeinsamen Interessen erkannt.

Ohne bereitwillige Zustimmung der Wirtschaftsgrößen des Films hätten die Nazis zweifellos ihr vorrangiges Ziel, die wichtigsten Machtpositionen im kapitalistischen Filmsystem für das neue Regime zu sichern, d.h. staatliche Kontrollorganisationen und Überwachungsinstitutionen zur wirkungsvollen Unterstützung bei der Verbreitung ihres Ideengutes zu errichten, nicht erreicht.

Die Nationalsozialisten erwarteten von der Industrie als Entgegenkommen die Produktion von politisch-ideologischen Spielfilmen, die die Normativierung von Werten wie Vaterland und Heimat, Seele und Gemüt, Autorität und Ordnung und den Rassismus mit seinen Vorstellungen von germanischer Hegemonie widerspiegelten. Anstelle der "Entartungserscheinungen" der jüdischen Filme sollte der dem "deutschen Wesen" angemessene, die "deutsche Gemütstiefe" und die "deutsche Seele" ansprechende Film treten. Und dies galt nicht nur für die direkten Propagandafilme. Das bedeutete jedoch — von einigen wenigen Ausnahmen abgesehen —, daß die Firmen ohne große Anpassungsschwierigkeiten weitermachen konnten; denn es bestanden tiefgehende politische Affinitäten zwischen dem bürgerlich-konservativen Denken innerhalb der Filmbranche und diesen Parolen der Nationalsozialisten. Auch mögliche innere Vorbehalte gegenüber dem verachteten Ungeist der "braunen Horden" waren angesichts der in Aussicht gestellten wirtschaftlichen Vorteile kein Hindernis, sich dem neuen System dienstbar zu machen. Für den

Konservativismus großer Kreise der Filmwirtschaft, einschließlich führender Regisseure, bedurfte es keiner "Gleichschaltung" — weil er eben schon weitgehend den Erwartungen entsprach. So haben sich die großen Firmen mit dem Nationalsozialismus identifiziert, um sich wirtschaftlich weiterentwickeln zu können. Ihr vom System gefördertes Profitstreben und der Nationalismus ihrer Führungsleute haben sie an das faschistische Regime gekettet.

Und andererseits lag in der Rücksichtnahme der Nationalsozialisten auf potente Interessengruppen der Filmwirtschaft eine entscheidende Möglichkeit für die Industrie, ihre von der Filmwirtschaftskrise erschütterten Unternehmen in ein ruhiges Fahrwasser zu lenken. So sah die deutsche Filmindustrie zur Aufrechterhaltung der kapitalistischen Struktur die Notwendigkeit zu einer Zusammenarbeit mit den neuen Machthabern.

Die von Goebbels angekündigten Maßnahmen entsprachen somit den Bedürfnissen der Filmwirtschaft: Staatliche Kredite und Zuschüsse sowie direkte Staatsaufträge sollten den Weg aus der Baisse ebnen. Goebbels selbst erkannte den kapitalistischen Film als brauchbares und geeignetes Instrumentarium zum Zweck der Herrschaftsausübung und Herrschaftssicherung.

Vorrangig für die Unternehmer bei der Kooperation mit den Nationalsozialisten war das Sanierungsproblem, auf dessen Lösung die Industrie wartete. Nur ein "starker Staat", der die "Zügel fest in der Hand" hielt 36), konnte nach ihrer Vorstellung die Filmwirtschaft aus der Krisensituation heraus"führen". Deshalb war es nicht verwunderlich, wenn sie die Gründung eines "Filmministeriums" 37) als die Stelle, bei der sich alle Interessen konzentrierten, befürwortete. Denn (hier kam man der Realität sehr nahe) die Reichsregierung würde ihre Entscheidungen "nicht von persönlichen oder parteipolitischen Beziehungen abhängig (machen), sondern von den Erfordernissen der Wirtschaft unter Berücksichtigung aller Notwendigkeiten, die bei der (damaligen) Konstellation der Wirtschaft in Betracht zu ziehen" 38) waren.

Sicher hatte der sinnlose Kampf der Interessenverbände untereinander die Finanzschwierigkeiten aller Branchen immer wieder aufs neue verstärkt. Als stärkste Gruppe und Fürsprecher des staatlichen Eingriffs trat damals die "Spitzenorganisation der deutschen Filmindustrie" (Spio) auf, die von Ludwig Klitzsch, dem Generaldirektor des Ufa-Konzerns, beherrscht wurde. Damit aber wurde deutlich, daß neben Wirtschaftsinteressen (Beendigung der Krise, zentrale Koordinierung und damit Vereinheitlichung der Intetessen) konkrete politische Ambitionen die Maßnahmen der NS-Regierung stützten. Denn über Klitzsch übte Hugenberg, der schon vor 1933 enge Beziehungen zu den Nazis unterhielt, auf den Gesamtverband einen entscheidenden Einfluß aus und trug somit dazu bei, auch einen politischen Interessenkonsens zwischen Staat und Wirtschaft herzustellen. Der die antidemokratische Ideologie der "nationalen Rechten" verbreitende Hugenberg-Konzern stützte damit nicht nur organisatorisch und wirtschaftlich die wichtigsten Pläne zur Krisenbehebung, sondern bereitete mit einem nicht unwesentlichen Teil der Ufa-Filme die Konsolidierung des Faschismus geistig vor. Stellvertretend sei hier an den 1932 produzierten Film "Morgenrot" (Regie: Gustav Ucicky) erinnert, der Hitler bei der Uraufführung 1932 in Begeisterung versetzte.

Wenn sich vielleicht auch einige Filmunternehmer und Konzernherren auf strikte politische "Neutralität" verlegten — die es aber gerade zuließ, ein Eingreifen der Nationalsozialisten zu begrüßen —, so war bei den mächtigsten Gruppen, der Spio als größtem Interessenverband und der Ufa als stärkstem Konzern, eine doppelte Bündnisbereitschaft zu beobachten: Politisch-ideologische Grundlagen und wirtschaftliche Zielvorstellungen waren mit denen der Nationalsozialisten identisch. So wurde aus den Kreisen der Filmwirtschaft gegenüber den Nationalsozialisten und ihren "Filmführern" kein effektiver Widerstand geleistet. Ihnen ging es nur um eine Heraus f ü h r u n g aus der Wirtschaftskrise, auch wenn die Faschisten noch so viel von "Säuberungsaktionen" innerhalb der "verseuchten Filmindustrie" redeten. Schließlich kam die Entfernung der Juden den sanierungsbedürftigen "arischen" Unternehmen nicht gerade ungelegen; denn damit wurde lästige Konkurrenz beseitigt.

3. Zur Krisensituation der deutschen Filmindustrie zu Beginn der 30'er Jahre 39)

Als die Weltwirtschaftskrise Anfang der 30'er Jahre ihrem Höhepunkt entgegenstrebte, geriet auch die deutsche Filmwirtschaft in die schwerste Krise ihrer noch jungen Geschichte. Die allgemeine Baisse wirkte sich nachhaltig auf die Filmindustrie aus: Kapitalmangel und Kreditkündigungen drückten das Produktionsvolumen; ein starker Besucherschwund bzw. der Versuch, diesen durch Ermäßigung der Eintrittspreise und Verdoppelung des Programmgebots je Vorstellung (Zwei-Schlager-Programm) in den Lichtspieltheatern aufzufangen, stellten die Einspielung der Produktionskosten eines Films stark in Frage, ganz abgesehen davon, daß Gewinne nur noch in Ausnahmefällen zu erzielen waren.

Es wäre allerdings verfehlt, die zahlreichen Unternehmenszusammenbrüche in der Filmwirtschaft lediglich mit der allgemeinen Wirtschaftskrise seit jenem schwarzen Freitag des Jahres 1929 zu begründen. Diese verschärfte vielmehr nur den desolaten Zustand, in dem sich die deutsche Filmindustrie schon seit Jahren befand. Bereits seit 1923, nach Einführung der Rentenmark, hatte die Produktion mit Verlusten gearbeitet: 10 Großfirmen und Konzerne verzeichneten von 1924 bis 1928 ein Defizit von insgesamt 122,5 Millionen Reichsmark. Auch verstärkte Bemühungen um den Auslandsabsatz vermochten diese Verluste nicht auszugleichen. Der deutsche Markt als wesentliches Absatzfeld der Filmwirtschaft war — aufgrund der starken ausländischen Konkurrenz — hoffnungslos mit Angeboten überfüllt, wobei vor allem die amerikanischen Konzerne mit Preisunterbietungen einen nicht zu verschmerzenden Druck ausübten. Man könnte annehmen, daß der Rückgang des deutschen Spielfilmangebots von 242 Filmen im Jahre 1927 auf 144 Filme im Jahre 1933 einen Prozeß der Gesundschrumpfung bedeutete. Tatsächlich veranschaulicht diese Entwicklung lediglich eine nicht abreißende Welle von Unternehmenszusammenbrüchen, über die es keine exakten Angaben gibt, in deren Sog aber nicht nur die kleinen und mittleren Firmen gerieten, sondern auch die großen. So entgingen von zehn Konzernen im Jahre 1932 bis zum folgenden Jahr nur drei (Ufa, Tobis, Terra) dem großen Sterben.

Wesentlich zu diesem allgemeinen Zusammenbruch trug die Spekulation auf hohe Gewinne bei, die auch Außenseiter — aber nicht nur diese — trotz des überaus hohen Risikos immer wieder zu aufwendigen Produktionen verleitete und die für das kapitalistische Filmwesen typisch ist; denn hier sind die Absatzchancen besonders schwer abzuschätzen, wobei überraschende Publikumserfolge eines einzelnen Films immer wieder über drohende hohe Verluste hinwegsehen lassen.

Von größerer Bedeutung war aber noch die Umstellung vom Stumm- auf den Tonfilm. Sie wurde genau zum Zeitpunkt der krisenhaften Zuspitzung vollzogen und galt den "Pionieren" dieses Wechsels als letzte Rettung vor dem Zusammenbruch. So ist bekannt, daß die amerikanischen Warner Brothers, die im Jahre 1927 den ersten Tonspielfilm ("The Jazz-Singer") auf den Markt brachten, vor dem Konkurs standen.

Das weltweite Interesse, das diesem als Sensation empfundenen tönenden Lichtspiel entgegengebracht wurde, zwang auch die in- und ausländische Konkurrenz, sich um entsprechende Aufnahme- und Wiedergabeapparate bzw. um die dazu gehörenden Lizenzen zu bemühen. 40) Die erforderlichen Investitionen für die Installierung der Tonapparate, dazu die hohen Patentkosten verteuerten Filmherstellung und -vorführung erheblich. Kleinere Unternehmen waren kaum in der Lage, die technische Umstellung mitzumachen, so daß sich dadurch der Vorsprung, den die Großfirmen bereits in der Stummfilmzeit besaßen, noch vergrößerte; Zudem erwuchs mit der Tobis, die in Europa ein Patentmonopol besaß, ein zusätzlicher Konkurrent, der sich bald zum größten Hersteller deutscher Spielfilme entwickeln sollte.

So bietet sich 1933 bereits im deutschen Filmwesen (Produktions- und Verleihsektor) das Bild eines Oligopols weniger marktbeherrschender Großkonzerne, denen gegenüber die verbliebenen kleineren Firmen hoffnungslos im Nachteil waren. Es sollte für Goebbels und seine Helfer ein leichtes sein, zusammen mit den Konzernspitzen und in beiderseitigem Interesse ein Filmimperium aufzubauen, das dem Prinzip des freien Wettbewerbs, mit dem die kapitalistische Wirtschaft ihre Existenzberechtigung begründet, Hohn sprach.

B. Die erste Phase der Herrschaftsstabilisierung: 1933–1937

1. Das "Filmministerium" als erste politische Machtposition

Die zentrale Institution, von der sich die Filmindustrie neue Initiativen für eine künftige staatliche "Filmpolitik" versprach, wurde das durch Erlaß des Reichspräsidenten vom 13. März 1933 errichtete Reichsministerium für Volksaufklärung und Propaganda. 41) Analog dem organisatorischen Aufbau der Reichspropagandaleitung umfaßte es in der ersten Zeit seines Bestehens sechs große Abteilungen: für die Gebiete Rundfunk, Presse, Film, Propaganda und Theater sowie für die erforderlichen Verwaltungsangelegenheiten.

Durch die keineswegs präzise abgegrenzte Zuständigkeitsregelung 42) wurden zugunsten des Propagandaministeriums eine Reihe vollständiger Geschäftsbereiche aus anderen Ministerien herausgelöst 43). So wurde das gesamte "Lichtspielwesen" aus dem Reichsministerium des Innern abgetrennt und dem Goebbels-Ministerium eingegliedert.

Die für jeden autoritär regierten Staat notwendige Zentralisation — hier aller kulturellen Belange und der gesamten Öffentlichkeitsarbeit der Faschisten — wurde somit auch Voraussetzung für die Funktionen des Goebbelsschen Ministeriums: Ziel der Propagandaarbeit auf staatlicher Ebene war die geistige Untermauerung der politischen Herrschaft. Goebbels selbst formulierte diese ideologische Absicherung vor der Errichtung des Promi: "Ein revolutionäres Amt, das zentral geleitet wird und vor allem den Reichsgedanken in eindeutiger Form vertritt... Es soll dazu dienen, unsere Macht geistig zu unterbauen und nicht nur den Staatsapparat, sondern das Volk insgesamt zu erobern". 44)

Wie wenig jedoch ein solches "Überministerium" geeignet war, tatsächlich auf dem Gebiete des Films die nationalsozialistischen Ideen ins Volk zu tragen, wenn nicht schon von vornherein eine aufnahmebereits Basis vorgefunden wurde, sollte sich bald zeigen. Andererseits waren die großen Vorhaben — selbst wenn man sie ernst meinte — kaum so "revolutionär", daß eine Umerziehung der Bevölkerung oder gar der auf kulturellem Gebiet Beschäftigten und daran Verdienenden notwendig gewesen wäre.

Eine ausgedehnte Aktivität des Ministeriums und damit verbunden eine zunehmende Intensivierung der propagandistischen Beeinflussung und Kontrolle wurde erst durch die Eroberungs- und Expansionspolitik notwendig, um der Bevölkerung innere (Juden, Kommunisten usw.) und äußere (Versailler Vertrag, Bolschewisten usw.) Feindverhältnisse zu projizieren. Damit wuchs auch der Arbeitsanfall des Propagandaministeriums an: Bereits 1940, im zweiten Kriegsjahr, zählte das Ministerium insgesamt 15 Abteilungen 45); den Höchststand von 17 Abteilungen erreichte es 1941, ohne daß der Zuständigkeitsbereich des Ministeriums inzwischen eine wesentliche Erweiterung erfahren hätte. Der gewaltige Ministeralapparat hatte sich ausgedehnt, als aus einzelnen Sachgebieten Referate entstanden, die zu Hauptreferaten wurden und sich später als Abteilungen verselbständigten. Dort konnte sich der Prozeß aufs neue vollziehen: Sachgebiete und Referate vermehrten sich und drohten den Rahmen der Abteilung wiederum zu sprengen. 46)

Von diesen Tendenzen der Ressortexpansion war die "Filmabteilung" — bis 1938 "Abteilung V (Film)" — weniger betroffen: Obwohl die verschiedenen Arbeitsgebiete durch den Verstaatlichungsprozeß der Filmfirmen und den Kriegszug der Faschisten sich im Laufe der Jahre vermehrten, bestanden während der 12 Jahre NS-Herrschaft nur fünf Referate, im Jahre 1936 zum Beispiel für "Filmwesen und Lichtspielgesetz", "Filmwirtschaft", "Filmwesen im Ausland", "Filmwochenschauen" und "Filmdramaturgie". 47) So bedeutungsvoll sich diese Bezeichnungen anhören, sie spiegeln lediglich Kontrollfunktionen und kaum aktive Aufgaben wider.

Der Grund für die Stagnation im Aufbau der Filmabteilung lag in der Zunahme außerministerieller Institutionen und Organisationen auf dem Gebiet des Films. Denn im Ministerium hatte man zunächst die Haupttätigkeit auf Planungen und Entwürfe gerichtet: Hier wurde die Änderung des alten Lichtspielgesetzes abgesprochen, die Verschärfung der Kontingentbestimmungen beschlossen, die ständische Gliederung aller Filmbeschäftigten vorbereitet und die Schaffung der Filmkreditbank zusammen mit den industriellen Filmkreisen in die Wege geleitet.

Die Aktivität der Filmabteilung erschöpfte sich somit in der Vorbereitung von Entscheidungen, die an anderen Stellen getroffen wurden. Die von Georg Wilhelm Müller hervorgehobene Aufgabe der Abteilung, "das deutsche Filmschaffen in künstlerischer, wirtschaftlicher und technischer Hinsicht zu lenken, zu überwachen und auszurichten sowie für das harmonische Zusammenwirken aller im Film tätigen Kräfte zu sorgen" 48) — eine solche Gesamt f ü h r u n g des deutschen Films und damit die Funktion einer obersten "Filmbehörde" erlangte die Filmabteilung in ihrer Entwicklung niemals.

Eine der ersten dieser Vorbereitungsarbeiten war die Prüfung des Lichtspielgesetzes von Weimar in bezug auf seine Brauchbarkeit für das NS-Regime und die Änderung bzw. Ergänzung der Zensurbestimmungen. Da lag es nahe, daß Goebbels den in Filmrechtsfragen erfahrenen Verwaltungsjuristen Dr. Ernst Seeger am 1. April 1933 zum Abteilungsleiter berief. Bereits während des Krieges hatte Seeger als Filmzensor beim Generalstab und juristischer Berater des Film- und Bildamtes filmrechtliche Erfahrungen gesammelt. 1921 kam er als Referent zur Filmoberprüfstelle. Als Leiter der Filmstelle im Reichsinnenministerium hatte Seeger seinerzeit maßgeblich das Reichslichtspielgesetz von 1920 mitformuliert 49), und 1924 war ihm die Leitung der Filmoberprüfstelle in Berlin — zuletzt als Ministerialrat im Innenministerium — übertragen worden. Seine nationale Gesinnung über den "deutschen" Film hatte er zeitig genug dokumentiert: 50) "Er muß sein / national erfüllt / national gespielt / muß zur Nation bekehren / nationales Denken lehren". Mit der Übernahme Seegers, der übrigens nie Mitglied der NSDAP wurde, ins Propagandaministerium und seiner Weiterbeschäftigung als Oberprüfstellen-Leiter legte Goebbels unmißverständlich die künftige Richtung der staatlichen Filmpolitik fest: An eine völlige Neugestaltung der Filmzensur war ebensowenig gedacht wie an eine "Revolutionierung" des Filmsystems im Sinne einer grundsätzlichen strukturellen Änderung.

Andererseits stellte Goebbels dem Verwaltungsbeamten Seeger mit Arnold Raether einen linientreuen Nationalsozialisten (ehemaliges Freikorps-Mitglied, seit 1930 NSDAP-Mitglied) zur Seite, der sich beim Aufbau der Parteifilmstelle als aktiver Filmpropagandist einen Namen gemacht hatte. 51)

Die Berufung Raethers zum stellvertretenden Abteilungsleiter bot aber nicht nur die beste Gewähr für den propagandistisch-ideologischen Kurs der faschistischen Filmpolitik, sondern der gelernte Kaufmann und ehemalige Geschäftsführer bei der Universum-Film AG (Ufa) brachte wirtschaftliche Erfahrungen und gute Verbindungen zur Filmindustrie mit ins Ministerium. So knüpfte er für die neuen Regierungsvertreter die ersten Kontakte mit dem Reichsverband Deutscher Lichtspieltheaterbesitzer und der SPIO an, deren führende Persönlichkeiten — von den eingeschriebenen NSDAP-Mitgliedern abgesehen — weniger von der Naziideologie beeindruckt waren, sondern eher eine wirtschaftliche Unterstützung erwarteten. Von rechtzeitigen Verbindungen versprachen sie sich eine eventuelle Einflußnahme auf künftige Entscheidungen. Der Kinematograph sprach sogar von "ständiger Fühlungnahme" mit der Filmindustrie (Nr. 65 vom 1.4.1933) und lobte Raethers "ruhige, vorbildliche, sachliche" Art, über die "notwendigen filmwirtschaftlichen Verbesserungen" zu sprechen (Nr. 39 vom 24.2.1933).

Raether entwickelte sich in den ersten Jahren zum "offiziellen Filmexponenten" 52) des faschistischen Regimes und zeichnete sich bei allen Unternehmungen durch besondere Aktivität aus: Er war Mitglied in der sogenannten "SPIO-Kommission", die die ständische Berufsorganisation für das Filmwesen vorbereitete, wurde dann von Goebbels in den Vorstand der "vorläufigen Filmkammer" berufen und anschließend zum ersten Vizepräsidenten der Reichsfilmkammer ernannt. Außerdem saß er im Aufsichtsrat der noch vor allen anderen Projekten gegründeten Filmkreditbank, die die beinahe zum Stillstand gekommene Filmkonjunktur wieder ankurbeln sollte.

Als Mitte der 30'er Jahre der Aufbau der staatlichen Kontrollinstitutionen und -organisationen weitgehend abgeschlossen war, wurde Raether aus den Diensten des Promi und der Reichspropagandaleitung entlassen und mit neuen Aufgaben betraut: Er wechselte als Oberregierungsrat a.D. in die Filmabteilung der "Cautio-Treuhand GmbH", jener Tarngesellschaft, mit deren Hilfe Max Winkler — von Goebbels zum "Reichsbeauftragten für die deutsche Filmwirtschaft" ausersehen — den Aufkauf der privaten Filmfirmen für das Reich durchführen sollte.

2. Die Beseitigung der Finanzkrise und die Gründung der "Filmkreditbank"

Aus allen Maßnahmen, die die Nationalsozialisten in den ersten Jahren ihrer Herrschaft in die Wege leiteten, kann nur ein Schluß gezogen werden: Goebbels hatte sich für das Zusammengehen mit den etablierten Führungsgruppen der Filmwirtschaft entschieden.

Zunächst sollten staatliche Kreditzusagen zur Ankurbelung der Produktionen beitragen, ohne daß diese staatlichen Hilfeleistungen direkte Filmaufträge des Ministeriums bedeuteten. Vielmehr war an eine "Filmbank" als treuhänderische Kreditgeberin gedacht, wie sie in der kapitalistischen Filmbranche durchaus nicht neu war.

Private, d.h. allein von der Filmindustrie und verschiedenen Bankinstituten getragene Vorläufer der nazistischen Filmbank gab es seit 1920: Damals war mit einem Kapital von 15 Millionen RM die "Internationale Film A.-G." zu Finanzierungszwecken gegründet worden, die bald wegen hoher Verluste ihre Tätigkeit wieder einstellen mußte. 1923 folgte ihrem Beispiel die "Bank für Handel und Filmindustrie" in München, die sich dann bei der Währungsstabilisierung auflöste. Von der Industrie- und Privatbank ging ein weiterer Versuch mit einer "Kino-Kredit-AG" im September 1928 aus, der — in erster Linie zur Finanzierung von Kinoneu- und -umbauten vorgesehen — ebenfalls scheiterte. Alle diese Unternehmungen verschwanden letzten Endes so schnell, wie sie aufgetaucht waren. 53)

So bestanden auch zu jener Zeit wieder bei der Spio Pläne in dieser Richtung, die die Nationalsozialisten 1933 aufgriffen und verwirklichten. Im offiziell herausgegebenen Kommuniqué hieß es: "Damit gelangt ein Teil des von der Spitzenorganisation der deutschen Filmindustrie vorbereiteten Planes der deutschen Filmwirtschaft zur Ausführung, der auf der Grundlage des unter staatlicher Förderung stehenden Selbsthilfegedankens der Wirtschaft beruht und jede, wie auch immer geartete Subvention ausschließt." 54) Insbesondere Konsul Marx von der Internationalen Handelsbank hatte seit 1929 im Auftrage der Spio verschiedene Projekte für eine Filmfinanzierungsbank ausgearbeitet, die 1932 konkrete Formen angenommen hatten. 55)

Das "Wir" von Goebbels in seiner zweiten programmatischen Rede über den Film war deshalb etwas anmaßend, wenn er erklärte: "W i r werden vielleicht noch im Laufe dieser Woche durch ein ganz großzügig gedachtes Projekt und eine beabsichtigte Finanzierungsmöglichkeit für die Wiederankurbelung der deutschen Filmwirtschaft an die Öffentlichkeit treten." 56) In Wahrheit errichteten die neuen Machthaber in enger Zusammenarbeit mit den Vertretern der verschiedenen filmwirtschaftlichen Spartenverbänden und den drei Großbanken sowie der Reichskredit-Gesellschaft am 1. Juni 1933 die "Filmkreditbank GmbH", um die Wiederaufnahme der dem Erliegen nahen Produktionsarbeiten zu ermöglichen. Festzuhalten ist natürlich, daß auf Betreibung der Regierung diese Kreditbank überhaupt zustande kam; zumal zu einem Zeitpunkt, da die Filmwirtschaft kaum als vertrauenswürdig gelten konnte. Unter der Schirmherrschaft der Nazis war es ihr erst möglich, in den nächsten Jahren als Produktionsfinanzier eine wirkungsvolle Rolle zu spielen. Maßgeblicher Initiator bei der Gründung war der gerade ernannte Staatssekretär im Reichspropagandaministerium Dr. Walther Funk, einer der ersten Verbindungsmänner zwischen der Nazipartei und der deutschen Industrie. Sven Hedin schreibt in seinen Memoiren über Funk: ein "kleiner, etwas korpulenter, glattrasierter, gemütlicher und jovialer Herr, ein ehrlicher Nationalsozialist, aber doch liberal und tolerant gegenüber anderen Ansichten". 57)

Der ehemalige Handelsredakteur bei der Berliner Börsen-Zeitung von 1931 bis 1933 und seit 1931 Herausgeber eines "Wirtschaftspolitischen Informationsdienstes" der NSDAP war schon 1930 als Kontaktmann der Faschisten zu Industriellenkreisen aufgetreten. Nun sollte er für Goebbels die enge Verflechtung von staatlichem Machtapparat Filmindustrie und Großbanken persönlich in die Wege leiten. Denn er besaß großen Einfluß innerhalb der Wirtschaft und genoß deren Vertrauen.

Funk wurde 1938 von Hitler zum Reichswirtschaftsminister und in dieser Funktion im Januar 1939 zum Reichsbankpräsidenten ernannt. Seine wirtschaftspolitische Auffassung brachte er z.B. in einem Schreiben an Robert Ley aus dem Jahre 1941 zum Ausdruck: Darin betont er, der Nationalsozialismus erkenne das Eigentum an und Staat und Partei stelle der freien Entwicklung aller Konzerne kein Hindernis entgegen. Jede Konkurrenz, so argumentierte Funk, zwischen der Wirtschaft und der Partei (oder dem Staatsapparat) wäre nicht nur unerwünscht sondern geradezu gefährlich. Partei und Staat dürften nicht in die Wirtschaft eingreifen, im Gegenteil, sie müßten sich ihren Wünschen anpassen. Das oberste Gebot des Nationalsozialismus wäre die Erhaltung der unternehmerischen Initiative und Leistung. 58)

Zu einem guten Teil war es dem Verhandlungsgeschick Funks, seinem vermittelnden und ausgleichenden Talent zu verdanken, 59) wenn die Banken, die sich völlig vom Filmmarkt zurückgezogen hatten, sich wieder für den Film zu interessieren begannen. Ein Unterhändler Funk war jedenfalls in keiner Weise mit der jahrelang "getrommelten" Forderung der Faschisten nach "Verstaatlichung der Börsen und Banken" zu identifizieren. So forderte Alfred Rosenberg 1930: "Eine deutsche

Regierung wird zunächst an die Verstaatlichung der Börsen und Banken herantreten" 60) Für Funk jedenfalls hatte der antikapitalistische Kurs der Partei nie eine entscheidende Rolle gespielt — wenn ein solcher überhaupt jemals ernsthaft in das Programm der Faschisten übernommen worden war. Das Verhältnis der Großbanken zum NS-Staatsapparat entwickelte sich keineswegs im Sinne von Rosenberg; auch kann man nicht von den Banken als "Instrumenten des totalitären Systems" (Bracher) sprechen. Vielmehr muß man von engen gegenseitigen Beziehungen ausgehen: Die Vertreter der Banken hatten feste Verbindungen zur Parteiführung und einflußreiche Parteileute saßen in den Vorständen der Banken. 61) Der Kölner Bankier Kurt von Schröder beschrieb die Funktion der Großbanken im Jahre 1945 vor dem Nürnberger Militärgerichtshof wie folgt: "Sie hatten einen ganz gewaltigen Einfluß auf die Partei und auf die Regierung. De facto waren die Großbanken fast eine zweite Regierung. Die Partei und die von der Partei beherrschte Regierung konsultierten die Großbanken bei jeder wirtschaftlichen und finanziellen Frage, die auftauchte." 62)

So propagierten die Nationalsozialisten nach ihrer Machtübernahme nicht die Verstaatlichung sondern die "private Initiative mit eigener Verantwortlichkeit" als die zweckmäßigste Organisation der Kreditinstitute bei einer "elastischen Staatsaufsicht". 63) Grundlage dieser Organisationsform — sich in der Errichtung der FKB bereits ankündigend — war das Reichsgesetz über das Kreditwesen vom 5. Dezember 1934: "Durch dieses Gesetz werden unter grundsätzlicher Aufrechterhaltung des durch die Leistungen der Vergangenheit bewährten — nämlich des gemischten — Systems der Bankwirtschaft die privatwirtschaftlichen Gesichtspunkte, die für das Funktionieren des Kreditapparates unerläßlich sind, gleichberechtigt neben die Ansprüche der Gesamtheit auf eine der wirtschaftspolitischen Zielsetzung der Staats- und Wirtschaftsführung entsprechende Beaufsichtigung und Lenkung des Kreditwesens gestellt." 64)

Der Autor leitete die organisatorische Mischung aus der grundsätzlichen "Schicksalsgemeinschaft zwischen Staat und Wirtschaft" und aus der spezifisch-historischen Bankkrise von 1931 ab: Damals hatte das Reich mit 1.115,7 Mio. RM die Sanierung der Großbanken durchgeführt und damit das Bündnis von politischem Herrschaftsapparat und Großbanken eingeleitet bzw. gefestigt.

Im Rahmen dieses Bündnisses war auch das Netz persönlicher Verbindungen und institutionalisierter Verflechtungen zwischen Finanzkapital und Filmwirtschaft eng geknüpft: Die kapitalstarken Großbanken kamen mit der Filmindustrie zunächst durch die Kreditgewährungen ins Geschäft und führten später mit Winkler, dem Reichsfinanzministerium und dem Propagandaministerium die Transaktionen beim Aufkauf der Filmkonzerne durch 65); ihre Vertreter saßen während der ganzen NS-Zeit in den Aufsichtsräten der Filmfirmen 66), um im Bedarfsfall die Beschaffung von Krediten zu erleichtern bzw. Kredite zu erhöhen.

Bei der offiziellen Gründung der Filmkreditbank traten alle diese im faschistischen Film kooperierenden Machtgruppen offen in Erscheinung: Filmindustrie und Finanzkapital hielten zusammen die Geschäftsanteile der Bank in Höhe von nominell 200 000 RM 67) und legten Kreditzusagen bis zu 10 Mio RM vor, die in den nächsten Jahren noch wesentlich übertroffen wurden.

Ein genaues Spiegelbild der speziell am Aufbau der Filmbank und an einer neuen wirtschaftlichen Grundlage der Filmherstellung Interessierten lieferte die Zusammensetzung des ersten Aufsichtsrates: Aus dem Regierungsapparat waren Walther Funk (Staatssekretär im Propagandaministerium), Arnold Raether (Filmabteilungsleiter im Promi) und Ministerialdirektor Posse (Reichswirtschaftsministerium) berufen worden; die Geldinstitute waren vertreten durch die Direktoren Kiehl (Deutsche Bank), Maerz (Commerz- und Privatbank), Dr. Pilder (Dresdner Bank) und Post (Reichskreditgesellschaft); aus der Filmindustrie kamen Generaldirektor Klitzsch (Ufa AG), Generaldirektor Dr. Henkel (Tobis Tonbild Syndikat AG), Dr. Bockies (Arbeitsgemeinschaft deutscher Filmverleiher) sowie die Direktoren Engl (Reichsverband deutscher Lichtspieltheaterbesitzer), Strehle (Agfa) und Wehner (Atelierbesitzer); Vorsitzer des Aufsichtsrates war Rechtsanwalt Dr. Fritz Scheuermann, der einige Wochen später außerdem von Goebbels zum Reichsfilmkammerpräsidenten ernannt wurde.

Nach ihrer Starthilfe zogen sich die Banken aus der unmittelbaren Beteiligung an der Filmfinanzierungsgesellschaft bald zurück: Die Anteile der Filmkreditbank gingen im Laufe des Jahres 1934 auf die Reichsfilmkammer über 68), der die Filmbank auch organisatorisch angegliedert wurde. Trotzdem blieben die Bankinstitute weiterhin eng mit der Kreditpolitik des faschistischen Filmwesens verflochten, wenn sie auch nach außen hin nicht mehr in Erscheinung traten. Zum einen fungierte die Filmkreditbank in der Regel als Treuhänderin von Krediten, die die Großbanken der Filmindustrie selbst zur Verfügung stellten; zum anderen ist eine Kreditinstitution solcher Größenordnung stets auf die wohlwollende Unterstützung der Banken angewiesen.

In Wahrnehmung ihrer treuhänderischen Funktionen gewährte die Filmkreditbank gegenüber den an den Filmproduktionen Interessierten Sicherheit für die Erhaltung der investierten Leistungen und deren Reproduktivität, um letztlich zur Gesundung der Branche beizutragen, aber auch für die einheitliche politisch-ideologische Linie der kreditierten Filme. Zweck der Filmbank war demnach nicht die Eigenfinanzierung der Filmproduktionen — hierzu reichten auch die Mittel trotz mehrfacher Erhöhung des Eigenkapitals nicht aus —, sondern die Vermittlung zwischen Kreditgebern und Produzenten. Wesentlich war nun, daß der staatliche Machtapparat sich durch seine Beteiligung zwischengeschaltet hatte: Die finanzielle Sicherheit war gekoppelt an die politische Kontrolle.

Über die Gewährung von Krediten konnte zunächst der Vorsitzende des Aufsichtsrates allein entscheiden, wenn die Kreditsumme die Grenze von 50 000 RM nicht überschritt oder wenn der Kredit nur höchstens für 50% der Herstellungskosten beantragt war. In allen anderen Fällen war der sogenannte "Arbeitsausschuß" — seit 1936 hieß er "Kreditausschuß" — zuständig. In ihm saßen neben dem Aufsichtsratsvorsitzenden und dessen Stellvertreter weitere Mitglieder des Aufsichtsrates — also Vertreter der Banken, der Filmindustrie und der Reichsfilmkammer —, aber auch die Beauftragten der Geschäftsführung und der Gesellschafter der Filmkreditbank.

Die personelle Zusammensetzung der Organe der Filmbank 69) — und zwar nicht nur des jeweiligen Kreditausschusses, sondern aller Gremien einschließlich des Aufsichtsrates — stand für die inhaltliche Anpassung der Filme an die faschistische Ideologie und für die Ausschaltung der Juden ein: Überall hatten sich die politischen Machthaber Positionen und Ämter gesichert — was natürlich durch die Besitzverhältnisse der als GmbH organisierten Filmkreditbank formal abgesichert war.

Trotz aller Änderungen blieb die Filmkreditbank bis zum Jahre 1945 im mittelbaren oder unmittelbaren Besitz des Reiches, also direkt von den politischen Machthabern abhängig. Zunächst hatten am 25. März 1935 die beiden wichtigsten Filmwirtschaftsverbände — der Gesamtverband der Filmherstellung und Filmverwertung e.V. und der Reichsverband Deutscher Filmtheater e.V. — die Gesellschaftsanteile von der Reichsfilmkammer übernommen und gleichzeitig das Kapital auf eine Million RM erhöht. Eineinhalb Jahre später, im Oktober 1936, traten die beiden Verbände, deren Liquidation unmittelbar bevorstand, ihre Anteile an die Allgemeine Filmtreuhand GmbH — eine reichseigene Gesellschaft — ab.

Anfang 1942 ging die Filmkreditbank in den Besitz einer weiteren Reichsgesellschaft, der Film-Finanz GmbH über, die wenige Wochen später zur Ufa-Film GmbH firmierte. Der Aufgabenbereich hatte sich damals infolge der organisatorischen Änderungen in der Filmwirtschaft — die Großkonzerne befanden sich in Reichsbesitz — verlagert: Die Filmkreditbank wurde zur "Hausbank" des staatlichen Mammutkonzerns umfunktioniert. Schließlich wechselten die Gesellschaftsanteile noch einmal im Jahre 1943 den Besitzer: Die Ufa-Film GmbH gab sie an die Cautio ab. Winkler erhöhte schließlich 1944 namens dieser Treuhandgesellschaft des Reiches das Stammkapital auf insgesamt sechs Millionen RM. 70)

Bevor es jedoch zu einer Wandlung in den Funktionen der Filmkreditbank Anfang der 40'er Jahre kam, unterschied sich ihr Apparat wesentlich von dem normalen Bankgeschäft: Ein "dramaturgisches Büro" untersuchte die von den Produktionsfirmen und Verleihern eingereichten Stoffe auf ihre "Finanzierungswürdigkeit", und ein "Produktionskontrollbüro" überwachte die Kalkulationen und Dispositionspläne von Beginn der Dreharbeiten an. Außerdem waren innerhalb der Filmkreditbank — sie hatte ihren Sitz direkt neben der Reichsfilmkammer — ein Theater- und ein Verleihkontrollbüro zur Überwachung der Abrechnungen eingerichtet worden. Filmkammer und Reichsfilmdramaturgie legten der Kreditbank Gutachten vor, um Filmstoffe, Personalien usw. zu prüfen und die "Kreditwürdigkeit" festzustellen.

Die politische Kontrolle über die Filmfinanzierungen setzte demnach bereits beim Drehbuch ein und wurde ergänzt durch die obligatorische Vorlage der Besetzungsliste, der Vertragsabschlüsse aller Beteiligten und — nach der jeweils gültigen gesetzlichen Regelung — des Gutachtens des Reichsfilmdramaturgen und/oder des Reichsfilmkammerpräsidenten. Daneben wachten die Vertreter der Filmbank genauestens über die finanziellen Praktiken der Kreditnehmer: Dem Kreditantrag mußte eine Kalkulation beiliegen, aus der der Finanzierungsnachweis für die Gesamtproduktionskosten ersichtlich war.

Detaillierte Bestimmungen legten Umfang, Sicherung, Fälligkeit und Tilgung der

Kredite, die in den ersten Jahren bis zu 70% der Herstellungskosten betrugen 71), genau fest. 72)

Die Finanzierung von Spielfilmen durch die Filmkreditbank von 1933 bis 1936[1])

	Gesamt-produktion in Stück	geförderte Filme in Stück	Anteil der geförderten Filme an der Gesamtproduktion	kalkulierte Gesamtherstellungskosten der geförderten Filme in Mio. RM	Kreditbetrag in Mio. RM	Anteil der Kredite an den Kosten der geförderten Filme
1933	(115)	22[2])	–	6,127	1,828	ca. 30 %
1934[3])	121	49	40,5 %	15,288	7,613	49,7 %
1935[4])	94	65	69,1 %	25,755	15,751	61,1 %
1936	112	82	73,2 %	ca. 35,7	ca. 21,4	ca. 60 %

1) Die Angaben sind zusammengestellt nach:
Kurt Wolf: Entwicklung und Neugestaltung der deutschen Filmwirtschaft seit 1933, Heidelberg (Diss.) 1938, S. 17 ff.; (Wolf hat die Zahlen dem "Film-Kurier" Nr. 156 vom 7.7.1936 sowie der Zeitschrift "Der deutsche Volkswirt" Nr. 30 vom 26.4.1935, S. 1389 entnommen).
Günter W. Klimsch: Die Entwicklung des NS-Filmmonopols von 1930–1940, a.a.O., insbes. S. 53;
Gerd Albrecht: Nationalsozialistische Filmpolitik, a.a.O., insbes. S. 18 f. sowie versch. Tabellen im Anhang. (Beide Autoren stützen sich auf die Angaben von Wolf).
2) In dieser Zahl sind Kurz- und Spielfilme enthalten. Da außerdem im Jahre 1933 die Arbeit der FKB erst anlief, kann hier ein Vergleich nur sehr bedingt angestellt werden.
3) 1934 wurden weitere 64 Finanzierungen für "Kultur- und Kurzfilme" sowie für Synchronisationen von der FKB bewilligt; der Gesamtbetrag dieser Kredite betrug 330 000 RM.
4) 1935 wurden für insgesamt 360 000 RM weitere 40 Kredite für Nicht-Spielfilme zur Verfügung gestellt.

Die Inanspruchnahme der Kredite erfreute sich bereits im Jahre 1933 großer Beliebtheit und nahm (wie aus der Tabelle hervorgeht) in den nächsten Jahren sprunghaft zu. Erst in der Spielzeit 1936/37 wurden infolge der "Verstaatlichung" der Filmfirmen neue Finanzierungswege notwendig.

Die mit Unterstützung der Großbanken — vor und nach deren unmittelbarer Beteiligung — zustande gekommenen Finanzierungen und Mitfinanzierungen kamen zweifellos den kleinen und mittleren Produktionsfirmen, wenn auch nicht ausschließlich, zugute: Sie verfügten in der Regel nur über sehr wenig Eigenkapital und waren deshalb auf Kreditierungen angewiesen. Sie versprachen sich eine Loslösung von der finanziellen Abhängigkeit gegenüber den Großkonzernen — und begaben sich bedenkenlos in die Abhängigkeit gegenüber dem faschistischen Regime, dessen Finanzmanipulationen ihnen Profitraten in Aussicht stellten.

Überholte, d.h. nicht mehr relevante antimonopolistische und antikapitalistische Tendenzen hatten hier in völliger Verkennung der tatsächlichen filmwirtschaftlichen Arrangements nachgewirkt, und zunächst schien es auch so, als würden sie sich bei der Filmkreditpolitik durchsetzen. Da jedoch die Herrschaftsverhältnisse innerhalb des kapitalistischen Filmsystems selbst nicht angetastet wurden, konnte die zur wirtschaftlichen Konzentration strebende Entwicklung nicht aufgehalten werden. Die Klein- und Mittelbetriebe waren mehr und mehr auf fremde finanzielle Hilfe angewiesen. Die ständig steigenden Produktionskosten der Ton- und Farbfilme waren von ihnen kaum zu leisten.

Die Kreditpolitik konnte diese Entwicklung keineswegs aufhalten. Wesentlicher Grund hierfür war die Tatsache, daß seit Gründung der FKB der TOBIS-Konzern — damals einer der größten deutschen Spielfilmproduzenten — Hauptnutznießer der Kreditvergabe durch die Filmbank war, da er nur einen relativ geringen eigenen Kapitalbestand aufwies. Aber auch die anderen Großfirmen nahmen in steigendem Maße die Filmkreditbank in Anspruch, so daß die Kredite für die Mittelstandsbetriebe nicht mehr ausreichten, die Konkurrenzfähigkeit zu erhalten. Außerdem mußten die Gelder von den Firmen irgendwann einmal zurückgezahlt werden. Die Konzentration auf dem Produktionssektor macht deshalb deutlich, welche Firmen überhaupt noch in der Lage waren, mit Krediten der FKB ihre Produktionen zu finanzieren und aufrechtzuerhalten: So wurden in der Spielzeit 1934/35 nur noch 25 bis 30% der Filme (gegenüber 60% im Jahre 1932) außerhalb der Konzerne produziert; in der Spielzeit 1935/36 sank die Zahl der von kleinen und mittleren Firmen hergestellten Filme sogar auf 19,4%. Den Rest der Produktionen teilten sich die Konzerne der Ufa, Tobis, Bavaria und Terra untereinander auf, wobei Ufa und Tobis 1935/36 bereits zusammen 60,2% der Gesamtproduktion bestritten. 73) Die Gegenüberstellung der zahlenmäßig steigenden Finanzierungen und des sinkenden Anteils der kleinen und mittleren Produktionen verdeutlicht die Richtung der Kreditpolitik: Von einer Existenzsicherung und einem Schutz vor den Filmkonzernen konnte keine Rede mehr sein.

Mittelständische Ideologie erwies sich auch in den Sanierungsmaßnahmen der Nationalsozialisten für den Film als bloßer Schein und Vorwand. Das Zusammengehen von Finanzkapital, Großkonzernen und politischer Machtgruppe auf dem Finanzierungsgebiet begünstigte den kapitalistischen Trend zur wirtschaftlichen Monopolisierung und Konzentrierung, die dem politischen Zentralismus der Nazis entgegenkam. Die kapitalistischen Eigengesetzlichkeiten wurden jedenfalls durch die "staatliche" Filmkreditbank sowenig außer Kraft gesetzt, daß sie eine filmwirtschaftliche Konzentration nicht verhinderten. Bankiers und Filmindustrielle waren in ihren ökonomischen (und teilweise auch politischen) Interessen mit der programmatischen Konzeption der nazistischen Filmclique identisch.

Abgesehen von dieser Alibifunktion, die hauptsächlich die Produktion der Konzerne ankurbeln half, diente die Arbeit der Filmkreditbank ganz konkret der politischen Überwachung und Lenkung. Zahlreiche kleine und mittlere Filmgesellschaften wurden Opfer der "Arisierungsmaßnahmen" und damit Beute der antisemitischen Ideologie, wenn sie nicht schon finanziell kaum mehr leistungsfähig und dem Konkurs nahe waren. So war die Funktion der Filmkreditbank Anfang der 30'er Jahre nicht nur in der Sicherung der finanziellen Grundlage des deutschen Films zu sehen. Sie war gleichzeitig Kontrollorgan des staatlichen Herrschaftsapparates und damit frühestes Machtmittel, die antihumanistischen Ideen des Faschismus durchzusetzen: Der Abschluß eines Finanzierungsvertrages wurde nur in Aussicht gestellt, solange die Nichtbeteiligung von Juden und Antifaschisten garantiert war und die nationale Phraseologie in den Filmen durchschimmerte — sei es in den belanglosesten Unterhaltungsfilmen.

Die Filmkreditbank hatte sich nach offizieller Lesart die Aufgabe gestellt, "nach Möglichkeit Filme zu kreditieren, die neue Wege . . . besonders auf dem Gebiet einer wahrhaft deutschen Kunst" gingen. 74)

Die Mitgliedschaft in der Reichsfilmkammer wurde für alle am Herstellungsprozeß eines Films mitwirkenden Personen und Gesellschaften vorausgesetzt, so daß die Nicht-Registrierung in den Akten der Kammer eine konkrete Handhabe zur Ablehnung eines Finanzierungsgesuches bot.

Die Filmkreditbank hatte also weitaus mehr als nur eine bankmäßige Funktion auszuüben. Politisch-ideologisch funktionierte die Filmbank bestens:
Die faschistischen Filmführer kontrollierten, was die kapitalistische Filmwirtschaft produzierte; diese wiederum produzierte, was die Ideologie kreditierte. Reichsfilmkammer, Reichsfilmdramaturgie und Kontingentstelle, die zu dieser Zeit ebenfalls organisatorisch vorbereitet wurden, sollten sich wie das Lichtspielgesetz von 1934 als "verbündete Instanzen" für die Filmkreditbank erweisen.

3. Die Ständeordnung als Organisationssystem des NS-Films

3.1 Die Durchsetzung der Unternehmerinteressen

Unmittelbar nach Inkrafttreten der finanziellen Sanierungsmaßnahmen gingen die filmwirtschaftlichen und filmpolitischen Interessengruppen daran, sich um die allgemeine wirtschaftliche "Gesundung" des Filmmarktes zu bemühen und damit die "Vertrauens- und Kreditwürdigkeit" der deutschen Filmwirtschaft wiederherzustellen. 75) Es ging um die organisatorische Erfassung aller irgendwo im Bereich des Films tätigen Gruppen und Personen, nach konservativ-reaktionären Vorstellungen eines "Ständestaates".

Zunächst aber traten bei der Inangriffnahme neuer Ordnungsmöglichkeiten — deutlicher als bei der Festigung der finanziellen Grundlage — "sozialrevolutionäre" Gedanken in den Vordergrund: Die NS-Betriebszellen in der Filmindustrie schienen sich in der ersten Phase eines "radikal" berufsständischen Aufbaus durchzusetzen. Sie waren 1932 in der Filmbranche zum erstenmal in Erscheinung getreten und hatten begonnen, die bestehenden Organisationen, Interessenverbände und auch Betriebe personell zu unterwandern. Damals hatte die in der gesamten Industrie bereits seit 1929 76) agitierende "Nationalsozialistische Betriebszellen-Organisation" (NSBO) unter dem Goebbels-Schlagwort "Hinein in die Betriebe" ("Hib-Aktion") noch intensiver und schlagkräftiger die Arbeitnehmer im ganzen Reich zu gewinnen versucht. 77)

Die NSBO-Funktionäre — sie verstanden sich selbst als "Spezialwaffe der NSDAP gegen den Betriebsmarxismus" 78) — verdrängten mit teilweise terroristischsten Methoden die Sozialisten und Kommunisten aus den Betriebsräten und sorgten als propagandistischer Stoßtrupp der Faschisten für die Verbreitung der NS-Ideologie in den Betrieben. Nach der Machtübernahme durch die Faschisten legte die NSBO ihre ganze Aktivität auf die Ausschaltung der Gewerkschaften, wobei sie offiziell als "Träger der Aktion" fungierte. Damals setzte auch die Infiltration der NSBO innerhalb der Filmwirtschaft massiv ein, und ihre Führungskräfte erklärten sich selbst zu den "Interessenvertretern" der Filmschaffenden. Als im Juni die Betätigung aller Film-Arbeitnehmer an die Zugehörigkeit zur NSBO, Fachgruppe Film, gekettet wurde, sollte dies eine der letzten Aktivitäten der Betriebszellen sein: Bei Gründung der Filmkammer im Juli 1933 wurde die Fachgruppe in einen "Verband der Filmschaffenden" umgewandelt. Die Gesamtführung der "Arbeitnehmerorganisation" 79) war Carl Auen übertragen worden, dem die Partei die Namen "NSBO-Verbindungsmann Film der obersten NSBO-Leitung" und "Obmann der Zelle deutschstämmiger Filmfachdarsteller" verliehen hatte. Der ehemalige Schauspieler und aktive NS-Kämpfer lenkte die Berufsneuordnung bereits in die gewünschte Richtung: Zwangsmitgliedschaft bedeutete die Reinigung von "unliebsamen Elementen" unter den Filmschaffenden. Voraussetzung für die Aufnahme in die Fachgruppe bzw. den Verband war die "deutsche Abstammung" der Antragsteller. Die "Film-Arbeitnehmer" waren damals in drei grundsätzliche Berufsgruppen eingeteile: freie Filmschaffende, Filmwerktätige und kaufmännische Filmangestellte. 80)

Die Entmachtung der NSBO im Bereich des Films entsprach der allgemeinen Tendenz: So distanzierte sich Goebbels, der vor der "Machtergreifung" noch aktiv die Ideen der NSBO unterstützt hatte, bald von dem "radikalen" Flügel der Faschisten: Das Zusammengehen von Industriellen und NSDAP kündigte sich auch auf dieser Ebene an. Die Machtambitionen der NSBO waren schnell zerstört worden, als nach der Zerschlagung der legitimen Arbeitervertretungen am 2. Mai 1933 die "Deutsche Arbeitsfront" ins Leben gerufen wurde. Ihr Leiter Dr. Robert Ley wollte Arbeitnehmer und Arbeitgeber in einer einheitlichen Organisation zusammenfassen. Der Widerstand in der eigenen Partei gegen die NSBO, der man seit Januar bereits selbst "marxistische Tendenzen" anstelle "nationalsozialistischer Denkart" vorwarf, war gewachsen — die DAF war nicht zuletzt geschaffen worden, um den Sonderbestrebungen nationalsozialistischer Arbeitnehmerorganisationen wie der NSBO entgegenzuwirken. Die Betriebszellenorganisationen wurden nach und nach ausgeschaltet. Nicht wenige ihrer Funktionäre landeten als "marxistische Verbrecher" im KZ. Diese Niederlage der NSBO und der Vorwurf, "verkappte Marxisten" zu sein, beendete auch ihre Aktivität im Filmwesen und verbaute ihr eine eigenständige Machtposition in diesem Bereich. Goebbels, der die Entwicklung frühzeitig durchschaut hatte, konnte nunmehr auf Pläne zurückgreifen, die die NSBO zusammen mit Rosenbergs "Kampfbund für Deutsche Kultur" ausgearbeitet hatte: Noch im April war als vorläufiges Wirtschafts- und Organisationsprogramm eine "Nationalsozialistische Kommission Spio" (NSKO-Spio) gegründet worden, um Goebbels' Machtbereich auf dem Gebiet des Films zu beschneiden. Vertreter der NSBO war Walter Schmidt; vom Kampfbund kam Hans Martin Cremer, der gleichzeitig ein "dramaturgisches Büro" leitete, eine "Beratungsstelle" für die Vorprüfung von Filmmanuskripten, Drehbüchern und Besetzungslisten. Ein stofflich von ihr anerkannter Film sollte von der Zensurbehörde nicht angegriffen werden. 81)

Goebbels kam schließlich aber nicht nur die Auflösung der NSBO zugute, die das Ende der NSKO-Spio bedeutete; sondern er griff auch die berufsständischen Tendenzen des Kampfbundes auf: Der Gedanke der "Künstler-Kammer" war als Organisationsprinzip vom Rosenbergschen Kulturbund entwickelt worden. Rosenberg selbst hatte erste Entwürfe bereits seit 1929 in den "Mitteilungen des Kampfbundes für deutsche Kultur" vorgelegt. 81)

In ein solches Kammersystem konnte Goebbels reibungslos die von der NSBO vororganisierten Arbeitnehmer eingliedern. Die NSBO und der Kampfbund hatten hier tüchtig vorgearbeitet: Beide hatten zunächst deren Interessenverband, die "Dachorganisation der Filmschaffenden Deutschlands e.V." (Dacho) aus ihren Organisationen ausgeschlossen, so daß der Weg frei war für das Propagandaministerium, die Dacho am 1. Juni 1933, dem Tag der Gründung der Filmkreditbank, offiziell aufzulösen. 82)

Während die Filmschaffenden auf diese Weise im Laufe des Sommers 1933 organisatorisch in das faschistische Filmsystem eingeordnet wurden, liefen gleichzeitig die Vorbereitungen zur Erfassung der Arbeitgeber. Goebbels selbst zeigte hier ein besonderes Interesse und orientierte sich bei der Form der geplanten "Gleichschaltungsmaßnahmen" weitgehend an den bestehenden unternehmerischen Interessenverbänden.

Zunächst trafen sich die Vertreter der Industrie und der Ministerialbürokratie in kleinem Kreise, um "das große Reformwerk der deutschen Filmwirtschaft" in Angriff zu nehmen. Diese sogenannte "Spio-Kommission" trat zum erstenmal am 17. Juni 1933 mit einem ganzen Katalog von Aufgaben zusammen, die zu bewältigen man sich vorgenommen hatte: die Regelung der Eintrittspreise, des Platzangebotes und der Programmgestaltung; die Beseitigung eines "ungesunden" Schleuderwettbewerbs und des "unwürdigen" Reklame- und Ankündigungswesens; die Überwachung des Abrechnungswesens in den drei Sparten Herstellung, Verleih und Theaterbesitz; ferner die Neuordnung der Elektrolizenzabgabe, Musiktantiemen und Theaterpachten sowie die Beseitigung von "Auswüchsen" bei den Herstellungskosten (Stargagenfrage usw.). 84)

Den Vorsitz des Ausschusses übernahm der Vorsitzende der Spio, Ludwig Klitzsch, Generaldirektor des Scherlkonzerns und der Ufa AG, unterstützt vom Aufsichtsratsvorsitzenden der Filmkreditbank Dr. Fritz Scheuermann. Die Geschäftsführung war dem Rechtsanwalt und Notar Dr. Walther Plugge (damals Geschäftsführer der Spio) als weiteren Beauftragten der Spio übertragen worden. Goebbels hatte aus seinem Ministerium wieder den stellvertretenden Filmabteilungsleiter Arnold Raether entsandt, während ein Ministerialrat Dr. Botho Mulert die Interessen des Wirtschaftsministeriums vertrat.

Die weitere Zusammensetzung entsprach den verschiedenen Sparten der Filmwirtschaft: Felix Pfitzner als Vertreter des Verbandes der Filmindustriellen und Vorsitzender des Verbandes Deutscher Filmateliers; Wilhelms Meydam als Vorsitzender der Arbeitsgemeinschaft der Filmverleiher Deutschlands; Adolf Engl — vor 1933 als Landesfilmstellenleiter aktiver NS-Propagandist — als Vorsitzender des Reichsverbandes Deutscher Lichtspieltheaterbesitzer.

Der Name der Kommission ließ bereits erkennen, welche organisatorische Form zur Eingliederung und Erfassung der Filmindustrie gewählt werden sollte: Die alten

Interessenverbände waren in Institutionen mit Zwangscharakter umzuwandeln, die ihre organisatorische Spitze in der Spio hatten. Die Spio war 1923 durch den Zusammenschluß von mehreren Wirtschaftsverbänden der Herstellung, des Verleihs, des Kinobesitzes, des Außenhandels und der technischen Betriebe als ein Dachverband gegründet worden. "Sein Zweck war, auf neutralem Boden alle Fragen zu erörtern, welche die Gesamtheit des Filmgewerbes angingen, und die Basis zu einer geschlossenen Vertretung nach außen hin zu schaffen." 85) Ihrem Ursprung und Zweck nach war die Spio eine wirtschaftliche Interessenvertretung mit einseitiger Betonung der Arbeitgeberbelange. Bezeichnenderweise trat sie jedoch als Vertreterin der gesamten Filmwirtschaft auf. Nur wenige Reichsverbände und Unterverbände waren ihr nicht angeschlossen. So wurden nach einem der ersten Beschlüsse der Spio-Kommission sämtliche Filmfirmen aufgefordert, bis zum 30. Juni 1933 ihre Mitgliedschaft in einem der bestehenden Spartenverbände anzumelden. Hiervon wurde die Möglichkeit der Betätigung im Bereich des Films abhängig gemacht. Gleichzeitig wurden die Firmen angehalten, ihre Statuten in Hinblick auf eine Zwangsmitgliedschaft zu ändern. So waren im gleichen Monat Arbeitgeber und Arbeitnehmer in ihrer Tätigkeit auf filmischem Gebiet abhängig geworden von der Zugehörigkeit zur Spio bzw. einem ihrer Unterverbände oder zum "Verband der Filmschaffenden".

Jedoch war man sich im nationalsozialistischen Lager über die künftige organisatorische Regelung der lückenlosen Erfassung von Filmschaffenden und Filmunternehmern zu diesem Zeitpunkt noch keineswegs gänzlich klar und einig: Gedacht war ebenso an einen Ständeaufbau als Utopie der "klassenlosen" Filmgemeinschaft wie an eine einheitliche Zusammenfassung innerhalb der Deutschen Arbeitsfront.

Nach dem Zurückdrängen der NSBO war die DAF überall in den Organisationsbereich der Wirtschaft eingedrungen und hatte auch den Kampf um die Kontrolle über den kulturellen Bereich aufgenommen. Die Pläne Leys — die bestehenden künstlerischen Berufsverbände einschließlich der organisierten Filmschaffenden und Filmunternehmer in eine allgemeine Berufsorganisation innerhalb der DAF zu überführen — drohten Goebbels' Vorhaben zu durchkreuzen.

Die Kontroverse brach Mitte Juli 1933 offen aus. Der Propagandaminister sah die geplante Kulturkammer, die sich aus den Aufgabenkreisen seines Hauses zusammensetzen sollte, schon gefährdet und wandte sich in einem Schreiben direkt an Hitler: Der Fortbestand der bestehenden, mit ihm als Propagandaminister bereits zusammenarbeitenden Berufsverbände dürfte nicht angetastet werden. Außerdem bezeichnete er Ley als einen Anhänger des Gewerkschaftsgedankens, der offensichtlich noch dem "marxistischen Klassendenken" verhaftet wäre. In der Tat verstand Ley seine allgemeine Berufsgruppenorganisation als eine Art paritätischer Arbeitsgemeinschaft der Sozialpartner, wobei er den Gedanken wirtschaftlicher und sozialer Interessenvertretung zumindest formell beibehielt. Auf der Seite der Filmschaffenden hätte das eine "Filmgewerkschaft" bedeutet, die die Belange der Arbeiter und Angestellten vertrat.

Streitobjekte zwischen der DAF und Goebbels waren die wirtschaftlich und organisatorisch starken Berufsverbände aus den kulturellen Bereichen. So war beispielsweise in einer Bekanntmachung vom 24. Juni 1933 noch die Rede von einer möglichen Eingliederung der Filmschaffenden in die DAF (Kinematograph Nr. 125 vom 1.7.1933).

Hitler gab damals dem Ansinnen Goebbels' statt: Es deutete sich an, daß allgemein die Aktivität der Arbeitsfront seitens des Regimes — vor allem auf Druck der faschistischen Wirtschaftsführer hin — gebremst und ihre Übergriffe in den Bereich der Betriebsführung beendet werden sollten. 86) Die Tätigkeit der DAF blieb in den folgenden Jahren auf das relativ unwichtige Feld der politischen Propaganda im Betrieb und der sozialen Fürsorge beschränkt. Den Unternehmern blieb die Regelung aller betrieblichen Angelegenheiten einschränkungslos vorbehalten. Der allgemeine Machtverlust der Arbeitsfront war deshalb auch mitentscheidend für den Ressortsieg des Propagandaministers bei der Errichtung der kulturellen Ständeorganisation. 87)

Mit der Ausschaltung der NSBO und der DAF 88) waren alle "halbgewerkschaftlichen" und "halbsozialistischen" Bewegungen und Tendenzen auch innerhalb der Filmwirtschaft abgewürgt: Bestrebungen, die Unternehmer zu beseitigen, spielten keine Rolle mehr. Über die Köpfe des filmischen Mittelstandes hinweg hatten sich die Industrieführer mit den neuen Machthabern arrangiert. Die Unternehmerinteressen setzten sich beim "Neuaufbau" des deutschen Films entscheidend durch. Nationalsozialisten wie Oswald Johnsen — Leiter der Landesfilmstelle in Thüringen und als Kinobesitzer zu den "kleineren Filmunternehmern" zu rechnen —, der noch im Februar 1933 gefordert hatte, die Ufa AG und alle anderen Konzerne aufzulösen (Kinematograph Nr. 39 vom 24. 2. 1933), wurden für die weitere politische und wirtschaftliche Entwicklung des faschistischen Films bald entbehrlich, wenn nicht hinderlich und schieden aus.

Als politisch-propagandistisches Mittel hatten die faschistischen Führer hierbei jene Hoffnungen taktisch genutzt, die sie mit den pathetischen mittelständischen Parolen bei Klein- und Mittelbetrieben erweckt und genährt hatten. Mit der Verwirklichung der Goebbelsschen Neuordnungsprojekte des Filmwesens, dem Kammersystem, schien aufs neue (nach Errichtung der Filmkunstbank) die Stunde für mittelständische Ziele gekommen, die Schutz vor den Konzernen in Aussicht gestellt hatten.
Die Verschmelzung von Arbeitgebern und Arbeitnehmern 89) in einer Filmkammer sollte nicht nur den ständischen Schlagworten Rechnung tragen, sondern versprach eben auch die Sicherung der Klein- und Mittelbetriebe. Als jedoch die materiellen Vorteile der Unternehmer gefestigt und verstärkt wurden, gab sich die "vereinigende" Kammer als bloße Utopie einer Interessengemeinschaft zu erkennen: Die Konzentrationsformen filmwirtschaftlicher Unternehmungen bildeten sich in den nächsten Jahren weiter aus. Entgegen den Versprechungen der Massenpropaganda von einer tatsächlichen Neuordnung hatten die kleinen und mittleren Filmfirmen nicht den erhofften Vorteil. Im Gegenteil: Die ökonomischen Programme der Filmkammer kamen bald nur noch den Großkonzernen zugute. Innerhalb der filmwirtschaftlichen Führungsgruppen, d.h. in den Gremien der Interessenverbände und in den Aufsichtsräten und Vorständen der Filmgesellschaften kam es zu nur wenigen Personalveränderungen: Das Eigengewicht der Industriellen war stark genug, trotz Zugeständnissen die Positionen zu behaupten.

Ein oft zitiertes "Zugeständnis" war die Einführung des Führerprinzips in den Verbänden und Betrieben: Jedoch erhebt sich die Frage, ob dieses autoritäre Modell nicht damals wie heute das Verhältnis von Vorgesetzten und Untergeordneten in der Wirtschaft widerspiegelt. Hierarchie und "Führerprinzip" des Nationalsozialismus sind keineswegs aus einer "Weltanschauung" abzuleiten. Es handelt sich um historisch bedingte praktikable Organisationsprinzipien der kapitalistischen Wirtschaftsform und damit um Verteilungsprinzipien für Privilegien, und nicht um von den Nazis erfundene politisch-ideologische Formeln.

Aktive Unterstützung fand die Film-Unternehmerschaft bei Kontaktmännern in der Ministerialbürokratie, wie in dem Staatssekretär des Propagandaministeriums, Walther Funk, der beste Beziehungen zu industriellen Kreisen hatte.

Die Harmonie von Spio, der seit Juni 1933 alle Filmindustriellen angehören mußten, und verantwortlicher politischer Filmführung gab der "Kinematograph" treffend wieder: "Die neue Regelung ist ein Musterbeispiel dafür, wie die in der nationalen Regierung verkörperten Kräfte und der ihnen innewohnende Aufbauwille mit der privaten Initiative aller schaffenden Kräfte in glückliche Übereinstimmung gebracht werden können." (Kinematograph Nr. 115 vom 17.6.1933)

Infolge ihrer größeren Einflußsphäre und ihrer beziehungsreichen Querverbindungen wie durch schnelle ideologische Anpassung hatten sich die Industrieverbände erfolgreich behauptet und mit der Ministerialbürokratie auf einer Interessenebene getroffen. Die Schaffung einer "Zensurberatungsstelle" zum Zwecke "tunlichster Vermeidung späterer Zensurschwierigkeiten" innerhalb der Spio (Kinematograph Nr. 115 vom 17.6.1933) verdeutlichte diesen gemeinsamen Weg von Staatsapparat und wirtschaftlicher Führungsgruppe: Einer wollte den anderen nicht schädigen oder verletzen. 90)

In diesem Zusammenhang muß auch die formale Gründung der "vorläufigen Filmkammer" gesehen werden: Die Gesetzgebung baute auf dem Zentralverband der Filmunternehmer auf und erweiterte den organisatorischen Rahmen, indem nun auch die "Filmschaffenden" aufgenommen wurden.

3.2 Von der "Vorläufigen Filmkammer" zur "Reichsfilmskammer"

Mit der Verabschiedung des "Gesetzes über die Errichtung einer vorläufigen Filmkammer" am 14. Juli 1933 erhielt die "Spitzenorganisation der deutschen Filmindustrie" die Eigenschaft einer öffentlich-rechtlichen Körperschaft mit der Bezeichnung "Filmkammer", deren Träger die bisherigen Unternehmerverbände und von seiten der Arbeitnehmer der "Verband der Filmschaffenden" waren.

Dieses Reichsgesetz (RGBl I 1933 S. 483) war zusammen mit der "Verordnung über die Errichtung einer vorläufigen Filmkammer" (RGBl I 1933 S. 531) das erste "berufsständische Gesetz" des NS-Staates und Vorläufer für die Reichskulturkammer-Gesetzgebung. Es war damals offensichtlich noch immer nicht völlig klar, wie die Neuordnung des Kulturbereichs aussehen sollte. Denn die Formulierung einer "vorläufigen" Filmkammer brachte zum Ausdruck, "daß damit einem rechtlich anders gearteten berufsständischen Kammersystem in keiner Weise vorgegriffen werden sollte." 91)

Diese neuorganisierte "Spio" umfaßte neben dem Verband der Filmschaffenden insgesamt folgende privatrechtlichen Vereine: 92)
- *Verband der Filmindustriellen, gegründet am 5. 10. 1933;*
- *Arbeitsgemeinschaft der Filmverleiher Deutschlands, gegründet am 3. 12. 1928;*
- *Verband Deutscher Filmateliers, gegründet am 14.12.1922;*
- *Reichsverband Deutscher Lichtspieltheaterbesitzer, gegründet am 4.7.1917 und umbenannt in Reichsverband Deutscher Filmtheater;*
- *Schutzverband Deutscher Filmkopier-Anstalten, gegründet am 16.7.1919 und umbenannt in Verband Deutscher Filmkopieranstalten;*
- *Bund Deutscher Lehr- und Kulturfilmhersteller, gegründet 1922 und umbenannt in Verband der Deutschen Kultur-, Lehr- und Werbefilmhersteller;*
- *Deutsche Vereinigung für Filmaußenhandel, gegründet am 14.1.1920 als Vereinigung der Import- und Exportfirmen der Filmindustrie.*

Im Dezember 1933 wurde schließlich die *"Reichsvereinigung Deutscher Lichtspielstellen"* gegründet, um die restlose Durchführung des Filmkammergesetzes zu ermöglichen, nach dem jede Person und jede Firma der Kammer angehören mußten, die — wenn auch nur gemeinnützig — Filme vorführen wollten. 93) Ferner wurde durch die organisatorische Angliederung der Filmkreditbank, die Anfang Juli ihre eigentlichen Geschäfte aufnahm, in Verbindung mit der Übernahme der Geschäftsanteile und der Personalunion in verschiedenen Führungspositionen die enge Verflechtung von Filmkammer und Filmbank gefestigt. So war nach § 3 der Verordnung über die Errichtung einer vorläufigen Filmkammer der Vorsitzende des Vorstandes der vorläufigen Filmkammer gleichzeitig Aufsichtsratsvorsitzender der Filmkreditbank.

Der *Verband der Filmschaffenden* als Nachfolgeorganisation der NSBO, Fachgruppe Film, konstituierte sich noch im Herbst des Jahres als *"Reichsfachschaft Film"* unter Leitung des "Reichsfachschaftsleiters" Carl Auen.

Für jeden "Filmschaffenden" wurde nunmehr eine besondere Akte angelegt; dadurch war eine Übersicht über alle Personen, die im weitesten Sinne in der Filmwirtschaft beschäftigt waren, sichergestellt, wie es sie bis dahin noch nicht gegeben hatte.

Auf der ersten Sitzung der Reichsfachschaft am 5. Oktober 1933 legten die Anwesenden folgendes "Gelöbnis" ab: "Nach dem siegreichen Kampf unserer herrlichen nationalsozialistischen Bewegung hat uns unser Führer Adolf Hitler durch den Herrn Reichsminister Dr. Goebbels die Reichsfachschaft Film geschenkt. Dadurch ist in vorbildlicher Form das Fundament für den ständischen Aufbau und die geistige und kulturelle Entwicklung des neuen deutschen Films gelegt. Am denkwürdigen Tage des ersten offiziellen Zusammentritts der in der Reichsfachschaft Film nunmehr geeinigten deutschen Filmschaffenden geloben wir, in unwandelbarer Treue zu unserem Führer und dem deutschen Kulturgut mit allen Kräften an dem Aufbau des deutschen Films mitzuarbeiten." 94)

Im Gegensatz zur späteren Regelung stand an der Spitze der "vorläufigen Filmkammer" ein mehrköpfiger Vorstand, der bis auf Ludwig Klitzsch — für ihn trat Dr,

Franz Belitz von der Reichskreditgesellschaft ein — nur Mitglieder der "Spio-Kommission" in sich vereinigte. Unter dem Vorsitz von Scheuermann saßen im Vorstand Franz Belitz (als Vertreter der RKG), Walther Plugge (als Geschäftsführer der Filmkammer) und als Beauftragte des Propaganda- bzw. Wirtschaftsministeriums Arnold Raether und Botho Mulert. In der ersten Sitzung des Vorstandes am 7. August 1933 ehrte man den langjährigen Vorsitzenden der Spio Klitzsch und dankte ihm für seine Mitarbeit am organisatorischen Aufbau der Spio, "der die Grundlage für die . . . Filmkammer geworden (war) und die Angliederung der alten Fachverbände an den ständischen Aufbau ermöglichte". (Kinematograph Nr. 141 vom 25. 7. 1933)

In den "Verwaltungsrat" — er besaß lediglich beratende Funktion und keinerlei Entscheidungsbefugnisse — entsandten sechs verschiedene Berufsgruppen der Filmwirtschaft ihre Vertreter. Hier jedoch verteilten sich die "Interessen" dann so, daß Carl Auen als einziger Vertreter der Filmarbeitnehmer sich nur Industriellen gegenübersah. Aus industriellen Kreisen kamen u.a. die Direktoren und Vorstandsmitglieder der Ufa AG Wilhelm Meydam und Ernst Hugo Correll, der Inhaber der Geyer-Werke KG, Generaldirektor Karl Geyer, und der Geschäftsführer der Ciné-Allianz Tonfilmproduktions GmbH, Direktor Felix Pfitzner.

Die Berufsgruppen waren im einzelnen:
— Filmherstellung (Herstellung von Spiel-, Lehr- und Werbefilmen, Atelierbetriebe, Rohfilmhersteller),
— Filmbearbeitung (Kopieranstalten),
— Filmvertrieb (Inlands- und Auslandsvertrieb),
— Filmvorführung (Kinobetrieb),
— Vergabe von Urheber- und Patentrechten an die Filmherstellung, den Filmvertrieb und die Filmvorführung,
— Filmschaffende (künstlerische und sonstige Arbeitnehmer).

Der ständische Aufbau als "Erfassung der einzelnen" 95) hatte mit der Errichtung der vorläufigen Filmkammer seinen Ausgangspunkt genommen: Vom Produzenten und Direktor bis zum Beleuchter, vom Star bis zum Komparsen waren alle Tätigkeitsgruppen des Filmwesens zwangsorganisiert. Jede Firma und jede Person, die sich im Film "gewerbsmäßig" oder "gemeinnützig" betätigen wollten, waren gezwungen, die Mitgliedschaft in der Filmkammer anzumelden, um so die Erlaubnis zur Berufsausübung zu erlangen.

Ein weiterer Schritt nach den Finanzmanipulationen zur "Berufsbereinigung" war getan: Dem Ausschluß der opponierenden und "nichtarischen" Personen wie der Löschung von Filmfirmen, in denen "unliebsame und schädliche" Personen beschäftigt waren oder die sich gar im Besitz solcher "Elemente" befanden, stand formaljuristisch nichts mehr im Wege. Die Registrierung in den Akten der Filmkammer hatte ermöglicht, was sich damals so las: "Die Aufnahme in die Filmkammer kann abgelehnt oder ein Mitglied ausgeschlossen werden, wenn Tatsachen vorliegen, aus denen sich ergibt, daß der Antragsteller die für die Ausübung des Filmgewerbes erforderliche Zuverlässigkeit nicht besitzt." 96) Und "positiv" hieß das: "Durch die Aufnahme in die Filmkammer erlangt der Aufgenommene die Befugnis, innerhalb des Reichsgebiets sich auf dem Gebiet des Filmgewerbes zu betätigen." 97)

Mit den Beschlüssen der ersten Vorstandssitzungen machte die Filmkammer, der formal die Autonomie für "wirtschaftlich wichtige Fragen des Filmgewerbes" 98) zugestanden war, den Anfang zur "Gesundung" des Filmmarktes: So wurde u.a. bereits am 7. August 1933 das sogenannte "Zwei-Schlager-Programm", d.h. die Vorführung zweier Spielfilme in einem Programm, abgeschafft 99) und in der Sitzung am 12. August das "Zugabewesen", d.h. zusätzliche materielle Leistungen an die Kinobesucher oder die Gewährung von Rabatten beim Kauf von Kinokarten, verboten 100), die Eintrittspreise für das gesamte Reichsgebiet vereinheitlicht 101) sowie innerhalb der Kammer mit einem "Titelregister" 102) eine zentrale Kontrolle für alle Filmmanuskripte eingerichtet. In einer weiteren Sitzung am 15. September wurde die Mitgliedschaft näher geregelt: Die selbständigen Unternehmer sowie die Direktoren und sonstigen Vertreter von Aktiengesellschaften und anderen handelsrechtlichen Firmen waren durch ihre Unternehmungen mittelbar der Kammer angeschlossen. 103) Kaufmännische und gewerbliche Arbeitnehmer in der Filmindustrie wurden durch das Filmkammergesetz nicht erfaßt, sondern in die Deutsche Arbeitsfront eingegliedert.

Noch im September 1933 kam die Beendigung des "Provisoriums": Nach dem Vorbild der "vorläufigen Filmkammer" wurden für alle kulturellen Bereiche gleiche Institutionen geschaffen, die ihre organisatorische Spitze in der "Reichskulturkammer" hatten. Ausdrücklich berief sich das Reichskulturkammer-Gesetz in § 3 (RGBl I 1933 S. 661) auf die Filmkammer als Vorläufer aller Einzelkammern. Den Vorgriff des kulturständischen Aufbaus mit der Filmwirtschaft begründeten die Nazis meist damit, daß "die Neuordnung auf diesem wichtigen Gebiet besonders vordringlich erschien". 104) Zwei wesentliche Gründe spielten hier jedoch eine Rolle: Im Film wurde zwischen wirtschaftlichen, "künstlerischen" und politischen Führungsgruppen am ehesten und ohne großen Widerstand eine Übereinstimmung erzielt, und innerhalb der Partei wurde von keiner anderen Stelle — nachdem Widerstände von Rosenberg, Ley u.a. im Frühjahr 1933 aufgegeben worden waren — Goebbels' Führungsanspruch, was den Film betraf, angetastet.

"Nach überhasteten, kontroversreichen Vorbereitungen" 105) verabschiedete das Kabinett schließlich am 22. September 1933 das Reichskulturkammer-Gesetz. 106) Sieben unscheinbare Paragraphen stellten ein neues "Ermächtigungsgesetz" 107) für den Propagandaminister im Bereich der Kultur dar und bildeten einen noch auszufüllenden Rahmen, dem — nach der grundlegenden "Ersten Verordnung zur Durchführung des Reichskulturkammergesetzes" vom 1. November 1933 (RGBl 1933 S. 797) — eine schier unübersehbare Anzahl von Verordnungen und Vorschriften folgen sollte.

Noch immer gebrauchten die Nazis Begriffe wie "Gesetz" und "Verordnung", die ihre Bedeutung im Rahmen eines gewaltenteilenden Verfassungssystems erhalten hatten, obgleich mit der Omnipotenz des "Führerwillens" — er war alleinige Rechtsquelle — diese Begriffe eine fundamentale Wandlung erfahren hatten. Einst waren sie als Instrumente zur Beschränkung und Kontrolle von Herrschaft geschaffen worden, nunmehr dienten sie als Maske legalistischen Scheins für eine Willkürherrschaft, die im Gesetz das Mittel "zur Entfaltung der völkischen Lebensordnung gemäß dem Plan und durch den Entscheid des Führers" 108) erblickte. So wurde auch jenes "Ermächtigungsgesetz" Goebbels' in der Übergangsperiode zum totalautoritären Staat zum Instrument, um vornationalsozialistisches Recht, das dem "Führerbefehl", d.h. den Anforderungen der herrschenden Gesellschaftsschicht, widersprach, mit ihm in Einklang zu bringen.

"Generalklauseln" in allen Rechtsgebieten ermöglichten es, die politischen Befehle der Führung reibungslos durchzusetzen. Für die Anwendung und Handhabung durch Richter, Anwälte, Rechtspfleger oder Rechtslehrer waren die Grundsätze des Nationalsozialismus "unmittelbar und ausschließlich" 109) maßgebend. Das Recht im NS-Staat war demnach ein technisches Mittel zur Erfüllung bestimmter politisch-ideologischer Ziele, d.h. nur noch Befehl des Souveräns: Die Kulturkammergesetzgebung diente der Machtstabilisierung. 110)

Wenn auch die letzte gesetzgebende Gewalt im Bereich der Kultur nominell beim Propagandaminister bzw. Kulturkammerpräsidenten lag, mußte dieser doch seine Kompetenz — auch schon aus technischen Gründen — auf untergeordnete Organe delegieren: So traten die verschiedenen Einzelkammern quasi als Gesetzgeber auf. 111) Die Verordnungen und Entscheidungen der Kammerpräsidenten, formal Verwaltungsakte, waren in ihrer Konsequenz politische Befehle.

Goebbels war nunmehr formaljuristisch "ermächtigt", die kulturellen "Tätigkeitszweige" in Körperschaften des öffentlichen Rechts zusammenzufassen, anlehnend an seine ministeriellen Aufgabenkreise: Es entstanden neben der zur gleichen Zeit umbenannten "Reichsfilmkammer" die "Reichsschrifttumskammer", die "Reichspressekammer", die "Reichsrundfunkkammer", die "Reichstheaterkammer", die "Reichsmusikkammer" und die "Reichskammer der bildenden Künste". 112)

Auch sie waren aus dem umfassenden System bestehender privater Interessenverbände hervorgegangen: Verbände von Unternehmern und Arbeitnehmern, von freien Berufen, von "Schaffenden und Nichtschaffenden" auf dem Gebiet der Herstellung und des Absatzes von kulturellen "Waren". Wo es noch keine Dachverbände gab, hatten sich Arbeitsgemeinschaften und eingetragene Vereine konstituiert. So war insgesamt ein reiches Aufbaumaterial zur zwangshaften Zusammenfassung der einzelnen Berufsgruppen und Personen vorhanden, das die kulturelle "Gleichschaltung" wesentlich erleichterte. 113)

Am 15. November 1933 wurde schließlich in der Berliner Philharmonie die Errichtung der Reichskulturkammer und ihrer sieben Einzelkammern im Rahmen eines pompösen Festaktes von Goebbels proklamiert. Die gesamte Naziprominenz hatte sich zu dieser mittäglichen Feierstunde versammelt; es sollen ungefähr 200 Personen teilgenommen haben, einschließlich aller wirtschaftlichen und künstlerischen Filmgrößen. 114) Goebbels selbst ernannte sich in seiner Ministereigenschaft zum Präsidenten der Reichskulturkammer. Zu seinem Vizepräsidenten bestellte er Walther Funk, Staatssekretär im Propagandaministerium.

Das Festgepränge krönte den Triumph Goebbels' und festigte den vorläufigen Höhepunkt seiner Machtpositionen: Als "oberster Führer des deutschen Kulturschaffens" vereinigte Goebbels die Ämter des Präsidenten der Reichskulturkammer, des Reichsministers für Volksaufklärung und Propaganda und des Reichspropagandaleiters der NSDAP in seiner Person. Ihm waren damit die Machtmittel in die Hand gegeben zur Herrschaftssicherung des faschistischen Systems durch die kulturellen Inhalte. Nationalsozialistische Autoren hoben damals hervor, daß Goebbels die alleinige übergeordnete Instanz für alle Einzelkammern und für den gesamten Kulturbereich "in persona" (Gerhard Menz) darstellte und daß eine "neuartige Willensbildung" gegenüber der demokratischen Form (Harry Rohwer-Kahlmann) entstanden wäre.

Diese besondere Form der Machtentfaltung trat bereits in der rechtlichen Organisationsbefugnis Goebbels' zutage: Er erließ die Satzung der Reichskulturkammer und genehmigte die Satzungen der Einzelkammern, wie sie von den Präsidenten vorgeschlagen worden waren.

Nach dem gleichen Autoritätsprinzip war die "Organbestellungsbefugnis", d.h. die personelle Durchdringung untergeordneter Machtpositionen geregelt: Als Präsident der Kulturkammer bestellte Goebbels:
— einen oder mehrere Stellvertreter und Geschäftsführer für den Bereich der Reichskulturkammer,
— die Angehörigen des Reichskultursenats,
— die Präsidenten der Einzelkammern und damit den Reichskulturrat,
— die Mitglieder des Präsidialrats der Einzelkammern.

Die Ermächtigung zur Ernennung umfaßte natürlich ebenso die "Befugnis zur Entlassung bzw. Enthebung des betreffenden Organträger". 115)

Einziger Stellvertreter und Vizepräsident der RKK war Walther Funk. Die Geschäftsführer erhielten die Amtsbezeichnung "Reichskulturwalter" und waren zugleich Leiter des Kulturamtes der Reichspropagandaleitung der NSDAP. Goebbels holte sich damals in die Kulturkammerzentrale den Leiter der Rechtsabteilung im Promi Dr. jur. Hans Schmidt-Leonhardt, das Uralt-Parteimitglied (seit 1923) und den ehemaligen Leiter des NSDAP-Nachrichtendienstes Franz Karl Moraller und den vielbeschäftigten Hans Hinkel, NSDAP-Mitglied seit 1921 (Nr. 287) und damit einer der ältesten aktiven "Kämpfer" überhaupt, der zum Sonderbeauftragten Goebbels' für die Überwachung der "geistig und kulturell tätigen Nichtarier" avancierte.

Das Mammutgremium des Reichskultursenats setzte sich aus den Präsidenten der sieben Einzelkammern, dem Vizepräsidenten der Reichskulturkammer, den drei Reichskulturwaltern, den Mitgliedern der Präsidialräte der Einzelkammern und einer Reihe führender NS-Größen zusammen. Hier traf sich alles von Himmler, Ley und von Schirach bis Werner Krauß, Gustav Gründgens und Ludwig Klitzsch. Zwar tagte der Kultursenat einige Male, doch besaß er keinerlei Befugnisse und Funktionen und war eine bloße Repräsentation und Zurschaustellung der Einigkeit von Staat und Kultur.

Der Reichskulturrat fungierte als "Beirat" der RKK, in dem sich die Einzelkammerpräsidenten versammelten. Auch die Präsidialräte waren lediglich beratende Organe, deren Funktionen im Gesetz nicht näher festgelegt waren

Die "Zentrale" der Reichskulturkammer, 116) die als "Gesamtkörperschaft des öffentlichen Rechts" die Aufsicht über die verschiedenen Einzelkammern führte 117), erließ zwar auf keinem der Fachgebiete Anordnungen, Erlasse oder sonstige Vorschriften, führte aber doch, da ihr als letzter Instanz jederzeit ein Einspruchsrecht zustand, letzten Endes alle Entscheidungen herbei:

— Goebbels entschied über Meinungsverschiedenheiten zwischen den Präsidenten mehrerer Kammern;
— er zog Entscheidungen an sich über Angelegenheiten, die mehreren Kammern gemeinsam waren;
— er hob Entscheidungen der Einzelkammern auf und machte sie zu eigenen Entscheidungen;
— über ihn ging der Schriftverkehr der Einzelkammern mit der Reichsregierung und allen anderen Reichsbehörden;
— Satzungen und Haushaltspläne der Einzelkammern bedurften seiner Genehmigung.

Er war damit als Präsident legalisiert, im einzelnen auf die Leitung der Einzelkammern direkt einzuwirken, und er machte von dieser Möglichkeit auch regen Gebrauch.

Goebbels hatte deshalb auch als Präsident der Reichskulturkammer — bestärkt durch das unlösbare Verhältnis der dreifachen Personalunion — die "Rechtshoheit" inne, obwohl erstinstanzlich Rechtsrevisionen, Rechtsschöpfung und Rechtsfortbildung auf dem Gebiet der Kultur den Kammern in die Hand gegeben worden waren.

Die allgemeinen juristischen Konsequenzen machten auch deutlich, wie weit das Kulturkammergesetz und die Einzelkammern in das Kunst- und Kulturleben eingriffen: Anordnungen und Bestimmungen hatten die Bedeutung mittelbaren Reichsrechts und gingen damit dem Landesrecht voran, das noch für das föderalistische Kulturleben der Weimarer Republik ausschlaggebend gewesen war. "Damit hatten (die Kammern bzw. Goebbels als letztrichterliche Instanz) die Möglichkeit", kommentierte damals der Rechtsberater der Reichskulturkammer Dr. Peter Gast, "nunmehr die Dinge auf einfache Weise zu ordnen, zu deren Regelung es früher des umständlichen und schwierigen Weges eines Gesetzes bedurfte." 118)

3.3 Personelle Besetzung und organisatorischer Aufbau der Reichsfilmkammer

Die Formalien zur Sicherung weiterer Machtpositionen auf dem Gebiete des Films und zur Realisierung irrationaler faschistischer Ideologie waren abgeschlossen: Das Gesetz über die Errichtung einer vorläufigen Filmkammer vom 14. 7. 1933 und die Durchführungsverordnung vom 22. 7. 1933 schufen die Grundlagen für den Organisationszwang und das Recht zur Ablehnung oder zum Ausschluß "Unzuverlässiger" aus dem Filmwesen. Durch das Kulturkammergesetz vom 22. 9. 1933 wurde die vorläufige Filmkammer zur endgültigen "Reichsfilmkammer" erklärt und in die Reichskulturkammer eingegliedert. Die Durchführungsverordnung zu diesem Reichsgesetz vom 1. 11. 1933, in Kraft getreten am 15. 11. 1933, verwirklichte u.a. den Führergrundsatz: An die Stelle des Vorstandes der Filmkammer trat der dem Präsidenten der Reichskulturkammer direkt unterstellte Reichsfilmkammerpräsident, der an Empfehlungen des Präsidialrates oder Verwaltungsbeirates in keiner Weise gebunden war.

Aufgrund der Kulturkammer-Gesetzgebung stand an der Spitze nunmehr kein Kollegium mehr, sondern ein einzelner, der als Präsident nach oben allein verantwortlich war für die gesamte Tätigkeit der Kammer. Diese formale Absicherung sagte sicherlich nichts über die tatsächlichen Befugnisse und Wirkungsmöglichkeiten des Reichsfilmkammerpräsidenten aus; die Absicherung der Machtstellung Goebbels' war so vollkommen, daß kaum ein Präsident ausbrechen konnte. Auf der anderen Seite waren auf wirtschaftlichem Gebiet die Möglichkeiten zu beschränkt, um beispielsweise die Positionen der Unternehmer zu gefährden oder die Machtausbreitung der Konzerne zu verhindern.

Die Alleinverantwortlichkeit des Reichsfilmkammer-Präsidenten verlor deshalb ihre Wirkung, wenn er selbst wieder gegenüber dem Kulturkammer-Präsidenten und Propagandaminister Rechenschaft für alle Maßnahmen ablegen mußte. 119) Die wesentliche Funktion blieb die gesetzliche Vertretung der Filmkammer nach außen, d.h. die bloße Repräsentation. Aus diesem Grund berief Goebbels — die Reichsfilmkammer bildete zunächst eine Ausnahme — erfahrene und bekannte Künstler zu Präsidenten der einzelnen Fachkammern. Ihre repräsentativen Namen sollten etwaige Vorstellungen an einen künftigen Funktionärsapparat fernhalten und dem Gedanken, die Faschisten ließen zum erstenmal die Künste durch die Künstler selbst verwalten, Ansehen verleihen. So wurde z.B. Richard Strauß zum ersten Präsidenten und Wilhelm Furtwängler zum Vizepräsidenten der Reichsmusikkammer ernannt. 120)

Zum ersten Reichsfilmkammer-Präsidenten holte sich Goebbels mit Fritz Scheuermann einen Juristen, der politisch nicht sonderlich exponiert und auch fachlich kaum qualifiziert war. 121) Wie Walther Funk war auch Fritz Scheuermann ein Vertrauensmann der Industrie, der für die Partei eine weitere Brücke zur Unternehmerschaft, jedoch kaum zu den Interessenverbänden der Filmschaffenden schlagen konnte. Der "Film" zählte nur zu seinen besonderen privaten Interessen, und Scheuermann war bis zu diesem Zeitpunkt kaum näher mit dem Medium — weder auf der Unternehmerseite noch auf der Seite der "Filmschaffenden" — in Berührung gekommen. So kann die Frage, aus welchen speziellen Gründen Goebbels bei der Suche nach einem Präsidenten der Reichsfilmkammer auf Scheuermann verfiel, nur dahingehend beantwortet werden, daß wirtschaftspolitische Motive ausschlaggebend gewesen waren, d.h. der besondere Industriecharakter des Films erforderte einen wirtschaftlichen Experten, der in Zusammenarbeit mit den starken Unternehmerverbänden den wirtschaftlichen Wiederaufbau des Films vorantrieb.

Die Berufung Scheuermanns verdeutlichte ein weiteres Mal, wie wenig es Goebbels um eine tatsächliche Realisierung von Ständeideen ging: Scheuermann war geschäftsführendes Vorstandsmitglied des Reichsverbandes deutscher Geschäfts- und Industriehausbesitzer und leitender Mitarbeiter bei der Industrie- und Handelskammer in Berlin. Gerade aber die Stellung der Dachorganisation der Industrie- und Handelskammern, des Deutschen Industrie- und Handelstages, zur berufsständischen Gliederung unter Beteiligung von Arbeitnehmern war eindeutig negativ. Eine Parität von Arbeitgebern und Arbeitnehmern wurde für die deutschen Industrie- und Handelskammern als sinnlos abgelehnt. In einem Beitrag der "Deutschen Wirtschaftszeitung", dem Organ des Deutschen Industrie- und Handelstages, hieß es: "Der faschistische Korporationsstaat kann . . . nicht als ein Musterbeispiel für wirtschaftlich-politische Organisationspläne angesehen werden, die von der Auffassung ausgehen, daß durch paritätische Organe eine gemeinsame Willensbildung miteinander im Interessengegensatz stehender Bevölkerungsgruppen herbeigeführt werden könnte." 122)

Die Karriere des 46jährigen Rechtsanwalts im NS-Film war bereits zwei Jahre später wieder beendet: Gegen den Präsidenten der Reichsfilmkammer, Leiter des vorbereitenden Büros der Internationalen Filmkammer und Aufsichtsratsvorsitzenden der Filmkreditbank hatte das Ehrengericht der Berliner Anwaltskammer im März 1935 Vorwürfe über dessen "charakterliche Eigenschaften und Wahrheitsliebe" erhoben, vor allem aber hatte man ihm antinazistische Äußerungen nachgesagt. Scheuermann wurde aus allen Ämtern und Ehrenämtern innerhalb des Goebbelsschen Ressortbereichs entfernt: Am 18. Oktober 1935 mußte er als Präsident der Reichsfilmkammer zurücktreten. Daß die Anschuldigungen gegen ihn auf einen "Nichtarier" zurückzuführen waren, verhalf ihm bei der rechtskräftigen Nachprüfung des "anwaltlichen Ehrenurteils", wenn auch nicht wieder zu Amt und Würden, so doch zur Rehabilitierung und bewahrte ihn vor dem Parteiausschluß. 123)

Bei der offiziellen Entlassung Scheuermanns aus seinem Amt als Reichsfilmkammer-Präsident war von einem unfreiwilligen Rücktritt keine Rede. Die routinemäßige Verabschiedung erfolgte mit den stereotypen Formeln bei solchen Gelegenheiten: 124)

"Der Präsident der Reichsfilmkammer, Dr. Fritz Scheuermann, hat den Präsidenten der Reichskulturkammer, Reichsminister Dr. Goebbels, gebeten, ihn von seinem Amt zu entbinden, um die Möglichkeit zu haben, sich in größerem Umfange als bisher filmwirtschaftlichen und anwaltlichen Aufgaben zu widmen. Reichsminister Dr. Goebbels hat diesem Wunsch entsprochen mit dem Ausdruck des Dankes für die am Neuaufbau des deutschen Films geleistete erfolgreiche Arbeit."

Zusammen mit Fritz Scheuermann trat im Herbst 1935 auch sein Stellvertreter in der Reichsfilmkammer Arnold Raether zurück: Die Gründe hierfür lagen in der Übertragung neuer Aufgaben auf dem Gebiet des Films und nicht in einem erzwungenen Abgang in Ungnaden.

In seiner Ämterhäufung konnte Raether — wenn auch in untergeordneter Position — beinahe mit Goebbels konkurrieren: als Vizepräsident der Reichsfilmkammer, als stellvertretender Filmabteilungsleiter im Propagandaministerium und als Leiter der Hauptabteilung Film in der Reichspropagandaleitung der NSDAP. Sein direkter Kontakt zu Goebbels erklärte deshalb auch seinen Wechsel in das "Büro Winkler", dem nunmehr die entscheidenden politischen und ökonomischen Aufgaben, die Vorbereitungen zum Aktienaufkauf der Filmgesellschaften, übertragen wurden. Dem Präsidenten und Vizepräsidenten der Reichsfilmkammer standen als beratende Institutionen der "Präsidialrat" und der "Verwaltungsbeirat" zur Seite. Hierbei übertraf der Verwaltungsbeirat aus Vertretern der Berufsgruppen den von Goebbels zusammengestellten Präsidialrat noch an Bedeutungslosigkeit: Er war so unwichtig, daß er kurze Zeit nach seiner Einberufung wieder von der Bildfläche verschwand.

In den ersten Präsidialrat hatte Goebbels neben dem Präsidenten und Vizepräsidenten der Kammer weitere "in ein besonderes Vertrauen gezogene Persönlichkeiten" berufen: den Geschäftsführer der RFK Walther Plugge, den Vertreter des Reichswirtschaftsministeriums Botho Mulert, Franz Belitz von der Reichskreditgesellschaft, den Leiter der Reichsfachschaft Film Carl Auen und den Schauspieler Theodor Loos — so trafen sich hier die vormaligen Mitglieder des Vorstandes der "Vorläufigen Filmkammer". 125) Im Verwaltungsbeirat saßen die bekannten Vertreter der Fachverbände — angeblich losgelöst von jeglichen "Verbandsinteressen" —, u.a. wieder Correll, Geyer, Meydam, Pfitzner und Pilder.

Aus dem Präsidialrat berief Scheuermann — natürlich nicht ohne das Einverständnis Goebbels' einzuholen — den ehemaligen Geschäftsführer der Spio und Beisitzer der Filmoberprüfstelle Walther Plugge zum Geschäftsführer der Reichsfilmkammer. Dieser hatte jedoch keineswegs die Funktionen des Geschäftsführers einer GmbH und war deshalb auch in keiner Weise für die Tätigkeiten der Kammer verantwortlich. Er handelte nicht als "Organ" der RFK, sondern lediglich "im Auftrag" des Reichsfilmkammer-Präsidenten und war damit "Träger des Willens" 126) eben dieses Präsidenten. Mit der Übertragung der täglichen Geschäfte war ihm die Hauptlast der Routinearbeit auferlegt worden.

Damals, im Jahre 1933, holte sich Goebbels außerdem einen Mann in die Reichsfilmkammer, der bald in der Hierarchie des NS-Films steil aufsteigen sollte: den 32jährigen Kieler Landgerichtsrat Bruno Pfennig. Wenn Pfennig auch stets im Hintergrund agierte, war er doch einer der einflußreichsten Persönlichkeiten mit den besten Kontakten nach allen Seiten. Als juristischer Berater bei der Auslandsverlag GmbH und der Ufa AG hatte er vor 1933 die ersten Erfahrungen auf dem publizistischen Gebiet gesammelt, die ihm nun in der Filmkammer zugute kamen. Zur rechten Gelegenheit — im April 1933 — trat Pfennig in die NSDAP ein, um die "Zeichen der Zeit" für seine persönliche Laufbahn zu nutzen.

Zu der ihm übertragenen "Erledigung besonderer Angelegenheiten" 127) gehörte in den ersten Monaten die Verbindung zum mächtigen *Reichsverband Deutscher Filmtheater*, dessen zum Teil noch "mittelständische" Forderungen ein besonders starkes Gewicht besaßen und der bei den Großkonzernen nicht gerade beliebt war. Eine empfindliche "Niederlage" hatte der Reichsverband, der sich bei der "Reinigung" der Filmtheater hervorgetan hatte, mit dem Ende der Zellenorganisation im Kinogewerbe erlitten, die eine nicht unwesentliche Stütze bedeuteten. Als Rechtsberater mit besonderen Vollmachten ausgestattet wurde Pfennig später die Leitung einer Hauptabteilung übertragen, bevor er zur Cautio überwechselte und als rechte Hand des Reichsbeauftragten für die deutsche Filmwirtschaft seinen Platz direkt neben Winkler einnahm. Er blieb Verbindungsmann zur Reichsfilmkammer und erhielt weiterhin Sonderaufträge vom Präsidenten der Kammer. Nach einer Verfügung des Präsidenten der RFK vom 12. 10. 1938 mußte Pfennig vor Erlaß aller wichtigen wirtschaftlichen Gesetzesmaßnahmen angehört werden.

Zur Erfüllung ihrer Aufgaben bediente sich die Filmkammer der angeschlossenen Unternehmerverbände, in denen alle Berufsgruppen auf der Arbeitgeberseite vertreten waren, und der *Reichsfachschaft Film*, der alle "Filmschaffenden" angehören mußten. Zur Selbstfinanzierung war das Beitragssystem der Spio übernommen worden: Die Beiträge wurden in einem bestimmten Prozentverhältnis vom Umsatz bzw. von den Gesamtbezügen der Filmschaffenden wie öffentliche Abgaben beigetrieben.

Die Verbände (auch die Reichsfachschaft rechnete man zu den "Fachverbänden") selbst als Wahrnehmer von "Standes- und Berufsinteressen" wurden autoritär von einem Vorsitzenden, unterstützt von einem Geschäftsführer, mit alleiniger Entscheidungsbefugnis geleitet; beide wurden vom Präsidenten der Reichsfilmkammer ernannt. Diese Fachverbände besaßen einerseits formaljuristisch eine eigene Rechtsfähigkeit als "eingetragene Vereine", andererseits aber waren sie eng mit der Kammer verbunden: Der Präsident bestimmte nicht nur die Verbandsleiter, sondern genehmigte auch die Satzungen und konnte alle Entscheidungen widerrufen.

Aus Gründen der Verwaltungsvereinfachung, die außerdem eine bessere Kontrolle von oben ermöglichte und eine Vereinheitlichung der Interessen nach sich zog, wurden verschiedene "Vereine" durch Anordnung des Reichsfilmkammer-Präsidenten vom 15. Dezember 1934 128) umgestaltet und zu "Gesamtverbänden" zusammengeschlossen:

Gesamtverband der Filmherstellung und Filmverwertung e.V.
Bei diesem größten und bedeutendsten Fachverband handelte es sich um eine Fusion des Verbandes der Filmindustriellen, der Arbeitsgemeinschaft der Filmverleiher Deutschlands, des Verbandes Deutscher Filmateliers und der Deutschen Vereinigung für den Filmaußenhandel, d.h. um die "berufsständische" Vertretung für die Herstellung von Spielfilmen, für den Atelierbetrieb, für die Filmbearbeitung und für den Filmverleih und -vertrieb.
Konzerne wie die Ufa oder Bavaria, die bisher z.B. als Produktions-, Verleih- und Ateliergesellschaften in allen vier Verbänden die Mitgliedschaft angemeldet hatten, besaßen nun durch den Gesamtverband eine einheitliche Interessenvertretung in der Filmkammer. Die Organisation des Gesamtverbandes selbst sah einzelne Abteilungen für die verschiedenen Tätigkeitsgebiete vor. Seine Führung übernahm nunmehr ein "Fachausschuß" unter der Leitung von Carl Froelich.
Reichsvereinigung Deutscher Lichtspielstellen, Kultur- und Werbefilmhersteller e.V.
Diese Vereinigung war als die "berufsständische" Organisation aller "gemeinnützigen" Lichtspielstellen, Wandervorführer, Filmvortragsreisenden, Werbefilmvorführer usw. und der Hersteller von propagandistischen Kurzfilmen, wirtschaftlichen Werbefilmen und den sog. "Kulturfilmen" hervorgegangen aus dem Verband der deutschen Kultur-, Lehr- und Werbefilmherstellung und der Reichsvereinigung deutscher Lichtspielstellen. Ihr gehörten in erster Linie die Filmabteilung der Reichspropagandaleitung einschließlich sämtlicher Parteigliederungen an, so daß über diese Reichsvereinigung die NSDAP als Hersteller und Verbreiter von Propagandafilmen mittelbar Mitglied der Reichsfilmkammer wurde.
Die organisatorische Zusammenfassung aller nicht-ortsfesten Filmvorführer bot nicht zuletzt die Gewähr zur reibungslosen Verbreitung der politischen Propagandafilme.

Ende 1934 blieben als Berufsvertretungen in ihrer Organisationsform bestehen:
Reichsverband Deutscher Filmtheater e.V.
In diesem mächtigen Interessenverband waren alle "gewerbsmäßigen" Kinobesitzer zwangsorganisiert. Nur seine Mitglieder konnten mit Filmen beliefert werden, und zwar ausschließlich von den im "Gesamtverband der Filmherstellung und Filmverwertung" zusammengefaßten Filmverleihern. Der Filmtheaterbesitzer-Verband hatte seine Mitglieder in einzelne Landesverbände gegliedert, die später in Bezirksgruppen als bloße Verwaltungsstellen umfunktioniert wurden.
Reichsfachschaft Film e.V. 129)
Die eigentliche Interessenvertretung der Filmschaffenden – d.h. Produktionsleiter, Regisseure, Kameraleute, Darsteller, Komparsen, Garderobiers u.v.a. – erfaßte alle Personen, die nicht über einen der anderen Fachverbände mittelbare Mitglieder der Reichsfilmkammer waren. Ihre Aufgabe bestand vor allem in der Wahrnehmung der sozialen, tariflichen und arbeitsrechtlichen Interessen der Arbeitnehmer, von der Gagen- und Honorarfrage bis zur Kranken- und Altersversorgung.

Über diese vier "Fachverbände" erlangten die in einer Berufsgruppe des Films tätigen Personen die Mitgliedschaft der Reichsfilmkammer: Auf der einen Seite standen die "Arbeitgeber-Verbände" aus Produktion, Verleih, Vertrieb und Vorführung, in denen die Aktiengesellschaften, GmbH's und alle weiteren handelsrechtlichen Firmen – und durch diese die Direktoren, Vorstandsmitglieder und sonstigen gesetzlichen Vertreter sowie die "freien" Unternehmer – organisiert waren; auf der anderen Seite waren alle "künstlerischen" und anderen Arbeitnehmer aus dem Produktionssektor gezwungen, in die Reichsfachschaft Film einzutreten. Alle vier Fachverbände zusammen bildeten die "körperschaftlichen Säulen" des Verwaltungsaufbaus der Kammer; "körperschaftliche Grundlage" 130) waren die einzelnen Firmen und Personen des gesamten Filmwesens, die mit der Aufnahme in die zuständigen Fachverbände gleichzeitig die "mittelbare" Mitgliedschaft zur Reichsfilmkammer und zur Reichskulturkammer erwarben. 131) Das aber hieß im faschistischen Regime: Wer nicht in den Akten der Kammer als Mitglied registriert war, verlor mit dem Berufsverbot seine Existenzsicherung.

3.4 Zwangsmitgliedschaft und Berufsverbot

Der Organisationszwang erstreckte sich auf alle am Produktions- und Distributionsprozeß Beteiligten, d.h. auf alle Personen, Personengruppen und Institutionen, die Filme produzierten, weitergaben oder öffentlich vorführten. Allein die formale Teilnahme an diesem Prozeß auf der Kommunikatorseite war ausschlaggebend für die Zwangsmitgliedschaft; materielle und inhaltliche Kriterien spielten keine Rolle: Die Kommunikatoren von den Großkonzernen bis zu den Parteigliederungen, vom Vorstandsmitglied bis zum einzelnen Filmstar konnten finanziellen Profit anstreben, "künstlerische" Ambitionen haben oder politisch-ideologische Ziele verfolgen; ihre Betätigung im Filmwesen war abhängig von der Eintragung in die "Stammrolle" der Reichsfilmkammer.

Rechtlich formale Grundlage der Pflichtmitgliedschaft war § 3 des Filmkammergesetzes vom 14. 7. 1933 und § 4 der Ersten Durchführungsverordnung zum Kulturkammergesetz vom 1. 11. 1933: Jeder, der gewerbsmäßig oder gemeinnützig als Unternehmer Filme herstellt, vertreibt oder aufführt oder als Filmschaffender bei ihrer Herstellung mitwirkt, bzw. wer bei der Erzeugung, der Wiedergabe oder technischen Verarbeitung, der Verbreitung, der Erhaltung, dem Absatz oder der Vermittlung des Absatzes von Kulturgut mitwirkt, mußte der Reichsfilmkammer als Mitglied angehören. Ausgenommen vom Mitgliedszwang waren "rein kaufmännische, büromäßige, technische oder mechanische Tätigkeiten", d.h. beispielsweise mußte der Kinobesitzer seine Aufnahme beantragen, nicht aber sein Kassierer. Zweifellos jedoch war diese Ausnahmebestimmung eine Halbheit der "ständischen Organisation": Grundsatz im Sinne der NS-Ideologie hätte die Eingliederung eines Betriebes ganz oder gar sein müssen. Damit aber wäre eine Abgrenzung der im Filmwesen Beschäftigten — ganz abgesehen von den "Kulturtätigen" überhaupt — kaum noch übersehbar gewesen, man denke z.B. an die sogenannten "Vorerzeugnisse": an die notwendigen Rohstoffe, die Aufnahme- und Vorführapparaturen und ihre industrielle Herstellungsweise und Erzeugung. Eine Uferlosigkeit der Mitgliedschaft und eine Überorganisation wäre die Folge gewesen. Keine Ausnahmeregelung bestand — in der Kulturkammergesetzgebung wenigstens — für Ausländer: Sie waren den "deutschen Kulturschaffenden" "gleichgestellt", um für "Nicht-Reichsangehörige" keine Ausnahmestellung zu machen.

Zur Vervollständigung der fugenlosen Organisation und zur weiteren Vorbereitung der optimalen Nutzung von politischer Befehlsgewalt wurde — fast auf den Tag genau ein Jahr nach Errichtung der vorläufigen Filmkammer — mit dem "paritätischen Filmnachweis" am 17. Juli 1934 eine halbstaatliche Institution geschaffen und der Reichsfilmkammer organisatorisch angegliedert, die anstelle des "Managertums" in den einzelnen Filmfirmen für die Arbeitsbeschaffung und Arbeitsvermittlung zuständig wurde. 132) Von diesem Tag an mußten alle Engagements der Haupt- und Nebendarsteller, der Produktions- und Aufnahmeleiter, der Regisseure, Kameraleute, Tonmeister und Architekten über den "Filmnachweis" laufen. Anfang 1935 wurden auch die Filmunternehmer verpflichtet, alle dem Vermittlungszwang unterliegenden Filmschaffenden nur durch den Filmnachweis zu engagieren. 133) Grundsätzlich ausgenommen von dieser lückenlosen Organisierung war lediglich das Filmpublikum, d.h. die Rezipienten und Verbraucher. Demgegenüber hatte Georg Stark in seiner Denkschrift über die Reichsfilmstelle vom Mai 1931 noch eine Besucherorganisation nach dem Vorbild der NS-Betriebszellen und der organisierten Kinobesitzer gefordert.

Hauptsächliches Abgrenzungskriterium für die Eingliederung war die ö f f e n t l i c h e Vorführung, und nicht die Frage der Berufsmäßigkeit oder des Entgelts, der politischen Propaganda oder des Gewinnstrebens. Die Öffentlichkeit wiederum bedingte, daß auch alle mit der Verbreitung und des Absatzes von Filmen beschäftigten Personen und Gruppen unter diesen organisatorischen Zwang fielen. "Das Wesen des Öffentlichen ist mit dem des Zwanges auf dem Gebiete der Organisation nahezu verbunden." 134) Zur Frage der Öffentlichkeit hieß es bei Menz: "Nur wer an der Übermittlung von Kulturgut an die letzten Verbraucher in der Öffentlichkeit in irgendeiner Weise mitwirkt, übt . . . eine Kulturtätigkeit in dem hier in Frage kommenden Sinne aus." 135)

"Kulturgut" war nach § 5 der Ersten Durchführungsverordnung zum Reichskulturkammergesetz:

— Jede Schöpfung oder Leistung der Kunst, wenn sie der Öffentlichkeit (!) übermittelt wird, und
— jede andere geistige Schöpfung oder Leistung, wenn sie durch Druck, Film oder Funk der Öffentlichkeit (!) übermittelt wird.

Damit waren diejenigen Personen ausgenommen, die z.B. Schmalfilme nur für den eigenen Gebrauch herstellten und vorführten. Wo jedoch die Grenzen zwischen Öffentlichkeit und Nichtöffentlichkeit lagen, bestimmte einzig und allein wieder der Präsident der Kammer — letztlich also der Propagandaminister.

Diese zwanghafte Mitgliedschaft wurde durch den juristischen Tatbestand, daß der einzelne keinen "Rechtsanspruch" auf eine Befreiung besaß, die zwar theoretisch möglich war, in der Praxis jedoch keine Bedeutung hatte, unterstrichen. Hierzu schrieb Schmidt-Leonhardt, Rechtsberater der Reichskulturkammer: "Da die Befreiung ein reiner Akt des pflichtmäßigen Ermessens der Kammer ohne eigenes Recht des Befreiten ist, so kann sie jederzeit zurückgenommen werden, wenn erneutes pflichtgemäßes Ermessen Grund dazu gibt." 136)

Wesentlich realistischer war da die **A b l e h n u n g** des Aufnahmeantrages und der **A u s s c h l u ß** aus der Reichsfilmkammer: Dieses Ablehnungs- und Ausschlußrecht mit der Wirkung des Berufsverbots auf Lebenszeit war eine der schwersten Waffen in der Hand der Faschisten zur Reglementierung des Filmwesens.

Voraussetzung für die Aufnahme in die Reichsfilmkammer war — nach dem Gesetz über die Errichtung einer vorläufigen Filmkammer — die "Zuverlässigkeit" des Antragstellers; durch die Kulturkammergesetzgebung wurde die staatlich genehmigte Berufsausübung zusätzlich von der "Eignung" des Betreffenden abhängig gemacht. 137) Keineswegs jedoch war der Begriff der Zuverlässigkeit politisch-ideologisch und der Begriff der Eignung sachlich-technisch auszulegen: Man ging ebenso von einer "geschäftlichen Zuverlässigkeit" (Kapital) wie von einer "persönlichen Eignung" (Arier) aus. 138) Wohlüberlegt verzichteten die Nationalsozialisten auf eine exakte Definition im Gesetzestext selbst und überließen die Interpretationen den jeweils "Verantwortlichen", das aber hieß im Zweifelsfalle Ausschluß aus der Kammer. Es handelte sich bei dieser angeblichen Erweiterung der Aufnahmebedingungen um ein bloßes Begriffsspiel, das die "juristische" Literatur über die Zwangsmitgliedschaft anschwellen ließ, dem aber in der Praxis keinerlei Bedeutung zukam.

Bei allem formalen Perfektionismus wurde auffälligerweise in den Gesetzestexten kein Unterschied gemacht zwischen "Ariern" und "Nichtariern". Diese Verschleierung hatte in der Aufbauphase des faschistischen Herrschaftssystems zur Folge, daß durch den Geschäftsführer der Reichsfilmkammer Walther Plugge öffentlich verbreitet wurde, die "bloße Tatsache der nichtarischen Abstammung (bildete) keinen Ablehnungs- oder Ausschließungsgrund" 139). Im Gegensatz etwa zu der Beamtengesetzgebung 140) oder dem Schriftleitergesetz 141) gab es im unmittelbaren Zuständigkeitsbereich der Reichsfilmkammer keinen "Arierparagraphen": Formaljuristische Grundlage der Judenverfolgung im Bereich des Films war die Kontingentbestimmung, die für die Mitarbeit an einem Film die "deutsche Abstammung" voraussetzte. U.a. waren später auch die Verordnungen über die "Ausschaltung der Juden aus dem deutschen Wirtschaftsleben" formalistische "Rechtsgrundlage", die Juden durch die "Arisierung" aller jüdischen Betriebe aus der Filmwirtschaft zu vertreiben. 1938 betraf eine Bestimmung unmittelbar den Filmkammerbereich: Nach einer Anordnung Goebbels' über die "Teilnahme von Juden an öffentlichen Veranstaltungen" vom 12. 11. 1938 war den Juden der Besuch einer Filmveranstaltung verboten.

Wenn es auch im Bereich des Films in den ersten Jahren der NS-Herrschaft vereinzelte Ausnahmen gegeben hatte, in denen jüdische Künstler und Geschäftsleute weiter ihrem Beruf nachgehen konnten, so konnte dies wie auch der formaljuristische Zynismus in den Gesetzesauslegungen nicht darüber hinwegtäuschen, daß Goebbels generell die Verdrängung der Juden aus dem gesamten Filmbereich auf sein Programm gesetzt hatte. Vor allem als 1937 und 1938 überall in Deutschland die "Arisierung" verstärkt durchgesetzt wurde, besaßen Juden und alle Personen, die den Faschisten — aus welchen Gründen auch immer — nicht behagten, kaum noch eine Möglichkeit, in die Reichsfilmkammer aufgenommen zu werden.

Seit 1937 mußte der Antragsteller offiziell "für sich und seinen Ehegatten den vollständigen urkundlichen Abstammungsnachweis bis zu den Großeltern einschließlich" vorzeigen können. 142) Anfang 1938 wurde für diese Registrierungen eine Institution "Abstammungsnachweis" innerhalb der Filmkammer errichtet.

Ein Beispiel für den Zynismus der faschistischen Ideologie war die Gründung sog. "Kulturbünde": Nach einer Anordnung des Präsidenten der RKK über den "Reichsverband der jüdischen Kulturbünde" vom 6. 8. 1935 (Völkischer Beobachter vom 7. 8. 1935) wurde den Juden "gestattet", sich unter der Leitung von Hans Hinkel, dem Sonderbeauftragten Goebbels' für alle Judenfragen, in einem "Reichsverband jüdischer Kulturbünde" zusammenzuschließen.

Die Gründe für jene zweckdienlichen Ausnahmen waren vor allem auf zwei Gebieten zu suchen: Die Emigration, die Verhaftung und das Berufsverbot zahlreicher deutscher Regisseure und Schauspieler bedeutete einen empfindlichen Substanzverlust für den Film, 143) und mit der Ausschaltung der Juden und aller oppositionellen Kräfte verschwand ein Teil des Produktionskapitals. Die Gründung der Filmkreditbank hatte sich auch in diesem Zusammenhang als notwendig erwiesen, nicht zuletzt, da zahlreiche ausländische Gesellschaften als Reaktion auf die Judenhetze ihr Kapital aus dem deutschen Film zurückzogen.

Nach und nach wurde die Zeit der Schonung einzelner jüdischer Mitglieder der Kammer dann aber beendet. Sicher hatte bei der Verschärfung der "Arisierung" die unablässige Kritik Rosenbergs an der — wie er meinte — allzu nachsichtigen Personalpolitik der verschiedenen Kammern eine Rolle gespielt. Spätestens in der letzten Hälfte der 30'er Jahre traf die Ausschlußregelung schematisch sämtliche jüdischen Filmkünstler und Filmkünstler mit jüdischen Ehepartnern oder Vorfahren. Alle Nicht-Anpassungswilligen wurden zu "Volksfeinden" erklärt und verwirkten ihrerseits damit das "Recht", in die Filmkammer eingegliedert zu werden. Wem die Aufnahme verweigert wurde, der konnte seinen Beruf nicht ausüben, durfte mit Polizeigewalt daran gehindert werden und wurde es auch. Die Ablehnung war außerdem noch strafregisterpflichtig und eine Berufsausübung trotz Verbotes konnte dem Betreffenden Ordnungs- und Geldstrafen einbringen, wenn er nicht gleich im Gefängnis oder KZ landete.

Ende des Jahres 1935 schließlich waren sämtliche Personen (und Firmen) zwangsläufig und nicht durch freiwillige Beitrittserklärung wie in den früheren Interessenverbänden in der Reichsfilmkammer organisiert. Der einzelne "Berufsträger" trat in eine — so hieß es offiziell — zwangsläufige Arbeitsgemeinschaft mit der Staatsführung" (Schmidt-Leonhardt).

Diese folgenreiche und in der Filmgeschichte noch nie realisierte "Selbstverwaltung", wie es die Faschisten in einer radikalen Begriffsentleerung nannten, hatte unbestreitbar bei den Filmkünstlern auch großen Anklang gefunden. Der als "Selbstverwaltung" proklamierte Gedanke wurde selbst von denen mit Beifall aufgenommen, die der faschistischen Ideologie fernstanden.

Wo immer die Nationalsozialisten mit ihren Phrasen an die Übel und Notstände der Filmkünste anknüpften, erreichten sie unter den Künstlern eine echte antikapitalistische Sehnsucht: Die Mehrzahl der Regisseure, Kameraleute, Autoren und Darsteller mochte sich befreit wünschen von den kommerzialisierten Arbeitsbedingungen und dem anonymen Markt der Filmindustrie, die ihnen zudem einen nie gekannten wirtschaftlichen Existenzkampf aufgezwungen hatten: Eine große Zahl von Filmleuten war Anfang der 30'er Jahre arbeits- und brotlos.

Diese Stimmung wußten Goebbels und seine Helfer geschickt zu nutzen: Bereits vor der Machtübernahme hatten die Nazis der Film w i r t s c h a f t als der "erträgnisreichsten und dabei spekulativsten Möglichkeiten der wirtschaftlichen Betätigung" den Kampf angesagt. Sie wollten eingreifen in den "ständigen Krieg zwischen Geldinteressen und der Kunst" — so hieß es in den NS-Monatsheften — und verhindern, daß der Film sich weiterhin nach den Gesetzen der Wirtschaft entwickelte. (Wie die Entwicklung dann nach 1933 tatsächlich verlief, ist bekannt.) Goebbels verkündete in einer seiner ersten Filmreden im Mai 1933, 144) wie der Film frei von wirtschaftlichen Zwängen aussehen sollte: "Für uns ist die Kunst eine ernste, große und heilige Sache", meinte er und erweckte weitere Hoffnungen bei den Filmleuten: "Ich kann nicht dulden, daß das gesamte Filmschaffen lahmgelegt wird und Tausende von Menschen zur Brotlosigkeit verurteilt sind." Wenn Goebbels ferner herablassend von jenen "Herren Fabrikanten" der Filmindustrie sprach und den Künstler als "Seelenstärkung für das ganze Volk" sah, streute er vielen "unpolitischen" Künstlern Sand in die Augen.

Mit seinem Versprechen, "den Künstlern und den Künsten" (so hieß es weiter) "das materielle Leben zu sichern und ihnen damit die Erreichung ihrer ideellen Ziele zu ermöglichen", holte er sie ins faschistische Lager, ob sie es wahrhaben wollten oder nicht. So machte sich Goebbels sehr geschickt die Argumentation der Künstler selbst zu eigen: Hauptaufgabe der Kunst dürfte es nicht sein, "der Rentabilität nachzujagen", und er trug die vorgebliche Überzeugung der Faschisten vor, daß die "Kunst im eigentlichen Sinne eine Sache der Künstler (wäre) und eine Sache der Künstler bleiben" müßte. Damit propagierte er direkt den Gedanken der "Selbstverwaltung", wie er angeblich im Kammersystem verwirklicht würde. 145)

Nach den Jahren der Konsolidierung des NS-Systems sah die Realität dann so aus: Der Großteil prominenter Schauspieler, Regisseure usw. schafften es, ihre materielle Lage erheblich zu verbessern. Als Spitzenkräfte wurden sie horrend bezahlt und genossen hohes gesellschaftliches Ansehen. Zwischen Politikern und Künstlern bestand ein stillschweigendes Einverständnis gegenseitigen Respektierens: Erinnert sei an die offiziellen Tagungen und Kongresse, auf denen sich politische und künstlerische Welt gegenseitig feierten, und an die zahlreichen abendlichen Empfänge bei Hitler oder Goebbels, wo man sich in kleinem Kreise traf, sowie an die Vorliebe des Propagandaministers für Prädikatisierungen, Ehrungen und Titelvergaben (Nationaler Filmpreis, Film der Nation, Goethe-Medaille, Professoren-Titel usw.). Schauspieler und Regisseure des NS-Films führten noch ein Leben im äußeren Luxus, als der Krieg die übrige Bevölkerung schon längst an den Rand des Hungers trieb. 146)

Doch schon Mitte der 30'er Jahre hatten die Stargagen im deutschen Film eine Höhe erreicht, die in der Weimarer Zeit märchenhaft gewesen wäre. Zweifellos hatten sie u.a. ihren Sinn in dem Bemühen, eine weitere Abwanderung bedeutender Regisseure, Autoren, Schauspieler usw. ins Ausland, vor allem in die USA, und damit eine weitere künstlerische Öde und Leere zu verhindern. Auf Stars aber waren die Nazis angewiesen, wenn sie in den Filmen den sog. "neuen Menschen" vorleben wollten. So dienten die Schauspieler, Regisseure und Autoren mit ihrem Auftreten und ihrer Mitarbeit in scheinbar unpolitischen Filmen und ihrem scheinbar unpolitischen gesellschaftlichem Verhalten und Handeln der Herrschaftssicherung des faschistischen Systems, vor allem in jenen Filmen, die durch eine Flucht aus der Realität gekennzeichnet und voll verlogenem Optimismus waren.

Wenn man davon ausgeht, daß im kapitalistischen Film die prinzipielle Nichteinmischung in die unternehmerischen Aktivitäten seitens der Filmkünstler seit jeher gewährleistet war und auch von den Nationalsozialisten nicht angetastet wurde, unterwarf die objektive Situation den geistig Produzierenden im deutschen Film jener Zeit einer doppelten Repression: dem Kapital und der politischen Ideologie.

Für den überwiegenden Teil der Filmschaffenden gab es keinen Grund zum Widerstand: Ihre materielle Lage war wieder gesichert, und sie konnten "frei" schaffen – ihre Anpassungswilligkeit gegenüber Kapitaleignern und politischen Machthabern vorgesetzt. Ihre wirtschaftliche Existenz war hierbei bis zur Krankenkassenversorgung an die politische Befehlsgewalt – in letzter Instanz das Propagandaministerium – gekoppelt worden, und allein die Tatsache, daß diese Abhängigkeit jederzeit als Repressalie genutzt werden konnte, genügte, um den indirekten Zwang wirksam werden zu lassen. Diese wirklichen Abhängigkeiten übersahen oder verdrängten die "Filmschaffenden", wie sie damals genannt wurden. Allerdings, so lehrt die Geschichte des NS-Films, stellte ein Großteil der filmischen Prominenz seine Dienste unmittelbar der Verbreitung unmenschlicher, kriegerischer und antisemitischer Hetzfilme dem Regime zur Verfügung. Jene halfen direkt und wissentlich der ideologischen Stabilisierung des NS-Faschismus in Deutschland.

3.5 Ergebnisse und Auswirkungen der "Ständeordnung"

Die hochgesteckten Aufgaben der Reichsfilmkammer lasen sich sehr fortschrittlich:
- Förderung des deutschen Filmschaffens im Rahmen der Gesamtwirtschaft,
- Vertretung der Belange der einzelnen Gruppen des Filmgewerbes untereinander und gegenüber dem Reich, den Ländern und Gemeinden, sowie
- Herbeiführung eines gerechten Ausgleichs zwischen Arbeitgebern und Arbeitnehmern.

Die Förderung des Filmwesens schloß wirtschaftliche und politische Intentionen ein: Ankurbelung der Produktion und propagandistische Ausnutzung der Produktion. Hierbei wurde die enge Verbindung und gegenseitige Entsprechung beider Interessen bald deutlich: Einerseits konnte der Film nur nach einer Stärkung der Industrie als politisch-ideologisches Herrschaftsmittel eingesetzt werden; andererseits war das Interesse der politischen Machthaber Voraussetzung zur wirtschaftlichen Förderung. Es war deshalb nicht verwunderlich, wenn die Filmindustriellen aller Sparten das Herausführen aus der Krise durch den Staat begrüßten. Die "wesensbedingten Interessengegensätze" 147) zwischen Arbeitgebern und Arbeitnehmern, zwischen wirtschaftlichen Unternehmern und "schaffenden Künstlern" versprach das Kammersystem auszugleichen, um so den "sozialen Frieden" im Filmwesen zu sichern. 148)

Den vagen Parolen vom "ständischen Neuaufbau" wurde allerdings nur insoweit entsprochen, als strukturell mit der Zwangsmitgliedschaft ein hundertprozentiger Organisationsgrad und damit nur eins der wesentlichen Ziele, die "Erfassung der Einzelnen", erreicht war. Interessenvertretungen, die auf freiwilligem Anschluß der einzelnen Mitglieder beruhten, waren in Zwangsgemeinschaften umorganisiert worden. Der Kinematograph schrieb damals zu diesem totalen Organisationsnetz: "Außergewöhnliche Zeiten bedingen außergewöhnliche Mittel, wenn wirklich Dauerhaftes und Segensreiches geschaffen werden soll." (Nr. 115 v. 17. 6. 1933)

Das Modell einer korporativen Überwindung des "Klassenkampfes", d.h. im Filmwesen der gegensätzlichen Interessen von Kapitaleignern und geistigen (wie materiellen) Produzenten besaß kaum eine Chance zur Realisierung. Das Übergewicht starker ökonomischer Potenzen in der Filmindustrie machte eine wirkliche Neuordnung auf diesem Gebiet nicht möglich. Daß es überhaupt so widerstandslos zur Bildung des "filmischen Kammersystems" kommen konnte, lag in dem Basiskompromiß zwischen Großindustrie und Klein- und Mittelbetrieben begründet, und zwar auf allen Sektoren: Produktion, Verleih, Vertrieb und Vorführung. Alle kontroversen Meinungen zwischen Konzernen, Kinobesitzern, Kleinproduzenten usw. und unterschiedlichen Interessen wurden bedeutungslos angesichts der wirtschaftlichen Krise und der nun von den politischen Machthabern versprochenen konjunkturellen Verbesserung.

In der Tat kamen die wirtschaftlichen Hilfeleistungen in den ersten Monaten allen zugute. Die Unternehmerinteressen wurden vom Staat nicht angetastet; personell und sachlich wurde ihnen sogar weitgehend Rechnung getragen. Das Entgegenkommen der Filmwirtschaft ihrerseits brachte etwa der Vorstand der Ufa AG im März 1933 zum Ausdruck: "Mit Rücksicht auf die infolge der nationalen Umwälzung in Deutschland in den Vordergrund getretene Frage über die Weiterbeschäftigung von jüdischen Mitarbeitern und Angestellten in der Ufa beschließt der Vorstand grundsätzlich, daß nach Möglichkeit die Verträge mit jüdischen Mitarbeitern und Angestellten gelöst werden sollen." 149)

Das Regime garantierte auch nach Einführung des Pseudo-Kammersystems die privat-kapitalistische Wirtschaftsform. Goebbels hob dies selbst immer wieder hervor, so 1937: ". . . es kann einem Geschäftsmann füglich nicht verargt werden, wenn er den Film als Geschäftsmann betrachtet, und wenn er als Inhaber eines großen Aktienpaketes irgendeiner Firma mit Recht verlangt, daß dieses Aktienpaket, wenn auch keine hohen Prozentzahlen, so immerhin doch das Gleichgewicht hält, . . . Es handelt sich auch gar nicht um die Frage, ob der Film Geld einzubringen habe, sondern es handelt sich im wesentlichen darum, wie er Geld einbringen soll; denn darüber sind wir uns . . . einig, daß der Film sich rentieren muß. Die Frage ist nur, wie man am zweckmäßigsten zur Rentabilität kommen kann." 150)

In der Gesamtwirtschaft beseitigte endgültig das "Gesetz zur Ordnung der nationalen Arbeit" vom 20. Januar 1934 (RGBl I 1934 S. 45), das den Unternehmer ausdrücklich zum "Führer" über die "Gefolgschaft" seiner Angestellten und Arbeiter — im Film betraf das, wenn auch mit Einschränkungen, die "Filmkünstler", d.h. die geistigen Arbeiter — bestimmte, alle "sozialrevolutionären" Hoffnungen. Letzten Endes wurden durch dieses Gesetz nur vorgegebene Strukturen bestätigt. Interessengegensätze wurden mit Phrasen von "Verantwortung", "Verpflichtung" einerseits und "Kameradschaft", "Ehre", "Anständigkeit" andererseits verschleiert. Am 1. Mai 1934 wurde das Treuegelöbnis der gesamten filmwirtschaftlichen Betriebe aufgrund dieses Gesetzes abgelegt.

Mit der Stärkung der unternehmerischen Kräfte wurde der Grundstein gelegt zur ökonomischen Machtkonzentration in der Filmwirtschaft. So wurden nicht nur antikapitalistische Parolen geopfert, sondern ebenso die Versprechungen einer wirklichen ständestaatlichen Ordnung, die den Mittelstand gegen Sozialismus wie gegen Großindustrie hätten schützen sollen. Auch in der Filmwirtschaft wurde das ständische Experiment — trotz aller gegenteiligen Beteuerungen der Nazis selbst — verhindert. Bereits im Jahre 1932 war der "mittelständische Korporativismus an dem massiven Gewicht industrieller Interessen und ihrer Bedeutung für die langfristigen außenpolitischen Ziele der nationalsozialistischen Führung gescheitert" 151).

Das Zusammengehen mit den Vertretern der Spio und die Überrepräsentation der Unternehmerverbände bei den Vorbereitungen des "Kammersystems" deutete diese Entwicklung bereits an. Eine Filmkammer war keinesfalls die von romantisch gestimmten Theoretikern erträumte "ständische Ordnung" im Filmwesen, sondern die faktische Durchsetzung der Interessen der wirtschaftlichen Führungsclique.

In Wirklichkeit hatte Goebbels bei der Einrichtung der Filmkammer keineswegs ausschließlich und vorrangig an eine "Standesvertretung" aller Filmschaffenden gedacht. Die "Einheitlichkeit" war bereits bei den Auseinandersetzungen mit der NSBO und der DAF als bloßer Schein aufgedeckt worden. Das Modell einer berufsständischen "Selbstverwaltung" mußte angesichts des starken politischen Herrschaftsapparates grotesk wirken.

Von "Gleichschaltung" der Interessen konnte bei der Ständekammer nur einseitig gesprochen werden: Die Interessen der Klein- und Mittelunternehmer wurden denen der Konzerne "gleichgeschaltet", d.h. weitgehend untergeordnet. Um die Wirtschaft wieder in Gang zu bringen und dadurch neue Gewinne in Aussicht gestellt zu bekommen, paßten sich die filmischen Unternehmer — die kleinen und mittleren von Mittelstandsparolen betrogen und irregeführt — den faschistischen ideologischen Forderungen an. Sie konnten ihre Position behaupten und sogar stärken; ein Wandel der filmwirtschaftlichen Machtelite vollzog sich nicht.

Die einheitliche Vertretung des Berufsstandes mußte angesichts des nicht verwirklichten "gerechten Ausgleichs" grotesk wirken — an eine entscheidende Mitwirkung der Kammer bei Gesetzgebung, Rechtsprechung und sonstigen wichtigen Maßnahmen war kaum zu denken. So begnügte sich die Reichsfilmkammer in den ersten Jahren ihres Bestehens mit filmwirtschaftlicher Kleinarbeit, die zumindest die wirtschaftliche Krise für alle Sparten etwas abschwächen konnte, wenn sie auch den Untergang der Klein- und Mittelbetriebe nicht aufhielt. Die Kammer realisierte — bis 1935 — fast nur "technische" Durchführungsaufgaben; regulierende Maßnahmen, die nur den Zweck hatten, die bestehende filmwirtschaftliche Struktur zu festigen. Daß die Reichsfilmkammer als Institution eigenständig Anordnungen über alls w i c h t i g e n Fragen innerhalb des Filmwesens — soweit es die Unternehmungen betraf — erlassen konnte und auch erließ, war zweifellos eine Überbewertung ihrer tatsächlichen Funktionen. Allenfalls handelte es sich um Rückversicherungen bei den Fachverbänden oder um Anregungen für mögliche Maßnahmen, die im Ministerium bzw. seit 1937 im Büro Winkler beschlossen wurden.

Die totale Organisationsform sicherte dem Herrschaftsapparat die Verwirklichung und Verbreitung seiner Ideen: Ausschaltung der nicht-organisierten Juden und Opponenten und Durchdringung der Bevölkerung mit der verschwommenen faschistischen Blut- und Boden-Ideologie.

Die äußere rechtlich-organisatorische Form eines Ständesystems hatte vor allem politische Wirkungen:

— Die Zusammenfassung aller Personen und Institutionen in e i n e r Organisation schuf die Voraussetzung zur Vertreibung der Juden aus dem Bereich des Films;
— der Aufbau nach dem Führersystem — Kollegien waren nur beratende Instanzen ohne Recht zur Beeinflussung auf die Entschlußfassungen — sicherte die einheitliche politisch-ideologische Ausrichtung.

Der inhaltliche Ausdruck der Kammer als Aufhebung aller Interessengegensätze war nicht erfüllt:

— Eine erforderliche Neuordnung der Struktur des Filmwesens wurde nicht durchgeführt;
— die privatkapitalistische Form — gekennzeichnet durch die Profitmaximierung der Unternehmer — wurde beibehalten.

Die Folge war eine "Gleichschaltung" der wirtschaftlichen Interessen:
- Mögliche systemgefährdende nicht-materielle Interessen der Arbeitnehmer, d.h. der Filmkünstler, wurden den materiellen Unternehmerinteressen untergeordnet;
- die ökonomischen Interessen des Mittelstandes in Produktion und Absatz wurden verdrängt von der Macht der Großkonzerne.

Durch die Filmkammer wurde die Lenkung der Filmwirtschaft durch den faschistischen Staats- und Parteiapparat erleichtert.

4. Der Weg vom liberalen Weimarer Lichtspielgesetz zur faschistischen Filmzensur

4.1 Das "Gesetz über die Vorführung ausländischer Bildstreifen" als Instrument der politisch-ideologischen Reglementierung

Nach den Gründungen der Filmkreditbank, der Reichsfilmkammer und des Reichspropagandaministeriums im ersten Jahr der faschistischen Herrschaft konzentrierten sich die Nationalsozialisten — was den Film betraf — auf die bestehenden Filmgesetze, die ihre Gültigkeit nicht verloren hatten. Während des 3. Reiches blieb es Grundsatz des Rechtslebens, daß die vor 1933 erlassenen Gesetze weiter gültig blieben, soweit sie nicht durch ein neues Gesetz außer Kraft gesetzt wurden oder der NS-Rechtsauffassung widersprachen. Das gleiche galt für die Rechtsbegriffe. Wenn die Faschisten auch nach und nach die alten Gesetze und Verordnungen auf allen Rechtsgebieten nach ihren Ideologievorstellungen umformten und die juristischen Begriffe manipulierbar wurden, so konnten sie im Filmrecht auf tiefgreifende Veränderungen verzichten.

Die Anwendung des geltenden Filmrechts ermöglichte es den Nationalsozialisten, sich bereits von Beginn an in den Herstellungsprozeß eines jeden Films einzuschalten und so die ideologische Überwachung und politische Kontrolle weiter zu perfektionieren.

Das "Gesetz über die Vorführung ausländischer Bildstreifen" bot eine vorzügliche Möglichkeit, Bestimmungen in bezug auf die personelle Besetzung der in Deutschland hergestellten Filme zu erlassen, und das Reichslichtspielgesetz von 1920 war die rechtliche Grundlage zur Reglementierung der Filminhalte, die später schon beim Manuskript einsetzen sollte. Denn es mußten nicht nur alle Filme vor ihrer öffentlichen Vorführung den amtlichen Prüfstellen vorgelegt werden, sondern außerdem war seit langem für "ausländische" Filme eine besondere Zulassung notwendig. Mittel hierzu waren die Einfuhrbeschränkungen, wie sie aus der Weimarer Zeit übernommen wurden.

Vor dem ersten Weltkrieg unterlag die Filmeinfuhr nach Deutschland noch keinerlei Beschränkung und bedurfte keiner besonderen Bewilligung. Während des Krieges wurde zum Schutz gegen ausländische Propaganda ein Einfuhrverbot für Filme erlassen: Nur eine Bescheinigung des Reichskommissars für Aus- und Einfuhrbewilligung ermöglichte die Vorführung ausländischer Filme. Die Einfuhrkontrolle war demnach ursprünglich eine Kriegsmaßnahme, die außerdem verhüten sollte, daß deutsches Geld ins Ausland abströmte. 152) Hieraus entwickelte sich eine Schutzmaßnahme für die deutsche Filmindustrie gegenüber einer im Krieg entstandenen übermächtigen ausländischen Industrie, die in der Lage war, bereits amortisierte Filme nach Deutschland einzuführen.

Von 1921 bis 1925 beschloß die "Außenhandelsstelle Film" mit Zustimmung des Reichswirtschaftsministeriums und seit deren Auflösung wiederum — wie während des Krieges — der Reichskommissar für Aus- und Einfuhrbewilligung in jedem Jahr die Zahl der zugelassenen Filme und die Art ihrer Verleihung. Dieses sogenannte "Kontingentsystem" hatte sich, nachdem es verschiedenen Wandlungen unterzogen worden war, im ganzen für die Industrie bewährt, wenn es auch die wirtschaftliche Krise des deutschen Films kaum entscheidend aufhalten konnte.

Als "wirtschaftliches" Mittel bot es auch von Anfang an "kulturpolitische" Einflußmöglichkeiten. Aber erst 1930 wurde die Filmeinfuhr grundsätzlich aus der Regelung rein ökonomischer Bedingungen gelöst; äußerlich gekennzeichnet durch die Übertragung der Zuständigkeit auf das Reichsinnenministerium.

Die damalige Reichsregierung nahm die Überschwemmung des deutschen Filmmarktes vor allem mit amerikanischen Filmen zum Anlaß, durch Erlaß eines Reichsgesetzes über die Vorführung ausländischer Bildstreifen vom 15. Juli 1930 (RGBl I 1930 S. 215) eine Zulassungsbeschränkung ausländischer Filme herbeizuführen. Ausgangspunkt dieser nunmehr genau festgelegten Richtlinien der Filmeinfuhr, den sog. "Kontingentbestimmungen", war ein internationales Abkommen zur Abschaffung der Ein- und Ausfuhrverbote für alle Waren: Dieser Genfer Beschluß vom 8. November 1927 — er trat 1930 in Kraft — stellte die völlige Einfuhrfreiheit wieder her. Zusammen mit einigen anderen europäischen Ländern (u.a. Frankreich, England und Italien) versuchte Deutschland, den Film von dieser Regelung auszuschalten. Vor allem auf Drängen der Filmindustrie, in der große Unruhe entstanden war, kam die Verabschiedung dieses "Einfuhrgesetzes" zustande.

Zur Begründung wurde die "Wahrung der kulturellen und nationalen Interessen im deutschen Lichtspielwesen" aufgeführt, was aber keineswegs darüber hinwegtäuschen konnte, daß der massive Druck seitens der Filmindustrie bei der Verabschiedung des Gesetzes die entscheidende Rolle spielte. In erster Linie wollte die Produktionssparte ein Überangebot ausländischer Filme auffangen, die zu einem Preis in Deutschland den Kinos angeboten wurden, der der deutschen Filmproduktion einen vernichtenden Wettbewerb aufnötigte.

Bevor es zu einer Änderung des alten Kontigentgesetzes kam, wurde seine Geltungsdauer von den Nationalsozialisten durch das Gesetz über die Vorführung ausländischer Bildstreifen vom 23. Juni 1933 bis zum Jahre 1936 verlängert. 153) Der Erlaß näherer Ausführungsbestimmungen wurde dem nunmehr federführenden Propagandaminister übertragen. Das Gesetz selbst war lediglich ein weiteres "Ermächtigungsgesetz" für Goebbels, die Voraussetzungen zu bestimmen "für die Einfuhr ausländischer Bildstreifen und für die Anerkennung deutscher Bildstreifen" 154).

Die Übernahme der Weimarer Filmeinfuhrkontrolle sollte zur Beseitigung der die Filmproduktion bedrohenden materiellen Katastrophe beitragen und fiel damit unter das nationalsozialistische Schlagwort von der filmwirtschaftlichen "Marktgesundung". Nicht zuletzt aber ergänzte das Gesetz die nationalen Parolen vom "deutschen Kulturgut".

Diese direkte politische Bedeutung hatte das Gesetz, weil es Goebbels zu bestimmen "ermächtigte", was ein "deutscher" Film war. Denn grundsätzlich waren alle Filme "ausländische", solange sie nicht ausdrücklich als "deutsche" anerkannt worden waren.

Bereits in der Weimarer Republik waren die staatlichen Stellen in der Praxis dazu übergegangen, für j e d e n Filme eine Vorentscheidung des Reichsinnenministers darüber zu verlangen, ob ein Film ein "ausländischer" oder ein "deutscher" war. Anmeldepflichtig waren – wie bereits vor 1933 – a l l e Filme, d.h. deutsche und ausländische, bei der "Kontingentstelle", auf die die Aufgaben der vormaligen "Anmeldestelle für ausländische Filme" übertragen worden waren. Diese dem Propagandaministerium untergeordnete Dienststelle erteilte für "deutsche" Filme den sogenannten "grünen Schein", d.h. eine Bescheinigung darüber, daß alle an dem Film Mitwirkenden "Deutsche" im Sinne der NS-Verordnung waren. Für "ausländische" Filme wurde gegebenenfalls ein "weißer Schein" vergeben, nach dem gegen die Vorführung des Films – nach amtlicher Zulassung durch die Filmprüfstelle – keine Bedenken bestanden; hier handelte es sich um die sogenannte "Unbedenklichkeitsbescheinigung".

Erst solche Bescheinigungen waren die Voraussetzung für die Zulassung zu dem eigentlichen Zensurverfahren der amtlichen Prüfstellen. Der Antragsteller – in der Regel der Verleiher – mußte also entweder eine Anerkennung des Films als inländischen oder einen Berechtigungsschein zur Vorführung eines ausländischen Films in Deutschland den Prüfstellen vorlegen können. Die Verordnung bestimmte im einzelnen das "Wesen des deutschen Films": 155)

— Der Hersteller mußte ein Deutscher oder eine deutsche Gesellschaft sein. Deutscher war nach dem Staatsangehörigkeitsgesetz, wer die deutsche Reichsangehörigkeit oder eine deutsche Staatsangehörigkeit besaß. Eine deutsche Gesellschaft mußte nach deutschem Recht in Deutschland errichtet worden sein und ihren Sitz innerhalb des deutschen Reichsgebietes haben. Die Inhaber der Gesellschaft (Aktionäre und Geschäftsanteilinhaber) konnten demnach "Ausländer" sein;
— die Atelieraufnahmen mußten restlos in Deutschland gemacht worden sein, die Außenaufnahmen nur soweit es die Handlung erforderte;
— Manuskript, Drehbuch und Musik mußten von Deutschen verfaßt sein;
— Produktionsleiter, Regisseure und Hilfsregisseure mußten ausschließlich Deutsche sein, und
— von den weiteren mitwirkenden Berufsgruppen mußten 75% Deutsche im Sinne des Gesetzes sein, d.h. bei den Kameraleuten, Tonmeistern, Cuttern, Haupt- und Nebendarstellern, Komparsen usw. war jeweils eine "deutsche Mehrheit" erforderlich.

Der Propagandaminister änderte diese Bestimmungen zunächst in jenem Mehrheitsprinzip um: A l l e Mitwirkenden bei der Herstellung des Films mußten "deutsch" sein. Gleichzeitig legalisierte Goebbels die Ausschaltung der Juden aus dem Produktionsprozeß durch die Neudefinition des Begriffs "Deutschtum": "Deutscher im Sinne dieser Verordnung ist, wer deutscher Abstammung ist und die deutsche Staatsangehörigkeit besitzt." 156)

Der Pragmatismus der Faschisten und besonders Goebbels' schloß natürlich nicht aus, daß "Ausländer" solange beschäftigt wurden, wie es für opportun gehalten wurde; selbst die Weiterbeschäftigung von "Juden" stand allein im Ermessen des Propagandaministers.

In der Amtlichen Begründung der Verordnung hieß es: "Die Beschäftigung nichtarischer Filmschaffender bedarf daher künftig ebenso wie diejenige von Ausländern der Genehmigung des Reichsministers für Volksaufklärung und Propaganda." Und: "Ausländer (können) zur Mitarbeit nur herangezogen werden, wenn dies aus kulturellen oder künstlerischen Erwägungen gerechtfertigt ist." 157) Der faschistischen Filmpolitik war ein weiteres Mittel in die Hand gegeben, die Juden "legal" aus dem deutschen Film zu vertreiben: Genügte nach dem Weimarer Gesetzestext die Reichs- oder Staatsangehörigkeit, um jemandem das Attribut "deutsch" zu verleihen, so war im NS-Jargon die Rede von einer "Stammeszugehörigkeit". In diesem Zusammenhang muß auch das Gesetz über den Widerruf von Einbürgerungen und die Aberkennung der deutschen Staatsangehörigkeit vom 14. Juni 1933 gesehen werden, das vor allem gegen die nach 1918 eingebürgerten Juden aus den früheren deutschen Ostgebieten gerichtet war. (RGBl I 1933 S. 480).

Die Prüfung des "deutschen Charakters" für jeden Film durch die Kontingentstelle erfolgte anhand der Besetzungs- und Beschäftigungslisten. Anfang 1935 wurde eine genaue Regelung des Antragverfahrens festgelegt: Für sämtliche Filmschaffenden mußten die Nachweise der deutschen Staatsangehörigkeit und der deutschen Abstammung bei der Kontingentstelle vorliegen. Bei der Beschäftigung von Ausländern war vor Beginn der Produktion ein Antrag zu stellen, aus dem die Gesamtbesetzung ersichtlich war. In Verbindung mit dem später errichteten sog. "Abstammungsnachweis" innerhalb der Reichsfilmkammer war die lückenlose Erfassung der Juden und aller NS-Gegner erreicht. Jedoch wurde andererseits durch deren Institutionalisierung die Arbeit der Kontingentstelle mehr oder weniger überflüssig: Die bürokratische Gründlichkeit der Nazis hatte mittlerweile jeden "Nichtarier" in irgendeiner Akte registriert.

Die Aufrechterhaltung der alten Kontingentbestimmungen und ihre Anpassung an die faschistischen Herrschaftspraktiken war ökonomisch und politisch-ideologisch begründet: Als Vorläufer eines "Arierparagraphen" in der Filmgesetzgebung handelte es sich um das erste antijüdische Gesetz auf dem Gebiet des Films, das darüber hinaus der deutschen Filmproduktion Schutz vor ausländischer Konkurrenz bot. Ein solcher "Arierparagraph" wurde aufgrund einer Textänderung in den Kontingentbestimmungen nach der "Verordnung zur Änderung der Verordnung über die Vorführung ausländischer Filme" vom 26. Juni 1937 158) formuliert: "Deutscher im Sinne dieser Verordnung ist, wer d e u t s c h e n o d e r a r t v e r w a n d t e n B l u t e s ist und die deutsche Staatsangehörigkeit besitzt."

Wesentlich für diese Neubestimmung waren die vor zwei Jahren verabschiedeten

"Nürnberger Gesetze". Die verschiedenen antijüdischen Gesetze und Verordnungen in allen gesellschaftlichen Bereichen waren damit auf eine neue einheitliche gesetzliche Basis gestellt: So muß auch im Rahmen einer solchen Koordinierung aller staatlichen Maßnahmen die textliche Angleichung in der Filmgesetzgebung gesehen werden.

Zu den "Nürnberger Gesetzen" gehörten das "Reichsbürgergesetz" vom 15. September 1935 und das "Gesetz zum Schutz des deutschen Blutes und der deutschen Ehre" vom 15. September 1935 159). Das Reichsbürgergesetz führte neben der Staatsangehörigkeit, die allen bisherigen Staatsangehörigen verblieb, eine "qualifizierte" sogenannte "Reichsbürgerschaft" ein, die nur durch besondere Verleihung des "Reichsbürgerbriefes" erworben werden sollte. Juden waren von der "Reichsbürgerschaft" ausgeschlossen, hatten aber die deutsche Staatsangehörigkeit behalten, sofern sie ihnen nicht aufgrund besonderer gesetzlicher Vorschriften ausdrücklich entzogen war. Einschränkende Bestimmungen dieser Art waren das Gesetz über den Widerruf von Einbürgerungen und die Aberkennung der deutschen Staatsangehörigkeit vom 14. 7. 1933 (RGBl I 1933 S. 480) und die Elfte Verordnung zum Reichsbürgergesetz vom 25. 11. 1941 (RGBl I 1941 S. 722.) Eindeutig deklassierte das Reichsbürgergesetz jüdische Mitbürger hinsichtlich ihrer politischen Rechte: Nur der "Reichsbürger" sollte die "vollen politischen Rechte nach Maßgabe des Gesetzes" genießen; "Reichsbürger" durfte jedoch nur der "Staatsangehörige deutschen oder artverwandten Blutes sein. § 4 der Ersten Verordnung zum Reichsbürgergesetz vom 14. 11. 1935 (RGBl I 1935 S. 1333) bestimmte: Ein Jude kann nicht Reichsbürger sein. Zu Verleihungen von "Reichsbürgerschaften" ist es jedoch nie gekommen; vielmehr wurde nur eine vorläufige "Reichsbürgerschaft" bis zum Ende des Nationalsozialismus beibehalten.

Die eigentliche Bedeutung der Nürnberger Gesetze, vor allem des Reichsbürgergesetzes, sollte sich auch in den 13 Verordnungen zeigen, die zu diesem Gesetz später erlassen wurden und die die systematische Ausschließung der Juden aus der staatlichen Gemeinschaft bewirkten. 160) Hieraus folgernd ergoß sich eine Fülle von Vorschriften in nahezu alle Berufsordnungen, um einen "Arierparagraphen" einzuführen und dadurch die Arbeitsmöglichkeiten der Juden weiter einzuengen. Die endgültige formaljuristische Grundlage für die restlose Ausschaltung der Juden aus dem Bereich der Filmwirtschaft, die mit dem Erlaß der Rassengesetze und der entsprechenden Einfügung in die Kontingentbestimmungen gegeben war, bedeutete demnach nur ein Beispiel innerhalb dieser gesamten Entwicklung. "Es steht fest, daß das in Nürnberg verkündete Gesetz die Möglichkeit gibt, auch innerhalb der Filmkammer so zu säubern, daß das gesamte Instrument Film in deutschen Besitz kommt", schrieb Arnold Raether. 161)

In der Substanz bedeutete die Neuformulierung natürlich die textliche Wiederholung des alten Tatbestandes. Alle Unterschiede zu der ursprünglichen Fassung müssen konstruiert wirken, selbst wenn die pseudowissenschaftliche "Rassenlehre" zwischen Personen "deutscher Abstammung" und "deutschen oder artverwandten Blutes" differenzierte. Im wesentlichen blieben somit die alten Kontingentregelungen aufrechterhalten: "aus kulturellen und künstlerischen Gründen", d.h. politisch-ideologischen, und "zum Schutz der heimischen Filmerzeugung", d.h. aus ökonomischen Erwägungen. 162)

Der entscheidende Schritt in der ersten Phase der NS-Herrschaft zur Ausschaltung aller "nichtarischen" und "fremdländischen" Einflüsse war getan: Die Faschisten hatten die in der Filmwirtschaft beschäftigten Juden bis auf die tiefste Stufe des materiellen Daseins und bis an das Ende ihrer Existenzmöglichkeit gedrängt. Die Drohung und der Vollzug der Nichtaufnahme in die Reichsfilmkammer und der Ausschluß aus dem Produktionsprozeß durch die Kontingentstelle als Hilfsinstanz des Propagandaministeriums bedeuteten mit dem Berufsverbot die Existenzvernichtung, die nur noch den Ausweg in die Emigration erlaubte.

Das System konnte die Anpassungswilligen schnell herausfinden: Die Stufenleiter des Lebensstandards entsprach recht genau der inneren Verbundenheit der Schichten und Individuen mit dem System. Der letzte Schritt, die physische Ausrottung, wurde bald eingeleitet. Vorläufig war mit der Vertreibung und Ausbürgerung der Unerwünschten und der Überwachung der anderen der proklamierte Umbruch in der ersten Phase abgeschlossen. Das Maß totaler Durchorganisierung und Kontrolle war perfektioniert. Die alten Mittel der Diktatur — Zensur- und Prüfungsmaßnahmen — waren durch diese "moderne" Form der Durchdringung und Lenkung scheinbar überflüssig geworden.

4.2 Verfahrensablauf der staatlichen Zensur und personelle Besetzung der Filmprüfstellen

Die Nationalsozialisten konnten zur Ergänzung der personellen Säuberungsaktionen im Produktionsprozeß auch bei der inhaltlichen Kontrolle der Filme auf ein vorgegebenes Modell zurückgreifen: auf das neutral konzipierte, aber in der Praxis bereits vor 1933 als politisch-ideologisch genutztes Instrumentarium der Filmzensur in Gestalt des Reichslichtspielgesetzes vom 12. Mai 1920 163). Die faschistische Filmzensur war eine Fortsetzung und Weiterentwicklung des mehrfach abgeänderten und verschärften Weimarer Gesetzes, das das Interim einer völligen Zensurfreiheit unmittelbar nach dem Ersten Weltkrieg abgeschafft hatte. 164)

Durch den "Aufruf an das deutsche Volk" des revolutionären Rates der Volksbeauftragten vom 12. November 1918 war die Zensur zunächst aufgehoben, noch nicht ein Jahr später durch die Weimarer Reichsverfassung von 1919 jedoch wieder erneuert worden: Artikel 118 Absatz 2 setzte zwar vielversprechend mit dem allgemeinen Grundsatz an: "Eine Zensur findet nicht statt", um dann aber auszuführen: "doch können für Lichtspiele durch Gesetz abweichende Bestimmungen getroffen werden". 165) Der Film war damit in auffälligem Gegensatz zu den anderen publizistischen Medien (Pressefreiheit) und zu den anderen "Künsten" (unzensiertes Theater) gerückt worden, die alle die verfassungsrechtlich garantierte Freiheit genossen. Abgeleitet war die spezielle Filmzensur von der angeblich besonders eindringlichen Wirkung des Films auf die Zuschauer. Zur Zeit der Zensuraufhebung setzte als Reaktion auf die physischen und psychischen Kriegsgreuel und die materiellen Entbehrungen der Nachkriegszeit, aber auch direkt als Antwort auf die Schärfe der Militärzensur eine Flut von sogenannten "sexuellen Schundfilmen" ein, die die zeitgenössischen Moralhüter wegen der "entsittlichenden" Wirkung eindämmen sollten. Jedoch die Zensurfreiheit war auch damals nicht total: Nach den strafgesetzlichen Bestimmungen besaßen sowohl Staatsanwaltschaften, Gerichte wie Polizeibehörden Eingriffsmöglichkeiten, weil über Rechtscharakter und Umfang der aufgehobenen Zensur Unklarheit herrschte. So kam es in verschiedenen Ländern und Städten zu örtlichen Filmverboten unterschiedlichster Bedingungen. Bei der Vorbereitung der künftigen Filmgesetzgebung wandten sich deshalb auch industrielle Filmkreise gegen die völlige Abschaffung der Reichszensur, die automatisch wieder Länder- bzw. Ortszensuren eingeführt hätte — mit dem Ergebnis, daß der Produzent verschiedene Filmversionen herstellen müßte. 166)

Goebbels, dessen Propagandaministerium seit März 1933 die Filmgesetzgebung unterstand, ließ die Vorarbeiten zur Gesetzesrevidierung erst nach der Zwangsorganisation des Filmwesens und nach Inkrafttreten der Hilfsmaßnahmen für die Filmindustrie anlaufen. Die Vorbereitung war in der Filmabteilung zentralisiert und nahm wegen der geringen Änderungen nur wenige Zeit in Anspruch. Für die Kontinuität in der Filmzensur und für die reibungslose Umwandlung im Sinne der faschistischen Ideologie sorgte der Abteilungsleiter Ernst Seeger: Als maßgeblicher Mitformulierer und amtlicher Kommentator des Weimarer Gesetzes leitete er als Ministerialrat im Innenministerium die Oberprüfstelle in Berlin. In Kooperation mit Parteileuten wie Reather war Seeger, den Goebbels in seinem Amt als Oberprüfstellen-Leiter beließ, verantwortlich für die Anpassung der übernommenen Filmzensierung. Er war aber nur ein Beispiel für die Konstanz bürokratischer Organisationen und für die Amtstreue von Verwaltungsbeamten im Wechsel der politischen Systeme. Das Ergebnis aller Beratungen war der Erlaß des Lichtspielgesetzes vom 16. Februar 1934 167), das in seinem Wortlaut fast völlig auf das Weimarer Gesetz zurückgriff, und nur in wenigen textlichen Änderungen entscheidende Wandlungen erfuhr.

Die Grundlage — Seeger sprach von einem "Filmgrundgesetz" bzw. einer "magna Charta" des deutschen Films — für das NS-Zensurverfahren und für die Entscheidungen des NS-Zensors war geschaffen. Entscheidend wurde, daß das neue Lichtspielgesetz die Zuständigkeit der Zensurbehörde auf den gesamten Herstellungsprozeß vom Manuskript bis zum fertigen Film ausdehnte. 168)

Wesentliche formale Neuerung in der äußeren Apparatur war die Aufhebung der Münchner Zensurstelle 169): Alleinige erstinstanzliche Behörde wurde die Prüfstelle in Berlin, deren Entscheidungen über die Filmzulassungen für das gesamte Reichsgebiet gültig wurden. Diese Maßnahme vereinfachte und straffte die Zensurausübung und paßte sich den politischen Zentralisationsbestrebungen der Nationalsozialisten an. Die Filmprüfstelle in Berlin war nunmehr eine nachgeordnete höhere Dienststelle des Propagandaministeriums mit eigenem Etat und beamtetem Personal. Trotz der organisatorischen Ausgliederung aus dem Reichsinnenministerium blieb das Büro samt den Filmvorführungsräumen zunächst im Dienstgebäude des Innenministeriums, Am Königsplatz; erst im Jahre 1937 zog die Prüfstelle in die Jägerstraße um, in die auch die Diensträume der Kontingentstelle verlegt worden waren. Demgegenüber hatte die Oberprüfstelle seit 1933 ihren Sitz im Reichspropagandaministerium am Wilhelmplatz, nicht zuletzt weil ihr Leiter Ernst Seeger hauptamtlich die Filmabteilung leitete.

Eine weitere Verfahrensänderung betraf die einzelnen P r ü f k a m m e r n : Zwar hielt man am Prinzip des beamteten Vorsitzenden und ehrenamtlichen Beisitzern fest, die Entscheidung über Zulassung und Prädikatisierung wurde jedoch allein vom Vorsitzenden der einzelnen Prüfungskammer getroffen; die "Bei-Sitzer" hatten wie alle ähnlichen Gremien nur beratende Funktion. Ihre Amtszeit war nicht begrenzt, aber ihre Abberufung war jederzeit möglich. 170) Der Propagandaminister wählte sie — in Verbindung mit den Vorsitzenden der Prüfkammern — aus einem Stamm von ungefähr 40 bis 50 Personen aus, die von den Einzelkammern des gesamten "Kulturbereichs" vorgeschlagen worden waren. 171)

Der Kreis der in die Prüfungskommissionen berufenen Beisitzer umfaßte Schauspieler, Musiker, bildende Künstler, Schriftsteller u.a.; sie wurden für jede tägliche Prüfung meist telefonisch angefordert, da sie in ihrer Mehrzahl in Berlin wohnten. 172) Einige wurden sehr häufig geladen und zeigten auch selbst ein besonderes Interesse an den Prüfungssitzungen, teils weil sie politisch engagiert waren, teils aber auch weil sie die Teilnahme als reinen Nebenverdienst betrachteten.

Insgesamt gab es innerhalb der Filmprüfstelle vier solcher Prüfungskommissionen mit beamteten Vorsitzenden, die allerdings nicht ständig besetzt waren. Die Vorsitzenden der Prüfkammern waren — wie der Leiter der Filmprüfstelle — Beamte des Propagandaministeriums. 173) Einschließlich aller Verwaltungsbeamten, Filmvorführer, Bürovorsteher, Sekretärinnen usw. waren bei der Filmprüfstelle in Berlin ungefähr 20 Personen fest angestellt. Zu dem Leiter der Filmprüfstelle berief Goebbels am 1. Februar 1934 den Regierungsrat Heinrich Zimmermann, der diesen Posten als Beamter des Innenministeriums seit 1929 innehatte.

Zimmermann — von Hause aus Philologe — war SPD-Mitglied. Er wurde 1936 zum Oberregierungsrat ernannt, da für den ständigen Vorsitzenden der Filmprüfstelle eine solche Stelle vorgesehen war. 1938 wechselte Zimmermann in die Abteilung Kulturpresse des Promi und wurde von Dr. Arnold Bacmeister abgelöst. Der NSDAP trat Zimmermann erst sehr spät bei — jedenfalls nicht vor 1940, wie aus seiner sehr hohen Parteinummer geschlossen werden muß.

Zu dem nichtöffentlichen Prüfverfahren konnten "Sachverständige" — und zwar vornehmlich aus dem Propagandaministerium — herangezogen werden für Filme, bei deren Prüfung Spezialkenntnisse erforderlich waren. So holte die Filmprüfstelle Fachleute aus dem Kriegs- oder Luftfahrtministerium, wenn es um militärische Detailfragen ging; so schickte aber auch der Werberat der deutschen Wirtschaft einen ständigen Vertreter in die Zensurbehörde zur Überwachung der verbotenen "Schleichwerbung." Die Bedeutung des "Sachverständigen-Gutachtens" war für das Urteil des Vorsitzenden sicher von unterschiedlichem Gewicht; er war nach den Zensurbestimmungen in keiner Weise von der Meinung der Sachverständigen abhängig, wenn zweifellos auch Stellungnahmen etwa des Propagandaministeriums die Entscheidungen in festgelegte Richtungen lenkten.

Zur "Verhandlung" vor der Prüfstelle wurde der Antragsteller — in der Regel ein Vertreter der Produktionsgesellschaft — "geladen"; da das eigentliche Verfahren jedoch nicht öffentlich war, wurde der auf Zulassung seines Films wartende Antragsteller von der Aussprache des Vorsitzenden mit den Beisitzern ausgeschlossen. Die Verhandelnden waren sogar verpflichtet, Stillschweigen über den Inhalt der Aussprache zu bewahren. Der Antragsteller erhielt lediglich auf Anforderung ein

Protokoll über den Gang der Verhandlung, nicht aber über den Inhalt der eigentlichen Beratung. Bevor es zu dieser "geheimen" Beratung kam, wurden in unmittelbarem Anschluß an die Filmvorführung — wenn nötig — die Sachverständigen gehört. Gleichzeitig mit der Entscheidung über die Zulassung des Films gab der Vorsitzende das Ergebnis der Prädikatisierung bekannt. Außerdem wurde die Freigabe zur Vorführung an Feiertagen, die Jugendfreigabe und die Prüfung der Reklame verhandelt. Über den zugelassenen Film wurde dem Hersteller eine "Zensurkarte" ausgestellt, die als Ausweis diente, etwa gegenüber den die öffentlichen Filmvorführungen hin und wieder überwachenden Polizeibeamten. 174)

Bei einem generellen Verbot erhielt der Antragsteller eine "mit Gründen versehene Ausfertigung der Entscheidung" 175) bei Schnittauflagen, d.h. wenn die Möglichkeit gegeben war, durch einzelne Schnitte die filmische Aussage, die Anlaß zum Verbotsgrund gab, zu verändern, mußten die beanstandeten Teile entfernt werden. Sie blieben allerdings im Besitz der Prüfstelle. Erst nach Vornahme der auferlegten Schnitte konnte der Film abermals bei der Prüfstelle eingereicht werden. Demgegenüber konnte nach dem Reichslichtspielgesetz von 1920 ein abgelehnter Film beliebig oft ohne jede Änderung wieder der Prüfstelle vorgelegt werden. Das führte dazu, daß ein Film aus einer gewissen Ermüdungstaktik heraus solange eingereicht wurde, bis sich eine Kammer fand, die den beanstandeten Film zuließ. Unterstützt wurde dieses Vorgehen durch die oft stark abweichenden Entscheidungen der verschiedenen Prüfkammern, die mal einen Film der Sozialdemokraten, mal einen Film der Faschisten verboten, je nach personeller Zusammensetzung der Gremien. Eine solche Spruchpraxis konnte natürlich nicht im Sinne der Nationalsozialisten sein.

Eine interessante Variante in der nationalsozialistischen Filmzensur war die Zulassung eines in Deutschland verbotenen Films zur Verbreitung im Ausland. Die tatsächlichen Motive hierfür lieferten die faschistischen Interpreten selbst: "Man hatte diese Bestimmung vor allem aus handelspolitischen Gesichtspunkten in das Gesetz aufgenommen, um durch die Ausfuhr in Deutschland verbotener Filme unsere Handelsbilanz zu verbessern" 176). Zweifellos war mit dieser wirtschaftlichen Maßnahme ein weiteres Mal einem Wunsch der Industrie Rechnung getragen worden, die auf den Export angewiesen war und, ohne ausländische Rohstoffe zu verarbeiten, in der Lage war, die Handelsbilanz aufzubessern.

Eine ebenso bloß formale Regelung betraf das Rückgängigmachen von Zensurentscheiden. Ein theoretisches Beschwerderecht, das sich gegen das Verbot eines ganzen Films wie einzelner Teile richten konnte, stand den Filmherstellern zu. Die O b e r p r ü f s t e l l e entschied dann endgültig über die Zulassung, d.h. eine weitere Beschwerde etwa an den vorgesetzten Propagandaminister gab es nicht. In der Praxis der damaligen Zensurausübung spielte dieses Beschwerderecht keine Rolle. Die Filmoberprüfstelle war mit einem beamteten Vorsitzenden, Ministerialrat Dr. Seeger, und vier nebenberuflichen Beisitzern besetzt.

Die Haupttätigkeit der Filmoberprüfstelle bestand jedoch nicht in der möglichen Zurücknahme von Verboten, d.h. in "positiven" Entscheidungen, sondern die Beschwerdeinstanz war in erster Linie und von Anfang an ein Instrumentarium des Propagandaministers, bereits von der Prüfstelle zugelassene Filme wieder aus dem Verkehr zu ziehen, d.h. sie entschied "negativ". 177) Doch auch im Widerrufsverfahren wurde sie nur in den seltensten Fällen aktiv, zumal Goebbels sich im Jahre 1935 den jederzeitigen Eingriff in das Zensurverfahren sicherte. Die formalen Instanzen der Filmprüfstelle und Filmoberprüfstelle wurden und blieben dann Aushängeschilder für Entscheidungen, die von Goebbels direkt oder seiner Filmabteilung getroffen waren.

Einbezogen in das zensurmäßige Kontrollsystem der Prüfstellen, wie es bereits in der Weimarer Republik geprägt war und vor allem in der ersten Zeit nach der "Machtergreifung" auch funktionierte, waren alle Filme ohne Rücksicht auf ihren Inhalt und auf ihre Länge: Spiel- und Dokumentarfilme, Werbe- und Propagandafilme, Lang- und Kurzfilme, wobei alle Nicht-Spielfilme vom Prüfkammervorsitzenden ohne Hinzuziehung von Beisitzern zensiert wurden. Eine Ausnahmeregelung im Zensurverfahren gab es für handlungslose Schmalfilme nach § 14: Zwar wurde nicht auf die zensurmäßige Überwachung verzichtet, jedoch war die Prüfung durch die Ortspolizeibehörden möglich. 178)

Für alle deutschen und — sofern sie ein Kontingent erhalten hatten — "ausländischen" Filme, die zur Vorführung 179) vorgesehen waren, bestand jene Prüfungspflicht in Form eines schriftlich gestellten Antrags, dem ein Gutachten des Reichsfilmdramaturgen beigegeben werden mußte. Auch filmisches Werbematerial (Texte, Fotos, Plakate) in der Presse, in und vor den Kinos und an Litfaßsäulen war prüfungspflichtig.

4.3 Die Vorzensur und die Funktion des Reichsfilmdramaturgen

Jenes Gutachten des "Reichsfilmdramaturgen" war eine der bedeutendsten nazistischen Gesetzesnovitäten, wenn nicht d i e wichtigste Neuerung der Filmzensur gegenüber der vornazistischen Zeit: Hier sollte die "positive" Mitarbeit der NS-Machthaber durch Einführung einer "Vor-Zensur" dokumentiert werden. Unter dem Deckmantel, "minderwertige und schlechte Filmkunst dem deutschen Volke fernzuhalten", wurde das Amt eines Reichsfilmdramaturgen eingerichtet, um einen "entscheidenden Einfluß bereits vor und erst recht bei der Herstellung bis zur Fertigstellung des Films zu gewinnen" 180). "Intensive Beratung und Betreuung" — sprich: inhaltliche Überwachung — ergänzte vortrefflich die Besetzungskontrolle aufgrund des Gesetzes über die Vorführung ausländischer Bildstreifen: "Nur durch eine intensive Beratung und Betreuung der Filmgestaltung kann verhindert werden, daß Filme zur Vorführung gelangen, die dem Geist der Zeit zuwiderlaufen", hieß es in der Amtlichen Begründung 181).

Die Konstituierung des Amtes und obligatorische Vorprüfung aller Spielfilmentwürfe regelte § 1 des Lichtspielgesetzes: "Spielfilme, die in Deutschland hergestellt werden, müssen vor der Verfilmung dem Reichsfilmdramaturgen im Entwurf und im Drehbuch zur Begutachtung eingereicht werden".

Die Aufgaben und Rechte des Reichsfilmdramaturgen waren in § 2 genau festgelegt:

— die Filmindustrie in allen dramaturgischen Fragen zu unterstützen;

- die Filmherstellung bei dem Entwurf (Manuskript) und bei der Umarbeitung von Filmstoffen zu beraten;
- Filmstoffe, Manuskripte und Drehbücher, die ihm von der Industrie vorgelegt werden, daraufhin vorzuprüfen, ob ihre Verfilmung mit den Bestimmungen dieses Gesetzes vereinbar ist;
- die Hersteller verbotener Filme bei der Umarbeitung zu beraten;
- rechtzeitig zu verhindern, daß Stoffe behandelt werden, die dem Geist der Zeit zuwiderlaufen.

Gerade dieser letzte Grundsatz, der Filme, die "dem Geist der Zeit" zuwiderliefen, unter das Verbotsrecht stellte, bot in seiner Unbestimmtheit für jene Phase des Machtaufbaus ein vorzügliches Mittel, die politischen Anschauungen des NS-Regimes durchzusetzen. Die Vorarbeiten zur Einführung einer amtlichen Vorzensur reichten — wie die Mehrzahl der nationalsozialistischen Maßnahmen — zurück in die Zeit der Interessenvertretungen: Die Filmindustrie selbst hatte schon vor 1933 eine Art "Vorzensur" im Rahmen einer "Selbstkontrolle" gefordert, um dem geschäftlichen Risiko durch ein direktes Zensurverbot des fertigen Films aus dem Wege zu gehen. Vorbild solcher Überlegungen war die in den USA verwirklichte Drehbuchzensur in Form einer Selbstzensur der amerikanischen Filmindustrie seit 1930. 182)

Vor den amtlichen Prüfungssitzungen sollte anhand des vorgelegten Drehbuchs das zu erwartende Urteil der Zensoren eingeholt werden, um vor der Endproduktion des Films das Drehbuch noch nach den Wünschen der Prüfungsgremien (und damit entsprechend den Interessen der politischen Machthaber) zu ändern. Durch freiwillige Inanspruchnahme einer zu errichtenden Beratungsstelle sollte den Produzenten die "Unsicherheit" — nicht zuletzt infolge einer uneinheitlichen Rechtsprechung — genommen werden, indem die Zensurstellen frühzeitig ihre "etwaigen Bedenken" äußerten. 183)

Solche "demokratisch" genannten Hilfskonstruktionen pflegen jedoch stets als Organisationen zur Vermeidung wirtschaftlicher Nachteile durch Eingriffe von staatlichen Behörden zu funktionieren: Damit wirken sie — wenn auch nicht formell — zweifellos als Filmzensur, genauer, als filmische "Vorzensur".

Diese Versuche der Filmbranche, schon Anfang der 30er Jahre eine Vorzensur der Drehbücher auch in Deutschland einzuführen, wurden vom Reichsinnenministerium abgelehnt. 184) Erst die NS-Regierung kam den Wünschen der Industrie entgegen: Ein "Dramaturgisches Büro" innerhalb der Spio sortierte aus, was unter den nazistischen Zensurbedingungen kaum eine Chance zur öffentlichen Vorführung besaß. Drehbuchverbote ersparten der ohnehin geschwächten Industrie Fehlinvestitionen, infolge der hohen Herstellungskosten von Spielfilmen eine entscheidende Stütze für die Branche. Im November 1933 übernahm dann die Reichsfilmkammer dieses noch auf freiwilliger Basis arbeitende Büro, um die Filmfirmen weiterhin bei der Durchführung ihrer Produktionsvorhaben zu "beraten" und all jene Funktionen wahrzunehmen, die sich mit denen des späteren Reichsfilmdramaturgen deckten. 185)

Ungefähr ein Jahr nach der Machtübernahme wurde die Vorprüfung von Spielfilmentwürfen dann durch den Reichsfilmdramaturgen obligatorisch: Aus der Möglichkeit, dem Dramaturgischen Büro der Spio bzw. der Filmkammer Entwürfe und Drehbücher einzureichen, wurde eine Pflicht zur "Begutachtung". Zu den zahlreichen Registrierungen der filmpolitischen Machthaber im Ministerium, in der Reichsfilmkammer und der Kontingentstelle trat das "Register der zur Eintragung in dieses Register angemeldeten Filmtitel" 186), das die genehmigten Exposés und Manuskripte zur Weitergabe an die Prüfstellen festhielt. Der Reichsfilmdramaturg arbeitete so eng zusammen mit der Filmprüfstelle und Oberprüfstelle und übermittelte ihnen ein Verzeichnis seiner Genehmigungen: Die Prüfungsgremien lehnten von vornherein jeden Antrag auf Zulassung ab, dem nicht das erforderliche "positive" Gutachten des Filmdramaturgen beilag.

Die Filmindustrie, seit langem zu Selbstregulierungsmaßnahmen entschlossen, begrüßte überwiegend die Einführung der staatlich reglementierten Vorzensur: Um die Gefahr der Absatzminderung durch die Verletzung nationaler und religiöser Gefühle, herrschender Auffassungen von Geschmack, Sitte und Anstand und das Finanzrisiko infolge staatlicher Eingriffe zu verhüten oder auf ein Mindestmaß herabzusetzen, ist die kapitalistische Filmwirtschaft stets bereit, sich einer Vorzensur unterzuordnen. Denn im Gegensatz zur "Nach-Zensur", d.h. zur Zensur nach Abdrehen des Films bewahrt sie die Industrie vor unnötigen Kosten. So sind die Präventivmaßnahmen außerordentlich wirksam zur Minderung des Produktions- und Absatzrisikos.

Auch die Einführung der Vorprüfung im Jahre 1934 war deshalb — je nach Perspektive der Beteiligten — zur Vermeidung wirtschaftlicher Fehlaufwendungen und Perfektionierung der politisch-ideologischen Überwachung gedacht. Wieder einmal ergänzten sich Wirtschafts- und politische Interessen vortrefflich.

Andererseits schienen mit der offiziellen Vorzensur aller Spielfilme jene Gremien der Nachzensur praktisch überflüssig geworden zu sein, da unter dem Einfluß des Reichsfilmdramaturgen kaum zensurwidrige Filme produziert würden. Reichten die Produktionsgesellschaften den Filmentwurf (Exposé oder Manuskript) und das Drehbuch beim Büro des Filmdramaturgen ein, um beides im Hinblick auf Vereinbarung mit den Bestimmungen des Zensurgesetzes vorprüfen zu lassen, dann erhielt der Hersteller Anhaltspunkte für die spätere Zulassungsgenehmigung.

Einmal kamen die Umarbeitungsforderungen frühzeitig genug, um noch reibungslos während des Produktionsprozesses berücksichtigt zu werden. Bevor ein Film in die Ateliers ging, war die von der Reichsfilmdramaturgie-Behörde ausgestellte Dreherlaubnis erforderlich, die nach der Prüfung des Drehbuchs erteilt wurde. Erst fertiggestellte Filme wurden der Filmprüfstelle eingereicht. Auch während der Dreharbeiten konnte sich der Reichsfilmdramaturg noch einschalten.

Zum anderen blieb ein in der Vorprüfung genehmigter Entwurf grundsätzlich von der Zensur unbeanstandet und ersparte dem Produzenten das in einem Zensurverbot liegende finanzielle Risiko. Doch hatte auch die Staatsbürokratie ein ökonomisches Interesse an der Errichtung einer Vorprüfstelle: Durch die ideologisch bedingten Zensurverbote gingen jährlich große Summen verloren, d.h. sie wurden dem gesamten Wirtschaftskörper des Reiches entzogen. Deshalb sollten Fehlproduktionen vermieden werden.

Vor allem aber bot die Überwachung von der ersten Idee bis zum fertigen Produkt eines Films für das nationalsozialistische Regime die sicherste Gewähr einer linientreuen Filmproduktion.

Dies hatte bereits vor 1933 der konservativ-nationale Staatsrechtler Carl Schmitt in seiner "Verfassungslehre" formuliert: Neben den allgemeinen "moralischen Grundsätzen" gelte für die Produktion, daß keinerlei Kritik an staatlichen Institutionen, nichts Abfälliges über Staatsbedienstete formuliert und keine Begünstigung von Aufruhr und sozialen Unruhen geliefert werden dürfe; ". . . kein Staat (kann) diesen mächtigen psycho-technischen Apparat ohne Kontrolle lassen. . .; er muß ihn der Politik entziehen, neutralisieren, d.h. in Wahrheit — weil das Politische unumgänglich ist — in den Dienst der bestehenden Ordnung stellen, auch wenn er nicht den Mut hat, ihn als Mittel zur Integration einer sozial-psychologischen Homogenität zu benutzen." 187)

So sah sich der von Goebbels ernannte erste Reichsfilmdramaturg, der aktive Nationalsozialist Willi Krause, als oberster Hüter und Wahrer der faschistischen Ideologie im deutschen Film. Vor seiner Berufung hatte sich Krause allerdings kaum mit dem Film beschäftigt: Er arbeitete schriftstellerisch unter dem Pseudonym "Peter Hagen" und war seit Oktober 1930 Redakteur und Chef vom Dienst beim "Angriff".

Voller Optimismus und mit großem Elan nahm der 26jährige Krause im Februar 1934 seine Arbeit auf und verkündete programmatisch: "Ich . . . habe mir zunächst vorgenommen, den Posten . . . ebenso konsequent und hartnäckig als Nationalsozialist auszufüllen, wie ich in meiner bisherigen Stellung in diesem Sinne gewirkt habe." 188) Zwar verstand er sich auch als "Helfer der Filmindustrie", vor allem aber wollte er die "nationalsozialistische Gesinnung" in den deutschen Film tragen. Seine Pläne, die Filmschaffenden und ihre Filme "auf eine Linie" zu bringen und ganz in den "Dienst einer Idee" zu stellen, scheiterten jedoch nicht zuletzt am Widerstand der Filmindustrie. Wenn diese auch die Vorprüfung als Risikominderung akzeptierte, so wehrte sie sich doch gegen die totale staatliche Bevormundung der Produktionen, d.h. die Eigenschaft eines "Dramaturgen" für das Gesamtangebot an deutschen Spielfilmen wurde als überflüssig erachtet. Die Filmfirmen wollten lediglich einen Rat der Behörde, um Fehlaufwendungen zu ermäßigen oder zu verhindern. Denn nur indem der Reichsfilmdramaturg direkte Filmverbote ausschaltete, konnte er zur Ankurbelung der ins Stocken geratenen Produktionen beitragen.

Seine Beraterfunktionen für die Industrie gingen sogar so weit, daß der Reichsfilmdramaturg bei seinen Vorgesprächen mit den Vertretern der Produktionsfirmen auch "Schwierigkeiten" personeller Art, die sich aufgrund der Kontingentverordnung ergeben könnten, aus dem Wege räumte; d.h. er war befugt, bereits vor Festlegung der Besetzungs- und Beschäftigungsliste von Filmen Ratschläge im Hinblick auf die Mitwirkung von "Nichtariern" zu geben. Anschließend war die unbeanstandete Durchleuchtung bei der Kontingentstelle garantiert — ein weiteres Mal kamen einer politisch-ideologischen Funktion wirtschaftliche Interessen entgegen. Doch die Zwangs-Vorzensur bestand in dieser Form nicht einmal ein Jahr: Noch 1934 wurde aus der Vorlagepflicht der Entwürfe und Drehbücher eine "Kannvorschrift": Durch das Erste Gesetz zur Änderung des Lichtspielgesetzes vom 13. Dezember 1934 wurde die Vorzensur eine freiwillige Maßnahme, d.h. die Manuskripte mußten nicht mehr, sondern d u r f t e n eingereicht werden.

Im Einzelnen sahen die Änderungen wie folgt aus (RGBl I 1934 S. 1236):

§ 1: Spielfilme, die in Deutschland hergestellt werden, d ü r f e n vor der Verfilmung dem Reichsfilmdramaturgen im Entwurf und Drehbuch zur Begutachtung eingereicht werden.

§ 2: Erachtet der Reichsfilmdramaturg den ihm vorgelegten Entwurf oder das Drehbuch für fördernswert, so kann er auf Antrag der Firma diese bei der Herstellung des Manuskripts und des Films beraten und unterstützen. Die Firma ist alsdann gehalten, seinen Weisungen Folge zu leisten.

§ 3: Der Reichsfilmdramaturg teilt der Filmprüfstelle laufend das Ergebnis der von ihm vorgenommenen Prüfungen mit.

Der Gesetzestext war jedoch im Hinblick auf das Eingreifen des Reichsfilmdramaturgen so unklar gehalten, daß es bald zu Fehlinterpretationen und Mißverständnissen kam. Unterstrichen wurde diese Wirrnis durch eine Anordnung des Reichsfilmkammerpräsidenten, die dieser einen Tag später, am 14. Dezember 1934, erließ und nach der sämtliche Filmfirmen verpflichtet wurden, dem Reichsfilmdramaturgen laufend die Themen ihrer Spielfilmproduktionsvorhaben mit kurzer Inhaltsangabe anzumelden. 189)

Über die Gültigkeit dieser die Freiwilligkeit der Vorzensur wieder einschränkenden Anordnung entstanden auch bald Zweifel innerhalb der Filmindustrie: Eben weil nach der geänderten Fassung des § 1 des Lichtspielgesetzes für das Eingreifen des Reichsfilmdramaturgen ein Antrag des Filmherstellers vorausgesetzt war — nach der Kammeranordnung jedoch konnte er von Amts wegen tätig werden. 190)

Zunächst waren die filmwirtschaftlichen Kreise beunruhigt, weil durch den Zwang zur Vorlage aller Themenangaben praktisch alle diejenigen, die der Reichsfilmdramaturg nach Kenntnisnahme dem Produzenten zurückgab, als "nicht fördernswert" bezeichnet würden. Der Präsident der Kammer, Fritz Scheuermann, wandte sich in einer Stellungnahme gegen diese Ansicht und betonte, daß seine Anordnung nur die Vorlage von "Themen" vorschrieb, während das Gesetz von dem Einreichen des späteren "Entwurfs (Exposés) und Drehbuches" sprach. Durch die Kammeranordnung sollte dem Reichsfilmdramaturgen lediglich die zusätzliche Möglichkeit gegeben werden, sich gegebenenfalls "aus besonderen weltanschaulichen oder künstlerischen Gründen" selbst einzuschalten. Im Falle des Nicht-Eingreifens hätte dies keinen Einfluß auf den "Förderungswert" des Films, d.h. es stünde weiterhin den Produzenten frei, einen Antrag auf Beratung und Unterstützung bei der Herstellung des Films an den Reichsfilmdramaturgen zu stellen. 191)

Die Verfügung der Reichsfilmkammer — obschon hier mildernd ausgelegt — schien die Absicht der Gesetzesnovelle illusorisch gemacht zu haben. Deshalb wurde sie auch durch eine Anordnung vom 24. 11. 1935 aufgehoben 192), so daß die rein fakultative Art der Vorzensur wieder betont war. Es bestand keine fortlaufende

Mitteilungspflicht der Produktionsthemen an den Vertreter des Propagandaministers, den Reichsfilmdramaturgen, mehr.

Die Produktionsfirmen konnten — und zwar insbesondere bei politisch-propagandistischen Stoffen — nach Belieben die Dienste dieser "Beratungsstelle" in Anspruch nehmen. Wenn sie aber einen Antrag stellten und der Reichsfilmdramaturg seine Einschaltung für notwendig hielt, waren sie gezwungen, den Änderungs- und Ausführungsweisungen zu folgen.

Die offizielle Begründung dieser Gesetzesänderung ging davon aus, daß die Ratschläge und Hinweise des Reichsfilmdramaturgen im ersten Jahr seiner Tätigkeit von der Filmindustrie nicht genügend befolgt worden seien. Sie hob hervor, daß "von dem Reichsfilmdramaturgen bei der Vorprüfung erhobene Einwendungen und von ihm gemachte Vorschläge bei der Herstellung im Atelier entweder gar nicht oder so wenig beachtet worden sind, daß noch immer Filme hergestellt und der Prüfstelle vorgelegt wurden, die einen derartigen geschmacklichen Tiefstand aufwiesen, daß zu den härtesten Mitteln der Abwehr, zu ihrem Verbot, gegriffen werden mußte." 193) Direkter äußerer Anlaß schien das Verbot zweier Filme wenige Monate nach Inkrafttreten der Vorzensur gewesen zu sein, bei denen die Produzenten die vom Reichsfilmdramaturgen gegebenen Richtlinien außer acht gelassen hätten. Es handelte sich hierbei um die beiden Filme "Die Liebe siegt" (Regie: Georg Zoch) und "Ein Kind, ein Hund, ein Vagabund" (Regie: Arthur Maria Rabenalt).

Goebbels — nach seiner offiziellen Stellungnahme — ließ die Filme nicht verbieten, weil sie gegen staatspolitische Interessen oder die nationalsozialistische Ideologie verstießen, sondern weil er sie für "unkünstlerische, seichte und geschmacklose Machwerke" und "geistlose Verblödungsware" hielt. 194) Goebbels sah einen Niveauabfall im deutschen Film, für den der NS-Staat jede Verantwortung ablehnen müßte. Er wollte sich und seinen Kontrollapparat nicht in Zusammenhang bringen lassen mit allen möglichen "geschmacklosen" Filmproduktionen. 195)

Der Plan der nationalsozialistischen Filmpolitiker, durch Einschaltung des Reichsfilmdramaturgen "Zensurschäden" zu vermeiden, war zumindest in zwei Fällen nicht aufgegangen. Demgegenüber sah jedoch der Reichsfilmdramaturg Willi Krause selbst seine Aufgabe im ersten Jahr durchaus erfüllt. In einem Interview mit dem "Kinematograph" äußerte er sich zufrieden über den Erfolg seiner Arbeit — "denn regulär verboten wurden ja n u r die bekannten beiden Filme". Er sah sich sogar in seinem "Jahresrückblick" veranlaßt, die Filmindustrie zu loben: 196)

"Daß diese Beratungsmöglichkeiten von der Industrie klug ausgenutzt worden sind, beweist die Tatsache, daß wir Filme gerettet haben, die, nach dem ursprünglichen Plan gedreht, glatt verboten worden wären. Wir haben diese Filme betreut, damit das in ihnen bereits investierte Kapital nicht verlorening, mit dem Erfolg, daß sie nachher von der Zensur genehmigt wurden und zum Teil auch ein glänzendes Geschäft darstellten."

Daß jedoch ferner bei der Gesetzesänderung auch ein entscheidender Druck seitens der Filmindustrie, die die Alleinverantwortung für die Produktionen wieder übernehmen und sich vom lästigen Verfahren der Vorzensur befreien wollte, mitwirkte, muß zumindest in Erwägung gezogen werden. Für Krause war bei der Neufassung entscheidend, daß die Filmindustrie ihre "absolute" Handlungsfreiheit zurückerlangte.

Da der einzelne Film erst nach seiner Fertigstellung den Prüfungskommissionen vorgelegt werden mußte, war mit dem praktischen Zensurverfahren wieder ein finanzielles Risiko verbunden. Nun lag es tatsächlich wieder allein in der Hand einer Produktionsfirma, ob sie ein eventuelles Verbot in Kauf nahm oder dem Reichsfilmdramaturgen vor Beginn der Dreharbeiten einen Entwurf oder das Drehbuch einreichte — vorausgesetzt natürlich, daß dieser das Projekt fördern wollte. In jedem Fall war die Firma verpflichtet, die Umarbeitungen — sei es nach der freiwilligen Vorzensur, sei es nach der Prüfung der fertigen Kopie durch die Zensurstellen — nach den Anweisungen des Reichsfilmdramaturgen vorzunehmen.

Wenn Goebbels auch bei der Vorprüfung von Filmen wieder einen Schritt rückwärts machte, so konnte von einer wirklichen "Liberalisierung" keine Rede sein: Ein halbes Jahr später gestaltete sich das gesamte Zensurverfahren zu einem reinen Willkürakt Goebbels'. Vorläufig überließ er den Produzenten wenigstens die Illusion der Selbständigkeit, da der Reichsfilmdramaturg nur noch in seltenen Fällen aktiv wurde. Dessen Machtposition war damit entscheidend geschwächt. Überhaupt war seine Stellung zwiespältig und seine Funktion diffizil: Er mußte nicht nur die verschiedenen Zensurmaßstäbe genauestens beachten, sondern auch die vielen Stimmungen unterworfene persönliche Meinung und den eigenen Geschmack Goebbels' stets im Auge haben. Ihm fiel die schwierige und undankbare Aufgabe im Zensurlabyrinth zu, die gerade wichtige Propagandaabsicht Goebbels' — und der anderen Machthaber — oft beinahe schon sensitiv erkennen zu müssen. Er hatte nicht nur die Vorstellungen des Propagandaministers im ganzen, sondern in ihrer Einzelphase zu berücksichtigen und eventuell durchzusetzen.

Wenn das Amt des Reichsfilmdramaturgen auch mit einer gewissen, nun freilich wieder sehr eingeschränkten Macht ausgestattet war und dieser selbst einen bestimmten Ermessensspielraum besaß, so war er doch nur ein "Filmdramaturg" von Goebbels' Gnaden, d.h. ihn konnte bei späterem Nichtgefallen eines Films als ersten die Schuld treffen. 197) Trotzdem könnte eine bewußte Beschneidung der Machtbefugnisse des Reichsfilmdramaturgen bei der Neuregelung durchaus eine Rolle gespielt haben.

Jedenfalls war bei allen Mutmaßungen ein sicherer Grund, warum der Plan einer totalen Vorzensur nicht für eine längere Zeit verwirklicht wurde, die arbeitsmäßige Überlastung des Drei-Mann-Betriebs: Auf die Dauer erwies sich eine derartige "Betreuung" von jährlich ungefähr 500 Stoffen in einem solchen Rahmen nicht als durchführbar.

Hinzu kam folgendes: Durch fortschreitende Internalisation der politisch-ideologischen Interessen bei den Produzierenden hatte sich eine Instanz der Selbstkontrolle entwickelt, so daß es immer weniger einer amtlichen Vorzensur bedurfte, um bestimmte Stoffe und Inhalte in den Schubladen der Produzenten zurückzuhalten. Zensur und Filmbewertung wirkten durch ihr bloßes Vorhandensein und beeinflußten die "freie" Produktion. Sie regelten weiterhin Angebot und Nachfrage mit, indem sie mehr und mehr die unverbindliche Unterhaltungsware steuerten und so von Anfang an in den Herstellungsprozeß eingriffen. Wie bei einer direkten Vorzensur richtete sich die Produktion "freiwillig" gegen bestimmte Inhalte, angeblich im Namen des "gesunden Volksempfindens" und zum Schutz der "Allgemeinheit". Da das Geschäftsrisiko bei den hohen Produktionskosten wieder gewachsen war, ermöglichten nur ideologisch angepaßte Filme eine Maximierung des Profits. Diese Feststellung widerspricht nicht der Tatsache, daß die Filmwirtschaft das staatliche Entgegenkommen (FKB, wirtschaftliche Hilfe durch die RFK) mit der Entpolitisierung des Mediums honorierte. Die bloße Existenz der Zensur im Nationalsozialismus führte in jedem Fall zur Selbstzensur, so daß in den folgenden Jahren die eigentliche Prüfungstätigkeit der Zensurstellen nur für den geringsten Teil des Druckes verantwortlich war. Die Ware Film erforderte aus sich heraus die Anpassung an die herrschende Ideologie: Die Kommerzialität ordnete sich dem politischen Druck freiwillig unter.

Das gilt ohne Zweifel für jede Zensur: Sie produziert stets ideologische Klischees, die sich gegen Filme, die nicht die ideologisch bewährten Muster feilbieten, sperrt und deren Entstehung verhindert. Das Modell, an dem sich Zensur und Bewertung orientieren, erweist sich demnach als ein ideologisches.

Auf nationalsozialistischer Seite gab es aber auch Stimmen, die sich gegen die Aufhebung der "Vorzensur" wandten und demgegenüber — nach der Errichtung der Reichsfilmkammer und infolge der totalen Erfassung aller Einzelpersonen und Firmen — in der Filmzensur des f e r t i g e n Films nur eine "Übergangserscheinung" sahen, die in absehbarer Zeit der Auflösung entgegenging. Durch den "berufsständischen Aufbau" und nicht zuletzt bei der Anpassungswilligkeit und Loyalität der Filmbranche wäre die Gewähr gegeben, daß "im Filmgewerbe nach kurzer Zeit durch Beeinflussung und Belehrung des einzelnen eine Produktion, die gegen die Anschauungen dieses Staates verstoßen würde, nicht mehr möglich" war. Der Staat sollte seinen Einfluß nicht am Ende eines Produktionsvorganges geltend machen, nachdem bereits große Summen auf einen "ungeeigneten" Film verschwendet wurden, sondern weiterhin und ausschließlich schon am Anfang und während der ganzen Dauer des Herstellungsprozesses. Die Kritik einer Zensurbehörde am Endprodukt war nach diesen Vorstellungen durch die "Erziehung des Schöpfers" unnötig geworden. 198)

Doch keine Liberalisierung, sondern eine Verschärfung der Filmzensur kam: Durch eine besondere Ermächtigung Goebbels' wurde die Willkür der Verbote und Schnittauflagen gesteigert. Das Zweite Gesetz zur Änderung des Lichtspielgesetzes vom 28. Juni 1935 (RGBl I S. 811) schaffte ein von dem amtlichen Zensurverfahren unabhängiges, unmittelbares Verbotsrecht des Propagandaministers.

Damit war das Recht Goebbels' auf Anordnung eines Nachprüfverfahrens vor der Oberprüfstelle 199) insofern erweitert worden, daß er nunmehr "unabhängig von dem Verfahren vor der Filmprüfstelle und der Filmoberprüfstelle", und zwar "aus dringlichen Gründen des öffentlichen Wohls" 200) einen Film verbieten konnte — eine Rechtsgrundlage, die allen Auslegungsmöglichkeiten offenstand.

Begründet wurde die Bestimmung, die zudem mit rückwirkender Kraft eingeführt worden war 201), mit jenen Fällen in der Praxis, "in denen es sich um Filme (handelte), die auf Grund der absoluten Verbotsgründe des § 7 des Gesetzes nicht verboten werden (konnten), deren öffentliche Vorführung jedoch aus innen- und außenpolitischen Gründen gleichwohl unerwünscht (war)". 202) Es war jedoch kaum ein Film vorstellbar, dem die Zulassung verweigert werden sollte, ohne daß man einen der Verbotstatbestände heranziehen konnte.

Goebbels hatte nunmehr auch die allerletzte Möglichkeit bekommen, einen Film, der die amtlichen Kontrollstellen mit positivem Bescheid durchlaufen hatte, bei eigenem Nichtgefallen dennoch zu verbieten. Insofern handelt es sich um eine Absicherung gegenüber den Entscheidungen der Filmprüfstelle und Oberprüfstelle. Der bisherige Rechtszustand, nach dem die Oberprüfstelle praktisch über dem federführenden Minister stand, war durch diese Vorschrift aufgehoben. In der Zensurpraxis hätten sich — was natürlich ziemlich unwahrscheinlich war — Fälle ergeben können, in denen Goebbels ein Widerrufsverfahren einleitete, ohne daß anschließend dem Antrag entsprochen wurde. Nun besaß Goebbels nicht nur ein unumschränktes Zensurrecht nach, sondern auch v o r dem eigentlichen Prüfverfahren: Er konnte sich jederzeit die fertige Kopie ansehen und den Film selbständig verbieten. Das schrankenlose Verbotsrecht wurde zudem unterstrichen durch die Tatsache, daß es gegen diese ministerielle Entscheidung keinerlei Rechtsmittel gab.

Personelle Veränderungen — wenn auch ohne Folgen für die Praxis — gab es Mitte der 30'er Jahre im Zensurwesen bei den Prüfstellen wie im Amt des Reichsfilmdramaturgen. Nach dem Tode von Ernst Seeger im Jahre 1937 übernahm Wolfgang Fischer als kommissarischer Filmabteilungsleiter des Ministeriums die Leitung der Filmoberprüfstelle. Er behielt diesen Posten auch später, obwohl nur noch stellvertretender Leiter der Filmabteilung, unter Fritz Hippler inne.

Der Jurist Fischer zeichnete sich nicht gerade als Filmspezialist aus: Seit 1934 war der ehemalige Beamte des Sächsischen Ministeriums des Innern im Stabsamt des Reichsbauernführers beschäftigt, bis er im Juli 1936 in die Filmabteilung des Propagandaministeriums eintrat. Der Vorsitzende der Filmprüfstelle, Oberregierungsrat Heinrich Zimmermann, wechselte Anfang 1938 innerhalb des Ministeriums in die Presseabteilung, wo er verantwortlich war für das Gebiet "Kulturpresse".

Auf seinen Posten rückte mit Regierungsrat (seit 1941 Oberregierungsrat) Dr. Arnold Bacmeister abermals ein Jurist. Bevor dieser im Februar 1934 den Vorsitz einer Prüfkammer bei der Berliner Filmprüfstelle übernommen hatte, war er ein Jahr lang Referent für Presse- und Filmfragen in der Münchner Landesstelle des Propagandaministeriums gewesen. Im Januar 1938 holte ihn dann Goebbels als Mitarbeiter in die Filmabteilung 203) und übergab ihm kurze Zeit später die nebenamtliche Leitung der Filmprüfstelle.

Eine weitere, ebenso folgenlose Änderung im Zensurwesen war der personelle Wechsel in der Reichsfilmdramaturgie: Am 1. April 1936 ernannte Goebbels den 26jährigen Jürgen Nierentz zum Nachfolger von Willi Krause. Grund für den Rücktritt Krauses war dessen angeblicher Wunsch, sich künftig " als freier schaffender Künstler" in der Filmproduktion zu betätigen. 204) Ob hier jedoch die tatsächlichen Motive lagen, ist heute kaum mehr feststellbar. 205) Immerhin hatte Krause unter dem Pseudonym "Peter Hagen" außerhalb seiner eigentlichen Tätigkeit aktiv an der Herstellung zahlreicher Filme mitgewirkt und selbst sogar in dem antikommunistischen Propagandafilm "Friesennot" 206) Regie geführt.

Wie sein Vorgänger war auch Nierentz während der "Kampfzeit" beim Goebbelsschen "Angriff": Seit 1932 leitete er die kulturpolitische Redaktion und redigierte das Beiblatt "Der unbekannte SA-Mann". 1934 ging er zum Reichssender Berlin als Leiter der Abteilungen "Kunst" und "Weltanschauungen". Bereits ein Jahr später holte ihn Goebbels in die Reichsfilmdramaturgie, wo er mit Krause bei der Überprüfung und Überarbeitung von Manuskripten zusammenarbeitete.

So war auch der zweite Reichsfilmdramaturg ein "Künstler". Nierentz schrieb zahlreiche Filmdrehbücher und verfaßte Hörspiele (u.a. auch zusammen mit Willi Krause), Gedichte und Lieder (u.a. "Flieg, deutsche Fahne, flieg"). 1937 wurde Nierentz — er wurde Intendant des Fernsehsenders Paul Nipkow in Berlin — schon wieder abgelöst von Ewald von Demandowsky. Wie Krause und Nierentz gehörte der ehemalige kulturpolitische Redakteur beim "Völkischen Beobachter" und spätere Produktionschef bei der Tobis zur jungen Generation der Parteimitglieder.

4.4 Die Verbotsgründe und ihre politisch-ideologische Anwendung seit Ende der 20'er Jahre

Die Behandlung der Verbotsgründe im folgenden soll die perfekte formalistische Zensurgrundlage der Nationalsozialisten verdeutlichen und gleichzeitig zu erkennen geben, wie folgerichtig sich die NS-Zensur aus der "neutralen" und "liberalen" Weimarer Zensur entwickelte. Diese lediglich allgemein-formalen Aspekte können keine Analyse der Einzelurteile ersetzen; sie können zum Teil an der damaligen Zensur-Realität vorbeigehen — und tun es auch, als die Zensurpraxis zu einem reinen Willkürakt des Propagandaministers ausartet. Die Einbeziehung des Gesetzestextes, d.h. der materiellen Grundlage für die Zensurmaßnahmen der staatlichen Institutionen, soll den Weg deutlich machen, den jede Zensur gehen kann, sei sie noch so "liberal".

Die Maßstäbe, nach denen der Reichsfilmdramaturg die Entwürfe und Drehbücher "begutachtete", lieferte das Lichtspielgesetz mit den sogenannten "Verbotsgründen". Zensurstelle und Filmdramaturg prüften den einzelnen Film auf bestimmte "negative Tatbestände" hin, d.h. die Norm für die Entscheidungen der Zensoren war das Staats- bzw. Systeminteresse. Jede nur denkbare Antihaltung war unter einen der katalogisierten Verbotsgründe zu subsumieren. Die Reihe dieser "absoluten" Grundsätze war gekennzeichnet durch grenzenlose Auslegungsmöglichkeiten und durch ihre Tradition aus der Weimarer Zeit.

Ausgangspunkt und Grundlage war das Reichslichtspielgesetz von 1920, auf das sich das nationalsozialistische Zensurgesetz auch in seinen materiellen Grundsätzen und Richtlinien durch die Übernahme wesentlicher Abschnitte und wörtlicher Formulierungen stützte. 207) Aber nicht nur der Gesetzestext wies auf das vorhandene Zensursystem, sondern vor allem die Spruchpraxis der Weimarer Zensoren in den ersten 30'er Jahren ließ einen nationalen und staatserhaltenden Trend erkennen, der den faschistischen Machtbestrebungen weit entgegenkam.

Der Katalog von Verbotsgründen des alten Filmzensurgesetzes umfaßte im einzelnen:

Die Zulassung "ist zu versagen, wenn die Prüfung ergibt, daß die Vorführung des Bildstreifens geeignet ist, l e b e n s w i c h t i g e   I n t e r e s s e n   d e s   S t a a t e s oder die ö f f e n t l i c h e   O r d n u n g oder S i c h e r h e i t zu gefährden, das r e l i g i ö s e Empfinden zu verletzen, v e r r o h e n d oder e n t s i t t l i c h e n d zu wirken, das d e u t s c h e   A n s e h e n oder die B e z i e h u n g e n   D e u t s c h l a n d s zu auswärtigen Staaten zu gefährden."

Das nationalsozialistische Gesetz war durch einige Ergänzungen wie folgt abgeändert worden:

"Die Zulassung ist zu versagen, wenn die Prüfung ergibt, daß die Vorführung des Films geeignet ist, lebenswichtige Interessen des Staates oder die öffentliche Ordnung oder Sicherheit zu gefährden, das n a t i o n a l s o z i a l i s t i s c h e , religiöse, s i t t l i c h e   o d e r   k ü n s t l e r i s c h e Empfinden zu verletzen, verrohend oder entsittlichend zu wirken, das deutsche Ansehen oder die Beziehungen Deutschlands zu auswärtigen Staaten zu gefährden."

Für das Lichtspielgesetz von 1934 ergaben sich nunmehr — im Wortlaut des Gesetzestextes — folgende Verbotsgrundsätze:

Übernommene Verbotsgründe aus dem Weimarer Gesetz	Hinzugekommene Verbotsgründe durch das NS-Gesetz
1. Gefährdung lebenswichtiger Interessen des Staates	
2. Gefährdung der öffentlichen Ordnung einer Sicherheit	
	3. Verletzung des nationalsozialistischen Empfindens
4. Verletzung des religiösen Empfindens	
	5. Verletzung des sittlichen Empfindens
	6. Verletzung des künstlerischen Empfindens
7. Verrohende oder entsittlichende Wirkung	
8. Gefährdung des deutschen Ansehens	
9. Gefährdung der Beziehungen Deutschlands zu ausländischen Staaten	

Von den insgesamt neun Verbotsgründen waren lediglich drei neu eingeführt worden. Die Nationalsozialisten benötigten demnach — wie in bezug auf den Aufbau der äußeren Apparatur — keine neue, auf ihre Ideologie zugeschnittene Filmzensur, sondern es genügte, das Weimarer Gesetz in einigen Paragraphen und Absätzen durch Streichungen und Ergänzungen den nazistischen Ansprüchen anzupassen.

Eine stark auf nationale Bedürfnisse, Vorstellungen und Empfindungen ausgerichtete Filmzensur, zu der sich das Filmgesetz von 1920 in der praktischen Rechtsprechung immer mehr entwickelt hatte, wurde zur Grundlage für ein nationalsozialistisches Lichtspielgesetz. Was bis dahin nur in der Praxis der Zensurausübung zum Ausdruck gekommen war, nämlich daß Zensur letztlich dazu diente, einen Kodex bestimmter, staatserhaltender Ansichten der kritischen Darstellung zu entziehen, war nunmehr in den Texten und Kommentaren der Nationalsozialisten offen zu lesen.

Weggefallen war die sogenannte "Tendenzklausel" in § 1 des Reichslichtspielgesetzes, nach der die Zulassung "wegen einer politischen, religiösen, ethischen oder Weltanschauungstendenz als solcher nicht versagt werden" 208) durfte. Gerade diese Bestimmung war in der Praxis kaum noch von Bedeutung gewesen: Die Oberprüfstelle hatte in diesem Sinne ihren "Schutz" in den meisten Fällen mit der formelhaften Wendung verweigert, der Gesetzgeber hätte — wie die Formulierung "als solcher" zeigen würde — mit der Tendenzklausel keinen "Freibrief" geben wollen. 209) Auch wurde diesem Satz eine starke rechtserhebliche Bedeutung bestritten; denn er stellte nichts als eine "Ermahnung an den Prüfenden zu möglichster Objektivierung seines Urteils" 210) dar.

Trotz all ihrer Zweideutigkeit hatte diese Zusatzbestimmung die Einfuhr der russischen Revolutionsfilme ermöglicht, so daß die Nazis bereits vor der gesetzlichen Neufassung im Jahre 1934 die Abschaffung dieser Vorschrift verlangten. 211) Vor allem war man von nationalsozialistischer Seite nicht gewillt, sich auf die Anpassungsfähigkeit der amtlichen Prüfer zu verlassen. Antifaschistische "Tendenzfilme" verloren ihre letzte rechtliche Möglichkeit, auf eine öffentliche Vorführung zu hoffen. Der einzige liberale Gedanke des alten Zensurgesetzes — so angeschlagen er bereits war — wurde schnellstens beseitigt. Es hätte jedoch nicht unbedingt einer Neuformulierung bedurft: So wie diese "Weltanschauungsvorschrift" einmal durchaus bestimmte tendenziöse Filme vor einem Verbot schützen konnte, boten zum anderen die einzelnen Bestimmungen genügend Handhaben, Filme wegen ihrer für das System abträglichen Tendenz zu verbieten. Die Vielzahl der Verbotsgründe, von denen jeder einzelne sehr vielschichtig ausgelegt werden konnte und auch wurde, tat hier das ihre.

Längst handelte es sich bei der Filmzensur nicht mehr um eine "Polizeimaßnahme", wie es ursprünglich einmal gewesen war: Auch die Weimarer Zensoren sahen in ihr ein "oberstes Kulturaufsichtsrecht des Staates" 212) und damit eine kulturpolitische Institution der jeweils Herrschenden.

Die Zensurtätigkeit war nicht an Gefahren gebunden, die ein Eingreifen der Polizei erfordert hätten; sie konnte nicht mit der Entstehung "polizeilicher" Gefahren motiviert werden, sondern mit "Gefahrenquellen" grundsätzlich anderer Struktur. Die maßgeblichen Verbotsgesichtspunkte stimmten mit rein polizeilichen nicht überein: Es bedarf kaum längerer Ausführungen, um zu verdeutlichen, daß der Verbotstatbestand der Schädigung des deutschen Ansehens oder der der Gefährdung der Beziehungen Deutschlands zu auswärtigen Staaten durch den "negativen Polizeibegriff" nicht mehr gedeckt wurde; denn die Erfüllung solcher Aufgaben war ganz offensichtlich nicht Sache der Polizei. 213) Das gleiche galt für den

Schutz lebenswichtiger Interessen des Staates — als Verbotsgrund eingeführt durch die Notverordnung vom 6. Oktober 1931 (RGBl 1931 S. 567).

Der materielle Unterschied zwischen Polizei- und "Kultur"-Zensur kam allein durch die Formulierung "geeignet" zum Ausdruck: Es genügte, wenn der Film "geeignet" war zu gefährden oder zu verletzen, ohne daß festgestellt werden mußte, ob eine derartige Gefahr tatsächlich bestand, wie es für ein Eingreifen der Polizei notwendig gewesen wäre. Eindeutiger wesenmäßiger Unterschied zur polizeilichen Zensurtätigkeit war jene "positiv" verstandene Zensur der Nazis zur "künstlerischen Aufwertung" der Filme.

Die Filmzensur wurde in der Weimarer Zeit und erst recht im Dritten Reich nicht als polizeiliche Gefahrenabwehr geübt und diente nicht der Beseitigung konkreter Gefahren, sondern einem staatserhaltenden Weltbild und der Aufrechterhaltung der Gesinnungstüchtigkeit. Die Verbote der Oberprüfstelle 214) beschleunigten diese Entwicklung, die die Verbreitung unerwünschter politischer Einflüsse verhinderte.

Auch die Grundsätze der "Freiwilligen Selbstkontrolle der Filmwirtschaft", jener zensurähnlichen Selbsthilfeorganisation der deutschen Filmwirtschaft nach 1945, entstammen dieser "Tradition" aus den 20er Jahren. In den Bestimmungen zur Freigabe eines Films heißt es dort:

"Kein Film soll Themen, Handlungen oder Situationen darstellen, die geeignet sind,
a) das s i t t l i c h e   oder   r e l i g i ö s e   Empfinden zu verletzen, e n t s i t t l i c h e n d   oder   v e r r o h e n d   zu wirken;
b) antidemokratische (nationalsozialistische, bolschewistische u.ä.), militaristische, imperialistische, nationalistische oder rassenhetzerische Tendenzen zu fördern;
c) die B e z i e h u n g e n   D e u t s c h l a n d s   zu anderen Staaten zu gefährden oder das   A n s e h e n   Deutschlands im Ausland herabzuwürdigen;
d) die verfassungsmäßigen und rechtsstaatlichen Grundlagen des deutschen Volkes in seiner Gesamtheit und in seinen Ländern zu gefährden oder herabzuwürdigen;
e) durch ausgesprochen propagandistische oder tendenziöse Beleuchtung geschichtliche Tendenzen verfälschen; . . .".

Außerdem wird betont, daß kein Film aus "persönlichen Gründen" oder aus Gründen der "künstlerischen Geschmacksrichtung" von der FSK abgelehnt werden kann.

Entscheidend soll auch hier die Wirkung, nicht der "Inhalt oder Darstellung als solche" (!) sein. (Die Trennung von Geschmacks-, Wirkungs-, politischer Zensur etc. muß sich aber auch hier als unergiebig erweisen, denn jede Zensur — und die Selbstkontrolle wirkt als Zensur — funktioniert letztlich als Herrschaftsinstrument gesellschaftlich-ideologischer Normen.)

Die FSK-Grundsätze wurden nach 1945 (Die FSK wurde 1949 errichtet) aus der direkten Konfrontation mit der NS-Zensur und nach dem Vorbild des Weimarer Lichtspielgesetzes gebildet: Scheinbar akzeptable Bestimmungen wurden übernommen, scheinbar ausgesprochene NS-Richtlinien ausdrücklich abgelehnt.

Doch auch der FSK-Text ist wieder sehr allgemein gehalten: Unbestimmte Zensurbegriffe wie Sittlichkeit, Antidemokratie, Tendenz, Ansehen Deutschlands, Propaganda, künstlerische Geschmacksrichtung etc. ermöglichen eine beliebige Anpassung des "Rechts" an die jeweiligen, sich manipulativ ändernden Bedürfnisse. Die "Selbstzensur", ob fixiert oder nicht, erweist sich als Verlängerung des politischen und moralischen Drucks jedes gesellschaftlichen Systems.

Auch die "Manuskriptberatung" als Risikominderung ist bei der FSK vorgesehen: Filmentwürfe oder Drehbücher können ihr vorgelegt werden, "um Fehlleistungen von Material und Kapital zu vermeiden". Wirtschaftlicher Opportunismus aber bewirkt politischen Konformismus. 215)

Jedenfalls bedeuteten die damaligen Verbotsgrundsätze, wenigstens wie die Weimarer Zensurpraxis sie auslegte, die Einführung einer p o l i t i s c h e n Zensur im Film. Selbst der Verbotstatbestand der *Gefährdung der öffentlichen Ordnung oder Sicherheit* — ein aus dem allgemeinen Polizeirecht überkommener Tatbestand — hatte die durch polizeiliche Motivationen gezogenen Grenzen durchbrochen. Diese eindeutig kaum festlegbaren Rechtsbegriffe waren damals dem "Allgemeinen Landrecht für die preußischen Staaten" entnommen; ähnliche unbestimmte Klauseln finden sich überall, auch heute noch, in Straftatbeständen (und mehr noch im Haftrecht) und Zensurgesetzen aller Art.

Nicht in der unmittelbaren Bedeutung der Begriffe, etwa der des Tumultes, fand diese Bestimmung ihre zensurpraktische Anwendung, sondern der Verbotsgrund hielt für alles her, was zu irgendwelchen Störungen der politischen, gesellschaftlichen, religiösen usw. Ordnung führen könnte.

Vor Kritik und "Verächtlichmachung" wurden geschützt: der Staat als solcher, die Staatsform, die "öffentlichen" Einrichtungen; alle gesellschaftlichen Autoritäten und staatlichen Machtmittel wie Richter, Staats- und Rechtsanwälte, Polizei und Militär, aber auch Berufe, deren autoritative Unantastbarkeit gewahrt werden sollte, etwa Ärzte, Lehrer, Apotheker, Wohlfahrtspfleger. 216)

Damit erschöpfte sich die Vielzahl möglicher Verbotsfälle noch nicht: Ebensowenig durfte die "Gesundheit" — z.B. infolge allzu aufregender Szenen — durch Filminhalte geschädigt werden. Gemeint war jedoch nicht nur die Gesundheit der "Zuschauer im besonderen", 217) sondern ebenso die "Volksgesundheit im allgemeinen": Damit näherte sich die Gesetzesauslegung jenen "Säuberungsaktionen" der arischen Rasse, die die Nazis auf ihr Programm gesetzt hatten. Hermann Boß deutete diese staatlich sanktionierte "Säuberung" an: "Weil Volksgesundheit auch in körperlicher Beziehung Voraussetzung für den Aufstieg der nationalen Kultur bedeutet, hat die Zensur die Pflicht, alles das auszumerzen, was diese schädigen könnte." 218)

Der Verbotsgrund der Gefährdung der öffentlichen Ordnung oder Sicherheit erfuhr in der Rechtsprechung der Weimarer Republik eine so weite Auslegung, daß er allein die Einführung einer politischen Zensur auf dem Gebiet des Films nach sich zog. Die angebliche Ordnungs- oder Sicherheitsgefährdung durch Filme zeigte beispielhaft die Wirrnis der Verbotsgründe und die gummiartigen Auslegungsmöglichkeiten nach den Bedürfnissen der jeweils politisch und gesellschaftlich Mächtigen;

denn nur deren "Sicherheit" und nur deren "Ordnung" sollte ungefährdet bleiben. Jeder Widerstand gegen staatliche Machtmittel, jeder Aufruf zum Streik, jeder revolutionäre Kampf der arbeitenden Massen gegen die Herrschenden wurde in der filmischen Darstellung im Keim erstickt. "Deutsches Kulturgut wird durch die Zensur gehütet, wenn sie Bildstreifen oder Teile derselben rücksichtslos verbietet, die den Klassenhaß schüren, . . . die Besitzlosen gegen die Besitzenden aufreizen." 219) So wurde der Brecht-Film "Kuhle Wampe" wegen Gefährdung der öffentlichen Ordnung oder Sicherheit verboten, weil hierin zum Streik und zum Widerstand gegen die Mächtigen aufgefordert wurde. 220) Als positive Leitbilder standen im Mittelpunkt dieser Bestimmung Autoritätsgefühl und Disziplin, Ruhe und Ordnung. Der besondere Schutz des "Staates" und seiner Organe war natürlich ein Entgegenkommen und ein Angebot für die neuen nationalsozialistischen Machthaber.

Überbleibsel einer ursprünglich liberalen Zensurauffassung war der Verbotsgrund der *Verletzung des religiösen Empfindens*, den die Nationalsozialisten in das neue Gesetz ebenfalls aufnahmen. Doch auch diese Formulierung, nach der die Religion durch die Zensur einen wirksamen Schutz bei filmischen Darstellungen erhalten sollte, war weitmaschig und versuchte alles mögliche zu fassen, wobei zumeist das Falsche erreicht wurde. Der Verbotstatbestand konnte sich sogar mit dem der Gefährdung der öffentlichen Ordnung oder Sicherheit decken, wenn nämlich — etwa durch einen Film über das Leben Martin Luthers — eine Störung des konfessionellen "Friedens" durch Verletzung religiöser Gefühle befürchtet wurde. 221) Geradezu grotesk mußte dieser Verbotsgrund angesichts der nazistischen Verächtlichmachung der jüdischen Religion wirken 222); aber auch für die Judenverfolgung bot der Text eine Auslegungsmöglichkeit: Nur die Religionsgemeinschaften waren "geschützt", "an deren Erhaltung der Staat als Kulturerscheinung ein Interesse" hatte. 223) Die Verunglimpfung religiöser Minderheiten war demnach bereits — trotz gegenteiliger Absichten — durch die Weimarer Zensurpraxis vorgeprägt und soweit legalisiert, daß antijüdische Filme unbeanstandet die Filmzensur passieren konnten.

Auch bei dieser Bestimmung fehlte eine klare Abgrenzung; geboten wurde nur eine vieldeutige und gefährliche Form. Nicht weniger weit griff der Verbotsgrund der *verrohenden und entsittlichenden Wirkung*, der das Wesen der Zensur als "Wirkungszensur" unterstrich. Die Begriffe waren so vieldeutig, daß sie alles in sich aufnahmen und abstießen, was irgendwie irgendjemanden zu des Staates oder seinem eigenen Nachteil "verderben" könnte. Dieser "Nachteil" war natürlich dann vom Staat definiert.

Ernst Seeger gab auf die Frage, wann ein Film den "Normalbesucher" verrohend oder entsittlichend schädigte, eine sehr weit schweifende Antwort: Nämlich wenn "auf das Gefühlsleben des normalen Durchschnittsmenschen derart abstumpfend eingewirkt (wird) oder schlummernde rohe Instinkte in einem Maße geweckt werden, daß der innere Widerstand gegen das Böse schwindet und die Lust zu gleichem Tun entfacht wird" 224). Vor allem machte damals den Zensurstellen das Problem der Nacktheit zu schaffen. Eine Lösung bot ein Urteilsspruch der Oberprüfstelle vom 18. 2. 1927 an: "Nacktheit ist . . . nur dann geeignet, entsittlichend zu wirken, wenn sie in lüsterner, die Sinne erregender Form dargeboten wird. Sie setzt daher Dezenz in der Darbietung und das Fehlen eines sexuellen Einschlags voraus". 225)

Damals führte die Rechtsprechung zwischen Zensoren und Herstellern zu einem ebenso komischen wie erbitterten Handeln um jedes freie Stückchen Haut.

Der Begriff "entsittlichend" hatte außerdem für die Nationalsozialisten den Vorteil, daß er über das rein erotische Gebiet hinausreichte, ja eigentlich alles umfaßte, was noch nicht die öffentliche Ordnung und Sicherheit zu gefährden "geeignet" war oder sich "verrohend" auswirkte. Die entsittlichende Wirkung eines Films war also nicht nur im Hinblick auf das Geschlechtliche zu prüfen, sondern ebenso auf die Abstumpfung der Gefühle des Publikums "für die Gebote der Sitte" schlechthin 226), auf die Verwischung der Begriffe von "Sitte und Moral" 227). Die Verwirrung der Grundsätze wurde immer grenzenloser. Nicht nur die als Moral getarnte Prüderie und Sexualfeindlichkeit wurde unter den Schutz der Filmzensur gestellt, auch das "deutsche Gemüt" sollte geschont bleiben von filmischen Darstellungen "roher Handlungen" und "niederer Instinkte". "Die Gemütstiefe war stets ein Charakteristikum der deutschen Seele, die sich in der deutschen Kunst, Literatur und Geschichte immer widerspiegelt. Darstellungen roher Handlungen, die die niederen Instinkte wecken, das Gefühlsleben herunterdrücken, das soziale Empfinden schädigen und zur Nachahmung reizen, gehören nicht auf die Leinwand." 228)

Zu den besonders geschützten "Rechtsgütern" gehörte auch die Institution der Ehe: "Die Keimzelle des Staates ist die Familie. Wird ihr gesundes Leben und Wachstum gestört, dann trifft es die festen Wurzeln der Nation". Und: "Gesunde Familien, in denen Ordnung, Sitte, Autorität und Moral vorherrschen, sind unentbehrliche Stützen des staatlichen Organismus". 229) Die direkte Nähe zur faschistischen Ideologie war eindeutig. "Dieses köstliche Gut, die Achtung vor dem Weibe, vor der Heiligkeit der Ehebande, der Familie, darf nicht durch bolschewistische Anschauungen, die mit nationalem und christlichem Denken und Empfinden nicht in Einklang stehen, durch beliebige falsche Auslegungen von Gesetz, Ordnung und Autorität getrübt werden." 230) Womit sich sehr klar und unmißverständlich die Familie als Struktur- und Ideologiefabrik widerspiegelt, an der der Klassenstaat sein ungeheures Interesse gewann; denn hier in der Familie erfolgte die ideologische Reproduktion der Gesellschaft. Die Entscheidungen waren der reinen subjektivistischen Willkür überlassen: Alles "Gesinnungsschädliche" wurde ausgeschaltet, Autoritätshörigkeit aber ebenso wohlwollend betrachtet wie eine unbeschränkte Nachkommenschaft: "Der Kindersegen ist die Stärke der Nation ... der Stolz des deutschen Vaterlandes und ... die Kraftquelle eines gesunden nationalen Lebens...". 231)

Hermann Boß — sein Aufsatz erschien noch vor Verabschiedung des neuen Lichtspielgesetzes 1934 — faßte die Auslegungsmöglichkeiten und die Anpassungsfähigkeit dieses Verbotsgrundes treffend zusammen: "Alle Bildstreifen, die die ehernen Begriffe von Sitte und Moral, von Recht und Pflicht einem wechselnden Zeitgeiste anzupassen (sic!) versuchen und somit Verwirrungen im Volke hervorrufen, wirken entsittlichend". 232) Damit war der Bogen dieser Bestimmung gespannt von christlichen Moraldogmen bis zur autoritären Zwangsmoral und reaktionären Bevormundung durch die Faschisten. Angesichts dieser Dehnbarkeit ins Endlose mußte die Einführung des Verbotsgrundes der *Verletzung des sittlichen Empfindens* durch die Nazis als völlig überflüssig angesehen werden. Beide Verbotsgründe überschnitten sich besonders stark; denn auch unter dem Begriff "entsittlichend" war nicht nur "Sittlichkeit" auf sexuellem Gebiet zu verstehen, sondern die Summe aller Forderungen sittlichen Wollens. Es war wohl kaum ein Film denkbar, der entsittlichend wirkte, ohne dabei zugleich das sittliche Empfinden zu verletzen. Alle Unterschiede, die die NS-Interpreten geltend machten, muteten haarspalterisch an. 233)

Die heillosen Wirkungen dieser Wirrnis von Begriffen in den Zensurbestimmungen ermöglichten für alle oben genannten Verbotsgründe eine politische Zensurpraxis. Jedoch hatte eindeutig bereits der Verbotstatbestand der *Gefährdung des deutschen Ansehens* dem Zensurgesetz von 1920 ein politisches Gesicht gegeben, zum "Schutz der nationalen Ehre" 234).

Die Nationalsozialisten griffen die Bewahrung eines "berechtigten Vaterlandsgefühls" durch die Filmzensur gerne auf: "Die Vaterlandsliebe der Staatsbürger ist die machtvolle Stütze des nationalen Staates, das Vaterlandsgefühl zu stärken und kraftvoll weiter zu entwickeln gehört zu seiner vornehmsten Aufgabe". 235) Hervorragendes Beispiel für die Anwendung dieser Zensurbestimmung war das Verbot des Remarque-Films "Im Westen nichts Neues": Hier wurden nach den Ansichten der Oberprüfstelle "die Verhältnisse im deutschen Heer während des Krieges e i n s e i t i g " dargestellt und so das "deutsche Ansehen in der Welt" gefährdet. 236)

Jenes ominöse "deutsche" Ansehen war für die Nazis leicht auszudehnen auf die "völkische" und "nationale" Rassenehre. 237) Ernst Seeger sprach noch vor Inkrafttreten des NS-Gesetzes in einem Urteil der Oberprüfstelle den Zusammenhang von "Rassenempfinden" und "nationaler Ehre" offen aus, als er den Film "Taifun" verbot: "Ein Bildstreifen, der in dieser Weise dem Rasseempfinden deutscher Volksgenossen ins Gesicht schlägt, verletzt in hohem Maße das nationale Empfinden der weißen Rasse gegenüber der farbigen und erfüllt damit den gesetzlichen Verbotstatbestand der Gefährdung des deutschen Ansehens." 238)

In der Rechtsprechung während der Weimarer Republik hatte sich desweiteren der Grundsatz entwickelt, daß ein Film unter diesen Verbotsgrund fiel, wenn er im Ausland als "Hetzfilm" gezeigt wurde, gleich in welcher Fassung der ausländische Hersteller ihn der Prüfstelle vorgelegt hatte. 239) Diese Möglichkeit war ausdrücklich als Auslegungsregel in den neuen Gesetzestext aufgenommen worden; die Zensurbehörden konnten demnach die Zulassung ausländischer Filme von der Prüfung der Originalfassung abhängig machen.

Die "hetzerische" Urfassung war auch ein zusätzlicher Verbotsgrund beim Urteil über den Remarque-Film "Im Westen nichts Neues". 240) Die spätere unbeschränkte Freigabe des Films durch die Oberprüfstelle erfolgte, nachdem die amerikanische Produktionsfirma sich verpflichtet hatte, den Film im Ausland nur noch in der für Deutschland genehmigten Fassung vorführen zu lassen.

Eng verbunden mit dem Verbotsgrund der Verletzung des deutschen Ansehens war der der *Gefährdung der Beziehungen Deutschlands zu auswärtigen Staaten.* Ursprünglich sollte diese Bestimmung der Aufrechterhaltung der freundschaftlichen Beziehungen zu fremden Ländern dienen; sie wirkte jedoch in die gleiche politische Richtung wie die anderen Zensurvorschriften: So wurde der antifaschistische Film der deutschen Sozialisten "Ins 3. Reich" verboten, weil er das System Mussolinis angriff und dadurch angeblich die Beziehungen zu Italien gefährdete. 241)

Einziger Zweck, diesen während der faschistischen Herrschaft praktisch bedeutungslosen Verbotsgrund überhaupt zu übernehmen, war es, "u n n ö t i g e Störungsquellen für das Verhältnis des Deutschen Reiches zu befreundeten Staaten zu meiden." 242)

Ein weiterer politischer Verbotsgrund war die *Gefährdung lebenswichtiger Interessen des Staates*, eingefügt in das alte Reichslichtspielgesetz durch die Dritte Notverordnung des Reichspräsidenten vom 6. Oktober 1931 gegen politische Ausschreitungen. 243) Erwartet worden war damals eine Änderung des Zensurgesetzes überhaupt, so daß dieser Eingriff in das Filmrecht durch die Notverordnung ziemlich überraschend kam. Am 8.7.1929 hatte der Innenminister dem Reichstag einen Gesetzesentwurf zur Änderung des Reichslichtspielgesetzes vorgelegt; infolge der Reichstagsauflösung war dieser jedoch liegengeblieben. Zwar wurde er in veränderter Fassung dem Reichstag noch einmal zugeleitet, jedoch gelangte er über die erste Lesung nicht hinaus. 244)

Dieser Begriff übertraf an Vieldeutigkeit und Ausdehnbarkeit alle bis dahin geltenden Normen des Weimarer Gesetzes; er förderte und verstärkte die Unberechenbarkeit einer Rechtsprechung mit politischem Hintergrund und mußte den Bestrebungen der neuen Machthaber 1933 sehr willkommen gewesen sein. Diese zweifellos regierungspolitische Interessenwahrung wurde unterstützt durch eine zweite Änderung, nach der der Reichsinnenminister oder eine Landesbehörde ohne weiteres eine Zulassung widerrufen konnten. Damit war auch die Widerrufsmöglichkeit, wie sie später durch das neue Gesetz dem Propagandaminister zugestanden wurde, bereits vorweggenommen, indem diese beiden Behörden direkt gegen eine Filmzulassung vorgehen konnten und der Prüfstellen als Vermittlungsorgane nicht mehr bedurften. Für den Fall, daß sich die Entscheidung einer Kammermajorität einmal nicht im Sinne der regierenden Machthaber erweisen sollte, war Vorsorge getroffen worden.

Daß die Einfügung eines neuen zusätzlichen Verbotsgrundes den anderen Bestimmungen an Vielseitigkeit in nichts nachstand, machten die Kommentatoren deutlich: Als "lebenswichtige Interessen" galten Wehrmacht, Polizei, Justiz, dann aber auch Parteien und unter der NS-Herrschaft sämtliche Gliederungen der einzigen Partei, SA und SS ebenso wie HJ.

Eines der ersten Opfer dieser Zensurverschärfung war der Brecht-Film "Kuhle Wampe": Der Selbstmord eines jungen Arbeiters durfte nicht im Film gezeigt werden, weil er als die Folge einer Notverordnung (sic!) dargestellt war. Auch war die "kalte und herzlose Art der Verlesung von Exmissionsurteilen durch den Richter" beanstandet worden, weil dadurch das "Vertrauen des Volkes in die Rechtspflege" erschüttert werden könnte. Die Justiz aber gehörte zu den "lebenswichtigen Einrichtungen eines Staates", auf die nicht verzichtet werden könnte, wenn der Staat sich nicht selbst aufgeben wollte. 245)

Alle staatlichen und halbstaatlichen Institutionen, Organisationen usw. sollten vor "Verunglimpfung und Verächtlichmachung" 246) geschützt werden, wobei auf die "Erhaltung des Verteidigungswillens des Volkes" besonderer Wert gelegt wurde. Zensurbedenklich waren Filme, "in denen die Tendenz einer Unterdrückung des Verteidigungswillens" 247) enthalten war. So war der französische Film "Hölzerne Kreuze" verboten worden, weil durch ihn der "Verteidigungswille des Volkes untergraben, der Ertüchtigung der Jugend und der Wehrhaftmachung des Volkes entgegengewirkt und das nationale Empfinden weitester Volkskreise verletzt" würde. (Filmkurier vom 6.3.1933)

Eine Aufforderung zum Pazifismus in einem Film war vollends undenkbar geworden. Antifaschistische und kommunistische Filme genossen kaum den Schutz des Staates — nicht erst seit 1933. Und ebenso — hieran ließen die Nazis keinen Zweifel — lag die "Erhaltung eines gesunden Rasseempfindens" im "lebenswichtigen Interesse des Staates"; was dann etwa durch das Verbot eines Tarzan-Films nach dem Urteil der Oberprüfstelle vom 2. März 1933 verdeutlicht wurde: "Die Erhaltung eines gesunden Rasseempfindens ist lebenswichtig für den Staat. Ein diesen Bestrebungen entgegengerichteter Film ist geeignet, lebenswichtige Interessen des Staates zu verletzen." 248)

Die Ergänzung der absoluten Verbotsgründe durch den der Gefährdung lebenswichtiger Interessen des Staates aufgrund jener Notverordnung hatte den rechtlichen Totalitätsanspruch des NS-Staates vorweggenommen. Alle liberalen Reste waren so ausgehöhlt, daß sie angesichts der ständigen Prüfpraxis nicht besonders entfernt werden mußten.

Gegen Angriffe jeder Art, gegen die leiseste Kritik in Filmen und einzelnen Szenen war das Regime der Faschisten bereits durch die übernommenen Verbotsgründe ausreichend geschützt: Filme, die das deutsche Ansehen, die lebenswichtigen Interessen des Staates, die öffentliche Ordnung oder Sicherheit gefährdeten oder verletzten — um nur die wichtigsten Gründe zu nennen —, hatten keine Aussicht auf öffentliche Vorführung. Die besondere Hervorhebung des uneingeschränkten Absolutheitsanspruchs der Nazis durch die Neuaufnahme des negativen Grundsatzes der *Verletzung des nationalsozialistischen Empfindens*, der die Aufrechterhaltung der "Gesinnungstüchtigkeit" der Staatsbürger völlig sichern sollte, war inhaltlich belanglos. Selbst Filme, die "die Pflege des Rassengedankens außer acht" 249) ließen, mußten aufgrund der übernommenen Verbotstatbestände mit der Nichtzulassung rechnen.

Der erste Film, der direkt dieser Zensurklausel zum Opfer fiel, weil er nicht der Rassenideologie der Nazis entsprach, war der amerikanische Film "Männer um eine Frau": Die Beschwerde der Metro-Goldwyn-Mayer gegen die erstinstanzliche Entscheidung der Filmprüfstelle, die den Film wegen der Mitwirkung des jüdischen Darstellers Max Baer verboten hatte, wurde von der Oberprüfstelle zurückgewiesen und die Nichtzulassung aufrechterhalten. 250)

Die sich zweifellos durch seine Differenzierung von anderen Pauschalurteilen abhebende Entscheidung der Filmprüfstelle war unter dem Vorsitz von Arnold Bacmeister zustandegekommen. Er stellte sich auf den grundsätzlichen Standpunkt, "daß die Mitwirkung eines jüdischen Künstlers allein noch nicht die Anwendung des Verbotsgrundes rechtfertige, daß vielmehr dieser Grund nur dann gegeben sei, wenn der auf der Leinwand sichtbare Künstler eine tragende Rolle verkörpere und zudem eine dem deutschen Publikum bekannte Persönlichkeit sei." Eine weitergehende Auslegung würde "zu wirtschaftlich untragbaren Ergebnissen" führen, da die deutsche Jahresproduktion die Kinos nicht ausreichend beliefern könnte, wenn kaum noch ein ausländischer Film in Deutschland gezeigt werden dürfte. 251)

Zur weiteren ideologischen Entlarvung der Spruchpraxis sei das Urteil der Oberprüfstelle zitiert: 252) "Mit Recht führt das Vorderurteil (der Filmprüfstelle, d.V.) aus, daß das deutsche Volk in seiner Gesamtheit eine ablehnende Haltung gegenüber dem Judentum einnehme, und, wie verschiedene Vorkommnisse der neuesten Zeit erwiesen haben, es als eine Provokation empfinden, wenn ihm Filme mit Juden als Hauptdarstellern vorgeführt werden."

Die Filmprüfstelle hat "ihr Verbot im wesentlichen damit begründet, daß es für das nationalsozialistische Empfinden untragbar sei, wenn ein Jude mit allen äußeren Merkmalen des Negers als sportlicher Held und moralischer Sieger geschildert und verherrlicht werde."

"Auch die weitere Feststellung der Prüfstelle ist frei von Rechtsirrtum, daß diese Überlegenheit des Juden Baer das nationalsozialistische Empfinden in besonderem Maße deshalb verletze, weil sie sich in aufdringlicher Weise im Verhältnis Baer's gegenüber nichtjüdischen Frauen auswirke."

"Da das deutsche Volk in allen Fragen, die die Rassenehre berühren, besonders empfindlich ist, ist insoweit der Tatbestand einer Verletzung des nationalsozialistischen Empfindens im Sinne des § 7 des Lichtspielgesetzes vom 16. Februar 1934 gegeben und das Verbot der Prüfstelle begründet."

Die Mitwirkung von jüdischen Darstellern, Regisseuren und allen anderen Beteiligten bei Filmen war damit — mittlerweile als dritte "Legalisierung" nach der Zwangsmitgliedschaft in der Filmkammer und den Kontingentbestimmungen — auch durch das Lichtspielgesetz verhindert. Außerdem wurden Filme, die vor dem 30.1.1933 zugelassen waren, — die Nazis sahen hier eine zusätzliche "Gefahrenquelle" — einer gesonderten Bestimmung unterworfen: Nach der Sechsten Verordnung zur Durchführung des Lichtspielgesetzes vom 3.7.1935 (RGBl I 1935 S. 906) mußten jene Filme zur Nachprüfung der Filmprüfstelle vorgelegt werden.

Während die politische Zensur in den übernommenen Verbotsgründen und der praktischen Auslegung bereits deutlich hervortrat und durch Einführen eines zusätzlichen Verbotstatbestandes von den Nazis ausdrücklich betont wurde, sollte nach dem Gesetz von 1934 auch die "künstlerische Leistung" gewertet werden. Nach einer Neuerung der Zensurbestimmungen, auf die die Nazis besonders stolz waren, konnten Filme verboten werden, wenn sie das *"künstlerische Empfinden"* verletzten. Die Auslegungsmöglichkeiten auch dieses Verbotsgrundes, der angeblich "Kitsch und Schund" dem deutschen Volk fernhalten sollte, 253) wuchsen gleichermaßen ins Endlose. Der typische, vom faschistischen Staat immer wieder angewandte inhaltlich-ideologische Begriffsmißbrauch — obwohl stets mehr oder weniger sorgfältig versteckt — kann natürlich die offenkundige Tendenz dieser Konzeption nicht verbergen: Die dem traditionellen Geschmacksbewußtsein innewohnende Vorstellung des "guten" Films (so fragwürdig sie ist) wurde verwandelt in eine von den spezifischen Voraussetzungen faschistischen "Wertdenkens" abhängige Kategorie des Politisch-Normativen. Mit anderen Worten: Jedes Verbot eines unerwünschten Films war formal begründet; denn im Zweifelsfall verletzte er das sogenannte "künstlerische Empfinden" der Herrschenden.

4.5 Die politisch-ideologische und ökonomische Funktion der Prädikatisierung von Filmen

Die gleiche Systematik des Mißbrauchs durch Benutzung "positiver" Beurteilungsmaßstäbe offenbarte sich bei der Prädikatisierung der Spielfilme. Die Prädikate der NS-Regierung waren ein finanzieller Anreiz zu systemkonformen Filmen: Jedes politisch-gesellschaftliche System fördert durch Prädikate und Bewertungen nur die Ideologie stabilisierende Filme.

Die Wahrnehmung der Filmbewertungen durch die Zensurbehörden sollte "das künstlerische Verantwortungsgefühl der nationalen Regierung" dokumentieren und galt — zusammen mit der Tätigkeit des Reichsfilmdramaturgen und dem Verbotsgrund der Verletzung des "künstlerischen Empfindens" — als Ausdruck einer neuen "Kulturpolitik" nach 1933. Dieser Schritt, der mit Nachdruck von einer negativen Abwehr zur positiven Zielsetzung führen sollte, und die dadurch bedingten Änderungen der Filmzensur mußten vielen damals als "Fortschritt" erscheinen — sofern sie den Apparat nicht durchschauten. Die Förderung "deutscher Kultur", d.h. politischer Staatsinteressen war zwar nicht in die lediglich abwehrenden Funktionen der Filmzensur einzureihen, doch wirkte sie in der praktischen Durchführung mit gleichem Erfolg. 254)

Die finanziellen Vorteile aufgrund von Prädikatsvergaben waren durch die Erhebung einer "Vergnügungssteuer" (auch "Lustbarkeitssteuer" genannt) für Filmvorführungen bedingt. Durch diese zum Teil außerordentlich hohen Steuersätze 255) gingen der Filmwirtschaft seit Jahren Millionenbeträge verloren: Allein im Jahre 1929 wurden von den Bruttoeinnahmen der Filmtheater in Höhe von 272.512.000 RM insgesamt an Vergnügungssteuern 34.064.000 RM an die Gemeinden abgeführt. 256) Wenn auch das Defizit der Filmproduktion vor und nach 1933 nicht, wie immer wieder behauptet wurde, allein die Folge dieser steuerlichen Sonderbelastungen war, so war die ständige Erbitterung der Filmindustrie über die Höhe der Beträge verständlich. Der Kampf um die Abschaffung dieser Steuer hat jedoch bis auf den heutigen Tag kein Ende gefunden. Eine entscheidende Funktion hatte (und hat noch heute) in diesem Zusammenhang die Verteilung von Prädikaten durch staatliche oder staatlich anerkannte Behördenapparate: Je nach Art der ausgesprochenen Anerkennung durch den Staat genoß der betreffende Film Ermäßigung oder gar völlige Befreiung von der Vergnügungssteuer. An die Anerkennung und Prädikatsvergabe waren Steuererleichterungen geknüpft, die für die Produktion auch beträchtliche Ermäßigungen bedeuteten. Gesetzliche Grundlage waren die Bestimmungen des Reichsrates über die V-Steuer (RGBl 1926 S. 262).

In der Weimarer Zeit, d.h. bis zur Inkrafttretung des NS-Lichtspielgesetzes, war die Prädikatsvergabe von den Prüfkammern für Filmwertung der Bildstelle des Zentralinstituts für Erziehung und Unterricht in Berlin und der Bayrischen Lichtbildstelle in München vorgenommen worden. 257) Diese Prüfkammern, oder besser "Bewertungskammern" bestanden unabhängig von den eigentlichen Prüfstellen in

München und Berlin.

Seit 1934 erstreckte sich nunmehr die "Prüfung" durch die Berliner Zensurbehörde ohne Erteilung eines besonderen Auftrages gleichzeitig darauf, ob dem vorgelegten Film ein Prädikat verliehen werden sollte. Die staatliche Zensurbehörde wurde zugleich Prädikatisierungskommission. Diese Zusammenlegung und Konzentration der Prüfapparate brachte eine Kostenersparnis für die Bürokratie und garantierte durch die Vereinheitlichung des Verfahrens eine einheitliche Spruchpraxis von staatlicher Anerkennung und Ablehnung.

Bei der Filmbewertung als Instrument der staatlichen Filmförderung handelte es sich um ein Lieblingskind Goebbels': Als verantwortlicher Minister verteilte er in den 12 Jahren seiner Herrschaft insgesamt 487 Prädikate; sie reichten vom einfachen "Besonders wertvoll' bis zum "Film der Nation", der höchsten nationalsozialistischen Filmanerkennung. Sie wurden laufend abgeändert, ergänzt und erneuert. 258)

Infolge dieser umfangreichen Prädikatsvergaben wurde eine allmähliche Senkung des Durchschnittssatzes der Vergnügungssteuer erreicht. Der Durchschnittssatz sank von 10,5% (1932/33) auf unter 7% (seit 1939). Für 1937 war eine Einsparung von ca. 10 Mio RM geschätzt worden. 259) Trotz dieser prozentualen Abnahme stiegen jedoch aufgrund des verstärkten Besucherandrangs die tatsächlichen V-Steuerabgaben von 15,6 Millionen RM in der Saison 1934/35 um über 400% auf 64,6 Millionen RM im Jahre 1944. 260) Die Erteilung von steuerermäßigenden und -befreienden Prädikaten — die Nazis verfuhren hier sehr großzügig — kam allen Zweigen der Filmwirtschaft zugute; sie bewirkte erhöhte Einnahmen im Theatergeschäft wie im Verleih- und Produktionszweig. Da die Verleihung bestimmter festgelegter Prädikate sich wirtschaftlich in der stufenweisen Herabsetzung der Vergnügungssteuer auswirkte 261), förderte dieser finanzielle Anreiz der Steuererleichterung eine entsprechend der Prädikatsverleihung tätige Produktion, d.h. die Filmproduktion wurde einmal mehr in finanzielle und politische Abhängigkeit gebracht. Da die Industrie ein berechtigtes Interesse an den Prädikatisierungen hatte, war sie bestrebt, die Produkte den Bewertungsmaßstäben, die nirgends niedergelegt waren, anzupassen. Sie produzierte mehr und mehr uniforme Filme, um einem wirtschaftlichen Risiko aus dem Wege zu gehen und eventuell sogar einen finanziellen Erfolg dadurch zu erzielen. 262)
Gleichfalls von der zentralen Prüfstelle in Berlin wurde seit 1934 die allgemeine Jugendfreigabe von Filmen "von Amts wegen" geregelt. Mit der Zielsetzung einer Erziehung zur "leiblichen, seelischen und gesellschaftlichen Tüchtigkeit" legten die Nazis einen strengeren Maßstab hierbei an als frühere Bestimmungen und formulierten noch deutlicher eine repressive, Verdrängungen erzeugende Erziehungsdoktrin für filmische Darstellungen. Bei Einbeziehung der allgemeinen Verbotsgründe wurden Filme für Jugendliche unter 18 Jahren nur unter erschwerten Gesichtspunkten freigegeben 263): Nicht nur eine "schädliche Einwirkung auf die sittliche, geistige und gesundheitliche Entwicklung" oder eine "Überreizung der Phantasie" — übernommen aus dem alten Zensurgesetz — gab Anlaß zum Verbot der Jugendfreigabe, sondern auch die "schädliche Einwirkung auf die staatsbürgerliche Erziehung" sollte verhindert und die "Pflege des deutschbewußten Geistes der Jugendlichen" gefördert werden.

Das faschistische Regime, das völlige Anpassung und blinden Gehorsam verlangte, stimmte demnach sein Zensursystem mit den Förderungsmaßnahmen ab. Durch den Eingriff bei der Vergnügungssteuer bedeuteten die Prädikatisierungen für alle Sektoren große wirtschaftliche Vorteile. Um die Kosten der Herstellung einzuspielen und eventuell Gewinne zu erzielen, waren die Produzenten auf die steuerbegünstigten Prädikate angewiesen. Da diese Überlegungen bei der Auswahl des Themas und bei der Gestaltung des Stoffes von vornherein Berücksichtigung fanden, übte das nationalsozialistische Regime auch über die Filmbewertung Einfluß auf Produktion und Vertrieb aus. Das durch die in Aussicht gestellten Prädikate bestimmte Bestreben, die Filme einem breiten Publikum anzupassen und sie mit der herrschenden Ideologie in Einklang zu bringen, lenkte die Produktionen ohne direkte Weisungen in die gewünschte Richtung: Das Förderungssystem kam demnach einer Filmzensur gleich, d.h. es war Teil des vielschichtigen und umfassenden Zensurwesens. Politische Interventionen und kommerzieller Druck schufen so ein nahezu lückenloses Netz direkter und indirekter Zensurmaßnahmen. Die Filmbewertung war eins dieser vielfältigen Mittel.

Trotz aller Neuerungen und partieller Verschärfungen übernahmen die Nazis im ganzen das Zensursystem der Weimarer Republik. Die Kontinuität bezog sich hierbei ebenso auf die personelle Besetzung der zentralen Prüfbehörden wie auf die Gesetzesauslegung und -handhabung. Die Spruchpraxis vor allem unmittelbar vor und nach der Neuformulierung des Gesetzestextes orientierte sich an den Zensurbestimmungen der 20er Jahre, d.h. an abstrakten, "weltanschaulichen" Umwertungen leicht anzupassenden Leerbegriffen, an Formulierungen also, die eine maximale Anpassung an die jeweilige politische und weltanschaulich-ideologische Situation bei minimaler Verbindlichkeit ermöglichten. Wenn man demnach bei der Urteilsnormierung der NS-Zensur von strengen ideologisch-diktatorischen Maßstäben spricht, muß an deren direkte Ableitung aus dem "liberalen" Zensurgesetz von Weimar erinnert werden. Höhepunkte dieser Reihe von verschwommenen Begriffen waren die traditionelle Formel der "öffentlichen Sicherheit und Ordnung" und jene Vorstellung eines "nationalsozialistischen Empfindens". Es wurde zum Lotteriespiel, welcher der jeweiligen Verbotsgründe das Filmverbot "recht"fertigte. Das "positive Recht" des Lichtspielgesetzes wurde zum Mittel der Machtstabilisierung. Wegen ihrer Unbestimmtheit wurden die Zensurgrundsätze zum rechtlichen Mittel, die herrschenden politischen und ideologischen Anschauungen durchzusetzen.

Durch Institutionalisierung und Zentralisierung der politisch-ideologischen Kontrolle über die verschiedenen Zensur- und Prädikatsorgane — keinesfalls Erfindungen des nationalsozialistischen "Ungeistes" — wurde die Systemkonformität des Films weiter perfektioniert.

5. Personelle und sachliche Veränderungen innerhalb des politischen Kontroll- und Lenkungssystems Mitte der 30'er Jahre.

5.1 Die Filmabteilung des Propagandaministeriums

Ende des Jahres 1934 war der organisatorisch-institutionelle Aufbau und die Schaffung der rechtlichen Grundlage eines nationalsozialistischen Filmsystems — ein Nebeneinander von nazistischen Neuschöpfungen und tradierten Formen — vorläufig abgeschlossen. Die Nazis und an ihrer Spitze Goebbels hatten sich in diesen ersten beiden Jahren ihrer politischen Herrschaft auf dem Gebiet des Films besonders aktiv gezeigt: Sie hatten versucht, die Krise der Filmproduktion zu beheben und ein staatliches Kontrollsystem zu perfektionieren. Hierbei kümmerten sie sich ebenso um die Regelung der Eintrittspreise wie um die Neuformulierung des Weimarer Zensurgesetzes und die Finanzierung von Filmprojekten — vor allem aber widmeten sich die Faschisten der Vertreibung der Juden aus dem Bereich der Filmwirtschaft. Die folgenden Jahre waren gekennzeichnet durch wenige Neuregelungen und Wandlungen im organisatorischen Aufbau einerseits und durch eine starke Fluktuation in der personellen Führung des gerade aufgebauten Organisationswerkes andererseits. Die Positionen festigten sich erst Ende der 30er Jahre.

So kam es innerhalb der Filmabteilung des Propagandaministeriums zu Veränderungen in der personellen Besetzung, nachdem die Vorbereitungen zum Aufbau des staatlichen Kontrollapparates weitgehend abgeschlossen waren. Trotz dieser Verringerung im Aufgabenbereich der Abteilung war 1935 und 1936 in ihr ein starker Ausbau für 10 bis 15 Beamte und Angestellte zu beobachten. Damals holte Goebbels als weitere leitende Mitarbeiter Wolfgang Fischer, Hans (Jacob) Weidemann, Alfred Heusinger von Waldegg und Richard Quaas in die Filmabteilung seines Hauses — alle vier um die 30 Jahre alt. Zum Nachfolger von Raether 264) ernannte Goebbels zunächst Hans Weidemann, langjähriges Parteimitglied 265) und einer der wenigen "Künstler" unter den Verantwortlichen der Filmpolitik.

Weidemann war Verfasser von Filmdrehbüchern und führte — hauptsächlich für die Reichspropagandaleitung — einzelne Filmaufträge aus. So war ihm u.a. die künstlerische Oberleitung des Winterolympiade-Films 1936 übertragen worden. An die Stelle des Wirtschaftlers trat somit ein "Künstler", doch wie sein Vorgänger Raether und zahlreiche andere Filmgrößen war Weidemann als engagierter Filmpolitiker mit Ämtern und Posten überhäuft. Seine "Vielseitigkeit" wurde besonders unterstrichen durch die Tätigkeit in der Reichsfilmkammer: Seit August 1935 war er Leiter der Reichsfachschaft Film und seit Oktober des gleichen Jahres Vizepräsident der Kammer nach dem Ausscheiden Raethers. Außerdem leitete er von 1934 bis 1935 das Kulturamt der NS-Gemeinschaft "Kraft durch Freude" in der Deutschen Arbeitsfront und saß als Mitglied im Kunstausschuß der Ufa AG, um Drehbücher und Manuskripte zu lesen und zu bearbeiten. In der Filmabteilung war Weidemann verantwortlich für alle Wochenschaufragen des Ministeriums, die damals bereits der staatlichen Kontrolle unterlagen. 266) So hielt er sich einen Großteil seiner Zeit bei den Filmwochenschauen auf, um die "politische und künstlerische Gestaltung" zu überwachen. Als eine Art Wochenschaudramaturg besaß er Zeichnungs- und Zensurrecht für die innerhalb einer Woche bei den Wochenschaufirmen eintreffenden Filmberichte, die in seinem Beisein jeweils zu Wochenbeginn zur fertigen Wochenschau zusammengestellt und mit einem Text versehen wurden. (Diese vollständige Wochenschau in Form einer Rohkopie wurde dann der Filmprüfstelle im Propagandaministerium zur endgültigen Zensierung und Prädikatisierung vorgelegt, wobei Goebbels und auch Hitler persönlich das letzte Wort über Schnittauflagen usw. hatten.)

Die "künstlerischen" Ambitionen, die vor allem den Verwaltungsjuristen im Ministerium mißfielen, sowie die Ämterhäufungen und die daraus resultierenden Belastungen wurden Weidemann jedoch zum Verhängnis: Bereits im Juli 1937 sah er sich veranlaßt, aus seinem Angestelltenverhältnis zum Propagandaministerium auszutreten.

In einer Notiz an Goebbels begründete Weidemann seinen Entschluß: 267) "Meine sehr starke Inanspruchnahme durch meine Ämter als Vizepräsident der Reichsfilmkammer, als Mitglied des Kunstausschusses der Ufa sowie als Amtsleiter innerhalb der Reichspropagandaleitung, die kommende RPL-Produktion, sowie endlich die Ausführung einzelner direkter Filmaufträge nehmen mir in immer stärkerem Maße die Möglichkeit zu der notwendigen regelmäßigen Anwesenheit im Ministerium."

Die Wochenschauarbeit führte Weidemann — nunmehr als Leiter des sog. "Wochenschau-Büros" bzw. der "Wochenschau-Zentrale" — auch nach seinen Amtsniederlegungen in der Filmabteilung des Ministeriums, in der Reichsfilmkammer und der Reichspropagandaleitung weiter bis zur organisatorischen Neuregelung des Wochenschauwesens Ende der 30'er Jahre. 1939 trat der Alt-Pg. von der filmpolitischen Bühne zurück und widmete sich nur noch der "freien künstlerischen Tätigkeit".

In der Zwischenzeit, d.h. von September 1937 bis Januar 1938, hatte sein Widersacher, der Verwaltungsjurist Wolfgang Fischer, die kommissarische Leitung der Filmabteilung übernommen und war sogar zum Vorsitzenden der Oberprüfstelle ernannt worden. Unter den nachfolgenden Abteilungsleitern Leichtenstein und Hippler blieb Fischer deren Stellvertreter.

Mit Ernst Leichtenstein, einem ehemaligen Marineoffizier und Ingenieur, setzte Goebbels einen bewährten Parteimann an die Spitze der Abteilung Film, der nun keinerlei Beziehung mehr zum Film hatte. Er wurde bereits eineinhalb Jahre später, im Mai 1939, wieder versetzt, und zwar löste er auf Goebbels' ausdrücklichen Wunsch Alfred Greven in der Produktionsspitze der Ufa AG ab. Doch gerade für diesen Posten war Leichtenstein noch weniger geeignet; in Filmkreisen 268) wurde er von vornherein nur als Übergangslösung angesehen. Das Ende seiner politischen Karriere erlebte er schließlich seit 1941 als Oberbürgermeister in Görlitz und später in Breslau.

Mitte der 30'er Jahre hatte Goebbels Dr. Fritz Hippler in die Filmabteilung geholt und ihn 1939 mit deren Leitung betraut. Die beiden weiteren Mitarbeiter (neben Weidemann und Fischer) waren langjährige Parteimitglieder der "Kampfzeit". In den filmp o l i t i s c h e n   Führungspositionen überwogen — insbesondere seit Mitte der 30'er Jahre — die bewährten aktiven Parteigenossen. Alfred Heusinger von Waldegg, verantwortlich seit Anfang 1935 für das Gebiet "Filmwesen im Ausland", gehörte der SA seit 1927 und der NSDAP seit 1928 an. Seine ersten filmischen Erfahrungen hatte er als Regieassistent bei der Ufa AG gesammelt, bevor er in den Dienst der Reichsfilmkammer trat — er war zuständig für Exportfragen beim Verband der Filmindustriellen — und Aufträge für das Propagandaministerium durchführte. 269) Ende 1937 stieg er im Imperium Goebbels' mehrere Stufen höher, als dieser ihn zu einem seiner Adjutanten machte. Zwei Jahre später, bei Kriegsbeginn, wurde er zur Wehrmacht einberufen und verschwand in der Versenkung, aus der ihn Goebbels einst geholt hatte.

Ebenfalls 1935 trat Richard Quaas, Referent bei der Reichsfilmkammer für Filmein- und ausfuhr, in die Filmabteilung des Goebbels-Ministeriums ein. Er war Mitglied der faschistischen Partei seit 1925 (Nr. 2.263) und kam als Landesfilmstellenleiter von Breslau und stellvertretender Filmabteilungsleiter in der Reichspropagandaleitung direkt aus der Parteifilmarbeit. 270) Kurzfristig ehrenamtlicher stellvertretender Leiter der Hauptabteilung Film der Reichspropagandaleitung der NSDAP war auch Eberhard Fangauf gewesen, der von 1933 bis 1945 Fachreferent — vor allem für die Filmberichterstattung — in der Filmabteilung des Ministeriums war. Nach dem ersten Weltkrieg hatte der Schwerkriegsbeschädigte neben einer Bühnenausbildung und einem abgebrochenen Studium der Literatur und Kunstgeschichte sich von 1919 bis 1933 in allen möglichen Berufen versucht, und vor allem zahlreiche wechselnde Positionen in der Filmbranche innegehabt. Fangauf war u.a. bei der Ufa AG und Deulig AG Autor, Dramaturg, Regisseur, Produktionsleiter und beim Magistrat der Stadt Berlin Filmreferent. Eine Lebensstellung bot sich ihm erst 1933 mit der Beamtenlaufbahn im Propagandaministerium. 271)

Zusammen mit Fangauf kam auch Karl Schulze bereits im Jahre 1933 ins Propagandaministerium, nachdem er mit Arnold Raether die Parteifilmorganisation aufgebaut hatte. 1937 wurde er auf ausdrücklichen eigenen Wunsch hin von seiner hauptamtlichen Tätigkeit im Ministerium befreit und übernahm die alleinige Geschäftsführung der gerade gegründeten Deutschen Film-Herstellungs- und Verwertungsgesellschaft mbH. Schulze blieb währenddessen Verbindungsmann zwischen Ministerium und Reichspropagandaleitung; dort führte er außerdem ehrenamtlich die Kassenverwaltung der RPL-Filmabteilung und aller Gaufilmstellen der NSDAP weiter; 1942 ernannte ihn Goebbels zum Leiter des Verwaltungsamtes der Reichspropagandaleitung.

Damit sind die bedeutendsten und wichtigsten Mitarbeiter der Filmabteilung des Propagandaministeriums vorgeführt. Auf weitere Referenten oder Sachbearbeiter einzugehen, erübrigt sich. Wesentlich bei den genannten Personen war ihre vielseitige Tätigkeit im Bereich des filmpolitischen Apparates. Die politischen Film-Führungspositionen waren weitgehend in Personalunionen organisiert. Bestimmendes Element in der personellen Besetzung der Filmabteilung des Propagandaministeriums war die jüngere Generation der um 1900 Geborenen, die bereits zumeist in den 20'er Jahren in die Partei eingetreten waren. So handelte es sich bei der Mehrzahl um zuverlässige "ältere" — wenn auch kaum über 30 Jahre alt 272) — Parteigenossen, die zunächst in den Parteiorganisationen mit dem Film in Berührung gekommen waren. Sie nahmen in der Regel weiterhin ihre nebenamtlichen Tätigkeiten bei der Filmabteilung der Reichspropagandaleitung der NSDAP — zumindest als Verbindungsmänner — wahr, nachdem sie Goebbels ins Propagandaministerium geholt hatte. Die meisten Mitarbeiter, selbst Abteilungsleiter und deren Stellvertreter, konnten jedoch nicht einmal als ausgesprochene Experten ihres Faches gelten, so daß ihnen auch nur in seltenen Fällen ein bestimmtes Sachgebiet zuerteilt war. Ausgesprochene Parteifunktionäre waren ebenso unter ihnen zu finden wie einfache Verwaltungsbeamte, promovierte Juristen, Kaufleute und solche, die sich selbst gerne als "Filmkünstler" sahen.

Der Aufgabenbereich der Filmabteilung des Propagandaministeriums war nicht direkt zu definieren: Im wesentlichen war die Abteilung ausführendes Organ des

Ministers mit Vorschlagrecht. Von dieser Routinearbeit abgesehen besaß sie wie alle Goebbels untergeordneten Institutionen und Organisationen keinerlei Entscheidungsbefugnis. Sie kontrollierte zwar die Wochenschauherstellung und (über den Reichsfilmdramaturgen) die Spielfilme und ihre Inhalte, sie hatte die Gesetzgebung, insbesondere auf dem Gebiet der Zensur und Prädikatisierung, maßgeblich vorbereitet, doch war sie von Anfang an bei filmwirtschaftlichen Maßnahmen unbeteiligt. Hier hatte Max Winkler eine unumschränkte Machtposition inne, an die nur Goebbels selbst rühren konnte. Damit jedoch war die Filmabteilung, allzu leicht als zentrale übergeordnete Dienststelle für a l l e Filmefragen bezeichnet, auf dem wichtigsten Gebiet ausgeschaltet. Dieses "Schicksal" teilte die Filmabteilung im übrigen mit der Reichsfilmkammer, die als eigentliche filmwirtschaftliche Zentralstelle ins Leben gerufen war. Die Initiative zur weiteren Entwicklung des wirtschaftlichen Neuaufbaus des deutschen Films ging seit Mitte der 30er Jahre vom Büro Winkler aus, der sich "Reichsbeauftragter für die deutsche Filmwirtschaft" nennen konnte. So war die Aktivität der Filmabteilung des Ministeriums auf die bloße Funktion der politischen Kontrolle und die rein ideologische Überwachung reduziert.

5.2 Die Reichsfilmkammer

Im Jahre 1935 erfolgte eine wesentliche Änderung im organisatorischen Aufbau der Reichsfilmkammer: Die bisherigen Fachverbände wurden aufgrund der "Anpassungsanordnung" vom 11. Juli 1935 273) aufgelöst, und an ihre Stelle traten als Dienststellen der Kammer sogenannte "Fachgruppen". Während der eingetragene Verein der Organisation der Filmschaffenden, die "Reichsfachschaft Film e.V.", in eine Verwaltungsstelle der Filmkammer umgewandelt wurde und ihren Namen in "Fachschaft Film" änderte, wurden die Unternehmerverbände in sog. "Fachgruppen" überführt.

Die Mitglieder der Fachverbände — Einzelpersonen wie Firmen — waren nunmehr über ihre Fachgruppen unmittelbar der Reichsfilmkammer eingegliedert. Damit waren auch die Aufgaben, die bisher den Fachverbänden unterlagen, auf die Filmkammer übergegangen. Für die einzelne Sparte gab es keine Interessenvertretung mehr; die Organisationsänderungen, deren rechtliche Klarstellung in der Anpassungsanordnung zum Ausdruck gekommen war, hatten die ursprüngliche Idee einer "ständischen Selbstverwaltung" im Film beiseite gewischt. Gegen ein Ende der (vorgeblichen) "berufsständischen" Wirtschaftsverfassung im Film wurden seinerzeit auch von nationalsozialistischer Seite Einwände laut: So gab es vor allem in der westdeutschen Presse — der Essener National-Zeitung, der Frankfurter Zeitung und, als Fachblatt, der Rheinisch-Westfälischen Filmzeitung — kritische Stimmen. Die mittelständische Interessen vertretende Rheinisch-Westfälische Filmzeitung etwa sah die Situation 1935 als "unbefriedigend" an (Ausgabe vom 3.8.1935) und übte Kritik an der Methode, mit der die Filmkammer den "ständischen Ausgleich" der Interessen vorgenommen hätte. "Der Staat nimmt also", hieß es damals in der Filmzeitung, "gewissermaßen unter Auslassung der berufsständischen Vertretung, der gegenwärtig nur noch eine beratende Stimme zukommt, die Initiative in die Hand." Sie forderte, die "gegenwärtig in einem diktatorischen Ausnahmezustand geführte Filmwirtschaft wieder in die berufsständische Form zurückzuführen." (Ausgabe vom 8.2.1936)

Für die politische Führung in Berlin stellte die neue Organisation zweifellos eine straffe, einheitlich und klare Konzentration der Kammerarbeit sicher und ermöglichte durch ihre Einfachheit eine verbesserte autoritäre Führung des Berufsstandes. Die Vollendung dieser Regelungen im organisatorischen Aufbau erstreckte sich jedoch noch über mehrere Jahre.

Im folgenden soll nun diese Entwicklung an drei Schnittpunkten kurz skizziert werden. Der Aufbau der Reichsfilmkammer, der in den Institutionen des Präsidenten, Vizepräsidenten, Geschäftsführers und Präsidialbüros die Ergänzung zu den Abteilungen bzw. Fachgruppen hatte, gliederte sich nach den Bearbeitungsgebieten und nach der Aufsicht innerhalb der verschiedenen Positionen wie folgt: 274)

Hauptabteilung I	Allgemeine Verwaltung
Abteilung 1	Rechtsangelegenheiten
Abteilung 2	Haushalt und Finanzen
Hauptabteilung II	Politik und Kultur
Abteilung 1	Presse und Propaganda
Abteilung 2	Fachgruppe der Kultur- und Werbefilmhersteller, Betreuung der Spielstellen
Abteilung 3	Personalverwaltung
Hauptabteilung III	Künstlerische und soziale Betreuung des Filmschaffens
Abteilung 1	Fachschaft Film
Abteilung 2	Filmnachweis
Hauptabteilung IV	Filmwirtschaft und -Technik
Abteilung 1	Fachgruppe Filmproduktion (einschl. Ein- und Ausfuhr, Filmateliers)
Abteilung 2	Fachgruppe Inlandsvertrieb
Abteilung 3	Fachgruppe Filmtheater
Abteilung 4	Fachgruppe Film- und Kinotechnik

Mitte 1937 trat ein neuer Geschäftsverteilungsplan in Kraft, der die Fachgruppen eindeutig bestimmten Abteilungen zuordnete: 275)

Abteilung I	Allgemeine Verwaltung
Abteilung II	Politik, Kultur und Propaganda
Abteilung III	Soziale Betreuung (einschl. Fachschaft Film)
Abteilung IV	Filmkunst
Abteilung V	Fachgruppe Filmherstellung und Inländischer Filmvertrieb
Abteilung VI	Fachgruppe Filmaußenhandel
Abteilung VII	Fachgruppe Filmtheater
Abteilung VIII	Fachgruppe Kultur-, Werbefilm und Lichtspielstellen
Abteilung IX	Fachgruppe Film- und Kinotechnik
Abteilung X	Rechtsabteilung
	Fachgruppe Filmateliers

Hier wurde besonders deutlich, daß die ehemaligen Interessenvertretungen nunmehr Dienststellen der Reichsfilmkammer geworden waren: Sie stellten lediglich Teile und in der Zentralstelle Abteilungen der Einzelkammer dar. Vorläufig abgeschlossen war dann die Umorganisation im Jahre 1940, als sich folgende Untergliederung in Referate darstellte: 276)

Präsident	
Vizepräsident	(VZ)
Geschäftsführer	(GF)
Rechtsabteilung	(RA)
Filmherstellung	
Fagr Filmherstellung	(FFH)
Fagr Filmateliers	(FAT)
Fagr Filmtechnik	(FFT)
Fagr Kultur- und Werbefilm	(FKW)
Fachschaft Film	(Fsch)
Filmvertrieb	
Fagr Inländischer Filmvertrieb	(FIV)
Fagr Filmaußenhandel	(FFA)
Filmvorführung	
Fagr Filmtheater	(FaFi)
Fagr Lichtspielstellen	(FaLi)
Filmnachweis	
Abstammungsnachweis	

Mit dieser Eingliederung der früheren Fach- und Interessenverbände — sie beendete bis auf geringfügige Änderungen endgültig die organisatorische Entwicklung der Kammer — waren die Fachgruppen einfache Teile der Reichsfilmkammer, d.h. Verwaltungsteile ohne selbständige Rechtsnatur. Die Auflösung von rechtlich selbständigen Körperschaften und die Einrichtung von Verwaltungsstellen paßte den inneren Dienstbetrieb der Filmkammer an die Grundsätze der öffentlichen Verwaltung an. Die Mitgliedschaft wurde über die Einordnung in die Fachschaft bzw. in die Fachgruppen erworben, und zwar erlangte man nunmehr die u n m i t t e l b a r e Mitgliedschaft

Von den Organen und Instituten der Filmkammer änderte vor allem der "Filmnachweis" seine Funktion: Die Inanspruchnahme wurde für sämtliche Mitglieder eine freiwillige, d.h. es ging nur noch um eine beratende Mitwirkung bei Vertragsabschlüssen durch Vorschläge an Hersteller wie "Filmschaffende". 277) Die Kontrolle über die Besetzungen von Filmen und der Überblick über die Anstellungen in der gesamten Filmwirtschaft blieb von dieser Änderung, die nicht zuletzt auf Drängen der Filmindustrie zustandekam 278), unbeschadet; denn die bisherigen Bestimmungen über die Vorlagepflicht aller Verträge zwischen Filmfirmen und "Filmschaffenden" galten weiter. Daß irgendwo ein Vertrag ohne Kenntnis der filmpolitischen Führungsgremien — des Ministeriums, des Büros Winkler oder der Kammer — abgeschlossen wurde, war undenkbar geworden. Sämtliche Kontrollstellen konnten ohne Schwierigkeiten Anordnungen und Richtlinien im Hinblick auf einen Vertragsabschluß an die betreffenden Personen und Firmen weiterleiten — wobei der Grad der Bedeutsamkeit bestimmte, ob Goebbels persönlich einzuschalten war.

Eine Ergänzung der Überwachungsfunktion der Kammer war auch der "Ariernachweis", eine Institution innerhalb der Verwaltungszentralen, die zur Registrierung der "arischen Abstammung" eingerichtet worden war. 279) Die Leitung hatte ein Dr. Jacob inne, der gleichzeitig persönlicher Referent des Kammerpräsidenten für alle Abstammungsfragen war. Diese 1938 in "Abstammungsnachweis" umbenannte Sonderkontrollstelle 280) hatte darauf zu achten, daß jedes Mittel der Kammer "für sich und seinen Ehegatten den vollständigen urkundlichen Abstammungsnachweis bis zu den Großeltern einschließlich" 281) einbrachte.

Weitere, mit der Reichsfilmkammer lediglich verbundene Institutionen und Gesellschaften waren die Filmkreditbank, die Allgemeine Filmtreuhand GmbH, die Film-Revisionsgesellschaft mbH, die Deutsche kinotechnische Gesellschaft, die Deutsche Filmexport-Gesellschaft mbH und die haushaltsmäßig angegliederte Kontingentstelle 282).

Damit nach dem Wegfall der Fach- und Interessenverbände die einzelnen Sachbearbeiter der Reichsfilmkammer weiterhin in Verbindung mit den Kammermitgliedern blieben — man wollte, wie es offiziell auch hieß, die Arbeit der Filmkammer nicht "verbürokratisieren" —, wurde eine Reihe von Fach- und Spezialausschüssen gebildet, in denen die Kammermitglieder die Möglichkeit erhielten, ihre Auffassung zu anstehenden Fragen in einem "geeigneten" Gremium zu vertreten. Die eigentlichen Träger der Filmkammer waren somit in Ausschüsse abgedrängt, deren Mitglieder wiederum vom Kammerpräsidenten und nicht etwa von den Filmschaffenden selbst berufen oder abberufen wurden. Die einzelnen Fachausschüsse besaßen einen Vorsitzenden aus den beteiligten Berufs- oder Gewerbezugehörigen, der, wenn nach einer Beratung keine Einigkeit unter den Mitgliedern erzielt wurde, autoritätsmäßig die Entscheidung über eine erforderliche Stellungnahme traf. Allerdings lag die ausschlaggebende Geschäftsführung eines solchen Ausschusses in den Händen des Hauptabteilungsleiters bzw. — wenn der Ausschuß bei einer Abteilung gebildet war — beim Abteilungsleiter.

Zur "Mitwirkung des Berufsstandes" waren im einzelnen folgende Fachausschüsse für wirtschaftliche, technische und "künstlerische" Fragen vorhanden: 283)

Fachausschuß Filmherstellung
Vorsitzer war Direktor Ernst Hugo Correll, Produktionschef und Vorstandsmitglied der Ufa AG.

Fachausschuß Filmatelier und Filmtechnik
Vorsitzer war Generaldirektor Paul Lehmann, Geschäfts- und Betriebsführer der Tobis-Filmkunst.

Fachausschuß Filmtheater
Vorsitzer war Direktor Max Witt, Vorstandsmitglied der Ufa AG.

Fachausschuß Inländischer Filmvertrieb
Vorsitzer war Direktor Fritz Kaelber, damals Vorstandsmitglied der Terra-Filmkunst.

Fachausschuß Filmaußenhandel
Vorsitzer war Direktor Wilhelm Meydam, Vorstandsmitglied der Ufa AG.

Fachausschuß Kultur- und Werbefilm
Vorsitzer war Direktor Hermann Grieving, Vorstandsmitglied der Ufa AG.

Beirat für filmtechnische Fragen
Vorsitzer war Direktor Dr. Richard Schmidt, Vorstandsmitglied der Afifa und

später auch der Ufa AG.

Als Mitglieder dieser verschiedenen Fach- und Spezialausschüsse waren die wichtigsten Leute der Filmwirtschaft, vor allem die führenden Herren der Konzerne, vertreten: Generaldirektoren, Direktoren, Vorstandsvorsitzende und -mitglieder, Geschäftsführer, Prokuristen und Inhaber von Aktiengesellschaften und GmbH's. Fast ausnahmslos waren die Filmmanager bereits vor 1933 in der Filmbranche in führenden Positionen. Die Vorsitzer der Fachausschüsse trafen sich außerdem noch im sogenannten *Hauptausschuß*, der nicht zu Spezialfragen Stellung nehmen sollte, sondern Probleme grundsätzlicher Bedeutung zu behandeln hatte und gleichzeitig die Spitze sämtlicher Fachausschüsse darstellte. Vorsitzer des Hauptausschusses war der jeweilige Präsident der Reichsfilmkammer, sein Stellvertreter Generaldirektor Ludwig Klitzsch. Erster Vorsitzer des *Hauptausschusses* war Oswald Lehnich; sein Nachfolger Carl Froelich bekleidete diesen Posten nur einige Zeit, bis die Kammer auf die Mitwirkung der Fachausschüsse ganz verzichtete.

Durch diese Neuorganisation der Reichsfilmkammer wurde jeder Gedanke an eine "berufsständische Selbstverwaltung" aufgegeben. Die fachliche Mitwirkung und die Mitsprache der Berufsvertreter — so unbedeutend sie auch von vornherein war — wurde völlig beseitigt. Von einem "lebendigen und engen Kontakt" 284) zwischen der Kammer und ihren Mitgliedern konnte überhaupt keine Rede mehr sein. Lediglich die Manager der Filmkonzerne besaßen noch eine beratende Funktion innerhalb der Reichsfilmkammer. Andererseits war auch die Kammer selbst immer unbedeutender geworden.

In der regionalen Gliederung der Reichsfilmkammer wurde im Rahmen dieser organisatorischen Umwandlungen Mitte der 30'er Jahre eine weitgehende Angleichung an die Gau-Einteilung der Partei angestrebt. So bestanden entsprechend den Gauen der NSDAP 31 Landesleitungen der Reichsfilmkammer 285), die mit den Gaufilmstellen der Partei vereinigt und gleichzeitig wiederum mit den Filmreferaten der Landesstellen des Propagandaministeriums identisch waren. Die Landesleiter selbst waren personengleich mit den Gaufilmstellenleitern. Sie stellten daneben die Verdingung zur politischen Gauleitung, insbesondere auch zum Landeskulturwalter, her und waren auf dieser regionalen Ebene für die politische, kulturelle und propagandistische Führung des Films zuständig. Auch die Reichskulturkammer war entsprechend den Gauen der NSDAP untergliedert. Örtliche Organe der RKK-Zentrale waren die "Landeskulturwalter", die zugleich Landesstellenleiter des Propagandaministeriums und Gaupropagandaleiter der Partei waren. Sie hatten u.a. die zusammenfassende Aufsicht über die örtlichen Stellen der verschiedenen Einzelkammern bzw. der Fachverbände und Fachgruppen. Die Personalunion der Vertreter der Kammern, des Ministeriums und der Partei sollte auch regional die "Einheitlichkeit in der Kulturarbeit" des Gaues gewährleisten. Allerdings besaßen sie kein Weisungsrecht gegenüber den Untergliederungen der Einzelkammern, die weisungsgemäß direkt den Kammerpräsidenten unterstanden. 286)

Desweiteren gab es Gebietsgliederungen der Kammer, die nicht an die Gaueinteilung angepaßt waren und sich deshalb teilweise mit den Gaugrenzen überschnitten. Neun Außenstellen waren aus den Geschäftsstellen der Landesverbände des Reichsverbandes Deutscher Filmtheater und den Geschäftsstellen seiner Bezirksleitungen 287) hervorgegangen und als Beaufsichtigungsinstitutionen für den Filmvertrieb und die Filmvorführungen gedacht, d.h. ihnen oblagen wirtschaftliche, technische und juristische Fragen. Bei jeder dieser Außenstellen bestand ein "Bezirksausschuß", in dem Kinobesitzer, Verleiher und Gaubeauftragte (Gaufilmstellenleiter und Leiter der Gaustellen der Fachgruppe Kultur-, Werbefilm und Lichtspielstellen) vertreten waren. Der Ausschuß wurde geleitet von einem Vorsitzenden, den der Filmkammerpräsident ernannt hatte. Entscheidungen, die der Ausschuß treffen wollte, waren letztlich wieder vom zuständigen Abteilungsleiter der Zentralstelle abhängig.

Mit der Umorganisation der Kammer und der ihr angeschlossenen Fachverbände wurde die erste Präsidenten- und Präsidialratsgeneration abgelöst; ein direkter Zusammenhang zwischen Reorganisation und Ämterwechsel ist allerdings fraglich.

Im Herbst 1935 schieden der Präsident Dr. Fritz Scheuermann, der Vizepräsident Arnold Raether und der Geschäftsführer Dr. Walther Plugge aus ihren Ämtern aus. Während die Gründe für den Rücktritt Scheuermanns im Zusammenhang mit jenen Verleumdungsklagen gegen ihn gesehen werden müssen, bleiben die Entlassungen oder Abberufungen Raethers und Plugges weitgehend ungeklärt; denn auch Raether verließ einen recht repräsentativen Posten. Vielleicht wollte Goebbels in der Tat die gesamte Generation der Aufbauphase ersetzen. Über die Rücktrittsgründe Plugges wurde nur bekannt, daß zwar seitens einzelner Filmfirmen Bedenken gegen ihn aufgekommen waren, nicht jedoch seitens der Kammer selbst. Ausdrücklich wurde ihm bestätigt, auch weiterhin als juristischer Berater der Filmwirtschaft wirken zu können. Plugge war nach 11jähriger Tätigkeit in der Geschäftsführung der Verbände der Filmindustrie (zuletzt bei der Spio) ausgeschieden und widmete sich nun der Praxis eines Anwalts und Notars. Nur Raether, der es mittlerweile bereits in Goebbelsschen Diensten bis zum Oberregierungsrat gebracht hatte, verschwand nicht aus dem filmpolitischen Machtbereich, sondern wechselte zum Büro des Reichsbeauftragten für die deutsche Filmwirtschaft.

Nachfolger im Amt des Präsidenten wurde der ehemalige Württembergische Staatsminister Professor Dr. rer. pol. Oswald L e h n i c h . Er war 1921 als Regierungsrat in das Reichswirtschaftsministerium eingetreten, aus dessen Diensten er 1927 freiwillig wieder austrat, um eine Professur für Volkswirtschaftslehre an der Universität Tübingen anzunehmen. Mit der "Machtergreifung" wurde Lehnisch im März 1933 zum Württembergischen Staatsrat und Wirtschaftsminister ernannt. Die Übergabe der Geschäfte an den neuen Filmkammerpräsidenten erfolgte am 18. Oktober 1935 durch Goebbels, der es sich nicht entgehen ließ, dem abgeschobenen Scheuermann für seine "erfolgreiche" Arbeit zu danken.

In einer Laudatio auf den Präsidenten schrieb damals die Rheinisch-Westfälische Filmzeitung (Ausgabe vom 19.10.1935):
"Frühzeitig behandelte Dr. Lehnich in seinen Vorlesungen Fragen des Nationalsozialismus. Als einer der ersten Dozenten trat er der NSDAP und der SS als förderndes Mitglied bei."

Mit Lehnich war ein theoretisch geschulter Wirtschaftler dem Juristen und "Filmliebhaber" Scheuermann im Amt gefolgt, ohne jedoch in den folgenden Jahren auf diesem Gebiet besonders aktiv zu werden. Eine Kursänderung war mit dieser Neubesetzung keineswegs verbunden. So war es nicht verwunderlich, wenn vier Jahre später der "Mann der Wirtschaft" einem "künstlerischen" Präsidenten Platz machte, der nun mehr und mehr zu einer bloßen Repräsentationsfigur wurde. Nach offizieller Lesart wollte Lehnich auf eigenen Wunsch mit Wirkung vom 30. Juni 1939 von seinen Dienstpflichten als Reichsfilmkammer-Präsident entbunden werden, um sich "wirtschaftlichen und wirtschaftswissenschaftlichen Arbeiten" zu widmen. 288) Welche Gründe ihn zu diesem Schritt wirklich bewogen, darüber lassen sich heute nur Vermutungen anstellen. Es schien damals zu einem Zerwürfnis mit Goebbels gekommen zu sein, als Lehnich in Auseinandersetzungen wegen antinationalsozialistischer Beschuldigungen verwickelt wurde. 289) Das war jedoch umso unverständlicher, als Lehnichs steile politische Karriere ihm die Ernennung zum SS-Oberführer bescherte.

Goebbels hatte Lehnich, obwohl dieser ihm scheinbar unbequem geworden war, noch selbst mit der Suche eines geeigneten Nachfolgers beauftragt. Lehnich war es dann, der den von Goebbels mit einem Professorentitel beehrten Carl F r o e l i c h ins Gespräch brachte. Froelich, als Regisseur in der Sache zweifellos erfahren, hatte im deutschen Film einen bekannten Namen und verfügte als eigener Filmunternehmer über Vertrauen bei der Filmindustrie. Froelich war seit 1929 Inhaber der Carl-Froelich-Tonfilm-Produktions GmbH; seit 1933 stand er an der Spitze des Gesamtverbandes der Filmherstellung und Filmverwertung. Bei dem Amtsantritt Lehnichs war im Oktober 1935 mit dem Absolventen der Kunstakademie und Musikhochschule Hans Jacob Weidemann eine "künstlerisch"-produktive Persönlichkeit zu seinem Stellvertreter und damit zum Vizepräsidenten der Filmkammer avanciert. Wie sein Vorgänger Raether gehörte auch er, wenn auch nur als Referent, der Reichspropagandaleitung und dem Propagandaministerium an. 1939 verließ Weidemann zusammen mit Lehnich wieder die Kammerorganisation.

Als Walther Plugge im Herbst 1935 die Geschäftsführung abgab, folgte ihm Karl Melzer, wie die Mehrzahl der RFK-Mitarbeiter Jurist. Filmische Erfahrungen und Kenntnisse hatte er wie viele andere "Filmgrößen" als zuverlässiges NSDAP-Mitglied zunächst in der Parteifilmarbeit gesammelt. Nach der "Machtübernahme" wurde auch Melzer in sämtliche staatlichen Filminstitutionen geschleust. Im Jahre 1939 stieg der zuverlässige Parteigenosse und "Filmfachmann" eine Stufe in der Kammer-Hierarchie höher und trat, nun SS-Obersturmführer, an die Stelle Weidemanns als Vizepräsident. Obwohl Melzer seinerzeit als "politische Korsettstange" der RFK bezeichnet wurde, war er bei Hinkel später nicht gelitten und wurde als "inaktiv" und "unkämpferisch" abqualifiziert. 290)

Neben dem Drei-Mann-Führungsgremium waren in der Zentralstelle der Reichsfilmkammer insgesamt ungefähr 50 bis 60 Personen beschäftigt, u.a. Abteilungsleiter, Sachbearbeiter, Referenten, Hilfsreferenten, Expedienten, "wissenschaftliche Hilfsarbeiter". Von ihnen sind Dr. Günther Schwarz, Dr. Georg Roeber, Dr. Theo Quadt, Carl Auen, Dr. Walther Müller-Goerne zu nennen, denen als Leiter bzw. Vorsitzende von Hauptabteilungen, Abteilungen und Fachgruppen weitgehende Vollmachten eingeräumt waren. 291)

Filmwirtschaftlicher Experte war Dr. Günther Schwarz, seit 1927 Geschäftsführer und zeitweise Syndikus bei der Spio und, nach deren Überführung in die Filmkammer, beim Gesamtverband der Filmherstellung und Filmverwertung und bei der Reichsstelle für den Filmaußenhandel. Nach der Umorganisation leitete er die Hauptabteilung "Filmwirtschaft", um sich dann aber auf Exportfragen zu spezialisieren. Er wurde deshalb zum Vorsitzenden der Fachgruppe Filmaußenhandel ernannt. 1938 übernahm Schwarz außerdem die Leitung der filmwirtschaftlichen Fakultät der neu gegründeten Deutschen Filmakademie in Berlin; 1939 holte ihn Winkler zur Cautio. Schwarz blieb nebenamtlich bei der Reichsfilmkammer.

Die Position eines juristischen Fachmanns und Beraters der Filmkammer hatte Dr. Georg Roeber inne, der je nach dem organisatorischen Aufbau die entsprechenden Rechtsabteilungen oder juristischen Sonderreferate leitete. In den 40er Jahren leitete Roeber die gesamte Rechtsabteilung sowie die Fachgruppe Filmateliers. Seit 1941 war er nebenher Syndikus und Prokurist bei der Bavaria. Roeber war als einziger höherer RFK-Mitarbeiter kein Parteimitglied. Der Verfasser zahlreicher filmrechtlicher Abhandlungen und Gutachten nahm die Interessen der Reichsfilmkammer in vielen juristischen Organisationen und Vereinigungen wahr: u.a. als Mitglied des Reichsehrengerichtshofs und des Urheberrechtsausschusses der Akademie für Deutsches Recht sowie in der gleichen Akademie als Vorsitzender des Filmrechtsausschusses und des Kartellrechtsausschusses.

Als Spezialist für alle Fragen und Probleme des Kinogewerbes und der Lichtspielstellen war Dr. Theo Quadt anzusehen, der die Fachgruppe Filmtheater bzw. die zuständige Abteilung leitete. Nach Gründung einer Dachorganisation für alle deutschen Filmtheaterbetriebe Anfang der 40'er Jahre erhielt er die einflußreiche Position eines Geschäftsführers der "Deutschen Filmtheater GmbH".

Carl Auen war, wenn auch mit Unterbrechungen, noch immer Leiter der mittlerweile umbenannten "Fachschaft Film". Der ehemalige NSBO-Mann und Parteiaktivist war im Juni 1935 für ungefähr ein Jahr wegen des Vorwurfs der unkorrekten Geschäftsführung, und zwar wegen "ungewöhnlicher Ausgaben", — es ging dabei um einen Betrag von 1.600 RM —, die er ohne Genehmigung gemacht und zu seinem eigenen Vorteil verwendet hatte, beurlaubt worden. Hinkel wollte ihn damals zur Fremdenverkehrsabteilung des Propagandaministeriums abschieben, da Auen weder im Kammerbereich noch irgendwo sonst an wichtiger Stelle in der Nähe des Ministeriums zu verwenden wäre. Doch 1936 wurde er wieder, zunächst als Sachbearbeiter, in die Filmkammer aufgenommen, und 1937 übertrug man ihm wieder die Leitung der Fachschaft Film. Als jedoch im Jahre 1943 Hans Hinkel von Goebbels zum Reichsfilmintendanten ernannt wurde, dauerte es nur wenige Wochen, bis er Auen wegen dessen angeblicher Unbrauchbarkeit endgültig entfernte. Hinkel beschrieb ihn einmal als "harmlosen älteren Pg.", der ebenso faul wie aufgeblasen wäre. Seine Unfähigkeit wäre eklatant. 292)

Eine schnelle Karriere im NS-Film machte Dr. jur. Walther Müller-Goerne, der im Alter von 26 Jahren unmittelbar nach seiner Promotion in die Reichsfilmkammer eintrat: Im Mai 1936 war er einer der "wissenschaftlichen Hilfsarbeiter"; 1938 tauchte er als Referent für Personalfragen und als persönlicher Referent des Kammerpräsidenten im Geschäftsverteilungsplan auf; 1940 leitete er stellvertretend die Fachgruppen Filmherstellung und Filmaußenhandel; im Februar 1942 schließlich übertrug Goebbels ihm das Amt eines stellvertretenden Reichsfilmintendanten.

Damit war Müller-Goerne zur rechten Hand Hinkels geworden und stellte für die letzten Jahre des NS-Reiches eine der wichtigsten und einflußreichsten Persönlichkeiten im filmpolitischen Machtapparat dar.

In der Aufzählung der führenden Angestellten der Reichsfilmkammer sollten jedoch nicht die Namen von Fritz Alberti und Dr. Joachim Grassmann fehlen. Fritz Alberti betreute 12 Jahre lang die Institution "Filmnachweis"; Dr. phil.Joachim Grassmann verwaltete das Gebiet der Filmtechnik.

Noch weniger als bei der Filmabteilung des Ministeriums konnte man bei den Führungspersonen der Reichsfilmkammer von Experten auf dem Gebiet des Films sprechen: Von insgesamt 12 leitenden Mitarbeitern seit 1933 — einschließlich der beiden Präsidenten — waren acht Juristen, davon sieben promoviert, einer promovierter Wirtschaftsexperte, einer Kaufmann und zwei "Filmkünstler". Das Durchschnittsalter der Mitarbeiter im Jahre 1936 war mit 35 Jahren verhältnismäßig niedrig und lag noch unter dem der Filmabteilung des Propagandaministeriums. Jüngster Mitarbeiter war 1936 Müller-Goerne mit 27 Jahren, ältester Auen mit 44 Jahren. Nur einer der Angestellten in leitenden Positionen, Dr. Georg Roeber, war kein Parteimitglied; die meisten waren bereits vor der "Machtergreifung", spätestens jedoch im Jahre 1933 der NSDAP beigetreten. (Müller-Goerne trat erst 1937, kurze Zeit nach seiner Anstellung, in die Partei ein).

Die praktische Arbeit der Reichsfilmkammer in der zweiten Hälfte der 30'er Jahre betraf in der Regel weiterhin nur "technische" Einzelheiten der verschiedenen Sparten: die Festsetzung von Filmrollenlängen, die Regelung von Eintrittspreisen und von Kammerbeiträgen sowie Bestimmungen über Werbefilme, Filmvorspanne und Altfilmmaterial; sie stellte Betriebsbedingungen auf und verfaßte Musterverträge. Vor allem aber hatte die Kammer die eigenen Anordnungen, Erlasse und Verfügungen (und die des Propagandaministeriums) in der Ausführung und Befolgung durch den einzelnen Filmschaffenden und die einzelne Firma zu überwachen und gegebenenfalls darauf einzuwirken. Reichten Ermahnungen und sogenannte "dringliche Appelle" nicht aus, bediente sie sich bei disziplinären Vergehen der ihr überlassenen Strafgewalt: Sie verhängte Geldstrafen und sprach Berufsverbote aus.

Mit Hilfe verschiedener Anordnungen der Reichsfilmkammer besserte sich zwar die Lage der Filmtheater, doch das Bestreben der Kammer, mit der Erhöhung der Kinoeinnahmen auch die wirtschaftliche Lage der Produktion auf eine gesunde Basis zu stellen, schlug fehl. Auch die sogenannten "Sicherungsanordnungen" in bezug auf den Filmvertrieb konnten diese Krisenentwicklung — hauptsächlich begünstigt durch die ständig wachsenden Herstellungskosten — nicht aufhalten: Das Defizit in der Filmproduktion erreichte in den Jahren 1936 und 1937 seinen Höhepunkt. Der erste Ansatz einer staatlich gelenkten Marktordnung in Form von Filmkammeranordnungen zeigte nicht den gewünschten Erfolg. 293)

6. Das Ergebnis der Zusammenarbeit zwischen politischem Herrschaftsapparat und privater Filmwirtschaft

6.1 Das politische Kontroll- und Lenkungssystem

Innenpolitische Aktivitäten der Nationalsozialisten in den ersten Jahren ihrer Herrschaft hatten zu einem fortgeschrittenen Stabilisierungsprozeß im Nazideutschland geführt: Noch im Sommer des Jahres 1936 maß sich in "fairem Wettkampf" die Jugend der Welt im Berliner Olympiastadion. Teilnehmer und Gäste aus dem Ausland mußten einen denkbar positiven Eindruck vom deutschen Faschismus gewinnen. Die deutsche Wirtschaft hatte sich erholt, nicht zuletzt die Aufträge der "öffentlichen Hand" (von Kanonen bis Autobahnen) hatten die Arbeitslosigkeit beseitigt. Alle nahmen an der wirtschaftlichen Gesundung teil und verhielten sich loyal gegenüber den politischen Machthabern. Hinter dieser Kulisse eines grandiosen Schauspiels jedoch wanderten Juden und "Staatsfeinde" in die Konzentrationslager, und der Aggressionskrieg wurde mittels des Vier-Jahresplanes intensiv vorbereitet.

Auch im Bereich des Films waren die Jahre 1933 die 1936 gekennzeichnet durch eine Aktivität der Nationalsozialisten zur Eroberung der film p o l i t i s c h e n Machtpositionen. Neue Ideen waren hierbei ebenso verwirklicht wie überkommene Formen umgewandelt worden. Auch das faschistische Filmwesen kann — wie der gesamte deutsche Faschismus — nicht als isoliertes historisches Phänomen begriffen werden: Im ganzen war der NS-Film nur der konsequente und absolut gewordene Ausdruck politischer und ökonomischer Tendenzen, die lange vor 1933 angelegt waren: der Ruf aus der wirtschaftlichen Krise nach staatlicher Finanzierungshilfe, die reaktionären Vorstellungen einer ständischen Ordnung der Gesellschaft, die Forderung nach einer risikomindernden Vorzensur, eine nationalistische Zensurpraxis, die Ideen von einem "deutschen" Kulturgut usw. Diese Voraussetzungen wurden mit aller Konsequenz und Schärfe perfektioniert: Das faschistische Filmsystem war bestimmt von einer Zentralisierung und Systematisierung, einer totalen Uniformierung und, falls beides den gewünschten Disziplinierungs- und Harmonisierungseffekt nicht voll erreichte und sich Widerstand regte, von unmenschlichem Terror.

Aktualisiert wurde der Terror, wenn antiintegrative Tendenzen deutlich wurden: Jeder potentielle Oppositionsfaktor wurde mit den Mitteln des staatlichen Zwangsapparates ausgeschaltet, jede oppositionelle Handlung schwer bestraft. Im Mittelpunkt der Repressionen stand die mythisch-irrationale Ideologie, die durch permanente Barbarei gegenüber den Juden in terroristische Praxis umgesetzt wurde. Die Handhabung dieser Mittel erfolgte durch einen großangelegten Organisationsapparat: Die politische Führung konnte in alle Sparten des Filmwesens und zu jedem Zeitpunkt der Herstellung — vom Manuskript bis zur Vorführung — eingreifen.

Zentren der staatlichen Kontrollstellen waren das Propagandaministerium und die Reichsfilmkammer sowie — ihnen nachgeordnet — die Filmprüfstelle, die Kontingentstelle und die Reichsfilmsdramaturgie. Durch Zensurgesetze, Kontingentbestimmungen und Kammerverordnungen war die Beherrschung des Apparates formaljuristisch abgesichert. Mittels dieses Organisationsnetzes und seiner rechtlichen

Grundlage konnten die Faschisten die Vertreibung der Juden aus dem deutschen Film reibungslos durchführen. Sämtliche Institutionen und eine Reihe von Sonderbefehlsstellen übten hierbei Kontrollfunktionen aus.

Über diese von den Filmorganisationen betriebene "Rassenpolitik" hinaus erleichterten die wohlfunktionierenden Überwachungsorgane die Absicherung gegen jegliche Opposition: Politisch mißliebige Persönlichkeiten wurden zu "staatsfeindlichen Elementen" deklariert und von der Filmarbeit ausgeschaltet. Vor allem die Pflichtmitgliedschaft aller Berufsangehörigen in der Filmkammer machte den Ausschließlichkeitsanspruch der NS-Ideologie geltend und erstickte eine etwa aufkommende abweichende Meinung im Keime. Institutionen und Gesetzgebung waren also gegen die Beschäftigung bestimmter Personen wie gegen die Behandlung bestimmter Themen im deutschen Film zu benutzen.

Trotz aller hervorgehobenen Trends (Übergewicht an Juristen in der Reichsfilmkammer usw.) war auf der Personalebene der politischen Kontrollinstanzen keine einheitliche Linie festzustellen. Selbst die zu beobachtenden personellen Verschiebungen etwa seit 1935 ließen kein klares Konzept des obersten Personalchefs, Joseph Goebbels, deutlich werden: Juristen und Kaufleute, reine Parteiaktivisten und "Filmkünstler" saßen verstreut in den wichtigsten Positionen; nur die wenigsten waren Filmexperten. Doch alle, die seit 1933 filmpolitische Führungsstellen einnahmen oder nach 1935 nachrückten, waren Garanten nationalsozialistischer "Kunstgesinnung". Kennzeichnend für die einflußreichsten Führungspositionen war die Personalunion von Partei-, Ministeriums- und Filmkammerämtern, durch die der organisatorische Aufbau und die fortwährende Kontrolle einfallsreich koordiniert war. Vorbild war hier Goebbels selbst als Reichspropagandaleiter der Partei, Reichspropagandaminister und Reichskulturkammerpräsident.

Gerade aufgrund dieser Machtstellung ohnegleichen von Goebbels war die Gefahr, daß solche Doppelt- und Dreifachorganisierungen zu Kompetenzquerelen und Widersprüchen auf den unteren Entscheidungsebenen führten, im Bereich des Films denkbar gering. Die staatliche Zentralgewalt lag von Anfang an in den Händen Goebbels': Allein und unbestritten verfügte er über die gesetzgebende, ausführende, rechtsprechende und kontrollierende Macht innerhalb des Sektors "Film". Doch standen ihm in den institutionellen Zentren gesinnungstreue Persönlichkeiten aller Schattierungen zur Seite: Parteiideologen der ersten Stunde und opportunistische Verwaltungsbeamte, Wissenschaftler verschiedener Fachrichtungen und kriegsbeschädigte Arbeitslose. Charakteristisch für alle war ein bedingungsloser "Gefolgschaftssinn". Man orientierte sich an Goebbels; er bestimmte das Klima, ohne daß stets Weisungen nötig gewesen wären. Die einflußreichsten Mitarbeiter handelten auch ohne direkte Anregungen und realisierten in Form von Anordnungen, Erlassen und allgemeinen Richtlinien die Vorstellungen des Propagandaministers.

Von den verschiedenen Ämtern bot vor allem die Parteifilmorganisation ein vielversprechendes Sprungbrett für eine erfolgreiche Karriere im NS-Film. Wer gar vor der "Machtergreifung" beim Aufbau eines Parteifilmapparates aktiv mitgewirkt hatte, wurde nach 1933 schnell in die Spitzenfunktionen des neuen filmpolitischen Machtapparates hochgespült. Dieser Typ eines arrivierten politischen Karrieristen brauner Prägung beggnete einem sehr häufig im NS-Film; sein Lebensweg glich in mehrfacher Hinsicht dem vieler anderer "Größen" des deutschen Faschismus.

Pläne, die gesamte Filmwirtschaft durch NS-Kommissare zu kontrollieren und im Sinne der ständischen Ideologie umzuformen, hat es bei der verantwortlichen Führungsgruppe nach 1933 nicht mehr gegeben. Goebbels hatte schon sehr früh eingesehen, daß er aufgrund der privatwirtschaftlichen Struktur des Films das Medium besonders leicht als Herrschaftsinstrument nutzen konnte. Der störungsfreie Aufbau des Kontrollsystems, von dem aus eine staatliche Lenkung und Überwachung möglich war, hätte nämlich nicht ohne Rückhalt bei den Produzentengruppen durchgeführt werden können.

Das durchgreifende filmische Kontrollsystem zur Stabilisierung der NS-Herrschaft war demnach angewiesen auf die aktive und passive Unterstützung der Filmwirtschaft, d.h. in erster Linie der Großkonzerne und ihrer Mächtigen. Die organisatorische Absicherung der filmischen Machtposition hatte im ökonomischen Bereich die Vorherrschaft der Unternehmer nicht angetastet, ja sogar noch unterstützt. Die neuen Machthaber versprachen 1933 eine Beendigung der Krise, in die die Filmindustrie im Gefolge der allgemeinen Wirtschaftskrise hineingeraten war. Der Ruf nach staatlicher Hilfe auf dem Höhepunkt der Krisensituation wurde von den Nazis, denen nur eine florierende Filmindustrie von Nutzen sein konnte, erhört: Unmittelbare materielle Hilfe durch eine staatlich gelenkte Kreditpolitik kam der Konjunkturverbesserung zugute und brachte zunächst eine spürbare Aufwärtsentwicklung der Produktion. Gleichzeitig war ein Bemühen der Nazis erkennbar, die wertvoll erscheinenden Kräfte zu fördern und für ihre Zwecke einzuspannen. Der "Filmkünstler" stand hoch im Kurs: Er wurde überschüttet mit Ehrungen; intime Empfänge bei Hitler und Goebbels schmeichelten den Schauspielern und Regisseuren; Premieren und andere öffentliche Veranstaltungen wurden zu Staatsakten ausgestaltet; Professorentitel und Goethemedaillen wurden verliehen; Staatspreise und Höchstprädikate wurden ausgesetzt. Adorno und Horkheimer haben diesen Zusammenhang allgemein auf die kapitalistische Kulturindustrie bezogen: "Heute nennen sie (die Künstler, d.V.) Regierungshäupter mit Vornamen und sind mit jeder künstlerischen Regung dem Urteil ihrer illiteraten Prinzipale untertan." 294) Doch alle honorierten Leistungen unterlagen der politischen Kontrolle, und der, der nicht mit den neuen Machthabern konformierte, wurde mit ökonomischer Ohnmacht geschlagen.

6.2 Die falsche Hoffnung der Filmindustrie auf ein Ende der Krise

So muß für die erste Phase der Herrschaftseroberung und Herrschaftsstabilisierung des Faschismus in Deutschland eine Zusammenarbeit von Staat und Wirtschaft im Bereich des Films konstatiert werden, wenn auch bei aller Verflechtung von Staatsapparat und Industrie die Verantwortung für das Gesamte beim Staat blieb. Die kapitalistische Struktur des Filmwesens — Profitmaximierung und Rentabilitätsprinzip — blieb unangetastet: Die Gegenleistung der Filmwirtschaft bestand in der Tolerierung des faschistischen Terrors. Es gab keine nennenswerten Konflikte und keinen Widerstand seitens industrieller Filmkreise. Direkte Auftragsfilme des Staates oder der Partei und an die herrschende Ideologie angepaßte Eigenproduktionen der Firmen machten einen selbständigen Filmapparat des Staates überflüssig. Die faschistische Selbstdarstellung und die propagandistische Durchsetzung aktueller politischer Thesen spielten jedoch nur eine untergeordnete Rolle. 295) Das Gros der Produktionen war die seichte Unterhaltungsware, die mit Wunschprojektionen einer harmonisierten Welt über die Konflikte der sozialen Wirklichkeit hinwegtröstete — eine Entwicklung, die sich mit zunehmendem Grauen durch Menschenausrottung und Kriegsgreuel noch verstärken sollte. Die Wirklichkeit wurde von den Operettenfilmen sorgsam ausgespart; der gesellschaftliche und politische Status quo, so brutal und entmenscht er war, wurde gefestigt.

Die Hoffnung der Filmwirtschaft auf ein Ende der Krise wurde jedoch trotz allen Entgegenkommens bald enttäuscht. Zuviel versprochen hatte man sich vor allem von den wirtschaftlichen Maßnahmen jener "Standesvertretung", der Reichsfilmkammer. Nach der Umorganisation im Jahre 1935 war der Traum von einer "berufsständischen Selbstverwaltung" endgültig ausgeträumt: Was sich bei der Umwandlung der ehemaligen Interessenverbände und -vereinigungen in Zwangsorganisationen zur Erfassung der Einzelnen bereits andeutete, bewahrheitete sich nun.

Natürlich war die Zusammenfassung aller "Filmschaffenden" in der staatlich gelenkten und überwachten Reichsfilmkammer ohnehin niemals geschehen, um echte berufsständische Vertretungen ins Leben zu rufen. Allein die institutionelle und personelle Koppelung staatlicher und parteilicher Kontroll- und Leitstellen widersprach einer "Selbstverwaltung". Der ständische Aufbau, Kernstück einer konservativen, insbesondere kirchlichen Gesellschaftslehre, stellte — nach außen mit dem Anschein der "künstlerischen Selbstdisziplin" versehen — von Anfang an ein "erstes wirksames Modell zentral gesteuerter Reglementierung" 296) des Filmsektors dar.

Zweifellos machte die allgemeine innenpolitische Konsolidierung des NS-Regimes Mitte der 30'er Jahre Rücksichten auf Berufs- und Standesinteressen mehr oder weniger überflüssig. Ohne Skrupel konnten die Machthaber die Reichsfilmkammer — ausgegeben als Verwirklichung berufsständischer Ideen und Mittel zur Beendigung der wirtschaftlichen Krise des deutschen Films — erkennen lassen als das, was sie war: ein Versuch unter anderen, den Filmbereich in bisher nicht dagewesenem Umfang und einmaliger Intensität zu organisieren und zu durchdringen, d.h. ein totales Filmsystem zu schaffen. Sämtliche Einzelkammern waren lediglich halbstaatliche Ausführungsinstanzen für gesetzliche Regelungen und personelle Reglementierungen; sie hatten selbst nur wenig Eigengewicht. Deshalb war jene bürokratische Umorganisation 1935 nur der folgerichtige Abschluß des Pseudo-Kammersystems. Erstes und erklärtes Ziel der Filmkammer war es gewesen, soweit wie möglich die Sicherheit der Produktionskosten zu gewährleisten, d.h. die weitgehend niederliegende Produktion wiederanzukurbeln. In den Jahren 1935 und 1936 mußte die deutsche Filmindustrie schwer um ihre Existenz ringen.

Als Folge des allgemeinen größeren technischen Aufwands bei der Produktion (Tonfilm, Farbfilm, historischer Großfilm usw.), der bevorzugten kostspieligen Außenaufnahmen, die die Aufnahmezeit verlängerten, und des durch Zensurverfahren und langwierige Finanzierungsmethoden verlangsamten Produktionstempos überhaupt hatten sich die Herstellungskosten so verteuert, daß kaum ein Film mehr die Ausgaben decken konnte. Vor allem aber hatten die Stargagen in jenen Jahren eine Höhe erreicht, die selbst in der Weimarer Zeit märchenhaft gewesen wäre. Die hohen Gagen hatten ihren Sinn in dem Bemühen, eine weitere Abwanderung bedeutender Regisseure und Schauspieler ins Ausland, vor allem in die USA, und damit eine weitere "künstlerische" Öde und Leere zu verhindern. Auf Stars aber waren die Nazis angewiesen, weil sie in den Filmen den "neuen Menschen" vorlebten. 297) Die Spitzengehälter einiger weniger Stars ließen die Gesamtherstellungskosten der Spielfilmproduktion ins Unermeßliche wachsen; die Amortisation war nicht mehr gewährleistet, an einen finanziellen Überschuß war kaum zu denken. Im Sinne der angeblichen Interessenwahrung der gesamten Filmwirtschaft wäre es Aufgabe der Reichsfilmkammer von Anfang an gewesen, durch eine strikte Begrenzung der Stargagen eine gesunde wirtschaftliche Grundlage der Filmproduktion anzubahnen.

Die beiden maßgebenden Konzerne der Tobis und Ufa führten um einen schmalen Künstlerbestand — zusammengeschrumpft durch den Ausfall zahlreicher "nichtarischer" Kräfte — mit wachsender Erbitterung einen Krieg, der zwangsläufig zu sich übersteigernden Gagenangeboten und zur Bindung fast aller Spitzenkünstler durch hochdotierte Jahresverträge und Optionen führte. Die Gagenpolitik gefährdete deshalb die Existenz der kleinen selbständigen Produzenten, die keine Möglichkeit mehr besaßen, überhaupt noch zugkräftige Stars zu engagieren oder nur zu untragbaren Bedingungen von den Konzernen übernehmen mußten. Kleine und auch mittlere Produktionsfirmen waren zu einer rentablen Arbeit nicht imstande; das aber hieß, diese hauptsächlich von den Großkonzernen angezettelte Preistreiberei lief den stets beschworenen Gesamtinteressen der Filmwirtschaft zuwider. Hier handelte es sich um ein Schulbeispiel, wie der kapitalistische Konkurrenzkampf zweier Unternehmerkonzerne die Wahrung eines wirklichen "ständischen Interessenausgleichs" nicht nur erschwerte, sondern unmöglich machte. Das Schwergewicht beim Wettlauf um die besten Schauspieler und Regisseure ruhte auf den beiden Konzernen der Tobis und der Ufa. (Natürlich erweiterte sich der Konkurrenzkampf der Giganten auf alle Gebiete und Sparten der Filmwirtschaft.) So ist es nicht verwunderlich, wenn heute Filmschauspieler von jenen "herrlichen Zeiten" schwärmen und dabei an jene horrenden Gagen denken.

Der Verzicht auf die großen Namen erhöhte das Produktionsrisiko gegenüber der Konkurrenz, und die Finanzierung wurde immer schwieriger. 298) Seit 1933 hatte sich der Gagenaufwand um über 200% erhöht: 299) Honorare zwischen 70.000 RM und 120.000 RM für beliebte Schauspieler oder gar Bezüge von 200.000 RM bis 350.000 RM der bekanntesten Stars der Filmoperetten waren kaum wieder herauszuwirtschaften. Es fielen auch noch die Rückwirkungen ins Gewicht, die von den Spitzengagen auf die ganze Gehalts- und Kostenskala ausgingen: Auch die sog. "zweite Garnitur" — Nebendarsteller und Chargenschauspieler — und das technische Personal waren, wenn auch nicht in diesem Riesenausmaße, von den Erhöhungen betroffen. In der Spielzeit 1934/35 erhielten bereits 20 Schauspieler und Schauspielerinnen allein 10% des in der Gesamtfilmproduktion dieser Saison festgelegten Kapitals, das waren vier bis fünf Millionen RM. Diese Angaben waren nach einer internen Besprechung in der RFK bekanntgeworden und an die Öffentlichkeit gelangt; Froelich sprach von einer "Verschleuderung von Unsummen". 300)

Ohne Senkung der Herstellungskosten war die Notlage der kleinen und mittleren Produktionsfirmen nicht zu beseitigen; deshalb hätte die Filmkammer zuallererst das inflationistische Steigen der Stargagen verhindern müssen. Trotz aller Kampfansagen scheiterte sie jedoch an dieser Aufgabe, der sich insbesondere auch der Filmnachweis annehmen wollte. Entscheidend für die personellen Mehrkosten war ein Versagen der Kammer bzw. des Filmnachweises bei der wirtschaftlichen Überwachung der Vertragsabschlüsse.

Die sprunghafte Steigerung der Honorare und — zusammen mit anderen Faktoren — als Folge davon die außerordentlich erhöhten Herstellungskosten ließen Mitte der 30'er Jahre erneut eine Krise der Filmindustrie aufkommen. Die Kostensteigerung betrug — erarbeitet aus den Durchschnittskalkulationen der von der FKB finanzierten Filme — seit 1933 ungefähr 100 Prozent: 1933 lagen die durchschnittlichen Herstellungskosten pro Film bei 220.000 RM bis 250.000 RM; 1936 beliefen sie sich auf 420.000 RM bis 470.000 RM. 301)

Hinzukam, daß das geringe Auslandsgeschäft die Amortisation des gesamten im deutschen Film investierten Kapitals von vornherein unmöglich machte. In der Spielzeit 1932/33 wurden noch 40% der Herstellungskosten der deutschen Jahresproduktion aus dem Auslandsmarkt hereingebracht. 1934/35 waren es nur 12 bis 15%, bis der Exporterlös noch weiter zurückging: Klitzsch sprach auf der Jahrestagung der Reichsfilmkammer im März 1937 von 6 bis 7%. 302) Die wachsenden Eigenproduktionen auch kleiner Länder, das Aufblühen der englischen Filmindustrie und der Boykott zahlreicher Staaten gegen deutsche Filme, nachdem die Faschisten in Deutschland an die Macht gekommen waren, bewirkten eine beträchtliche Schmälerung des Auslandsabsatzes. Demgegenüber war für eine Amortisation der deutsche Markt nicht groß genug. Irrational müssen deshalb die Abriegelungsversuche der "deutschen" Kulturpolitik und -propaganda erscheinen: Die Umsetzung hemmungsloser Autarkiebestrebungen widersprach glatt den wirtschaftlichen Interessen. Zunächst noch setzten sich die Vertreter der Industrie gegen jene Ideologen durch, die eine "nationale Filmindustrie" predigten. Dennoch blieben alle Versuche, das Auslandsgeschäft wieder anzukurbeln, letzten Endes vergebens.

6.3 Die ökonomische Konzentration als Folge der Zusammenarbeit

Alle Faktoren kündigten über kurz oder lang den Zusammenbruch der kleinen und mittleren Filmgesellschaften an, die es aber nach der Selbstauffassung der Filmkammer zu schützen und zu unterstützen galt. Bald existierten nur noch Großkonzerne, die ihre Machtstellung immer stärker ausgebaut hatten und die unumschränkten Beherrscher des Marktes waren. Mittelstarke Produzenten und Verleiher — von Kleinbetrieben ganz abgesehen — waren bis auf einen geringfügigen Rest zusammengeschmolzen. Die Zahl der Filmhersteller hatte sich von 96 im Jahre 1927 auf ungefähr 30 im Jahre 1938 vermindert. 303)

Im Produktionsjahr 1935/36 hatten die vier Konzerne (Tobis, Ufa, Bavaria und Terra) an der Jahresproduktion von 108 Filmen einen Anteil von 87 Filmen, das waren 80,6 Prozent. Allein auf die Großkonzerne Tobis und Ufa fielen hierbei 65 Filme, also 60,2 Prozent. Mit ihrem Rest von 20,1 Prozent (bei einer angenommenen Zahl von 34 Firmen bedeutete das nicht einmal ein Film pro Gesellschaft) spielten die selbständigen Klein- und Mittelbetriebe keine Rolle mehr. 304) "Überlebende" des Mittelstandes nannte die Rheinisch-Westfälische Filmzeitung (8.8. 1936) "Seltenheitsstücke" und "Wundertiere".

Überhaupt konnte nur noch von einer formalen Selbständigkeit die Rede sein, denn sie waren den mächtigen Verleihfirmen — und damit wieder den Großkonzernen — restlos ausgeliefert. Tobis- und Ufa-Konzern waren auch auf dem Verleihsektor allein führend; es gab nur wenige mittlere Verleihgesellschaften, die die Konzentration auf der Verleihebene nicht so radikal erscheinen ließen. 1937 gab es — gegenüber rund 90 im Jahre 1933 — noch 6 große, den beiden Konzernen der Tobis und Ufa angegliederte Verleiher und drei mittlere Verleihfirmen.

Unterstützt wurde der Konzentrationsprozeß zudem von den Geschäftsmethoden der Filmkreditbank, der der Wechsel der Kleinproduzenten ohne Verleiherunterschrift nicht immer genügte. So war die Stärkung der Stellung der Großkonzerne auf Kosten des Filmmittelstandes eng verbunden mit der Übermacht ihrer eigenen Verleihorganisationen. Beide Konzerne waren selbst im Falle eventueller Verluste in der Produktion oder im Verleih wirtschaftlich gesichert: die Ufa durch ihren rentierenden Theaterpark und die Tobis durch ihre lukrativen Patent-Lizenz-Einnahmen.

Zusätzlich holte die Reichsfilmkammer, die als solche zur Wahrung der Interessen auch der kleinen und schwächeren Unternehmen ins Leben gerufen worden war (von der Benachteiligung der Kinobesitzer und der "Nicht-Stars" zu schweigen), die Vertreter der Großkonzerne schon seit 1933 in die maßgebenden Stellen der Fachverbände und Fachgruppen. Die Schwächung der Positionen der Fachverbände war hier nicht entscheidend: Wenn auch die Zentralgewalt nach der körperschaftlichen Eingliederung aller Mitglieder ohne Zwischenorganisationen in die Abteilungen völlig in den Händen der Kammer und damit des übergeordneten Ministeriums lag, vertraten in erster Linie die Konzerne — falls überhaupt — die "Gesamtinteressen" der Filmwirtschaft.

Trotz des ungeheuren Filmbesucheranstiegs in jenen Jahren und der damit verbundenen Einnahmeerhöhungen 305) brach 1935/36 erneut eine Finanzierungs- und Rentabilitätskrise, von der auch die Konzerne nicht verschont blieben, aus. Das Gesamtdefizit wurde auf 10 bis 15 Millionen RM geschätzt. 306)

Die ökonomische Machtkonzentration und das wirtschaftliche Dilemma waren die Ausgangspunkte für die kapitalmäßigen Veränderungen in den Jahren 1936 und 1937, d.h. nach der Kapitalkonzentration kam die Kapitalverschiebung in die Hände des Reiches. Den faschistischen Machthabern kam die Krise sehr gelegen, um die Herrschaft über das wichtige Propaganda- und Manipulationsinstrument "Film" total werden zu lassen. Die Filmindustrie und ihre Manager, d.h. die Führungscliquen der noch verbliebenen Konzerne und Firmen, versprachen sich wieder einmal ein Beleben der Konjunktur. Die wirtschaftliche Machtelite hatte zweifellos ihre Positionen im Filmsystem nicht genügend gegenüber den politischen Führungsgruppen, die die Filmwirtschaft nun auch eigentumsmäßig in Besitz nahmen, gefestigt. Auf der anderen Seite verloren nur die Besitzer der Aktienmehrheiten und der Geschäftsanteile die Herrschaft in ihrem unmittelbaren Machtbereich; die kaufmännischen, technischen und "künstlerischen" Manager wurden in der Regel auch weiterhin in ihren Ämtern belassen — nur die staatliche Kontrolle wurde direkter.

Die ersten Jahre der NS-Herrschaft brachten dem deutschen Film somit eine staatliche Überorganisation — deren ökonomisches Kernstück, die Reichsfilmkammer, allerdings die ihr gestellten Aufgaben nicht gelöst hatte — und eine parallele wirtschaftliche Konzentrationsbewegung kapitalistischer Prägung. Die Machtfülle auf beiden Seiten fühlte sich anscheinend verwandt; ihre Träger müssen aufeinander anregend gewirkt haben. Wenn auch die letzte Verantwortung bei der Kammer oder beim Ministerium lag und die staatlichen Instanzen teilweise einen mißtrauisch-verbindlichen Umgang mit den Mächtigen der Filmindustrie pflegten, so lagen jene wieder ständig auf der Lauer, ihre Positionen zu erhalten, und waren darum bemüht, ihren Machtbereich zu vergrößern. Man machte sich gegenseitig unentbehrlich.

7. Die Parteifilmarbeit der NSDAP und ihrer Gliederungen

Mit dem Zusammengehen von privater Filmwirtschaft und Staatsapparat hatte sich die nationalsozialistische Filmpolitik nach der Machtübernahme wesentlich verlagert: Nicht mehr die Filmorganisation der eigenen Partei stand im Mittelpunkt der Interessen der neuen Machthaber, sondern deren Bemühungen gingen dahin, den privatkapitalistischen Filmapparat für ihre politischen Ziele, d.h. zur ideologischen Absicherung ihrer Herrschaft, nutzbar zu machen. Vor allem Joseph Goebbels sah in der kapitalistischen Organisationsstruktur ein geeigneteres und unproblematischeres Werkzeug zur staatlich überwachten und gelenkten Massenbeeinflussung als der aufwendige Aus- oder Aufbau einer parteieigenen Filmorganisation, die in einen aussichtslosen Konkurrenzkampf mit der privaten Filmwirtschaft zu treten hätte. 307)

Nach der Übernahme des Staatsapparates durch die faschistische Partei wurde im Grunde der Parteifilm als organisierte Wahlhilfe ohne Aufgabe und damit überflüssig; trotzdem aber wollten Goebbels und seine Helfer nicht auf eine spezielle Filmpropaganda durch die NSDAP und ihre Gliederungen und Verbände gänzlich verzichten. Neben der privaten Filmwirtschaft entstand ein eigenständiges Propagandainstrument, d.h. eine unter parteilicher Initiative arbeitende Filmherstellung und bestens funktionierende Filmverbreitung, wobei die Faschisten lediglich die bestehende Parteifilmstelle innerhalb der Reichspropagandaleitung ausbauen mußten. Die Verschmelzung von Staats- und Parteiämtern — die Doppelfunktion Goebbels' und die im wesentlichen ehrenamtliche Beschäftigung des staatlichen und halbstaatlichen Filmapparates in der Reichspropagandaleitung — machte deshalb eine Funktions- und Aufgabenteilung zwischen privater Filmwirtschaft und Parteifilmorganisation notwendig, die beide als Filmhersteller und Einsatzlenker die Rolle übernahmen, die Herrschaft der Faschisten ideologisch zu festigen. Die Doppelbeauftragten im filmischen Überwachungs- und Lenkungssystem übertrugen nunmehr der Parteifilmorganisation die "aktuell-politische Agitation" 308), d.h. die Produktion und Einsatzsteuerung von Filmen, die von den Faschisten selbst ausdrücklich als Agitations- und Propagandafilme deklariert worden waren.

Nicht nur der wachsende staatliche Einfluß auf die Kurzfilm- und Spielfilmproduktion wie auf die Wochenschauherstellung, sondern auch die Unmöglichkeit einer Trennung von Propaganda- und Nicht-Propagandafilmen erschwert eine eindeutige

Funktionsbestimmung der Parteifilmarbeit. Denn es gibt keinen "unpolitischen" oder "unpropagandistischen" Film in einem Herrschaftssystem wie dem des Faschismus: Jeder Film, wenn er nicht offen das Regime bekämpft, ist den Herrschaftsinteressen willkommen, stützt die herrschende Ideologie und stabilisiert die Herrschaftsverhältnisse damit. Eine Analyse des NS-Films kann sich deshalb nicht auf "Propagandafilme" beschränken (Leiser): Eine Beschäftigung allein mit dem Kalkül der faschistischen Filmführer nimmt den propagandistisch-agitatorischen Erfolg dieser Filme vorweg, ohne eine solche Wirkung nachgewiesen zu haben. Diese Methode ähnelt der personalistischen Faschismus-Betrachtung, die allein die programmatischen Äußerungen der Naziführung zum Untersuchungsgegenstand macht. Damit gerät der Nazismus zum handfesten Programm, das seine Filme darzustellen hatten. Solche Betrachtung aber droht, den Faschismus aus der gesellschaftlichen Realität, der er entstammt, zu isolieren. Ideologie und Propaganda befinden sich im luftleeren Raum: Das ist die Quintessenz der personalistischen Faschismustheorien, die den Erfolg des Nazismus den Führern allein anlasten und die Abwehr der Einsicht in die Kontinuität des Faschismus zur Funktion haben. 309)

Eine o b j e k t i v e Unterscheidung zwischen politischen und unpolitischen, zwischen Propaganda- und Nicht-Propagandafilmen erweist sich als irreführend, und nur die s u b j e k t i v e n Deutungen der NS-Filmführer rechtfertigen jene Differenzierungen: Unter Betonung dieses Verständnisses soll hier (und kann überhaupt) von "Propagandafilmen" gesprochen werden, und nur in diesem Sinne war die NSDAP Produzentin von "Agitations- und Propagandafilmen". Damit ist aber eben noch nichts gesagt über die tatsächliche propagandistische Wirkung dieser Parteifilme; denn der beste propagandistische Erfolg ist keineswegs gebunden an die Deklaration der Propagandisten: Im faschistischen totalen Krieg war jener "unpolitische" Unterhaltungsfilm die wirkungsvollste ideologische Stütze des Systems.

Trotz dieser letzten Endes zweifelhaften Wirkung der parteieigenen Filme der "aktuell-politischen Agitation", d.h. der direkt als Propaganda und Agitation proklamierten Filme der Partei, und trotz des besonderen Mäzenatentums der filmpolitischen Führung gegenüber der privaten Filmwirtschaft, die sich mit den entsprechenden Filmproduktionen revanchierte, aktivierte die Partei in der zweiten Hälfte der 30'er Jahre ihre Filmherstellung.

Nachdem in den Jahren 1932 und 1933 bereits die Spielfilmproduktion der Partei mit "Hitlerjunge Quex", "SA-Mann Brand" u.a. eingesetzt hatte, entstanden durch die Privatindustrie — im Auftrag der Reichspropagandaleitung — 1934 bzw. 1935 die beiden Spielfilme "Ich für dich — Du für mich" (Regie: Carl Froelich) und "Friesennot" (Regie: Willi Krause). Danach jedoch wurde nur noch ein Spielfilmprojekt im Rahmen der Parteifilmarbeit realisiert, nämlich im Jahre 1942 der HJ-Film "Hände hoch" unter der Regie von Alfred Weidenmann: Der Spielfilm als direkte politische Propaganda war nicht mehr allein Sache der Partei; die Filmindustrie produzierte all jene Filme, die man heute als Propaganda-Spielfilme kennzeichnet und die allein im Mittelpunkt des Interesses am NS-Film stehen. 310)

Wesentlich aktiver zeigte sich die Parteifilmorganisation bei der Herstellung von

Langfilmen ohne Spielhandlung, den sogenannten "Großfilmen" dokumentarischen Charakters. 311) Im Mittelpunkt standen die Parteitagsfilme von Leni Riefenstahl und deren Nachfolger bis zum Kriegsbeginn. Zum Teil internationalen Erfolg hatten auch die "dokumentarischen" Langfilme "Hände am Werk" (1934 — Regie: Walter Frentz, Kameramann von "Sieg des Glaubens"), "Der ewige Wald" (1936 — Auftragsfilm der NS-Kulturgemeinde) und "Jugend der Welt" (1936 — Regie: Carl Junghans) 312). Die letzte Periode der Parteifilmarbeit leitete Fritz Hippler, der als Leiter der Filmabteilung des Ministeriums auch großen Einfluß auf die Produktionen der Reichspropagandaleitung hatte, mit seinen Filmen "Feldzug in Polen" (1939) und "Der ewige Jude" (1940) ein — zweifelhafte "Höhepunkte" einer unmenschlichen, militaristischen, nationalistischen und rassistischen Filmproduktion.

Das Gros der Parteifilme bestand indes aus Kurzfilmen, für die die Reichspropagandaleitung rechtzeitig einen Alleinanspruch angemeldet hatte: Reportagen von Aufmärschen und Kundgebungen, Schulungsfilme für interne Parteiveranstaltungen und für die NSDAP-Gliederungen und -Verbände sowie eine große Zahl von "Wahlfilmen" in den Jahren 1936 und 1938. 313) Zum größten Teil wurden diese direkten "Wahlpropagandafilme", zusammengestellt aus Reden der NS-Größen und Archivbildern der faschistischen "Bewegung", unmittelbar an die Wochenschauen der öffentlichen Kinos angehängt. Daneben standen weitere aktuelle politische Themen im Mittelpunkt der Kurzfilmproduktion: Filme zur "Leibesertüchtigung" der Jugend und über die "Kinderlandverschickung", rassenideologische "Aufklärungsfilme" und antijüdische Hetzfilme, Kurzfilme, die die faschistische Eroberungs- und die imperialistischen Ideen vorbereiteten, begleiteten und verherrlichten. Bei der "Österreich- und Sudetenaktion" waren der Parteifilmorganisation Sonderaufgaben zuerteilt worden. Jedoch ließ Goebbels auch direkt von der Industrie "Okkupationsfilme" drehen: "Wort und Tat" (Gustav Ucicky) und "Gestern und heute" (Hans Steinhoff) — was zweifellos ein Zeichen des Mißtrauens gegenüber der Parteifilmarbeit war und ein Entgegenkommen der privaten Industrie bedeutete.

Spezielle Bestrebungen der Partei, wochenschauähnliche Kurzfilme für die öffentlichen Kinos zu produzieren, liefen sich schnell tot: Die "privaten" Wochenschauen sollten nach den Vorstellungen einiger Parteifunktionäre durch sog. "NS-Tonfilmberichte", wie es sie vor 1933 gegeben hatte, ersetzt werden. 314) Das steigende Interesse der deutschen Wochenschaufirmen an den neuen politischen Machthabern und die sich verstärkende staatliche Überwachung und Beeinflussung machten diese Pläne überflüssig. Goebbels unterstützte den Widerstand der Industrie gegen konkurrierende parteieigene "Wochenschauen".

Höhepunkte in der Aktivität der Parteifilmarbeit waren die Jahre 1933 bis 1936: Allein 1935 belief sich die Produktion auf 140 Kurzfilme. 315) Von 1936 bis 1939 wurden dann nur noch 36 kürzere oder längere "Propagandafilme" von der Partei realisiert bzw. in Auftrag gegeben; bis 1943 waren es nochmals 44 Parteifilme, die die neugegründete "Deutsche Film-Herstellungs- und Verwertungsgesellschaft mbH" herausbrachte. Im Jahre 1942 startete die Partei außerdem eine "Jugend-Film-Reihe" unter dem Titel "Junges Europa", deren 8. Folge als letzter Parteifilm am 10. Januar 1945 uraufgeführt und mit dem Prädikat "staatspolitisch und künstlerisch wertvoll" ausgezeichnet wurde. Die Filme der Reichspropagandaleitung wurden zwar teilweise durch einen eigenen Stab von Regisseuren und Kameramännern zusammengestellt. Je mehr jedoch der Normalfilm den Schmalfilm verdrängte und je länger der einzelne Film werden sollte, desto erforderlicher wurde die Fremdproduktion, d.h. die Auftragsvergabe an Kurzfilmproduzenten, Klein- und Mittelbetriebe ebenso wie Großkonzerne, zur Herstellung "parteiamtlicher" Filme. Die äußerliche Kennzeichnung dieser Parteifilme in bezug auf Herstellung und Vertrieb war sehr verworren: Mal erschien die RPL in den Ankündigungen als Produzentin oder Verleiherin, mal die entsprechende Auftragsfirma.

Bei Eigenproduktionen und Auftragsprojekten war die Partei, d.h. das Filmamt oder die entsprechende Dienststelle einer Gliederung oder eines angeschlossenen Verbandes alleinige Finanzgeberin; wie auf der anderen Seite die Einnahmen aus Filmen, die die Partei selbst vertrieb, der Parteikasse — direkt oder indirekt — zugute kamen. Demgegenüber mußte die Reichspropagandaleitung Verleihlizenzen zahlen, wenn sie bei Parteiveranstaltungen Filme der privaten Filmwirtschaft vorführen ließ. Die Finanzierung durch die NSDAP bedeutete somit — und hier lag der entscheidende Unterschied zu den Produktionen der Industrie — den Verzicht auf ein Gewinnstreben mit "Propagandafilmen". Das Filmamt als Einrichtung der Partei war kein Wirtschaftsunternehmen mit einem auf Profiterzielung gerichteten Zweck: Zuschüsse aus der Parteikasse sicherten die Herstellungskosten ab und deckten eventuelle Verluste, wenn Kurz- oder Langfilme die Ausgaben nicht wieder einspielten oder wenn die Verleihgebühren die Vorführungseinnahmen überstiegen. 316)

Für die Planung und dramaturgische Bearbeitung von parteieigenen Produktionen waren die entsprechenden Hauptstellen bzw. Ämter ("Filmherstellung und Technik", "Produktion") zuständig. Diese Stellen überwachten und genehmigten auch die Filmprojekte der Parteigliederungen und -verbände. Im Sommer 1937 jedoch gründete die Reichspropagandaleitung für ihre Filmarbeit eine parteieigene "Deutsche Film-Herstellungs- und Verwertungsgesellschaft mbH", deren alleiniger Geschäftsführer der Amtskassenleiter Karl Schulze wurde. 317) Die Eigenproduktionen waren nunmehr als "DFG-Filme" gekennzeichnet. Diese vor allem aus Rentabilitätsgründen errichtete GmbH verselbständigte zweifellos bis zu einem gewissen Grad die Parteifilmarbeit: Einmal befreite man sich von der allein nach Gewinn strebenden Privatindustrie, zum anderen machte man sich unabhängiger vom teilweise schwerfällig arbeitenden Parteiapparat, etwa in bezug auf die Finanzgebaren der Parteikasse.

Im Jahre 1943 — Winkler hatte inzwischen die privaten Filmgesellschaften für das Reich aufgekauft und mit der Ufa-Film einen Dachkonzern errichtet — kündigte sich eine völlige Umorganisation der Parteifilmarbeit an: Die DFG befand sich seit Juni des Jahres in Liquidation, und die Gründung einer Ufa-Sonderproduktions GmbH zur Realisierung aller propagandistischen Filmpläne stand unmittelbar bevor. Hiermit war ein deutliches Zeichen für die Machteinbuße der Parteifilmorganisation gesetzt. Die NSDAP stellte dann bis 1945 auch nur noch sechs Kurzfilme her; alleinberechtigte Institution zur Produktion und zum Vertrieb von Kurzfilmen war die reichseigene Ufa—Sonderproduktion.

Keineswegs bedeutete diese Entwicklung jedoch eine Minderung der Kurzfilmproduktion. Im Gegenteil, Goebbels beauftragte 1943 den damaligen Leiter des Amtes "Filmproduktion" im Hauptamt Film der Reichspropagandaleitung, Dr. Nicholas Kaufmann, die Herstellung von Propagandakurzfilmen wieder zu aktivieren. 318) Zunächst sollte sich das Hauptamt weiterhin der Planung und Vorbereitung von Filmstoffen annehmen, die für einen "propagandistischen" Einsatz, etwa als "Durchhaltefilme", geeignet schienen. Waren diese für den normalen Kinobetrieb bestimmt, wurden sie durch eine der reichseigenen Produktionsgesellschaften zu Lasten der Ufa-Film hergestellt und durch die Deutsche-Filmvertriebs GmbH vertrieben. Demgegenüber war die Partei Kostenträgerin dieser Kurzfilmprojekte im engeren Sinne, d.h. jener Filme, die auf Parteiveranstaltungen, in HJ-Filmstunden usw. vorgeführt werden sollten. Die Partei behielt in diesem Fall alle Rechte der Auswertung, obwohl auch hier eine Ufa-Film-Tochtergesellschaft die Produktion übernommen hatte. 319)

Winkler selbst als Reichsbeauftragter für die deutsche Filmwirtschaft hatte diese Neuregelung und Kompetenzabgrenzung bei Goebbels erwirkt. Er wollte es aber hierbei nicht bewenden lassen, sondern ihm schwebte von Anfang an eine eigenständige Gesellschaft zur dramaturgischen Vorbereitung und Herstellung von propagandistischen Kurzfilmen vor. Doch die im März 1944 als selbständige Unternehmensform und Tochtergesellschaft der Ufa AG gegründete Ufa-Sonderproduktion übernahm lediglich die Produktion solcher Auftragsfilme, die nicht ausgesprochene Spielfilme waren. Auftraggeber konnten Ministerien, Partei, Parteigliederungen und -verbände sein. Weiterhin Aufgabe des Hauptamtes Film der Reichspropagandaleitung blieben die Sondereinsätze außerhalb der Kinoprogramme; hierfür übernahm die Partei Herstellungs- und Vertriebskosten.

Wesentlich für die Parteifilmarbeit nach der "Machtübernahme" war die hierdurch bedingte verbesserte Verbreitungsmöglichkeit von Parteifilmen: Man war nicht mehr darauf angewiesen, die Filme in internen Parteiversammlungen nur den eigenen Parteigenossen vorzuführen, und man mußte nicht mehr warten, bis sich ein weiterer Kinobesitzer der Verbandszellen-Organisation anschloß und Parteifilme in sein Programm aufnahm. Die aktive Filmpropaganda durch die NSDAP sollte eine ganz neue Plattform finden. "Wahlfilme" konnten als obligatorische Beiprogrammfilme 320) über die Reichsfilmkammer, die die Programmgestaltung zentral überwachte, in die öffentlichen Kinos geschleust werden. Jede Pflichtvorführung eines "Kulturfilms", der zudem mit einem staatlichen Prädikat versehen sein mußte, konnte die Verbreitung offizieller RPL-Filme erleichtern. Überhaupt konnten nach dem Aufbau des staatlichen Filmapparates sämtliche Spiel- und anderen Langfilme über das gewohnte Vertriebssystem der Filmwirtschaft ans Publikum gelangen.

Außerdem boten eigene Filmveranstaltungen der Parteiorganisationen eine zusätzliche Abspielbasis für die Kurz- und Langfilme, wie auch die Belieferung der kinolosen Orte 321) mit Parteifilmen das Problem weiterer Vorführmöglichkeiten lösen half. Zugunsten dieser filmischen Einsatzarbeit trat im Laufe der Zeit die Herstellung von Filmen zurück. Hier lag die wesentliche Funktion des Parteifilms im Dritten Reich — nicht zuletzt, weil die "private" Filmwirtschaft die Produktion von NS-Propagandafilmen selbst übernommen hatte.

Der Erfolg der Filme mußte aber zweifelhaft bleiben, wenn nicht eine Organisation dahinterstand, die für die restlose Verbreitung sorgte: Einsatz und Vertrieb an die Partei, an ihre Gliederungen und die zahlreichen NS-Verbände lagen in den Händen der Gaufilmstellen, jenen Filmorganisationen, die dem politischen Apparat der NSDAP genau angepaßt waren. Diese lückenlose Propagandamaschinerie organisierte "Filmfeierstunden", "Dorffilmabende", "Jugendfilmstunden", "Schulfilmveranstaltungen" und "Freilichtfilmvorführungen"; sie wurde geführt von einem "Heer" von besonders ideologisch und fachlich geschulten Freiwilligen (Bauern, Handwerker, Beamte, Kaufleute, Ärzte usw.), den "Soldaten der Filmpropaganda in vorderster Linie". 322) Die offiziellen Filmveranstaltungen der NSDAP in den Städten und Gemeinden mit ortsfesten Kinos wurden zu regelrechten "Feierstunden" gestaltet: Gesangs- und Tanzeinlagen, Orchesterdarbietungen und Reden der politischen Gau- oder Kreisleiter umrahmten die Filmvorführungen und gaben den Versammlungen den Charakter einer pompösen Propagandaschau. Zunächst handelte es sich bei diesen Filmveranstaltungen um Sondervorführungen in den ortsansässigen Kinos: Matineen, Frühnachmittags- und Nachtvorstellungen boten sich — insbesondere bei obligatorischen Schulfilmstunden und den Jugendfilmvorstellungen der HJ — hier an. Die positiven Erfahrungen in der Praxis, die ständig steigenden Besucherzahlen, führten jedoch bald dazu, daß auch öffentliche Säle, Vereinslokale, Sport- und Musikhallen, Theater usw. zu Schauplätzen dieser filmischen Massenversammlungen wurden, was natürlich von den örtlichen Kinobesitzern, die um ihre Besucher fürchteten, nicht gerade gern gesehen war. 323) Curt Belling berichtet von solchen "Filmfeierstunden der NSDAP" im Berliner Sportpalast und in der vollbesetzten Berliner Deutschlandhalle in den Jahren 1936 und 1937, wo teilweise bis zu 20.000 Besucher gezählt wurden. Zusätzlich fanden im Sommer noch "Groß-Film-Kundgebungen" im Freien statt, für deren Zwecke die Partei "Großtonfilmzüge" angeschafft hatte. An der ersten "Freilicht-Feierstunde" im Berliner Lustgarten im Jahre 1936 nahmen ungefähr 25.000 Menschen teil. Besonderen Erfolg hatte die Partei mit Freilichtvorführungen bei den alljährlichen Parteitagen der NSDAP und während der Olympischen Spiele 1936 in Berlin. 324)

Filmvorführungen der Gaufilmstellen unter freiem Himmel hatte es schon während der Wahlen 1933 gegeben. "Freilichtkino" war damals eine beliebte Propagandamaßnahme der NSDAP, und zwar vor allem in den abgelegenen Dörfern und Gemeinden, die bis dahin überhaupt noch nicht mit dem Medium Film in Berührung gekommen waren. Bei diesen Filmveranstaltungen auf dem "flachen Land" lag ein wichtiger Schwerpunkt der Parteifilmarbeit: In regelmäßigen Abständen erschienen in den entlegensten Orten die roten Tonfilmwagen 325) der Gaufilmstellen mit ihren transportablen Filmprojektoren, um das Talent der Nazis zur propagandistischen Filmschau den Landbewohnern nicht vorzuenthalten. Veranstaltungsorte waren Schulen, Gaststätten und Gemeindesäle, Dorfplätze, Bauernhöfe und Gasthausgärten. Dieser "Großeinsatz" der Partei hatte auf dem Lande eine Doppelfunktion: Einmal wurde eine noch umfassendere Streuung propagandistischer Parolen und nazistischer Ideen erreicht, zum anderen eine Ausbreitung des Mediums Film in Deutschland vorbereitet und gesichert — ein unter diesen Umständen zweifelhaftes Verdienst der Faschisten.

Innerhalb dieser filmischen Kundgebungen war die Partei allmählich erst dazu übergegangen, als Hauptfilm einen Spielfilm zu zeigen, der von der privaten Filmindustrie hergestellt und der Reichspropagandaleitung — gegen geringe Verleihgebühren — angeboten wurde. Selbst die NSDAP-Funktionäre hatten Mitte der 30'er Jahre "eine gewisse Müdigkeit" an staats- und parteipolitischen Propagandafilmen bei den Besuchern bemerkt 326): Das Publikum setzte sich nur noch aus Parteigenossen, Mitgliedern der SA und SS, Angehörigen der Wehrmacht und den zahllosen NS-Verbänden zusammen, denen der Besuch zur Pflicht gemacht war. 327) Nun wurde der Spielfilm — er sollte "Freude", "Unterhaltung" und "Entspannung" bringen — zum Köder der aktuell-politischen Agitation: Der direkte Propagandafilm war mehr als nur "Beigabe" dieser Schau. Die Auswahl der meist prädikatisierten Spielfilme wurde sehr sorgfältig getroffen und überwacht; jedoch bot das perfektionierte Kontrollsystem und die Anpassungsbereitschaft der "freien" Produzenten die beste Gewähr für die ideologische Gleichschaltung der Produktionen: "Nationale" Inhalte und "unverbindliche" Unterhaltungsware dominierten in den Parteifilmprogrammen wie im Gesamtangebot der deutschen Spielfilmproduktion.

Seit 1932 hatte zunächst Arnold Raether, seit dem 1. April 1933 stellvertretender Filmabteilungsleiter im Ministerium und Vizepräsident der Filmkammer, den Kurs der Parteifilmarbeit bestimmt. Ihm zur Seite stand mit Karl Schulze, der hauptsächlich für alle Finanzfragen zuständig war, der zweitwichtigste Mann in der Hauptabteilung Film der Reichspropagandaleitung. Schulze blieb auch auf seinem Posten als "Kassenleiter" der Parteifilmorganisation, als Goebbels im November 1935 Carl Neumann zum Nachfolger Raethers berief. 328) Neumann hatte sich bereits vor 1933 durch seine nationalsozialistische Haltung als Kinobesitzer und als Verfasser hetzerischer Beiträge in dem NS-Kampfblatt "Der Deutsche Film" einen zweifelhaften Namen in der Filmbranche gemacht. Die "Säuberung" des Films von "unsauberen Elementen" war hier ein spezielles "Anliegen" des "alten Mitkämpfers". 329) Auch nach 1933 war er einer der eifrigsten Artikelschreiber: Er versäumte keine Gelegenheit, in Zeitungen, Zeitschriften und Büchern sich und seine Parteifilmorganisation herauszustellen, und zwar als "Soldaten der Filmpropaganda in vorderster Front." 330). Der bewährte "Kämpfer für die nationalsozialistische Weltanschauung" 331) war einer der ersten Kinobesitzer, die in die NSDAP eingetreten waren, und trieb vor allem den Aufbau der NS-Verbandszellen aktiv voran. 1932 hatte er außerdem die erste Landesfilmstelle in Köln gegründet, die er seitdem leitete. Belling nannte Neumann den ersten "Filmtheaterfachmann", der die "Fahne des Nationalsozialismus" ergriff, um sie seinen "Berufskameraden" voranzutragen. 332)

Neumann war somit von Anfang an mit der Parteifilmarbeit verbunden: Bereits Mitte 1934 hatte ihn Goebbels als Organisationsleiter in die Hauptabteilung Film der Reichspropagandaleitung geholt, bevor er ihn 1935 zu deren Leiter bestellte. Im April 1938 übernahm Neumann dann noch das Referat "Kulturfilm-Dramaturgie" in der Filmabteilung des Propagandaministeriums und leitete danach die noch im gleichen Jahr gegründete "Kulturfilm-Zentrale". Mit diesem Amt weitgehend ausgelastet, wurde er im Jahre 1939 als "Amtsleiter Film" in der Reichspropagandaleitung wieder von Arnold Raether abgelöst.

Die Hauptabteilungen der Reichspropagandaleitung der NSDAP waren 1935 allgemein in "Ämter" umbenannt worden, so daß die Filmstelle der Partei als "Amt 4 (Film)" firmierte und ihr Leiter sich in die Parteihierarchie als "Amtsleiter" der Reichspropagandaleitung der NSDAP einordnete. Als Unterteilung dieser Zentralstelle der Parteifilmorganisation gab es mehrere "Hauptstellen" für die einzelnen "Filmfachgruppen", d.h. für die organisatorischen Abgrenzungen der verschiedenen Aufgabengebiete: so u.a. für "Organisation", "Presse", "Filmherstellung und Technik", "Jugendfilm", "Schulfilm", "Verleih", "Ausland" und "dramaturgische" Arbeiten. 333) Die Leiter der Hauptstellen waren in der Regel hauptamtliche Angestellte der staatlichen oder halbstaatlichen Filminstitutionen und Mitarbeiter der Verbände und Organisationen der NSDAP. So tauchen im Besetzungsplan des Filmamtes wieder die bekannten Namen auf: Karl Melzer (Kulturfilm), Alfred Heusinger von Waldegg (Ausland), Richard Quaas (Filmherstellung und Technik) 334), Hans Weidemann (dramaturgische Hauptstelle) und Eberhard Fangauf, der die Funktionen eines stellvertretenden Amtsleiters wahrnahm und u.a. die parteiamtlichen Filmaufnahmen bei den sogenannten "Großereignissen" überwachte.

Desweiteren beschäftigte die Parteifilmorganisation als Hauptstellenleiter: Curt Belling (Presse und Funk), Alfred Böhme (Verleih), Herbert Bärwald (Organisation), Alfred Schütze (Jugendfilm) und Berthold Meinke (Staatspolitischer Schulfilm) 335).

Schon im Sommer 1934 hatte Carl Neumann, damals Organisationsleiter der Hauptabteilung Film, die Umorganisation auf regionaler Ebene durchgeführt: Im Zuge einer gewissen Dezentralisation waren die acht Landesfilmstellen aufgelöst und ihre Aufgaben neuerrichteten "Gaufilmstellen" übertragen worden. Damit war die Parteifilmarbeit bzw. ihre Unterorganisation der Reichsaufteilung in 32 Gaue (1934) angepaßt worden. Auch in diesem regionalen Bereich hatte Goebbels Partei, Kulturkammern und Ministerium mit den jeweiligen Außenstellen eng untereinander verflochten: Die Gaufilmstellenleiter der NSDAP waren zugleich Landesleiter der Reichsfilmkammer für ihr Gaugebiet und außerdem Filmreferenten der Reichspropagandaämter, den Landestellen des Propagandaministeriums. Die 32 Gaufilmstellen 336), organisatorisch Abteilungen der Gaupropagandaleitungen der Partei, unterstanden fachlich und finanzmäßig der Hauptabteilung Film bzw. dem Filmamt der Reichspropagandaleitung in Berlin, waren aber disziplinarisch den Gauleitern der NSDAP in den einzelnen Gauen direkt unterstellt. 337) Dieses Prinzip der geteilten Zuständigkeit (fachliches Weisungsrecht der Goebbelsschen Propagandazentrale und dienstliche Unterstellung unter den jeweiligen "Hoheitsträger" der Partei) galt auch weiter für den Kreis- und Ortsgruppenbereich. Denn die Gaufilmstellen wurden in ihrer Tätigkeit unterstützt durch ein Netz von 771 Kreisfilmstellen und 22.357 Ortsgruppen- und Stützpunktfilmstellen, das den systematisch-organisatorischen Aufbau der Parteifilmarbeit total machen sollte. 338) Dieser gesamte Propagandaapparat des Parteifilms (Zentrale und regionale Unterorganisationen) wurde personell getragen von ungefähr 25.000 Mitarbeitern und freiwilligen Helfern, wobei die Zahl der ehrenamtlich Tätigen eindeutig überwog.

Diese regionalen Filmstellen hatten nunmehr die praktische Durchführung der parteilichen Filmpropaganda zu besorgen, und zwar für alle Parteigliederungen und -verbände, um "jedes Neben- und Gegeneinander innerhalb der Partei auf dem Gebiete des Films" 339) zu vermeiden. Goebbels hatte sich frühzeitig genug gegen Eingriffe in seinen Zuständigkeitsbereich abgesichert: Jede parteiamtliche Institution, die für eigene Zwecke Filme herstellen oder auch nur vorführen wollte, mußte sich mit der Amtsleitung Film in Verbindung setzen und in der Praxis mit den Gaufilmstellen (oder kleineren Einheiten) zusammenarbeiten. Besondere Richtlinien und Verordnungen legten hierbei die Einheitlichkeit der Parteifilmarbeit fest:Ohne Genehmigung der Zentralstelle in der Reichspropagandaleitung konnte keine Gliederung und kein Verband der NSDAP Filme produzieren, produzieren lassen, vertreiben oder in eigenen Veranstaltungen vorführen. 340) Sämtliche Filmvorhaben mußten dem Filmamt vorgelegt und von diesem gebilligt werden — zweifellos handelte es sich hier um eine Art parteiinterner Zensurvorlage —, und sogar für Wochenschauaufnahmen von Aufmärschen und Kundgebungen der faschistischen Partei war die Zustimmung der Zentrale notwendig. Ebenso lag der Filmeinsatz allein in den Händen des Filmamtes und seiner Untergliederungen: Filmveranstaltungen der HJ, SA oder SS wie der NS-Gemeinschaft "Kraft durch Freude" konnten erst nach dem Einverständnis aus Berlin von den allein zuständigen Gaufilmstellen durchgeführt werden, d.h. die Filme wurden von diesen zur Verfügung gestellt oder über sie beschafft. So war auch die zentrale Parteifilmstelle in Berlin allein befugt, Verträge über Produktion oder Verleih mit der privaten Filmwirtschaft abzuschließen. Wichtigster Vertragspartner des Filmamtes war die Ufa AG: Dieser Konzern produzierte die meisten Auftragsfilme der Partei und war Hauptlieferant von "nationalen" Kurz- und Langfilmen, die für den Propagandaeinsatz geeignet waren. 341) Für die Filmgesellschaften bedeutete dieses zusätzliche Geschäft ein nicht zu unterschätzender Profit. Im Jahre 1935 zahlte die Partei der Filmindustrie bereits 1 1/4 Millionen RM an Leihgebühren. 342) Hinzukam die wirtschaftlich bedeutsame Auslastung der Produktionskapazität als Motiv für die Industrie.

Demgegenüber wurde in sämtlichen Verordnungen stets betont, daß die Parteifilmarbeit sich nicht nach kapitalistischen, sondern allein propagandistischen Gesichtspunkten zu orientieren hatte: Die Gaufilmstellen als die maßgeblichen Kontroll- und Lenkungsstellen der praktischen Filmpropaganda waren keine "privatgeschäftlichen Unternehmen, sondern Parteidienststellen". Das Filmamt konnte deshalb selbst keine unmittelbaren Gewinne erzielen, das heißt: eventuelle Überschüsse mußten wieder in die Filmarbeit zurückfließen. In Art. 8 hieß es zusätzlich: "Geschäftemacherei (ist) jeder Parteidienststelle mit dem Film strengstens untersagt." Dieses Stück Absatzpolitik des Parteifilms für die Filmindustrie war sicher nur ein Nebeneffekt des Bestrebens, die faschistische Ideologie bis in die letzten Dörfer und auf die abgelegensten Gehöfte zu tragen, d.h. eine größtmögliche Breitenwirkung durch propagandistische Filme zu erzielen. 343) Gerade dieses kommerzielle Motiv aber erkannte Max Winkler in den 40'er Jahren: Er versuchte durch die Gründung jener Ufa-Sonderproduktion und einer selbständigen Schmalfilmgesellschaft 344) diese Möglichkeiten wirtschaftlich zu nutzen.

Die Aktivierung der Parteifilmarbeit im Hinblick auf eine intensivere Verbreitung der deutschen Spielfilmproduktion jener Jahre, nicht zuletzt die unzähligen Jugend- und Schulfilmveranstaltungen sowie seit Kriegsbeginn die sogenannte "Wehrmachtsbetreuung" 345), brachten damals eine allgemeine Intensivierung des Filmbesuchs mit sich: Für die Gesamtfilmwirtschaft bedeutete der Besucherstrom und die Welle der Parteifilmveranstaltungen die Gewinnung neuer Publikumskreise. Nutznießer dieser Organisierung des Filmkonsums war deshalb auch die Privatindustrie, der durch die gesteigerte Filmfreudigkeit über diese parteioffiziellen Vorführungen hinaus Millionen von neuen Zuschauern zuflossen. So wirkte die Partei unmittelbar bei der Absatzsicherung der Filmwirtschaft mit: Vor allem den Verleihfirmen wurden durch den Einsatz nicht-parteieigener Filme Millionen Reichsmark zusätzlich zugeführt, die ihr sonst verlorengegangen wären. Die Manipulation des Konsumverhaltens durch die straffe Organisation der Gaufilmstellen war, wenn nicht ausschlaggebend, so doch mitentscheidend bei der wirtschaftlichen Sicherung der deutschen Filmindustrie: Der "deutsche" Film sollte sich über kurz oder lang im Reich selbst amortisieren und damit vom Auslandsmarkt unabhängig werden — was nach der Okkupation Österreichs und der Tschechoslowakei noch wesentlich erleichtert wurde.

Wenn die Angaben Bellings zuverlässig sind, nahmen im Jahre 1935 an den über 70.000 Filmveranstaltungen der Partei und ihrer Unterorganisationen über 11,5 Millionen Besucher teil. Hinzukamen ungefähr 10 Millionen Jugendliche der HJ- und Schulfilmvorführungen: Insgesamt also mehr als 21,5 Millionen Deutsche folgten den Einladungen. Im Jahre 1939 wurden bei ca. 200.000 Veranstaltungen sogar 40 Millionen Besucher gezählt. Über die Verleiheinnahmen der Filmindustrie aus den Parteifilmveranstaltungen ist nur der Betrag von 1 1/4 Mio.RM aus dem Jahre 1935 überliefert. 346)

Die Schulfilm- wie auch die Parteifilmveranstaltungen bedeuteten für die gesamte Filmwirtschaft grundsätzlich eine Steigerung der Gesamtnachfrage und erforderten damit eine Mehrproduktion. Die Zahl der Kinogänger überhaupt nahm zu, und das Kinopublikum verlangte mehr Filme. Das heißt: Durch diese Maßnahmen der Schul- und Parteifilmorganisation wurde der Kinobesuch immer mehr zur Gewohnheit, und immer stärker wurden Konsumbedürfnisse geweckt und in eine genehme Richtung gelenkt. Kein dringlicher, zielbewußter Wille des Publikums zum Filmbesuch war entscheidend — wenn es nicht gar gewaltsam ins Kino verfügt wurde. Einsatzlenkung und Absatzmanipulation verselbständigten die Nachfrage und verunselbständigten den Konsumenten, der nichts mehr zu fragen hatte. Eine Entwicklung, die der "unpolitischen" Filmindustrie nur entgegenkommen mußte. Der Gefahr, daß das Publikum sich den manipulierten Konsumbedürfnissen entziehen könnte, begegneten die Faschisten mit dem Konsumzwang; d.h. um den permanenten Massenabsatz zu sichern und so zu verhindern, daß das Publikum Bedürfnisse artikulierte, die sich dem faschistischen System entgegenstellten und es zerstören könnten, wurden Konsumbedürfnisse ständig wachgehalten, die gleichzeitig von den Konflikten der politischen und sozialen Verhältnisse ablenkten.

C. Die zweite Phase der Herrschaftsstabilisierung: 1937—1945

1. Nationalisierung und Monopolisierung als gemeinsames Ziel der politischen Machtgruppen und des Filmmanagements.

Trotz aller direkten Interventionen des NS-Staates seit 1933 durch die wirtschaftlichen Maßnahmen und Bestimmungen der Reichsfilmkammer, die auf eine Sicherung der Rentabilität zielten, durch Finanzierungshilfen, Drosselung der Einfuhr, Organisierung des Filmbesuchs etc. ging die deutsche Filmindustrie in der Mitte der 30'er Jahre einer erneuten schweren Krise entgegen. Die Gründe hierfür wurden bereits angedeutet: Anschwellen der Aufwendungen infolge der steigenden Herstellungskosten, die wiederum vornehmlich durch die Gagenerhöhungen bedingt waren, und der ständigen Eingriffe der staatlichen und halbstaatlichen Institutionen, Boykott des deutschen Films im Ausland, allgemeine Vergrößerung des technischen Aufwands, Farbfilmprojekte etc. Gleichzeitig mit der Intensivierung des Konzentrationsprozesses blieben die wirtschaftlich schwachen Glieder der Produktions- und Verleihsparte auf der Strecke. Fast alle selbständigen Produzenten waren ausgeschieden. Es gab, wenn überhaupt, nur vertraglich mit den Konzernen von Fall zu Fall verpflichtete "Produktionsleiter" als eigenständige Produzenten. Als wirtschaftlich gesundes Unternehmen blieb allein der Großkonzern der Ufa AG, der sich behaupten konnte, weil sein Verleih- und Produktionsgeschäft durch zusätzliche Einnahmequellen abgesichert war. Der Konzern erzielte aus seinem Park von Großtheatern größere Gewinne, vor allem aber war für die Ufa AG der Atelierbetrieb, die Kopieranstalt und die Apparateindustrie ein lukratives Geschäft. Der Tobis-Konzern, der bis 1934 die Produktionsverluste noch durch technische Betriebe und durch Ton-Patent-Lizenzen ausgleichen konnte, befand sich demgegenüber seit 1935 in den roten Zahlen. Terra und Rota gerieten immer weiter in Zahlungsschwierigkeiten, und die Bavaria in München mußte sogar 1936 in Vergleich gehen. Bereits damals wurde diese wachsende Konzentration in ihrer Einmaligkeit erkannt: So schrieb die Frankfurter Zeitung im Jahre 1936, daß dieser Prozeß "in Ausmaß und Tempo in der Wirtschaftsentwicklung fast einzig dastehen würde." 347)

Das Produktionsdefizit bekamen alle Unternehmen zu spüren. Trotz großzügiger Prädikatsverteilung und damit verbundener Senkung der Vergnügungssteuer, trotz endgültigem Verbot des Zweischlagersystems — die Einnahmen kamen nunmehr nur noch e i n e m Film zugute und erhöhten letztlich dessen Einspielergebnis — und zahlreicher Sicherungsanordnungen der Kammer trat keine Produktionsverbesserung ein, und auch die massiv einsetzende kapitalistische Konzentrationstendenz innerhalb der filmwirtschaftlichen Betriebe konnte diese Entwicklung nicht aufhalten.

Seit 1936 schien ein abermaliges Eingreifen des Staates in den bedrohten Sektor der Filmindustrie unvermeidlich. Und es sollte sich bald zeigen, daß die Filmwirtschaft wieder einmal ihr Heil im Schoße des starken Staates suchte, der die Risiken ihrer Unternehmen vermindern und Gewinne in Aussicht stellen sollte. Wie zur

Zeit der "Machtergreifung" zeigte sich die Notwendigkeit des staatlichen Einschreitens in Krisensituationen zur Regelung des Gesamtausgleichs: In kapitalistischen Systemen kann kein Industriezweig auf die Dauer notleidend sein.

In der Tat trat das NS-Regime abermals als Garant des Profits auf; doch sahen jene Staatsinterventionen wesentlich anders aus als unmittelbar nach der Machtübernahme. Denn mittlerweile hatte sich der faschistische Staat weitgehend etabliert und war allgemein anerkannt. Insbesondere innerhalb des Filmwesens hatte sich die politische Führung eine institutionell ziemlich selbständige Machtposition ausgebaut. Sie griff an den verschiedenen Positionen in das wirtschaftliche Geschehen ein und definierte mehr oder weniger entscheidend den Rahmen des filmwirtschaftlichen Handelns: Die Filmkreditbank finanzierte den relevanten Teil der deutschen Produktion, die Reichsfilmkammer regulierte die Kassenpreise der Theater und stabilisierte schrittweise die Leihmieten der Filme, der staatliche Behördenapparat bestimmte über das Kontingentsystem die Einfuhr ausländischer Filme. Ohne staatliche Genehmigung wurde faktisch nichts mehr produziert, und auch die Inbetriebnahme von Filmunternehmen aller Art war in der Kontrolle des Regimes und seiner Institutionen.

Es schien demnach beinahe selbstverständlich, daß nur eine umfassende und langfristige, vom Staat getragene Wirtschaftsplanung als Lösungsmöglichkeit in Frage kam, nachdem der Weg über eine gemäßigte staatlich gelenkte Marktordnung gescheitert war. Die Abkehr von der punktuellen Intervention und die Hinwendung zur überbetrieblichen Planung konnten jedoch nur auf eine "Nationalisierung" dieses unrentablen Wirtschaftszweiges hinauslaufen 348). Staatliche Aufkaufabsichten setzten sich durch, die zur Verringerung der Herstellungskosten, Verhinderung unnötiger Konkurrenzkämpfe und zum Anwachsen der Profitrate führen sollten — so wie in der Regel der "Verstaatlichung" von Verlusten die Reprivatisierung von Gewinnen folgt.

Allein aus politischen, propagandistischen und ideologischen Motiven war die Kapitalverschiebung bei den Aktiengesellschaften und GmbH's der Filmunternehmen nicht schlüssig: Die politische Kontrolle und Lenkung, die Möglichkeit der personellen Besetzung und der inhaltlichen Bestimmung aller Filmproduktionen durch das Regime und seinen Behördenapparat war gewährleistet und funktionierte bereits bestens. (Natürlich kam der Aufkauf der gesamten Filmindustrie nicht nur dem kapitalistischen Gesamtinteresse, sondern auch ganz konkret den politischen Vorstellungen der NS-Führung entgegen und verbesserte deren Machtpositionen.) Von entscheidender, wenn auch nicht ausschließlicher Bedeutung waren wichtige system-immanente Gründe. Je mehr der Markt als Regulativ für die Lenkung, den Einsatz und die Verteilung von Filmproduktionen versagt hatte in bezug auf die gesamte Filmwirtschaft und je weniger auch die Krise durch die einzelbetriebliche Planung weniger Großkonzerne aufgehalten werden konnte, desto notwendiger wurde die umfassende überbetriebliche Koordination.

Als wesentliches Moment kam das Streben des "Film-Managements", d.h. der Vorstands- und Geschäftsführungsmitglieder der Unternehmen, nach Absicherung ihrer Position vor weiteren unvorhersehbaren, aber ständig drohenden Störungen und Krisen hinzu. Somit bedingten sich politische und ökonomische Motive gegenseitig: Die eigentumsmäßige Inbesitznahme des Mediums Film war nur vor dem Hintergrund der politischen Überwachungsmöglichkeiten denkbar und sinnvoll. Die Tendenz, den ökonomischen Gesamtbetrieb der Filmwirtschaft auch in verlängerter Zeitperspektive möglichst reibungslos zu gestalten, erzwang den langfristig orientierten staatlichen Eingriff; denn nur eine wirtschaftlich sanierte deutsche Filmindustrie war ein geeignetes Herrschaftsinstrument in der Hand der Faschisten.

Doch wurde der Weg der "Verstaatlichung" 349) keineswegs von allen Seiten begrüßt. So schrieb Kurt Wolf in seiner Ende 1937 abgeschlossenen Dissertation: "Die Überwindung dieser Krise ist eine Existenzfrage, nicht nur der Produktion, sondern der Filmwirtschaft überhaupt, soweit nicht eine Verstaatlichung als Ausweg in Betracht kommt. . . . Doch nach dem Willen der Regierung soll der privatwirtschaftliche Charakter der Filmwirtschaft grundsätzlich gewahrt bleiben, so daß also eine Sanierung durch Zuschüsse von Seiten des Staates (wie etwa bei den staatlichen Theatern und Opernhäusern) nicht beabsichtigt ist." 350)

Die "Verstaatlichung" im Bereich des Films selbst war nur nach den Veränderungen der inneren Machtstruktur in kapitalistischen Großunternehmen möglich, d.h. nach der tendenziellen Trennung von Kapitaleigentum und Unternehmereigenschaft. Bereits mit dem Aufkommen der Aktiengesellschaften war es zu einer De-Facto-Trennung zwischen Eigentümer und Verwalter des Kapitals gekommen. Sie hatten die Lösung der Einheit von Kapitaleigentum und wirklicher Unternehmensleitung gebracht. 351) Keineswegs jedoch verschwand mit den strukturellen Änderungen, jenem Übergang vom "Eigentümer-" zum "Managerkapitalismus" das kapitalistische Profitmotiv.

Der industrielle Kapitalist sah sich zumindest tendenziell befreit von der Funktion des industriellen Unternehmers. 352) Die entscheidende Rolle im Produktionsprozeß fiel den Managern zu, wenn auch nominell die Kontrolle der Gesellschaften in den Händen der Aktionäre und Anteilsinhaber lag. Diese Verlagerung der Verfügungsgewalt über die Produktionsmittel fand ihren Höhepunkt, wo der neuen Machtgruppe eine Vielzahl uninformierter und einzeln machtloser Kleinaktionäre gegenüberstand. Hier entschieden die Manager, formal im Angestelltenverhältnis stehend, praktisch allein.

Die Trennung von Eigentum und Verfügungsmacht war und ist aber nicht auf die sogenannten "Publikumsgesellschaften" beschränkt. Eine reale Abhängigkeit der Aktionäre von ihrem Management ist auch bei geballtem Aktienbesitz anzutreffen. 353) Neben dem Trend zur Verselbständigung der Managergruppe bleibt hier ein großer Einfluß von Großaktionären, d.h. beide Machteliten sind eng miteinander verflochten und unbedingt aufeinander angewiesen. Jedoch ist hierbei für die Führungsgruppe der Manager letztlich unbedeutend, welchen Interessen sie ihre Dienste, d.h. ihre durch Spezialisierung und Professionalisierung ausgewiesene Unternehmerfunktion zur Verfügung stellt.

Für die historische Entwicklung der Filmwirtschaft im deutschen Faschismus bedeutete das: war der Staat in den Besitz der Aktienmajorität — was ihm die legale Möglichkeit zur faktischen Kontrolle gab 354) — gekommen, konnte und mußte er mit der Unterstützung der tatsächlichen Machtelite in der Filmwirtschaft, den Vorstands-

und Geschäftsführungsmitgliedern rechnen. Deren Vormachtstellung zeigte sich um so mehr, da das Kapital bei "sachfremden" Institutionen, Großbanken und anderen kapitalstarken Industrieunternehmen (etwa Elektro- und Chemieunternehmen) lag.

Nur in einem Fall, beim Ufa-Konzern, war die Aktiengesellschaft von einem potenten Großaktionär beherrscht: Hugenberg besaß ein mehrheitliches Aktienpaket und hatte die Möglichkeit der direkten Kontrolle und Lenkung der Produktion. Doch auch er hatte sich, was die Ufa AG betraf, weitgehend losgelöst von der direkten Einflußnahme auf die Produktion. Bei Hugenberg handelte es sich um einen der wenigen Fälle, wo eine Einzelperson den ins Gigantische anwachsenden Kapitalbedarf eines Großkonzerns scheinbar mühelos aufbringen konnte — wobei er auch mehr kontrollierte als kapitalmäßig besaß. Hierbei war entscheidend, daß in der Praxis bei einem breit gestreuten Aktienpaket weit weniger als die Mehrheit von 51% zur Kontrolle genügte. Die Möglichkeit der Zentralisierung der "privaten" Einflußnahme wird stets erhöht, wenn die Gesellschaft Aktien einer oder mehrerer anderer, d.h. Tochtergesellschaften besitzt. So konnte Hugenberg einmal Firmen wie den Scherl-Verlag und die Ufa AG kontrollieren, zum anderen zusätzlich z.B. über die Ufa AG deren zahlreiche Untergesellschaften. Während der Besitz von Aktien als solcher zwar losgelöst ist von der Kontrolle und Direktion der Produktion, bedeutet der Besitz einer genügend großen Menge von Aktien eine um so größere Einflußmöglichkeit auf die Produktion. Schließlich bringt ein Großaktionär durch den Besitz von Aktien mehrerer Gesellschaften eine Kapitalmenge unter seine Kontrolle, die um ein Vielfaches seine eigene übersteigt. Damit aber wird die Kontrollmöglichkeit durch eine Einzelperson überfordert, so daß sich auch aus der Kontrollmenge die Notwendigkeit ergibt, Spezialisten und Professionalisierte für die Unternehmerfunktion heranzuziehen.

Die Ufa AG wurde damals nicht nur von erfahrenen und sachkundigen Wirtschafts- und Finanzmanagern geleitet, sondern Hugenberg hatte in Ludwig Klitzsch auch einen Generaldirektor, der die Interessen des Konzerns mit mehr Engagement vertrat als der Großaktionär selbst. Und nicht zuletzt Klitzsch hatte seine Position auch bei veränderten Kapitalverhältnissen institutionell abgesichert.

Bedeutend für die Beurteilung des Staatseingriffs war die Tatsache, daß die zu "verstaatlichenden" Filmgesellschaften auch weiterhin von den Repräsentanten des Privatsektors, den bisherigen Managern der Firmen und Konzerne beherrscht blieb. Ihrer Unterstützung konnten sich Goebbels und vor allem Max Winkler ohne physische oder psychische Gewaltanwendung sicher sein. Die Ausnutzung der bestehenden wirtschaftlichen Machtelite in der Filmindustrie trug alle Merkmale der Freiwilligkeit. Der Konservatismus und Nationalismus dieses Personenkreises machte ihn zum Verbündeten, zu einem Verbündeten, den man nicht nur schonen mußte, weil man ihn brauchte, sondern den man großenteils gar nicht erst zu ändern hatte, weil er schon weitgehend den Erwartungen entsprach.

In ihrer Mehrzahl versprachen sich die Manager zudem persönliche Vorteile, mehr Macht und mehr Geld. Ein unmittelbares materielles Interesse an den Profiten ihrer Firmen war mit eigenem Machtgewinn und persönlicher finanzieller Sicherung verbunden; es führte zur Anpassung und zum Mitmachen. Einträgliche Vorstandsposten lockten und machten Filmleute, die seit Jahren in der Branche tätig waren, zu Partnern und Helfern des Regimes. Es war kaum notwendig, und scheiterte auch zumeist, altgediente und treue Parteigenossen in einflußreichen Positionen der Gesellschaften unterzubringen.

Anpassungswilligkeit, ideologische Affinitäten und ökonomische Tüchtigkeit wurden von den Machthabern belohnt: Führungskräfte blieben in ihren Stellungen oder wurden auf höhere Stühle gesetzt. Die neue "Finanzaristokratie" der Filmwirtschaft sammelte weiterhin selbst bedeutende Vermögen. Die Akkumulation des Kapitals vollzog sich hierbei durch Bewilligung großzügigster Gehälter und durch Gewinnbeteiligung der "Administratoren". Nicht wenige erreichten erst unter den Faschisten den Höhepunkt ihrer Karrieren.

Das erneute Ausbrechen einer Filmwirtschaftskrise in den Jahren 1936 und 1937 leitete ein abermaliges Eingreifen des Staates in den Bereich der Filmindustrie ein: Wieder einmal sollten die in Schwierigkeiten geratenen privatkapitalistischen Filmunternehmen angekurbelt werden. Der Staat sollte das erreichen, was durch den bisherigen Wirtschaftsablauf nicht mehr möglich war. Die Wiederherstellung der privatwirtschaftlichen Rentabilität war jedoch nur über eine straffe Produktionsplanung und -beaufsichtigung zu erreichen, was wiederum begünstigt wurde, wenn das Reich selbst als Kapitaleigner auftrat. War das Reich erst einmal in den Besitz der Aktienmehrheit und Geschäftsanteile gelangt, konnte eine differenzierte Planung zur Vermeidung von Disproportionalitäten einsetzen: Globale Konjunkturregelung, Einfluß auf die Kostenplanung, Wegfallen der Verleihgewinne, Senkung der Verleihkosten, Lohnkontrolle und Preisstabilisierung. Die nach einem Aufkauf optimale Voraussetzung der Rationalisierung und die Möglichkeit, die Unternehmen zu marktgerechtem Verhalten zu zwingen, waren wesentliche Gründe für die Nationalisierung dieses Industriezweiges. Nur vorübergehende Belebungsspritzen und Anfangshilfen des Staates hatten keine Aussicht mehr auf Erfolg. Die dauernde Krisenanfälligkeit der Filmindustrie führte zu der Notwendigkeit, Staatsgelder in Millionenhöhe für die geplanten Transaktionen einsetzen zu müssen — zweifellos ein Novum in der Geschichte des deutschen Films.

Institutionalisiert wurde diese Andersartigkeit des staatlichen Eingriffs, als Goebbels die Lenkung und Kontrolle aller filmwirtschaftlichen Maßnahmen einem "Reichsbeauftragten für die deutsche Filmwirtschaft" übertrug. Auserwählt hierzu wurde der Finanz- und Wirtschaftsexperte Max Winkler, der es aufgrund seiner strikt "apolitischen" Haltung fertigbrachte, seine "wertvollen" Dienste sämtlichen deutschen Regierungen von Weimar bis Bonn zur Verfügung zu stellen. Im Nazi-Deutschland hieß dies: Winkler kaufte für das Reich die Aktien und Geschäftsanteile der noch bestehenden Filmkonzerne und -firmen auf und verwirklichte durch organisatorisch-strukturelle Änderungen, die in der Gründung eines Superkonzerns gipfelten, ein gut funktionierendes, d.h. rentabel arbeitendes Filmwirtschaftssystem.

Winkler übernahm auf Kosten des Reiches die unrentablen und sich zum Teil bereits in Konkurs befindlichen Firmen. Das Ziel war hierbei eine Zentralisation der gesamten deutschen Filmwirtschaft in Reichsbesitz, die mit minimalem Risiko arbeitete und schließlich, gegenüber allen bisherigen Krisen, einen Jahresgewinn von mehreren Millionen RM erhoffen ließ. 355) Der Übergang in den Besitzverhältnissen war aufgrund der tendenziellen Trennung von Kapitaleigentum und Unternehmereigenschaft für die Manager nicht schwierig: Sie sahen ihre Machtposition in den Entscheidungsgremien kaum gefährdet, und sie wurden auch in ihrer Mehrheit auf den Posten belassen. Zusammen mit dem neuen Großaktionär, dem Reich, bestimmte die Managergruppe die personellen und sachlichen Grundrichtlinien der Produktion. Weder auf der einen noch auf der anderen Seite gab es eine alleinige Entscheidungsfreiheit: Im Gegensatz zu branchenfremden Besitzern verlangte der neue Kapitaleigner ein größeres Mitspracherecht. Er entsandte die politischen Führungspersonen des Staatsapparates (Ministerialbeamte) nicht in die Vorstände, sondern in den jeweiligen Aufsichtsrat der Gesellschaften. Dieser aber hatte in der Regel nur noch die vorbereiteten Entscheidungen des Vorstandes oder der Geschäftsführung zu sanktionieren und traf keine eigenen Beschlüsse. Den Vertretern des Staatsapparates waren lediglich Kontrollfunktionen und keine direkten Lenkungsaufgaben übertragen worden. Die Verfügungsgewalt war demnach weder einseitig auf die Kapitaleigner noch einseitig auf die Managergruppe verlagert; es gab keine Unabhängigkeit der Vorstände und Geschäftsführungen vom Staat und keine alleinige Machtposition und Herrschaftsausübung durch die Staatsaktionäre. Beide Seiten hatten ein direktes Interesse an den Produkten: Den konkreten ökonomischen Motiven entsprach die Erreichung bestimmter politisch-ideologischer Ziele. Nach der Koordination auf der politischen Ebene bei der Errichtung des Kontroll- und Lenkungssystems in den ersten Jahren nach 1933 kam jene auf wirtschaftlicher Ebene.

2. Bürgermeister a.D. Dr. h.c. Max Winkler

Die entscheidende Funktion in dieser Entwicklung kam Max Winkler zu, der sich zum Prototyp des Filmmanagers entwickelte. Obwohl er noch nicht einmal bei einem Konzern angestellt war, konzentrierte sich in seiner Hand alle unternehmerische Verfügungsgewalt der aufgekauften Firmen und später des reichseigenen Mammutkonzerns. Sein Hauptziel war die Erhaltung und Sicherung von Profiten der Filmfirmen, seine Rolle war die eines Mittlers zwischen den Interessen (Herrschaftssicherung und Krisenbewältigung). In seinem Büro fielen die Entscheidungen, dort wurden die Produktionspläne vorbereitet im Hinblick auf ihre Wirtschaftlichkeit und Investitionen vorgenommen.

Dabei stand von Anbeginn an, zumindest aber seit 1936, der Plan einer "zentralen Organisation der gesamten deutschen Filmwirtschaft" 356) im Hintergrund. Eine Konzernspitze sollte die wirtschaftliche, finanzmäßige und technische Gesamtführung des deutschen Film übernehmen; vor allem aber kamen ihr Planungsaufgaben zu, die von den Konzernen allein nicht zu leisten waren. 357)

Sehr detailliert schilderte Staatssekretär Funk — nach mehreren Besprechungen mit Winkler — in seinem Schreiben an das Finanzministerium die wirtschaftlichen Vorteile eines solchen Riesenunternehmens, das am Ende des Verstaatlichungsprozesses stehen würde: Verfügung über sämtliche technischen Einrichtungen (Aufnahmegeräte, Ateliers, Kopieranstalten, Vorführapparate etc.), einheitliche Leitung der Verleihbetriebe, Kontrolle aller Ur- und Erstaufführungstheater, Zusammenfassung der gesamten Exportmöglichkeiten, zentrale Verpflichtung aller

Filmschaffenden, Garantie für eine Mindestjahresproduktion. Der wirtschaftliche Zentralismus ermöglichte aber nicht nur die maximale Produktivität ohne finanzielle Fehlaufwendungen und ohne unergiebigen Konkurrenzkampf der "Staatsgesellschaften", sondern stellte der Kasse des Reichshaushalts neben Steuerabgaben zusätzliche Gewinne in Aussicht. Alle Maßnahmen und Pläne sollten dem Reich einen bilanzmäßigen Jahresgewinn (ohne Steuerabzug) von rund 12,75 Millionen RM bringen.

Bezeichnenderweise argumentierte das Promi und Winkler gegenüber der staatlichen Finanzbehörde mit einem abgeschätzten Gewinn bei den "geplanten großen Filmtransaktionen". (Schreiben Funks v. 14.12.1936 an Olscher) Im einzelnen erwarteten Winkler und Funk: Die Zusammenlegung bei den Gagen und Atelierleistungen, d.h. die zentrale Beschäftigung aller Filmschaffenden und der zentrale Einsatz der technischen Geräte ergab Ersparnisse von jährlich mindestens 3 Mio. RM. Die Vereinheitlichung des Verleihs, d.h. der Fortfall von Doppelarbeit und unnötigen Wettbewerbskosten sollte 2 bis 3 Mio. RM einsparen. Das zentral organisierte Theatergeschäft versprach einen Reingewinn von 6 Mio. RM. Schließlich rechnete man beim Export mit einem Devisenerlös von 12 bis 15 Mio. RM pro Jahr gegenüber bisher 6 bis 7 Mio. RM. Eine genaue Aufrechnung der Bilanzposten ergab, daß den jährlichen Aufwendungen von 52,5 Mio. RM zukünftig Erträgnisse von 65,25 Mio. RM gegenüberstanden, was einem Jahresgewinn von ca. 12,75 Mio. RM gleichkam.

Der allmähliche Aufkauf der Firmen und Konzerne der deutschen Filmwirtschaft war das Werk eines Mannes, der sich damals bereits auf diesem Gebiet der Kapital- und Finanzmanipulationen für verschiedene Reichsregierungen einen Namen gemacht hatte. Die Technik der getarnten Vermögenstransaktionen war hierbei keine Erfindung der Nazis, sondern hatte sich schon vor 1933 mehrfach bewährt.

Der Bürgermeister a.D. Dr. h.c. Max Winkler war die beherrschende und einflußreichste Schlüsselfigur in der Filmgeschichte des Dritten Reiches. 358) Er wurde am 7. September 1875 in Karresch, Kreis Rosenberg in Westpreußen, als der Sohn eines Lehrers geboren. Nach dem Besuch einer höheren Schule bis zur mittleren Reife begann er seine lange und abwechslungsreiche Laufbahn mit 16 Jahren im Postdienst. Bis zum Ausbruch des Ersten Weltkrieges hatte er es zum Postsekretär in Graudenz, seinem Wohnsitz, gebracht. Während des Krieges betätigte er sich zunächst kommunalpolitisch in Graudenz: Er trat als Stadtverordneter in den dortigen Stadtrat und war zeitweise — während der "Revolution" im November 1918 — Bürgermeister der Stadt.

Nach der Abtretung Westpreußens und der Übergabe der Stadt an Polen siedelte Winkler, inzwischen Abgeordneter der Demokratischen Partei im Preußischen Landtag, 359) im Januar 1920 nach Berlin. Die Verfassungsgebende Preußische Landesversammlung wählte ihn zum stellvertretenden Vorsitzenden des "Parlamentarischen Ostausschusses", einem Gremium von ungefähr 10 Abgeordneten, das "der Erhaltung des Deutschtums" in den abgetretenen Ostgebieten dienen sollte. Und zwar wollte man sich auf die Betreuungsarbeit für die "deutsche" Schule, "deutsche" Kirche und "deutsche" Presse konzentrieren.

Winkler selbst übernahm nach einer Zweiteilung der Aufgaben die Organisation zur Stützung der auslandsdeutschen Presse: Zu diesem Zweck gründete er auf Vorschlag des Preußischen Innenministeriums die "Concordia Literarische Anstalt GmbH", die aus Tarnungsgründen jenen nichtssagenden lateinischen Namen und die Rechtsform einer GmbH erhielt. Die Geschäfts führte Winkler, trotz anderer nomineller Gesellschafter, mit seinem in Berlin eingerichteten Büro praktisch allein. Sein Domizil wurde das Haus Brückenallee 3.

Seine erste "Amtshandlung" war der Aufkauf der Kapitalmajorität der "Saarbrücker Zeitung", der führenden deutschen Zeitung im Saargebiet: Winkler hatte damit den ersten Schritt getan, die gesamte auslandsdeutsche Presse unter seine Kontrolle zu bekommen. Die Stützung des Deutschtums in den Ostgebieten war nur der Anlaß zum Aufbau eines Presseimperiums in ganz Europa gewesen. Nach und nach bekam Winkler die Kapitalmehrheiten fast aller namhaften auslandsdeutschen Zeitungen in die Hand, die er mit Finanzhilfen des Reiches wirtschaftlich sicherte und krisenfest machte. Winkler hatte es im übrigen nicht nur verstanden, die Reichsmittel ohne Verlust einzusetzen, sondern auch das ursprüngliche Kapital zu vermehren. Denn erst mit dem notwendigen wirtschaftlichen Fundament konnte die deutsche Auslandspresse in den Abtretungsgebieten und allen anderen europäischen Ländern die deutschen Minderheiten stärken bzw. für deutsche Interessen eintreten. Insbesondere die Inflationszeit im Jahre 1923 erlaubte es Winkler, für billiges Geld große Materialwerte in Form von Zeitungsverlagen zu erwerben. Den Verlegern, die in der Regel als Winklers Beauftragte die Geschäfte im Ausland weiterführten, verschaffte er als Äquivalent für das verlorene Verlagsvermögen Grundstücksvermögen im Reich.

Sein Arbeitsgebiet waren demnach die finanztechnischen Vorgänge zur Wahrung der Reichsinteressen bei den Grenzland- und Auslandsdeutschen; den Einfluß des Staates sicherte er durch Stützung und Beteiligung bei finanzschwachen Zeitungsverlagen. Im Jahre 1933 verwaltete er als Treuhänder des Reichsbesitzes an Zeitungsverlagen 19 Unternehmungen. Von 1920 bis 1933 war er für alle Reichsregierungen tätig gewesen; das NS-Regime war die 20. Regierung, der er seine Dienste zur Verfügung stellte. Im deutschen Verlagswesen war er lange vor 1933 als "graue Eminenz der deutschen Presse" bekannt.

Nachdem die Aufträge der Weimarer Regierungen sich mehrten und der Umfang der Geschäfte immer mehr anschwoll, spaltete Winkler von der "Concordia" weitere Treuhandgesellschaften ab: 1926 entstand aus der Devisenabteilung der "Concordia" die "Cura Revisions- und Treuhand GmbH", 360) im Jahre 1929 wurde die "Cautio Treuhandgesellschaft mbH" gegründet, und zwar am 17. Januar. Ihr Gesellschaftsvertrag wies als Geschäftszweck und Gegenstand die "Anlage und Verwaltung von Vermögen Dritter und den Betrieb aller damit zusammenhängenden Geschäfte" aus. 361) (In der gesamten Wirtschaft wird stets dann ein Treuhandverhältnis bevorzugt, wenn ein Auftraggeber als Inhaber eines Unternehmens nach außen hin nicht erkennbar werden soll oder will.) Das Stammkapital zum Gründungszeitpunkt in Höhe von 20.000 RM wurde von Rechtsanwalt Dr. Hans Zimmermann und Diplom-Kaufmann Willy Imhof zu gleichen Geschäftsanteilen von je 10.000 RM gehalten. Erst 1933 traten die beiden Strohmänner Winklers ihre Anteile an diesen auch offiziell ab. 362) Im

Jahre 1939 erhöhte Winkler, nunmehr alleiniger Gesellschafter, das Stammkapital um eine Einlage von 50.000 RM auf insgesamt 70.000 DM. 363)

Winklers unauffälliges Auftreten und sein bescheidener Verwaltungsapparat waren gelungene Tarnungen für eine große Zahl weiterer vertraulicher Aufgaben: Er diente mehreren Reichskanzlern als Finanzberater und galt als Fachmann für delikate Sonderaufträge. So organisierte er auf Brünings Geheiß bei der Kandidatur Hindenburgs den sogenannten "Hindenburg-Wahlfonds", dem Spenden aus der Industrie und Bankwelt in Höhe von 8,3 Millionen RM zuflossen, und managte mittels dieser Finanzierung dessen Wiederwahl. Er stützte während der Wahlkämpfe zwischen 1928 und 1932 verschiedene republikanisch-demokratische Zeitungen mit finanziellen Aufmerksamkeiten. Längst beschränkte sich sein Pressereich nicht mehr auf das Ausland: Er sanierte Brünings "Kölnische Volkszeitung" und sicherte dem Reich die Majorität am "Wolffschen-Telegraphen-Bureau". Aus der Hinterlassenschaft des Stinnes-Konzerns rettete er die "Deutsche Allgemeine Zeitung" vorübergehend für das Reich.

Seine Erfolge waren so groß, daß ihm ständig neue Aufgaben, vor allem eben auch innenpolitische Aufträge im Presse- und Verlagsbereich, übertragen wurden. Für seine Transaktionen im Freistaat Danzig dankte die dortige Technische Hochschule Winkler mit dem Ehrendoktorat

Mit einem solchen Imperium auf der Basis von Reichs- und Regierungsfonds, von Mehrheitsbeteiligungen und Tarngesellschaften, mußte Winkler den Nazis im Januar 1933 gerade recht kommen. Vorzüglich beherrschte er seit Beginn seiner Arbeit die Technik der Tarnung — eine Eigenschaft, die bei den Transaktionen der NS-Machthaber, die aus Geheimhaltungsgründen nicht an die Öffentlichkeit gelangen sollten, von großer Bedeutung wurde. Sein "unsichtbares Reich" erstreckte sich über fast ganz Europa: "Von Riga bis Konstantinopel habe ich alles, was deutsch gedruckt war, mit der Zeit in die Hand bekommen", diesen Ausspruch machte Winkler im Jahre 1960 gegenüber Martin Broszat.

Als ein Meister der taktischen Züge hatte Winkler bereits vor der "Machtergreifung" der Nationalsozialisten einflußreiche Freunde und Gönner in Hitlers und Görings Umgebung gefunden, um für seine weitere Arbeit nichts befürchten zu müssen. Und schon Mitte Februar 1933 berichtete er gegenüber Staatssekretär Funk über seine Treuhändertätigkeit für die vorhergegangenen Reichsregierungen. 364) Funk, der den Schutz Winklers übernahm und für dessen Sicherheit bürgte 365), meldete sich am 6. März wieder, einen Tag nach seiner Ernennung zum Staatssekretär im Goebbels-Ministerium und nach der Reichstagswahl, um Winkler im Auftrage Hitlers um die Beibehaltung seiner Treuhandschaften zu ersuchen. Dieser erinnerte Funk an die Sammlung von Wahlgeldern für Hindenburg und gab zu verstehen, daß er nicht beabsichtigte, der NSDAP beizutreten, wie er auch bisher weder eine Zeitung noch eine Versammlung der Nationalsozialisten beachtet hätte. Funk zeigte sich jedoch über Winklers Tätigkeit bestens informiert und betonte, auf dessen Beitritt zur Partei würde keinen Wert gelegt. Daraufhin antwortete Winkler: "Ich möchte die Arbeit fortsetzen, wenn das unter den gleichen Umständen wie bisher und mit der gleichen Unterstützung geschehen kann". 366) Noch am Tage seiner Zusage lernte Winkler seinen künftigen

Vorgesetzten, den neu ernannten Propagandaminister Dr. Joseph Goebbels, kennen, der ihn mit den Worten empfing: "Sie ahnen nicht, welchen Wert ich auf Ihre Mitarbeit lege und wie genau wir Sie kennen". 367)

In den folgenden sechs Jahren stellte Winkler nun seine finanzpolitischen Fähigkeiten in den Dienst der nationalsozialistischen Gleichschaltungs- und Konzentrationsmaßnahmen im Pressesektor. Er arbeitete mit Goebbels, Amann und Rienhard, mit Göring und Gritzbach zusammen und überführte Hunderte von Zeitungs- und Buchverlagen in Reichs- und Parteibesitz. Sein Name wurde gleichbedeutend für die mehr oder weniger gewaltsame Zerstörung des Privatbesitzes in der deutschen Presse: Die großen Verlagskomplexe der Ullstein AG, der Mosse-Treuhand GmbH und des Scherl-Verlages kamen unter seine Kontrolle und nur ein geringer Rest auflagenschwacher Blätter blieben in Privathand. Jüdische, marxistische und sozialdemokratische Zeitungen wurden verboten und enteignet. Zweifellos waren es praktisch Enteignungen, selbst wenn Entschädigungen gezahlt wurden. Als im März 1933 sämtliche Verlagshäuser und Druckereien der Kommunistischen und Sozialdemokratischen Partei gestürmt und anschließend geschlossen wurden, verhaftete man eine große Zahl der führenden Verlagsleute und Redakteure. Nicht alle konnten rechtzeitig ins Ausland fliehen. Für jüdische Redakteure, Verlagsinhaber und Schriftsteller bedeutete das "Schriftleitergesetz" vom 4. Oktober 1933 mit seinem "Arierparagraphen" das Ende ihrer beruflichen Existenz. 368)

Finanzschwache Unternehmen wurden zu günstigen Bedingungen aufgekauft; für bedeutsame Verlagshäuser, wichtige Anzeigen- und Nachrichtenagenturen und mächtige Pressekonzerne wurden auf der anderen Seite zum Teil recht erhebliche Summen gezahlt. 369) Im Winter 1939 war Winklers Arbeit weitgehend abgeschlossen: Insgesamt 2.120 Zeitungen in 1.473 deutschen Verlagen hatte er ganz oder mit Bestimmungsmehrheiten in Reichs- und Parteibesitz gebracht. Winkler hatte seine politischen Auftraggeber von seinen sachlich-fachlichen Fähigkeiten überzeugt und nach den Plänen des Propagandaministers und des Präsidenten der Reichspressekammer und Reichsleiters für die Presse der NSDAP Max Amann ein reichs- und parteieigenes Presse- und Verlagsmonopol geschaffen. 370) Es war deshalb nicht verwunderlich, wenn Winkler sich in den folgenden Jahren ganz seinen anderen Aufgabenbereichen widmete: als Liquidator des polnischen Vermögens und als Reichsbeauftragter für die deutsche Filmwirtschaft. Keineswegs wollte und konnte Goebbels auf die erfolgreichen Reichstreuhänder-Dienste verzichten: Winkler legte auf publizistischem Gebiet das Hauptgewicht seiner Tätigkeit auf den Filmsektor, nachdem er bereits seit 1935 einzelne deutsche Filmfirmen in "staatsmittelbaren Besitz" überführt und Goebbels ihm 1937 jenen Titel als "Reichsbeauftragter für die deutsche Filmwirtschaft" verliehen hatte. 371)

Bei seiner Ernennung zum Leiter der Haupttreuhandstelle Ost (HTO) am 1. November 1939, einer Behörde unter Dienstaufsicht des Vierjahresplanes, war neben der Bekanntschaft mit Goebbels seine Betreuungstätigkeit der deutschen Schulen, Kirchen und Zeitungen und die finanzielle Unterstützung des deutschen Grundbesitzes in den an Polen abgetretenen Gebieten während der 20er Jahre entscheidend gewesen. 372)

Die Errichtung der HTO leitete damals die erste Etappe des Übergreifens des Vierjahresplanes auf die Besatzungspolitik ein. Nach dem militärischen Sieg über Polen wurde die Göring-Behörde mit einer neuen Aufgabe konfrontiert: die Ausbeutung besiegter Völker, d.h. die wirtschaftliche Nutzung besetzter Territorien im Interesse der deutschen Kriegswirtschaft wurde zur Maxime der Besatzungspolitik erhoben. 373) Beute-Denken dominierte: Nach der Sequestrierung und Beschlagnahme des polnischen und jüdischen Industrie-, Großgrund- und Hausbesitzes 374) verwaltete Winkler als Leiter der HTO Milliardenvermögen treuhänderisch für das Reich. 375) Der Aufgabe der HTO — "Stärkung des Kriegspotentials" — wurde ihre Praxis jedoch kaum gerecht: Die Dienststelle und ihr Leiter beschäftigten sich mehr mit den Prozeduren der treuhänderischen Verwaltung und des Verkaufs von beschlagnahmten polnischen und jüdischen Betrieben als mit deren Ingangsetzung. Die HTO erhielt mehr und mehr das Gesicht einer regulären staatlichen Verwaltung und beschränkte sich auf rein administrative Funktionen. Auf ihrem eigentlichen Arbeitsgebiet hatte sie mit Schwierigkeiten zu kämpfen: Die deutschen Unternehmer waren in der Übernahme der polnischen Industrien — anders als etwa im Westen — relativ zurückhaltend, und rivalisierende Partei- und Reichsbehörden schränkten den Auftrag Winklers ein. 376) Der erwartete Erfolg war Winkler und seiner HTO nicht beschieden.

Seine Fähigkeiten und Techniken hatte Winkler auf den Gebieten der Presse und des Films besser entwickeln können. Hier steuerte, mit einer kleinen Anzahl von Angestellten umgeben, der "Finanzexperte von seltenem Format", der "Totengräber der deutschen Presse mit der goldenen Schippe" und der "Finanz-Zar der Filmindustrie" das weitverzweigte Netz seines Kontroll- und Lenkungsapparates. Sein oberstes Anliegen war es stets gewesen, seine Arbeit geheimzuhalten und zu verhindern, daß die Namen seiner Auftraggeber bekannt wurden. Seine hohe Intelligenz, seine Arbeitskraft und seine Arbeitsenergie, sein hervorragendes Gedächtnis für Zahlen- und Personenzusammenhänge und sein gut eingespielter Mitarbeiterstab hatten das Vertrauen Goebbels' nicht enttäuscht. Winkler wurde zum engsten Berater und unentbehrlichen Mitarbeiter des Propagandaministers, mit dem er in ständigem Kontakt stand, für den er erfolgreich die Übernahme der deutschen Presse und des deutschen Films in den Besitz des Regimes durchexerzierte.

Doch er war nicht nur der Mann Goebbels', sondern auch Vertrauensperson der Verlagsdirektoren und der Manager und Unternehmer der Filmwirtschaft. Immer wieder verstand er es, "die Menschen mit seiner gewinnenden Freundlichkeit, hinter der so viel zielbewußter Wille steckte, ganz nach seinen Wünschen zu lenken". 377) Er wirkte nach außen hin stets sehr bescheiden und zurückhaltend, obwohl sich in seiner Hand eine ungeheure Entscheidungsmacht zusammengeballt hatte.

Winkler arbeitete nicht mit barbarischen Terrormethoden, nicht mit Verleumdungen und Drohungen, wie die Nazis auf anderen Gebieten mit Repressalien, Ehrabschneidungen und auch simpler Prügel operierten. Er zahlte vielmehr die Verlags- und Firmeninhaber relativ großzügig aus. Goebbels und seine Helfer überzeugte er, daß es unauffälliger und wirksamer wäre, die Filmindustrie beispielsweise durch wirtschaftliche Maßnahmen unter Kontrolle zu bringen. Bewährte wirtschaftliche, finanztechnische und künstlerische Führungskräfte wurden nicht zuletzt durch die Person Max Winklers dem nationalsozialistischen Film erhalten.

Führende Persönlichkeiten der Filmwirtschaft brachte er auf seine Seite und verschaffte ihnen ansehnliche Anstellungen bei den staatsmittelbaren Filmgesellschaften. Es war nicht notwendig, die Männer der deutschen Filmwirtschaft zu Nationalsozialisten zu machen – wenn sie es noch nicht waren. Wirtschaftliche und finanzielle Sicherheit, garantiert durch Winkler, war durchaus imstande, sie "unpolitisch" zu halten, ohne daß sie es merkten oder merken wollten, wie sie zu politischen Werkzeugen der Nazis wurden. Hierher gehört auch die meist zufriedenstellende Abfindung der Besitzer und Eigentümer. Deshalb war auch Winkler selbst nicht nur der große Organisator, sondern ebenso der skrupellose Taktiker, der das nach außen hin vorbildlich getarnte Herrschaftsziel der Nazis realisierte. Er fragte nicht nach der politischen und moralischen Qualität seiner Auftraggeber und folgte blind seinen preußischen Leitbildern des Pflichtbewußtseins und der Vaterlandstreue. In dem naiven Glauben, seinem "Vaterland und Volk damit dienen zu können" 378), hatte er die Propagandamaschinerie der Nationalsozialisten aufgebaut. Er kultivierte die Ideologie von der politischen Neutralität der bürokratischen Behörden und sah seine Tätigkeit als getreue Pflichterfüllung, wenn er sich selbst auch keine großen materiellen Vorteile verschaffen wollte. 379)

Sein Arbeitsprinzip war die Geheimhaltung, er zog alle Fäden hinter den Kulissen und trat nur bei festlichen Uraufführungen an die Öffentlichkeit: Dann saß er neben Goebbels in der Loge.

1945 schien seine 1920 begonnene Karriere als Reichstreuhänder beendet: Der Weg dieses mächtigen Mannes in der deutschen Presse- und Filmgeschichte führte durch Gefängnisse, Internierungslager zum Nürnberger Gerichtshof. Im August 1949 stufte ihn in einem Entnazifizierungsverfahren die Hauptspruchkammer Lüneburg in die Kategorie V, die Gruppe der Unbelasteten, ein. 380)

Die Ironie des Schicksals wollte es, daß Winkler selbst zur Auflösung seines "Lebenswerkes" beitrug: Für die Bundesregierung war er in den 50'er Jahren eine unentbehrliche Hilfe bei der Entflechtung des ehemals staatsmittelbaren Ufi-Konzerns. So kam Winkler noch das traurige Verdienst zu, auch für die 21. Regierung nach Errichtung der Weimarer Republik seine Dienste und Kenntnisse zur Verfügung zu stellen. Am 12. Oktober 1961 starb Max Winkler, der stets besonderen Wert auf den Titel "Bürgermeister" gelegt hatte, im Alter von 86 Jahren in Düsseldorf.

3. Die "Cautio"-Treuhandgesellschaft m.b.H.

Winkler war durch seine Ernennung zum "Reichsbeauftragten für die deutsche Filmwirtschaft" im Jahre 1937 von Goebbels mit der wirtschaftlichen Führung der Filmgeschäfte des Reiches betraut, d.h. es bestand ein diesbezüglicher Auftrag, der jedoch nicht mit einem direkten Amt verbunden war. Winkler übte seine Herrschaft über die dem Staat gehörenden Filmfirmen deshalb mittels der Rechte aus, die ihm als Inhaber der Anteile zustanden: Die Cautio war Gesellschafterin bzw. im Besitz der Aktienmehrheiten aller deutschen Filmunternehmen; Winkler wiederum war alleiniger Gesellschafter der Cautio. Er selbst war in keiner Geschäftsführung, in keinem Vorstand und keinem Aufsichtsrat vertreten, und erst nach Gründung der Ufa-Film 1942 entsandte er seine Vertrauensleute in die Entscheidungsgremien der Filmfirmen. Als praktische Erfüllung seines Auftrags wählte Winkler den Weg über die von der Cautio verwalteten Anteile, d.h. er übte die Funktionen eines Gesellschafters aus.

Die Einflußnahme auf die wirtschaftliche und finanzielle Gestaltung der Filmunternehmen konnte sich bei einer GmbH über die Gesellschafterversammlung wesentlich leichter vollziehen als bei einer Aktiengesellschaft. Hieraus erklärt sich u.a. das Bestreben Winklers, seine Filmbeteiligungen in GmbH's umzuwandeln: 1942 besaßen fast sämtliche reichseigenen Filmfirmen die Rechtsform einer GmbH, einschließlich der Konzernspitze, der Ufa-Film GmbH. Bei einer AG handelte Winkler als Mehrheitsaktionär nicht so direkt wie als Gesellschafter einer GmbH. Hinzu kam, daß bei einer AG sich stets ein unkontrollierter Rest an Teilaktien im Streubesitz von Kleinaktionären befand.

Winkler, auf den formell die beiden Geschäftsanteile der Cautio übertragen waren, hatte eine Treuhanderklärung unterschrieben, aus der hervorging, daß er diese Rechte in eigenem Namen, aber in fremdem Interesse ausübte: 381) "Ich, der unterzeichnete Dr. h.c. Max W i n k l e r , Berlin, bin alleiniger Gesellschafter der 'Cautio' Treuhand-Gesellschaft m.b.H., Berlin, mit Gesellschaftsanteilen von nom. RM 20.000.—. Ich bekenne hiermit, daß ich diese Anteile nicht aus eigenen Mitteln sondern aus Mitteln des Reichs, vertreten durch den Herrn Reichsminister für Volksaufklärung und Propaganda, erworben habe und daß alle Rechte aus den genannten Gesellschaftsanteilen dem genannten Treugeber zustehen. Ich verpflichte mich, die Anteile von nom. RM 20.000.— an der 'Cautio' Treuhand-Gesellschaft m.b.H. nur nach Weisungen des Herrn Reichsministers für Volksaufklärung und Propaganda zu verwalten und sie auf Verlangen des genannten Ministeriums an eine von ihm zu benennende Person abzutreten. gez. Max Winkler, Berlin, den 30. Juli 1938."

In einem Schreiben an das Reichsfinanzministerium bestimmte Winkler einmal seine Aufgabe darin, "die wirtschaftliche Entwicklung der von (ihm) betreuten Firmen zu überwachen und im Einvernehmen mit (seinen) Auftraggebern nach Möglichkeit zu lenken". 382) Als Inhaber der Geschäftsanteile und der Aktienmajorität der reichsmittelbaren Filmgesellschaften übte nun Winkler viel stärkeren Einfluß bei der Bewirtschaftung aus als irgendein Mitglied dieser Firmen selbst. Die Cautio bzw. das Büro Winkler hatte somit für den deutschen Film im Dritten Reich die entscheidende Kontroll- und Lenkungsfunktion in wirtschaftlichen Fragen, und zwar in Einzelproblemen und Gesamtkomplexen inne. Die wenigen Büroräume in der Brückenallee 3 waren Leit- und Überwachungsstelle für die gesamte deutsche Filmwirtschaft. Winkler wählte beim Erwerb der Anteile bzw. Aktien der Filmgesellschaften das erprobte und bewährte Prinzip der getarnten Beteiligung: Die Öffentlichkeit erfuhr erst einige Jahre später, in wessen Namen die Cautio handelte. Dem Erwerb folgte die wirtschaftliche Führung: Die Vorstände und Geschäftsführungen arbeiteten nach den Richtlinien und Weisungen Winklers. Winkler oder einer seiner Vertreter hielten Gesellschafter-Versammlungen ab, auf denen die wichtigsten Beschlüsse gefaßt wurden. In den Vorständen und Aufsichtsräten von AG's, zumindest als Teilnehmer der entsprechenden Sitzungen, saßen die Vertrauten Winklers. Der Reichsbeauftragte für die deutsche Filmwirtschaft übernahm die Kontrolle über Personal- und Sachfragen. Seine Zustimmung war für alle wesentlichen Geschäfte notwendig. Winkler hatte immer Wert darauf gelegt, diese Bestimmungen und Anweisungen nicht schriftlich zu fixieren.

Außer den eigentlichen Treuhandgeschäften, nämlich der Verwaltung fremder Interessen und Vermögenswerte, war seine Aufgabe die Mitwirkung bei Finanzierungen und Sanierungen, die Prüfung von Geschäftsbüchern und Bilanzen, die betriebswirtschaftliche Organisation der Filmunternehmungen sowie die wirtschaftliche Rechts- und Steuerberatung, die Beaufsichtigung der Beteiligungen und die Bestellung der Gremien und Bemessung der Bezüge aller leitenden Angestellten. So duldete Winkler keine Verträge mit Gewinnbeteiligung, wie sie in der Filmbranche üblich waren. Winkler selbst verzichtete 1934 auf eine lt. Vertrag von 1924 zugestandene Tantieme von 3% aus dem Reingewinn der Firmen, an denen die Concordia beteiligt war. 383)

Die grundlegende organisatorische und auch personelle Neuformung der Filmwirtschaft setzte 1937 ein: Sie brachte der Cautio eine Vermehrung ihrer Aufgaben: Die Betreuungsarbeit im Pressesektor wurde erweitert durch Hinzunahme des Gebietes der Filmwirtschaft. Diese Ausdehnung der Aufgaben erforderte die Anmietung neuer Büroräume, die Einrichtung eines Filmvorführraumes und die Erhöhung der Zahl der Angestellten von 14 (Ende 1936) auf 27 (Ende 1937). Zehn Gehaltsempfänger waren hiervon für die zusätzlich geschaffene Abteilung II, "Filmabteilung", innerhalb der Cautio tätig. Anfang 1938 betreute Winkler über die Cautio nachstehende Tätigkeitsgebiete und Einzelunternehmen: 384)

A. für das Reich

I.   Zeitungsbedarf GmbH, Berlin, mit verschiedenen Untergesellschaften im In- und Ausland

II.   1. Deutsche Nachrichtenbüro GmbH, Berlin
    2. Nibelungenverlag GmbH, Berlin
    3. Deutscher Verlag für Politik und Wirtschaft GmbH, Berlin
    4. Auslandzeitungshandel GmbH, Köln
    5. B. Westermann Co. Inc., New York

III.   Verschiedene Treuhandaufträge, die aus dem Kredit des Reichspressechefs finanziert wurden:
    1. Berliner Druck- und Zeitungsbetriebe AG (Berliner Tageblatt), Berlin
    2. Neuer Theaterverlag GmbH, Berlin
    3. Beboton Verlag GmbH, Berlin
    4. Arcadia Verlag GmbH, Berlin
    5. Bühnenverlag Ahn & Simrock GmbH, Berlin
    6. Adolf Schustermann Adressenverlag und Zeitungsausschnitte GmbH, Berlin

IV. Film-Treuhandverwaltung:
1. Ufa AG, Berlin
2. Internationale Tobis, Amsterdam
3. Tobis Tonbild Syndikat AG, Berlin
4. Terra Filmkunst GmbH, Berlin
5. Tobis Filmkunst GmbH, Berlin

B. *für den Werberat der deutschen Wirtschaft*
I. Auslandverlag GmbH (Verlag des "Echo der deutschen Industrie"), Berlin
II. Reichsausschuß für volkswirtschaftliche Aufklärung GmbH, Berlin

C. *für den Eherverlag, München*
I. Deutscher Verlag AG (Ullstein), Berlin
II. Knorr & Hirth GmbH (Münchner Neueste Nachrichten), München
III. Ala Anzeigen AG, Berlin

D. *Weiterleitung von Zuschüssen usw. an die verschiedenen Empfänger im Ausland*

Federführende Behörde und damit Kontrollorgan war das Reichsministerium für Volksaufklärung und Propaganda nur in bezug auf jene "Treuhandmassen", die Winkler im Auftrage des Reichs treuhänderisch verwaltete: Goebbels beaufsichtigte damit in letzter Instanz alle Filmunternehmen der Cautio. 385) Mit zunehmender Aktivität auf dem Gebiet des Films wuchsen die Filmtreuhandmassen, die schließlich — vor allem nachdem Ende 1939 die Beteiligungsunternehmen des Eher-Verlages aus dem Kreis der Aufgaben der Cautio ausgeschieden und der unmittelbaren Zuständigkeit Rienhardts zugefallen waren — das Haupttätigkeitsfeld Winklers ausmachten.

Zum Abschluß des Geschäftsjahres 1940/41 betrug die Zahl der Beteiligungen, die von der Cautio treuhänderisch verwaltet wurden und auf die sich die laufende Mitarbeit des Büros Winkler erstreckte, insgesamt 24 Gesellschaften. Unter den 22 für das Propagandaministerium kontrollierten Firmen und Institutionen waren 14 Unternehmen aus dem Bereich der Filmwirtschaft: 386)

1. Tobis Tonbild Syndikat AG, Berlin
2. Ufa (Universum Film AG), Berlin
3. Film-Finanz GmbH, Berlin
4. Terra Filmkunst GmbH, Berlin
5. Tobis Filmkunst GmbH, Berlin
6. Wien-Film GmbH, Wien
7. Bavaria Filmkunst GmbH, München
8. Ostmärkische Filmtheater Betriebs GmbH, Wien
9. Deutsche Lichtspielbau GmbH, Berlin
10. Tobis Sascha Film Verleih GmbH, Wien
11. AB-Film Aktiengesellschaft, Prag-Barrandow
12. Elektafilm AG, Prag
13. Continental Films, Paris
14. N.V. Internationale Tobiscinema, Amsterdam

Weitere, zwischenzeitlich gebildete und wieder aufgelöste bzw. durch andere übernommene Treuhandmassen waren u.a. "Bavaria Wochenschaurechte", "Deutsche Filmakademie", "Warner Brothers" (Beteiligung an der Intertobis), "Internationale Tobis Maatsch." und "Besondere Aufwendungen". 387)

Bei Kriegsende, nachdem die Cautio 1942 fast alle ihre Kontroll- und Verwaltungsrechte an die neu gegründete Ufa-Film abgetreten hatte, hielt Winkler mit seiner Treuhandgesellschaft noch folgende Beteiligungen: 388)

A. für das Reichsfinanzministerium
   1. Neue Revisions- und Treuhandgesellschaft mbH
   2. Vereinigte Finanzkontore GmbH

B. für das Propagandaministerium
   1. Ufa-Film GmbH
   2. Deutsche Lichtspielbau GmbH
   3. Filmkreditbank GmbH
   4. Zentralfilmgesellschaft Ost GmbH
   5. Uniphon GmbH
   6. "Die Zeitung im Ausschnitt" Gesellschaft für internationale Pressebeobachtung mbH, vorm. Adolf Schustermann
   7. Nibelungen-Verlag GmbH
   8. B. Westermann Co. Inc.
   9. Sondertreuhandmasse "Treuwa" Treuhandverwaltung GmbH

Das Schwergewicht im Aufgabenbereich der Cautio hatte sich demnach auf die Filmwirtschaft verlagert, obwohl Winkler bis 1945 noch Treuhandmassen der Sachgebiete "Zeitungen" und "Musik-, Theater- und Bühnenverlage" sowie eine Reihe von Sondertreuhandmassen führte.

Für die verschiedenen Filmgesellschaften, die sich mehrheitlich im Besitz des Reiches befanden, war somit eine besondere Treuhandmasse gebildet worden. Diese Vermögenswerte wurden buchmäßig getrennt geführt, und über etwaige Mittelanforderungen wurden auch getrennte Anträge bei der Haushaltsabteilung des Propagandaministeriums vorgelegt, die an das Reichsfinanzministerium weitergeleitet werden mußten. Mittel waren erforderlich zur Gründung von reichseigenen Gesellschaften, zum Aufkauf von privaten Filmfirmen, zur finanziellen Stützung einiger Unternehmen (Kreditgewährung und Verlustausgleich) oder zur Finanzierung von Gesellschaften und Institutionen, die keinen Gewinn einbringen konnten wie die Deutsche Filmakademie. Die Bewilligung oder auch Ablehnung der beantragten Gelder reichte die zuständige Abteilung des Finanzministeriums — gegebenenfalls nach Einholung der Genehmigung direkt beim Reichsfinanzminister Graf Schwerin von Krosigk — über das Propagandaministerium an Winkler zurück. Seine Treuhandfunktionen nahm Winkler jedoch nicht nur als bloßer Kapitalverwalter wahr, sondern er führte auch materiell unter Einflußnahme auf die Geschäftsführungen die Verwaltung der einzelnen Unternehmen: Sein Büro war seit Beginn des "Verreichlichungsprozesses" eine Art Konzernspitze für die kontrollierten Filmfirmen.

Die Stellung der Cautio und ihre Einflußnahme auf die gesamte deutsche Filmwirtschaft erforderte in deren Verwaltung zweifellos erstklassige "Fachkräfte" in Wirtschafts- und Finanzfragen; Winkler in einem Schreiben an von Manteuffel: "Ich kann eine solche Verwaltung nicht führen, ohne über Persönlichkeiten zu verfügen, welche mindestens über die gleichen Voraussetzungen an Kenntnissen und Erfahrungen auf den in Betracht kommenden Gebieten verfügen wie die entsprechenden Direktoren meiner Gesellschaften". 389) Aber nicht nur fachliches Wissen und Informiertheit, sondern ebenso die Vertraulichkeit der Aufgaben und die meist beschleunigte Durchführung der Transaktionen hatten Winkler zu einer sorgfältigen Auswahl seiner engsten Mitarbeiter veranlaßt.

Zweiter Geschäftsführer der "Cautio" Treuhandgesellschaft war ein langjähriger enger Mitarbeiter Winklers, der Diplom-Kaufmann Willy Imhof. Als 24jähriger war Imhof zur "Concordia" gekommen und drei Jahre später als Vertrauter Winklers erster Geschäftsführer und Anteilseigner der neu gegründeten Cautio geworden. 1933 holte ihn Goebbels in die Propagandaabteilung seines Ministeriums und machte ihn zum alleinigen Geschäftsführer der reichseigenen "Deutschen Lichtbilddienst GmbH" 390), nachdem Winkler 1933 selbst Anteile und Geschäftsführung der Cautio übernommen hatte. Im Dezember 1935 schied Imhof als Regierungsrat und Referent aus dem Ministerium aus und wurde, lt. Vertrag vom 24. 12. 1935, als zweiter Geschäftsführer neben Max Winkler bei der Cautio festangestellt. Hier leitete er die Abteilung I, die die Gesellschaften aus dem Presse- und Verlagsbereich kontrollierte und verwaltete. Mit dem Filmgeschäft kam Imhof deshalb nur mittelbar in Berührung, zumal er seit 1939 überwiegend für die Haupttreuhandstelle Ost tätig war.

Stellvertreter Winklers als "Reichsbeauftragter für die deutsche Filmwirtschaft" war seit November 1937 der Jurist Bruno Pfennig, der aus seinem Beamtenverhältnis bei der Reichsfilmkammer ausgeschieden war, um seine gründlichen filmwirtschaftlichen Kenntnisse und organisatorischen Erfahrungen, die er dort erworben hatte, Winkler zur Verfügung zu stellen. Von 1927 bis 1931 leitete Pfennig das Vorstandssekretariat der Ufa AG und war dort außerdem in der Versicherungsabteilung und in der Abteilung Filmkontrolle tätig. 1931 kehrte er auf eigenen Wunsch in den Justizdienst zurück. 1932 wandte sich der Syndikus der Ufa AG, Rechtsanwalt Donner, entschieden gegen die Absicht des Produktionschefs Correll, Pfennig zur Reorganisation der Dramaturgie als stellvertretenden Produktionschef einzustellen. Beistand erhielt Donner damals von einem Rechtsanwalt Zimmer, der Pfennig erhebliche charakterliche Schwächen vorwarf.

Pfennig nahm nach 1937 die Verbindung zwischen Winkler und der Filmkammer wahr, um den Reichsbeauftragten über alle Vorgänge und Fragen, die dessen Auftrag berührten, zu unterrichten bzw. um die Kammer mit Plänen und Vorhaben des Reichsbeauftragten bekanntzumachen. 391) Vor allem die jahrelange Verwaltungserfahrung Pfennigs war für Winkler und den Arbeitsbereich der Cautio von besonderem Wert: Der ehemalige Landgerichtsrat war entscheidend beim Aufbau des staatlichen Filmkonzerns beteiligt und wurde im Januar 1942 zum ersten Vorsitzenden in der Geschäftsführung der Ufa-Film GmbH ernannt. In dieser Eigenschaft und als rechte Hand des Reichsbeauftragten war Pfennig einer der mächtigsten Manager in der deutschen Filmwirtschaft. Seine Machtposition wurde bestärkt durch eine Reihe von "Nebenbeschäftigungen": Er war stellvertretender Vorstandsvorsitzender der Ufa AG, Vorsitzender im Aufsichtsrat der Deutschen Film-Vertriebs GmbH und der Tobis Tonbild Syndikat AG und Vorsitzender des Verwaltungsrates der Prag-Film; außerdem saß er noch in den Aufsichtsräten der Deutschen Wochenschau und der Deutschen Filmtheater GmbH. 392) Nach seiner Ernennung zum Vorstandsvorsitzenden der Ufa-Film wurde Pfennig von Goebbels offiziell in den Präsidialrat der Reichsfilmkammer berufen, um die ständige Verbindung zwischen der Spitze der staatlich gelenkten Filmwirtschaft und der berufsständischen Organisation sicherzustellen und die wesentlichen Entscheidungen in wirtschaftlicher, finanzieller und personeller Hinsicht aufeinander abzustimmen.

Dieser Höhenflug des gerade 40jährigen dauerte jedoch nur kurze Zeit: Ende 1943 war die Karriere Pfennigs beendet; wegen Schwarzmarktgeschäften in Prag wurde er aus allen Ämtern in Verbindung mit der Cautio entfernt und verlor seine Lebensstellung als Beamter. Im November 1944 wurde er außerdem im Wege einer einstweiligen Verfügung aus der NSDAP ausgeschlossen; 393) jedoch hatte er es dann bei seinem Einspruch gegen diesen Rausschmiß vor allem der Unterstützung Hans Hinkels zu verdanken, daß der Ausschluß in eine parteigerichtliche Verwarnung abgemildert wurde. Zu einer Neueinstellung im Bereich der Filmwirtschaft ist es aber bis Kriegsende nicht mehr gekommen.

Einen weiteren zuverlässigen und tüchtigen Geschäftsführer besaß Winkler in Friedrich Merten. Er hatte den ehemaligen Bankdirektor verpflichtet, weil er zur Mitwirkung bei der Cautio und den bevorstehenden Filmtransaktionen einen Wirtschaftsexperten benötigte, der in Fragen der Finanzierung und betriebswirtschaftlichen Beratung und Revision besonders erfahren war. 394) Merten war seit 1933 Mitarbeiter von Winkler in Berlin und Danzig; er kam jedoch erst im Januar 1937 hauptamtlich zur Cautio in die Filmabteilung. Als Sachkundiger in Wirtschaftsfragen wurde er zu einer unentbehrlichen Hilfe des Reichsbeauftragten. Von 1942 bis 1944 saß er im Vorstand der Ufa-Film und vertrat aus organrechtlichen Gründen die Holding-Gesellschaft in beinahe allen reichseigenen Filmfirmen.

1941 holte Winkler den Rechtsanwalt Dr. jur. Gunther Dahlgrün zur Cautio, der seit 1930 beim Oberlandesgericht in Celle tätig war und u.a. der Ufa AG als juristischer und wirtschaftlicher Mitarbeiter gedient hatte. 395) Nach dem Ausscheiden Pfennigs ernannte Winkler im Mai 1944 Dahlgrün, neben Imhof und Merten, zum weiteren Geschäftsführer der Cautio, und bald stieg dieser zum engsten Mitarbeiter und ständigen Vertreter des Reichsbeauftragten auf.

Die beiden Prokuristen der Cautio, Reinhold Kreger und Hans Waldraff, holte sich Winkler im Jahre 1937 für die bevorstehende Neuorganisation der deutschen Filmwirtschaft aus dem Hugenberg-Konzern. Beide waren Diplom-Kaufleute und Experten für betriebswirtschaftliche, insbesondere statistische Fragen: Kreger hatte sein kaufmännisches Diplom-Examen erst 1936 abgeschlossen und war ein Jahr lang Revisor und Devisensachbearbeiter beim Scherl-Verlag. Waldraff konnte bei seinem Eintritt in das Büro Winkler 1937 bereits auf eine lange Erfahrung als Revisor bei der Ufa AG zurückblicken. 396) Im Jahre 1942 wurden beide auch zu Prokuristen der Ufa-Film bestellt.

Zeitweilige Mitarbeiter Winklers in der Filmabteilung der Cautio waren Arnold Raether, Wilhelm Müller-Scheld und Dr. Richard Sternberg-Raasch 397); einen Sondervertrag mit der Cautio als Winklers Verbindungsmann zu den Exportfirmen und als Filmexportsachbearbeiter hatte 1939 Dr. Günther Schwarz abgeschlossen. 398)

Mit dieser Handvoll Experten begann Max Winkler seine Tätigkeit als Reichsbeauftragter für die deutsche Filmwirtschaft, und das hieß zunächst: Aufkauf, Gründung, Fusion und Auflösung von Filmgesellschaften. Dem folgte die wirtschaftliche Überwachung und Lenkung: Hierbei bediente sich Winkler wiederum der Cautio als Finanzierungsgesellschaft und Kontrollorgan. Und schließlich bereitete dieser kleine, aber gut durchorganisierte und nur mit wenigen Personen besetzte Verwaltungsapparat die Zusammenfassung der Filmfirmen in einer Dachgesellschaft vor.

Seit 1942 beherrschte diese Gruppe finanz- und betriebswirtschaftlicher Spezialisten um Winkler die Geschäftsführung der Ufa-Film. 399) Allein von Politikern, schon gar nicht von altgedienten Parteigenossen hätte diese Neuorganisation der gesamten deutschen Filmwirtschaft damals bewältigt werden können; Goebbels benötigte hier zur Verwirklichung seiner und Winklers Vorstellungen ein Team von Fachleuten, das er widerstandslos als "unpolitisches" Ausführungsinstrument einsetzen und benutzen konnte.

4. Die Ministerialbürokratie und ihre Funktion beim Aufbau des staatlichen Monopolkonzerns

Die Bedeutung des Beamtentums, insbesondere der Ministerialbürokratie, beim "legalen" Übergang der bürgerlich-parlamentarischen Weimarer Demokratie zur Diktatur des deutschen Faschismus 400) spiegelt sich auch in der Geschichte der deutschen Filmwirtschaft jener Zeit wider: Die "Loyalität" der Verwaltungsbeamten, gepaart mit einem gelernten Sinn für geordnete Aktenarbeit, beamtenhafte Pünktlichkeit und Disziplin, waren Goebbels beim Aufbau seines Propagandaapparates und bei der "Nationalisierung" der deutschen Filmindustrie wertvolle Hilfen, zumindest unentbehrlicher als die Garde der alten Parteikämpfer, die ihm vor 1933 als Leibwächter und Saalschutz gedient hatten.

Der Zweck der staatlichen Tätigkeit war (und ist größtenteils noch heute) für die Verwaltungsjuristen ausgeschlossen und blieb für sie stets unberücksichtigt und ausgeklammert: Deshalb konnte Goebbels in sein Ministerium ältere, "fachkundige" Verwaltungsbeamte versetzen, die nicht einmal der NSDAP angehören mußten. Die kultivierte Ideologie von der politischen "Neutralität" des Beamtentums und der Bürokratie 401) ersparten ihm, erst lange und trübe Erfahrungen mit Parteileuten machen zu müssen.

Wenn auch viele vor 1933 bereits mit der NS-Ideologie sympathisierten und einem antidemokratischen Konservatismus huldigten, waren ebenso jene "liberalen" Bürokraten ohne Skrupel fähig und bereit, dem zu dienen, was nunmehr "Recht" hieß. Diese damals wie heute übliche Formalisierung des "Rechts" als die "Gesamtheit der jeweils bestehenden gesetzlichen Regelungen" 402) überantwortet jedoch die Rechtsidee einer beliebigen und damit auch antidemokratischen Setzung. Die totale Formalisierung des Gesetzesbegriffes bringt es mit sich, die Frage nach der Legitimität gesetzlicher Normierungen auf deren Legalität, d.h. auf ihr verfassungsmäßiges Zustandekommen zu reduzieren: "Für das positivistische Legalitätsverständnis der Bürokratie war die legal errungene Macht Hitlers die unbestrittene Quelle aller Legalität." 403) Eine solche inhaltliche Beliebigkeit ermöglicht schließlich jede Normierung von Unrecht, d.h. von unrechtmäßiger Herrschaft. Dem gleichen Denken verhaftet waren auch die Wirtschafts- und Finanzexperten um Max Winkler, nicht zuletzt Winkler selbst.

Ein im Geist dieses Rechtsverständnisses stehender Beamter konnte für die faschistischen Machthaber "wertvolle" Funktionen ausüben. Die Bürokratie und ihre personellen Träger wurden zum Herrschaftsmittel: Finanz- und Wirtschaftsexperten des Weimarer Staatsapparates unterstützten Goebbels' und bauten mit Winkler ein reichseigenes Filmsystem auf, das den Terror der Nazis durch seine Produkte vorbereitete, untermauerte und verlängerte. So hatte die Verwaltung und Bürokratie — etwa die Haushaltsexperten im Finanzministerium oder in der Haushaltsabteilung des Propagandaministeriums — eine nicht zu unterschätzende Bedeutung für die politischen und ökonomischen Verhältnisse im Film des Nationalsozialismus.

Die nationalsozialistische Führungsgruppe, nicht zuletzt Goebbels und sein Propagandaministerium, war von Anfang an darauf angewiesen, mit dem Gros des alten Beamtenapparates zusammenzuarbeiten. Die Masse der Bürokratie ließ keinen Zweifel an der Bereitschaft aufkommen, der neuen Regierung loyal zu dienen. Die Befürchtung einer Passivität oder "Sabotage" durch die Verwaltung erwies sich als unberechtigt. U.a. war hier auch entscheidend, daß die versprochene "Wiederherstellung eines nationalen Berufsbeamtentums" den Wünschen der Beamtenschaft entgegenkam. Sie versprach sich die Wiedererlangung jener zentralen Stellung im Staatsleben, die sie im Kaiserreich innegehabt hatte. 404)

Die traditionelle Rolle des Beamtentums, Bewahrer der staatlichen Substanz zu sein, erleichterte es deshalb Goebbels und Winkler, eine fachkundige, disziplinierte und geordnete Ministerialbürokratie für ihre Ziele einzusetzen; das heißt: Wie die Beamtenschaft stets ein wichtiges Element der Stabilität politischer Systeme darstellt, waren auch die Haushalts- und Finanzexperten der Weimarer Behörden ein unentbehrliches Hilfsmittel bei der totalen Beherrschung der Medieninstitution Film. Es war deshalb kaum verwunderlich, wenn Goebbels an die Spitze der gesamten Verwaltung seines Ministeriums mit Ministerialdirektor Dr. Erich Greiner einen national-konservativen Kavallerie-Offizier stellte, der vor 1933 Ministerialdirektor im Finanzministerium gewesen war und niemals in die NSDAP eingetreten ist. 405) Greiner führte die jüngeren Beamten und Parteigenossen in die Tätigkeit des Verwaltungsapparates (behördlicher Schriftverkehr, Aktenbearbeitung etc.) ein und trug wesentlich dazu bei, daß das Propagandaministerium — zumindest bis Anfang der 40'er Jahre — "als leistungsfähiger Verwaltungsapparat" auch funktionierte. 406) Mit zunehmender Aktivität Goebbels' und Winklers, den Film wirtschaftlich unter die Kontrolle des Regimes zu bekommen, wurde auch Greiner in Filmangelegenheiten eingespannt: Als Leiter der Verwaltung unterstand ihm jene Abteilung I A (Haushalt), über die alle Mittelanforderungen der Cautio laufen mußten. So wurde er schließlich von Goebbels in den Aufsichtsrat der Ufa AG berufen und zum Aufsichtsratsvorsitzenden der Deutschen Filmtheater GmbH bestellt. 407)

Ein entscheidenderes Wort mitzureden bei der Kontrolle und Lenkung der staatsmittelbaren Filmwirtschaft hatte Dr. Karl Ott, der 1933 für 12 Jahre, zuletzt im Rang eines Ministerialrates, die Leitung der Haushaltsabteilung übernahm und ebenfalls aus dem Reichsfinanzministerium kam, wo er als Oberregierungsrat tätig gewesen war. 408) Er galt als ausgesprochener Haushalts- und Finanzexperte und Routinier der Geschäftserledigungen und Ämtergewohnheiten im Ministerialbereich. Seine bewährte Sachkenntnis und Zuverlässigkeit machte ihn dann auch unentbehrlich für die Transaktionen in der Filmwirtschaft. Ott, dem Goebbels die nicht immer leicht zu lösende Aufgabe übertragen hatte, die ständig wachsenden Ausgaben des Propagandaministeriums mit den Einnahmen auszubalancieren, war somit auch eine bedeutende wirtschaftliche Kontrollinstanz für die Arbeit Winklers. Ihm gegenüber hatte Winkler zunächst seine finanziellen Forderungen und wirtschaftsorganisatorischen Maßnahmen zu begründen, bevor das Finanzministerium die weitere Entscheidung traf. Und für die Entwicklung der Filmwirtschaft war es deshalb nicht unwesentlich, daß die Haushaltsabteilung und ihr Leiter Dr. Karl Ott die Pläne und Vorhaben Winklers weitgehend unterstützten und die Mittelanforderungen gegenüber der Finanzbehörde billigten. Nur in seltenen Fällen schaltete sich die Abteilung als Bremse ein: Ott war ein wohlgesinnter Fürsprecher des Reichsbeauftragten. Nach Abschluß des Nationalisierungsprozesses wurde Ott als Vertreter des Propagandaministeriums in die Aufsichtsorgane der reichseigenen Filmgesellschaften bestellt, um dort Kontroll- und Lenkungsfunktionen zu übernehmen.

Die Entsendung von Vertretern des Ministeriums in die Aufsichtsgremien der Filmfirmen entsprach dem Verständnis von Kontrolle und Lenkung der Filmwirtschaft durch das Reich: In den Aufsichtsräten war nicht die Filmabteilung, sondern die Haushaltsabteilung des Propagandaministeriums vertreten. Rechtsgrundlage der Interessenvertretung war die Reichshaushaltsordnung: Nach § 48 RHO war in dem zu benennenden Aufsichtsrat (oder in der Geschäftsführung) einer "Reichsgesellschaft" (AG, KG oder GmbH) eine "angemessene Vertretung" des Reichs vorzusehen, um den "nötigen Einfluß" zu sichern. 409)

Ott war Aufsichtsratsmitglied bei der Konzernspitze (Ufa-Film), bei der Ufa AG, der Film-Finanz GmbH, der Filmkreditbank und der Tobis-Tonbild-Syndikat; ferner saß er in den Aufsichtsräten dreier Produktionsgesellschaften (Bavaria-Filmkunst, Tobis-Filmkunst, Wien-Film) und der Zentralfilmgesellschaft Ost sowie vorübergehend im Aufsichtsrat der Deutschen Filmtheater GmbH. 410) Der Leiter der Haushaltsabteilung nahm deshalb nicht nur innerhalb des Ministeriums, sondern auch in der gesamten nationalsozialistischen Filmwirtschaft eine bedeutende Schlüsselstellung ein. 411)

Erst in einer untergeordneten Position der Verwaltungsspezialisten, als Referent und Sachbearbeiter für Filmfragen, tauchte im Propagandaministerium ein bewährter Nationalsozialist auf: Dr. Otto Getzlaff, vormals Amtsgerichtsrat in Brünow. 413) Getzlaff bearbeitete innerhalb der Haushalts-Abteilung des Ministeriums direkt alle Angelegenheiten der nationalisierten Filmfirmen und hatte selbst, zumindest bei Finanzfragen, ein gewichtiges Wort bei Vorschlägen und Entscheidungen mitzusprechen. Als Oberregierungsrat und später als Ministerialrat vertrat er die Interessen des Ministeriums in den Aufsichtsräten der Terra-Filmkunst, der Ufa-Filmkunst und der Deutschen Filmvertriebs GmbH.

Die nationale und konservative Gesinnung und das bürokratisch-funktionalistische Selbstverständnis machten diese drei Haushalts- und Finanzexperten zu wichtigen Hilfspersonen und sachkundigen Handlangern beim Aufkauf und bei der organisatorischen Zusammenfassung der deutschen Filmgesellschaften. Ohne ihre Unterstützung hätte Winkler kaum ein so hochgradig organisiertes, kapitalistisches und mittelbar im Besitz des Staates befindliches Filmsystem aufbauen, überwachen und direkt bewirtschaften können. Die "Tradition" der Verwaltungsbeamten ließ inhaltliche Kriterien ihrer Tätigkeit keine Rolle spielen. Allein ihre Sachkenntnis machte sie den unterschiedlichen demokratischen und diktatorischen Regimen dienstbar, und selbst eine Parteimitgliedschaft im Dritten Reich war, wie bei Dr. Ott, nach 1945 kein Hindernis zur Weiterbeschäftigung im "Staatsdienst".

Auch die Beamten des Reichsfinanzministeriums reihten sich ein in die Kette der deutschen Verwaltungsbeamten, die ohne größeren Widerstand die Regierungs- und Verwaltungsmaschinerie des NS-Staates in Bewegung setzten und sie reibungslos und ununterbrochen in Gang hielten.

Das Reichsfinanzministerium überwachte nicht nur den Gesamthaushalt des Goebbels-Ministeriums, sondern ihm oblag auch die Kontrolle besonderer Transaktionen, wie der Aufkauf der Filmgesellschaften aus Privathand durch die Cautio. Die für den Neuaufbau der Filmwirtschaft notwendigen Gelder mußten dem Finanzministerium abverlangt werden: Winkler beantragte bei der Haushaltsabteilung des Propagandaministeriums für das jeweilige Haushaltsjahr die erforderlichen Mittel, um deren Bereitstellung im Reichshaushalt im Ministerium von Schwerin v. Krosigk nachgesucht werden mußte. Seit 1937 stellte das Reichsfinanzministerium zunehmend Haushaltsmittel zum Aktienerwerb, für Beteiligungen, Sanierungskredite usw. dem Reichsministerium für Volksaufklärung und Propaganda in immer größerem Ausmaß zur Verfügung. Darüber hinaus konnte Winkler nach der Reichshaushaltsordnung nur mit Zustimmung der staatlichen Finanzbehörde "reichseigene" Filmfirmen gründen und mußte den Einfluß des Reiches auf die Aufsichtsorgane der in den Treuhandmassen verwalteten Gesellschaften unter Beteiligung des Reichsfinanzministeriums sicherstellen. 414)

Winklers Projekte unterlagen demnach einer doppelten Überwachung in wirtschaftsorganisatorischer und finanzieller Hinsicht: Neugründungen, Kapitalerhöhungen usw. legte der Reichsbeauftragte schriftlich der Haushaltsabteilung des Propagandaministeriums vor, die sie an das Finanzministerium weiterleitete.

Die für den Haushalt und die Beteiligungsgesellschaften des Propagandaministeriums zuständige Unterabteilung I C im Reichsministerium für Finanzen 415) leitete Joachim von Manteuffel. Er war bereits 1933 Ministerialdirigent im Finanzministerium und konnte als 56jähriger auf eine lange Erfahrung im staatlichen Verwaltungsdienst zurückblicken. Erst 1944 wurde er, inzwischen Ministerialdirektor, pensioniert und schied aus dem Ministerium aus. Von Manteuffel vertrat die Interessen des Reichsfinanzministeriums bei der Dachgesellschaft (Ufa-Film), bei der Ufa AG und der Deutschen Filmtheater GmbH.

Direkter Sachbearbeiter für Filmangelegenheiten in der Unterabteilung I C war Hermann Burmeister. 416) Der ehemalige Berufsoffizier (Major d.R.) war bis Juli 1933 als Oberregierungsrat Referent beim Reichskommissar für die Osthilfe. Im August trat er dann ins Finanzministerium ein, wurde 1935 selbständiger Referent und 1936 zum Ministerialrat ernannt. Der Finanzminister bestellte Burmeister zu seinem Interessenvertreter in den Aufsichtsräten der meisten Produktionsgesellschaften (Bavaria-Filmkunst, Prag-Film, Tobis-Filmkunst, Ufa-Filmkunst und Wien-Film) sowie der Ufa AG, der Tobis-Tonbild-Syndikat und der Zentralfilmgesellschaft Ost. In den verbleibenden Aufsichtsgremien der staatsmittelbaren Filmfirmen saß Paul Schmidt-Schwarzenberg als Bevollmächtigter des Reichsfinanzministeriums: bei der Terra-Filmkunst, der Deutschen Filmtheater GmbH und der Deutschen Filmvertriebs GmbH, außerdem trat er 1944 für Burmeister in den Aufsichtsrat der Ufa-Filmkunst ein.

Im Reichsfinanzministerium hatte Max Winkler zwar in wirtschaftlichen Dingen und Methoden und in finanztechnischen Manipulationen des öfteren einen Verbündeten gegenüber der Filmabteilung des Propagandaministeriums, gleichzeitig jedoch bremste diese Behörde nicht selten die geldlichen Forderungen der Cautio — was natürlich ganz in ihrem Interesse als Überwachungsinstanz des Staatshaushalts lag. Winkler stieß deshalb nicht immer auf positive Reaktionen im Finanzministerium, das in der Regel auf eine möglichst geringe Belastung des Reichshaushalts bedacht war. In Zweifelsfällen mußte sich deshalb Goebbels persönlich einschalten und die Forderungen Winklers gegenüber dem Finanzminister Graf Schwerin von Krosigk durchsetzen. Winkler hatte von Schwerin v. Krosigk eine hohe Meinung: Der Finanzminister galt für ihn "als besonders korrekt und von jeder Parteidoktrin entfernt sachlich denkend". 417) Über die Mittelanforderungen und auf der Rechtsgrundlage der Reichshaushaltsordnung übte das Reichsfinanzministerium eine entscheidende Kontrolle über die staatsmittelbare deutsche Filmwirtschaft im 3. Reich aus und wirkte durch seine Interessenvertreter in den Aufsichtsorganen bei allen wesentlichen organisatorischen, wirtschaftlichen, personellen und finanziellen Fragen mit.

Als es in den ersten Jahren häufig vorkam, daß die Ressortvertreter des RFM erst unmittelbar in den Aufsichtssitzungen von geplanten Maßnahmen Winklers erfuhren, intervenierte von Manteuffel bei Goebbels. Daraufhin verabredete man regelmäßige Treffen aller Beteiligten, um die Beauftragten der Ministerien stets rechtzeitig über alle Vorhaben zu unterrichten und ihnen Gelegenheit zur vorherigen Informationseinholung und damit zur fundierten Stellungnahme zu geben. 418)

Die Unterabteilung I C wurde von Winkler bzw. der Haushaltsabteilung nunmehr über alle Vorhaben unterrichtet und war in alle Pläne eingeweiht. 419) Sie erhielt laufend Durchschläge aller wichtigen Geschäftsvorgänge aus dem Propagandaministerium, von der Cautio und den einzelnen Firmen. Immer wieder trafen sich Winkler und die Ressortvertreter beider Ministerien bei von Manteuffel, um grundlegende Absprachen über anstehende Probleme zu treffen und die Interessen aufeinander abzustimmen.

5. Die Finanzierung der "reichsmittelbaren" Filmwirtschaft

Wie alle ökonomischen Maßnahmen einer Regierung sich in irgendeiner Weise und an irgendeiner Stelle im Haushaltsplan niederschlagen, tauchten damals auch die Ausgaben für die Subventionierung bzw. Nationalisierung des Wirtschaftszweiges "Filmwesen" im Budget des NS-Staates auf. Eine Spezifikation der Finanzierung, d.h. eine genaue Zweckbestimmung und systematische Aufgliederung der für den Aufkauf und die organisatorische Zusammenfassung der Filmfirmen erforderlichen Reichsmittel war jedoch im Haushaltsplan nicht fixiert. Dort fanden sich auf der Ausgabenseite nur sehr allgemeine Anmerkungen über die Art und den Zweck der Bereitstellung von Haushaltsmitteln für die Transaktionen in der Filmwirtschaft. Daß die Gelder Winkler und seiner "Cautio" Treuhandgesellschaft zukamen, war nicht ersichtlich.

In den ersten Jahren nach der Machtübernahme standen Goebbels nur sehr begrenzte finanzielle Mittel für Filmzwecke über den eigenen Haushaltsplan zur Verfügung. Titel 8 (1933 Titel 7) von Kapitel 2 des Einzelplanes V a (Haushaltsplan des Reichsministeriums für Volksaufklärung und Propaganda) war vorgesehen für die "Förderung der Aufgaben auf dem Gebiet des Lichtspielwesens". 420)

Im Haushaltsjahr 1933 erhielt Goebbels über diesen Titel 100.000 RM "für die Herstellung im Reichsinteresse notwendiger Bildstreifen", während 1934 nur 50.000 RM hinter diesem Posten erfaßt wurden. Mit steigendem Interesse der politischen Machthaber an der Beherrschung des gesamten Filmwesens stiegen auch die jährlichen Bewilligungen von Geldmitteln: Die Verausgabungen schwankten zwischen einer Million RM und vier Millionen RM. Aus diesem Haushaltsplan des Propagandaministeriums flossen Winkler jedoch keine Mittel zur Bewirtschaftung der Filmtreuhandmassen der Cautio zu. Über den unmittelbaren Haushalt des Propagandaministeriums liefen bis 1945 nur Ausgabenmassen für das Reichsfilmarchiv (z.B. Neubau eines feuer- und bombensicheren Filmlagerraums), die Deutsche Filmakademie, die Errichtung eines Filmgroßateliers in München und vor allem für die Herstellung "propagandistischer" Filme im direkten Auftrag des Ministeriums. 1934 bzw. 1935 wurden z.B. die Filme "Hermine und die sieben Aufrechten" (Frank Wysbar) und "Die Reiter von Deutsch-Ostafrika" (Herbert Selpin) im Auftrag des Promi mittels eines Kredits des Bankhauses Sponholz & Co. in Höhe von 300.000 RM von der Terra hergestellt. Bei der Mittelanforderung an das RFM vom 13.2.1935 begründete Greiner die Herstellung dieser "propagandistisch wirksamen und auswertbaren Filme" mit der Sicherstellung der Weiterproduktion während der Krise und der notwendigen Erzeugung "wirklich nationaler Filme". 421)

Außerdem waren das Gesellschaftskapital der Cautio und ihre laufenden Unkosten, soweit sie nicht durch Beiträge Dritter gedeckt wurden, aus den Mitteln

des Einzelplanes V a zur Verfügung gestellt worden. Die Geschäftsanteile der
Cautio lauteten formell weiter auf den Namen Winklers, obwohl dieser 1936 das
Stammkapital in Höhe von 20.000 RM aus dem Einzelplan V a entnahm und
damit die Beteiligung an der Cautio beim Propagandaministerium lag. Der Haushalt der Cautio war in der Regel ausgeglichen: Den Einnahmen (Honorarumlagen
auf Beteiligungsunternehmen, Honorareinnahmen aus Revisionen u.a.) standen
Ausgaben (personelle und sachliche Verwaltungsausgaben) in ungefähr gleicher
Höhe gegenüber. Auch die Ausgabensätze zur Neuorganisation der deutschen
Filmwirtschaft waren "unmittelbar programmbezogen", d.h. es handelte sich um
Bewilligungen, deren Verausgabung direktes Ziel der politischen Führung war.

Winkler und seine "Cautio" Treuhandgesellschaft bekamen die notwendigen Gelder für den Aufkauf von Aktien und Geschäftsanteilen, für Kapitalerhöhungen,
für Um- und Neubauten usw. aus dem Einzelplan XVII "Allgemeine Finanzverwaltung", in dem diejenigen Mittel veranschlagt waren, die nicht einem einzelnen Verwaltungszweig zufielen, sondern die Gesamtheit der Reichsverwaltung
betrafen. 422) "Zur Durchführung der in der deutschen Filmwirtschaft erforderlichen Organisationsmaßnahmen" 423) waren hier hinter Titel 2 von Kapitel 13
für 1936 und 1937 Mittel bereitgestellt worden, und zwar mangels einer besonderen Verbuchungsstelle außerplanmäßig. Vom Rechnungsjahr 1938 an standen
dem Propagandaministerium bzw. der Cautio "zur Durchführung der in der Filmwirtschaft usw. erforderlichen organisatorischen Änderungen" bei Kapitel 17 der
fortdauernden Ausgaben Finanzmassen zur Verfügung. Von 1936 bis 1939, als
der Prozeß der "Verreichlichung" im wesentlichen abgeschlossen war, wurden
insgesamt für diese "Organisationsmaßnahmen" 64.886.900 RM an Reichshaushaltsmitteln verausgabt. 424) Bis zur Gründung der Ufa-Film, im Jahre 1942 für
deren Kapital Vermögenswerte an Firmenbeteiligungen der Cautio in Höhe von
65 Millionen RM eingebracht wurden, änderte sich an den finanziellen Verhältnissen der mittlerweile staatsmittelbaren Filmwirtschaft kaum noch etwas. 425)
Die finanzielle Betreuung der Filmfirmen war in dem Moment überflüssig geworden, in dem sie im Besitz des Reiches war und die Filmindustrie auf eigenen
finanziellen Füßen stand, also mit Gewinn arbeitete.

Wesentlich in finanzpolitischer Hinsicht war bei dieser Art der Finanzierung, daß
die ausgegebenen Haushaltsmittel dem Reich in Form von Gesellschaftskapitalien erhalten blieben. Im Zuge der Umorganisation der gesamten Filmwirtschaft
wurde Anfang der 40'er Jahre auch die Finanzierung neu geregelt: Das Reichsfinanzministerium bewilligte der Cautio über das Propagandaministerium noch
einmal insgesamt 120 Millionen RM in vier Jahresabschnitten von jeweils 30
Millionen RM, wonach Winkler auf die Bereitstellung weiterer Haushaltsmittel
für die reichsmittelbare Filmwirtschaft zukünftig verzichtete. 426) Die Mittel,
nach Bedarf abzurufen, waren bestimmt, "die für den Filmeinsatz wesentlichen
Schlüsseltheater in die Hand des Reichs zu überführen". Zu dieser Verstaatlichung der Kinos und zum Neu- und Umbau der Filmtheater in den besetzten
Gebieten ist es nicht mehr gekommen.

Nach dieser "Verselbständigung" der Filmwirtschaft verlor das Finanzministerium nicht seine Kontrollmöglichkeit, die ihm nach der Reichshaushaltsordnung
(§ 48) zustand. Obwohl keine planmäßigen Bewilligungen im Reichshaushalt

mehr auftauchten, übte die Finanzbehörde weiterhin neben dem Propagandaministerium die Aufsicht über die Filmfirmen aus und kontrollierte die Geschäfte der gesamten Filmindustrie. Zweifellos jedoch war der Einfluß der Finanzbehörde in den entscheidenden Jahren von 1936 bis 1939 wesentlich größer: Goebbels und Winkler waren mit ihren Plänen direkt abhängig von den Etatbewilligungen des Reichsfinanzministeriums. Der verwaltungsmäßige Geschäftsgang bei den Mittelanforderungen unterstrich den Rang dieser Reichsbehörde wie auch der Haushaltssachverständigen im Propagandaministerium, die über den besten Kontakt dorthin verfügten.

Die Initiative beim Finanzierungsverfahren lag zunächst bei der Cautio: Als eine dem Propagandaministerium — wenn auch nach außen nicht erkenntlich — nachgeordnete Stelle teilte sie vor dem jeweiligen neuen Rechnungsjahr der Haushaltsabteilung ihre finanziellen Bedürfnisse zur Ausübung ihres Auftrags mit, egal ob es sich um große Projekte oder kleinere Forderungen handelte. In diesem Gesamtentwurf waren die Ausgaben für die verwalteten Treuhandmassen sachlich, betragsmäßig und zeitlich hinreichend spezifiziert. Diese mittelbar vorgesetzte Behördenstelle prüfte den von Winkler und seinen Finanzexperten erarbeiteten Voranschlag, um das politisch und wirtschaftsorganisatorisch Notwendige mit den vorhandenen finanziellen Deckungsmöglichkeiten in Einklang zu bringen. Winkler selbst hatte sich bereits vor der Ermittlung und Zusammenstellung der Finanzforderungen mit Goebbels und den Referenten der Filmabteilung abgestimmt, so daß in diesem Stadium nur kurze Rücksprachen notwendig waren. Die Haushaltsabteilung leitete deshalb diese differenzierte Grundlage der Winklerschen Ausgabenwirtschaft bald zur Prüfung und Kontrolle an die Finanzverwaltung weiter, wo Burmeister die Bedarfsmeldungen der staatsmittelbaren Filmwirtschaft bearbeitete. Auf Referentenebene kam es nun zu Absprachen zwischen dem Haushaltssachbearbeiter im Propagandaministerium (Getzlaff) und dem Haushaltsreferenten des Reichsfinanzministeriums (Burmeister), wobei stärker als vorher das finanziell Mögliche eine Rolle spielte. Wurde nach teilweise langwierigen Verhandlungen keine Einigung erzielt über die mutmaßlich im Tätigkeitsbereich der Cautio anfallenden oder geplanten Haushaltsausgaben, folgten sogenannte "Chefbesprechungen" auf Abteilungsleiterebene (Ott und von Manteuffel), an denen auch Winkler oder einer seiner Vertreter teilnahm. Erst wenn auch auf dieser Ebene die Finanzbehörde — hier der Sachbearbeiter des Haushalts von Manteuffel — aus besonderen Sparsamkeitsgründen, d.h. aus finanzpolitischen Erwägungen, Winkler die Mittel verweigerte, schaltete sich Goebbels ein.

Der Propagandaminister konferierte mit Schwerin von Krosigk und erreichte in der Regel eine abschließende Entscheidung in seinem Sinne. Die Möglichkeit des direkten Gesprächs (auch zwischen dem Reichsfinanzminister einerseits und Winkler und dem Staatssekretär im Promi andererseits) wurde hauptsächlich bei grundsätzlichen Entscheidungen wahrgenommen: u.a. im Dezember 1936 vor Beginn der Transaktionen, im Juni 1937 und im Juni 1938 bei wichtigen Zwischenentscheiden (Aufkauf der Restaktien der Ufa, Neugründungen in München und Wien usw.), seit 1939 mehrere Male im Hinblick auf die künftige Organisation des Films und im Juli 1941 bei der abschließenden Bewilligung von 120 Millionen RM für die Verstaatlichung der Kinos.

Nur in Ausnahmefällen entschied Hitler bei offengebliebenen Streitfragen und nicht beigelegten Auffassungsunterschieden. Diese "Führerentscheide" betrafen u.a. den kostspieligen Bau von repräsentativen Großkinos und Großateliers, den Ausbau der Filmproduktion in München, die Namensgebung der neuen Haltegesellschaft.

Nach diesem mehr oder weniger verzögerten Genehmigungsverfahren 427) standen Winkler und der Cautio die Mittel für den angegebenen Zweck bereit. Im Haushaltskapitel war jedoch jene quantitative, qualitative und zeitliche Spezialisierung der Anforderungen nicht mehr erkennbar; dort wurde nur noch der Gesamtbetrag aufgeführt. Die pauschalen Etatbewilligungen stellten zunächst nur Ausgabeermächtigungen dar, d.h. die Ausschöpfung der Etattitel durch Winkler war jeweils von der Zustimmung der Haushaltsabteilung des Propagandaministeriums abhängig. Im Bedarfsfall mußte Winkler deshalb nochmals bei seinem ministeriellen Führungsorgan um die Bereitstellung der zweckgebundenen Mittel nachsuchen. Deren Weitergabe an die Cautio erfolgte durch gesonderte Betriebsmittelzuweisungen an die Reichshauptkasse. Trotz dieser abermaligen finanziellen Bindung war der Ermessensspielraum Winklers kaum eingeschränkt: Er allein stellte die Grundlage der Ausgabenwirtschaft im Hinblick auf die Nationalisierung, Förderung und Subventionierung der deutschen Filmwirtschaft auf.

6. Aufkauf der Aktienmehrheiten und Geschäftsanteile der deutschen Filmfirmen aus Privathand

6.1 Der T o b i s - Konzern

Der Anfang des Jahres 1937 von Winkler massiv eingeleitete Prozeß der "Verstaatlichung" der gesamten deutschen Filmindustrie war ein überaus verworrener und komplizierter Vorgang, der seinerzeit in seinen Einzelheiten kaum durchschaut wurde und auch bis heute noch so gut wie unbekannt geblieben ist. 428)

Während der NS-Zeit jedenfalls waren die politischen Machthaber, aber ebenso die privaten Unternehmer, Aktionäre und Kapitaleigner wenig daran interessiert, die vielfältigen und verwickelten Vermögenstransaktionen an die Öffentlichkeit zu bringen. Beide Seiten schwiegen sich deshalb aus und ließen nur gelegentlich kurze Notizen an die Presse gelangen. In der Frankfurter Zeitung hieß es noch im Januar 1938, fast zwei Jahre nach dem Ufa-Aufkauf, in bezug auf die Ufa: "Im Frühjahr 1937 ging sie in die treuhänderische Verwaltung eines Konsortiums unter Führung der Deutschen Bank über." 429) Im großen und ganzen blieb die Tatsache der "Verstaatlichung" in den ersten Jahren verborgen.

Erst 1941 erfuhr die breite Öffentlichkeit, welche kapital- und besitzmäßigen Veränderungen das Bild der deutschen Filmwirtschaft verwandelt hatten. Am 15. Februar 1941 rechtfertigte Goebbels in seiner Rede anläßlich der Kriegstagung der Reichsfilmkammer den Erwerb der Gesellschaften: 430) "Als ich vor einigen Jahren, zuerst getarnt, dann mehr und mehr öffentlich, heute auch von der weitesten Öffentlichkeit erkannt, maßgebende Institutionen der deutschen Filmindustrie in den Besitz des Deutschen Reiches überführte, wurde dieser Weg von Kritikern als verhängnisvoll empfunden. . . . ich bin heute davon überzeugt, daß es der entscheidende Schritt in unserer Höherentwicklung der deutschen

Filmkunst ist, daß der Film heute nicht mehr irgendwelchen anonymen Kapitalgesellschaften, sondern dem Reich gehört und daß das Reich als ehrlicher Makler und Treuhänder die großen entscheidenden Fragen der deutschen Filmproduktion auch zu entscheiden und zu lösen in der Lage ist." Doch bereits vor mehr als vier Jahren war Goebbels planmäßig daran gegangen, dem Reich einen maßgeblichen wirtschaftlichen Einfluß auf die wichtigsten Filmunternehmen durch Aufkauf zu sichern.

Die Struktur der Filmwirtschaft Mitte der 30'er Jahre machte es zunächst erforderlich, die Majorität der beiden Großkonzerne der Ufa und Tobis zu erlangen. Die Aussichten, auch der übrigen finanzschwächeren Firmen und Konzerne, vor allem die restlichen Großunternehmen der Terra und Bavaria, waren erst nach dem Aufkauf jener marktbeherrschenden Gesellschaften erfolgversprechend. Dieser Restaufkauf der teilweise illiquiden Filmfirmen sollte dann auch durch Hingabe von Ufa-Obligationen wesentlich erleichtert werden. Kleine und mittlere Firmen, mit zunehmender Konzentration wirtschaftlich immer unbedeutender, waren in diesem Zusammenhang für das Reich mehr oder weniger uninteressant. Deshalb zielte Winkler von Anfang an darauf, die beiden größten Konzerne unter Kontrolle zu bringen, die nach den immer stärker werdenden Konzentrationsbewegungen den deutschen Filmmarkt beinahe absolut beherrschten.

Neben der Ufa AG war die "Tobis Tonbild-Syndikat AG" (T o b i s   AG) einer der größten und mächtigsten Konzerne der deutschen Filmwirtschaft. Ihre Haupttätigkeit lag auf dem Gebiet der Patentlizenzen; so kamen ihre Einnahmen zum Großteil aus dem umfangreichen, auf internationalen Abkommen gegründeten Tonfilm-Patentbesitz, der dem Konzern eine Monopolstellung auf dem europäischen Filmmarkt verschafft und gesichert hatte. 431) Neben der Verwaltung und technischen Weiterentwicklung der Patente betrieb die Tobis AG durch mehrere Tochtergesellschaften auch die Filmproduktion, und zwar in eigenen Ateliers in Berlin-Johannisthal und Berlin-Grunewald und in einer eigenen Kopieranstalt in Berlin-Köpenick. Ihr war es vor allem während der Wirtschaftskrise Anfang der 30'er Jahre durch Sachkredite gelungen, in den deutschen Verleih- und Produktionssektor einzudringen, nachdem sich damals größere und kleinere Firmen bei ihr mehr und mehr verschuldeten. Sie hatte sich zur größten Filmherstellungs- und Verleihgesellschaft in Deutschland entwickelt und stellte über ein Drittel der deutschen Filme in ihren Ateliers her oder ließ von kleineren Unternehmen produzieren.

Dieses auf internationaler Patent-Basis stehende Unternehmen besaß demnach durch seine mit dem Ausland abgeschlossenen Lizenz- und Patent-Verträge einen entscheidenden Einfluß auf die gesamte europäische und deutsche Filmindustrie. Bereits vor 1933 war man seitens nationaler Regierungskreise dieser Expansion mit Skepsis entgegengetreten: Denn die Tobis AG war kapitalmäßig eng mit ihrer holländischen Muttergesellschaft, der Internationalen Tobis-Maatschappij N.V. in Amsterdam (I n t e r t o b i s), verflochten, so daß hier ein bedeutender Anteil der deutschen Filmindustrie unter ausländischer Kontrolle stand. 1933 befanden sich 67,5% des Kapitals (3.644.500 RM von 5,4 Mio.RM) in Besitz eines Konsortiums von drei holländischen Banken.

Das Streben der holländischen Finanzkreise nach schärfster finanzieller Auswertung dieser ihrer Monopolstellung bedeutete für die gesamte deutsche Filmindustrie eine Erhöhung der Produktionskosten. Durch Kreditaufnahme hatte sich auch die Tobis AG bei ihrer Muttergesellschaft verschuldet. Eine unter nationalen Interessen stehende Patentverwertung hätte über niedrigere Lizenzen Kostensenkung für die gesamte deutsche Industrie zur Folge gehabt, insbesondere wäre eine solche Geschäftspolitik der deutschen Tobis zugute gekommen. Deshalb hatte eine Loslösung von den holländischen Interessen für die deutsche Filmwirtschaft geschäftliche (und technische) positive Auswirkungen. Seit dem Ankauf der Mehrheitsanteile im Jahre 1929 durch das holländische Bankenkonsortium war somit nicht nur bei der Tobis AG, sondern ebenso in den gesamten Filmwirtschaftskreisen Widerstand gegen die holländische Konzernspitze zu spüren.

Unter nationalsozialistischen Vorzeichen fanden sich im Herbst 1933 Filmindustrie und NS-Regierung aus ökonomischen sowie innen- und außenpolitischen Motiven zu einem Interessenbund, um das im Besitz der Holländer befindliche Majoritätspaket zu erwerben. Doch erst als Goebbels Ende 1934 Max Winkler und dessen Cautio einschaltete, kamen die Verhandlungen mit den holländischen Aktienbesitzern zu einem erfolgreichen Abschluß: Im März 1935 erwarb die Cautio die Mehrheit der Intertobis-Aktien und stellte dem Reich damit einen maßgeblichen Einfluß auf die deutsche Tobis AG sicher.

Zur Ausschaltung des holländischen Übergewichts hatte Winkler aus Tarnungsgründen und aus Gründen der Transferierung des Kaufgeldes den Weg über die "Hollandsche Buitenbank" (HBB), s'Gravenhage, gewählt, eine Institution, mit der er bereits bei der Stützung des Auslandsdeutschtums in der Weimarer Zeit zusammengearbeitet hatte. 432) Die Bank kaufte nach außen in eigenem Namen, nach innen im Auftrage der Cautio: Die Intertobis wurde von der Bank treuhänderisch verwaltet, so daß sie öffentlich nicht als eine in deutschem Besitz befindliche Gesellschaft auftrat. Mit Ausnahme des Verwaltungsrat-Mitgliedes von Tienhoven waren den Mitarbeitern und Angestellten der Intertobis die Besitzverhältnisse nicht bekannt.

Sukzessive erwarb Winkler schließlich bis zum Jahre 1939 fast 100% des Intertobis-Kapitals. Vor allem auf Drängen des Promi sollten nach Möglichkeit alle Aktien aus der Hand von Ausländern erworben werden, um deren Einfluß auszuschalten. Am Ende dieser Intertobis-Transaktionen besaß die Cautio über die Intertobis die Mehrheit des Aktienkapitals an der deutschen Tobis AG.

Es erschien Winkler weiter opportun, die Aktien der Tobis AG als "deutscher" Gesellschaft direkt in Besitz der Cautio zu übernehmen und nicht indirekt über die "niederländische" Intertobis: Im November 1940 kaufte er deshalb für die Cautio selbst die Anteile der Intertobis an der Tobis AG, d.h. anstelle der mittelbaren Beteiligung trat die unmittelbare Beteiligung der Cautio an der deutschen Tobis AG. Die Cautio zahlte damals den Nominalwert, obwohl der Börsenkurs noch nicht den Pari-Stand erreicht hatte — was einer verdeckten Gewinnausschüttung gleichkam. Da nunmehr eine Beteiligung privater Aktionäre unerwünscht war, machte sich Winkler daran, auch die restlichen in freiem Besitz befindlichen Aktien der Tobis AG in die Hände zu bekommen. Bis 1944 gelang es ihm, die

Cautio durch Zusatzkauf freier Aktien mit über 90% am Kapital der Tobis AG zu beteiligen.

Drei Jahre vorher bereits, im Jahre 1941, hatte Winkler die Intertobis-Anteile der Cautio an die deutsche Tobis AG veräußert und damit die ehemalige Tochtergesellschaft zur Konzernspitze der gesamten Tobis-Gruppe gemacht. Die Transaktion im Intertobis-Bereich war abgeschlossen und das angestrebte Ziel erreicht: Die Patentbewirtschaftung lag nunmehr völlig in den Händen der deutschen Tobis AG, der Zentrale des gesamten Tobis-Patentbesitzes in der Welt. Die Intertobis-Geschäfte wurden praktisch unbedeutend, da sie auf die Tobis AG übergegangen waren. Die Liquidation der Gesellschaft wurde aber nicht mehr vor Kriegsende durchgeführt.

Zunächst stand diese Transaktion jedoch nicht in direktem Zusammenhang mit dem eigentlichen Verstaatlichungsprozeß, denn sie wurde 1933 eingeleitet, noch bevor Winkler seine Filmtätigkeit offiziell aufnahm. Der Konzern geriet dann aber in die Abhängigkeit der Cautio und damit des Reiches zu einem Zeitpunkt, als immer höhere Verluste die Finanzierung der Filmproduktionen erheblich erschwerten und eine Sanierung des Konzerns unvermeidlich wurde. Ein Höhepunkt der Verluste auf dem Herstellungs- und Verleihsektor bei der Tobis AG war die Spielzeit 1936/37: Die Verlustrechnung wies einen Betrag von ungefähr 6,5 Millionen RM auf. Nur unwesentlich konnten diese Verluste durch Gewinne aus den technischen Nebenbetrieben gemindert werden: Bei Einnahmen aus Patentlizenzen, Atelierbetrieben, Vermietungen von Tonapparaturen usw. blieb immer noch ein Gesamtverlust in der Bilanz der Tobis AG von über 4 Millionen RM. 433) Bei ihrem geringen Kapital und den hohen Kosten war der Konzern gezwungen, in starkem Umfang die Filmkreditbank und andere Geldinstitute mit Krediten in Anspruch zu nehmen. 434) Das Gesellschaftskapital stand in keinem Verhältnis zu dem Geschäftsumfang, so daß sich die Schwierigkeiten bei der Finanzierung der Filme häuften; denn die im Eigenkapital vorhandene Risikodecke mußte den geldgebenden Stellen als zu gering erscheinen. Schließlich war die Tobis AG kaum mehr in der Lage, den hohen Geldbedarf mit dem Eigenkapital und den ihr zur Verfügung stehenden Bankkrediten zu decken. Trotz der großzügigen Kreditierungen durch staatliche oder halbstaatliche Stellen hatte sich die finanzielle Situation der Tobis AG seit 1935, als die Cautio und somit mittelbar das Reich über die Intertobis mehrheitlich beteiligt wurde, kaum gebessert.

Die Sanierungspläne Winklers sahen 1937 keine spektakulären Maßnahmen vor, sondern der Finanz- und Wirtschaftsexperte trennte organisationstechnisch und finanziell die Produktion und den Verleih der Tobis AG von den technischen Betrieben: Patentgeschäft, Weiterentwicklung der Tonfilmtechnik, Tonapparaturenvermietungen — die ursprünglichen Aufgaben des Konzerns — blieben bei der Tobis-Tonbild-Syndikat AG, während Produktionsaufgaben, Verleih- und Vertriebstätigkeit sowie der Atelierbereich auf eine neue Tobis-Gesellschaft, die "T o b i s - F i l m k u n s t GmbH", übertragen wurden. Die Auswertung der Patente und die Vermietung der technischen Betriebe sicherten der Tobis-Tonbild-Syndikat AG künftighin wieder Gewinne, die nun nicht mehr in die Produktion bzw. den Vertrieb fließen mußten. Der Cautio wurde durch diese Umorganisation eine bessere Kontrolle und Übersicht ermöglicht. Und auf der anderen Seite erreichte Winkler aufgrund der straffen Zentralisierung, daß das eigentliche Filmgeschäft, die Produktion, sich selbst trug.

Die Tobis-Filmkunst GmbH (errichtet am 29. November 1937), deren alleinige Aufgabe in der Filmherstellung und im Filmverleih und -vertrieb lag, erzielte 1939/40 erstmals einen Gewinn von über 2,5 Mio. RM, und 1940/41 konnte sogar — trotz kriegsbedingtem Personal- und Warenmangel — ein bilanzmäßiger Reingewinn von beinahe 5,5 Mio. RM ausgewiesen werden. 1942/43 steigerte sich das Jahresergebnis — ohne Abzug der Gewinnabführung an den Preiskommissar — auf einen Gewinn von ca. 25 (!) Millionen RM.

Die Organisationsmaßnahmen Winklers hatten damit den gewünschten Erfolg gezeigt durch die sprunghafte Zunahme der Verleihumsätze. Natürlich spielten hierbei die wachsende Kinofreudigkeit der Bevölkerung durch die Zugkraft der Wochenschau und die Vergrößerung der Auswertungsgebiete durch die Expansionspolitik der Nationalsozialisten eine ebenso entscheidende Rolle. Auch die jahrelangen Erfahrungen des Wirtschafts- und Finanzfachmannes Paul Lehmann in der Filmwirtschaft, den Winkler 1937 zum Generaldirektor der Tobis-Filmkunst bestellte, (Paul Lehmann war seit 1928 Vorstandsmitglied bei der Ufa AG) trugen zur Verbesserung der Finanzlage der Produktionsfirma bei. Die wirtschaftliche Grundlage dafür, daß das reine Filmgeschäft rentabel gestaltet wurde, hatte Winkler jedenfalls durch die Umstrukturierung innerhalb der Tobis-Gruppe gelegt.

6.2. Der Ufa - Konzern

Natürlich erforderte die Zusammenfassung der filmwirtschaftlichen und filmpolitischen Interessen im Rahmen der Nationalisierung neben der Kontrolle über die Tobis AG ebenso die über die Ufa AG. Winkler wußte genau, daß über kurz oder lang auch die Ufa AG ohne Stützungsaktionen seitens des Reiches in schwere Existenzgefahr geraten würde — die bedrohliche Krisenlage der Tobis hatte die Anfälligkeit der größeren Konzerne offengelegt.

So waren die angestrebte wirtschaftliche, aber auch die politische Überwachung und damit verbunden organisatorische und personelle Veränderungen nicht zu realisieren, wenn sich das Ufa-Kapital weiterhin im Besitz von Privatpersonen befand. In einem Schreiben an das Finanzministerium sprach Walther Funk die politischen Konsequenzen unmittelbar an, indem er auf direkte Auflagen seitens der Regierung bezüglich der Filmgestaltung sowie der personellen Besetzung von Filmen und der Personalstruktur des Unternehmens hinwies: "Die Ufa befindet sich hier in einer besonders prekären Lage, weil Herr Reichsminister Dr. Goebbels der Gesellschaft Auflagen gemacht hat, die sie als privates, selbständiges Unternehmen nicht glaubt erfüllen zu können, die aber absolut keine Schwierigkeiten bieten, wenn der Zusammenschluß einer gesamten Filmwirtschaft nach unseren Plänen erfolgt." 435) Schlüsselpunkte für die ökonomische und politische Kontrolle und Lenkung waren somit die beiden führenden Konzerne der Ufa und Tobis. Gerade auch das Konkurrenzverhältnis zwischen beiden hatte die wirtschaftliche Gesundung des deutschen Films wesentlich erschwert: Die Ufa AG hatte vor allem immer wieder versucht, die Finanzschwäche der Tobis im Konkurrenzkampf auszunutzen. Eine einheitliche staatliche Führung — z.B. in Form von aufgestellten

Richtlinien — sollte hier Abhilfe schaffen.

Gleichzeitig wandte sich Winkler von Anbeginn an gegen eine Fusion der beiden Konzerne und bezeichnete es als ein unverantwortliches Wagnis, etwa drei Viertel des Gesamtprogramms aller deutschen Filme durch die "bürokratische Tretmühle einer Mammutorganisation" laufen zu lassen. 436) Im Gegensatz zu späteren Realisierungen wollte Winkler damals auch die Verleihgesellschaften nach dem Dezentralisationsprinzip führen, um zu verhindern, daß der Apparat bürokratisch schwerfällig und damit "unwirtschaftlich" arbeitete. Verwirklicht blieb bis 1945 allerdings nur die Dezentralisation des Produktionssektors.

Zwar begrüßte und beabsichtigte er eine zentrale Überwachung und Leitung, doch wollte er die Durchführung mehreren Unternehmen übergeben, weil er Nachteile in einem stark zentralisierten Verwaltungsapparat in der Filmwirtschaft sah. Der einer liberalen Planwirtschaft verhaftete Winkler bewahrte stets das von ihm hoch eingeschätzte Konkurrenzprinzip; daneben sorgte er für einen Interessenausgleich und führte eine praktische Zusammenarbeit herbei: Planmäßige und vollständige Nutzung des Atelierraums, Unkostenverringerung durch zweckmäßige Verteilung der Filme, Vermeidung von Konkurrenz bei technischem Fortschritt, Regelung der Auslandsinteressen auf einheitlicher Grundlage, Gesamtplanung für die Kinoprogramme usw. Hier schwebte dem Finanz- und Wirtschaftsexperten schon im Jahre 1936 der Abschluß einer "Interessengemeinschaft" zwischen den vom Reich kontrollierten Firmen vor: Die Bildung einer gemeinschaftlichen Spitze — unter dem Vorsitz des Propagandaministeriums geleitet vom Generaldirektor der Ufa AG und vom Aufsichtsratsvorsitzenden der Tobis AG — sollte am Ende dieses Prozesses stehen.

Die endgültige Einigung zwischen dem Propagandaministerium und Finanzministerium in bezug auf die "Verreichlichung" der deutschen Filmwirtschaft erfolgte am 16. März 1937 in einem persönlichen Gespräch, das Goebbels mit Schwerin von Krosigk führte — zu einem Zeitpunkt, als Winkler mit seinen Vorbereitungen des Ufa-Aufkaufs weit fortgeschritten war und die Tobis bereits in den Besitz der Cautio überführt hatte. Bei Beginn der Kaufverhandlungen zwischen den Mehrheitsaktionären der Ufa und der Cautio als Treuhänderin des Reiches Anfang 1937 arbeitete die Ufa AG als einziger deutscher Filmkonzern mit Gewinn: im Geschäftsjahr 1936/37 in Höhe von ungefähr 1,4 Millionen RM. Jedoch mußte es dem Ökonomen Winkler ein Dorn im Auge gewesen sein, daß durch die Struktur des Konzerns die Gewinne des einen Sektors (technische Betriebe, Theatergeschäft) mit den Verlusten des anderen (Produktion) ausgeglichen wurden. Seit Jahren mußte die Ufa AG ihre Produktions- und Verleihverluste mit den Gewinnen aus den technischen Betrieben und dem Theatergeschäft ausbilanzieren. Eine Trennung erschien Winkler bereits damals wesentlich rentabler, d.h. nach seinen Vorstellungen sollte die Produktion sich verselbständigen, so daß sie wie die anderen Bereiche auf Gewinne angewiesen wäre.

Vom Kapital der Universum-Film AG (45 Millionen RM) befanden sich Anfang 1937 ungefähr 51% im Besitz des zur Hugenberg-Gruppe gehörenden Scherl-Verlages. Der Deutschen Bank und Diskonto-Gesellschaft AG, Berlin, und ihr nahestehenden Gruppen und Personen 437) standen Ufa-Aktien im Nominalwert von ca.13 Millionen RM zur Verfügung. Der Rest des Stammkapitals war in unkontrolliertem Besitz.

Nach mehrwöchigen Verkaufsverhandlungen zwischen Winkler und Ludwig Klitzsch, dem Generaldirektor und Vorstandsvorsitzenden des Scherl-Verlages und der Ufa AG, unterschrieben beide am 18. März 1937 den gemeinsam erarbeiteten Vertrag: Die Cautio kaufte im Namen des Reiches die Aktienmehrheit an der Ufa AG. 438) Der Kaufpreis in Höhe von nominell 21.250.000 RM war auf den Pari-Kurs festgelegt und wurde in drei Teilen beglichen: 9 Millionen RM wurden der Scherl-Gruppe als Schatzanweisungen des Reiches mit dreijähriger Sperrfrist in Zahlung gegeben; weitere 9 Millionen RM übernahm die Cautio als Schuld des Verlages bei der Dresdner Bank; den Rest von 3.250.000 RM zahlte sie dem Verkäufer bar aus.

Winkler war von einem gleich hohen Betrag ausgegangen, wie ihn Hugenberg 1927 aufgewandt hatte, als er die vor dem Zusammenbruch stehende Ufa AG aufkaufte, nämlich 23 Mio. RM. Den tatsächlichen inneren Wert der Beteiligung schätzte Winkler allerdings erheblich niedriger, d.h. der reale Wert lag nach seinen Vorstellungen wesentlich unter dem Nominalwert. 439) Der Börsenkurs der Ufa-Aktien lag zum Zeitpunkt des Verkaufs um 75%. (Er hatte seit 1927 zu keiner Zeit höher als 100% gelegen.) Unter dem Gesichtspunkt einer Überbezahlung durch die Cautio ist der Börsenkurs natürlich nur bedingt ein geeigneter Gradmesser für die Beurteilung des Vermögensstandes der Chancen und möglichen Risiken eines Filmunternehmens. Die Ufa-Aktien der Deutschen Bank, die die wirtschaftlichen und finanziellen Verhältnisse des Konzerns genauestens kannte, kaufte Winkler damals zu einem Kurs von etwa 67% — ein Kurs, der dem realen Wert gegenüber für angemessen gelten muß.

Gleichzeitig sicherte sich Winkler durch den Vertragsabschluß von Anfang an die Kontrolle in den Personalfragen: Er verpflichtete "bis auf weiteres" Klitzsch als Generaldirektor und forderte diejenigen Aufsichtsratsmitglieder, die die Interessen des Scherl-Verlages vertreten, zur Mandatsniederlegung auf. 440) Von Klitzsch bekam Winkler zudem die Zusicherung, daß kein leitender Angestellter des Ufa-Konzerns länger als bis zum Ende des Jahres 1939 einen Anstellungsvertrag besaß. Im Vertrag der Cautio mit dem Scherl-Verlag, vertreten durch Klitzsch, hieß es: "Was Ihre Person anbelangt, hat der Herr Reichsminister für Volksaufklärung und Propaganda zur Kenntnis genommen, daß Sie bereit sind, Ihre Dienste und Kenntnisse bis auf weiteres zur Verfügung zu stellen." Klitzsch blieb dann bis zum Kriegsende, seit März 1943 Aufsichtsratsvorsitzender, bei der Ufa AG.

Winkler, der den Restbestand an unkontrolliertem Aktienbesitz ausschalten wollte, um etwaigen Außenseiter-Aktionären keine pekuniären Vorteile in Form von Dividenden gewähren zu müssen und um Minoritäten keine Möglichkeit mehr zu geben, in die von ihm kontrollierte Geschäftspolitik der Ufa hineinzureden, verschaffte dem Reich mittelbar über die Treuhandgesellschaft "Cautio" bis zum März 1939 99,25% vom Stammkapital des Ufa-Konzerns. Für den Aufkauf der gesamten Ufa-Aktien hatte das Reichsfinanzministerium seit 1937 34 Millionen RM an Haushaltsmitteln verausgabt.

Für das Reich bedeutete dieser Aktienbesitz der Ufa zweifellos eine gute Geldanlage, denn die wirtschaftliche Situation des Filmkonzerns verbesserte sich zusehends: Der Gesamtumsatz stieg bereits im Geschäftsjahr 1938/39 gegenüber 1934/35 um mehr als das Doppelte auf 142.400.000 RM.

Es wird sich wohl heute kaum mehr mit restloser Klarheit feststellen lassen, wie die Kaufverhandlungen zwischen Winkler namens der Cautio und Klitzsch für den Scherl-Verlag verliefen. Ebensowenig können die wahren Gründe, die Hugenberg zum Verkauf veranlaßten, noch nachvollzogen werden. Hugenberg wird eingesehen haben, daß die in Aussicht gestellten Gelder eine lukrative Vergütung bedeuteten. Eigene politische Vorstellungen konnte er mittels des Films nicht mehr durchsetzen — wenn Hugenberg überhaupt eine Gegenmeinung zur herrschenden Ideologie zuzuschreiben war. Außerdem hatte er begriffen, daß er seine konkreten finanziellen Interessen, etwa in Form von Dividenden, im NS—Staat hintanstellen mußte. Deshalb bot sich für den langjährigen Mehrheitsaktionär die Lösung des Verkaufs geradezu an: Ökonomisch-nüchterne Überlegungen führten bei ihm zu der Erkenntnis, daß eine Rentabilität des investierten Kapitals trotz positiver Bilanzen von Jahr zu Jahr zweifelhafter werden könnte und daß angesichts wachsender Risiken im Filmgeschäft — besonders verstärkt durch politische Bevormundungen — sogar Substanzverluste zu befürchten waren. Sicher nicht zu Unrecht erkannte so der wirtschaftlich interessierte Mehrheitsaktionär, daß die staatlichen Eingriffe das Risiko, dem die Filmindustrie stets ausgesetzt ist, immer mehr erhöhten und die anfängliche staatliche Fürsorge sich allmählich in eine lästige Plage für die betreuten Unternehmer verwandeln könnte, d.h., daß aus der Wohltat eine Last würde.

Das Ansehen, das die Anteilseigner und Geschäftsführer des Ufa-Konzerns im nationalsozialistischen Staat genossen, spielte beim historischen Verlauf der Kaufverhandlungen gleichfalls eine nicht unbedeutende Rolle. Die Ufa-AG hatte zunächst am allgemeinen Aufschwung der Filmwirtschaft seit 1933 teilgenommen, und zwar als einzige Filmgesellschaft mit ständig wachsendem Erfolg. Die die Konzentration fördernden Maßnahmen der Regierung waren eine wichtige Hilfestellung für die sprunghaft steigenden Umsatzziffern. Die Rentabilität verbesserte sich zusehends, d.h. das Großunternehmen stand unter dem Schutz der allgemeinen Wirtschaftsmaßnahmen der Nationalsozialisten und hatte deshalb keinen Grund, sich etwa als "Stiefkind" zu sehen. 441) Im Gegensatz hierzu wurde eine Vielzahl kleiner und mittlerer Filmfirmen Mitte der 30er Jahre veräußerungsreif.

Hugenberg und Klitzsch erfreuten sich zudem persönlich des Wohlwollens und der Wertschätzung der neuen Machthaber. Anläßlich des Ufa-Jubiläums im Jahre 1943 erhielt Hugenberg das Adlerschild und wurde Klitzsch die Goethe-Medaille verliehen. Die Position Klitzschs wurde u.a. gestärkt durch seine persönliche Freundschaft zu Walther Funk, dem Staatssekretär im Propagandaministerium. Aber auch die anderen Mitglieder in den verschiedenen Geschäftsführungen der Ufa-Gesellschaften waren von den Nationalsozialisten nicht nur unbehelligt geblieben, sondern galten in ihrer Mehrheit als "zuverlässige Volksgenossen". Von den zehn Vorstandsmitgliedern der Ufa AG im Jahre 1944 hatten sieben bereits leitende Positionen inne, bevor die Nazis an die Macht kamen: Kaelber, Grieving, Hölaas, Kuhnert, von Theobald, Witt und Zimmermann. Mehreren von ihnen waren offizielle und halboffizielle Aufgaben bei der Filmkammer, der Filmkreditbank usw. anvertraut worden.

Diese besondere Bedeutung der Ufa AG hatte ihr jedoch nicht eine nur viel bessere Wettbewerbsbasis geschaffen als zahlreichen anderen kleinen und mittleren Firmen, sondern sie ermöglichte es auch, daß der Scherl-Verlag seine Verkaufsbedingungen zäh verteidigen und im wesentlichen durchsetzen konnte. Jedenfalls spricht der wirtschaftlich angemessene Kaufpreis für diese engen Beziehungen der "nationalen" Ufa zum NS-Staat.

Es handelte sich keineswegs beim Ufa-Aufkauf um subjektiv bedingte Verfolgungen, d.h. um politisch motivierte Maßnahmen gegenüber dem Konzern: Hugenberg war kein Opfer politisch-ideologischer Verfolgungsmaßnahmen. Aktionen der Nationalsozialisten gegen Presseunternehmen der Scherl-Gruppe, direkte oder indirekte Angriffe, die zu Zwangsverkäufen führten, können nicht zum Vergleich herangezogen werden. Im übrigen waren auch hier die am wenigsten Geschädigten die Verleger, deren Besitz in der Regel hoch vergütet wurde. Zermürbungsaktionen und dauernde Repressalien richteten sich hauptsächlich gegen kritische Journalisten. 442) Vielmehr war die Ufa AG die Firma, die von den finanziellen und wirtschaftlichen Hilfestellungen nach 1933 am meisten profitierte. Repressionen gegenüber dem Konzern — wie auch gegenüber anderen Filmgesellschaften — bestanden in Personalfragen (Ausschaltung der Juden und der Regime-Gegner) und in inhaltlichen Auflagen ("nationale" Filmproduktionen), die solange bedenkenlos hingenommen wurden, als nicht ökonomische Nachteile deutlich wurden. Auch wehrte sich kein Unternehmen gegen die Maßnahmen der Regierung, wenn ein jüdischer Kleinproduzent oder irgendein anderer Unternehmer wirtschaftlich Pleite machte, wie auch die Positionen und Ämter der vertriebenen Juden schnell mit "arischen" Filmfachleuten neu besetzt wurden.

Der Verkauf bzw. Aufkauf der Ufa AG kann deshalb nur im Rahmen des gesamten "Verstaatlichungsprozesses" gesehen werden: Die politische Führung — allen voran Goebbels und Winkler — zeigte ein allgemeines Interesse, die Filmwirtschaft unter ihre wirtschaftliche Kontrolle zu bringen, um diesen nicht unbedeutenden Wirtschaftszweig auf eine neue Rentabilitätsbasis zu stellen.

Daß die Vorstandsmitglieder der Konzerne keinen Widerstand gegen die "Verreichlichung" leisteten, lag in deren ureigenstem Interesse: Solange ihre soziale und finanzielle Position gesichert war, kümmerte sie nicht die Frage nach dem Kapitaleigner. Ihre Interessen waren deshalb eine nicht zu unterschätzende Stütze der Winklerschen Transaktionen beim Kauf der Ufa AG.

6.3 Die Gründung der "T e r r a - Filmkunst GmbH"

Neben Ufa, Tobis und Bavaria war die Terra-Film AG eines der vier großen Filmunternehmen im Deutschen Reich. 443) Nach vorübergehenden Konjunkturverbesserungen mußte der Konzern während der allgemeinen Krise 1935 finanziell gestützt werden: Damals sprang das private Bankhaus Sponholz, Berlin, ein und sicherte sich die Aktienmajorität an der Terra AG. Trotz dieser Finanzhilfe arbeitete die Terra weiterhin mit Verlusten und bedurfte im Frühjahr 1937 einer erneuten dringenden Sanierung, wenn sie nicht auch dem Zusammenbruch anheimfallen sollte wie der Münchner Bavaria-Konzern, der etwa zur gleichen Zeit Konkurs anmeldete. Das Privatbankhaus Sponholz beabsichtigte nicht, selbst Beiträge zur Sanierung aufzubringen, sondern wollte das Risiko beenden und den Terra-Konzern auflösen.

Zu diesem Zeitpunkt schaltete sich Winkler mit der Cautio ein, um ein zweites Konkursverfahren, das er für die deutsche Filmwirtschaft für untragbar hielt, zu vermeiden. Er konzentrierte sein Interesse auf die Terra-Filmverleih GmbH, die mächtigste Gesellschaft des Konzerns. Er übernahm von dem Bankhaus die Passivwerte der Terra-Filmverleih (Filmbestände) und den Firmenmantel. Insgesamt zahlte das Reich 4 Mio. RM an den vorherigen Anteilsinhaber. Hierbei enthielten die Aktivbestände, wie sich später herausstellte, Mindererlöse aus der Filmauswertung von ca. 500.000 RM. Gegenüber dem Rechnungshof und dem Finanzministerium begründete Winkler diese Überbezahlung damit, daß es ihm unbedingt um die Vermeidung des Konkurses gegangen war. 444)

Winkler begann nun das Unternehmen zu sanieren, indem er das aktive Geschäft der alten Terra in eine neue, nunmehr staatsmittelbare Firma übernahm. Bevor es jedoch zur Neugründung einer Terra-Gesellschaft kam, kaufte die Cautio die aus dem Tobis-Konzern ausgegliederte Tobis-Rota Filmverleih GmbH, eine Tochtergesellschaft der deutschen Tobis AG, die ebenfalls unterbilanzierte und sich aus eigenen Kräften nicht mehr halten konnte. Unter Übernahme der Vermögensmassen dieser beiden Gesellschaften, der Terra-Filmverleih GmbH und der Tobis-Rota Filmverleih GmbH, wurde am 26. Juni 1937 die "T e r r a - F i l m k u n s t GmbH" mit einem Stammkapital von 5 Mio. RM gegründet. Die Hälfte des Kapitals dieser reichsmittelbaren Produktions- und Verleihgesellschaft übernahm die Ufa AG, aus Tarnungsgründen hielt für die Cautio der Wirtschaftsprüfer Wilhelm Bürklin aus Berlin einen gleichen Anteil und verwaltete ihn treuhänderisch. Bereits 1938/39 bilanzierte die Gesellschaft mit einem Gewinn von ungefähr 2,5 Mio. RM. 1941/42 ergab sich bereits ein Betriebsüberschuß von 14,4 Mio. RM.

6.4. *Die Gründung der "B a v a r i a - Filmkunst GmbH"*

Auf dem Höhepunkt der Filmwirtschaftskrise mußte im Frühjahr 1937 auch der Münchner Bavaria-Konzern 445) seine Zahlungen einstellen. Die Herbeiführung eines Zwangsvergleichs, der von den Geschäftsführern der vollständig insolventen Gesellschaft beantragt war, erforderte einen Gesamtbetrag von 4,5 Mio. RM. Zu dieser bei einem Aufkauf notwendigen Summe standen jedoch die verbleibenden Werte in keinem Verhältnis. Die Atelierbetriebe waren nach einem Bericht Winklers heruntergewirtschaftet und ruiniert. Die gesamten Produktionsstätten standen technisch und raummäßig weit unter dem Niveau der Berliner und Wiener Filmanlagen und boten kaum die notwendige Grundlage für eine rentable Filmproduktion. 446)

Winkler lehnte aber die Bereitstellung von Vergleichsmitteln und damit die Beteiligung des Reiches an der alten Gesellschaft ab und gab die Bavaria dem Konkursverfahren preis: Zu gut kannte er die finanziellen Verhältnisse des Konzerns. Erst die Einleitung eines Zwangsvergleichsverfahrens und der Zwangsverwaltung der Grundstücke sollte ihm freie Bahn zum Handeln geben.

Zunächst wehrte man sich in Berlin gegen die Unterhaltung einer selbständigen Filmherstellung in München; vor allem Winkler selbst schwebte vor, in Bayern nur eine Filiale der Berliner Tobis AG zu errichten. Als daraufhin jedoch die Stadt München die Gründung einer eigenen Gesellschaft durchführen bzw. sich an einer solchen Gründung maßgeblich beteiligen wollte, kam es zu Spannungen zwischen Berlin und München. Besonders der Bayrische Staatsminister Gauleiter Adolf Wagner setzte sich dafür ein, in Bayern einen Produktions- und Verleihapparat aufrechtzuerhalten, schon um die dortige Industrie und die Gewerbetreibenden zu unterstützen. Zusätzliche Bestrebungen von privater Seite, eine neue Auffanggesellschaft zu gründen, waren auf Intervention der Reichsfilmkammer und des Propagandaministeriums, dem eine Gesellschaft mit unkontrollierbarem Privatkapital die Pläne einer einheitlich staatlich gelenkten Filmwirtschaft durchkreuzen würde, im Keim erstickt worden. 447)

Ausschlaggebend für die Zustimmung der Berliner Kreise, in München eine neue Gesellschaft unter dem Namen Bavaria auf eine selbständige Grundlage zu stellen, war schließlich das persönliche Bestreben Hitlers, München — die "Hauptstadt der Bewegung" — als "Stadt der Kunst" zu erhalten. 448) Die zähen Verhandlungen um eine neue Münchner Filmfirma zogen sich schließlich über ein Jahr hin. Erst Anfang des Jahres 1938 konnte sich Winkler weitgehend durchsetzen; wenn es ihm auch nicht vollständig gelang, die bayrischen Interessen zurückzudrängen. 449)

So wurde am 11. Februar 1938 die "B a v a r i a - F i l m k u n s t GmbH" ins Leben gerufen. Mit der alten Bavaria-Film AG hatte diese Gesellschaft nur den Namen "Bavaria" gemeinsam, den sich Winkler rechtzeitig für die neue Produktions- und Verleihfirma gesichert hatte. Als Gesellschafter traten die Cautio und die Allgemeine Filmtreuhand GmbH auf. Diese der Reichsfilmkammer angeschlossene reichseigene Gesellschaft hielt ihren Anteil treuhänderisch für die Cautio und fungierte demnach als Untertreuhänderin. Die Beteiligung der AFT war aus vermögensrechtlichen Erwägungen erfolgt.

Die kapitalmäßige Ausstattung erwies sich jedoch sehr bald als zu gering, so daß zur Aufrechterhaltung der Liquidität mehrere Erhöhungen des Stammkapitals notwendig wurden, bis es auf 4 Millionen RM aufgestockt war. Diese Kapitalerhöhungen dienten nicht zuletzt der Verbesserung der Kreditwürdigkeit: Denn da das Eigenkapital für die Produktion von jährlich ungefähr 15 Filmen nicht ausreichte, war die Inanspruchnahme von Produktionskrediten unausweichlich. Winkler wandte sich prinzipiell gegen jede direkte Finanzierung von Filmvorhaben durch das Reich, weil dadurch der Reichshaushalt unnötig belastet würde. Er wählte deshalb hier wie so oft den Finanzierungsumweg über eine Kapitalerhöhung und die Bereitstellung von Mitteln für Bauten. Die FKB und ein Bankenkonsortium (Bayrische Vereinsbank, Bayrische Staatsbank, Bayrische Gemeindebank) stellten Bankkredite zur Verfügung. Auch die Haushaltsabteilung des Promi hatte Bedenken gegen die Finanzierung der Produktion einzelner Firmen durch Reichsmittel, "weil so die Prüfung der Wirtschaftlichkeit der einzelnen Produktionsvorhaben am ehesten gewährleistet" wäre. 450)

Vor allem aber wirkten sich zahlreiche Aufkäufe der Bavaria-Filmkunst ungünstig auf die Liquidität der Gesellschaft aus: Winkler kaufte namens der neuen Bavaria sämtliche Mobilien und Immobilien der Bavaria Film AG in Geiselgasteig, nämlich Grundstücke, Gebäude, Atelieranlagen und Kopieranstalten. Von den Gesellschaftsmänteln der Bavaria-Tochtergesellschaften erwarb er die Bavaria-Kopierwerk GmbH und die Bavaria-Wochenschau GmbH. Damit war die Bavaria-Filmkunst GmbH Eigentümerin des gesamten Ateliergeländes, der dazu gehörenden Anlagen und des Kopierwerks in München-Geiselgasteig. Sie übernahm die größte Zahl der Angestellten des alten Konzerns und sicherte mit dieser Weiterbeschäftigung die wirtschaftlichen Wünsche der Filmschaffenden im süddeutschen Raum.

Winkler stellte nun ein umfangreiches Programm für Um- und Neubauten auf — das jedoch niemals beendet wurde —: Die Produktionsstätten waren sanierungsreif und mußten modernisiert werden; die Atelieranlagen genügten kaum hinsichtlich ihrer Kapazität und technischen Ausstattung. Hitler regte persönlich den Bau eines Großateliers in München an, dessen Pläne u.a. ein Rundhallen-Atelier mit einem Durchmesser von 150 m vorsahen. Die erforderlichen Bausummen zur Verbesserung der Betriebsanlagen und zum Ausbau einer neuen Ateliergruppe stellte das RFM aus dem Haushaltsplan zur Verfügung.

Diese wirtschaftlich und betrieblich schlechte Übernahmemasse der in Liquidation gegangenen alten Bavaria-Gesellschaften wirkte sich zusammen mit dem notwendigen Neuaufbau der Verwaltung, dem späten Gründungstermin, der knappen Kapitalvorsorge und dem Beginn der Bauvorhaben in den ersten Jahren ungünstig auf die wirtschaftliche Lage der Gesellschaft aus. Das Geschäft lief sehr schwer an. Doch hatte Winkler mit der Neuorganisation der süddeutschen Filmindustrie die Basis zum wirtschaftlichen Aufstieg geschaffen: Der Gewinn der Bavaria-Filmkunst vermehrte sich von Jahr zu Jahr und kletterte schließlich im Geschäftsjahr 1941/42 auf 8,7 Millionen RM.

7. Die Expansionspolitik des NS-Regimes als Stütze filmwirtschaftlicher und filmpolitischer Interessen

7.1 *Die Gründung der "W i e n - Film GmbH" in Österreich*

Nach der Besetzung Österreichs und der Tschechoslowakei drängte Max Winkler zusammen mit den Experten der Ministerien und dem Großteil der industriellen Führungsgruppe danach, die Filmindustrien dieser Länder zu vereinnahmen und in die "reichsdeutsche" Filmpolitik und Filmwirtschaft einzubeziehen. Denn mit der gewaltsamen Ausdehnung des großdeutschen Machtbereichs vergrößerte sich der Filmmarkt, d.h. Abspielbasis und Produktionsstätten. Und damit stieg die Hoffnung der Industrie, daß der deutsche Film grundsätzlich im "Inland" amortisiert werden konnte.

Die Wirtschaftsführer des Films — allen voran Max Winkler — waren sich dessen bewußt, daß die Ausweitung des politischen Machtbereichs eine Ausweitung des filmwirtschaftlichen Machtbereichs zur Folge hatte, und offensichtlich angesichts des andauernden Exportrückgangs über die Binnenmarktvergrößerung erfreut. Die deutschen Filme im Ausland brachten vor allem durch die Boykottbewegungen zurückgehende Ergebnisse.

Schon lange vor der Annexion Österreichs war bei den faschistischen Machthabern ein großes Interesse an der dortigen Filmproduktion vorhanden. Der großdeutsche Nationalismus betrachtete den österreichischen Film als wesentlichen Bestandteil "deutscher Kulturtätigkeit". Ein besonderer Dorn im Auge war den Nationalsozialisten hierbei eine Reihe österreichischer Firmen, die im Besitz jüdischer Bürger waren. Im Jahre 1935 sahen Hinkel, Raether und Melzer noch keine reale Möglichkeit, die Umwandlung der "jüdischen" Firmen in "rein arische" vorzunehmen. 451) Deshalb einigten sich die obersten Repräsentanten der faschistischen Filmpolitik zunächst darauf, der deutschen Filmindustrie die Geschäftsverbindungen mit diesen "jüdischen" Gesellschaften zu gestatten.

Zur Überwachung der Produktion österreichischer Filme 452) wurde im September 1935 eine Stelle errichtet — die Firma "Otzoup und Gaik" —, um alle nach Deutschland eingeführten Filme der "Ostmark" auf ihre Anpassung an die nationalsozialistischen Zensur- und Kontingentbestimmungen hin zu überprüfen und gegebenenfalls die Herstellungsgesellschaft rechtzeitig dahingehend zu "beraten". Deutsche Firmen, die österreichische Filme importieren wollten und sich der Vermittlung dieser Firma bedienen mußten, gingen sicher, daß sie im Reich keine Kontingentschwierigkeiten zu erwarten hatten, und ersparten sich auf diese Weise wirtschaftlich-finanzielle Schäden. Die Firma — Otzoup war Inhaber einer Filmgesellschaft und Gaik Angestellter der Reichsfachschaft Film — war von Anfang an als Übergangslösung gedacht. Sie arbeitete zur Prüfung der Produktionsvorhaben eng zusammen mit "zuverlässigen" österreichischen Nationalsozialisten, die die Personalverhältnisse — sprich: Abstammungsgeschichte — der Filmschaffenden Österreichs genauestens kannten, sowie mit dem Dramaturgen der Reichsfachschaft Film.

Zunächst hatte nach der "Machteroberung" der Nationalsozialisten und mit der einsetzenden Emigrationswelle deutscher Künstler die österreichische Filmproduktion einen großen Aufschwung genommen: Prominente Filmkünstler und filmwirtschaftliche Fachkräfte, die in Deutschland durch die antisemitische Filmpolitik ihre Existenz verloren hatten, versuchten, in Österreich eine "deutsche" Filmproduktion aufzuziehen. Die jährliche Produktion stieg auf 25 Filme, einem Viertel der Produktion im Deutschen Reich, das zehnmal so viele Einwohner besaß. Die österreichischen Zensurbehörden ließen außerdem nur eine begrenzte und ausgewählte Anzahl deutscher Filme nach Österreich. Doch der Produktionsauftrieb währte nur kurze Zeit: Die Nationalsozialisten gaben mehr und mehr zu erkennen, was ihre wahre Absicht war. Der Boykott deutscher Filme ließ nach, je stärker der Druck von Berlin auf die Wiener Produktion wurde. Denn die Filmproduktion in Österreich war nur dann wirtschaftlich rentabel, wenn sie den entsprechenden Absatz in Deutschland fand. Der Umsatz der in Österreich selbst hergestellten Filme brachte höchstens 10 bis 15% der Herstellungskosten ein. Die Haupteinnahmequelle war der Export der Filme — wie auf der anderen Seite der Import auswärtiger Filme für das Filmangebot in den Kinos ausschlaggebend war. Allein der Anteil der Einnahmen aus dem Exporterlös nach Deutschland betrug bis zu 50%. Eine Loslösung vom deutschen Markt würde deshalb jede Rentabilitätsmöglichkeit österreichischer Filme verhindert haben.

Die wirtschaftliche Abhängigkeit vom deutschen Filmmarkt veranlaßte somit zahlreiche österreichische Produzenten und Verleiher, auf jene Bedingungen der Nazis für eine Einfuhr nach Deutschland einzugehen. Selbst "nichtarische" Firmen waren aufgrund dieser ökonomischen Zwangslage genötigt, mit der Firma "Otzoup und Gaik", jener 1935 errichteten NS-Stelle, ein stillschweigendes Abkommen zu treffen, in dem sie sich den rassistischen Kontingentverordnungen unterwarfen. Da die kontrollierten Filmgesellschaften auf den Export angewiesen waren, mußten sie ihre Filme mit "arischen" Schauspielern und Regisseuren, mit "arischem" technischem Personal und "arischer" Komparserie besetzen — wobei in Österreich lebende Nationalsozialisten bevorzugt werden sollten.

Diese bereits 1935 intern getroffenen Vereinbarungen erfuhren im Zusammenhang mit dem deutsch-österreichischen Verständigungsabkommen über die Beseitigung politischer Spannungen vom 11. Juli 1936 eine Formalisierung: Den österreichischen Filmen wurde eine stärkere Verwertung auf dem deutschen Markt ermöglicht (falls man sich den faschistischen Gesetzesnormen unterwarf), und den österreichischen Firmen der Ankauf deutscher Filme zur Verbreitung in Österreich erleichtert. 453) Diese "rein wirtschaftliche" Abmachung über die Export- und Importsteigerung wurde zwei Jahre später durch die Besetzung des Landes und die Einführung deutschen Kulturrechts nach Österreich überholt. Max Winkler hatte jedoch den "Anschluß" des österreichischen Filmschaffens vor dem Einmarsch deutscher Truppen in die Wege geleitet: Durch den Aufkauf der Intertobis-Aktien gelangte 1937 ungefähr die Hälfte des Aktienkapitals der Tobis-Sascha Filmindustrie AG in die Hände der Cautio. Dieses wichtige Filmunternehmen besaß die größten und modernsten Atelieranlagen Wiens, die sie, ohne selbst Filme herzustellen, an Filmproduzenten vermietete. Ein Boykott, den der Gesamtverband der österreichischen Filmproduktion über die Ateliers der Tobis-Sascha verhängt hatte, wurde von einzelnen Produktionsfirmen bald wieder durchbrochen.

Durch die Beschlagnahme "jüdischen" Besitzes, die schon im Frühjahr 1937 unter der Regierung Schuschnigg einsetzte und sich nach der Besetzung Österreich im März 1938 verstärkte, hatte sich die österreichische Regierung ebenfalls ungefähr die Hälfte des Aktienkapitals der Tobis-Sascha angeeignet. Die Anteile des jüdischen Kapitaleigners Dr. Oskar Pilzer übernahm treuhänderisch die Österreichische Creditanstalt (Wiener Bankverein), einem Geldinstitut, das in den folgenden Jahren die Finanzierung der Wiener Filmproduktionen besorgte. 454) Der Plan Winklers, bereits zum damaligen Zeitpunkt die Anteile Dr. Pilzers auf die Cautio zu übertragen, war aus "verschiedenen Devisengründen" nicht möglich. Schon ein Jahr vor der Annexion hatte Winkler befürchtet, daß im Zuge künftiger Arisierungsmaßnahmen in Österreich die dortige Regierung Rechte auf diese Anteile Pilzers für sich geltend machen könnte. 455)

Die zahlreichen anderen "jüdischen" Filmfirmen, meist kleine und mittlere Unternehmen, hatten nach der nationalsozialistischen "Machtübernahme" in Österreich keine Chance mehr zur Existenz im faschistischen Großdeutschen Reich. Planmäßige Unterdrückung und Bekämpfung, Isolierung und Beschlagnahme hemmten eine weitere Produktion. Systematische Angriffe in der Öffentlichkeit, mittelbare und unmittelbare Eingriffe in den Produktionsprozeß, direkte Repressalien gegen "jüdische" Beschäftigte und eine ganze Kette weiterer äußerer Druckmittel machten die Gesellschaften der Reihe nach veräußerungsreif. Diese Zwangsverkäufe und Liquidierungen erhielten im gleichen Jahr noch durch die Ausdehnung der für Filmherstellung, Verleih und Vorführung grundlegenden Gesetze und Verordnungen auf Österreich eine formal-rechtliche Grundlage.

Am 11. Juni 1938 trat das Reichslichtspielgesetz in Österreich in Kraft und wurde das Kontingentsystem eingeführt. 456) Am gleichen Tag erfolgte durch die Übertragung des Reichskulturkammergesetzes auf das besetzte Österreich die berufsständische und organisatorische Eingliederung des österreichischen Filmwesens in die Reichsfilmkammer. 457) Im Laufe des Jahres wurde in Österreich eine Außenstelle der Reichsfilmkammer und eine Gaufilmstelle der NSDAP errichtet. Alle vorherigen landesrechtlichen Bestimmungen waren damit annulliert. Für die österreichische Filmindustrie hatte diese neue filmrechtliche Konzeption zur Folge, daß bis auf die Tobis-Sascha sämtliche anderen Wiener Produktions- und Verleihgesellschaften nicht mehr zugelassen waren. Winkler stellte im Juni 1938 triumphierend fest, daß die Tobis-Sascha vor einigen Monaten restlos "entjüdet" worden sei. 458) Die Weiterführung der "jüdischen" Betriebe wurde jedoch nicht nur durch die Zwangsmitgliedschaft in der RFK und durch die Zensur- und Kontingentbestimmungen unmöglich, sondern die Gesellschaften wurden auch von den Großkonzernen des Reiches wirtschaftlich geschwächt. Wie im Reich wurde infolge des Konzentrationsprozesses und aufgrund der politisch-ideologischen Maßnahmen die Mehrzahl der Klein- und Mittelbetriebe in Österreich ruiniert. Die in Wien verbliebene Produktion konnte leicht von Berlin zentral kontrolliert und gelenkt werden.

Um die im Reich bestehenden Firmen durch Auftragsproduktionen zusätzlich nicht noch stärker zu belasten, wollte Winkler auch weiterhin die Filmherstellung in Wien durch eine eigenständige Wiener Gesellschaft sicherstellen. Winkler versprach sich davon für die Zukunft (ökonomisch) einen "guten Absatz" und (ideologisch) die Erhaltung "des in der ganzen Welt. . . festbegründeten Rufs" der Wiener Filme. 459) Deshalb sollten die Anteile der Creditanstalt so bald wie möglich für die Cautio aufgekauft und die vorhandenen Minderheitsaktionäre beseitigt werden. Die Verhandlungen mit der Österreichischen Creditanstalt zogen sich allerdings noch einige Zeit hin und kamen erst im November 1938 zum Abschluß: Die Cautio besaß nunmehr sämtliche Aktien der Tobis-Sascha Filmindustrie AG.

Der weitere Weg der Finanzmanipulation führte dann zur Liquidation der AG und zur Umwandlung in eine GmbH. Winkler hatte damit zur Einverleibung des Restes der österreichischen Filmindustrie freie Bahn: Am 16. Dezember 1938 änderte er den Firmenwortlaut in "W i e n - F i l m GmbH" um. Das Gesellschaftskapital hielten die Cautio und ein Strohmann Winklers, Dr. August Schenk aus Wien, einen erforderlichen zweiten Anteil von 1.000 RM als Treuhänder der Cautio.

Wie bei allen bisherigen Neugründungen, Umwandlungen und Aufkäufen wurde auch der Wien-Film GmbH hauptsächlich die Herstellung von Spielfilmen übertragen (Produktion, Atelier- und Kopierbetrieb). Von einer eigenen Vertriebsorganisation sah Winkler ab, d.h. die Filme der Wien-Film wurden über die übrigen reichseigenen Gesellschaften vertrieben.

Um die jährliche Produktion von 15 bis 20 Filmen zu gewährleisten, mußten die unzureichenden Produktionsstätten erweitert und verbessert werden. Doch trotz aller dieser Baraufwendungen für Ausbauten, Instandsetzungsarbeiten, Ergänzungen an Apparaturen, für Betriebskapital, Aktienaufkäufe, Zinsforderungen und Darlehnsrückzahlungen konnte die Wien-Film bereits im zweiten Geschäftsjahr 1939/40 einen bilanzmäßigen Gewinn ausweisen; im Jahr 1942/43 betrug der Reingewinn bereits 9,5 Millionen RM.

7.2 Die Gründung der "P r a g - Film AG" im Protektorat Böhmen und Mähren

Wie in Österreich war auch die Filmindustrie in der Tschechoslowakei auf den Absatz ihrer Filme im Deutschen Reich angewiesen, da das Land über keine ausreichende inländische Amortisationsbasis verfügte. Im Jahre 1935 waren in der Tschechoslowakei insgesamt 35 eigene Filme produziert worden, die sich nicht im eigenen Land amortisieren konnten. Diese wirtschaftliche Abhängigkeit der tschechischen Filmindustrie vergrößerte sich noch, als durch zahlreiche Boykottmaßnahmen der Tschechen das Hauptabsatzgebiet im Deutschen Reich wegfiel. Der ökonomische Druck führte zur mehr oder weniger freiwilligen Anpassung an die nationalsozialistischen Zensur- und Kontingentbestimmungen. Vor allem die deutschen Firmen, die in Prag Auftragsfilme produzieren ließen oder für Eigenproduktionen die dortigen Ateliers anmieteten, mußten sich direkt dem Kontingentsystem unterwerfen. So waren die Vertreter der Tobis AG in Prag — die "jüdischen Tobis-Direktoren" — darauf angewiesen, bei der Produktion von Tobis-Filmen in Prager Ateliers genau nach den deutschen Kontingentverordnungen (Ensemble-Zusammenstellung und Auswahl des technischen Personals) zu verfahren, d.h. sie mußten nach dem "Arier-Paragraphen" jüdischen Künstlern und Technikern die Mitwirkung versagen — obwohl sie selbst Juden waren. Da die bereits von Winkler beherrschte Tobis AG keine "arischen" Mitarbeiter nach Prag entsenden konnte (weil sie selbst nicht über genügend "arische" Fachkräfte verfügte), ließ sie die Direktoren vorläufig in ihren Ämtern. Eine direkte Eingriffsmöglichkeit in die tschechischen Filmproduktionen besaßen die Nationalsozialisten vor der gewaltsamen Annexion jedenfalls nicht. Nach der Aneignung der sudetendeutschen Gebiete im Jahre 1938 und dem erzwungenen Abschluß eines Protektoratsvertrages für Böhmen und Mähren im März 1939 setzte Winkler als Reichsbeauftragter für die deutsche Filmwirtschaft sogleich alles daran, auch in Prag eine Filmindustrie nach dem Muster der Verhältnisse in Deutschland aufzuziehen. 460)

Das lebhafte Interesse der deutschen Filmwirtschaft und der staatlichen Vertreter, die in Prag befindlichen Filmatelieranlagen für eigene Zwecke nutzbar zu machen, erklärte sich zum großen Teil aus der im Reich herrschenden Knappheit an Produktionsstätten. Da die geplanten Atelierersatzbauten wegen des Krieges noch nicht fertiggestellt werden konnten — Materialknappheit und Arbeitskräftemangel erschwerten die Bauvorhaben in Berlin, München und Wien —, erwies sich der deutsche Atelierraum als unzulänglich für die Herstellung der geplanten Spielfilme und ließ die restlose Durchführung des Produktionssolls kaum zu. Die Konsequenz wäre gewesen, daß der deutsche Markt nach wie vor auf ausländische Filme angewiesen sein würde. Bereits seit dem Frühjahr 1939 zogen die reichseigenen Firmen den Prager Atelierraum in ihre Dispositionen ein, so ließ die Bavaria im gleichen Jahr zwei Filme in Prag herstellen.

Wenn die jährliche Filmproduktion umfangmäßig nicht eingeschränkt werden sollte, war die Filmwirtschaft auf die Sicherstellung der Ateliers in Prag für die deutsche Spielfilmproduktion angewiesen. Außerdem konnte man die in Prag nicht zum Wehrdienst herangezogenen tschechischen Hilfskräfte als billige Arbeitskräfte ausnutzen.

Winkler nahm deshalb den Aufbau eines "deutschen" Produktionsbetriebes in Angriff. Im August 1939 formulierte er seine Absichten in einem Schreiben an Goebbels. 461) Seine exakte Planung sah zunächst vor, daß die Cautio die Aktienmehrheit der "AB Aktien-Filmfabriken AG" erwarb, der die größten und modernsten Atelieranlagen auf dem Barrandow-Hügel bei Prag gehörten. 462) Nach der späteren notwendigen Kapitalerhöhung sollte sich die Gesellschaft aus Eigenerträgen amortisieren. Goebbels, der die ökonomischen und politischen Vorteile erkannte, stimmte den Plänen zu.

Im Herbst 1939 nahm Winkler Verhandlungen mit dem Mehrheitsbesitzer und Vorsitzenden des Verwaltungsrates der AB-Film, Milos Havel, auf, um dessen Aktienpaket zu kaufen. 463) Sie zogen sich jedoch in die Länge, als Havel für Winkler unannehmbar hohe Forderungen aufstellte. Für seine Aktien von nom. 765.000 Kr verlangte er 12,5 Mio. Kr, das waren ca. 1600% des Nominalwertes.

Auf der anderen Seite war die Inbesitznahme der AB-Film durch die faschistischen "Arisierungsverordnungen" erleichtert worden: Der sogenannte "Reichsprotektor" für Böhmen und Mähren" verfügte am 29. Juni 1939 die Einsetzung eines Treuhänders für den Betrieb. Zum formal vorgeschobenen Anlaß nahm er die "nichtarische" Herkunft des Verwaltungsratsmitgliedes Osvald Kosek. Die treuhänderische Verwaltung wurde Karl Schulz, einem ehemaligen Produktionsleiter der Bavaria-Filmkunst, übertragen, und es war nun nur noch eine Frage der Zeit, wann Havel sich diesem Druck beugte und verkaufte. Als sich die Repressalien gegen Havel verstärkten und dieser auf Betreiben der Protektoratsregierung in Haft genommen wurde 464), stand dem Abschluß der Verkaufsverhandlungen nichts mehr im Wege: Im April 1940 erwarb Pfennig, den Winkler nach Prag entsandt hatte, 54% des Stammkapitals der AB-Film von Havel zum inneren Wert von 900%, d.h. die Cautio zahlte für nom. 765.000 Kr (153.000 RM) insgesamt 6.885.000 Kr (1.377.000 RM). Trotz des Einsatzes von Zwangsmitteln handelte es sich im ganzen gesehen um eine lukrative Entschädigung des privaten Eigentümers.

Nach Zukäufen von Splitterbesitz und von Aktien aus "jüdischen" Händen, nach der Auflösung weiterer Aktien, die nicht gemeldet worden waren, und nach mehreren Kapitalerhöhungen gelangte die Cautio bis zum Jahre 1942 schließlich in Besitz von 96% des Aktienkapitals der AB-Film. Noch 1941 — am 21. November — hatte Winkler als nunmehriger Majoritätsbesitzer die Änderung der Firma in "P r a g - F i l m AG" beschließen lassen. Gleichzeitig verlegte die reine Ateliergesellschaft ihre Geschäfte auf Eigenproduktionen deutscher (und zunächst auch tschechischer) Spielfilme.

Inzwischen waren auch zur Vervollständigung der Kontrolle und Lenkung der Filmwirtschaft im Protektorat die zensur- und kammerrechtlichen Bestimmungen des Reiches institutionalisiert worden: Im Oktober 1940 war eine "Filmprüfstelle in Böhmen und Mähren" errichtet worden, die alle in der Tschechoslowakei bzw. in Böhmen und Mähren hergestellten und dorthin eingeführten Filme zu überwachen hatte. Ihr organisatorischer Aufbau war stark an die Berliner Zensurstelle angelehnt; rechtlich unterstand sie jedoch direkt dem Reichsprotektor. 465) Zunächst wurden von der Prüfstelle alle tschechischen Filme aus den Herstellungsjahren 1935 und 1936 aus dem Verkehr gezogen, um der Verbreitung deutscher Spielfilme weiteren Raum zu sichern.

Zur Regelung der berufsständischen Zuständigkeiten war darüber hinaus eine "Böhmisch-Mährische Filmzentrale" in Prag gegründet worden, deren Bestimmungen und Richtlinien genau denen der Reichsfilmkammer entsprachen. Rechtlich handelte es sich ebenfalls um eine Behörde unter der Aufsicht der Protektoratsregierung. 466)

Nach der Auflösung aller noch bestehenden Berufsverbände und ähnlicher Institutionen und nach der "Marktbereinigung" — 14 Produktionsfirmen wurde die Zulassung versagt — blieb schließlich die Prag-Film AG die einzige Filmgesellschaft, die in der Tschechoslowakei ungehindert arbeiten konnte. Sie wurde von Berlin aus von Winkler kontrolliert und gelenkt.

8. Ergebnisse und Auswirkungen des Nationalisierungsprozesses seit 1937

Im Jahre 1939 hatte Max Winkler den ersten Teil seines Planes, die deutsche Filmwirtschaft auf eine neue organisatorische und wirtschaftliche Basis zu stellen, verwirklicht: Nahezu sämtliche Filmgesellschaften befanden sich im "mittelbaren" Besitz des Staates. Kleinere Atelier- und Produktionsbetriebe waren nur noch bedeutungsvoll, wenn sie wie z.B. die Europäische Film-Allianz GmbH und das Tonfilmstudio Carl Froelich & Co. in einem vertraglichen Verhältnis zur Tobis bzw. zur Ufa standen.

Im Jahre 1937 hatte Winkler dem Reich die Aktienmehrheit der Ufa AG verschafft, nachdem die Cautio schon seit 1935 auf den Tobis-Konzern maßgeblichen Einfluß gewonnen hatte. Anfang 1938 wurde zur Erweiterung des Produktionsangebots in München die Bavaria-Filmkunst gegründet und der alte Bavaria-Konzern aufgelöst. Nach dem Anschluß Österreichs, der Besetzung des Sudetenlandes und dann Böhmen und Mährens sicherte Winkler dem Reich die dortigen Produktionsstätten: Die Wien-Film GmbH und die Prag-Film AG erweiterten die Produktionskapazität der deutschen Filmindustrie. Der deutsche Kinopark vergrößerte sich auf ca. 8.100 Kinos.

Trotz der Dezentralisierung 467), d.h. der Verlagerung der Filmproduktion auf Berlin, München, Wien und Prag wurden sämtliche Unternehmen vom Büro Winkler wirtschaftlich zentral gesteuert. Der Machtbereich und Einfluß des Reichsbeauftragten erstreckte sich aber nicht nur auf die Gesamtkontrolle und Planung der Filmwirtschaft (Versorgung des Marktes mit Filmen nach dem Jahresbedarf und der Amortisationsmöglichkeit, maximale Ateliernutzung durch die Gesellschaften, Gesamtdisposition bei Bauvorhaben, Regelung des Einsatzes von Arbeitskräften und Materialien usw.), sondern Winkler griff auch mit seinen Mitarbeitern direkt in die Produktionsprogramme und die allgemeine Bewirtschaftung der einzelnen Firmen ein: Ihm waren Monatsberichte über den Stand der Produktion und die Finanzlage abzuliefern; ihm mußten halbjährliche Zwischenbilanzen und in jedem Jahr neben dem normalen Geschäftsbericht ein technischer und ein Sozialbericht eingereicht werden. Außerdem führte Winkler nach und nach einen gemeinsamen Kontenplan bei allen Gesellschaften ein.

Die produktionsmäßige Dezentralisation änderte deshalb nichts an der tatsächlichen wirtschaftlichen und finanztechnischen Zentralisationsmaßnahme durch den Aufkauf, die Gründung und die Liquidation von Filmfirmen: Die "reichsmittelbaren" Gesellschaften arbeiteten nach den Weisungen des Reichsbeauftragten für die deutsche Filmwirtschaft. Insbesondere aufgrund der monatlichen Gewinn- und Ergebnisschätzungen konnte Winkler rechtzeitig in die Produktion eingreifen, d.h. deren wirtschaftlichen Ablauf überwachen.

Die planmäßig durchgeführte Zusammenlegung im Filmwesen hatte wirtschaftlich die Vereinigung einer ungeheuren kapitalistischen Macht in den Händen der Verantwortlichen — und das war zunächst Max Winkler — zur Folge. Das Büro Winkler war allerdings nur eine "informelle" wirtschaftliche Zentralstelle des deutschen Films; erst mit der Gründung der Ufa-Film wurde eine formelle Konzernspitze institutionalisiert. Doch war Winkler in seiner wirtschaftlichen Planung und Aktivität auf die Kooperation mit den Führungsgremien der Gesellschaften, die die Unternehmerfunktionen inne hatten, angewiesen. Jene Repräsentanten der privatkapitalistischen Filmwirtschaft waren aus den Direktionen (bis auf wenige Ausnahmen) nicht entfernt worden. Aus ihrem Selbstverständnis heraus dienten sie allein dem Kapital; das aber hieß, daß sie nicht danach fragen, welche Personen oder Gruppen über das Kapital verfügten.

So gingen die privaten Konzerne durch den Rechtsvorgang der Übertragung der Aktien und Geschäftsanteile in den Besitz des Reiches bzw. der Cautio über, ohne daß sich an den Produktionsbedingungen irgendetwas Wesentliches änderte: Die "staatlichen" Unternehmen waren weiterhin in der Form privatwirtschaftlicher Betriebe organisiert und fügten sich bruchlos in das kapitalistische Gesamtsystem ein. Winklers Konzept der Steuerung und Planung trug deshalb zur Stabilisierung der kapitalistischen Organisationsformen in der Filmwirtschaft bei, nachdem er durch seine Transaktionen die Basis zum wirtschaftlichen Aufstieg geschaffen hatte.

Die Anweisungen Winklers waren demnach keine "staatsdirigistischen" Maßnahmen, sondern verbindliche Richtlinien der obersten Spitze einer nach dem Herrschaftsprinzip ausgerichteten Wirtschaftsstruktur. Die Unterordnung des Managements in den Konzernen war die Anpassung an wirtschaftliche Notwendigkeiten, und diese hießen Konzentrierung und Planung. Die starke Konzentration in der Filmindustrie hatte hierbei die überbetriebliche Wirtschaftsplanung vorbereitet: Denn die Kontrolle des Filmmarktes ist die traditionelle und ökonomisch notwendige Aufgabe jedes Konzerns; so konnte sich Winkler auch bei der Markt-Kontrolle

und Planung an den Bewirtschaftungsrichtlinien der Ufa AG weitgehend orientieren. 468)
Deshalb gliederten sich die bestehenden und neu errichteten Filmgroßunternehmen
reibungslos in das wirtschaftspolitische Konzept Winklers ein, der die Wirtschaftsplanung als wirksames Kontrollprinzip der kapitalistischen Organisation erkannt
und genutzt hatte. Die Rentabilität und damit die Profitmaximierung sollte für alle
Zukunft gesichert sein; d.h. Winkler sah die systemimmanente Krisengefahr der
Filmwirtschaft — spätestens nach der Errichtung einer auch nach außen hin for-
mellen Konzernspitze — ein für allemal gebannt.. Auf der Kriegstagung der RFK
1941 formulierte Goebbels: "Das sogenannte Büro Winkler hatte nun die Aufgabe,
die ganze Wirtschaftlichkeit des Films auf eine absolut stabile Basis zu stellen, dafür zu sorgen, daß der Film in Zukunft keinerlei wirtschaftlichen Krisen oder Ka-
tastrophen mehr ausgesetzt wird, daß ein Bankrott auf diesem Gebiet überhaupt
undenkbar war, weil nämlich planend vorbereitet wurde und in dem Augenblick
eingegriffen werden mußte, in dem die künstlerische Planung sich mit der wirtschaftlichen Planung nicht mehr in Übereinstimmung befand." 469) Durch die
weitgehende Verselbständigung der Produktionsbetriebe waren diese auf eine
eigene betriebsmäßige Rentabilität angewiesen. Das Gewinnstreben bildete demnach den Rahmen für jede Spielfilmproduktion der "reichsmittelbaren" Filmfirmen — wenn Winkler als "Finanzsekretär" des Propagandaministers ein solches
Ziel auch nicht unter allen Umständen, d.h. ohne Berücksichtigung der politisch-
ideologischen Situation, befürwortete.

Doch auch die als "Propagandafilme" deklarierten Spielfilmproduktionen mußten
sich den Gesetzmäßigkeiten der kapitalistischen Produktionsweise unterordnen.
Daß das Publikum ein Überangebot an propagandistischen Spielfilmen leicht satt
bekam und die Industrie infolgedessen verlustreich arbeitete, war auch Goebbels
schnell einsichtig, und eine Defizitwirtschaft konnte in keinem Fall im Interesse
der Nazis liegen. An der grundsätzlichen Dominanz des Profitstrebens änderten
auch einzelne Entscheidungen Goebbels' nichts, wenn er — wie z.B. bei dem
Harlan-Film "Kolberg" — entgegen allen ökonomischen Geboten einem ungewis-
sen propagandistischen Durchhalteziel zuliebe pompöse Mammutfilme produzieren ließ. Gerade dieser Film nahm einen übermäßigen Personalaufwand (allein
187.000 Soldaten wurden für den Film abkommandiert), eine riesige technische
Maschinerie und einen ungeheuren Verwaltungsapparat in Anspruch, so daß bei dem
kriegsbedingten Personalmangel und der allgemeinen Material- und Rohstoff-
knappheit die ideologisierte Politik über die wirtschaftliche Kalkulation siegte.
Dennoch handelte es sich hierbei wie in anderen Fällen um Einzelerscheinungen
und Ausnahmen, die den Grundsatz der kapitalistischen Produktionsweise nicht
beeinträchtigten. 470)

Bis zuletzt setzte sich der Reorganisator der Filmwirtschaft Max Winkler für die
Beibehaltung der privatwirtschaftlichen Struktur der Gesellschaften ein. Er wollte
Profite erzielen, die wieder in die Industrie zurückflossen, um schließlich die
Filmbranche völlig vom Reichshaushalt zu lösen, aus dem die zum Neuaufbau
erforderlichen Gelder gekommen waren. Ende der 30er Jahre war das von Winkler
verfolgte Ziel jedoch bei weitem noch nicht realisiert: Die steigenden Herstellungskosten machten den "Staatsfirmen" noch zu schaffen, und die Gesellschaften
waren noch nicht restlos mit den bei dem filmwirtschaftlichen Risikogeschäft not-

wendigen Eigenkapitalien ausgestattet. Deshalb blieben vorläufig weiterhin Haushaltsmittel erforderlich; private Kredite reichten allein zur Abdeckung der Verluste nicht aus. Nach einer Übergangsperiode sollte die Filmwirtschaft ihre Kapital- und Finanzierungsbedürfnisse aus sich selbst heraus befriedigen.

Ein entscheidender Schritt auf diesem Wege war die umsatzmäßige Entwicklung im "Großdeutschen" Raum: Mit den ersten Annexionen des deutschen Imperialismus (Ostmark, Sudetengau, Protektorat Böhmen und Mähren, Memel, Danzig, Warthegau) und der 1939 einsetzenden und sich ständig steigernden Ausplünderung ganz Europas wurden der deutschen Filmindustrie neue Produktionskapazitäten und Absatzmöglichkeiten geschaffen. So wurde durch die Expansionspolitik des Regimes für die deutsche Filmindustrie eine weitgehende wirtschaftliche Unabhängigkeit gegenüber dem Ausland erreicht. Selbst Spielfilme größten materiellen Formats konnten im "Großdeutschen" Wirtschaftsraum amortisiert werden. Hinzutrat die Beseitigung der Arbeitslosigkeit im "Altreich", die eine erhebliche Vergrößerung des Kinobesuches mit sich brachte 471), und die wachsende Zahl der Filmtheater im "Altreich". 472)

Dieses nach und nach wirtschaftlich gesundende Filmwesen schuf natürlich eine optimale Basis für die Verbreitung des nationalsozialistischen Ideengutes. Wenn die in einem nahezu verblüffenden Tempo durchgeführte Inbesitznahme der privaten Filmkonzerne auch grundsätzlich ökonomisch motiviert war, so hatte der Vorgang doch im Interesse der politischen Machthaber liegende Konsequenzen: Die Konzentration des Kapitals der deutschen Filmfirmen in einer Hand vervollkommnete die politisch-ideologische Überwachung und Steuerung der Produktionen. Ökonomische und politisch-ideologische Motive bedingten sich gegenseitig.

Zwar handelte Winkler als treibender Motor bei der wirtschaftlichen Neuorganisation nie für sich (obwohl er seinen materiellen Vorteil wahrzunehmen wußte) und begriff sich selbst als "unpolitisch" und "neutral", doch gerade diese "unpolitische" Staatsloyalität schuf die Voraussetzungen, daß sich seine Pläne für die Nationalsozialisten einspannen ließen. Winkler fragte nicht nach der Beschaffenheit des Regimes und dem Charakter von dessen Führungsclique; er schloß die Augen vor den Aktionen gegen jüdische Künstler und stützte durch diese einseitige Blickrichtung (auf das Kapital) die antijüdische Politik; ideologisch war für ihn jener von der Realität ablenkender Mechanismus der Filmproduktionen offenbar kein Problem, d.h. er ignorierte die Folgen der politischen Propaganda: Denn durch die enge Verzahnung von Wirtschaft und Staat hatte die politische Führung direkt und indirekt ideologischen Einfluß auf die vom Kapital erzeugte Konsumhaltung des Filmpublikums gewonnen. Diese Konsumhaltung, gepaart mit dem politisch-ideologischen Impetus des Regimes, hinderte den Zuschauer, die soziale Realität und deren Veränderbarkeit zu erkennen. Winklers Funktionen als Krisenbewältiger und Stabilisator der kapitalistischen Filmwirtschaft und seine persönliche Begeisterung für den zentralen Aufbau einer florierenden Filmindustrie, nicht zuletzt auch sein persönliches Streben nach wirtschaftlichem Einfluß und wirtschaftlicher Macht ergänzten vortrefflich den Wunsch des Propagandaministers Goebbels nach einer Perfektionierung der politisch-ideologischen Überwachung der Bevölkerung. Rentabilitäts- und Rationalisierungsgründe innerhalb der Filmwirtschaft waren die Bedingungen und Voraussetzungen zur Verwirklichung dieser politischen Absicht Goebbels'. Denn nur auf der Basis der kapitalmäßigen und organisatorischen Veränderungen konnten die antijüdischen Filmprojekte, die kriegerischen Hetzfilme, die verschleiernden Unterhaltungsfilme und die mobilisierenden Durchhaltefilme produziert werden. Auch die Rolle eines großzügigen und verständnisvollen Partners der Filmindustrie und der Filmkünstler machte Winkler zum Gehilfen des Regimes: Er verschaffte zahlreichen Künstlern und Direktoren persönliche materielle und soziale Vorteile und erhielt dem deutschen Film auf diese Weise "bewährte" und erfahrene Kräfte, die von den Vertretern der Partei und deren Rücksichtslosigkeit abgeschreckt waren: Das aber kam gerade den Interessen Goebbels' entgegen und half der weiteren Stabilisierung des Nationalsozialismus.

Goebbels hatte demnach in dem "Bürgermeister" Max Winkler einen ergebenen und exzellenten Diener 473), der für die Firmen und ihre führenden Mitarbeiter eine Vermittlungsfunktion zum Propagandaministerium besaß. Wer gute Verbindungen zu dem Büro in der Brückenallee unterhielt — und darum bemühten sich Künstler und Manager —, konnte mit der Fürsprache des "Bürgermeisters" an höchster Stelle rechnen.

Winkler beherrschte nach den Veränderungen in den Besitzverhältnissen der deutschen Filmwirtschaft infolgedessen nicht nur die ökonomische Kontrolle und Planung, sondern er hatte auch die prinzipielle Unterordnung der politisch-propagandistischen und "künstlerischen" Ambitionen aller Verantwortlichen (Regisseure, Schauspieler usw.) unter die ökonomischen Gesetzmäßigkeiten erreicht. Der Wirtschafts- und Finanzexperte wandte sich gegen einen entscheidenden Einfluß von "Filmkünstlern" auf den Herstellungsprozeß wie auf die gesamte Produktionsplanung, da sie keinerlei wirtschaftliche Erfahrungen und Kenntnisse besaßen. Verdienen mußten sämtliche beteiligten Sektoren und Personen, von der Produktion bis zum Kinobetrieb, vom Regisseur bis zum technischen Personal. Daß durch diese Maßnahmen die ökonomische Abhängigkeit der Produktionen nicht ausgeschaltet wurde, betonte auch Erich Walther Herbell, Betriebsführer der Bavaria-Filmkunst: "Die Künstler müssen sich also im Rahmen des von den zuständigen wirtschaftlichen Instanzen festgesetzten Etats halten", innerhalb dieses Rahmens hätten sie jedoch "freie Verfügungsberechtigung und auch die volle Verantwortung für die Auswahl der Stoffe und die Durchführung der Produktion". Und: "Die Produktionsprogramme seien eben nach wirtschaftlicher Abstimmung vorzulegen", wie Goebbels selbst betont hatte. 474)

Winkler führte die steigenden Produktionskosten — eine der Hauptursachen für die Fortdauer der Wirtschaftskrise des deutschen Films — vor allem darauf zurück, "daß der Film als Kulturgut nicht von rein wirtschaftlichen Erwägungen aus hergestellt (wurde), sondern daß den filmschaffenden Künstlern der maßgebende Einfluß auf die Gestaltung des Werkes und daher auch auf die Kosten eingeräumt" wurde. Dies würde angesichts der starken Konjunkturempfindlichkeit früher oder später zu einer "Defizitwirtschaft" führen. 475) Die aufgrund eines Goebbels-Erlasses vom 18. November 1939 erfolgte Wiederbelebung und Stärkung der Funktion des Reichsfilmdramaturgen, dem nunmehr wieder sämtliche Treatments und Drehbücher zur Genehmigung vorgelegt werden mußten, erschütterte den Primat der kommerziellen Produktionsweise und damit die Führungsrolle Winklers kei-

neswegs. (Die Arbeit des Filmdramaturgen, dem nach Belieben Drehbücher eingereicht werden konnte, war mehr oder weniger zum Stillstand gekommen.)
Der erneute Zwang zur Vorlage von Treatments und Drehbüchern — wenn auch nur als Koordinierungsstelle für das gesamte Filmschaffen im Reich vorgesehen — stieß auf erhebliche Bedenken seitens der Industrie; ihr genügte zur "künstlerischen" Kontrolle die Autorität des Produktionschefs. 476)

Winkler konnte die ökonomischen und finanziellen Aspekte der Filmproduktion gegenüber den politischen und "künstlerischen" Erwägungen nur voranstellen, weil Goebbels bereits Mitte der 30er Jahre einen nahezu perfekten politischen Kontroll- und Lenkungsapparat aufgebaut hatte. Das aber hieß, Winkler trat für die wirtschaftliche Autonomie eines Filmwesens ein, das politisch und "künstlerisch" schon lange gleichgeschaltet war bzw. sich selbst gleichgeschaltet hatte. Der kontinuierliche Druck von oben durch den Kontroll- und Lenkungsapparat (Zensur-, Kontingent- und Kulturkammergesetze und die daraus hervorgegangenen Institutionen) und die Anpassung an den "Geist der Zeit" von unten durch die Filmmanager und Filmkünstler garantierten auch nach den Vorstellungen Max Winklers zur Genüge eine Filmproduktion nach dem Geschmack der Nationalsozialisten. Gleichgesinnte und Opportunisten wetteiferten damals um die Gunst Goebbels': Auf unzähligen Kongressen, Tagungen, Filmbällen, feierlichen Uraufführungen etc. versammelten sich Filmprominenz und Regierungsvertreter und feierten sich gegenseitig.

Wenn es deshalb der kapitalistisch strukturierten deutschen Filmwirtschaft insbesondere seit 1939 sehr schnell gelang, aus der Rentabilitätskrise herauszukommen, dann nur, weil Goebbels dem Wirtschafler Max Winkler eine Führungsposition gegenüber den "Künstlern" und auch gegenüber übereifrigen und von jeglicher Sachkenntnis ungetrübten Parteileuten einräumte. Die Umorganisation war jedoch nicht nur auf den Zweck abgestellt, die Krise zu beseitigen, sondern sie sollte anschließend bewirken, daß sich die Profite sämtlicher Firmen mittels einer Marktkontrolle monopolistischen Charakters durch das Büro Winkler ständig erhöhten. Bis zur Erreichung dieses Zieles waren noch zahlreiche Transaktionen und Veränderungen auf dem Kapitalmarkt und innerhalb der gesamten Organisationsstruktur der deutschen Filmwirtschaft notwendig: Der Prozeß sollte sich bis zum Jahre 1942 hinziehen.

9. Der Plan Winklers zur Gründung einer "IG-Film" als Holdinggesellschaft für den deutschen Film

Zunächst schien es so, als stünde der Reichsbeauftragte für die deutsche Filmwirtschaft bereits im Jahre 1939 unmittelbar vor der Verwirklichung seiner Pläne. Doch schließlich dauerte es noch drei Jahre, bis der gigantischste Konzern in der Geschichte des deutschen Films aufgebaut war.

Die eigenen eher zurückhaltenden Bemerkungen über die Bildung eines solchen Mammutkonzerns entsprachen der Persönlichkeitsstruktur Max Winklers, eines Mannes, der weitgehend im Hintergrund gearbeitet hatte und selten öffentlich in Erscheinung getreten war: 478)

"Um eine Basis für ein wirtschaftlich gesundes Kultur- und Erziehungsinstrument zu schaffen, habe ich im Auftrage des Reiches in den Jahren ab 1935 die Geschäftsanteile der bekannteren Filmfirmen für das Reich erworben, eine Anzahl neuer Firmen gegründet und eine weitgehende grundlegende organisatorische und personelle Neuformung der Filmwirtschaft in die Wege geleitet.

Dank der Betreuung der künstlerischen Seite durch Herrn Reichsminister Dr. Goebbels und dank der neugetroffenen Maßnahmen ist eine ausreichende finanzielle Gesundung der gesamten Filmwirtschaft herbeigeführt und die Basis für einen weitergehenden Aufstieg geschaffen."

Das beinahe bescheidene Urteil über das "Lebenswerk" dieses einflußreichen Mannes kann und darf natürlich keineswegs darüber hinwegtäuschen, daß dieses zu einem hohen Organisationsgrad gelangte kapitalistische Filmsystem im Dienste eines unmenschlichen Regimes stand. Die Absicht des Reichsbeauftragten zielte zunächst auf den Abschluß eines "Interessengemeinschaftsvertrages" zwischen den staatsmittelbaren Filmgesellschaften, d.h. es ging ihm um die Gewinnverteilung und den Verlustausgleich unter den Firmen: Bei Gewinnen aller Gesellschaften sollten diese zusammengelegt und im Verhältnis der jeweiligen Höhe des Kapitals verteilt werden; bei Verlusten aller Gesellschaften sollte jede Firma selbst den Verlust tragen, d.h. es erfolgte keine Ergebnisverrechnung; bei verteilten Verlusten und Gewinnen sollten die gewinnausweisenden Gesellschaften die unterbilanzierenden Firmen mit ihren Gewinnen stützen.

Am 12. Mai 1939 wandte sich Winkler namens der Ufa AG, die nach außen hin als Vertragsabschließende auftreten sollte, an die übrigen Filmfirmen (Bavaria, Terra, Tobis und Wien-Film), um eine "Interessengemeinschaft" zwischen den von ihm als Reichsbeauftragten betreuten und überwachten Gesellschaften in die Wege zu leiten. 479) Zur Verfolgung der "gemeinsamen Interessen und gemeinsamen Pflichten" und zur Erreichung der gemeinsamen "ideellen und geschäftlichen Ziele" sollten folgende Regelungen und Absprachen getroffen werden:
— gemeinsame und möglichst lückenlose Ausnutzung des gesamten Atelierraums,
— gemeinsame Programmierung der von der Ufa AG verwalteten und allen Vertragspartnern zur Verfügung stehenden Kinos,
— gemeinschaftliche und planmäßige Lenkung des Filmexports aller Filmfirmen im Interesse "weitergehender kultureller Verbreitung" und "höchster devisenwirtschaftlicher Ergebnisse",
— aufeinander abgestimmter Einsatz der Regisseure, Schauspieler, Kleindarsteller, Komparsen, Kameraleute usw. und Lösung der Nachwuchsfrage,
— gemeinsame Interessen bei der Aufstellung von Geschäftsgrundsätzen, Preisbildung und sonstigen Konditionen,
— gemeinsame wissenschaftliche Arbeit und Forschung auf den Gebieten Filmtechnik, Filmchemie, Television, Farbfilm, Apparate- und Maschinenbau usw.,
— Ausgleichung der bei den einzelnen Vertragsgesellschaften entstehenden Unterbilanzen mit bei anderen Firmen zu erwartenden Überschüssen.

Winkler führte damit typische Faktoren auf, die auch heute immer wieder als gewichtige Motive für die Bildung von Großunternehmen (nicht nur auf dem Kommunikationssektor) herangezogen und genannt werden: technologische Zwänge, finanzielle Erwägungen und Forschungsaufgaben. Zur Förderung der Produktivität strebte er eine stärkere Rationalisierung (zentrale Atelierdisposition, zentrale Programmgestaltung der Kinos und deren einheitliche wirtschaftliche Führung, Kostensenkung, einheitliche Bilanzierungen usw.) und die Ausschaltung einer unrentablen Konkurrenz (Abwerbungen von Schauspielern, Regisseuren usw. durch Engagementverhandlungen unter dem Angebot höherer Gagen, gegenseitiger Wettbewerb inländischer Firmen auf dem ausländischen Markt usw.) an. Ferner war Winkler der Auffassung, daß nur durch die konzentrierte Finanzkraft der Gesellschaften kostspielige Laboratorien und moderne Forschungseinrichtungen geschaffen werden könnten, um die filmtechnische Forschung und Entwicklung voranzutreiben. Das wichtigste ökonomische Motiv für den Abschluß eines solchen Interessengemeinschaftsvertrages war jedoch die Risikoverteilung durch gegenseitigen Finanzausgleich. Auf diese Weise sollte der "IG-Vertrag" eines der hauptsächlichsten Instrumente sein, um die erwirtschafteten Gewinne unmittelbar wieder der Filmindustrie selbst zugute kommen zu lassen. Als Koordinierungs- und Schlichtungsstelle bei eventuellen Streitigkeiten war ein "Gemeinschaftsrat" vorgesehen, der sich aus den Vorsitzenden der Vorstände und Geschäftsführungen zusammensetzte und dem Winkler vorstehen sollte. Dieses Gremium, das seine Entscheidungen mit einfacher Mehrheit treffen sollte, wäre die oberste Entscheidungs- und Kontrollinstanz der deutschen Filmwirtschaft geworden.

Von den einzelnen Filmgesellschaften trafen seinerzeit sehr kritische und sogar ablehnende Stimmen im Büro Winkler ein. Vor allem die Tobis meldete Bedenken an und nahm Anstoß an der hervorragenden Rolle, die die Ufa hierbei spielen würde: Im Gegensatz etwa zu einer Gewinnverteilung nach dem Verleihumsatz mit Spielfilmen oder nach dem Verhältnis des tatsächlichen deutschen Filmangebots würde aufgrund dieser Regelungen der Ufa, der kapitalstärksten Gesellschaft, in jedem Fall ein Teil der Gewinne der anderen Firmen zufallen. 480)

Die ebenfalls im Mai 1939 schriftlich unterrichteten Ressorts des Promi (Film- und Haushaltsabteilung) stimmten dem Vertrag grundsätzlich zu; Leichtenstern, Leiter der Filmabteilung, trug lediglich einige geringfügige Änderungen im Namen des Ministers vor, u.a. das Verbot von Abstimmungen im "Gemeinschaftsrat" (Beschluß durch den Vorsitzenden nach Beratung mit den anderen Vertretern). 481)

Daß es jedoch nicht zum Abschluß dieses "Interessengemeinschaftsvertrages" kam, lag am Widerstand des Reichsfinanzministeriums. Der verantwortliche Sachbearbeiter im Finanzministerium, Burmeister, lehnte namens des Ministeriums Winklers Vorschläge ab; zumal, wie er hervorhob, einige betroffene Gesellschaften selbst noch erhebliche Bedenken angemeldet hätten. 482) Zur Begründung hatte Winkler gegenüber der Finanzbehörde die steuerlichen Vorteile eines solchen Interessenvertrages hervorgehoben: Beim Abschluß eines Gewinn- und Verlustausgleiches wären geringere Belastungen bei der Gewerbe-, Umsatz- und Körperschaftsteuer zu erwarten. Der einzige steuerliche Vorteil in bezug auf die an die Gemeinden zu zahlenden Gewerbesteuern könnte jedoch — so das Ministerium — die Nachteile der gesamten Neugestaltung nicht aufheben:

- Die sonstigen steuerlichen Ersparnisse bei den Reichssteuern (Umsatz- und Körperschaftsteuern) spielten keine Rolle, da schließlich Steuergläubiger und Kapitaleigner ein und dieselbe Person — nämlich das Reich — wären;
- aufgrund der Neuregelung würden sonst sichere Steuereinnahmen, die bisher zwangsläufig in die Reichskasse flossen, zur Deckung von Verlusten anderer Gesellschaften herangezogen;
- da in den nächsten Jahren in Anbetracht der großen Bauvorhaben keine anderen Rückflüsse aus der Filmwirtschaft als Steuern zu erwarten wären, müßte das Reich der Filmwirtschaft praktisch Geldmittel in Höhe der an sich zu zahlenden Steuern bereitstellen, und das hieße ohne Kontrolle der beiden Ministerien;
- gewinnbringende Gesellschaften würden künftighin kaum noch ein Interesse haben, einen Gewinnabschluß auszuweisen, da ihnen die Gewinne doch nicht verblieben und sie flüssige Mittel abführen müßten;
- verlusthabende Gesellschaften würden die Verluste kaum beseitigen, da sie stets auf Übernahme der Verluste durch die Gewinne der übrigen Firmen hoffen könnten;
- der Überblick über die Wirtschaftlichkeit der Firmen würde erschwert, weil durch den ständigen Ausgleich ein Finanzbedarf erst dann an das Reich herangetragen würde, wenn die Filmwirtschaft insgesamt mit Verlust arbeitete;
- je früher aber die verlusthabenden Firmen sich mit der Bitte um neue Geldmittel an die beteiligten Ressorts wenden müßten, umso leichter könnte durch Einfluß auf die Produktion und durch Umbesetzung von leitenden Posten für Abhilfe gesorgt werden;
- im ganzen würde durch den Fortfall der steuerlichen Belastungen der Eindruck erweckt, daß die Filmwirtschaft günstiger arbeitete, als es in Wahrheit und im Vergleich zu dem bisherigen Zustand der Fall wäre.

Und da das Inkrafttreten des Vertrages von der Zustimmung des Reichsfinanzministeriums abhängig war, konnte die Finanzbehörde ihre Interessen durchsetzen: Der Vertragsabschluß kam nicht zustande. Trotz aller zum Teil berechtigten Bedenken war für die ablehnende Haltung Burmeisters die Befürchtung ausschlaggebend, daß Winkler eine zu mächtige Position bekäme und das Finanzministerium mehr oder weniger ausgeschaltet würde.

Winkler wandte sich nun direkt an Goebbels. In einem sieben Seiten langen Schreiben 483) zählte er ausführlich seine Gründe auf und bedauerte gegenüber dem Propagandaminister, daß die Entwicklung, wie er sie sich vorgestellt hatte, durch das Finanzministerium gestört worden war. Im Vordergrund seiner Überlegungen hätte, wie er betonte, die Absicht gestanden, die reichsmittelbaren Gesellschaften mit ihrer Finanzierung auf den kaufmännischen Weg und das Bankgeschäft zu verweisen, um vom Reichshaushalt möglichst wenige bare Mittel anfordern zu müssen. Der Interessengemeinschaftsvertrag hätte die Kreditwürdigkeit der Gesellschaften — infolge des verteilten Risikos — erhöhen und die Liquidität verbessern bzw. aufrechterhalten sollen, um Anforderungen wie Baugelder über den Reichshaushalt zu vermeiden. Winkler argwöhnte — nicht zu Unrecht —, daß das Finanzministerium die Filmgesellschaften nach und nach völlig in den Reichshaushalt übernehmen wollte, um auf diese Weise eine bessere Kontroll- und Lenkungsmöglichkeit zu erlangen. Doch hätte der Nichtabschluß des Vertrages gerade seine ursprüngliche Absicht verhindert, den Haushalt des Reiches weitgehendst zu entlasten und die Filmfirmen zu zwingen, "ihre Geschäfte mehr kaufmännisch zu führen und ... aus eigener Kraft zu arbeiten". Durch die von Jahr zu Jahr größer werdenden Haushaltsbeträge wäre demgegenüber eine Gefährdung der wirtschaftlichen Entwicklung der einzelnen Betriebe zu befürchten. Sollte man aber, so argumentierte der Reichsbeauftragte weiter, seitens der Ministerien eine Übernahme der Filmwirtschaft in den Haushalt des Reiches planen, dann wäre eine Umorganisation und ein Umbau der Filmwirtschaft von Grund auf erforderlich, z.B. eine Einbeziehung der noch vorwiegend privat geführten Kinos in die Verstaatlichung.

Am 4. Juli 1939 kam es zu einer Besprechung im Finanzministerium, an der außer Winkler Merten von der Cautio, Ott und Getzlaff aus der Haushaltsabteilung des Propagandaministeriums und Burmeister und von Manteuffel aus dem Finanzministerium teilnahemn. 484) Von Manteuffel als verantwortlicher Ressortleiter ließ sich jedoch nicht von den Argumenten Winklers überzeugen und lehnte den Vertragsentwurf erneut ab. Eine wirtschaftliche Konzentration des Films, an der auch die Finanzbehörde interessiert wäre, müßte dreierlei berücksichtigen:

— Herausnahme der Ufa-Produktion und des Ufa-Verleihs aus dem Ufa-Konzern und Errichtung eigenständiger Gesellschaften;
— Bildung von mehreren reinen Produktionsgesellschaften und damit klare Trennung von den anderen Sektoren;
— Zusammenschluß der Produktionsfirmen in einer Interessengemeinschaft.

Auf diese Weise sollten die zuständigen Ressorts im Propaganda- und Finanzministerium intern erkennen können, wie die finanzielle Entwicklung der einzelnen Wirtschaftszweige — insbesondere der Produktion — verliefe. Überschüsse der technischen Betriebe dürften keinesfalls mehr oder weniger undurchsichtig zur Deckung der Produktionsverluste verwendet werden. Damit machte sich von Manteuffel Winklers eigene Argumentation bei der Sanierung der einzelnen Filmfirmen zu eigen: Der Produktionssektor sollte gezwungen werden, auf eigenen Ausgleich bedacht zu sein und eigene Gewinne zu erzielen.

Damit machte das Reichsfinanzministerium seine Zustimmung zum Abschluß eines Interessengemeinschaftsvertrages von der Abtrennung der Ufa-Wirtschaftsbetriebe abhängig. Eine solche Bedingung hätte jedoch auch den ökonomischen Absichten des Reichsbeauftragten entsprechen müssen: Die Auseinandersetzungen zwischen dem Büro Winkler und dem Finanzministerium waren deshalb einmal nur zu erklären mit der engen Verbindung zwischen der Cautio und der Ufa AG, der eine führende Rolle zugedacht war, und mit dem Bemühen Winklers, die Filmwirtschaft möglichst schnell auf eine rentable wirtschaftliche Basis zu stellen; zum anderen lag der tatsächliche objektive Widerspruch zwischen den Interessengruppen im Bestreben Winklers, die Filmwirtschaft völlig vom Reichshaushalt zu trennen.

Nachdem sich die Parteien im Sommer 1939 nicht einigen konnte, wurde die Realisierung des Zusammenschlusses noch einmal aufgeschoben. Winkler bereitete unterdessen mit seinen Mitarbeitern — unter Berücksichtigung der Bedenken des Reichsfinanzministeriums — seine Pläne weiter vor. Allerdings kam es ein Jahr später zu erneuten heftigen Auseinandersetzungen zwischen ihm und der Finanzbehörde, als der Reichsbeauftragte bei einem Besuch in München gegenüber den Direktoren der Bavaria-Filmkunst Andeutungen im Hinblick auf eine Trennung der Filmwirtschaft vom Reichshaushalt und damit eine Loslösung vom Finanzministerium machte. Schwerin von Krosigk, von Burmeister, dem Vertreter des Ministeriums im Aufsichtsrat der Bavaria-Filmkunst, über die angeblichen Absichten der völligen Verselbständigung der Filmwirtschaft in Kenntnis gesetzt, konnte von Winkler in einem persönlichen Gespräch nur mühsam überzeugt werden, daß an eine Verletzung des gesetzlichen Anrechts des Ministeriums auf die Verwaltung von unmittelbarem und mittelbarem Reichsvermögen nicht gedacht wäre. Keineswegs, so versuchte Winkler die Befürchtungen aus dem Wege zu räumen, wollte er der Reichsbehörde das Recht zur wirtschaftlichen Beaufsichtigung der Filmfirmen nehmen. (Dies war natürlich auch nur möglich, wenn das Reich seine Aktien und Geschäftsanteile wieder in private Hände geben würde — was zumindest damals nicht in Erwägung gezogen wurde. Solange das Reich Kapitaleigner der Firmen war, war die ökonomische Kontrolle gewährleistet.) Vielmehr verfolgte sein Büro das Ziel, aus den Filmunternehmungen des Reiches ein einheitliches, selbst wirtschaftendes Gesamtgebilde zu konstruieren; schon um sich nicht jedesmal an den Reichsfinanzminister wenden zu müssen, wenn diese oder jene Aufgabe Geld erforderte. 485)

Nach Beilegung des Konfliktes und Beseitigung des Mißverständnisses hatte sich das Ziel nicht geändert; Winkler wollte die Filmwirtschaft auf sich selbst stellen, von etatlichen Bindungen lösen und damit das Reich von der Bereitstellung von weiteren Steuergeldern befreien. Er verband hiermit die Sicherung, dem Reich eine angemessene Rendite der investierten öffentlichen Gelder — etwa im Wege einer Dividende von 4 bis 5% — zu garantieren. 486) Die aufgrund der Kapitalverhältnisse dem Reichsfinanzministerium zustehende Kontrollfunktion sollte nicht angetastet werden.

Im April 1941 hatten die geplanten und teilweise korrigierten Organisationsänderungen festere Formen angenommen. Winkler nahm sogleich Verhandlungen mit der Haushaltsabteilung des Propagandaministeriums auf: Er plante zur Zusammenfassung der Geschäftsanteile an den reichseigenen Firmen und zur Durchführung gemeinsamer Organisations- und Verwaltungsaufgaben die Bildung einer Holding-Gesellschaft. Obwohl (oder gerade weil) der erste Versuch eines losen Verbundes am Widerstand des Finanzministeriums gescheitert war, wurde die Konzentrationstendenz weiter verstärkt: Der neue Organisationsplan, der die Forderungen des Reichsfinanzministeriums weitgehend berücksichtigte, führte zu einer noch stärker bindenden Form des Zusammenschlusses.

Über dieses Vorhaben bestand zwischen allen Beteiligten Einigkeit. Die Holding-Gesellschaft sollte als Dachgesellschaft der bestehenden Konzerne dienen, d.h. ohne eigene Erzeugungstätigkeit die Anteile der reichsmittelbaren Firmen im Besitz halten, um so direkten und indirekten Einfluß auf deren Geschäftstätigkeit auszuüben. Das Konkurrenzdenken zwischen den Gesellschaften sollte endgültig

— wie auch tendenziell bereits im Interessengemeinschaftsvertrag angelegt — beseitigt werden; denn trotz der zentralen Überwachung durch das Büro Winkler hatte es immer wieder ein gegenseitiges Bekämpfen der Firmen auf dem Gebiet der Produktion, des Verleihs und der Gewinnung von Atelier- und Theaterraum gegeben, eben weil die Angelegenheiten der einzelnen Filmkonzerne bis dahin gesondert bewirtschaftet worden waren. Winkler und die Ministerien wollten dieser neuen organisatorischen Spitze die Gesamtverwaltung der Filmwirtschaft übertragen, um dadurch eine Verwaltungsvereinfachung zu erreichen. Das bedeutete: Von der Holding-Gesellschaft hätten künftig alle leitenden Anordnungen zu kommen, und über sie sollte die Finanzierung der gesamten deutschen Filmwirtschaft vereinheitlicht und erleichtert werden.

Da der vertikale Aufbau der Ufa AG bereits den Charakter einer Haltegesellschaft erkennen ließ und bei diesem Konzern die größten Kapitalwerte lagen, war von Winkler der Ufa-Konzern als Holding-Gesellschaft in Aussicht genommen. In einem neuen Memorandum hieß es:

"Zum Zwecke der Lenkung dieser stürmischen Entwicklung (auf den Gebieten der Kunst, Technik und Wirtschaft, d.V.) erweist sich nunmehr eine Haltegesellschaft notwendig, die durch Aufnahme und Verwaltung sämtlicher Beteiligungen staatsmittelbarer Natur den festen Rahmen schafft, der einheitliche Führung, zentrale Förderung und die Wahrnehmung der vielen gemeinsamen Interessen verbürgt". 487)

Durch die Übernahme der Verwaltungsstellen der Ufa AG sollte eine besondere Vermehrung des Verwaltungskörpers durch Neueinrichtungen vermieden werden. So würde u.a. eine nach Bankgrundsätzen organisierte Zentral-Finanzverwaltung die Geldbewegungen der Tochtergesellschaften zu beobachten und die Finanzierungsbedürfnisse zu befriedigen haben; ein Zentral-Einkauf könnte für die wichtigsten Bedarfsmittel (Aufnahme- und Vorführapparaturen, Rohstoffe, Requisitionsgegenstände usw.) eine Preissenkung und sonstige Lieferungsvorteile bieten; eine Zentral-Sozialstelle wäre in der Lage, die "Gefolgschaftsmitglieder" sämtlicher Gesellschaften nach einheitlichen sozialen Gesichtspunkten zu betreuen. Die Hauptfunktionen einer solchen Dachgesellschaft waren jedoch — ähnlich dem Vorschlag Winklers von einer Interessengemeinschaft — der Gewinn- und Verlustausgleich und, verbunden mit dieser Risikoverteilung, steuerliche Vorteile.

Die Begriffsbestimmung der "Organschaft", die diese Vorteile ermöglichen sollte, war in allen entsprechenden Gesetzen die gleiche: Es wurde eine finanzielle, wirtschaftliche und organisatorische Eingliederung der Organtochtergesellschaften in die Organmuttergesellschaft nach Art einer Geschäftsabteilung verlangt, und zwar sollte die Organisation bei der Betätigung ihres geschäftlichen Willens unter der Leitung der Organmutter stehen. Diese Voraussetzungen sollten durch den Abschluß verschiedener Geschäftsanweisungen bzw. Organverträge geschaffen werden.

Dieses durch die Errichtung einer Holding-Gesellschaft zustandegekommene Organschaftsverhältnis zwischen Mutter- und Tochtergesellschaften hatte wesentliche steuerliche Auswirkungen auf die Umsatz-, Gewerbe- und Körperschaftsteuer:
Die Vorteile der Organschaft — soweit Körperschaft- und Gewerbesteuer in Frage kamen — lagen in der Aufrechnung von Gewinnen und Verlusten unter den einzelnen Gesellschaften; diese Ersparnis wurde erst bedeutsvoll, wenn tatsächlich

bei Verlusten ein Ausgleich notwendig war. Bei der Umsatzsteuer führte die Organschaft zur Steuerfreiheit aller Umsätze der Firmen untereinander und mit der Konzernspitze; diese Frage war besonders aktuell im Verhältnis der Produktion zum Verleih und zu den Theatern. Die Umsätze wurden hier auf jährlich etwa 200 Mio. RM geschätzt — wonach sich eine Umsatzsteuerersparnis von ca. 4 Mio. RM ergeben würde.

Die Leitung der kommenden Holding-Gesellschaft, für die Klitzsch den Namensvorschlag "Universum Film Verwaltungs GmbH" gemacht hatte, sollte Winkler als Generaldirektor zusammen mit Klitzsch und Pfennig übernehmen. Die juristische Form der AG, die zur öffentlichen Berichterstattung zwang, sollte aufgegeben und dafür die Form einer GmbH gewählt werden.

Die Haushaltsabteilung des Propagandaministeriums, insbesondere Ott, zeigte jedoch Bedenken gegen die Übertragung aller von der Cautio innegehaltenen Geschäftsanteile auf die Ufa AG. In einem vertraulichen Schreiben an Goebbels sprach er sich deshalb gegen diese Lösung aus und schlug demgegenüber vor, die Cautio, die bis dahin Anteilseignerin der meisten Konzerngesellschaften war, selbst als Holding-Gesellschaft zu wählen — allein um nicht unnötigerweise große Vermögenswerte fortbewegen zu müssen. 488) Da die Konzernspitze nur über die Gewinne der Tochtergesellschaften müßte verfügen können, wäre es unerheblich, mit welchem Kapital sie sich ausstattete. Außerdem wäre die Ufa AG nach der erforderlichen Herausziehung der Produktion und der Theaterbetriebe nicht mehr die stärkste Gesellschaft. Für Ott waren damit die Gründe für die Neigung Winklers, die Ufa AG als Dachgesellschaft heranzuziehen, nicht stichhaltig. Keinesfalls jedoch dürfte man sich, so argumentierte er, von stimmungsmäßigen Einwänden und Anhänglichkeiten gegenüber der alten Ufa-Tradition oder von persönlichen Sentiments gegenüber Klitzsch leiten lassen.

Aber nicht nur vom Propagandaministerium, auch seitens der Filmfirmen tauchten "schwerste Bedenken" gegen die Verwendung der Ufa AG als Holding-Gesellschaft und vor allem gegen eine allzu starke Einflußnahme Klitzschs auf, so etwa bei der Bavaria in München. 489)

Winkler selbst allerdings zeigte wenig Neigung, die Cautio, die neben dem Bereich des Films noch weitere Treuhandaufgaben zu erfüllen hatte, zur Holding-Gesellschaft der deutschen Filmwirtschaft umzustrukturieren. Deshalb wurde schließlich weder die Ufa AG noch die Cautio, sondern unter entsprechender Umbenennung die "Film-Finanz GmbH" herangezogen. Dahingehend einigten sich Winkler und die Ressortvertreter auf einer abschließenden Besprechung im Oktober 1941. 490) Im Sommer hatte Ott bereits einen weiteren Vorstoß gegen die Machtposition Winklers unternommen: In einer Ministervorlage vom 10. Juli, erneut vorgelegt am 2. Dezember 1941 machte er den Vorschlag, die Anteile der Holding-Gesellschaft unmittelbar auf das Propagandaministerium zu übernehmen. Er erinnerte daran, daß ähnliche Rechtsverhältnisse bei der Reichsrundfunkgesellschaft vorlägen. 491) Da der Gesellschafter als Eigentümer des ganzen Konzerns nach dem GmbH-Gesetz allein die oberste Entscheidung über alle Geschäftsvorgänge (Feststellung der Jahresbilanz, Gewinnverteilung etc.) innehätte und der Aufsichtsrat nur vorbereitende Beschlüsse faßte, wäre es besonders wichtig und zweckmäßig, daß ein Vertreter des Ministeriums, wenn nicht Goebbels selbst, die Gesellschafterversammlung abhielte. Der Vorschlag Otts, die Anteile unmittelbar auf das Ministerium zu übernehmen, wurde von Hippler, dem Leiter der Filmabteilung, unterstützt. Das Propagandaministerium sollte deshalb die Geschäftsanteile der Film-Finanz GmbH, die als Holding-Gesellschaft ausersehen war, von der Reichskreditgesellschaft erwerben. Dadurch wären klare Rechtsverhältnisse zwischen der neuen Holding-Gesellschaft und dem Reich geschaffen, d.h. die Eigentumsverhältnisse des Ministeriums an dem gesamten Filmkonzern rechtlich gesichert worden.

Goebbels entschied sich jedoch für die Verwaltung der Anteile der Dachgesellschaft durch die Cautio. Winkler selbst mußte aus diesem Grund auf den Posten eines Konzern-Generaldirektors verzichten: Denn aus wirtschaftsrechtlichen Erwägungen konnte der Generaldirektor eines Konzerns nicht eine Gesellschafterversammlung abhalten, die sich mit seinen eigenen Geschäften befaßte. Seine Funktion als Gesellschafter der Holding-Gesellschaft nahm ihm nach Auffassung der beteiligten Ressorts die notwendige Objektivität zu einem Urteil über die Tätigkeiten der Unternehmungen. So übte Max Winkler seine wirtschaftlichen Kontroll- und Lenkungsfunktionen in den einzelnen Filmgesellschaften bis zum Jahre 1945 einmal als Inhaber der Gesellschaftsanteile des Dachkonzerns auf dem Wege über die Gesellschafterversammlung und zum anderen aufgrund seines Amtes als Reichsbeauftragter für die deutsche Filmwirtschaft aus. Der Verzicht auf den Posten eines Generaldirektors bedeutete demnach objektiv keine Herabsetzung, sondern eher eine Festigung und Stärkung seines Einflusses auf die Vorgänge innerhalb der gesamten deutschen Filmwirtschaft.

10. Die unmittelbaren organisatorischen und wirtschaftlichen Vorbereitungen für die Gründung der "U f a - F i l m GmbH"

Um den Plan Goebbels' und Winklers, die Herstellung und den Vertrieb aller deutschen Spielfilme zu einer hundertprozentigen Reichsangelegenheit zu machen, zu verwirklichen, bedurfte es im Herbst 1941 der Auflösung der wenigen noch bestehenden freien Produktionsfirmen.

Nachdem bereits am 6. Juni 1941 der Reichsfilmkammerpräsident auf Drängen Winklers eine Anordnung erlassen hatte, die die Neuzulassung von Filmproduktionsunternehmen an bestimmte erschwerende Bedingungen knüpfte 492), war die Neugründung einer Herstellungsfirma auf privater Basis unmöglich geworden. Als Auffanggesellschaft für die vorhandenen nicht von der Cautio beherrschten Kleinbetriebe gründete Winkler am 2. September 1941 die "B e r l i n - F i l m GmbH", ein Spielfilm-Produktionsunternehmen, dessen Stammkapital bis auf einen geringen Rest von der Cautio gehalten wurde. 493) Das Arbeitsgebiet der Berlin-Film war ausschließlich die Filmherstellung, d.h. ihre Filme wurden über die Verleihorganisationen der übrigen Gesellschaften vertrieben.

Damit war auch der letzte Rest einer unkontrollierten Spielfilmproduktion — wenn man überhaupt von einer solchen sprechen konnte — beseitigt; die gesamte deutsche Filmproduktion war unter staatsmittelbarer Kontrolle und Lenkung. Zweifellos war damit auch einigen arbeitslosen, bis dahin in der freien Produktion tätigen Filmschaffenden die Möglichkeit gegeben, sich einer nunmehr planmäßig gesteuerten Filmarbeit zu widmen.

Nach diesem wichtigen Schritt stand der geplanten Neuordnung im Hinblick auf die Errichtung einer organisatorischen Spitze aller Staatsfirmen nicht mehr viel im Wege. Winkler beschleunigte nun sein Vorhaben, in engem Kontakt mit Klitzsch, Staatssekretär Reinhardt vom Finanzministerium und den Leitern der Film- und Haushaltsabteilung des Propagandaministeriums seine wirtschaftsorganisatorischen Grundsätze in bezug auf die deutsche Filmwirtschaft in die Realität umzusetzen, was die Verwirklichung zweier wesentlicher Grundsätze Winklers bedeutete: 494)

— Entlastung der Produktionsfirmen von allen Nebenaufgaben und Nebenbetrieben;

— Führung und Weiterentwicklung der reichsmittelbaren Filmgesellschaften unter weitgehender Selbstverantwortung und Loslösung vom Reichshaushalt.

Zur totalen Befreiung der Filmwirtschaft vom Haushalt des Reiches war es unerläßlich, möglichst viele Filmtheater in den Besitz des Reiches zu bekommen: Auf diese Weise sollte vermieden werden, daß irgendwelche Einnahmen aus dem Filmgeschäft in private Hände flossen. Speziell zu diesem Zweck, d.h. zum Erwerb, zum Bau und zur Ausgestaltung von Kinos, stellte der Reichsfinanzminister im Juli 1941 einen Betrag von 120 Mio. RM dem Propagandaministerium bzw. der Cautio zur Verfügung. Die Mittel, die in vier Jahresabschnitten zu je 30 Mio. RM ausgezahlt werden sollten, waren allein " für die Überführung der für den Filmeinsatz wesentlichen Schlüsseltheater in die Hand des Reichs und die Neuerrichtung und den Umbau von Filmtheatern in den im Osten, Westen und Süden zum Reich gekommenen Gebieten" zu verwenden. 495) Während vor allem die Haushaltsabteilung des Promi darauf drängte, auch von dieser Abhängigkeit freizukommen, hielt Winkler den Zwang, die Zustimmung des RFM einzuholen, für ein "geeignetes Mittel gegen unsachgemäße Gründungen des Propagandaministeriums". 496) Winkler gab gleichzeitig die Zusicherung, daß es sich hierbei um die letzte Mittelanforderung für Filmzwecke handelte.

Trotz dieser künftigen Loslösung vom Haushaltsetat war die vom Propagandaministerium und Winkler beherrschte Filmwirtschaft noch nicht völlig von der Überwachung durch das Reichsfinanzministerium befreit: Bei Kapitalerhöhungen und Firmenneugründungen mußte weiterhin nach § 48 der Reichshaushaltsordnung die Zustimmung des Finanzministers eingeholt werden. Das erleichterte Verfahren der Mittelbewilligung durch einen jährlichen Pauschalbetrag — bis dahin mußten die bewilligten Mittel im Falle des Bedarfs angefordert werden — schränkte den Einfluß des RFM auf die Planung der Vorhaben, das Tempo ihrer Durchführung usw. wesentlich ein.

Mit diesem Verzicht auf alle weiteren Etatforderungen 497) hatte Winkler zunächst eine befriedigende Regelung beim Reichsfinanzminister erlangt: Künftighin war es Aufgabe der reichsmittelbaren Filmwirtschaft, sich in sich selbst zu finanzieren. Winkler sprach von einem "bedeutsame(n) Schritt auf dem Wege der Verselbständigung der reichsmittelbaren Filmwirtschaft ... unter Loslösung von bürokratisierender Etatwirtschaft". 498) Sollte es zudem in den nächsten Jahren gelingen, den gesamten Theaterpark im "Altreich" und in den besetzten Gebieten Ost-, West- und Südeuropas in Besitz und damit unter wirtschaftliche Kontrolle zu bekommen, wäre sein Plan perfekt geworden: Es würde nur noch ein total monopolisierter Konzern für alle Bereiche des Filmwesens existieren; Produktion, Vertrieb und Vorführung aller deutschen Filme ständen unter wirtschaftlicher und finanzmäßiger Überwachung und Steuerung der reichseigenen Holding-Gesellschaft.

Der erste Schritt zur "Verreichlichung" der wichtigsten deutschen Filmtheater war die "Neutralisierung" des Ufa-Theaterparks. Dieser bedeutsamste Teil der deutschen Premieren-, Ur- und Erstaufführungstheater —seit dem Aufkauf der Ufa in staatsmittelbarem Besitz — wurde pachtweise in eine besondere Gesellschaft überführt: Nach langen Verhandlungen zwischen Winkler, Klitzsch und den beteiligten Ministerien wurde zu diesem Zweck die "D e u t s c h e F i l m t h e a t e r GmbH" am 14. November 1941 gegründet. 499) Wenn Winkler die Kinos, die bis dahin als "privatkapitalistische Unternehmen" geführt wurden, zu "Kulturstätten" machen wollte, so hatte dies lediglich zur Folge, daß in Zukunft die Eintrittseinnahmen nicht mehr Privatpersonen oder anonymen Kapitalgesellschaften, sondern der gesamten Filmwirtschaft zugute kamen. Vom ökonomischen Standpunkt bedeutete es demnach eine Verringerung des Gewinnanteils bei den Kinos und damit eine Verbesserung der Rentabilität der einzelnen Filme. Keineswegs wurde die gesamtkapitalistische Organisationsstruktur der reichsmittelbaren Filmwirtschaft durch diese Deklaration Winklers aufgehoben. 500)

Die Aufgabe dieser Gesellschaft war demnach der Erwerb vorhandener und die Errichtung neuer Kinos sowie die einheitliche Verwaltung aller reichseigenen und noch zu kaufenden Filmtheater. Das Interesse Winklers und der DFT galt vor allem den Kinos in den eroberten Gebieten, die beschlagnahmt, gekauft oder gepachtet wurden. Auf Drängen Winklers erließ die RFK am 12.2.1942 eine Anordnung über den Betrieb von Filmtheatern, nach der Kinos nur noch durch Theaterbesitzer oder eine Personengesellschaft (höchstens 4 Kinos) und nicht mehr in Form anonymer Kapitalgesellschaften betrieben werden durften. Konzerne und Theaterketten wurden aufgrund dieser Verordnung aufgelöst und gegen eine Kapitalvergütung vereinnahmt. Bei der Verwaltung der reichseigenen Kinos sollten schließlich "verdiente Frontkämpfer" bevorzugt werden (Völkischer Beobachter vom 18.2.1942).

Die angestrebte "Verreichlichung" der wichtigsten Kinobetriebe wurde jedoch infolge der Kriegsauswirkungen bis 1945 nicht mehr verwirklicht: Immerhin aber standen während des Krieges der riesige Ufa-Theaterpark und die zahlreichen aufgekauften und beschlagnahmten Kinos im "großdeutschen" Raum allen vom Reich betriebenen Filmgesellschaften unter gleichen Bedingungen zur Verfügung. Vor allem war durch die Inbesitznahme der repräsentativen Großkinos in den Städten ein eindrucksvoller Start der "Spitzenfilme" sichergestellt. In der Denkschrift vom November 1941 sprach Winkler davon, "die Neuausstattung der reichsmittelbaren Filmtheater im Sinne der ihnen gestellten kulturellen Aufgabe, würdige Schaufenster der deutschen Filmwirtschaft zu sein", vorzunehmen. 501) Schließlich entsprach diese ganze Aktion dem Bemühen Winklers, die Produktion grundsätzlich vom Atelier- und Theatersektor zu trennen, d.h. für die Verselbständigung der Filmwirtschaft war die Vergrößerung der Reichsinteressen am Kinobesitz aus ökonomischen

Gründen unerläßlich. Deshalb gliederte Winkler den Ufa-Theaterpark aus der vertikalen Organisationsstruktur des Ufa-Konzerns aus; im Gegensatz zu der bisherigen privaten Bewirtschaftung der Kinos hatte die neu gegründete Deutsche Filmtheater GmbH eine eigene klar umrissene Aufgabe, die den wirtschaftlichen Ehrgeiz ihrer Geschäftsführung auf die Gesamtinteressen der Filmwirtschaft lenkte.

Nach der Gründung der Berlin-Film GmbH und der Deutschen Filmtheater GmbH war Winkler gehalten, die horizontale Aufgliederung der reichsmittelbaren Filmwirtschaft weiter voranzutreiben. Dies hieß zunächst, der Tendenz aller Filmkonzerne zu einem eigenen vertikalen Aufbau entgegenzuwirken. Vor allem der Ufa-Konzern war weitgehend vertikal gegliedert: Er umfaßte die Herstellung, den Verleih und Auslandsvertrieb. Nebenzweige wie den Handel mit technischen Apparaturen und die Unterhaltung verschiedener Verlagsunternehmen und unterhielt Atelieranlagen und Kopieranstalten. Der Tobis-Konzern war — zumindest bis zur Herausnahme der Produktion — in einem vertikalen Aufbau ähnlich strukturiert (allerdings ohne Theaterbesitz). Winkler zielte deshalb auf die Schaffung von Blöcken, die horizontal jeweils einen Zweig der Filmwirtschaft umfaßten (Produktion, Vertrieb, Vorführung und technische Betriebe); diesen sollte dann mit der Holding-Gesellschaft eine Spitze in vertikaler Richtung gegeben werden.

Die Produktionsfirmen mußten deshalb von allen Nebenaufgaben entlastet werden — wobei natürlich aus Zweckmäßigkeitsgründen die Firmen außerhalb Berlins ihre technischen Betriebe (Atelieranlagen und Kopieranstalten) behalten konnten. Die zentral gesteuerte Atelierdisposition war hiervon nicht berührt. Damit verbunden trat Winkler für die Neutralisierung des gesamten deutschen Vertriebssystems ein, d.h. für die Errichtung einer reichseigenen Vertriebsgesellschaft, die allen Produktionsfirmen zu den gleichen Bedingungen zur Verfügung stand und selbst nicht auf maximalen Gewinn hin, sondern als reiner Dienstleistungsbetrieb arbeitete.

Der alten Ufa AG selbst sollten nach den Vorstellungen des Reichsbeauftragten für die deutsche Filmwirtschaft sämtliche technischen Betriebe und Aufgaben, die nach der Ausgliederung der Produktion und der Theater in ihrem Geschäftsbereich verblieben, erhalten bleiben: Atelierbetriebe (Babelsberg, Tempelhof), Kopierwerke (Aktiengesellschaft für Film-Fabrikation — Afifa), Apparate-Handel und Kinoeinrichtungen (Ufa-Handelsgesellschaft) sowie Industrie- und Werbefilm-Interessen. Neu eingegliedert in die Ufa AG wurden die Deutsche Wochenschau GmbH, die Deutsche Kulturfilm-Zentrale, sämtliche Zeitungs-, Buch- und Tonverlage sowie die Tobis AG mit ihren Atelier- und Patentinteressen. Zur Durchführung dieser Planung, die zahlreiche organisatorische und personelle Einzelmaßnahmen erforderte (Übertragungsakte, Vertragsabschlüsse, Neueinstellungen, Vertragsänderungen usw.), erhielt Winkler im Dezember 1941 die Vollmacht Goebbels'. Bereits am 4. Dezember legte er nach Abschluß aller Vorarbeiten dem Propagandaminister ein genaues Organisationsstatut über die Neuordnung der reichsmittelbaren Filmwirtschaft vor, das das geplante Organisationsgefüge im einzelnen darstellte. 502)

Zunächst bestätigte Winkler in diesem Entwurf sein Amt als Reichsbeauftragter für die deutsche Filmwirtschaft, d.h. er verwaltete weiterhin die "wirtschaftlichen Filminteressen des Reiches" nach den Weisungen des Propagandaministers. Die Rechtsform der Treuhandschaft, die beim allmählichen Aufkauf bzw. bei der

Neugründung von Unternehmen gewählt worden war, um das Reich als Auftraggeber nach außen hin nicht erkennbar werden zu lassen, war für die Aufgabe Winklers nicht mehr notwendig. Diese Periode eines Treuhandverhältnisses hatte ihr Ende gefunden. Für die zu bildende Holding-Gesellschaft sollte der Reichsbeauftragte die höhere Instanz sein: Er behielt sich im Einzelfall die letzte Entscheidung vor, und an seine Weisungen war die Geschäftsführung gebunden. Die Holding-Gesellschaft selbst, der auf ausdrückliche Entscheidung Hitlers der Name "U f a - F i l m GmbH" gegeben wurde, übernahm die gesamte "Führung und Ausrichtung" der deutschen Filmwirtschaft. Der von Winkler zunächst vorgeschlagene Name "Interessengemeinschaft Film GmbH" (IG Film) war von Hitler mit der Begründung abgelehnt worden, die Verdienste der Ufa und deren Stellung im Ausland als Repräsentantin des deutschen Films müßten auch im Namen der Haltegesellschaft zum Ausdruck kommen. Der Name der Konzernspitze sollte deshalb aus Traditionsgründen den Begriff "Ufa" in sich tragen. 503) Goebbels sprach später von dem "nicht sehr schönen, aber sehr zweckmäßigen Namen IG-Film", der "so sehr an die IG-Farben" erinnerte. 504) Die Rechtsform der GmbH wählte Winkler, da sie nicht zur Veröffentlichung zwang. Die Ausgabe von Aktien und deren Unterbringung am Markt kam grundsätzlich nicht in Frage.

Damit gingen die bisherigen Aufgaben der Cautio, die diese als Gesellschafterin treuhänderisch wahrgenommen hatte, auf die Ufa-Film über. Die Filmbeteiligungen der Cautio wurden als Sacheinlagen in die neue Dachgesellschaft eingebracht. Zur politischen und "künstlerischen" Überwachung und zur Beaufsichtigung der Produktionschefs schlug Winkler die Ernennung eines "Filmgeneralintendanten", der der Geschäftsführung angehören könne, vor. Hippler, den Winkler für diesen Posten vorsah, müßte dann formell zur Ufa-Film übertreten. Insgesamt sollte die Geschäftsführung auf einen kleinen Personenkreis beschränkt bleiben: Den Vorsitz könnte nach der Meinung Winklers sein langjähriger Mitarbeiter und Stellvertreter Bruno Pfennig übernehmen. Als Dritter im Bunde schwebte den Reichsbeauftragten ein weiterer engster Mitarbeiter und Vertrauter bei der Cautio vor: Friedrich Merten, ehemaliger Bankdirektor und Experte für Filmwirtschaftsfragen.

Nachdem Goebbels sich für die Übertragung der Holding-Anteile auf die Cautio entschieden hatte, war für die Ministerien und deren Kontrollfunktionen ein Aufsichtsrat wieder von Bedeutung geworden. Wegen der Vertraulichkeit der Beschlüsse wollte Winkler ihn auf eine geringe Mitgliederzahl beschränkt wissen. So saßen in ihm nur die wichtigsten Aufsichtspersonen und Sachbearbeiter aus den Ministerien, der Partei, der Reichsfilmkammer und der Filmindustrie: Staatssekretär Gutterer vom Propagandaministerium als Vorsitzender, Ministerialdirektor von Manteuffel (Reichsfinanzministerium), Ministerialdirigent Dr. Ott (Haushaltsabteilung des Propagandaministeriums), Reichsfilmkammer-Präsident Carl Froelich, Arnold Raether (Reichspropagandaleitung der NSDAP) und Ludwig Klitzsch, Generaldirektor der Ufa AG.
Danach besaß Winkler bereits Anfang Dezember 1941 eine sehr konkrete Vorstellung über die endgültige personelle Besetzung und organisatorische Form der "Ufa-Film GmbH". Doch drohte die Kriegsbewirtschaftung der Nazis die Pläne Winklers noch zu durchkreuzen.

11. Kriegsbedingte Gefahren für die Liquidität des geplanten Monopolkonzerns

"Wenn der Soldat an der Front kämpft, soll niemand am Kriege verdienen". Dieses Wort Hitlers vom September 1939 505) — so wenig es der Realität entsprach — leitete die Preisvorschriften der Kriegswirtschaftsverordnung vom 4.9.1939 ein. Dort lautete der beherrschende Satz: "Preise und Entgelte für Güter und Leistungen jeder Art müssen nach den Grundsätzen der kriegsverpflichteten Wirtschaft gebildet werden." (§ 22) "Gewinnstop" war das Schlagwort für die Maßnahmen des Preiskommissars.

Die wirtschaftliche und organisatorische Verselbständigung der reichsmittelbaren Filmwirtschaft stieß demnach Anfang der 40er Jahre auf größere finanzielle Hindernisse: Einmal war die Kriegszeit mit den Erschwernissen auf personellem und sachlichem Gebiet (Personal- und Materialknappheit) für die Durchführung der Umorganisation grundsätzlich ungünstig, wenn die organisatorische Rationalisierung natürlich auch der Personaleinsparung entgegenkam; zum anderen machten die Kriegswirtschaftsverordnungen des Reichskommissars für die Preisbildung der Eigenfinanzierung der Filmwirtschaft erhebliche Schwierigkeiten.

Bereits seit dem Jahre 1939 hatte der Preiskommissar "Gewinnabführungsmaßnahmen" eingeleitet: So mußten die Überschüsse der Filmindustrie wie alle übrigen Gewinne der Gesamtindustrie zu einem bestimmten Prozentsatz an die Finanzämter abgeführt werden. 506)

Winkler hatte zunächst, als er von den geplanten Maßnahmen des Preiskommissars erfuhr, versucht, durch Bildung eines "Filmaufbaufonds" einen Teil der Gewinnabführung der Filmwirtschaft zu erhalten, und zwar durch Buchung der Gewinnabgabe als steuerlich abzugsfähige Betriebsausgabe. Die Reichsfinanzverwaltung erkannte die Gewinnabschöpfungszahlungen jedoch nicht als steuerlich abzugsfähig an. Später bemühte sich Winkler erfolgreich, wenigstens über einen längeren Zeitraum hin über die Hälfte der abzuführenden Gewinne verfügen zu können. Gegen die Errichtung eines solchen Fonds hatte sich vor allem auch das Reichsfinanzministerium gewehrt. Erfahrungsgemäß war nach der Meinung Burmeisters nicht damit zu rechnen, daß der Finanzminister "rechtzeitig über die geplanten Ausgaben unterrichtet" wurde und "erforderlichenfalls eingreifen" konnte. Der Einfluß des RFM würde, so befürchtete Burmeister, wesentlich geringer werden als bei der Bewilligung von Haushaltsmitteln. 507)

Diese Gewinnabführung betrug während des Krieges 30% der "außergewöhnlichen Gewinnsteigerungen". Nach längeren Verhandlungen mit dem Finanzministerium, der Reichsfinanzverwaltung und dem Reichskommissar für die Preisbildung gelang es Winkler jedoch, jeweils die Hälfte des abführungspflichtigen Gewinns als haftendes Reichskapital der Filmwirtschaft für einige Jahre — zunächst befristet bis 1945 — zu belassen.

Der gewerbliche Gewinn, den die Filmwirtschaft z.B. im Jahre 1941 erzielt hatte, wurde verglichen mit dem Eineinhalbfachen der gewerblichen Einkünfte, die im Wirtschaftsjahr 1938 eingenommen worden waren. Der Unterschiedsbetrag war die "außergewöhnliche Gewinnsteigerung". Hiervon wurden 30% als "Gewinnabführungsbetrag" steuerlich erfaßt. Seit Beginn des Krieges bis zum 30.12.1940 setzte der Preiskommissar die außergewöhnliche Gewinnsteigerung der reichsmittelbaren Filmwirtschaft auf 4,45 Mio RM fest. Einem Antrag Winklers, den Gewinnabführungsbetrag von 1,335 Mio RM bei den Firmen bzw. bei der Holding-Gesellschaft zu belassen, wurde aufgrund der sehr günstigen Finanzlage der Filmwirtschaft nicht stattgegeben. Vom 1.1.1941 bis 31.5.1941 errechnete die Reichsfinanzverwaltung bereits einen Gewinnabführungsbetrag von 7,72 Mio RM, von dem nur noch die Hälfte an die Finanzämter gezahlt werden mußte. Im Wirtschaftsjahr 1941/42 wurden ebenfalls aufgrund eines Entgegenkommens der Finanzbehörden 50% des Gewinnabführungsbetrages den Gesellschaften gestundet, das waren ca. 10,5 Mio RM von einem Gesamtbetrag in Höhe von ca. 21 Mio RM. 508) Zu dieser Erschwerung der Finanzlage der Filmfirmen durch die Gewinnabführungsmaßnahmen trat seit 1941 die Belastung des Gewinnes mit einer erhöhten Körperschaftsteuer: Bei großen Kapitalgesellschaften wurde ein Kriegszuschlag zur Körperschaftsteuer erhoben, der schließlich ab 1942 eine gesamte Körperschaftsteuerbelastung von 55% des Gewinnes mit sich brachte. 509) Im Jahre 1944 betrug die steuerliche Belastung für Körperschaft-, Gewerbe- und Umsatzsteuer täglich allein 520.000 RM, einschließlich der Vergnügungssteuer rund 800.000 RM pro Tag. Im Jahre 1942 zahlte die Filmwirtschaft (ohne Prag- und Berlin-Film) an Gewinnsteuern ca. 68 Mio RM, die Ufa AG allein 31,5 Mio RM. 510)

Trotz der günstigen konjunkturellen Lage der Filmwirtschaft seit Beginn der 40er Jahre — sämtliche Produktionsfirmen arbeiteten mit Gewinn — drohten dennoch Steuerlast und Gewinnabführung die liquiditätsmäßige Tragkraft der Firmen zu übersteigen, insbesondere im Falle eines auch nur geringen Konjunkturrückschlages: Hätte das Bemühen Winklers, wenigstens einen Teil des Gewinnabführungsbetrages der Filmwirtschaft vorläufig zu erhalten, keinen Erfolg gezeigt, so wären die liquiden Mittel durch die steuerlichen Leistungen nicht nur weitgehend erschöpft, sondern die Gesellschaften schließlich sogar gezwungen worden, Schulden aufzunehmen. Trotzdem erzielte Winkler nur einen Teilerfolg gegenüber der Kriegsbewirtschaftung; denn den Firmen bzw. der Holding-Gesellschaft verblieben nur wenige Gelder aus den Millionen-Gewinnen, d.h. die reichseigene Filmwirtschaft verfügte über eine außerordentlich schmale und für ihre sich selbst gestellten Aufgaben somit unzureichende Gewinnzuwachsrate und war für Krisenfälle kaum gerüstet. Der verbliebene Restgewinn — 1942/43 immerhin noch über 18 Mio RM (!) — wurde hauptsächlich für Sozialleistungen 511), Dividendenzahlungen 512) und Risikorücklagen 513) verwendet.

Größere Investitionen konnten allerdings während des Krieges nicht vorgenommen werden. Dies wäre notwendig gewesen für den Neubau und den Ausbau von Atelieranlagen und Kopieranstalten, für die Weiterentwicklung auf technischem Gebiet wie Farbfilm, Fernsehen etc. und auch für die Ausstattung der reichseigenen Filmtheater (Vorführapparaturen, Einrichtungsgegenstände usw.). 514) Die Gründe für diese finanzmäßige Situation lagen demnach nicht in der unrentablen Produktion — etwa aufgrund eines Überangebotes an unwirtschaftlichen "Staatsauftragsfilmen" —, sondern in den auf die Filmwirtschaft übertragenen Grundsätzen der kriegsverpflichteten Wirtschaft. Die Maßnahmen der NS-Wirtschaftsführung zerstörten keineswegs die kapitalistische Basis der Filmwirtschaft, d.h. die Gewinnabführungsverordnungen und die Erhöhungen insbesondere der Körperschaftsteuer durch einen Kriegszuschlag bewirkten keinen absoluten und totalen Gewinnstop. Vielmehr wurden die Filmfirmen seit Beginn des Krieges verpflichtet, die entstandenen Profite zu kontrollieren: Überhöhte Gewinne mußten abgebaut und der Kriegswirtschaft zur Verfügung gestellt werden. Gesamtwirtschaftlich bedeuteten diese (für die Filmwirtschaft unangenehmen) kriegsbedingten zusätzlichen Belastungen eine Anpassung an die allgemeine wirtschaftliche Lage und damit eine Stützung der Rüstungswirtschaft.

Ohne die Risikoverteilung und ohne die Steuervorteile nach Abschluß eines Organschaftsvertrages mit Gewinn- und Verlustausgleich zwischen der Ufa-Film und ihren Tochtergesellschaften, d.h. ohne die Verwirklichung der wirtschaftlichen und organisatorischen Pläne Max Winklers hätte die erhöhte Versteuerung der Gewinne für die Filmwirtschaft katastrophale Konsequenzen mit sich bringen können. Das aber bedeutet: Nur durch die Umorganisation der gesamten Filmwirtschaft konnte die deutsche Filmindustrie während des Krieges überhaupt rentabel arbeiten.

12. Die Gründung der "U f a - F i l m GmbH"

Die genauen Pläne Winklers, wie sie von Goebbels Anfang Dezember 1941 gebilligt wurden, waren in der Branche selbst weitgehend unbekannt geblieben. Wenigstens zeigten sich die leitenden Direktoren ziemlich überrascht und verstört, als Winkler am 15. Dezember 1941 den versammelten Vertretern aller staatsmittelbaren Gesellschaften offiziell die Grundzüge der Neuorganisation bekanntgab. 515) Die Ankündigungen Winklers wurden von allen Anwesenden mit Schweigen aufgenommen, so jedenfalls hielt der damalige Firmenchef der Bavaria-Filmkunst, Erich Walther Herbell, die Reaktion in einer Aktennotiz fest. Trotz wiederholter Rückfragen Winklers erfolgte seitens der Vertreter der Filmwirtschaft keine Wortmeldung. Scheinbar fürchteten die Firmenvertreter plötzlich um das "Eigenleben" ihrer Gesellschaften, als sie die Folgen der Konzentrationsbewegungen und staatlichen Zentralisierungsmaßnahmen vor Augen sahen.

Die Reaktion darf allerdings auch keineswegs überbetont werden: Schließlich wurden die Geschäfte der reichsmittelbaren Firmen seit mehreren Jahren vom Büro Winkler kontrolliert und gesteuert, und die Direktoren hatten mit Winkler und den staatlichen Führungsstellen bis dahin bestens kooperiert. Die Angst, von einer neuen Dachgesellschaft ökonomisch erdrückt zu werden, betraf deshalb auch in der Hauptsache die auswärtigen Gesellschaften: Diese wehrten sich gegen eine allzu starke Bevormundung aus Berlin, insbesondere gegen die bevorzugte Stellung der Ufa AG und deren Hauptmanager Ludwig Klitzsch. Bei der Cautio war man sogar von Anfang an davon ausgegangen, daß einer Bestellung Klitzschs zum Generaldirektor der Holding-Gesellschaft "mit allgemeiner Abneidung" begegnet würde. Vor allem bei der Bavaria spielte der Konkurrenzkampf zwischen München und Berlin seit Jahren eine Rolle: Gegen den alten Bavaria-Konzern hatte die Ufa bereits in den 30er Jahren ein Kesseltreiben inszeniert, das mitentscheidend beim Konkurs der Bavaria gewesen war. Der wirtschaftliche und "künstlerische" Neid gegenüber der mächtigen Ufa AG veranlaßte Goebbels zu der Erklärung, die Namensnennung "Ufa-Film" stammte nicht von ihm, sondern von

Hitler selbst.

Das Mißbehagen aus Wien, Prag und vor allem München wandte sich gegen die Zentralisation des Verleihs und Vertriebs und insbesondere gegen eine zentrale Ateliergesellschaft. Dort wollte man weiterhin Betrieb, Produktion, Verleih und Vertrieb möglichst in einer Gesellschaft vereint wissen. Goebbels selbst bemühte sich während eines anschließenden Empfangs, die Bedenken zu beseitigen, indem er den Beteiligten klarmachte, daß "jeder Gesellschaft und jedem Einzelnen die persönliche Initiative" gelassen werden sollte, besonders auch die auswärtigen Firmen könnten sich "nach wie vor" (!) individuell betätigen. 516)

De facto behielten die Produktionsgesellschaften außerhalb Berlin auch nach der Neuorganisation ihre bisherige Struktur (Produktion, Betrieb, Kopieranstalt) bei; lediglich der Vertrieb wurde ausgegliedert und in einer "neutralen" Zentralorganisation zusammengefaßt — was dem gesamtwirtschaftlichen Interesse entgegenkam.

Nach der Ausschaltung der sogenannten "freien" Filmproduktion durch die Gründung der Auffanggesellschaft "Berlin-Film GmbH" erhielten die noch bestehenden "freien" Verleihorganisationen keine neuen deutschen Spielfilme mehr. Nach einer späteren Ministervorlage der Filmabteilung vom 21.4.1944 sollten die privaten Verleiher vor allem ausländische und ältere deutsche Filme vertreiben und bei Luftschäden innerhalb der Organisation des Zentralverleihs die Kinos zusätzlich beliefern. 517) 1944 gab es noch 31 kleinere private Verleihbetriebe. Aufgrund der "kalten" Maßnahmen gegen die Privatverleiher (Zurückziehung veralteter Filme, Verbot der Übernahme neuer deutscher Filme, "Ausmerzung" unzuverlässiger Elemente, Boykottdrohungen der RFM gegen Kinobesitzer, die mit freien Verleihern Verträge abschlossen, usw.) betrugen die Gesamtumsätze der privaten Verleihfirmen 1944 lediglich ca. 30 Mio. RM.

Träger des in der Hand des Reiches liegenden und über die Cautio bisher kontrollierten Verleihs waren die Verleihorganisationen der Bavaria, Terra, Tobis und Ufa, während die übrigen Produktionsfirmen (Berlin-, Wien- und Prag-Film) keinen eigenen Verleihapparat besaßen und nach ihrer Produktionskapazität zum Teil auch nicht besitzen konnten. Gerade die Aufteilung der Spielfilme der verleihlosen Produktionsfirmen auf die vorhandenen Verleihbetriebe, das Aushandeln der Bedingungen und die Kontrolle der Auswertung waren mit unnötigem Arbeitsaufwand, mit mißlichen Verärgerungen und Reibereien verbunden. Immer wieder sahen sich die Firmen ohne eigenen Verleih als benachteiligt und die Verleihbetriebe der anderen Gesellschaften bei der Filmverteilung als übervorteilt an.

Winkler sah deshalb Ende 1941 den Zeitpunkt für gekommen, den langgehegten Plan von einer Neutralisierung des Verleihs zu verwirklichen. Durch die Gründung einer zentralen Vertriebsorganisation, die allen reichsmittelbaren Firmen gleichmäßig zur Verfügung stehen sollte, wollte Winkler den unwirtschaftlichen Konkurrenzkampf beenden und darüber hinaus die Verleihspesen auf ein Minimum herabdrücken. Der hinter diesem Gedanken stehende ökonomische Zweck war der mit niedrigsten Kosten und geringstem Arbeitsaufwand verbundene Filmeinsatz zur bestmöglichen (politisch-propagandistisch und wirtschaftlich-finanziell) Auswertung der Filme im "Großdeutschen Reich".

Am 2. Januar 1942 wurde aus diesen Erwägungen die "D e u t s c h e F i l m -
v e r t r i e b s GmbH" gegründet. 518) Das Kapital der DFV lag bei der Ufa AG:
4 Mio RM übernahm der Konzern selbst, den Rest von 1 Mio RM die Tochtergesellschaft Deulig-Film GmbH. Diese formale Kapitalhaltung konnte — wie auch
bei der DFT — keineswegs eine wirtschaftliche Bevorzugung bedeuten, da die Produktion aus der Ufa AG abgetrennt werden sollte und wurde. Die Funktion der
Vertriebsfirma bestand darin, sämtliche Spielfilme der reichsmittelbaren Produktionsgesellschaften auszuwerten, d.h. die planmäßige, zentral gelenkte Versorgung
der deutschen Kinos durchzuführen. Für diese Aufgabe wurden zunächst vier Be-
zirksdirektionen (Nord, West, Süd, Mitte) mit 20 Zweigstellen errichtet, die durch-
schnittlich ungefähr 400 Kinos betreuen sollten. Neben dieser radikalen Verein-
fachung der zentralisierten und dezentralisierten Organisation (Vermietung, Ter-
minierung, Kopienbereitstellung, Kopienlagerung, Personalfragen usw.) war für die
Errichtung des Zentralverleihs entscheidend, daß nunmehr das Gewinnmoment
beim Vertrieb selbst entfiel. Die Deutsche Filmvertriebs GmbH wirkte für die Produktionsfirmen als Kommissionärin: Nach einer einheitlichen Abrechnungsweise
erhielt sie neben den effektiven Vertriebskosten lediglich als Provision eine 5%ige
Nettoumsatzbeteiligung zur Reservebildung. Die Verleihspesen betrugen vor diesem Zeitpunkt 26%. Der übrige Betrag — die DFV erhielt ca. 40% des bei den Kinos
vereinnahmten Nettoeintrittsgeldes — stand der Herstellung zu. 519)

Damit kamen nach Abzug der Vertriebskosten alle von der Deutschen Filmvertriebs
GmbH erzielten Vertriebserlöse direkt den Produktionsfirmen zugute: Die Produk-
tionsgewinne wurden demzufolge wesentlich erhöht, so daß die Rentabilität der
gesamten Filmwirtschaft aufgrund dieser gesteigerten Profite weiter gesichert war.

Die wichtigsten organisatorischen und wirtschaftlichen Vorarbeiten zur totalen
Konzentration der deutschen Filmwirtschaft waren Anfang des Jahres 1942 — nach
Gründung der Deutschen Filmvertriebs GmbH — abgeschlossen: Der endgültigen
Konsolidierung des Gesamtkonzerns stand nichts mehr im Wege. So wurde am
10. Januar 1942 die "U f a - F i l m GmbH" gegründet. 520) Die Film-Finanz
GmbH hatte ihr Stammkapital von 100.000 RM auf 65 Millionen RM erhöht und
firmierte nunmehr als "Ufa-Film GmbH". Alleinige Gesellschafterin der Film-
Finanz GmbH war die Cautio, die das volle Gesellschaftskapital der neuen Holding-Gesellschaft übernahm. Für diesen Zweck brachte die Cautio bei der Gründung der Haltegesellschaft die bis zu diesem Zeitpunkt (Stichtag war der 6. März
1942) aus Haushaltsmitteln für Filmzwecke (Erwerb, Gründung, Ausbau) bereitgestellten 65 Millionen RM als haftendes Kapital ein, d.h. die Kapitalerhöhung der
ehemaligen Film-Finanz GmbH durch die Cautio war belegt durch die Buchwerte
der eingebrachten Beteiligungen sowie einer Reihe von Forderungen und baren
Geldguthaben. 521)

Damit hatte Winkler sämtliche Geschäftsanteile aus dem Filmbesitz der Cautio
auf die Ufa-Film übertragen und ihr die reichsmittelbaren Firmen als Töchter angegliedert. Die komplizierte und vermögensrechtlich zweifelhafte Stellung der
Cautio gegenüber der Ufi war die einer Treuhandgesellschaft für eine Holding-
Gesellschaft: Damit blieb die Filmwirtschaft weiterhin nur mittelbar im Besitz
des Reiches. Die Holding-Gesellschaft leitete als organisatorische und ökonomische Spitze das gesamte Filmgebiet und hatte die deutsche Filmwirtschaft völlig

in der Hand. Auf dem Gebiet des Films bestanden keine Unternehmen mit ähnlichen Aufgaben neben der Ufa-Film, und es gab keine Möglichkeit außerhalb dieses Konzerns, Filme herzustellen, zu vertreiben oder vorzuführen. Winkler hatte für die gesamte Filmindustrie eine unangreifbare Monopolstellung geschaffen: die U f a - F i l m GmbH.

Als vorläufig letzte Transaktion galt es nur noch, aus dem alten Ufa-Konzern — nach dem Theatergeschäft und dem Verleihbetrieb — die Spielfilmproduktion herauszunehmen. Eine Woche nach der Gründung der Holding-Gesellschaft, am 17. Januar 1942, entstand die "U f a - F i l m k u n s t GmbH". Die Gesellschafteranteile wurden — wie das gesamte Stammkapital der Produktionsfirmen — auf die Ufa-Film überschrieben und damit die Ufa-Filmkunst endgültig als Produktionsgesellschaft von der Ufa AG losgelöst. Die Ufa-Filmkunst führte zunächst die aufgelöste Produktionsabteilung für Spielfilme der Ufa AG fort: Sie übernahm die in Arbeit befindlichen Filme wie die Stoffrechte, Handlungsaufrisse, Drehbücher usw. für eine Reihe geplanter Filmvorhaben. Sie trat in alle Verträge der Ufa AG mit Herstellern, Regisseuren, Produktionsleitern, Autoren u.a. ein. Nach einem Betriebsverlust im ersten vollen Wirtschaftsjahr 1942/43 in Höhe von 1,25 Millionen RM, der von der Ufa-Film gedeckt wurde, verbesserte sich die Geschäfts- und Finanzlage schnell: Im Rechnungsjahr 1943/44 verzeichnete die Firma einen Gewinn von fast 10 Millionen RM.

13. Aufbau, Arbeitsweise und personelle Besetzung der Ufa-Film

Bereits zu Beginn der 40er Jahre, als die Filmwirtschaft in eine hundertprozentige Reichsbeteiligung umgewandelt und in die völlige Einfluß- und Machtsphäre Winklers gelangt war, waren die Gründe zur Verschleierung der Besitzverhältnisse entfallen. Deshalb konnte Goebbels im Februar 1941 auf der Kriegstagung der Reichsfilmkammer bedenkenlos die Öffentlichkeit informieren. Die weiteren wirtschaftsorganisatorischen Absichten und konkreten Pläne blieben jedoch bis zum Jahre 1942 von außen nicht durchschaubar. Die reichseigenen Konzerne und Firmen wurden weiter privatwirtschaftlich geführt; Wirtschaftsformen der AG's und GmbH's wurden beibehalten (wobei Winkler nach und nach versuchte, alle Aktiengesellschaften in GmbH's umzuwandeln); in den Aufsichtsräten der Firmen wurden die Interessenvertreter der Privataktionäre durch Angehörige der Ministerien abgelöst und zeitweise als Aushängeschilder bekannte Filmschauspieler und Regisseure in die Kontrollgremien entsandt; auf den verantwortlichen und entscheidenden Vorstands- und Geschäftsführungsposten blieben jedoch bewährte und in der Branche erfahrene Wirtschaftler und "Künstler".

In den Wochen nach der Gründung der Ufa-Film arbeitete Winkler einen Entwurf aus, in dem die getroffenen wirtschaftlichen und organisatorischen Maßnahmen ihren gesetzlichen Niederschlag finden sollten. Goebbels machte er den Vorschlag, den Wortlaut dieser Anordnung zum Höhepunkt einer geplanten Rede vor den Filmschaffenden (Goebbels' zehnte Ansprache vor Vertretern der Filmwirtschaft seit der Kaiserhof-Rede im März 1933) in Berlin zu machen. 522) Am 28. Februar 1942 trat Goebbels vor die versammelten Vertreter des deutschen Films (Vorstands- und Geschäftsführungsmitglieder, Direktoren, Regisseure, Schauspieler, Ministerialbeamte usw.) und machte ihnen den Sinn der umfassenden Neuordnung klar. Der weiteren Veröffentlichung in der Tages- und Fachpresse stand nichts mehr im Wege. 523)

Im einzelnen rief Goebbels die Filmschaffenden zu erhöhten Leistungen auf. Infolge der Ausdehnung der Reichsgrenzen und der wachsenden Besucherzahlen hätte sich das einheimische Versorgungsgebiet seit Kriegsbeginn wesentlich erweitert. Die Nachfrage des europäischen Auslands nach deutschen Filmen, das sich bis dahin zum größten Teil auf amerikanische Filme gestützt hatte, stiege ständig an. Das eröffnete der deutschen Filmausfuhr große Möglichkeiten, verlangte aber von der Produktion vermehrte Anstrengungen und ein jährliches Filmangebot von etwa 110 Spielfilmen. Auf der anderen Seite würde auch die Filmherstellung im Krieg unter erschwerten Bedingungen arbeiten und müßte deshalb das Produktionsvolumen begrenzen. Um aber eine solche Reduktion rückgängig zu machen und die erforderliche Leistungssteigerung zu erzwingen, bedürfte es einer möglichst rationellen Verwendung aller Kräfte und Produktionsmittel. Alle Reibungen, Doppelarbeiten und -belastungen, die auch nach der Konzentrationsbewegung der vergangenen Jahre vorhanden waren, müßten ausgeschaltet werden. Eine organisatorische Straffung durch die Schaffung eines Führungsorgans in der "Ufa-Film GmbH" — ein Zeichen der zunehmenden Konzentration und des verstärkten staatlichen Einflusses — sollte in allen Sparten der Filmwirtschaft eine rationellere Ausnutzung der Kräfte und Mittel ermöglichen. Denn die erwünschte Leistungssteigerung wäre nur zu erreichen, wenn die Rationalisierungsmöglichkeiten in der Spielfilmherstellung voll ausgeschöpft würden. Goebbels hielt deshalb die Produzenten zu detaillierten Einsparungen an: Beschleunigung des Produktionstempos; vermehrte Verwendung von Hintergrundprojektionen und anderen technischen Aufnahmemitteln, um Bauten und damit wiederum Material und Zeit zu sparen; Vermeidung allzu häufiger Filmeinstellungen; Intensivierung der vorbereitenden Atelierarbeiten. Die größte Reserve für eine Leistungsteigerung war jedoch nach Meinung Goebbels' (bzw. Winklers) die Abwendung vom aufwendigen Großfilm: Nur ein Fünftel der Produktionsvorhaben sollte in Zukunft auf Großfilme fallen, wohingegen vier Fünftel kostensparende Unterhaltungsfilme mit einer bestimmten Länge und einem vorgeschriebenen Kostensatz sein müßten. Diese Umstellungs- und Rationalisierungsmaßnahmen wären daneben leichter durchzuführen, wenn die Ufa-Film sich zentral in die Finanzierung der Spielfilmherstellung einschaltete.

Im Anschluß an diese Ansprache verkündete Goebbels den "Erlaß des Reichsministers für Volksaufklärung und Propaganda zur Steigerung der Leistungsfähigkeit des deutschen Filmschaffens" 524). Der Erlaß begründete in Anlehnung an die Rede Goebbels' nochmals die Gründung der Ufa-Film, die als Spitze aller Filmgesellschaften des Reiches die Produktions- und wirtschaftlichen technischen Interessen zusammenfassen sollte. In einem Fünf-Punkte-Programm erläuterte der Propagandaminister die eingeleiteten Maßnahmen und die auf die Gesellschaften zukommenden Aufgaben:

— Entlastung der Produktion von allen Nebenaufgaben und Verselbständigung des Vertriebs, der Vorführung und der technischen Betriebe;

- Ernennung eines "Reichsfilmintendanten" für die Koordinierung der Gesamtproduktion und für alle Einzelfragen der Produktion;
- Rationalisierungsmaßnahmen auf dem Produktionssektor zur Leistungssteigerung;
- klare Aufgabentrennung zwischen Produktionschefs und Firmenchefs in den einzelnen Gesellschaften;
- Errichtung von sogenannten "Hausgemeinschaften" bei den Produktionsfirmen für Regisseure und Schauspieler.

In einem sechsten Abschnitt bevollmächtigte der Propagandaminister den Reichsbeauftragten für die deutsche Filmwirtschaft, Max Winkler, nähere Durchführungsbestimmungen zum "Leistungssteigerungserlaß" festzusetzen.

Noch am 28. Februar 1942 erließ Winkler die "Erste Durchführungsbestimmung", in der er die Rationalisierungsauflagen noch einmal im einzelnen skizzierte. 525)

Die Richtigkeit des organisatorischen und wirtschaftlichen Umbaus der staatsmittelbaren Filmwirtschaft mußte sich nun an der Realität erweisen, d.h. der Monopolkonzern mußte in seiner Funktionsfähigkeit rechtfertigen, daß es sich hierbei um die notwendige und konsequente Weiterentwicklung der kapitalistisch organisierten und staatlich kontrollierten Filmwirtschaft handelte — woraus Winkler als Hauptakteur nie einen Hehl gemacht hatte.

Der innerorganisatorische Aufbau und die Personalzusammensetzung der Organe der Ufa-Film entsprach exakt den bereits Anfang Dezember 1941 von Winkler gemachten Vorschlägen. Im Aufsichtsrat, der offiziell die Tätigkeit der Geschäftsführung beaufsichtigte und kontrollierte, saßen die vorgesehenen Interessenvertreter: Staatssekretär Gutterer hatte den engsten Kontakt zu Goebbels; Ott und von Manteuffel vertraten die Interessen der finanziell beteiligten Ressorts des Propaganda- und Finanzministeriums; Carl Froelich repräsentierte die Filmkammer; Arnold Raether sicherte die Verbindung zur Reichspropagandaleitung der NSDAP; einziger Beauftragter der Filmindustrie war Ludwig Klitzsch. Im einzelnen bedurfte die Geschäftsführung der formalen Zustimmung des Aufsichtsrates bei der Aufnahme von Anleihen, der Eingehung von Verpflichtungen von mehr als 1 Million RM, bei der Errichtung von Zweigniederlassungen und Agenturen und beim Abschluß von Organ- und Interessengemeinschaftsverträgen. 526) Die Entscheidungen des Aufsichtsrates, an dessen Sitzungen stets der Reichsbeauftragte für die deutsche Filmwirtschaft teilnahm, traf der Vorsitzende nach Beratungen mit den übrigen Mitgliedern allein.

Die Geschäftsführung übte ihre Tätigkeit nach den Richtlinien und Weisungen des Reichsbeauftragten aus. 527) Diese Abhängigkeit der Ufa-Film vom Reichsbeauftragten kam nicht zuletzt durch die Personenauswahl zum Ausdruck: Denn nicht nur die Geschäftsführer Pfennig und Merten, auch die meisten weiteren Mitarbeiter (Prokuristen und Sachbearbeiter) wurden von der Cautio übernommen. Überhaupt arbeitete die Führungsgruppe der Ufa-Film in Bürogemeinschaft mit der Cautio. P f e n n i g , der Vorsitzende der Geschäftsführung, nannte sich gleichzeitig "Betriebsführer" der Holding-Gesellschaft. Seine formale Tätigkeit, wie sie in der Geschäftsordnung festgelegt war, bestand in der grundsätzlichen und letzten Entscheidung aller wichtigen Maßnahmen und Geschäftsvorgänge. Doch gerade seine enge Verbindung zu Winkler machte ihn zum Sprachrohr und Vollzugsorgan des Reichsbeauftragten, der nur aus wirtschaftsrechtlichen Erwägungen nicht zum Generaldirektor des Gesamtkonzerns bestellt worden war. Im März 1944 mußte der engste Vertraute und Helfer Winklers ausscheiden, als gegen ihn ein Parteiausschlußverfahren lief. Er wurde abgelöst vom bisherigen Aufsichtsratsvorsitzenden Staatssekretär Gutterer. Wesentlich präzisere Funktionen oblagen Friedrich M e r - t e n mit der "wirtschaftlichen Geschäftsführung". Er war verantwortlich für einen ganzen Katalog von Tätigkeitsgebieten:

— wirtschaftliche Kontrolle, Bilanzen und Ertragsrechnungen, Kontenpläne der Ufa-Film und der ihr angeschlossenen Gesellschaften;

— wirtschaftliche Überwachung der Filmherstellung;

— Finanzverwaltung;

— Steuerangelegenheiten;

— Devisenangelegenheiten;

— statistische Erfassung aller Zahlen der deutschen Filmwirtschaft.

Für diese Aufgabenbereiche stand Merten ein kleiner Stab bewährter Wirtschafts- und Finanzexperten zur Seite — die meisten dieser Sachbearbeiter kamen aus dem Büro Winkler. Der Prokurist Josef Hein war für die wirtschaftliche und finanzmäßige Kontrolle der Produktionsfirmen zuständig: Zusammen mit Hans Waldraff, Fachmann für die Ufa AG, arbeitete er die Bilanzen und Ertragsrechnungen (monatlich und ganzjährig) der Gesellschaften durch, überwachte die Protokolle der Vorstands- und Geschäftsführungssitzungen, führte Kataster über sämtliche Untergesellschaften, an denen die Tochterfirmen der Ufa-Film ihrerseits beteiligt waren, und vor allem besorgte er den Vergleich und die Auswertung des eingehenden Zahlenmaterials der Gesellschaften untereinander und mit zurückliegenden Jahren.

Die bisherigen Sachbearbeiter der Filmkreditbank, Mielke und Wolf, führten die wirtschaftliche Überwachung der einzelnen Filmproduktion nach den Richtlinien des Leistungssteigerungserlasses durch: Sie stützten sich hierbei auf den Jahresetat der Firmen, die Situationsberichte über den Stand der Produktion und die sonstigen einzureichenden Unterlagen wie Drehbuch, Drehplan, Vorkalkulation, Tagesberichte der Dreharbeit, Bauarbeit, Wochenberichte, Schlußbericht und Endkalkulation. Insbesondere beaufsichtigten sie die Gagen der Schauspieler und Regisseure.

Der zweite Prokurist der Ufa-Film, Reinhold Krcek, bearbeitete in der Hauptsache die Finanzverwaltung: Er kooperierte eng mit der Filmkreditbank, die für alle Kapitalbeteiligungen der Ufa-Film zur Verfügung stand und zum Großteil die Finanzierung der Produktionen auf dem Kredit- oder Wechsel-Weg besorgte. Außerdem beriet er den Konzern in Steuer- und Devisenangelegenheiten. 528)

Eine Personalverstärkung in der Geschäftsführung verfügte Winkler im Herbst 1943, als Pfennig bereits — wenn auch noch nicht offiziell — von seinen Pflichten als Vorsitzender entbunden war, mit der Hinzuwahl von Fritz Kaelber und Karl

Julius Fritzsche. 529)

Die Stelle des ersten "Reichsfilmintendanten" im Rahmen der Geschäftsführung der Ufa-Film hatte Goebbels im Januar 1942 dem Leiter der Filmabteilung seines Ministeriums, Dr. Fritz H i p p l e r, anvertraut. 530) Hippler, der bereits 1927 in die NSDAP eingetreten war (noch vor seinem Abitur) bearbeitete seit 1934 das studentische Referat in der Reichsjugendführung und war Dozent an der Berliner Hochschule für Politik. Gleichzeitig hatte ihn Weidemann zur Mitarbeit bei der Wochenschauüberwachung herangezogen. Seit Anfang 1938 leitete er die "Deutsche Wochenschauzentrale" als Referent im Propagandaministerium und war damit direkt für die Gestaltung der Wochenschauen verantwortlich. Am 25. August 1939 berief Goebbels Hippler dann zum Leiter der Filmabteilung. Er löste damals Leichtenstern ab, der zur Ufa AG als Produktionschef ging.

Hippler kam bald in den Ruf, ein maßgebender Filmfachmann zu sein: Im Sommer 1939 stellte er den Dokumentarfilm über den Westwall her, der ihm schnell die Anerkennung des Ministers brachte. 531) Mit seinen beiden Filmen "Feldzug in Polen" (1939) und "Der ewige Jude" (1940) 532) bewies er, was er unter nationalsozialistischem Filmschaffen in der Praxis verstand: Handwerkliche Routine und antisemitische und kriegerische Hetze kennzeichneten seine Arbeitsweise und Gesinnung. Vor allem der 1940 von Hippler gestaltete rassistische "Dokumentarfilm" verdeutlichte die menschenfeindliche Nazi-Propaganda, deren logische Konsequenz Massenmord hieß. Gerade bei dem Film "Der ewige Jude" handelte es sich um ein "Musterbeispiel" für antijüdische Filmproduktion: Dieser angebliche Dokumentarfilm versuchte immer wieder (um antikapitalistische in antisemitische Tendenzen umzuwandeln) den Eindruck zu erwecken, als sei es eine spezifisch jüdische Eigenschaft, Kapital zu akkumulieren, Handel zu treiben und andere für sich arbeiten zu lassen. 533)

Hipplers unbestreitbarer und unverkennbarer Eifer und jugendlicher Elan (er wurde bereits mit 29 Jahren Abteilungsleiter im Propagandaministerium) bescherten ihm jedoch eine ebenso steile wie kurze Karriere: Im Oktober 1942 wurde dem "Intendanten des deutschen Films" der Titel eines Ministerialdirigenten verliehen; wenige Monate später, im Mai 1943, enthob ihn Goebbels seiner beiden Ämter. 534) Den Posten eines Reichsfilmintendanten innerhalb der Geschäftsführung der Ufa-Film ließ Goebbels vorläufig unbesetzt, als er scheinbar keinen geeigneten Kandidaten fand. Erst im April 1944 wählte er für dieses Amt den Spezialisten für Rassefragen, SS-Gruppenführer Hans Hinkel, aus. Der Reichsfilmintendant gehörte jedoch dann nicht mehr der Geschäftsführung der Ufa-Film an.

Eine gewisse "Unabhängigkeit" hatten Goebbels und Winkler dem Filmintendanten von Anfang an zugestanden: Er war in "künstlerischen" Fragen allein dem Propagandaminister verantwortlich. Seine Tätigkeit stand demnach den Aufgaben des Ministeriums näher als den wirtschaftlichen Kontroll- und Lenkungsfunktionen des Reichsbeauftragten und der Ufa-Film. 535) In seinen Händen lag die "künstlerische" Aufsicht — eine der Realität näherkommende Bezeichnung wäre "politisch-ideologische Ausrichtung" gewesen — der Produktionschefs in den einzelnen Herstellungsfirmen. Damit steuerte er wesentlich die Gestaltung des Gesamtangebots und die der Einzelprojekte. Vor Beginn jeder Spielzeit mußten die Firmen ein Gesamtprogramm vorlegen, das nach dem Leistungssteigerungserlaß "überwiegend aus Filmen unterhaltenden Inhalts" zu bestehen hatte. Natürlich wurde gerade der Rest der Spielfilme "politischen, militärischen oder sonst besonders wertvollen Inhalts" vom Reichsfilmintendanten (und den Produktionschefs) scharf überwacht.

Bevor aber überhaupt ein Stoff für ein Filmprojekt in Angriff genommen werden konnte, war schon die Genehmigung des Reichsfilmintendanten einzuholen. Die Vorzensur, seit dem Goebbels-Erlaß vom 18.11.1939 wieder als Zwangsmaßnahme eingeführt, wurde im Rahmen der Reichsfilmintendanz institutionalisiert. Ihr Vollzug war bis ins einzelne vorgeschrieben: Der Produktionschef der Firma fragte beim Reichsfilmintendanten zunächst an, ob Bedenken gegen die Herstellung des jeweiligen Films, dessen Gehalt und Idee auf zwei bis drei Seiten gedrängt darzustellen war, bestünden. Im Falle der grundsätzlichen Genehmigung war daraufhin ein Treatment und gegebenenfalls ein Rohdrehbuch einzureichen. (Diese zweite Genehmigung zog demnach die Gestaltung mit ein.) Erst hiernach konnte das endgültige Drehbuch zusammen mit einem Besetzungsvorschlag vorgelegt werden. Die Zustimmung bzw. Nichtzustimmung hatte nun seitens des Filmintendanten und seiner Mitarbeiter innerhalb weniger Tage (ein bis zwei Wochen) zu erfolgen.

In allen diesen Stadien, einschließlich der Fertigstellung der ersten Kopie, konnte Goebbels selbst in letzter Instanz die Stoff- und Personenauswahl nach Belieben überwachen und dirigieren: In der Regel jedoch wurden ihm für jedes Filmvorhaben eine Beurteilung und ein Begutachtungsvorschlag der Reichsfilmintendanz zur abschließenden Genehmigung vorgelegt, wenn der Film fertiggedreht war. Der Bericht der Reichsfilmintendanz, der der Kopie beigelegt war, umfaßte Inhaltsangabe, politische und künstlerische Beurteilung sowie ein Vorschlag betreffend der Zensurfreigabe bzw. Nichtfreigabe. 536) Verantwortlich für die laufende Kontrolle und die entscheidende Ministervorlage über die fertigen Filme, die Goebbels sich persönlich ansah, war der sogenannte "Chefdramaturg" bei der Reichsfilmintendanz. Wie die Mehrzahl der dortigen Mitarbeiter kam auch der erste Chefdramaturg aus der Filmabteilung des Propagandaministeriums: Dieter von Reichmeister war seit der Verschärfung der Produktionskontrolle im November 1939 "Reichsfilmdramaturg" und wechselte im Januar 1942 — nunmehr seines Zeichens "Chefdramaturg" — in die Ufa-Film bzw. Reichsfilmintendanz. 537) Im April 1943 wurde von Reichmeister durch Kurt Frowein, Oberregierungsrat und persönlicher Referent Goebbels im Ministerbüro 538), ersetzt. Frowein hatte sich vor allem als Kriegsberichterstatter während des Polen-Feldzuges einen Namen gemacht. Er blieb auf seinem Posten bis Kriegsende.

Allgemeiner Stellvertreter des Reichsfilmintendanten war Dr. Walther Müller-Goerne, Referent in der Reichsfilmkammer bis zu seiner Ernennung. Ihm war die Regelung des gesamten Geschäftsganges übertragen: Besetzungsfragen, Vertragsabschlüsse, Einsatzkontrolle, Filmgestaltung usw.. Unterstützt wurde Müller-Goerne hierbei von Dr. Alfred Bauer, der ebenfalls Filmkammer-Referent (Fachschaft Film) war. 539) Schließlich gab es in der Reichsfilmintendanz noch "Frank Maraun" 540), der die zentralen Nachwuchsfragen bearbeitete und die Nachwuchsschulung bei den Produktionsfirmen überwachte. Er nannte sich "Nachwuchschef".

Im April 1944 gab es nochmals personelle Umstrukturierungen innerhalb der
Ufa-Film, nachdem Fritz Hippler seinen Posten als Reichsfilmintendant und Mitglied der Geschäftsführung bereits im Mai 1943 hatte räumen müssen und die
Stelle beinahe ein Jahr vakant geblieben war: Gutterer wechselte vom Vorsitzenden des Aufsichtsrates zum Vorsitzenden der Geschäftsführung, und Heinz Zimmermann, der frühere Leiter der Verleihabteilung der Ufa AG und seit einigen
Jahren Vorstandsmitglied, wurde zum weiteren Geschäftsführungsmitglied bestellt.
Die Ressort-Aufteilung und -Besetzung ergab für die letzten Monate bis zum
Ende des Krieges folgendes Bild: Vorsitzender der Geschäftsführung war Gutterer
ohne besonderen Geschäftsbereich; Kaelber, selbst Generaldirektor der Ufa AG,
bearbeitete die Angelegenheiten dieses Konzerns und war zuständig für die soziale
Betreuung aller Konzernfirmen und für die Wirtschaftspolitik im Ausland; Fritzsche überwachte die Produktionsgesellschaften, insbesondere im Hinblick auf
Atelier-Dispositionen, Gagenfragen und Besetzungsausgleich; das Ressort Merten
regelte und beaufsichtigte die Finanzen, Buchhaltung und Bilanzen der Konzernspitze und aller Tochtergesellschaften, verwaltete das Revisions- und Steuerwesen,
Versicherungsangelegenheiten und Devisenfragen und betätigte sich auf dem Gebiet der Statistik (Produktionsstatistik) und der "Marktforschung"; Heinz Zimmermann war Experte für Verleih- und Vertriebsfragen, für Filmtechnik, Materialbeschaffung, Kriegssachschäden und Mob-Aufsicht. Dr. Günther Dahlgrün leitete
das Ressort für alle Rechts-, Disziplinar- und Patentfragen, ohne direkt bei der
Ufa-Film angestellt zu sein. Dahlgrün fungierte dort als Chefsyndikus, blieb aber
Geschäftsführer der Cautio, da er mittlerweile der einzige enge Mitarbeiter Winklers im Büro des Reichsbeauftragten und bei der Cautio war.

In der Ufa-Film waren somit politisch-ideologische und ökonomische (organisatorisch und finanziell) Kontroll- und Lenkungsfunktionen konzentriert. In den
Jahren 1942 bis 1944 bestimmte das "Restbüro" der Ufa-Film den wirtschaftlichen und finanziellen Rahmen, innerhalb dessen die vom Reichsfilmintendanten
genehmigten Filmvorhaben produziert werden konnten. Entscheidend waren hierbei für jede Produktion jene kriegsbedingten Erfordernisse auf rationellsten Arbeitsablauf und sparsamste Bewirtschaftung von Arbeitskraft und Material. Finanzieller Maßstab für den einzureichenden Voranschlag und die Endabrechnung war
der Betrag von einer Million RM, der als Höchstgrenze für alle Filmproduktionen
im Leistungssteigerungserlaß festgesetzt war. 541) Der Voranschlag, aufgeteilt in
eine erste Rohkalkulation und abschließende Feinkalkulation, wurde im Einvernehmen mit dem Reichsbeauftragten vom Ressort Merten genehmigt.

Demgegenüber beaufsichtigte das Büro der Reichsfilmintendanz bei der Ufa-Film
die personelle Besetzung der einzelnen Filme: Mit dem Drehbuch waren eine Besetzungs- und Beschäftigungsliste des Produktionsvorhabens einzureichen, die der
Personalbeauftragte des Reichsfilmintendanten bearbeitete. Sämtliche Personen
wurden auf ihre "Zuverlässigkeit" hin untersucht, d.h. vom Star bis zum Regisseur, vom Ballettmädchen, Chormitglied und Chargendarsteller bis zum Komparsen, vom Aufnahmeleiter bis zum Cutter mußten sämtliche Mitwirkenden ihre
rassische, politisch-ideologische und "künstlerische" Eignung von der Intendanz
überprüfen lassen. Erst nach der grundsätzlichen Genehmigung der Besetzung
bzw. Beschäftigung und des Drehbuchs durfte der Film ins Atelier gehen.

Aber auch während der Drehzeit hatte der Reichsfilmintendant immer wieder Gelegenheit, in den Herstellungsprozeß einzugreifen: So konnte er bereits abgedrehte Szenen anfordern und bei Mißfallen neu drehen lassen.

Die technische Durchführung der Produktion, d.h. der Ablauf der Dreharbeiten wurde nun, nachdem der Reichsfilmintendant dem Film den Laufpaß erteilt hatte, nach den gleichen rationellen und sparsamen Gesichtspunkten überwacht: Die Meterzahl der Filme war auf 2.500 m beschränkt; Atelieraufnahmen durften im Durchschnitt nur zweimal wiederholt werden; Außenaufnahmen waren vor und nach Beendigung der Atelieraufnahmen zu drehen, wobei weitgehend von Rückprojektionen ausgegangen werden sollte; unnötiger Aufwand bei Dekorationen und Bauten war zu vermeiden. Anhand wöchentlicher und monatlicher Tätigkeitsberichte kontrollierten die Mitarbeiter den Stand der Produktion, um gegebenenfalls eingreifen zu können — etwa wenn die zugesagte Zahl der Drehtage überschritten zu werden drohte. Mit der Abgabe der ersten Musterkopie bei der Reichsfilmintendanz mußte dann ein Schlußbericht eingereicht werden, der neben der aufgegliederten Schlußabrechnung und deren Vergleich zum Kostenvoranschlag den Verbrauch an Bau-, Dreh- und Abbautagen im Atelier, an Außenaufnahmetagen und Filmmaterial enthalten sollte. Nochmalige Änderungen drohten zuletzt noch nach Ablieferung dieser Musterkopie (Schnitte und Nachaufnahmen). 542) Erst diese geschnittene bzw. ergänzte Kopie wurde dann dem Minister zur endgültigen Billigung vorgeführt, und zwar zusammen mit einem Beurteilungsvorschlag der Reichsfilmintendanz. Dann stand der Film zur öffentlichen Vorführung frei — vorausgesetzt, daß er die restlichen Zensurinstanzen passierte.

Neben der wirtschaftlichen und finanziellen Überwachung der Dreharbeiten und den bei der Ressortaufteilung aufgezählten Funktionen (gesamtwirtschaftliche und finanzmäßige Kontrolle und Lenkung der deutschen Filmfirmen) mußten dem "Restbüro" der Ufa-Film alle Engagements der prominenten Schauspieler, Schauspielerinnen und Regisseure zur Genehmigung vorgelegt werden, sofern sie Pauschalgagen über 15.000 RM und Verträge über mehr als einen Film betrafen. Sachliche Sonderverträge oder finanzielle Sonderleistungen waren nicht mehr gestattet.

Die Personalbeaufsichtigung durch den Reichsfilmintendanten ging schließlich über die Besetzungsgenehmigungen hinaus: Nach und nach riß sein Büro die Kontrolle aller Filmschaffenden an sich. Instrumentarien waren hier etwa die Einsatzmeldungen der Produktionsfirmen und die sogenannte "Auskämmung", d.h. die Erteilung von Wehrmachtsfreistellungen oder -abstellungen. Insbesondere besaß der Reichsfilmintendant das Verfügungsrecht darüber, wann ein Filmschaffender von einer weiteren Tätigkeit aus dem Filmbereich ausgeschlossen wurde. 543) Offiziell arbeitete er zwar mit der Reichsfilmkammer und dem ihr angeschlossenen Abstammungsnachweis zusammen, jedoch führte die Kammer in den 40er Jahren nur noch ein Schattendasein und war allein nach außen hin — insbesondere im Ausland — Repräsentantin und Interessenvertreterin des deutschen Films. Andererseits hatte aber gerade Winkler selbst auf dem Personalsektor ein entscheidendes Mitspracherecht: bei Anstellungsverträgen und Gagenfestsetzungen, bei Spesen- und Tarifordnungen, so daß es früher oder später unweigerlich zu Reibereien führen mußte, wenn die Reichsfilmintendanz als politisch-ideologische Spitze sich in Angelegenheiten und Zuständigkeiten der Wirtschaftsführung einmischte.

Gelegenheit zur direkten Gesamtübersicht erhielt Winkler durch Kopienanfertigungen und Abschriften aller Berichte, Statistiken und Verträge sowie durch die zahlreichen in Berlin stattfindenden Sitzungen und Besprechungen: Aufsichtsrats- und Geschäftsführungssitzungen der Ufa-Film; gemeinsame Sitzungen dieser beiden Organe; Vollsitzungen aller wesentlichen Führungspersonen in der Filmwirtschaft 544) und endlich die sogenannten "Ressortausschuß-Sitzungen" der Ufa-Film zwischen den Vertretern der Cautio, der Ufa-Film, dem Reichsfinanzministerium und der Haushaltsabteilung des Propagandaministeriums. 545)

14. Das gesamte Organisationsgefüge der "reichsmittelbaren" deutschen Filmwirtschaft

Wirtschaftlich wurde durch die Zentralisierung und Konzentrierung die Zusammengehörigkeit der einzelnen Filmgesellschaften unterstrichen; vor allem der Abschluß von Organverträgen gab der Ufa-Film die Möglichkeit, die Betriebsüberschüsse der einzelnen Organmitglieder zusammenzufassen bzw. Betriebszuschüsse zu leisten. In einem Protokoll der Aufsichtsratssitzung der Ufa-Film vom März 1942 hieß es: "Der Konzern müsse ein festgefügter Block werden. Konkurrenz der Gesellschaften untereinander dürfe es nur im künstlerischen Wettbewerb geben. Jede Eigenbrödelei auf wirtschaftlichem Gebiet werde unterbunden werden. Die Arbeit der Konzernspitze und der ihr angeschlossenen Gesellschaften sei im Hinblick auf die zu erfüllenden kulturellen Aufgaben nicht rein auf Gewinnerzielung abgerichtet. Im Innenverhältnis müßten die Gewinne und Verluste der einzelnen Gesellschaften durch Abschluß entsprechender Organverträge ausgeglichen werden, wenn auch selbstverständlich jeder Gesellschaft die Möglichkeit zu geben sei, ihre sich in Zahlen ausdrückenden wirtschaftlichen Leistungen in ihren Büchern festzuhalten und auszuweisen." 546)

Die erzielten Gewinne flossen demnach nicht mehr in die Taschen privater Aktionäre oder Gesellschafter, sondern in die Firmen zurück oder wurden dem Gesamtkonzern belassen.

Damit dieses neue Bild der Finanzierungen verwirklicht werden konnte, schloß die Ufa-Film mit sämtlichen Tochtergesellschaften Organverträge ab, die der deutschen Filmwirtschaft wesentliche Steuervorteile und eine Risikominderung brachten — wie Winkler es immer wieder gefordert hatte. Organverhältnisse im steuerlichen Sinne lagen vor, wenn der Betrieb einer Kapitalgesellschaft in den Betrieb eines anderen Unternehmens finanziell, organisatorisch und wirtschaftlich nach Art einer bloßen Geschäftsabteilung eingegliedert war. Damit gab es kein Handeln der Untergesellschaften auf eigene Rechnung und Gefahr im Innenverhältnis mehr. Durch den organisatorischen Umbau der Filmwirtschaft hatte es Winkler bereits erreicht, daß die einzelnen Gesellschaften nur noch als unselbständige Firmen, als Glied (Organ) oder als Angestellte des beherrschenden Unternehmens angesehen wurden. Sämtliche Organtochtergesellschaften verfügten nach den Vertragsabschlüssen über keinen "Gewinn" im steuerlichen Sinne mehr, sondern nur noch über "Betriebsüberschüsse", die Gewinne der Organmutter waren. Damit entfiel für die Untergesellschaften die Möglichkeit zu selbständigen Einkünften. Ferner wurden die Tochtergesellschaften auch unselbständig im steuerlichen Sinne, d.h.

sie konnten nicht mehr selbständig zu Umsatz-, Körperschaft- und Gewerbesteuern herangezogen werden: Der Plan Winklers von 1939 war verwirklicht. 547)

Dieses Abhängigkeitsverhältnis wurde gefestigt durch jene Organverträge, die Winkler in Form von Geschäftsanweisungen der Ufa-Film an die Firmen (mit Ausnahme der Ufa AG) 548) kleidete. Die Anweisungen enthielten einen ganzen Katalog von Einflußmöglichkeiten und wechselseitigen Beziehungen, die sich mit den Aufgaben und Funktionen der Konzernspitze gegenüber den Tochtergesellschaften deckten:

— Die Geschäftsführer der Firmen hatten ihre Geschäfte nach den Weisungen der Ufa-Film zu führen; zur Kontrolle und Lenkung war ein Mitglied der Geschäftsführung der Ufa-Film ständig vertretungsberechtigtes Mitglied der Geschäftsführung der einzelnen Gesellschaften;

— als Gesellschafterin bestimmte die Ufa-Film die Bestellung und Abberufung der Aufsichtsrats- und Vorstandsmitglieder sowie der Prokuristen; sie besorgte die soziale Betreuung, alle Tarifverhandlungen und Vertragsabschlüsse;

— bei der Planung, Vorbereitung und Durchführung der den Firmen von der Ufa-Film erteilten Film-Produktionsaufträge hatten die Firmen die Anordnungen der Ufa-Film zu befolgen; d.h. neben dem Erlaß allgemeiner und grundsätzlicher Anordnungen war die Ufa-Film jederzeit befugt, in den einzelnen Produktionsvorgang einzugreifen;

— der Reichsfilmintendant stellte die Produktionsprogramme auf, wählte die zu verarbeitenden Stoffe aus, wirkte bei der Produktionsvorbereitung mit, billigte die Besetzungsvorschläge, bildete sog. "Hausgemeinschaften", richtete die Produktionsgruppen ein und bestellte die Produktionsgruppenleiter; daneben erließ die Ufa-Film Anordnungen über Arbeitszeitgestaltung, Atelierbeschaffung und Aufstellung von Dreh- und Bauplänen und überwachte alle Verträge und Verpflichtungen der Filmschaffenden;

— die Ufa-Film überwachte Buchhaltung, Kontenplan und Bilanzen sowie Steuer-, Devisen-, Schaden- und Risikoversicherungen; bei grundsätzlichen Rechtsfragen war die Stellungnahme der Konzernmutter einzuholen;

— Verhandlungen mit Ministerien und allen Obersten Reichsbehörden, mit der Reichsfilmkammer und anderen öffentlich-rechtlichen Stellen wurden ausschließlich durch die Ufa-Film geführt;

— die Finanzierung der Gesellschaften über eigene Mittel hinaus hatte grundsätzlich auf Weisung der Ufa-Film durch die Filmkreditbank zu erfolgen;

— sämtliche Betriebsüberschüsse standen der Ufa-Film zu und mußten ihr gutgeschrieben werden; Betriebsverluste wurden der Ufa-Film überlassen.

Die Sonderstellung der Ufa AG erkannte Winkler nach mehrwöchigen Verhandlungen mit Klitzsch dadurch an, daß er den Organvertrag nicht in Form einer Anweisung, sondern ähnlich einem Interessengemeinschaftsvertrag abfaßte 549) Die Bedingungen jedoch waren die gleichen; lediglich verpflichtete sich die Ufa-Film zur Ausschüttung einer vierprozentigen Dividende an die außenstehenden Aktionäre der AG, weil die Nichtausschüttung der Gewinne im Gegensatz zu den privatwirtschaftlichen Interessen der noch freien Aktionäre der Ufa AG stand, die eine angemessene Verzinsung erwarteten. "Zur Vereinheitlichung des gemeinschaftlichen Willens und zur Sicherung des Vertragszweckes" wurde der Generaldirektor der Ufa AG, Ludwig Klitzsch, in den Aufsichtsrat der Ufa-Film abgeordnet und der Vorstandsvorsitzende der Ufa-Film, Bruno Pfennig, zum stellvertretenden Vorstandsvorsitzenden der Ufa AG bestellt. Die von Winkler und Klitzsch ausgearbeitete Konstruktion ließ der Ufa AG natürlich nur den Schein der größeren Selbständigkeit und schloß Einwendungen des geringen Rests freier Aktionäre völlig aus.

Der Erfolg dieser organisatorischen und wirtschaftlichen Veränderungen blieb nicht aus, so daß sich die finanzielle Lage der Filmwirtschaft trotz des Kriegszustandes und der damit verbundenen zusätzlichen Belastungen ständig verbesserte: Die erstmalig aufgestellte Konzernbilanz der Ufa-Film wies für das Wirtschaftsjahr 1942/43 einen Gewinn von ca. 160 Millionen RM aus. Nach Abzug der Gewinnabführung, Steuern, Dividenden und Zinsen verblieb der Ufa-Film ein Gewinn von über 18 Millionen RM, das waren 15 Millionen mehr als im Vorjahr. 550) Die laufenden Steuer- und Gewinnabführungsbelastungen lagen damit wesentlich höher als die durch den Haushalt zum Konzernaufbau bereitgestellten Mittel. Allein von 1938 bis 1941 hatte die Filmwirtschaft Steuer- und Gewinnabführungsleistungen von rd. 94 Millionen RM erbracht — gegenüber 65 Mio. RM an Haushaltsmitteln. Im darauffolgenden Rechnungsjahr betrug der zu versteuernde Gewinn über 174,5 Millionen RM, wovon der Ufa-Film als Gewinnvortrag ungefähr wieder 18 Millionen RM belassen wurden. 551) Erst im Jahre 1945 gingen die Einnahmen der Produktionsgesellschaften schlagartig zurück: Die Ateliers in Prag und Wien standen fast völlig leer; in Berlin und München hatten Bombenschäden die Produktion weitgehend lahmgelegt; nur noch wenige Personen waren vom Kriegsdienst freigestellt oder wurden nicht zum Volkssturm herangezogen; Materialien, insbesondere die notwendigen Rohstoffe waren kaum noch in ausreichendem Maß zu beschaffen.

Ohne die äußeren Einwirkungen des Krieges hätte die von Winkler seit 1937 umorganisierte deutsche Filmwirtschaft noch für lange Zeit mit Gewinn arbeiten können. Vor allem in den Jahren 1942 und 1943 bot sich dem Reichsbeauftragten ein glänzendes Bild: Die Ufa-Film hatte die reichsmittelbare Filmwirtschaft wirtschaftlich auf eigene Beine gestellt und finanziell vom Reichshaushalt weitgehend unabhängig gemacht. Nur noch für einige von Hitler und der Reichsregierung gewünschte Ziele erfolgten Zuweisungen an die Filmwirtschaft aus dem Reichshaushalt. Winkler, der mit Recht frohlocken konnte, daß im Gegensatz zu früheren Jahren das Geld nunmehr dem Film nachlaufen würde, war bestrebt, das haftende Kapital von 65 Mio. RM angemessen zu erhöhen; denn zweifellos war der Konzern gemessen an seiner Bedeutung innerhalb der deutschen Wirtschaft unterkapitalisiert. (Der Umsatz der DFV betrug 1943/44 über 300 Mio. RM). Ihm schwebte eine Kapitalerhöhung von 200 bis 300 Mio. RM vor. Und in seinem Optimismus meinte Winkler, nach dem "Endsieg" könnte die Filmwirtschaft alle auf sie zukommenden Aufgaben finanziell aus eigener Kraft unter Heranziehung des Geld- und Kapitalmarktes lösen.

Gerade durch die Entlastung der Produktionsfirmen von allen Nebenaufgaben, die es ihnen ermöglichte, sich ausschließlich der Filmherstellung zu widmen, hatte

Winkler die Rentabilität der Filmwirtschaft wieder gesichert. Darüber hinaus brachte er mit dem Leistungssteigerungserlaß die deutsche Spielfilmproduktion auf eine genügende zahlenmäßige Stärke und führte die Herstellungskosten, die nicht nur Geld und Rentabilität, sondern damals vor allem kriegswirtschaftlichen Arbeits- und Materialeinsatz bedeuteten, auf ein kontrolliertes Maß zurück — wenigstens in den beiden nächsten Jahren nach Gründung der Ufa-Film. Daß er schließlich doch mit seiner Idee von der sich selbst finanzierenden und ohne Risiko arbeitenden deutschen Filmwirtschaft scheiterte, lag am Zusammenbruch des NS-Regimes, an der Kriegspolitik der Nazis und damit an der Abhängigkeit der Filmindustrie von der allgemeinen politischen und wirtschaftlichen Lage.

Die Gesamtorganisation der deutschen Filmwirtschaft ergab für die Jahre 1942 bis 1945 folgendes geschlossene Bild: Der Ufa-Film waren einerseits sieben Produktionsfirmen, die sich unmittelbar im Besitz der Holding-Gesellschaft befanden, und andererseits (als Haltegesellschaft wiederum) die Ufa AG mit ihren zahlreichen Tochtergesellschaften und Abteilungen, die für die Auswertung, Vorführung, technische Bearbeitung usw. zuständig waren, angegliedert; auf der einen Seite die reinen Produktionsgesellschaften, auf der anderen Seite die verselbständigten Verleih-, Kino- und technischen Betriebe, die als Abteilungen und Untergesellschaften der Ufa AG angegliedert waren. Bei Kriegsende war die Ufi unmittelbar an 18 und mittelbar an 108 Unternehmungen der Filmwirtschaft größeren und kleineren Umfangs im In- und Ausland beteiligt. Innerhalb der Beteiligungsgesellschaften ließ sich in groben Zügen ein "Produktionssektor" und ein "Wirtschaftssektor" unterscheiden.

Die Beteiligungen des Konzerns wurden grundsätzlich von der Ufa-Film gehalten, wenn diese nicht einzelne Firmen — wie eben die Ufa AG — damit betraut hatte. Das Kapital der Tochtergesellschaften lag zu 100%, bei der Ufa AG zu 95,5% in Händen der Ufa-Film. Kapitaleigner der Konzernspitze war die Cautio, die als alleinige Gesellschafterin der Ufa-Film selbst nur über ein Stammkapital von 70.000 RM verfügte.

Die Filmherstellung wurde von sieben staatsmittelbaren Firmen getragen: 552)

— Bavaria-Filmkunst GmbH, München
— Berlin-Film GmbH, Berlin
— Prag-Film AG, Prag
— Terra-Filmkunst GmbH, Berlin
— Tobis-Filmkunst GmbH, Berlin
— Ufa-Filmkunst GmbH, Berlin
— Wien-Film GmbH, Wien

Alle diese Produktionsfirmen arbeiteten — dafür bot schon die leitende Stellung der Ufa-Film und die Schaffung der Reichsfilmintendanz die Gewähr — in engem Kontakt miteinander. Die Produktionspläne wurden stärker als vorher aufeinander abgestimmt und die Atelierdispositionen in enger Absprache miteinander getroffen.

Die g e s a m t e deutsche Spielfilmproduktion wurde von den staatsmittelbaren

Firmen getragen und war in diesen wirtschaftlichen und politischen Kontroll- und Lenkungsapparat der Ufa-Film bzw. der Reichsfilmintendanz einbezogen: Eine freie, d.h. wirtschaftlich und politisch vom Reich nicht kontrollierte und gesteuerte Betätigung auf dem Produktionssektor gab es nicht mehr. (Die bestehenden kleineren Herstellungsfirmen, das Tonfilm-Studio Carl Froelich & Co. und die Forst-Film-Produktion GmbH, waren mit der Ufa-Filmkunst bzw. der Wien-Film vertraglich eng verbunden.) Auch der Rest privater Verleih- und Synchronisationsfirmen war letzten Endes wirtschaftlich bedeutungslos.

Trotz der unbestreitbaren Konjunkturverbesserung war der Aufbau des horizontalen und vertikalen Organisationsgefüges in jenen Jahren jedoch noch nicht perfektioniert: Die Ufa AG, bei der die Auswertung, Vorführung und alle Nebenbetriebe konzentriert waren, stellte in dieser Zusammensetzung ein Mammutunternehmen dar, insbesondere da bei den Filmtheatern und dem Zentralverleih das wirtschaftliche Hauptgewicht des Gesamtkonzerns überhaupt lag. Über Tochtergesellschaften und Betriebsabteilungen erfüllte die Ufa AG eine lange Reihe von Aufgaben und Funktionen:

— Erwerb und Errichtung, Unterhaltung und Versorgung der Atelierbetriebe im Produktionsgebiet Berlin;
— Unterhaltung der Berliner Kopieranstalten und die Herstellung von Kopien;
— der gesamte Filmvertrieb im In- und Ausland durch die Deutsche Filmvertriebs GmbH bzw. die Auslandsabteilung der Ufa AG;
— Erwerb und Errichtung, Unterhaltung und Ausnutzung aller deutschen Kinos im Reichsbesitz und deren technische Kontrolle durch die Deutsche Filmtheater GmbH;
— die gesamte technische Oberleitung innerhalb der deutschen Filmwirtschaft, einschließlich der Forschungen, der Patentpflege und der Auswertung der wissenschaftlichen Forschungsergebnisse;
— Herstellung und Vertrieb der Aufnahmegeräte, Vorführungsapparaturen usw. für Schmal- und Normalfilm und Unterhaltung von Fabrikationsbetrieben und Vertriebseinrichtungen;
— das Aufgabengebiet der Deutschen Wochenschau GmbH;
— der gesamte Bereich der Kultur-, Industrie- und Werbefilme;
— Erwerb, Errichtung und Unterhaltung von Verlagen für Musikalien, Filmromane, fachwissenschaftliche Veröffentlichungen, Programmzeitschriften, Zeitungen und Zeitschriften der Filmwirtschaft, repräsentative Filmschriften und Exportzeitschriften;
— das gesamte Pressewesen des Vertriebs- und Herstellungszweiges.

Zumindest muß bezweifelt werden, daß dieser Großbetrieb allein rein verwaltungsmäßig einen Fortschritt bedeutete. Deshalb stand es auch auf dem noch zu realisierenden Programm Winklers, die Deutsche Filmvertriebs GmbH und die Deutsche Filmtheater GmbH — eben die beiden wirtschaftlichen Schwerpunkte — aus dem Konzern der alten Ufa AG auszugliedern und unmittelbar der Ufa-Film zu unterstellen. Doch sollte es bis zum Mai 1945 nicht mehr dazu kommen. Steuerliche

Vorteile bei der Eingliederung der DFV in die Ufa AG und Schwierigkeiten bei der Übernahme der Ufa-Theater auf eine völlig selbständige DFT waren die Gründe für diese Konstruktion gewesen. So konnte Winkler nur inoffiziell verfügen, daß der unmittelbare Verkehr in rechtlicher und finanzieller Hinsicht zwischen den Produktionsfirmen und der DFV ohne Einschaltung der Ufa AG, der Muttergesellschaft der DFV, erfolgen sollte. 553)

So ergab sich Anfang 1944 folgendes endgültige Bild der "Reichsmittelbaren Filmwirtschaft": (Stand 1. Februar 1944)

```
                         Reichspropaganda-
                           Ministerium
        Reichsfilmintendanz      Büro Winkler (Cautio)
                    Ufa-Film GmbH            Zentralfilm-Gesellschaft
                                                  Ost mbH
    Produktionssektor                  Wirtschaftssektor

Bavaria-   Berlin-   Prag-   Terra-
Film-      Film      Film-   Film          Ufa-AG
Kunst      (Berlin)  (Prag)  Kunst
(München)                    (Berlin)

                             Deutsche    Deutsche          Deutsche    Deutsche
                             Filmtheater Filmvertriebs-    Wochen-     Schmal-
                                         GmbH              schau       film-Vertrieb

Tobis-     Ufa-      Wien-
Film-      Film-     Film-   Tobis-AG    Kopier-   Atelier-    Kultur-
Kunst      Kunst             Patente     werke     betriebe    Industrie- und
(Berlin)   (Berlin)  (Berlin)                                  Werbefilm
                             Kino-       Filmvertrieb
Continental-                 Einrichtun- Ausland
Films S.A.R.L.               gen
(Paris)
```

15. Institutionen und Organisationen außerhalb des Monopolkonzerns

Im Zusammenhang mit der dominierenden Position der Ufa-Film, von der alle entscheidenden Maßnahmen wirtschaftlicher, finanzieller, technischer und (über die Reichsfilmintendanz) politischer Art ausgingen, müssen auch die spätestens seit Anfang der 40er Jahre verhältnismäßig unbedeutenden Stellungen der übrigen staatlichen und halbstaatlichen Kontroll- und Lenkungsinstitutionen gesehen werden.

Mit zunehmender Konzentration aller Filmgebiete erwies sich für Winkler auch die zentrale Zusammenfassung der Herstellung von "Propagandafilmen" als notwendig: Im August 1943 ließ er als Tochtergesellschaft der Ufa AG die "U f a - S o n d e r p r o d u k t i o n GmbH" errichten, deren Aufgabe es war, Auftragsfilme politisch-propagandistischen Inhalts, insbesondere für die Partei, herzustellen und zu vertreiben. Damit war auch die Vorbereitung, Herstellung und Verbreitung von Parteifilmen in die Hände der Ufa-Film übergegangen.

Neben Parteifilmen stellte die Ufa-Sonderproduktion Wochenschau-Vorspannfilme, die Serien "Dafür kämpfen wir" und "Junges Europa" sowie sämtliche anderen propagandistischen Kurzfilme her, die die verschiedenen Dienststellen und Organisationen in Auftrag gaben. Der Plan, auch abendfüllende "Propagandaspielfilme" von der Ufa-Sonderproduktion bearbeiten zu lassen, wurde auf Einspruch Winklers fallengelassen. Die Kosten für Filme, die als Vorspannfilme in den normalen Kinoprogrammen auswertbar waren, wurden von der Ufa-Film übernommen, während die Partei die Herstellungskosten nicht kommerziell verwertbarer Filme übernahm. Geschäftsführer der Firma waren Ministerialrat a.D. Wolfgang Fischer und Leopold Rimmler.

Die Produktion rein militärischer Filme hatte die Ufi im Dez. 1942 der M a r s - F i l m GmbH übertragen, einer Volltochtergesellschaft. Doch auch dieses groß angelegte Unternehmen kam nicht mehr zu einer regelmäßigen Tätigkeit.

Winkler versprach sich von dieser Zentralisierung und Konzentrierung eine Verbesserung der wirtschaftlichen Rentabilität und eine Vergrößerung der propagandistischen Wirksamkeit. Bereits ein Jahr nach der Gründung der Ufa-Sonderproduktion konnte deshalb die Parteifilmorganisation, das Hauptamt Film in der Reichspropagandaleitung der NSDAP, auf eine Entscheidung Goebbels' hin aufgelöst und die noch wesentlichen Teile des Hauptamtes mit der Filmabteilung des Ministeriums unter der Leitung Hinkels vereinigt werden. 554) Dort mußte für alle propagandistischen Filmprojekte die Genehmigung eingeholt werden.

Die Funktion der Filmabteilung des Propagandaministeriums war durch die Personalunion mit dem Reichsfilmintendanten aufgewertet worden, nachdem ihre Tätigkeiten mit zunehmender Aktivität Winklers seit Mitte der 30'er Jahre in den Hintergrund gedrängt und die Haushaltsabteilung des Ministeriums jenes Ressort geworden war, das bei allen finanziellen und organisatorischen Vorgängen im Namen des Goebbels-Ministeriums auftrat.

Der Schwerpunkt der Aktivität Fritz Hipplers hatte vor allem auf dem Gebiet der Filmgestaltung gelegen: Durch seine eigenen Regiearbeiten ("Feldzug in Polen", "Der ewige Jude" u.a.) war er für die Branche — mehr oder weniger — zu einem der ihren geworden; außerdem verfügte Hippler über eine gute Verbindung zum Büro Winkler, so daß Filmabteilung und Cautio von 1939 bis 1942 kaum Konfliktstoffe kannten. Auch nach seiner Ernennung zum Reichsfilmintendanten kooperierte er mit dem Reichsbeauftragten und der Ufa-Film bestens bei der systematischen Überwachung und Steuerung des gesamten Produktionsprogrammes.

Doch gerade sein "künstlerisches" Faible wurde ihm im Sommer 1943 zum Verhängnis, als er sich gegen eine allzu häufige und direkte Einmischung des Ministeriums und insbesondere Goebbels' selbst in die einzelnen Herstellungsprozesse aufzulehnen versuchte. Dieses kooperative Verhältnis zwischen wirtschaftlicher und politischer Führung änderte sich jedoch mit der Ernennung von Hans Hinkel zum Reichsfilmintendanten und Filmabteilungsleiter im Ministerium.

Nach dem Ausscheiden Hipplers übernahm zunächst Oberregierungsrat Dr. Peter Gast, Rechtsberater der RKK, vom Juni 1943 bis Februar 1944 die kommissarische Abteilungsleitung; ihm folgte in gleicher Funktion Dr. Karl Fries, seit einigen

Jahren Referent der Filmabteilung. Beide Juristen erwiesen sich jedoch für Goebbels bald als Versager: Ende Februar 1944 holte er den Gaupropagandaleiter von Hannover, Kurt Parbel, einen begeisterten Nazi, nach Berlin, um ihn zum siebten — wenn auch wiederum nur kommissarischen — Filmabteilungsleiter zu machen. Der SS-Oberbannführer hatte zweifellos vom Film keinerlei Ahnung: "Das Gefühl, in der politischen Zentrale des Reiches zu sitzen, versöhnt mich mit dem an sich undankbaren filmischen Aufgabengebiet", schrieb er am 5.6.1944 an einen Bekannten. 555) Parbel arbeitete dann eng mit Hinkel zusammen, der im April zum Abteilungsleiter und Reichsfilmintendanten ernannt wurde und Parbel zu seinem Stellvertreter bestellte.

Ebenso wie die Filmstellen der Partei und des Propagandaministeriums trat auch die Reichsfilmkammer immer mehr in den Hintergrund: Sie blieb zwar weiterhin berufsständische Aufsicht und Zusammenfassung aller am deutschen Filmschaffen Beteiligten, doch ihre vorgeblichen Hauptaufgaben, wie sie in den Kammergesetzen als allgemeine wirtschaftliche Lenkung des deutschen Films definiert waren, waren längst auf das Büro Winkler übergegangen. Sie beschränkte sich auf rein repräsentative Tätigkeiten und war — spätestens nach dem Abschluß der "Verreichlichung" der Filmwirtschaft — nur noch bei ihren Anordnungen, Bestimmungen und Erlassen Ausführungsorgan der Vorhaben Winklers bzw. der Ufa-Film. Auf die Stellungnahme oder gar Mitwirkung der Kammer legte Winkler nur selten Wert — was nicht ausschloß, die dort angestellten Fachkräfte zu sich zu ziehen. Der bloßen Repräsentationsfunktion entsprach auch die Ernennung des 64jährigen Carl F r o e l i c h zum Reichsfilmkammer-Präsidenten am 30. Juni 1939. 556)

Froelich war — besonders im Verhältnis zu seinen beiden Vorgängern Scheuermann (Jurist) und Lehnich (Wirtschaftler) — ein "alter Filmhase": Der ehemalige Techniker bei Siemens hatte bereits vor dem Ersten Weltkrieg seine ersten Erfolge als Filmregisseur gesammelt. Während des Krieges war er für die Oberste Heeresleitung auf dem Gebiet der Flugzeugkinematographie tätig. 1919 gründete er das Carl-Froelich-Tonfilmstudio und hatte als Produzent und Regisseur in den folgenden Jahren viele Erfolge im Stummfilm, so inszenierte er zahlreiche Henny-Porten-Filme. Der Produktionsbetrieb Froelichs blieb einer der wenigen "halbprivaten" Gesellschaften, die das Regime überdauerten. Nicht zuletzt die Stellung des Filmkammerpräsidenten war der Grund für die Möglichkeit, daß Froelich bis Kriegsende in seinen Ateliers — allerdings im Auftrag der Ufa AG bzw. der Ufa-Filmkunst — Filme inszenieren konnte. Goebbels und Winkler hatten dem beliebten Altregisseur aber nicht nur eine Sonderstellung als Inhaber eines Produktionsbetriebes eingeräumt, sondern Froelich wurde mit Ehrungen überhäuft: Während einer Festsitzung der Reichskulturkammer am "Feiertag der deutschen Arbeit", dem 1. Mai 1936, wurde ihm für den Film "Traumulus" und drei Jahre später, am 1. Mai 1939, für "Heimat" der Staatsfilmpreis überreicht. Außerdem verlieh ihm Goebbels am 30. Januar 1937 im Auftrage Hitlers den Professorentitel und zu seinem 65. Geburtstag, am 5. September 1940, die Goethe-Medaille. Der beliebte Regisseur diente allen Interessen als vorzügliches Aushängeschild für das enge Verhältnis von "Filmkunst" und "Staatsführung". Irgendeine Aktivität mußte er als Präsident der Filmkammer nicht entwickeln.

Auch der Vizepräsident der Kammer, Karl M e l z e r, arbeitete weitgehend im Hintergrund und widmete sich vorwiegend seinem Posten als Generalsekretär der Internationalen Filmkammer, den er seit 1941 bekleidete. Mehr und mehr zog er sich auf seine Tätigkeit bei diesem Renommierunternehmen zurück, dessen praktische Bedeutung mangels tatsächlicher internationaler Beziehungen gleich Null war.

Die 1935 ins Leben gerufene und nach einer mehrjährigen Unterbrechung 1941 wieder aktive Internationale Filmkammer hatte sich u.a. den internationalen Filmaustausch, die Schaffung eines internationalen Filmrechts und vor allem die Vereinheitlichung des Urheberrechts zu ihren Aufgaben gemacht. Nach dem Ausscheiden der neutralen Länder und der "Feindmächte" handelte es sich nur noch um eine Institution, die in erster Linie die Interessen des deutschen Films und seiner Ausbreitung in den übrigen Ländern sichern wollte — praktisch jedoch blieb sie völlig wirkungslos. Für Melzer stellte die IFK immerhin den Rahmen für eine repräsentative und gut dotierte Stellung dar. Überhaupt scheint der Vizepräsident eine Vorliebe für solche Repräsentationen und Empfänge — die IFK tagte abwechselnd in Berlin und Venedig — gehabt zu haben, was für ein starkes Geltungsbedürfnis spricht. Von einer "Dienstreise" kam er auch im März 1945 nicht mehr nach Berlin zurück, wo Parbel den Volkssturm des Propagandaministeriums und der Kammern leitete.

Wie gering Goebbels die Funktionen der Filmkammer in jener Zeit einschätzte, zeigte die schnelle Abberufung Heinz Tackmanns vom Amt des Geschäftsführers: Der eifrige und zuverlässige Nationalsozialist war in der Zentrale der Reichskulturkammer unabkömmlich. Das Amt des Geschäftsführers der Reichsfilmkammer war seit 1941 nicht mehr besetzt worden. 557) Mit der Auflösung des Hauptamtes Film der Reichspropagandaleitung der NSDAP, dessen kommissarische Leitung Tackmann übernommen hatte, wurde er 1944 ohne Wissen und Einwilligung Winklers zum Betriebsführer, Firmenchef und stellvertretenden Produktionschef der neugegründeten Ufa-Filmkunst berufen. Auch bei den Filmleuten stieß diese Berufung auf Ablehnung: Tackmann war bei ihnen wenig gelitten und galt in der Branche als "Prototyp" eines Nazis.

16. Joseph Goebbels und Max Winkler als Personalisierungen politischer und ökonomischer Interessen bei der Nationalisierung und Monopolisierung der deutschen Filmwirtschaft

Im Mittelpunkt aller politischen und wirtschaftlichen Maßnahmen und Entscheidungen standen Joseph Goebbels und Max Winkler. Unangefochten an der Spitze und immer darauf bedacht, auch bei den kleinsten Details mitreden und direktiv eingreifen zu können, befand sich Reichsminister Goebbels — nur sich selbst verantwortlich und keinen Nebenbuhler befürchtend. Im Gegensatz zur Presse oder zum Theater hatte Goebbels im Film keinen gleichwertigen Gegner (oder Partner). Hitler verließ sich in Filmfragen stets auf seinen Propagandaminister, der natürlich in seiner opportunistischen Grundhaltung auch hier jegliche Konfrontation mit dem "Führer" vermied und deshalb — etwa bei bestimmten Großfilmen — dem Geschmack Hitlers entgegenkam. Natürlich gab es auch "Führerbefehle" auf filmischem Gebiet, an die Goebbels gebunden war. Erinnert sei nur an die Namensgebung des neuen Mammutkonzerns und an die verschiedenen Großbauprojekte.

In den ersten Jahren der NS-Herrschaft hatte Goebbels vor allem die Vertreibung der Juden und Oppositionellen aus dem deutschen Film in die Wege geleitet und sich darüber hinaus die politisch-ideologische Überwachung und Steuerung der Produktion gesichert. Ihm wurde dann — wie der gesamten politischen Führung — der Überblick über die deutsche Spielfilmproduktion und der Einblick in jeden noch so geringfügigen Vorgang der Produktion erleichtert, als das Reich Eigentümer der organisatorisch zusammengefaßten Filmwirtschaft und damit auch kapitalmäßig Hersteller der Filme geworden war. Oder anders gesagt: Der Organisationsdrang Goebbels' und seiner Mitarbeiter hatte sich mit dem Aufbau eines beinahe perfekten staatlichen Kontroll- und Lenkungssystems noch nicht erschöpft. Vielmehr kamen die wirtschaftlichen Konzentrationsvorgänge den politischen Zentralisierungsbestrebungen Goebbels' entgegen, und zwar weit mehr als ein bloßer Zusammenschluß der Filmindustrie.

Für das politische System bedeutete die Zentralorganisation der Ufa-Film demnach die totale Perfektionierung: Jeder einzelne Filmstoff konnte nunmehr ohne Umweg über Institutionen außerhalb der Privatunternehmen im Betrieb selbst optimal überwacht werden, und jeder Filmschaffende wurde zentral, d.h. nicht mehr über die einzelne Firma verpflichtet und ausgewählt. Die Überwachung der Personen und damit verbunden die Forderung nach personellen Veränderungen hatte die Ufa-Film nach und nach der RFK-Zuständigkeit entrissen.

Gerade diese politisch-propagandistische Ausrichtung war ökonomisch nur ermöglicht und gesichert worden durch das Werk Winklers, d.h. die ideologische Beeinflussung der Bevölkerung mit dem Gesamtangebot der Spielfilmproduktionen im NS-Staat war abhängig von der wirtschaftlichen Prosperität. Der reine Subventionsweg war vom Finanzministerium und Winkler immer wieder abgelehnt worden. "Es sei eine alte Erfahrung", formuliert von Manteuffel einmal, "daß mit eigenen Mitteln stets sorgfältiger gewirtschaftet werde als mit Subventionsgeldern". 558)

Wie alle wichtigen Entwürfe und Vorschläge der Abteilungsleiter, Ressortchefs, Sachbearbeiter, Referenten etc. der persönlichen Zustimmung Goebbels' bedurften, besaß Goebbels auch in jenen Bereichen, in denen er alle Befugnisse Winkler übertragen hatte, die letzte Entscheidung. Diese Feststellung besagt natürlich nicht — wie immer wieder behauptet wird —, daß der Propagandaminister allein die historische Verantwortung für die gesamte nationalsozialistische Filmpolitik zu tragen hatte. Dieser Befehlsweg Abteilung-Ressort-Referat-Hilfsreferat-Sachbearbeitung entspricht dem Hierarchie- und Herrschaftsprinzip jeder Behörde; und innerhalb jeder Ministerialbürokratie besitzt der Minister als oberster Dienstherr unmittelbares Entscheidungs- und Einspruchsrecht. 559) Es ging vielmehr darum, daß in wichtigen Fragen und Entscheidungen die verschiedenen Herrschaftsgruppen und -personen — etwa das Büro Winkler, die Filmabteilung, aber auch die Filmindustrie selbst — ihre jeweiligen Interessen nur über diesen Weg durchsetzen konnten. Goebbels war die Letztinstanz hauptsächlich in dem Sinne, daß er zu Projekten und Vorhaben die endgültige Zustimmung gab. In bezug auf die filmwirtschaftlichen Maßnahmen konnte das nur eine weitgehende Übernahme der

Ideen und Pläne Winklers bedeuten. Goebbels selbst hatte nur ein vorwiegend "ästhetisches" Verständnis von Film und politisch-ideologische Forderungen an die Produktionen. Das Denken in wirtschaftlichen und finanziellen Kategorien war ihm ungewohnt, wenn nicht gar fremd. Hier vertraute er seinem Reichsbeauftragten — und zwar mehr als den Experten der eigenen Abteilungen im Hause oder denen der Finanzbehörde.

Zum Beispiel: Nach dem Aufkauf von ca. 70% des Aktienbesitzes der Ufa AG befürwortete die Haushalts- und die Filmabteilung keinen weiteren Erwerb aus privater Hand mehr; denn die wirtschaftliche und politische Führung nach den Bedürfnissen des Reiches wäre, so argumentierten die Ressorts, ausreichend gesichert. Goebbels jedoch stand bei seiner Entscheidung voll hinter seinem "Wirtschaftsberater" Winkler: Das Reich kaufte — wenn auch nicht mit vollem Erfolg — den Rest der Ufa-Aktien. 560)

Für das "Wie" in der Wirtschaft des Films zeigte Goebbels kaum Verständnis. Wenn er sich natürlich auch dabei über die wirtschaftlichen Folgen seiner "künstlerischen" und "politisch-propagandistischen" Richtlinien bewußt war: So trieb er 1942 die Produktion der Unterhaltungsware voran und wehrte sich stets gegen eine Verherrlichung der Partei im Film. Er kümmerte sich jedoch nicht mehr um die ökonomischen Konsequenzen, wenn es um seine oder Hitlers Lieblingsideen ging: bei den Projekten pompöser Filmtheaterpaläste und riesiger Atelieranlagen, bei Filmen wie "Kolberg" etc. . Winkler hatte jedoch auch hier ein waches Auge auf die wirtschaftlichen Folgen, d.h. er hätte zweifellos eingegriffen, falls derartige Vorhaben die stets aufs äußerste angespannte Filmindustrie an den Rand des Chaos führten. Deshalb war Goebbels — von Ausnahmen abgesehen — ein gelehrsamer Schüler Winklers: Die seichte und unverbindliche Unterhaltungsware war das Produktionsergebnis, das einem ominösen Publikumsgeschmack entgegenkam und den geschäftlichen Erfolg sicherte. Gemeinschaftsaufgabe der deutschen Filmwirtschaft war es — so Gutterer —, "dem Frontkämpfer Zerstreuung und Entspannung und der Heimat Ablenkung, Aufheiterung und Erbauung zu bieten." 561)

Goebbels besaß somit in Max Winkler einen ergebenen und exzellenten Gehilfen: Winkler war vor allem der treibende Motor zur wirtschaftlichen Zentralkontrolle. Er besaß umfassende Vollmachten und hatte eine mächtige Position inne, die es ihm sogar erlaubte, ökonomische Aspekte gegenüber den politischen und "künstlerischen" Erwägungen voranzustellen. Durch seine Tätigkeiten als Berater, Initiator und Vollstrecker der Ideen und Pläne Goebbels' nahm er dem Propagandaminister die wirtschaftliche Kontrolle und Lenkung weitgehend ab: Unter Beibehaltung der politisch-ideologischen Maximen und Normen einerseits und der kapitalistischen Organisationsform des Films andererseits realisierte Winkler für die Nazis ein Filmsystem, das eben nicht nur politisch reglementiert und dirigiert, sondern auch wirtschaftlich gesund war und unter der Ägide des Reichsbeauftragten mit Millionengewinnen dermaßen florierte, wie es sich Goebbels in seinen kühnsten Träumen wohl nicht vorgestellt hätte.

17. Filmkapitalismus und Eroberungskrieg

17.1 Zur Filmpolitik und Filmwirtschaft in den eroberten Ostgebieten

Der von den Nationalsozialisten angezettelte Eroberungskrieg hatte für die Filmwirtschaft positive wie negative Auswirkungen: Zum einen bedeutete die Expansionspolitik eine Verbreiterung des Absatzmarktes und eine Vergrößerung der Produktionskapazität; zum anderen bedingte die zunehmende Verschärfung des Krieges eine allmähliche Verschlechterung der wirtschaftlichen und finanziellen Lage.

Seit dem Jahre 1939 hatten sich mit dem weiteren Expansionsdrang und der Beutemacherei in fremden Ländern für die Filmwirtschaft zunächst neue Absatzgebiete erschlossen; vor allem jedoch stellte diese Politik eine Beteiligung an der Beschlagnahme von Produktionsanlagen in Aussicht. Damit aber beteiligte sich die deutsche Filmindustrie an der Ausbeutung der eroberten Gebiete: Sie wurde zum Nutznießer der Besatzungs- und "Neuordnungs"-Politik des deutschen Faschismus und war gegen eventuelle Wirtschaftspressionen des Auslands immun und gegen den allgemeinen ökonomischen Einfluß des Auslandsmarktes geschützt.

Bereits durch die Annexion Österreichs und die Bildung des Protektorats Böhmen und Mähren nach der Okkupation der "Rest-Tschechoslowakei" hatte sich die deutsche Filmwirtschaft gegenüber dem Auslandsmarkt infolge der verbreiterten Amortisationsbasis weitgehend unabhängig gemacht. Durch die eroberten und besetzten Gebiete in Ost- und Westeuropa war dieser wirtschaftliche Großraum noch vergrößert worden. Zunächst sollten die ökonomischen Bedürfnisse durch die militärischen Erfolge des Regimes in Polen befriedigt werden. Als erstes wurden sämtliche Kinos in dem pseudostaatlichen Gebilde des sogenannten "Generalgouvernements" beschlagnahmt und dem "Treuhänder für sämtliche Lichtspieltheater im Generalgouvernement" unterstellt. 562) Winkler, der die Möglichkeit einer neuen Abspielbasis für die reichseigene Filmproduktion erkannte, zeigte bald ein großes Interesse, die wirtschaftliche Kontrolle und damit auch die finanzielle Ausbeutung der "polnischen" Kinos in eigene Regie zu übernehmen. Im Oktober 1939 zum Leiter der Haupttreuhandstelle Ost ernannt, hatte er bereits Erfahrungen bei Beschlagnahmeaktionen gesammelt: Denn diese Vierjahresplan-Behörde hatte die Funktion, polnisches Vermögen zu beschlagnahmen und zu verwalten. Der deutschen Filmwirtschaft sollten auch die Kinoeinnahmen dieses "Nebenlandes" des Reiches — das Generalgouvernement war kein Auslandsgebiet, sondern Teil des großdeutschen Wirtschaftsraums — zugute kommen. 563) Gleichzeitig wollte Winkler den gesamten filmwirtschaftlichen Verkehr innerhalb des Generalgouvernements neu organisieren: Filmvertrieb und Filmvorführung beabsichtigte er monopolartig zusammenzufassen, und zwar in bezug auf den "staats- und kulturpolitisch bedeutsamen Filmeinsatz" und eine "vernünftige Kostengebarung". 564) Nicht zuletzt auf Drängen Winklers setzte sich auch bei der Regierung des Generalgouvernements die Einsicht durch, daß es ökonomisch sinnvoller war, die filmischen Anlagen und Werte im besetzten bzw. eingegliederten Gebiet stärker zu nutzen als etwa kostspielige Transfers ins Reich vorzunehmen, wenn auch das verschleppte Filmvermögen (Apparaturen, archivale Filme usw.) nicht unerheblich war.

Im Januar 1942 sah Winkler seine Pläne verwirklicht: Die Regierung des Generalgouvernements übertrug der "F i l m - u n d   P r o p a g a n d a m i t t e l - Vertriebsgesellschaft mbH", Krakau, die das Vertriebsmonopol für alle Filme im besetzten Polen besaß, auch die im Generalgouvernement treuhänderisch verwalteten Kinos: Die Gesellschaft hatte damit die Monopolstellung für Filmvertrieb und Filmvorführung inne. Eine ihrer ersten Aufgaben war es, die zum größten Teil zerstörten Kinos wieder aufzubauen und instandzusetzen, um die deutsche und polnische Bevölkerung überhaupt mit Filmen versorgen zu können. Während zunächst die Kinos für Polen und Deutsche zugänglich waren, wurden nach und nach immer mehr Kinos "nur für Deutsche" eröffnet. Für polnische Juden war jeglicher Kinobesuch verboten.

Schließlich begannen die Verantwortlichen dieser Monopolfirma 565) auch die polnischen Produktionsstätten auszunutzen: Nach der Beschlagnahme aller Anlagen, Geräte und Einrichtungsgegenstände 566) und nach dem Wiederaufbau verschiedener technischer Betriebe vor allem in Warschau 567) versah Winkler von Berlin aus die polnischen Kopieranstalten mit Aufträgen, und zwar in erster Linie mit Synchronisationsarbeiten, um die deutschen Betriebe zu entlasten und die inzwischen ebenfalls besetzten russischen Gebiete mit Filmen zu versorgen. In den Kopierwerken wurden deshalb polnische und ukrainische Kopien, teils synchronisiert, teils untertitelt, hergestellt und außerdem Schmalfilmkopien für die Reichsfirmen verfertigt. Von der Möglichkeit, die Warschauer Aufnahmeateliers für die Reichsproduktion zu nutzen, machte die Film- und Propagandamittel-Vertriebs GmbH nur wenig Gebrauch, wie Winkler immer wieder bedauerte. 568) Nur für wenige Wochenschau-Aufnahmen und propagandistische Kurzfilme fanden die Atelier-Einrichtungen sich in Betrieb. Zur Bewirtschaftung der Kinos, Atelieranlagen und Kopierwerke nutzten die Nationalsozialisten die polnischen Arbeitskräfte aus, auf die sie — wenigstens bis zum "siegreichen" Kriegsende — nicht verzichten wollten. An verantwortlichen Positionen standen natürlich Deutsche oder "Volksdeutsche".

Trotz aller Widerstandsaktionen der polnischen Bevölkerung 569) stiegen die Einnahmen aus dem Kino-, Atelier- und Kopiergeschäft und damit auch die an die deutsche Filmwirtschaft abzuführenden Lizenzen ständig. Insbesondere die Gelder aus der Filmauswertung im Generalgouvernement bedeuteten einen nicht zu unterschätzenden Ersatz für den wachsenden Ausfall bei den zerstörten Kinos im "Altreich". Von 1939 bis 1944 wurden 147 deutsche, 109 polnisch-untertitelte deutsche und 33 alte polnische Spielfilme im Generalgouvernement vor jährlich 20 Millionen Besuchern gezeigt. 570)

Natürlich stand das Programm für die polnischen Filmbesucher in direktem Zusammenhang mit dem breit angelegten Propagandaterror Goebbels' und der gesamten nazistischen Führungsclique, der die Ausrottung der polnischen Intelligenz und die Zersetzung des Widerstandsgeistes zum erklärten Ziel hatte. 571) Den Polen war jede publizistische und künstlerische öffentliche Tätigkeit verboten 572) — wobei die Beschlagnahmeaktionen ihnen die notwendigen Produktionsmittel bereits genommen hatten. Bei den zur Vorführung gelangten und von der Propagandaabteilung der Generalgouvernements-Regierung für die polnische Bevölkerung freigegebenen Spielfilmen handelte es sich hauptsächlich um direkte antipolnische Tendenzfilme oder um "schlechte Komödien" und "schauerliche Melodramen" (Ziolkowski). Daneben dienten Wochenschauen und propagandistische Kurzfilme den aktuell-agitatorischen Zielen der Nazis: Die Wirklichkeit wurde verfälscht, indem die Filme der Bevölkerung ein "normales Leben" im Generalgouvernement vorspiegelten.

Die wirtschaftliche Ausbeutung, die Herabsetzung des geistigen Niveaus der polnischen Bevölkerung und die Liquidation der führenden intellektuellen Gesellschaftsschicht sollten die planmäßige Ausrottung des ganzen polnischen Volkes vorbereiten: "Die deutschen Vernichtungsmaßnahmen — genau durchdacht und präzise vorausgeplant — umfaßten alle Bereiche des polnischen Kultur- und Gesellschaftslebens: Wissenschaft, Unterrichtswesen aller Stufen, religiöse Tätigkeit, Literatur, Presse, Musik, Theater, Bildende Künste, Bau- und Kunstdenkmäler, museale Sammlungen, Architektur, Film und Sport. Diese Bereiche wurden entweder vollkommen aus dem Leben des Volkes verbannt oder auch auf äußerst primitive Formen reduziert. Diese Maßnahmen waren in den seltensten Fällen durch strategische Notwendigkeiten oder Repressalien verursacht — grundsätzlich handelte es sich immer um planmäßige Ausrottung des polnischen Volkes." 573)

Auch aus dem Überfall auf die Sowjetunion verstand es schließlich die Filmindustrie Nutzen zu ziehen. Unmittelbar nach dem Zusammenbruch des sowjetischen Filmsystems sahen sich die politisch und wirtschaftlich Verantwortlichen des deutschen Films veranlaßt, für diese besetzten Ostgebiete eine neue Organisation zu schaffen, und zwar in Form einer speziell gebildeten Körperschaft, die als alleinige Treuhänderin für das Reich handeln sollte. Diese Planung entsprach einem allgemeinen Göring-Erlaß vom 27.7.1941, der solche Regelungen für die Gesamtwirtschaft vorsah. 574)

Zunächst versuchten Rosenberg und sein Reichsministerium für die besetzten Ostgebiete, die künftige Filmpropaganda und Filmbewirtschaftung in den eroberten Gebieten an sich zu reißen, um den in den einzelnen Republiken der UdSSR zentral ausgebauten und zentral verwalteten Propagandaapparat für die ideologischen Ziele des Nationalsozialismus nutzbar zu machen. Gleichzeitig begann Winkler jedoch mit intensiven Vorbereitungen: Bereits Mitte September 1941, noch keine drei Monate nach dem Einmarsch in Rußland, legte er den Entwurf eines Gesellschaftsvertrages vor. Für die Erfassung des Filmwirtschaftszweiges plante er — entsprechend den allgemeinen Regelungen in der Wirtschaft — die Gründung einer Monopolgesellschaft, deren Aufgabe es sein sollte, den ehemals russischen Produktions- und Vorführungssektor im Interesse der deutschen Filmwirtschaft zu kontrollieren und zu steuern. Dank seiner Erfahrung auf dem Gebiet der Verwaltung von eroberten Vermögen und dank der Unterstützung Goebbels' ging der Reichsbeauftragte schließlich als Sieger aus dem Interessen- und Zuständigkeitskampf bei der Planung einer solchen Treuhandgesellschaft hervor. Das Ostministerium, das die Cautio und Winkler zunächst völlig hatte ausschalten wollen, erklärte sich nach langen Verhandlungen mit Winkler, Ott und Taubert 575) endlich bereit, dem Reichsbeauftragten die Gesamtführung zu überlassen. Pfennig reiste daraufhin im Oktober 1941 in die Reichskommissariate Ostland und

Ukraine, um an Ort und Stelle festzustellen, was der Vernichtungskrieg dort an filmwirtschaftlichen Betrieben übriggelassen hatte. In pessimistischer Sicht meinte er, daß während des Krieges eine ansprechende Verwertung von Vermögensobjekten kaum stattfinden könnte bzw. nicht bevor der dortige Wirtschaftszustand wieder in "geordnete privatwirtschaftliche Verhältnisse" überführt würde. Vor allem machte er in seinem Bericht den Vorschlag, zur Steuerung des Filmeinsatzes die "Schlüsseltheater" in Reichsbesitz zu bringen. 576)

Inzwischen waren die russischen Kinos, Atelieranlagen und Kopierwerke — es handelte sich um Staatsbetriebe — beschlagnahme und den betreffenden Reichskommissariaten in den einzelnen Bezirken zur kommissarischen Verwaltung übertragen worden. 577)

Am 10. November 1941 erfolgte schließlich in Berlin die Gründung der "Z e n - t r a l f i l m - G e s e l l s c h a f t   O s t   mbH". Gegenstand des Unternehmens, dessen Kapital bei der Cautio lag, 578) war neben dem Vertrieb deutscher Filme in den Ostgebieten auch der Erwerb bzw. die Verwaltung des beschlagnahmten sowjetischen Staatsvermögens (Kinos, Produktionsstätten, Kopieranstalten, Ateliers, Apparateindustrie usw.).

Die Geschäfte der Zentralfilm-Gesellschaft Ost wurden in den Reichskommissariaten von zwei Tochtergesellschaften geführt. Bereits am 28. November 1941 kam es in Riga zur Errichtung der "O s t l a n d   Filmgesellschaft mbH": Sie verwaltete die beschlagnahmten filmischen Einrichtungs- und Vermögenswerte aus dem ehemals sowjetischen Staatsbesitz im Reichskommissariat Ostland. Für die besetzte Ukraine wurde am 10. Dezember des gleichen Jahres die "U k r a i n e - Filmgesellschaft mbH" in Kiew ins Leben gerufen, die dort als Treuhänderin auftrat. 579) Beide Tochtergesellschaften beschränkten sich auf die treuhänderische Verwaltung der Kinos und Produktionsstätten im Auftrag der Reichskommissare und im Namen der Berliner Zentralgesellschaft, und sie standen dieser Treuhandgesellschaft für Verleihaufgaben zur Verfügung.

Die Reichskommissariate, die die Einrichtungen und Vermögenswerte beschlagnahmt und in kommissarische Verwaltung genommen hatten, übertrugen die treuhänderische Verwaltung der Anlagen der ZFO, die wiederum ihre Tochtergesellschaften mit der direkten Verwaltung beauftragte. Einem Bestreben der Reichskommissare, die Filmvermögen einem allgemeinen Wirtschaftstreuhänder zu übergeben, widersetzte sich Winkler erfolgreich. Ebenso wehrte er alle Versuche ab, in Pachtverträge einzutreten, die die Filmwirtschaft unnötig belastet hätten. Doch auch sein eigenes Bemühen, die Anlagen und Werte in den Besitz der Cautio zu bekommen, scheiterte. Es gelang ihm lediglich, das Recht für einen späteren Erwerb sich zu sichern. Eine Betätigung auf dem Gebiet des Films außerhalb dieser beiden Gesellschaften war in den Reichskommissariaten nicht mehr möglich: Die Zentralfilm-Gesellschaft Ost besaß demnach eine Monopolstellung für die besetzten russischen Gebiete.

Die Tochtergesellschaften führten dabei keine eigenen Geschäfte; vielmehr unterstützten sie die Zentralfilm bei deren Hauptaufgabe, dem Verleih und Vertrieb deutscher Filme außerhalb der erweiterten Reichsgrenzen. Zunächst fiel ihnen hierbei der Auftrag zu, die in den eroberten Ostgebieten zerstörten Filmtheater und technischen Einrichtungen wieder instandzusetzen und anschließend in Betrieb zu nehmen. Die kleineren Filmtheater sollten später, d.h. nach "erfolgreichem" Kriegsende und nach der endgültigen Einverleibung der Ostgebiete, reprivatisiert werden: Sie könnten nur ertragreich bewirtschaftet werden — hieß es in einem Protokoll der AR-Sitzung der Ostland-Film vom 24.4.1942 —, 580) wenn sie von der "privaten Initiative" geleitet würden. Gegen "merkantile" Gesichtspunkte, die bei der ZFO und ihren Tochtergesellschaften in Riga und Kiew dominierten, wandten sich das Ostministerium und Taubert aus dem Promi. Taubert wies ausdrücklich auf die Benachteiligung der politischen Seite hin und sprach von dem notwendigen "Primat der politischen Aufgabe". 581)

Vorgeführt wurden in den Kinos deutsche und (soweit sie im Reich zugelassen waren) ausländische Filme, die in russischen oder polnischen Kopieranstalten untertitelt worden waren. Die Zentralfilm-Gesellschaft Ost übernahm diese "kriegswichtigen anti-sowjetischen Spiel-Propaganda-Filme" in einem Lizenzverhältnis von der Ufa AG, deren Auslandsabteilung für den Export allein zuständig war. 582)

Die durch den Vertrieb erwirtschafteten Gewinne wurden zwischen den Reichskommissariaten und der Zentralfilm-Gesellschaft Ost aufgeteilt. Immerhin erzielte die Winklersche Firma im Geschäftsjahr 1942/43 allein fast 6,5 Millionen RM: Die Verleiheinnahmen für über 600 Filme betrugen bei einem Verleihsatz von 35% bei der Ostland-Film ca. 3,3 Mio. RM, bei der Ukraine-Film ca. 2,7 Mio. RM; die Wochenschauerträge beliefen sich bei beiden Firmen zusammen (Verleihsatz 3%) auf ca. 500.000 RM. 583) Die jährlich eingebrachten Devisen aus den Ostgebieten waren gleich hoch den Einnahmen der Continental-Films in Paris, die selbst mehr als 10 Spielfilme pro Jahr produzierte. Obwohl die Arbeit der Zentralfilm von Anfang an unter Personalmangel und anderen kriegsbedingten Schwierigkeiten litt, spielten die von Winkler beherrschten Ostgebiete erhebliche Gelder ein. Außerdem waren mit den beschlagnahmten Anlagen und Apparaturen beträchtliche Werte in den mittelbaren Besitz des Reiches gelangt. Nach der privaten Schätzung eines Wirtschaftsprüfers der Cautio handelte es sich allein im Ostland um Werte von ca. 7 Mio. RM. 584)

Die Gewinne aus dem Verleihgeschäft schienen der Geschäftsführung der Zentralfilm jedoch allein nicht ausreichend: 1943 begann sie selbst in verstärktem Maße antibolschewistische Propagandafilme zu produzieren, die sie im gesamten europäischen Raum vorzuführen beabsichtigte. Hauptsächlicher Initiator war das Ostministerium und dessen Vertreter Zimmermann. Beim Anlaufen der Produktion stieß die Zentralfilm aber auf ziemliche Schwierigkeiten: Die ausgesprochen antikommunistischen Filme wurden von der russischen Bevölkerung abgelehnt. Damit war die eigene Filmherstellung ein reines Verlustgeschäft, und Winkler versuchte mit allen Mitteln, die weitere Produktion zu verhindern. 585) Er erreichte es schließlich, die Produktionsvorhaben der Zentralfilm auf die neu gegründete Ufa-Sonderproduktion zu übertragen, der sämtliche politisch-propagandistischen Filmprojekte zuzuleiten waren. Die Produktionsabteilung der Zentralfilm wurde der Ufa-Sonderproduktion als selbständige Abteilung angegliedert. 586) Nachdem der selbständige Produktionsapparat der Zentralfilm aufgelöst worden war, weil er mit allen Verwaltungsstellen zu aufwendig und unwirtschaftlich war, hatte

Winkler es zunächst offengelassen, ob zu einem späteren Zeitpunkt die ZFO wieder eine eigenständige Produktion aufnehmen würde — das bezog sich natürlich auf die Zeit nach dem "Endsieg". Der Filmvertrieb wurde noch solange aufrechterhalten, wie es ein russisches Kino in deutscher Hand gab.

Doch nur noch eine kurze Zeit lang konnte die Zentralfilm überhaupt Einfluß auf die Herstellung politischer Kampffilme der Ufa-Sonderproduktion nehmen. Im Sommer 1944 wurde die Stillegung der Gesellschaft im Rahmen der von Goebbels eingeleiteten Maßnahmen des totalen Kriegseinsatzes verfügt. Das Vorrücken der Roten Armee erübrigte auch zweifellos eine weitere Tätigkeit in den Ostgebieten. Die Tochtergesellschaften in Riga und Kiew waren bereits einige Zeit vorher stillgelegt worden. Polen und die besetzten Gebiete der UdSSR waren somit Gegenstand direkter wirtschaftlicher Ausbeutung und politisch-ideologischer Propagandaaktionen. Der vor allem von Winkler und seinen Mitarbeitern angestrebte systematische Wiederaufbau einer unter deutscher Kontrolle stehenden Filmwirtschaft scheiterte in erster Linie an der sich allmählich abzeichnenden Niederlage des deutschen Imperialismus; aber auch am Widerstand der Ideologen des Regimes — vor allem der Vertreter des Ostministeriums von Rosenberg —, denen es allein um die physische und geistige Ausrottung der dortigen Bevölkerung von "Untermenschen" ging.

Winkler — der im übrigen auch die Ostgebiete wirtschaftlich dem Gesamtkonzern des Films eingliedern wollte — ging es keineswegs um kriegsbedingte Übergangslösungen, sondern er war bestrebt, die Filmwirtschaftssysteme in den besetzten Ländern darauf einzurichten, daß diese Gebiete für immer innerhalb der Reichshoheit verblieben.

17.2 Zur Filmpolitik und Filmwirtschaft in den eroberten Westgebieten

Die Besatzungspraxis in Westeuropa 587) entsprach mehr herkömmlichen Kriegs- und Besatzungsrechten, wie sie auch im Interesse Winklers lag: In Frankreich, Belgien und den Niederlanden war die Filmwirtschaftsführung stärker auf Restaurierung der wirtschaftlichen Kapazitäten, d.h. auf eine "Normalisierung" der Filmwirtschaft — natürlich unter Berücksichtigung der spezifisch deutschen Interessen — gerichtet. So konnte Winkler in den besetzten Gebieten eine groß angelegte Filmindustrie mit eigenen Produktionsstätten, eigenem Vertriebssystem und eigenem Kinopark aufziehen, die zudem ihre selbst produzierten Spielfilme in ganz Europa vertrieb. Im Zentrum dieser filmwirtschaftlichen und filmpolitischen Aktivität standen Alfred Greven und seine "C o n t i n e n t a l - F i l m s , S.A.R.L." in Paris.

Greven, seit 1920 in der Filmindustrie tätig, war zunächst Produktionschef der Ufa AG (als Nachfolger Ernst Hugo Corrells) und der Terra-Filmkunst, bevor ihn Winkler im Oktober 1940 nach dem Frankreich-Feldzug zum Direktor der neu gegründeten Produktionsfirma machte und ihm den Auftrag erteilte: 588)
" die gesamten Filminteressen des Reiches in den Niederlanden, Belgien und Frankreich wahrzunehmen, den Einsatz der von (Winkler) betreuten Firmen auf dem Gebiet des Filmvertriebs nach einheitlichen Gesichtspunkten auszurichten, und die Grundsätze der Geschäftspolitik zu bestimmen, sowie die Produktions- und Filmvorführungs-Interessen in besonderen Gesellschaften unter seiner Leitung

durchzuführen." Die Continental hatte somit den direkten Auftrag, den deutschen Einfluß im französischen Filmwesen und in den übrigen Westgebieten zu verankern und damit die Möglichkeit zur propagandistischen und kulturellen Lenkung und zur Abwehr propagandistischer Einflüsse in diesen Gebieten zu schaffen: Aufgabe Grevens war die Herstellung "französischer" Filme sowie der Erwerb und Betrieb von Theatern als Voraussetzung für einen gesicherten Absatz der deutschen Filme in Frankreich, Belgien und den Niederlanden.

Die Geschäftsanteile der Continental-Films — am 1. Oktober 1940 in Paris gegründet — wurden von Greven gehalten, so daß die Beteiligung des Reiches nach außen hin nicht erkennbar war. Die Abhängigkeit Grevens, der das Stammkapital von der Cautio aus Mitteln der Ufa AG und der Tobis-Filmkunst zur Verfügung gestellt bekommen hatte, war jedoch in dessen Vertrag eindeutig fixiert: 589) "Sie haben den Auftrag, die filmwirtschaftlichen, von unserem Geschäftsführer Dr. h.c. Max Winkler zu betreuenden Interessen des Reiches in den Niederlanden, Belgien und Frankreich zu vertreten. Ihre Tätigkeit regelt sich im einzelnen nach unseren Weisungen." Die Continental-Films produzierte bis zur Räumung und Befreiung von Paris insgesamt 30 Spielfilme, vornehmlich Komödien und Polizeidramen. Die größten französischen Produzenten, Pathé und Gaumont, stellten in dieser Zeit nur 14 bzw. 10 Filme her. 590) Die Finanzierung der Produktion erfolgte hierbei mittelbar über die Cautio: Produktionskredite stellten die Ufa AG und die Tobis-Filmkunst zur Verfügung, über deren Vertriebsgesellschaften auch die Filme in die französischen Kinos gelangten. Doch auch dieses System war nach außen hin getarnt: Bei den Verleihfirmen handelte es sich um Tochtergesellschaften der Continental-Films, die somit als Treuhänderin der Reichsfirmen auftrat. Greven saß selbst im Aufsichtsrat oder Verwaltungsrat aller Tochtergesellschaften der Continental-Films. Die eingespielten Einnahmen wanderten demzufolge von der jeweiligen Vertriebsfirma (mit französischem Namen und französischem Personal) zur Muttergesellschaft in Paris und von dort über die Cautio zur Ufa AG und Tobis-Filmkunst bzw. seit 1942 allein zur Ufa AG, bei der der gesamte Auslandsvertrieb konzentriert worden war. Letztlich verblieben die Einspielerlöse der "französischen" Produktionen in Deutschland bei der Ufa-Film. Der Einnahmenweg der "französischen" Filme in Deutschland selbst verlief wesentlich unkomplizierter: Die Gelder gingen direkt zur Deutschen Filmvertriebs GmbH bzw. von dort zur Ufa-Film. Aber auch die Einnahmen aus den in Frankreich, Belgien und den Niederlanden vorgeführten Reichsproduktionen landeten schließlich bei der Ufa-Film in Berlin: Denn die Filme wurden über das gleiche Vertriebsnetz in den besetzten Westgebieten zur Vorführung gebracht und ihre Einspielergebnisse kamen auf dem gleichen Weg zurück wie die Gelder aus der "französischen" Produktion. Zum "verstärkten, verbesserten und auch für die Zukunft gesicherten Absatz der deutschen Filme" 591) stand der Continental ein großer Theaterpark zur Verfügung. Sie fungierte hierbei als Holding-Gesellschaft einer Reihe von Theaterfirmen, die insgesamt ungefähr 60 Kinos in Besitz hatten und über die Programmierung weiterer Kinos bestimmten. 592)

Der Kinoerwerb wurde zunächst von französischen Vertrauensmännern — meist Rechtsanwälten — vorgenommen, da es nach der Weisung Winklers "mit Rücksicht auf die französische Gesetzgebung und Mentalität" sich als notwendig erwies, als Gesellschafter in den Theaterunternehmungen überhaupt keine deutschen Personen auftreten zu lassen. 593) Erst nach und nach wurde diese Tarnung aufgegeben.

Auch die Filmtheater in Holland, die sich zum größten Teil in Händen der deutschen Besatzung befanden, waren nach außen nicht als solche erkennbar. Zur Betriebsgesellschaft für die dort erworbenen (teils durch Aufkauf, teils durch Beschlagnahme jüdischen Vermögens) 594) Kinos bestimmte Winkler die Internationale Tobis-Cinema N.V. in Amsterdam, die als Tochtergesellschaft der holländischen Intertobis für den gesamten Auslandsvertrieb in Holland zuständig gewesen war. Gerade die Tobis-Marke verschleierte die wirklichen Besitzverhältnisse, weil die "Tobis" der Bevölkerung immer noch als ein holländisches Unternehmen galt. Deshalb versuchte Winkler, diesen Traditionsbegriff in den Niederlanden so lange wie möglich zu bewahren — vor allem nachdem die Tobis-Filmkunst sich aus dem Verleihgeschäft zurückzog und die Ufa AG den Vertrieb im Ausland übernahm. 595) Mit diesem wirtschaftlichen System, das seine konzernähnliche Spitze in der Continental-Films besaß, hatte das Propagandaministerium die Möglichkeit zur politisch-ideologischen Überwachung und Steuerung der Produktionen und zur Programmierung einer großen Kinokette in den besetzten Gebieten Westeuropas.

Der Einfluß des Propagandaministeriums und die Verankerung der Filmbetriebe in den besetzten Gebieten mit der Filmwirtschaft des Reiches wurde noch verstärkt durch den Aufkauf von Atelieranlagen in Amsterdam und Den Haag. Diese Atelieranlagen wurden von der Berlin-Film in Anspruch genommen, im Gegensatz zu den Pariser Ateliers, in denen die Continental-Films selbst produzierte. Außerdem hatten Greven und seine Continental-Films die Verwaltung der ehemals jüdischen Wochenschau-Theater in Frankreich und Belgien, den sogenannten "Cinéac-Konzern" in die Verwaltung übernommen. Und schließlich stieg Greven auch ins Schmalfilm-Geschäft ein: Ungefähr 60 Schmalfilmtheater, besonders in den ländlichen Gegenden Frankreichs, wurden zur Verbreitung der deutschen Wochenschauen genutzt, und die dortige Schmalfilmapparate-Industrie arbeitete für deutsche Interessenten.

Trotz des Besucherrückganges in jenen Ländern, trotz des Wegfalls amerikanischer und ausländischer Filme und trotz der Produktionsstagnation der besetzten Länder selbst flossen auch aus Westeuropa erhebliche Summen ins Reich. Die Stillegung der Greven-Betriebe nach der Räumung Frankreichs, Belgiens und der Niederlande bedeutete deshalb eine Minderung bei den Gesamteinkünften der reichsmittelbaren Filmwirtschaft. In einem Bericht von Dahlgrün vom Januar 1945 wird der Verlust an Einspielergebnissen für 1944/45 durch die verlorenen Gebiete allein auf ca. 30 Mio. RM geschätzt. 596)

Mit dem Rückzug aus den besetzten Gebieten im Herbst 1944 wurde auch der Auftrag Grevens gegenstandslos. Sein Vertrag mit der Cautio wurde zum 31.3.1945 von Winkler gekündigt; Greven kommentierte damals: "Ihrer Begründung und Auffassung vermag ich nicht zu folgen". 597)

Das gesamte westliche Besatzungsgebiet hatte eine Erweiterung der Produktionskapazität und neue Absatzmärkte für die deutschen Spielfilmproduktionen bedeutet. Aus politisch-propagandistischen, hauptsächlich aber auch ökonomischen

Erwägungen, versuchten Winkler und sein Beauftragter Alfred Greven, die Kinos unter Kontrolle zu bringen: Die Abspielbasis war gesichert, und die Einnahmen stiegen erheblich. Hinzukamen die neue Produktionsfirma und deren großes Vertriebsnetz.

Die militärischen Erfolge des NS-Regimes hatten demnach bei der Befriedigung der wirtschaftlichen Bedürfnisse der deutschen Filmindustrie nicht unwesentlich mitgewirkt. Schwerpunkte waren hierbei die Enteignung der eroberten Produktionsmittel und Vorführstätten im Osten und der ungehinderte Aufbau einer eng an das Reich angeschlossenen Filmindustrie in den besetzten westlichen Gebieten.

Profitstreben der Wirtschaft (neue Märkte) und die Expansionspolitik der politischen Führung (Eroberung neuer Gebiete) ergänzten sich — auch auf dem schmalen Gebiet des Films. Die Plünderungs- und Eroberungspolitik des Regimes hatte damit auch das Gesicht der deutschen Filmwirtschaft in nicht zu unterschätzendem Maße mitbestimmt. Die NS-Filmwirtschaft lieferte — wenn auch nur am Rande — ein Beispiel für den funktionalen Zusammenhang von Politik und Wirtschaft, von Faschismus und Kapitalismus. Sie wurde — wenn vielleicht auch gegen ihren Willen — objektiv zum ideologischen Helfer des Nationalsozialismus.

18. Der NS-Film im "Totalen Kriegseinsatz" und der Zusammenbruch des Monopolkonzerns

Am 14. Januar 1944 verkündete Max Winkler auf einer Sitzung aller Firmen- und Produktionschefs in Berlin, welche Konsequenzen die deutsche Filmwirtschaft aus dem Kriegszustand zu ziehen hätte: 598) "Durch den totalen Krieg ergibt sich immer eindringlicher die Notwendigkeit zur äußersten Einsparung von Arbeitskraft und Material. Es handelt sich nicht so sehr um eine Geldfrage, als um die Gegenwerte: Menschen und Material, deren Einsatz von höchstem Verantwortungsbewußtsein bestimmt werden muß."

Sein Appell an die führenden Vertreter der Branche endete mit der Aufforderung: "Bedenken Sie immer, daß für Sie alle die Pflicht gegenüber unserem ganzen Volk besteht, Menschenkraft und Material zu sparen und freizumachen, für das eine große Ziel: den Sieg!"

In der Tat gefährdete der Krieg die Filmproduktion von Tag zu Tag mehr: In Prag und Wien, zum Teil auch bereits in Berlin, waren die Produktionsstätten durch Bombenangriffe weitgehend stillgelegt; wirtschaftliche Fachkräfte und erfahrene Filmkünstler konnten nur noch selten vom Kriegseinsatz oder vom Volkssturm befreit werden — obwohl Goebbels die Filmindustrie zum wehrwichtigen Betrieb und den Film zum kriegsentscheidenden Propagandamittel erklärt hatte; Rohmaterialien und technische Apparaturen wurden immer knapper. Die Schäden an den Betriebsstätten und am Kinobesitz des Konzerns beliefen sich bereits im März 1944 auf ca. 50 Mio. RM. 599)

Goebbels wollte aber trotz aller materiellen Schwierigkeiten die Produktion von Spielfilmen aufrechterhalten, um die Bevölkerung politisch-ideologisch durch Erbauungs- und Entspannungsware zu stärken und damit von der realen Misere abzulenken. Diese ideologischen Absichten und die allgemeinen Produktionsschwierigkeiten nahm die Filmabteilung des Ministeriums zum Anlaß, die gesamte Führung und Überwachung des NS-Films an sich zu ziehen. Verärgert beklagte sich hierüber im März 1944 die Deutsche Filmvertriebsgesellschaft bei Winkler: "In letzter Zeit entfaltet die Abteilung Film des Reichsministeriums für Volksaufklärung und Propaganda eine Rührigkeit in Fragen untergeordneter oder rein wirtschaftlicher Natur, die bei dem bekannten Mangel an Arbeitskräften stark belastend ist.... Es wäre zu begrüßen, wenn Sie... bei passender Gelegenheit die Herren Referenten der Abteilung Film darauf hinweisen lassen, daß eine Beschränkung auf Fragen filmpropagandistischer Führung im Interesse der Sache liegt, daß die Klärung wichtiger filmwirtschaftlicher Probleme Ihnen respective der Ufi vorbehalten ist...". 600)

Vor allem SS-Gruppenführer Hans H i n k e l, den Goebbels im März 1944 zum Reichsfilmintendanten und Filmabteilungsleiter machte, verstärkte ständig diese Bestrebungen. Der Altaktivist Hinkel 601) hatte sich nach 1933 mit größtem Eifer der "Entjudung" des deutschen Kulturlebens gewidmet und insbesondere die Entfernung aller jüdischen Professoren aus den Universitäten betrieben. Seit 1935 war der berufene nationalsozialistische "Kulturwächter" Sonderbeauftragter Goebbels': Die unter seiner Leitung stehende Abteilung "Kulturpersonalien" des Propagandaministeriums — 1939 umbenannt in Abteilung "Besondere Kulturaufgaben" — erfaßte alle Kulturschaffenden und unterzog sie wie ihre Betätigungen einer laufenden politischen Beurteilung. Im Mai 1936 berief ihn Goebbels außerdem zum Geschäftsführer der Reichskulturkammer. Durch diese Personalunion zwischen beiden Ämtern, deren Aufgabenkreise sich weitgehend deckten, war die Reichskulturkammer faktisch zu einer Abteilung des Ministeriums unter der Leitung Hinkels geworden. Seine Ämterhäufung und langjährige enge Zusammenarbeit mit Goebbels machten Hinkel für den Propagandaminister immer unentbehrlicher.

Über kurz oder lang mußte es zwangsläufig zwischen dem einflußreichen und ehrgeizigen Ideologen Hinkel und dem Ökonomen Winkler zu Auseinandersetzungen und Kompetenzquerelen kommen. Zunächst häuften sich kleinere Reibereien, bis sich Mitte des Jahres im Zusammenhang mit dem Führer-Erlaß vom 25. Juli 1944, der Goebbels zum "Reichsbevollmächtigten für den totalen Kriegseinsatz" bestimmte, der Höhepunkt des Konfliktes anbahnte. Goebbels beauftragte damals den SS-Gruppenführer, "den Gesamtbereich des Films (Goebbels') Entscheidungen gemäß der totaleren Kriegsauffassung raschestens anzupassen", und versah ihn mit allen Vollmachten, um diesen Auftrag durchzuführen. 602) Hinkel legte diese Entscheidung — nicht ohne Genugtuung — als totale Machtbefugnis über alle Gesellschaften und Sparten des gesamten Filmbereichs aus. Er wollte in Zukunft "aus eigenem Ermessen in jeder Beziehung" bestimmen, "weil... ihm hierdurch... die Gesamtverantwortung für die neue Ausrichtung des Filmschaffens" übertragen worden sei. 603)

Bereits einen Tag nach dem Erlaß, am 26. Juli, konnte Hinkel dem Staatssekretär Naumann ein detailliertes Programm vorlegen, das vor allem wirtschaftliche Maßnahmen in die Wege leiten sollte: 604)

— Herabsetzung der Höchstgrenze der Herstellungskosten auf 600.000 RM;

- Beschränkung der Farbfilmproduktionen;
- engste Zusammenarbeit der Berliner Filmfirmen;
- personelle Beschränkung der Filmverwaltungen;
- Auflösung der Nachwuchsbüros bei den einzelnen Gesellschaften;
- Stillegung der Zeichenfilmproduktion;
- Beschränkung der Kultur- und Kurzfilmproduktion auf die propagandistisch und politisch notwendigen Filme;
- Herabsetzung des Produktionssolls für das Produktionsjahr 1944/45;
- Verbot von Kostüm- und größeren Ausstattungsfilmen;
- sowie eine weitere Reihe von Verboten und Beschränkungen für die Komparserie, Fachpresse, Ateliers usw.

Goebbels stimmte diesem Katalog von wirtschaftlichen und technischen Rationalisierungsmaßnahmen schon zwei Tage später, am 28. Juli 1944, zu. 605)

Diese Entscheidungen waren ohne Hinzuziehung des Reichsbeauftragten gefallen; Hinkel hatte Winkler übergangen und ohne dessen Wissen und Anhören und ohne Kenntnis des Aufsichtsratsvorsitzenden der Ufa-Film, Gutterer, gehandelt. Doch auch Max Winkler war nach dem Führer-Erlaß und der Ernennung Goebbels' zum "Reichsbevollmächtigten für den totalen Kriegseinsatz" nicht untätig geblieben. Auf einer eigens einberufenen Firmenchef-Sitzung am 27. Juli 1944 sprach er von "Einschränkungen radikalster Art", vom "Gebot der Stunde" und der Erwartung Goebbels', "daß der ihm bisher unmittelbar unterstellte Sektor sich dabei beispielhaft" verhielte. 606) Er schlug die Herabsetzung des Produktionssolls auf ca. 50 Spielfilme, Personalverringerungen, Verwaltungsvereinfachungen und die Zusammenlegung bzw. Stillegung einzelner Herstellungsfirmen wie der Berlin-Film oder der ebenfalls nicht mehr produzierenden Prag-Film vor. Außerdem dachte er an die sofortige Schließung aller Zweitbüros, der Nachwuchsabteilungen, Besetzungsbüros und Presseabteilungen der Filmfirmen.

Mit diesen Vorschlägen, die Winkler den Firmenchefs unterbreitete, befand er sich auf demselben Weg wie Hinkel; der Konflikt war ein Kompetenzstreit und weniger ein Streit um Notwendigkeit und Möglichkeit, die Produktion von Spielfilmen unter den extremen Bedingungen des Krieges aufrechtzuerhalten. Von den Anweisungen Hinkels, die mittlerweile an die einzelnen Firmen weitergeleitet worden waren, 607) erfuhr Winkler erst, als er selbst eine Ministervorlage mit Rationalisierungsvorschlägen Goebbels zuleiten ließ. 608) Über die Einmischung des Reichsfilmintendanten in seine Zuständigkeiten zeigte er sich verärgert; eine Einladung Hinkels in das Ministerium zur Beilegung der Unstimmigkeiten lehnte er brüsk ab. Vielmehr spitzte sich der Streit um die Gesamtführung des deutschen Films in den folgenden Wochen weiter zu.

Durch einen Erlaß vom 9. August 1944 übertrug Hinkel die alleinige Verantwortung für die Filmproduktion den einzelnen Produktionschefs, die selbst wiederum ihre Weisungen ausschließlich von der Reichsfilmintendanz empfingen. 609) Nach dem Leistungssteigerungserlaß vom 28.2.1942 entschieden die Produktionschefs "über rein künstlerische Fragen". Ihre Aufgabe war es, "den künstlerischen Stand, den der deutsche Film unter ihrer führenden Mitarbeit erreicht hat, zu erhalten und einer weiteren künstlerischen Aufwärtsentwicklung entgegenzuführen". Demgegenüber hatte der sog. "Firmenchef" alle "organisatorischen und wirtschaftlichen Belange" zu vertreten und war direkt der Ufa-Film und Winkler unterstellt. 610) Aufgrund der veränderten Zuständigkeiten durch die Hinkel-Anordnung konnten sich die Produktionschefs auch Entscheidungsbefugnisse in wirtschaftlichen Fragen zulegen, die sie wahrscheinlich aufgrund ihrer bisherigen Kenntnisse und Erfahrungen kaum zu lösen vermochten. Winkler sah darin — nicht zu Unrecht wahrscheinlich — eine Gefahr für die weiteren privatwirtschaftlichen Grundlagen bei der Arbeit der Firmen. Er, Winkler selbst, wollte im Gegensatz zu Hinkel als "Einzelpersönlichkeit" für jedes Unternehmen den Firmenchef herausstellen und allein für die Programmerfüllung verantwortlich machen.

Auch mit einer anderen Entscheidung drängte sich Hinkel in den Kompetenzbereich des Reichsbeauftragten: Er bestellte Anfang September — wiederum ohne Winkler oder die Ufa-Film davon in Kenntnis zu setzen — den linientreuen Parteimann Heinz Tackmann zum Firmenchef der Ufa-Filmkunst. 611) Für Hinkel war Tackmann die "hervorragendste Ergänzung von Liebeneiner und der erste nationalsozialistische Firmenchef im gesamten Filmbereich". Und schließlich setzte der Reichsfilmintendant noch "zur Durchführung der schärfsten Maßnahmen im Sinne einer totaleren Kriegsauffassung" sogenannte "Exekutivstäbe" für die Bereiche Wirtschaft, Verwaltung und Produktion ein. Verantwortlicher Leiter des "Exekutivstabes Organisation" war der Stellvertreter Hinkels, Kurt Parbel. Seine vornehmliche Aufgabe sollte die Einsparung von mindestens 50% aller Arbeitskräfte in der Filmwirtschaft und -verwaltung sein. Dem Exekutivstab "Produktion" unter dem Reichsfilmdramaturgen Kurt Frowein hatte Hinkel die Überwachung und Steuerung der Produktionsvorhaben im Hinblick auf radikale Einsparungen "von lebendem oder totem Material" übertragen.

Winkler sah sich durch diese Initiativen in seinem Zuständigkeitsbereich als Reichsbeauftragter für die deutsche Filmwirtschaft weiter eingeengt. In seiner Entrüstung und Verbitterung wandte sich Winkler an Goebbels und erbat eine Entscheidung in der grundsätzlichen Führungsfrage. Er hob immer wieder hervor, daß er und die Geschäftsführung der Ufa-Film ungenügend von Hinkel unterrichtet worden wären und er so teilweise die Anordnungen erst dem Filmkurier entnommen hätte. 612) Hauptsächlich wehrte sich der Reichsbeauftragte gegen den offenbaren Versuch Hinkels, die wirtschaftliche Führung des Films in das Propagandaministerium zu übernehmen. Dem widersprächen die privatwirtschaftlichen Grundsätze, nach denen die Filmwirtschaft "als reichsmittelbare" arbeitete. Auch die Erfordernisse des "totalen Kriegseinsatzes" würden eine solche Umstrukturierung keineswegs erzwingen: "Ich bin nach meinen Erfahrungen vielmehr der Überzeugung" — so Winkler —, "daß die deutsche Filmwirtschaft den Anforderungen des totalen Kriegseinsatzes reibungsloser und prompter und damit erfolgreicher unter Beibehaltung der bisherigen Struktur nachkommen kann. Voraussetzung wäre zwar ein klares Bekenntnis zu der gegebenen Organisation in Gestalt der Reichsmittelbarkeit und der privatwirtschaftlichen Struktur und eine strikte Beachtung derselben durch alle beteiligten Stellen."

Die fortgesetzte privatwirtschaftliche Führung der Unternehmen wurde von

Winkler ausdrücklich betont: "Ich habe mich bislang bei der Durchführung des mir von Ihnen, Herr Minister, erteilten Auftrages mit Ihrer Auffassung einig gewußt, daß der deutsche Film als reichsmittelbare Einrichtung nach Ihren Weisungen auf privatwirtschaftlicher Grundlage zu führen ist", schrieb er, als Hinkel dieses ökonomische Prinzip politischen Grundsätzen unterordnen wollte.
Zum Schluß kündigte Winkler den Entwurf eines neuen Organisationsplanes an, in dem die Zuständigkeiten und Kompetenzbereiche eindeutig voneinander abgegrenzt waren.

Es sollte jedoch noch bis zum 2. Oktober 1944 dauern, bis sich Hinkel und Winkler auf einen gemeinsamen Plan einigten. An diesem Tage trafen sich die Kontrahenten im Ministerium und setzten ihre Unterschriften unter die fünfte und letzte Fassung eines neuen Organisationsschemas. In der Einleitung zu dem "vertraulichen", gemeinsam entworfenen Rundschreiben hieß es dann: 613)

"Wir ordnen daher hiermit gemeinschaftlich für die uns unterstellten Sektoren der Filmkunst und der Filmwirtschaft an, daß in Zukunft nach diesem Organisationsplan zu verfahren ist. Wir geben unserer unbedingten Erwartung Ausdruck, daß bei Befolgung dieser klaren Ordnung irgendwelche die sachliche Arbeit und den totalen Kriegseinsatz hemmenden Zuständigkeitsstreitigkeiten und vermeidbaren Übergriffe endgültig ausgeschaltet sind. Es bestehen für alle Führungsorgane und für alle Mitarbeiter im deutschen Film nur eine Pflicht und eine Aufgabe: Ausschließlich sachlicher, totaler Einsatz zur größtmöglichen Leistung."

Goebbels stimmte diesem Organisationsplan zu. Von einer Abschaffung der privatwirtschaftlichen Struktur der Filmwirtschaft oder von einer Einverleibung des Films in das Ministerium war keine Rede mehr: Winkler hatte anscheinend die überzeugenderen Argumente.

Der Organisationsplan selbst bestätigte im wesentlichen die bereits durch den Leistungssteigerungserlaß vom 28. Februar 1942 verfügten Zuständigkeiten und Arbeitsbereiche. 614) Wichtig scheint allein die — wie auch immer gerechtfertigte — Trennung der Sachgebiete "Filmwirtschaft", "Filmpolitik" und "Filmkunst" und die damit verknüpfte Ausgliederung der Reichsfilmintendanz aus der Geschäftsführung der Ufa-Film und die Loslösung Hinkels aus dem Einfluß- und Machtbereich Winklers. Goebbels hatte sich bzw. seinem Staatssekretär die "grundsätzliche Lenkung des deutschen Filmwesens" vorbehalten, d.h. er blieb weiterhin die letzte unabhängige Instanz für alle Detail- und Grundsatzfragen.

Als unmittelbaren Entscheidungsbereich des Propagandaministeriums, insbesondere der Filmabteilung, sah der Organisationsplan die "F i l m p o l i t i k" vor, und zwar hauptsächlich: Zensur, Prädikate und Einstufung der Filme; Gestaltung der Wochenschauen; Planung und Genehmigung von Sonderfilmen (Ufa-Sonderproduktion); Lenkung des Exports. Daneben war das Ministerium an einer Reihe weiterer Fragen beteiligt, wie etwa die Haushaltsabteilung an Finanzierungsproblemen der Filmfirmen. Federführendes Ressort blieb allerdings die Filmabteilung. Damit vertrat Hinkel sowohl die Interessen der "Filmpolitik" wie die der "F i l m k u n s t"; denn Aufgabe und ausschließliche Zuständigkeit des Reichsfilmintendanten war jene "Wahrung der Belange der Filmkunst". Ihm wurden dann im einzelnen jene Funktionen zuerkannt, die bereits Hippler innegehabt hatte: Gesamtplanung der

Stoffe; Genehmigung der Exposés, Drehbücher, Besetzungen usw.; Überwachung der Gagen und Verträge; Anordnungen von Änderungen und Nachaufnahmen. Wenn Hinkel damit auch keine Aufgaben- und Machtbereicherung erzielt hatte, so war er immerhin bei seinen Entscheidungen der Produktionsplanung und -durchsetzung zukünftig an keine andere Stelle — wie etwa die Führungsorgane der Ufa-Film — mehr gebunden und nur noch Goebbels verantwortlich.

Die Führungsposition Winklers im Bereich "F i l m w i r t s c h a f t" war nicht angetastet worden: Er kontrollierte und lenkte weiterhin die Geschäfte der Dachgesellschaft; bestellte die Gremien der einzelnen Firmen; regelte deren Gesamtfinanzierung; überwachte den wirtschaftlichen Ablauf der Produktionen; machte die Atelierdispositionen; lenkte den gesamten Vertrieb; verschaffte und verteilte Rohstoffe und technische Geräte usw. Sein Machtbereich hatte sich nicht verkleinert. Die privatwirtschaftliche Struktur blieb Fundament der reichsmittelbaren Filmwirtschaft: Damit war der Versuch Hinkels, die Führungsposition Winklers aufzuheben, gescheitert; er hatte sie lediglich für kurze Zeit ins Wanken gebracht.

Für die wirtschaftliche und finanzielle Lage der Filmfirmen bedeuteten diese "internen" Streitigkeiten und deren Schlichtung keinerlei Veränderungen oder gar Besserungen. Auch unabhängig von der Personalknappheit und dem allgemeinen Rohstoffmangel verschlechterten sich die Verhältnisse zusehends: Die Stromerzeugung war an zahlreichen Stellen gestört und weitgehend lahmgelegt; die Nachrichtenmittel, vor allem die Telefonverbindungen, nicht nur von Berlin nach Prag, Wien oder München, sondern auch innerhalb Berlins selbst versagten; die Verkehrslage war in den zerstörten Großstädten katastrophal; die Zahl der Volkssturmverpflichtungen nahm immer mehr zu.

Die krampfhaften Bemühungen Hinkels, unbedingt eine deutsche Spielfilmproduktion aufrechtzuerhalten, gipfelten im Januar 1945 in einem dringenden Appell an die Produktionschefs: 615)

"Sorgen Sie bitte dafür, daß unsinnige Gerüchte sofort abgestoppt und daß jede Meckerei raschestens und mit entsprechendem psychologischem Geschick unterbunden wird. Sollte sich allerdings irgendwo (theoretisch oder praktisch) Verrat aufzeigen, so ist es Ihre Pflicht, mit aller Rücksichtslosigkeit dagegen vorzugehen. ... Ich rechne gerade für die nächsten Wochen mit Ihrer besonderen Bewährung, nicht nur als Produktions-Chef, sondern auch als Nationalsozialist."

Doch dieser letzte verzweifelte Ansporn des Reichsfilmintendanten, mit dem er außerdem einmal mehr seinen Führungsanspruch anmelden wollte, konnte nur noch das Ende der nationalsozialistischen Filmwirtschaft einleiten. Als ihn Goebbels im März 1945 zum Aufsichtsratsvorsitzenden der Ufa-Film bestellte, spielte diese Machterweiterung keine Rolle mehr: Der Konzern war funktionsunfähig. Durch den Verlust immer weiterer Gebiete — zunächst in den besetzten Ländern, dann innerhalb der Reichsgrenzen — ging allmählich der gesamte europäische Wirtschaftsraum verloren; Vermögenswerte und Produktionsmittel, soweit sie den Luftangriffen standgehalten hatten, gelangten in die Hände der Alliierten; der Produktionsbetrieb brach zusammen; auch das Personal in den zentralen Befehlsstellen zog sich nach und nach aus Berlin zurück, auf das sich alles, was von dem Mammutkonzern mit riesigen Auslandsmärkten übriggeblieben war, konzentriert hatte. 616) Längst waren die Verbindungen und Kontakte zu den Außenstellen abgebrochen.

Natürlich vollzog sich dieser Zusammenbruch nicht überall gleichzeitig. Die Filmwirtschaft brach nicht plötzlich und schlagartig zusammen; vielmehr versuchten die Verantwortlichen in den Firmen und bei den Führungsstellen die Produktion auch bis zum letzten Moment weiterzuführen. Erst mit dem Einmarsch der Sowjetischen Truppen in Berlin wurde der Zerfall mit erschreckender Schnelligkeit vorangetrieben.
Zweifellos wäre es sinnlos, nach einer immanenten Ursache des Zusammenbruchs der NS-Filmwirtschaft zu suchen. Hand in Hand mit der militärischen Befreiung und Besetzung Deutschlands ging die Auflösung des Ufi-Konzerns. Es handelte sich nicht um ein Versagen des Apparates selbst, sondern um den militärischen Zerfall des Faschismus.

19. Ergebnisse und Auswirkungen der Nationalisierung und Monopolisierung der deutschen Filmwirtschaft seit 1942

Mit der Gründung der Ufa-Film im Jahre 1942 hatte die Periode der getarnten Besitzverhältnisse endgültig ihr Ende gefunden. Die Motive, die zur Verschleierung der Reichsbeteiligungen an den Gesellschaften geführt hatten, waren nunmehr, da die Filmwirtschaft nahezu hundertprozentig Reichsaufgabe geworden war und für eine private Betätigung auf dem Filmgebiet keinerlei Möglichkeit mehr bestand, entfallen. Mit der völligen Kapitalverschiebung war auch ein Wechsel in der Art der Finanzierung erfolgt: Sie wurde mit eigenen Mitteln der Filmwirtschaft selbst und aus eigener Kraft vorgenommen. Winkler konnte den Reichshaushalt schonen. Gleichzeitig hatte sich die Rolle der Cautio bei der "organischen" Zusammenfassung der Reichsfirmen erledigt: Sie trat nicht mehr bei finanziellen Transaktionen als Geldgeber bzw. als Tresorgesellschaft des Reiches nach außen hin auf.

Der organisatorische und wirtschaftliche Endpunkt dieser Veränderungen, die Ufa-Film GmbH als Holding-Gesellschaft der reichsmittelbaren Filmfirmen, war nachweislich kein Organ des Propagandaministeriums zur Durchsetzung politisch-ideologischer Ideen und zur Verbreitung der nationalsozialistischen Kunstanschauung, sondern vielmehr eine wirtschaftliche, technische, finanzielle und nur bedingt "politische" Interessengemeinschaft der privatwirtschaftlich organisierten deutschen Filmindustrie, die sich im Besitz des Reiches befand.

Die wesentlichen Grundelemente der kapitalistischen Wirtschaftsordnung wie privatrechtliche Unternehmensform, Rentabilität als Unternehmensprinzip, Profitmaximierung als Unternehmensziel usw. blieben im nationalsozialistischen Filmsystem auch nach der Neuformung im Jahre 1942 erhalten. Das aber hieß: Es gab keinen Gegensatz zwischen reinem Gewinnstreben und politisch-ideologischer Bevormundung. Winkler hatte die Mittlerrolle zwischen materiellen Interessen und ideologischen Zielsetzungen übernommen — wobei beide Bestrebungen von NS-Größen und Filmmanagern, Kapitalherren und Filmschaffenden mehr oder weniger für sich beansprucht wurden. Potentielle Interessenkonflikte zwischen Wirtschaft und Politik erwiesen sich als leerer Schein: Sie ließen sich ohne weiteres in Einklang miteinander bringen. Die Basis dieses Zusammengehens war die privatwirtschaftliche Struktur des Mediums. Die Steuerungskriterien für die von Winkler beherrschten staatsmittelbaren Filmfirmen waren Selbsterhaltung, Selbsterweiterung und Expansion der Filmwirtschaft. Nach seinen Vorstellungen konnten nur florierende Unternehmen Gewinne zur Produktionsverbesserung investieren — was aber eben im Falle des Films, wie die Geschichte (und Gegenwart) immer wieder bewiesen hat (und noch beweist), keinesfalls einer gesteigerten Qualität entspricht.

Das Ziel der wirtschaftlichen Führungselite war demnach das wirtschaftliche Wachstum usw. der Filmindustrie, d.h. der systemimmanente Expansionszwang der kapitalistischen Unternehmensorganisationen wirkte sich auch auf die Filmwirtschaft im Dritten Reich aus. So zielten Winkler und seine Helfer immer weiter auf die Perfektionierung der gesamten Filmwirtschaft, und das bedeutete die Errichtung einer vollkommenen und unangreifbaren Monopolstellung. Die Erreichung dieses Ziels erforderte zunächst die Begrenzung und später die Abschaffung des Wettbewerbs und damit der Handlungsfreiheit der Unternehmungen — zur Koordination unter der geeinten "Politik" der Ufa-Film. Diesen Bestrebungen kamen die allgemeinen ökonomischen Bedingungen des Spätkapitalismus entgegen: Durch immer größere Wirtschaftseinheiten löst sich der Konkurrenzkapitalismus allmählich selbst auf. Und so tendierte auch das "liberale" Wettbewerbsprinzip innerhalb der deutschen Filmwirtschaft der 30er Jahre durch die Oligopolisierung und Monopolisierung zur Selbstaufhebung.

Der Weg zum Großkonzern war somit durch die allgemeinen Konzentrationsbewegungen geebnet worden. Winkler perfektionierte dann durch die schrittweise Zusammenfassung eines Sektors, d.h. durch Verdrängen und Aufkaufen der Konkurrenten in der gleichen Branche bzw. durch Anpassung der Betriebe an eine einheitliche zentrale Bewirtschaftung die horizontale Konzentration innerhalb der Filmwirtschaft. Als Vertreter und Bevollmächtigter der Kapitaleigner hatte er den gesamten Bedarfsmarkt unter seine Kontrolle gebracht. Infolge der anschließenden Errichtung der Holding-Gesellschaft verloren die Konzernunternehmen einmal zugunsten der Dachgesellschaft ihre wirtschaftliche Selbständigkeit; zum anderen ergab diese vertikale Konzentration die Zusammenfassung der aufeinander folgenden Produktionsstufen: von der Filmherstellung bis zur Vorführung, von der Fabrikation der chemischen Rohstoffe bis zur Geräteindustrie, von der Werbung bis zum Handel mit allen Apparaturen. Der Konzern beherrschte das gesamte Gebiet der Filmwirtschaft.

Das wichtigste ökonomische Motiv sah Winkler darin, daß der Branchenkonzern Sicherheit und hohe Gewinne durch seine marktbeherrschende Stellung erzielte. Durch finanzielle Reserven und Bonität als Schuldner wurde der gigantische Filmkonzern gegen die Wechselfälle des Filmwirtschaftslebens gesichert und konnte eventuelle Fehlschläge leichter verkraften. Die Filmwirtschaft war — zumindest stellte Winkler dies für die ersehnte Friedenszeit nach dem "Endsieg" in Aussicht — nicht mehr der ständigen ökonomischen Bedrohung ausgesetzt, in einer permanenten Krise zu beharren und in immer neue Phasen chronischer Depressionen einzutreten.

Der Ruf der Filmwirtschaft nach der Hilfe eines "starken Staates" war eine immanente Konsequenz des kapitalistischen Filmwirtschaftssystems: Die Staatsbürokratie übernahm mit der "Verstaatlichung" während der Krisensituation die Rolle eines Konjunkturregulators, dessen die Filmindustrie dringend bedurfte. Der Verstaatlichung der Verluste folgt in der Regel die Reprivatisierung der Gewinne: Auch in der Filmwirtschaft war damals eine solche Reprivatisierung zumindest in Erwägung gezogen und von Goebbels gegenüber Hitler ins Gespräch gebracht worden: Bei der Prüfung der verschiedenen Wirtschaftsunternehmen, die von der Verstaatlichung in die private Wirtschaft zurückgeführt werden könnten, hatte Hitler ausdrücklich entschieden, daß der Film zunächst weiter "Staatsaufgabe" bleiben sollte. 617)

Neben den gewichtigen konzentrationsfördernden Aspekt der Kapitalsicherung und -stärkung traten eine Reihe finanzieller und technischer Erwägungen für die Bildung des Großkonzerns: steigende Herstellungskosten und steigende Investitionskosten; der notwendige Bedarf an komplizierteren und kostspieligeren Produktionsmitteln; allgemeine Ausweitung, Verbesserung und Erneuerung der technischen Produktionsapparaturen (Atelieranlagen, Kopierwerke); Ausschaltung des Preiswettbewerbs bei der Materialherstellung und -beschaffung, aber auch bei der Gagenfestsetzung.

Die Folge dieser Konzentration des Kapitals in einer Hand, der Rationalisierungsmaßnahmen und der Planungs- und Steuerungstechnik durch die Ufa-Film war die restlose Beseitigung des wirtschaftlichen Wettbewerbs. Die Grundprinzipien des liberalen Wettbewerbsgedankens wurden durch die zentrale Wirtschaftsplanung usw. zerstört. Vielmehr wollte Goebbels den Wettbewerb auf den Auslandsmarkt verlagert wissen: Dort traten die inländischen Firmen einheitlich gegen die ausländische Konkurrenz auf. Ziel der nationalsozialistischen "Filmpolitik" war die Beseitigung und Verdrängung des amerikanischen Films aus Europa und die Sicherung der Vormachtstellung Deutschlands. In seiner Rede am 28. Februar 1942 betonte Goebbels, daß der "große entscheidende Konkurrenzkampf zwischen USA und Deutschland" nach dem Kriege anbrechen würde. 618)

Kostensenkungen, Produktionssteigerungen, optimale Ausnutzung der gegebenen Techniken und deren Weiterentwicklung, Kapitalintensivierung und Verringerung des allgemeinen wirtschaftlichen und finanziellen Risikos waren die Vorteile, die sich Winkler von der Großunternehmung versprach. Extraprofite wollte er bei den Gesellschaften bzw. der Konzernspitze als Dauerrücklagen zur Risikominderung und wirtschaftlichen Expansion belassen. Treibender Faktor war bei allen Erwägungen ein konkretes ökonomisches Interesse: das Streben nach erweiterter Marktmacht; denn allein die finanziellen und technischen Motive bedingten keine Zwangsläufigkeit und Unabwendbarkeit eines solchen Konzentrationsprozesses.

Die Kapitalverschiebungen und organisatorischen Veränderungen hatten jedoch einen Wandel in der Produktion zur Folge: Deutsche Spielfilme wurden nur noch von den Filmfirmen des Reiches oder unter dessen Aufsicht oder in dessen direktem Auftrag hergestellt. Was und für wen der Konzern produzierte, schien aber für die Konzentrationsideologen keine Bedeutung zu haben: Die politischen Konsequenzen ihres Tuns waren ihnen entweder nicht bewußt oder sie wollten sie nicht sehen. Hinzukam aber vor allem jener Kreis von Wirtschaftsführern, der die gleichen politisch-ideologischen Interessen hatte wie die politischen Machthaber. Bereits die Logik der Konzentration ihrerseits erzwang die Anpassung und Uniformität der Produkte, die Negation und Überdeckung der gesellschaftlichen und politischen Realitäten und die Vernichtung jeder Kritik.

Das aber hieß: politisches Wohlverhalten und Einordnung in die herrschende Ideologie. Diese Tendenz wurde unterstützt durch die politisch-ideologischen Ambitionen und Reglementierungen der NS-Führung, die die publizistische Macht im Sinne der nazistischen Vorstellungen einsetzen konnten. Die allgemeinen psychologischen Wirkungsmöglichkeiten des Films durch den Aufbau von Scheinkonflikten und die ersatzweise Abladung von Aggressionen, die in eine dem Wertsystem des Regimes genehme Richtung gelenkt werden konnten, wurden hierbei erfolgreich genutzt. Von der konkreten Lebenssituation lenkten die Produktionen ebenso erfolgreich ab, und Interessenkonflikte wurden gar nicht erst offengelegt.

Das Publikum hätte sich gegen die Marktmacht des Monopols und gegen die politisch-ideologische Bevormundung nur schützen können, indem es auf den Kinobesuch ganz verzichtete: Die allgemeine Anpassung an das kapitalistische und faschistische Wertsystem verhinderte jedoch diesen Konsumverzicht — wie die Besucherzahlen beweisen. Und schließlich machte der Staat durch die Förderung von Filmvolkstagen, Partei- und Schulfilmvorführungen etc. den allgemeinen Kinobesuch zur Gewohnheit.

Mit diesen Spielfilmproduktionen wurden schließlich ökonomische und politisch-ideologische Interessen befriedigt. Der Konzentrationsprozeß der Filmwirtschaft im Dritten Reich war demnach — wie jeder in dieser Art — als historisches Phänomen eng verknüpft mit der übrigen gesellschaftlichen, politischen und wirtschaftlichen Entwicklung. Er ließ mit seinem Produktionsausstoß das bestehende faschistische Herrschaftssystem in seiner Gesamtheit reibungsloser und perfekter funktionieren:

Der Nationalsozialismus wurde ideologisch vorbereitet und abgesichert durch eine systemkonforme Spielfilmproduktion, garantiert aufgrund des absoluten politischen Kontrollapparates und des perfekten wirtschaftlichen Monopolkonzerns. Die faschistischen gesellschaftlichen Verhältnisse hatten im NS-Film einen starken und festen ideologischen Rückhalt.

Anmerkungen

1) Vgl. Walter Benjamin: Pariser Brief, in: Angelus Novus. Ausgewählte Schriften 2, Frankfurt am Main 1966, S. 503—516.

2) Die ersten Kritiken wurden 1920 unter der Rubrik "Film", ab 1923 unter "Neuer Film" und ab 1930 unter "Film in der Kritik" veröffentlicht. Innerhalb des feuilletonistischen Teils des "Völkischen Beobachters" von 1920 bis 1932 rangierte der Film anteilsmäßig hinter den Gebieten Literatur, Musik und Malerei an vierter Stelle. Vgl. hierzu ausführlich Gerhard Köhler: Kunstanschauung und Kunstkritik in der nationalsozialistischen Presse. Die Kritik im Feuilleton des "Völkischen Beobachter" 1920—1932, München 1937 (Diss.), insbes. S. 119—124, S. 266 ff.

3) Alfred Rosenberg: Das Kino, in: Völkischer Beobachter vom 1. 5. 1923; zitiert nach Gerhard Köhler, a.a.O., S. 121.

4) Vgl. hierzu Reinhard Kühnl: Die nationalsozialistische Linke 1925—1930, Meisenheim am Glan 1966.

5) Vgl. stellvertretend für zahlreiche Pamphlete Hans Buchner: Völkerverseuchung durch Filmmonopole, in: Der Weltruf, 4. Jg., H. 39 vom März 1927, S. 97—119.

6) Dieser Aufsatz erschien ohne Angabe des Verfassers unter dem Titel: Der "Deutsche" Film, in: Nationalsozialistische Monatshefte. Wissenschaftliche Zeitschrift der NSDAP, München, 2. Jg., H. 21/Dezember 1931, S. 22—25, hier S. 22.

7) Vgl. hierzu den Aufsatz: Der "Deutsche" Film, a.a.O., S. 25; sowie einen zweiten programmatischen Aufsatz von Marian Kolb: Die Lösung des Filmproblems im nationalsozialistischen Staate, ebd., S. 25—28.

8) Interessanterweise war es 1932 die amerikanische Fox-Tönende-Wochenschau, die ihren eigenen Tonaufnahmewagen bei Kundgebungen der Partei zur Verfügung stellte, während die NSDAP diese Aufnahmen dann für parteieigene Propagandafilme verwandte. Vgl. hierzu Hans Barkhausen: Die NSDAP als Filmproduzentin, in: Zeitgeschichte im Film- und Tondokument, Göttingen 1970, S. 145 ff.

9) Die folgenden Angaben über den Aufbau und Ausbau der Parteifilmorganisation entstammen in erster Linie einer Denkschrift, herausgegeben von der Reichsfilmstelle der NSDAP, Berlin im Mai 1931, verfaßt von Georg Stark. Die Denkschrift — versehen mit einem amtlichen Stempel der Reichsfilmstelle — wurde dem Verfasser von Joseph Wulf aus dessen Privatarchiv zur Verfügung gestellt.

10) Die Parteitagfilme von 1927 und 1929 wurden von der Reichsleitung der NSDAP in München vertrieben.

11) Um das Datum der Ernennung Goebbels' zum Reichspropagandaleiter herrscht noch ziemliche Unklarheit. Es scheint bisher nur festzustehen, daß Goebbels "mit Gewißheit nicht vor November 1929 Propagandachef der NSDAP" geworden ist. (Vgl. Helmut Heiber: Joseph Goebbels, Berlin 1962, insbes. S. 86).

12) Stark macht in seiner Denkschrift keine näheren Angaben. Jedoch muß es sich um den Pg. Willy Sage, Besitzer einer kleinen Produktionsfirma "Filmhaus Sage" in Berlin, gehandelt haben. (Vgl. Carl Neumann, Curt Belling und Hans Walther Betz: Film-"Kunst", Film-Cohn, Filmkorruption. Ein Streifzug durch vier Filmjahrzehnte, Berlin 1937, S. 140)

13) Curt Belling, dessen Veröffentlichungen die bisher einzige Quelle für die Geschichte der Parteifilmarbeit der NSDAP darstellen, nennt selbst kein genaues Datum für die Gründung der Reichsfilmstelle, sondern lediglich das Jahr 1930. Demgegenüber wurde nach Traub die Parteifilmorganisation erst im Jahre 1931 aufgebaut. Auch die amtliche Fachzeitschrift "Der Deutsche Film" blickte im Jahre 1941 auf eine zehnjährige Filmarbeit der Partei zurück und setzte damit 1931 als Gründungsjahr fest.
In fast allen Fällen wird Arnold Raether, einer der meistbeschäftigten "Filmgrößen"

im Dritten Reich, in direkte Verbindung zur Gründung einer Filmorganisation der NSDAP gebracht; er kam jedoch erst im Jahre 1932, als die "Reichsfilmstelle" bereits zwei Jahre tätig war, zur Reichspropagandaleitung.
Vgl. im einzelnen: Curt Belling: Der Film im Dienste der Partei. Die Bedeutung des Films als publizistischer Faktor, Berlin 1937 (= Lichtbildbühne-Schriften Bd. 2), insbes. S. 7 f.; ders.: Der Film in Staat und Partei, Berlin 1936, insbes. S. 19; sowie Hans Traub: Die Ufa. Ein Beitrag zur Geschichte des deutschen Filmschaffens, Berlin 1943, hier S. 96; 10 Jahre Filmarbeit der NSDAP, in: Der Deutsche Film, Berlin, 5. Jg., H. 11–12/Mai–Juni 1941, S. 240.
Auch Hans Barkhausen schließt in seinem Referat "Die NSDAP als Filmproduzentin" aus diesem Aufsatz in "Der Deutsche Film" – übrigens nicht zu verwechseln mit dem gleichnamigen Kampfblatt von Belling, das vor 1933 erschien – auf das Jahr 1931 als "Geburtsjahr der NSDAP-Filmarbeit"

14) Vgl. zu verschiedenen Filmverboten aus jener Zeit den zitierten Aufsatz von Barkhausen.

15) Vgl. zur Finanzierung der faschistischen Partei vor 1933 u.a. Eberhard Czichon: Wer verhalf Hitler zur Macht? Zum Anteil der deutschen Industrie an der Zerstörung der Weimarer Republik, Köln 1967.

16) Vgl. den Aufsatz von Barkhausen, der diesen Fall schildert.

17) Vgl. hierzu Carl Neumann, Curt Belling und Hans Walther Betz: Film-"Kunst", Film-Kohn, Filmkorruption, a.a.O., S. 161

18) Vgl. Curt Belling: Der Film in Staat und Partei, a.a.O., S. 19 f.

19) Curt Belling: Der Film in Staat und Partei, a.a.O., S. 20. Die Idee, über das ganze damalige Reichsgebiet Bezirksvertretungen einzurichten, hatte bereits Georg Stark in seiner Denkschrift vom Mai 1931 aufgegriffen.

20) Vgl. hierzu die zitierte Denkschrift von Georg Stark.

21) Da die Akten der Reichsfilmstelle und der privaten Firmen nicht überliefert sind, fehlen direkte Unterlagen über jene "Tarnfilme".
Zu nennen wären in diesem Zusammenhang die Spielfilme "Hans Westmar, einer von vielen", "SA-Mann Brand" und "Hitlerjunge Quex", die zum Teil vor 1933 konzipiert waren.
Auch die "dokumentarischen Großfilme" ("Deutschland erwacht", "Hitlerjugend in den Bergen", "Hitlers Flug über Deutschland", "Terror oder Aufbau?", "Blut und Boden", "Sieg des Glaubens") wurden von der Privatindustrie produziert.

22) Über die zahlenmäßige Stärke der NS-Lichtspieltheaterbesitzer und NS-Filmbetriebszellen sind keine exakten Unterlagen überliefert.

23) Vgl. hierzu die Arbeit von Jürgen Spiker: Film und Kapital.

24) So die formulierten Anregungen von Georg Stark, die noch in Form von Betriebszellen der einzelnen Filmfirmen vor 1933 von einigen NSDAP-Mitgliedern realisiert wurden, ohne jedoch organisatorisch mit der Reichsfilmstelle verbunden gewesen zu sein.

25) Außer den "NS-Monatsheften", dem "Angriff" und dem "Völkischen Beobachter" ist das erste nazistische Film-Wochenblatt aus München "Der deutsche Film" unter der Leitung von Maximilian Franzl zu nennen. (Es ist nicht zu verwechseln mit der späteren amtlichen Filmzeitschrift gleichen Titels.) (Vgl. u.a. Curt Belling: Der Film in Staat und Partei, a.a.O., S. 21) Interessant ist in diesem Zusammenhang, daß Hans Hinkel in einem Brief an Alfred Rosenberg vom 8. August 1932 diese Wochenzeitschrift als "Mistblatt" abtut. (IfZ, Mikrofilm MA 803, 469–471).

26) Arnold Raether: Die Entwicklung des nationalsozialistischen Filmschaffens. In: Der Deutche Film, 7. Jg., H. 7/1943, S. 6.
Vgl. ausführlich (aus nazistischer Sicht) Curt Belling: Der Film in Staat und Partei, a.a. O., S. 17 f.; sowie (aus der Nachkriegsliteratur) Helmut Heiber: Joseph Goebbels, a.a.O., S. 95 und Günter Klimsch: Die Entwicklung des NS-Filmmonopols von 1930 bis 1940 in vergleichender Betrachtung zur Presse-Konzentration, München (Diss.) 1954, S. 93 f.

27) Vgl. den Brief von Hans Hinkel, den Goebbels 10 Jahre später nach enger Zusammenarbeit bei der "Entjudung des kulturellen Lebens" als Reichsfilmintendant in sein Ministerium berief, an Alfred Rosenberg vom 8. Aug. 1932. Zur späteren Auseinandersetzung zwischen Goebbels und Rosenberg, bei der jedoch Kompetentstreitigkeiten bezüglich des Films keine Rolle mehr spielten, vgl. u.a. Hildegard Brenner: Die Kunstpolitik des Nationalsozialismus, Reinbek bei Hamburg 1963, passim.

28) Joseph Goebbels: Vom Kaiserhof zur Reichskanzlei, München 1934, S. 28.

29) Der genaue Zeitpunkt der Nachfolge von Georg Stark in der Reichsfilmstelle scheint nicht mehr feststellbar zu sein. Das früheste exakt ermittelte Datum ist der zitierte Brief von Hinkel vom August 1932, in dem Raether bereits als verantwortlicher Leiter der Parteifilmpropaganda genannt wird. Nach den Unterlagen im Berliner Document Center übernahm Raether erst im September 1932 die Führung der Reichsfilmstelle. (Vgl. die Personalakte Arnold Raether, BDC-RKK)

30) Wie Schulze war auch Raether nur ehrenamtlich für die Parteifilmarbeit tätig; eine feste Anstellung hatte er als Abteilungsleiter der Ortsgruppe Braunes Haus in München. Goebbels schlug Schulze zum Mitarbeiter Raethers am 15. Dezember 1932 vor. (Vgl. Schreiben von Goebbels an Schulze vom 15. 12. 1932; Personalakte Schulze, BDC-RKK)

31) Marian Kolb, a.a.O., S. 28.

32) ebd.

33) ebd.

34) Hans Zöberlein: Filmgedanken, in: NS-Monatshefte, 2. Jg., H. 21/Dezember 1931, S. 29.

35) Ein Abdruck dieser Kaiserhof-Rede v. 28. 3. 1933 findet sich bei G. Albrecht, a.a.O., Nationalsozialistische Filmpolitik, Stuttgart 1969, S. 439 ff., hier S. 441.

36) Als Literaturauswahl seien hierzu genannt: Alexander Jason: Handbuch des Films 1935/36, Berlin 1935; Edwin H. Weinwurm: Der Filmverleih in Deutschland, Würzburg 1931 (Diss. Berlin); Walter Strohm: Die Umstellung der deutschen Filmwirtschaft vom Stummfilm auf den Tonfilm unter dem Einfluß des Tonfilmpatentmonopols, Freiburg (Diss.) 1934; Walter Möhl: Die Konzentration im deutschen Filmtheatergewerbe, Berlin (Diss.) 1937; sowie Annemarie Schweins: Die Entwicklung der deutschen Filmwirtschaft, Wickede/Ruhr 1958 (Diss. Nürnberg).

37) Die Ufa wäre bereits Jahre zuvor in der Lage gewesen, den Tonfilm einzuführen. Sie hätte dann sogar ein weltweites Patentmonopol besessen. Nur scheute sie 1923 die Übernahme der letzten technischen Vervollkommnung des Triergon-Verfahrens, so daß dessen Patente an das Ausland verkauft wurden. Ab 1929 waren dann hohe Lizenzgebühren zu entrichten.

38) Die Zitate entstammen der damals führenden Filmfachzeitschrift "Kinematograph". (Kinematograph, Berlin, 27. Jg., Nr. 57 vom 22.3.1933)

39) Diesen bezeichnenden Namen gab der "Kinematograph" in einer riesigen Überschrift dem neuen Propagandaministerium einen Tag nach dem offiziellen Gründungserlaß. (Kinematograph, 27. Jg., Nr. 51 vom 14.3.1933)

40) Kinematograph, 27. Jg., Nr. 30 vom 11.2.1933.

41) Reichsgesetzblatt I 1933 S. 104.
Der strukturelle Aufbau des Ministeriums — vor 1933 innerhalb der Parteihierarchie erprobt — war von Goebbels schon früh ausgearbeitet worden; Quelle für seine Pläne war ein 1921 von Edgar Stern-Rubarth verfaßtes Buch über politische Propaganda, ohne daß Goebbels dies jemals erwähnt oder auch nur den Namen dieses ihm geistig kaum nahestehenden "Lehrmeisters" genannt hätte. (Edgar Stern-Rubarth: Die Propaganda als politisches Instrument, Berlin, 2. Aufl. 1921) Vgl. hierzu ausführlicher Winfried B. Lerg: Edgar Stern-Rubarths "Propaganda als politisches Instrument" von 1921. In: Gazette, 10. Jg., 1964, S. 155 ff.; Willi A. Boelcke: Kriegspropaganda 1939—

1941, a.a.O., S. 136 ff.; ferner: Dr. Edgar Stern-Rubarth plante 1921 ein Reichspropagandaministerium, in: Die Wildente, Folge 27, Dezember 1965.

42) Die offizielle Lesart umschrieb die Kompetenzen wie folgt: "Das Ministerium bearbeitet alle Angelegenheiten der Aufklärung und Propaganda unter der Bevölkerung über die Politik der Reichsregierung und den nationalen Wiederaufbau des deutschen Vaterlandes, insbesondere alle Aufgaben der geistigen Einwirkung auf die Nation, der Werbung für Staat, Kultur und Wirtschaft, der Unterrichtung der in- und ausländischen Öffentlichkeit. Es verwaltet alle diesen Zwecken dienenden Einrichtungen." (Vgl. die Verordnungen des Reichskanzlers über die Aufgaben des Reichsministeriums für Volksaufklärung und Propaganda: RGBl I 1933, S. 449).

43) Vgl. vor allem auch bezüglich der hieraus resultierenden Kompetenzkonflikte Willi A. Boelcke: Kriegspropaganda 1939—1941, a.a.O., S. 123 ff.; sowie Helmut Heiber: Joseph Goebbels, a.a.O., S. 140 f.

44) J. Goebbels: Vom Kaiserhof zur Reichskanzlei, a.a.O., S. 28.

45) I. Haushalts-, II. Personal-, III. Rechts-, IV. Propagandaabteilung, V. Abteilung Deutsche Presse, VI. Auslandspresse-, VII. Auslands-, VIII. Fremdenverkehrs-, IX. Rundfunk-, X. Film-, XI. Schrifttums-, XII. Theaterabteilung, XIII. Abteilung bildende Kunst, XIV. Musik-Abteilung, XV. Abteilung Besondere Kulturaufgaben. (Geschäftsverteilungsplan des RMVP, Stand vom 1. 11. 1940; BA, R 56 VI vorl. 1).
Zum organisatorischen Aufbau des gesamten Propagandaministeriums vergl. Georg Wilhelm Müller: Das Reichsministerium für Volksaufklärung und Propaganda, Berlin 1940 (= Schriften zum Staatsaufbau, H. 43, NF der Schriften der Hochschule für Politik, Teil II).

46) Es bedürfte einer gesonderten Untersuchung, um festzustellen, inwieweit diese allgemeine Zeiterscheinung moderner Verwaltungen — daß sich nämlich die Bürokratie multipliziert und die Bearbeitungsgebiete der Verwaltungspersonen immer zersplitterter werden — im einzelnen auf das Propagandaministerium und seine Tätigkeit einwirkte. Zur Bürokratie-Diskussion vgl. den Sammelband: Bürokratische Organisation, hrsg. von Renate Mayntz, Köln und Berlin 1968 (= Neue Wissenschaftliche Bibliothek 27, Soziologie), s. dort ausführliche Literaturabgaben im Anhang.

47) Referat 1 "Filmwesen und Lichtspielgesetz" (allgemeine Filmgesetzgebung, Filmzensur, Filmkontingent)
Referats- und auch Abteilungsleiter: Dr. Ernst Seeger
Referat 2 "Filmwirtschaft" (Reichsfilmkammer, Filmkreditbank, staatliche Filmpropaganda in Zusammenarbeit mit den Parteifilmstellen)
Referatsleiter seit dem 1.7.36: Wolfgang Fischer
Referat 3 "Filmwesen im Ausland"
Referatsleiter: Alfred Heusinger von Waldegg
Referat 4 "Filmwochenschauen"
Referats- und stellv. Abteilungsleiter: Hans Jacob Weidemann
Referat 5 "Filmdramaturgie"
Referatsleiter und Reichsfilmdramaturg: Willi Krause
(Vgl. Geschäftsverteilungsplan der Abteilung V (Film) vom 10.2.1936; BA R 2/4750)

48) G. W. Müller: Reichsministerium für Volksaufklärung und Propaganda, a.a.O., S. 23.

49) Seeger hatte auch die amtlichen Kommentare zum Reichslichtspielgesetz verfaßt; zuletzt: Reichslichtspielgesetz vom 12. Mai 1920, für die Praxis erläutert von Dr. jur.Ernst Seeger, 2. unter Berücksichtigung der Rechtsprechung der Filmoberprüfstelle neubearbeitete Auflage, Berlin 1932.

50) Vgl. das NS-Kampfblatt "Der Deutsche Film", hrsg. von Curt Belling, vom Dezember 1932; zitiert nach C. Neumann u.a.: Film-"Kunst", Film-Kohn, Filmkorruption, a.a.O., S. 164.

51) Aus der RPL, Hauptabteilung Film, kamen außerdem Karl Schulze und der Leiter der Landesfilmstelle in Breslau Richard Quaas als Referenten in die Filmabteilung des Promi.

52) Kinematograph Nr. 39 v. 24.2.1933.

53) Vgl. Alexander Jason: Handbuch des Films 1935/36, Berlin 1935, hier S. 55.
54) Vgl.: Die Gesetze und Verordnungen für das deutsche Filmwesen, Teil I; Vom 13.3. bis 24.8.1933. Zusammengestellt von Ministerialrat Dr. Ernst Seeger, Berlin 1933, S. 39; veröffentlicht u.a. in: Deutsche Filmzeitung v. 2.6.1933.
55) Vgl. Ufi-Ffm Akte 259.
56) Rede von Goebbels in den Tennishallen, Berlin-Wilmersdorf, am 19. Mai 1933; abgedruckt bei Curt Belling: Der Film in Staat und Partei, a.a.O., S. 31–37, hier S. 35 (Hervorhebung vom Verfasser).
57) S. Hedin: Ohne Auftrag in Berlin, Stuttgart und Tübingen 1950, S. 11.
58) Schreiben von Walther Funk an Robert Ley vom 3.6.1941; zit. nach Eberhard Czichon: Der Primat der Industrie, a.a.O., S. 189.
Funk war es auch, der im Februar 1933 Verhandlungen und Besprechungen mit Max Winkler aufnahm und ihn dazu brachte, seine treuhänderische Arbeit für die vergangenen Reichsregierungen fortzusetzen. (Vgl. hierzu Margret Boveri: Wir lügen alle. Eine Hauptstadtzeitung unter Hitler, Olten und Freiburg im Breisgau 1965, S. 229 f.)
Zur Rolle Funks als "Erfüllungsgehilfe" Görings vgl. Dieter Petzina: Autarkiepolitik im Dritten Reich, a.a.O., S. 67 und S. 75 ff.; ferner auch Tim Mason: Der Primat der Politik, a.a.O., S. 479 ff.
59) Vgl. hierzu Margret Boveri: Wir lügen alle, a.a.O., S. 229.
Petzina kennzeichnet die Persönlichkeit Funks als "jeder Auseinandersetzung abhold und charakterlich schwach" – womit jedoch dessen Fähigkeit, verschiedene Interessen in Einklang zu bringen, nicht in Abrede gestellt ist.
60) Vgl. u.a. Alfred Rosenberg: Wesen, Grundsätze und Ziele der N.S.D.A.P., München 1930, S. 24.
61) Zur Stellung der Banken im Dritten Reich vgl. Heinz Mohrmann: Zur staatsmonopolitischen Konkurrenz deutscher Großbanken unter dem Faschismus. In: Jahrbuch für Wirtschaftsgeschichte, 1967 Teil IV, Berlin 1967, S. 11–26.
Vgl. vor allem die Untersuchung von E. Czichon: Der Bankier und die Macht. Hermann Josef Abs in der deutschen Politik, Köln 1970.
62) Vernehmung Kurt Freiherr von Schröders am 24. November 1945, zit. nach Heinz Mohrmann, a.a.O., S. 25.
63) Vgl. Heinz Mohrmann: Zur staatsmonopolitischen Konkurrenz deutscher Großbanken unter dem Faschismus, a.a.O., S. 18.
64) Otto Christian Fischer: Das deutsche Bankwesen. Strukturwandlungen und Neubau. In: Probleme des deutschen Wirtschaftslebens. Erstrebtes und Erreichtes. Eine Sammlung von Abhandlungen, hrsg. vom Deutschen Institut für Bankwissenschaft und Bankwesen. Berlin und Leipzig 1937, S. 83–162, hier S. 114.
65) So arbeitete Winkler beim Aufkauf des Ufa-Konzerns im Jahre 1937 eng mit der Deutschen Bank und der Dresdner Bank zusammen. (Vgl. u.a. die Aufsichtsrat-Akten im Bundesarchiv; BA R 2/4799–4801 sowie BA R 55/488)
66) Bis 1944 waren Aufsichtsratsmitglieder der Ufa: Johannes Kiehl (Direktor der Deutschen Bank), Dr. Hans Pilder (Direktor der Dresdner Bank) und Dr. Joseph Schilling (Direktor der Commerz- und Privatbank AG).
Der langjährige Aufsichtsratsvorsitzer der Ufa Dr. Emil Georg von Stauß war bis zum 1. März 1932 Vorstandsmitglied der Deutschen Bank, als er wegen mißglückter finanzieller Transaktionen ausscheiden mußte. Bereits 1930 hatte er sich mit Hitler befreundet und die Finanzierung der NSDAP vermittelt. Trotz seiner Entlassung aus dem Bankdienst war er – von Hitler 1934 zum Preußischen Staatsrat erhoben – ein willkommener Kontaktmann für alle Beteiligten: für die Banken, die Filmindustrie und die NSDAP. Außerdem besaß von Stauß 5% der freien Ufa-Aktien, für die er von Winkler großzügig abgefunden wurde.
(Vgl. zur Person von v. Stauß vor allem Eberhard Czichon: Wer verhalf Hitler zur Macht, a.a.O., S. 19 ff.; zu seiner Tätigkeit bei der Ufa vgl. die Akten im Bundesarchiv:

R 2/4799—4801 sowie R 55/488)

67) Im einzelnen waren Anteilseigner: Die SPIO (die später in die Filmkammer aufging), die Reichskredit-Gesellschaft, die Deutsche Bank, die Dresdner Bank und die Commerz- und Privatbank.
Die Anteile der Spio hatte Ludwig Klitzsch zunächst treuhänderisch für die Ufa AG gehalten, um sie im Juni 1933 der Spio abzutreten.

68) Jahresbericht der Reichsfilmkammer. Erstattet zum Jahrestag ihrer Gründung, zum 14. 7.1934, Berlin 1934, S. 6 (vorhanden im Deutschen Institut für Filmkunde, Wiesbaden-Biebrich).
Vgl. zu den verschiedenen Abtretungen im einzelnen: Nr. 50/1933 des Notariatsregisters, Berlin am 25.3.1935, Notar Dr. Ernst Kornalewski. (Ufi-Ffm Akte 259).

69) Organe der FKB waren der Aufsichtsrat, die Geschäftsführung und die Gesellschafterversammlung sowie ein "Arbeits"- bzw. "Kreditausschuß".Vorsitzender des Aufsichtsrates war der jeweilige Präsident der Reichsfilmkammer; seit 1940 jedoch Karl Melzer, der Vizepräsident der Kammer.

70) Nr. 50/1935 des Notariatsregisters, Berlin am 25.3.1935, Notar Dr. Ernst Kornalewski (Ufi-Ffm Akte 259).
Nr. 187/1936 des Notariatsregisters, Berlin am 22.10.1936, Notar Dr. Ernst Kornalewski (Ufi-Ffm Akte 259)
Nr. 7/1942 des Notariatsregisters, Berlin am 27.1.1942, Notar Dr. Ernst Kornalwski (Ufi-Ffm Akte 259).
Nr. 6/1943 des Notariatsregisters, Berlin am 15.1.1943, Notar Dr. Ernst Kornalewski (Ufi-Ffm Akte 259).
Nr. 118/1944 des Notariatsregisters, Berlin am 24.10.1944, Notar Dr. Ernst Kornalewski (Ufi-Ffm Akte 259).

71) Sicherung für die Kreditabdeckung war u.a. die Übereignung der Weltvertriebsrechte eines Films an die FKB.
Ab 1937 wurden nur noch 50% der Produktionskosten auf dem Kreditwege finanziert. (Vgl. Kurt Wolf: Entwicklung und Neugestaltung der deutschen Filmwirtschaft seit 1933, a.a.O., S. 20).

72) Vgl. die Bekanntmachungen vom 1.6.1933, abgedruckt in: Die Gesetze und Verordnungen für das deutsche Filmwesen, zusammengestellt von Ernst Seeger, a.a.O., Teil I, S. 40 ff.

73) Vgl. Kurt Wolf, a.a.O., S. 39 ff.

74) Alexander Jason: Handbuch des Films 1935/36, a.a.O., S. 56.

75) Vgl. Kinematograph vom 17.6.1933.

76) Vgl. Völkischer Beobachter vom 12.9.1929.

77) Vgl. Karl Dietrich Bracher: Stufen der Machtergreifung. In: ders. u.a.: Die nationalsozialistische Machtergreifung, a.a.O., hier S. 176.
Welchen Einfluß die Betriebszellen in der Filmwirtschaft nach dieser Kampagne der NSBO besaßen und ob sie überhaupt nennenswert an Boden gewonnen hatten, kann heute kaum noch rekonstruiert werden; nicht zuletzt wegen der unzureichenden Quellenlage.

78) Vgl. hierzu Ingeborg Esenwein-Rothe: Die Wirtschaftsverbände von 1933 bis 1945, Berlin 1965, S. 33 (= Schriften des Vereins für Socialpolitik, NF Band 37, Wirtschaftsverbände und Wirtschaftspolitik).
Vgl. zur Darstellung der NSBO und DAF mit ausführlichen Literaturangaben u.a. Karl Dietrich Bracher: Stufen der Machtergreifung, a.a.O., S. 176 ff.; Gerhard Schulz: Die Anfänge des totalitären Maßnahmenstaates. In: Karl Dietrich Bracher u.a.: Die nationalsozialistische Machtergreifung, a.a.O., S. 627 ff; David Schoenbaum: Die braune Revolution. Eine Sozialgeschichte des Dritten Reiches, Köln und Berlin 1968 (Titel der amerikanischen Originalausgabe: Hitler's Social Revolution. Class and Status in Nazi Germany 1933—1939), S. 116 ff.; Dieter von Lölhöffel: Die Umwandlung der

Gewerkschaften in eine nationalsozialistische Zwangsorganisation. In: Ingeborg Esenwein-Rothe, ebd., S. 145 ff.; Franz Neumann: Behemoth, a.a.O., S. 337 ff.

79) Vgl. die letzte Bekanntmachung, in der die Fachgruppe Film der NSBO erwähnt wurde, vom 24. Juni 1933, unterzeichnet für die NSBO-Leitung der Parteiorganisation der NSDAP von Reinhold Muchow und für das Propagandaministerium von Arnold Raether. (Kinematograph Nr. 125 vom 1.7.1933)
Muchow war wie Strasser Anhänger des "sozialrevolutionären" Flügels der Partei. Er blieb auch nach dem Ausscheiden Strassers noch aktiv als Führer der NSBO. Im September 1933 kam er durch einen ungeklärten Schußwaffenunfall ums Leben. (Vgl. Karl Dietrich Bracher: Stufen der Machtergreifung, a.a.O., S. 185; sowie Ingeborg Esenwein-Rothe: Die Wirtschaftsverbände von 1933 bis 1945, a.a.O., Anlage 2, Nr. 13, S. 190)

80) Die erste Gruppe, der "künstlerische Stab", umfaßte Drehbuchautoren, Kameraleute, Darsteller, Regisseure und andere; zur zweiten gehörten u.a. die Komparserie, die Maskenbildner und Requisiteure; die dritte Gruppe bezog das Büropersonal aller Sparten (Produktion, Verleih, Vertrieb) und das Kinopersonal ein.

81) Vgl. Kinematograph Nr. 70 vom 8.4.1933 und Nr. 71 vom 11.4.1933.

82) Vgl. "Mitteilungen des Kampfbundes für deutsche Kultur" (1. Jg. 1929, München); vgl. Hildegard Brenner: Die Kunstpolitik des Nationalsozialismus, Reinbek bei Hamburg, 1963, S. 55.

83) Vgl. Joseph Wulf: Theater und Film im Dritten Reich, a.a.O., S. 292.

84) Vgl. hierzu Kinematograph Nr. 115 vom 17.6.1933.

85) Harry Rohwer-Kahlmann: Die Reichsfilmkammer. Ständischer Aufbau und Hoheitsmacht, Leipzig 1936, hier S. 28; als Dissertation vorgelegt unter dem Titel: Aufbau und Hoheitsbefugnisse der Reichsfilmkammer, Leipzig 1936;
vgl. ferner Jahrbuch der Filmindustrie 1933, Jg. V, hrsg. von Karl Wolffsohn, Berlin 1933, insbes. S. 437)

86) Vgl. zu dem Briefwechsel Hildegard Brenner: Die Kunstpolitik des Nationalsozialismus, a.a.O., S. 55 f.; sowie im Bundesarchiv: R 43 II/1244.

87) Hildegard Brenner meint zu diesem Konkurrenzkampf: "Was Goebbels diesen Ressortsieg eingetragen hatte, war nicht zuletzt die von seinen Kollegen viel beneidete Geschicklichkeit des Usurpators." (Hildegard Brenner: Die Kunstpolitik des Nationalsozialismus, a.a.O., S. 55).

88) Das spätere Verhältnis von Arbeitsfront und Kulturkammer wurde auf dem Verordnungswege geregelt: Die Reichskulturkammer wurde korporatives Mitglied der DAF, d.h. eine gleichzeitige Einzelmitgliedschaft von Personen oder Gesellschaften in beiden Organisationen war nicht möglich. Ein Mitglied der Kulturkammer hatte seine "Pflicht dem ständischen Aufbau des deutschen Volkes gegenüber" bereits erfüllt. Die Mitglieder der RKK galten demnach ohne weiteres als Mitglieder der DAF. Im übrigen entsandte die DAF einen Verbindungsmann zur RKK und umgekehrt. (Vgl. Bekanntmachung betreffend Reichskulturkammer und Arbeitsfront vom 12.2.1934, veröffentlicht im Völkischen Beobachter vom 13.2.1934; vgl. ferner den Briefwechsel zwischen Goebbels und Ley vom 3./8. Februar 1937, abgedruckt in: Filmhandbuch. Als ergänzbare Sammlung hrsg. von der Reichsfilmkammer, begründet und bearbeitet von Heinz Tackmann, Berlin o.J., Teil V A 16—17).

89) Der Gegensatz von Arbeitnehmern und Arbeitgebern bzw. Unternehmern im Film — die ideologische Verdrehung der Begriffe wurde beibehalten — kam auch in der NS-Gesetzgebung zum Ausdruck: Das Filmkammergesetz stellte dem "Unternehmer" den "Filmschaffenden" gegenüber, um die Funktionen beider Interessengruppen voneinander abzugrenzen. Die Durchführungsverordnung gab der Berufsgruppe der Filmschaffenden den erklärenden Zusatz "künstlerische und sonstige Arbeitnehmer". Vgl. hierzu Walther Plugge und Georg Roeber: Die berufsständische Neuordnung des deutschen Filmwesens, in: Archiv für Urheber-, Film- und Theaterrecht (Ufita), Berlin, 7.

Jg. 1934, S. 1—27, hier S. 3 f.

90) Vgl. demgegenüber noch den Kinematograph Nr. 59 vom 24.3.1933: "Der Hinweis, durch die Vorzensur werde eine absolute Reinigung der Produktion erzielt, ist nicht stichhaltig." Damals forderte die Zeitschrift die geistige Anpassung anstelle nachträglicher Berichtigung; der Vorwand, eine Vorzensur gäbe den Produzenten Sicherheit, wurde zu diesem Zeitpunkt noch zurückgewiesen.

91) Vgl. die Begründung zum Filmkammergesetz, in: Die Gesetze und Verordnungen für das deutsche Filmwesen, Teil II, Berlin 1934, zusammengestellt von Ernst Seeger; ferner Harry Rohwer-Kahlmann: Die Reichsfilmkammer. Ständischer Aufbau und Hoheitsmacht, Leipzig 1936.

92) Vgl. Harry Rohwer-Kahlmann: Die Reichsfilmkammer, a.a.O., S. 28; Gerhart Heyer: Aufbau und Zuständigkeit der Reichsfilmkammer, Hamburg 1937, S. 11; sowie den Jahresbericht der Reichsfilmkammer von 1934.

93) Vgl. den Jahresbericht der Reichsfilmkammer von 1934.
Der "Reichsvereinigung" gehörten alle nicht im "Reichsverband Deutscher Filmtheater" organisierten Veranstalter von Filmvorführungen, insbesondere also auch sogenannte "gemeinnützige" Spielstellen, Wandervorführer, Filmvortragsreisende und Werbevorführer an.
Die ursprünglich ebenfalls vorgesehene Bildung einer Berufsgruppe der Halter von Urheber- und Patentrechten in der Filmwirtschaft wurde abgelehnt; die wichtigsten Firmen auf diesem Gebiet (u.a. Tobis-Tonbild Syndikat AG, Klangfilm GmbH, Gema, Stagma) wurden unmittelbare, d.h. nicht über einen Berufsverband, Mitglieder der Kammer.
Ein zunächst aufgenommener "Verband der Deutschen Rohfilmindustrie" (ein Zusammenschluß der Konzerne Agfa bzw. IG Farben, Kodak AG und Zeiss Ikon AG) schied aufgrund einer Grenzziehung zwischen dem Wirtschafts- und Propagandaministerium aus dem Kompetenzbereich der Filmkammer wieder aus. Die Rohfilmfabrikation blieb jedoch durch einen "Interessengemeinschaftsvertrag" mit den Kulturkammern verbunden.

94) Vgl. Film-Kurier vom 6.10.1933 und Kinematograph Nr. 195 vom 7.10.1933.

95) Vgl. Alexander Jason: Handbuch des Films 1935/36, a.a.O., S. 36.

96) § 3 des "Gesetzes über die Errichtung einer vorläufigen Filmkammer" (RGBl I 1933 S. 483)

97) § 6 der "Verordnung über die Errichtung einer vorläufigen Filmkammer" (RGBl I 1933 S. 531).

98) Vgl. § 7 der Filmkammer-Verordnung vom 22.7.1933.

99) Veröffentlicht im Film-Kurier am 11.8.1933.

100) Veröffentlicht im Film-Kurier am 15.8.1933.

101) Veröffentlicht im Film-Kurier am 14.8.1933.

102) Veröffentlicht im Film-Kurier am 17.8.1933.

103) Veröffentlicht im Film-Kurier am 20.9.1933.

104) Gerhard Menz: Der Aufbau des Kulturstandes. Die Reichskulturkammer-Gesetzgebung, ihre Grundlagen und ihre Erfolge, München und Berlin 1938, S. 58.

105) Vgl. hierzu Hildegard Brenner: Die Kunstpolitik des Nationalsozialismus, a.a.O., S. 57.

106) "Gesetz zur Errichtung einer Reichskulturkammer" vom 22.9.1933 ("Reichskulturkammergesetz"); RGBl I 1933 S. 661.

107) Es handelte sich natürlich nicht um ein "Ermächtigungsgesetz" im strengen juristisch-technischen Sinne, sondern lediglich um ein "Rahmengesetz".
Vgl. hierzu Hans Schmidt-Leonhardt: Die Reichskulturkammer, Berlin 1936, S. 5.

108) Ernst Rudolf Huber: Verfassungsrecht des Großdeutschen Reiches, Hamburg, 2. Aufl. 1939, S. 240.

109) Carl Schmitt: Fünf Leitsätze für die Rechtspraxis, Berlin 1933, hier Leitsatz 4.

110) Vgl. Franz Neumann: Der Funktionswandel des Gesetzes im Recht der bürgerlichen Gesellschaft, in: ders.: Demokratischer und autoritärer Staat. Studien zur politischen Theorie, Frankfurt/Main-Wien 1967, S. 63ff.; zur Zerstörung des auf Gewaltenteilung und Volkssouveränität beruhenden Weimarer Verfassungssystems und zum Übergang dieser Souveränität auf den "Führer" vgl. auch Hans-Joachim Blank und Joachim Hirsch: Vom Elend des Gesetzgebers. Versuch über die Möglichkeit und Unmöglichkeit demokratischer Gesetzgebung in einer kapitalistischen Gesellschaft, in: Der CDU-Staat, hrsg. von G. Schäfer und C. Nedelmann, Frankfurt/Main, 2. Aufl. 1969, S. 133 ff.

111) Auch der "Reichsnährstand" gehörte zu den quasi-gesellschaftlichen Zwangsverbänden, die neben Ministerien und Verwaltungsbehörden als Gesetzgeber fungierten.

112) Nach der 5. Durchführungsverordnung vom 28.10.1939 (RGBI I 1939 S. 2118) wurde die Rundfunkkammer aufgelöst, ihre Rechte und Pflichten gingen auf die Reichsrundfunkgesellschaft über.

113) So existierten im Sommer 1933 folgende Organisationen mit Zwangscharakter: Reichsverband der Deutschen Schriftsteller e.V., Reichsarbeitsgemeinschaft der Deutschen Presse, Nationalsozialistische Rundfunkkammer e.V., Reichskartell der Deutschen Musikerschaft e.V.; vgl. hierzu Karl Friedrich Schrieber: Die Reichskulturkammer. Organisation und Ziele der deutschen Kulturpolitik, Berlin 1934, S. 18.

114) Vgl. u.a. Kinematograph Nr. 223 vom 16.11.1933.

115) Harry Rohwer-Kahlmann: Die Reichsfilmkammer, a.a.O., S. 33.

116) Schmidt-Leonhardt wandte sich gegen den Begriff einer "Zentrale" und sprach von der "Gesamtheit aller in ihr zusammengefaßten Verwaltungen und Mitglieder". (Vgl. Hans Schmidt-Leonhardt: Die Reichskulturkammer, a.a.O., S. 23) Die "Zentrale" als das unmittelbare Organ des Präsidenten und Propagandaministers stände zu den Einzelkammern nicht im Verhältnis zu einer ersten und zweiten Instanz, sondern einer Präsidialverwaltung zu Teil- und Fachverwaltungen.

117) Heyer definierte in der Juristensprache eine "Gesamtkörperschaft des öffentlichen Rechts" wie folgt: "Gesamtkörperschaft des öffentlichen Rechts ist eine mehrere Körperschaften des öffentlichen Rechts umfassende Körperschaft des öffentlichen Rechts, deren sie sich zur Erfüllung ihrer Aufgaben bedient und über welche sie Machtbefugnisse ausübt." (Gerhart Heyer: Aufbau und Zuständigkeit der Reichsfilmkammer, a.a.O., S. 10)

118) Peter Gast: Die rechtlichen Grundlagen der Reichskulturkammer. In: Handbuch der Reichskulturkammer, hrsg. von Hans Hinkel und bearb. von Günther Gentz, Berlin 1937, S. 21.

119) Im einzelnen waren den Kammerpräsidenten durch die Erste Verordnung zur Durchführung des Reichskulturkammergesetzes vom 1.11.1933 folgende Aufgaben zugeteilt worden:
Aufnahme und Ausschluß von Kammermitgliedern (§§ 10 und 16), Abfassung der Satzungen (§ 19), Aufstellung der Haushalte (§ 23) und Erlaß von Anordnungen und sonstigen Bestimmungen (§ 25).

120) Vgl. zur personellen Zusammensetzung der Einzelkammern Joseph Wulfs fünfbändige Materialsammlung: Kunst und Kultur im Dritten Reich, Gütersloh 1963/64; sowie Hildegard Brenner: Die Kunstpolitik des Nationalsozialismus, a.a.O., insbes. S. 58.

121) Scheuermann, der sein juristisches Spezialgebiet im Grundstücks- und Mietrecht hatte, war hauptsächlich Berater in der Bau- und Wohnwirtschaft.

122) Helmut Klein: Der berufsständische Gedanke im italienischen Korporationssystem, in: Deutsche Wirtschaftszeitung, 29. Jg., H. 30/1932, S. 716 ff., zit. nach Heinrich August Winkler: Unternehmerverbände zwischen Ständeideologie und Nationalsozia-

lismus, in: Vierteljahrshefte für Zeitgeschichte, Stuttgart, 17. Jg., H. 4/Oktober 1969, S. 341 ff., hier S. 352.

123) Vgl. hierzu J. Wulf: Theater und Film im Dritten Reich, a.a.O., S. 324 ff.; ausführliche Angaben ferner in den Personalakten des Berliner Document Center: BDC-RKK Fritz Scheuermann.

124) Vgl. Rheinisch-Westfälische Filmzeitung (Düsseldorf), 7. Jg. 1935, Nr. 43 vom 19.10. 1935.

125) Vgl. W. Plugge und G. Roeber: Die berufsständische Neuordnung des deutschen Filmwesens, in: Ufita, 7. Jg., H. 1/1934, S. 1 ff., hier S. 9; vgl. zu der Zusammensetzung späterer Präsidialräte Joseph Wulf: Theater und Film im Dritten Reich, a.a.O., S. 313 f.

126) Vgl. Gerhart Heyer: Aufbau und Zuständigkeit der Reichsfilmkammer, a.a.O., S. 12, sowie Hans Schmidt-Leonhardt: Die Reichskulturkammer, a.a.O., hier S. 22.

127) Vgl. den Verwaltungsbericht des Reichsverbandes Deutscher Filmtheater über das Geschäftsjahr 1933/34, in: Aufträge, Entschließungen und Verwaltungsbericht des Reichsverbandes Deutscher Filmtheater 1933/34, hrsg. vom Reichsverband Deutscher Filmtheater, Berlin 1934, S. 9 ff. Vgl. zum Lebenslauf von Pfennig: BDC-RKK Personalakte Bruno Pfennig.

128) Vgl. die Anordnung betr. Umorganisation vom 15. 12. 1934, veröffentlicht im Völkischen Beobachter am 18. 12. 1934. Vgl. ferner Harry Rohwer-Kahlmann: Die Reichsfilmkammer, a.a.O., S. 28 ff.; sowie Gerhart Heyer: Aufbau und Zuständigkeit der Reichsfilmkammer, a.a.O., S. 11.

129) Anzahl der Mitglieder:
31. 12. 1933   5.458
31. 12. 1934   5.520
31. 12. 1935   5.989
31. 12. 1936   6.782
(Vgl. Arbeitsbericht der Fachschaft Film für das Jahr 1936; BA R 56 VI/10)

130) H. Rohwer-Kahlmann: Die Reichsfilmkammer, a.a.O., S. 29.

131) Nach der Zweiten Verordnung zur Durchführung des Reichskulturkammergesetzes vom 9. 11. 1933 (RGBl I 1933 S. 969) mußte die Mitgliedschaft bis zum 15. Dezember 1933 bei der Filmkammer angemeldet worden sein.
Eine "unmittelbare" Mitgliedschaft wurde nur in Ausnahmefällen "gewährt"; sie war möglich, wenn ein entsprechender Fachverband fehlte — wozu allerdings der Organisationsdrang der Nationalsozialisten kaum Gelegenheit gab. Zu den wenigen Ausnahmen gehörten die Patent- und Urheberrechtshalter.

132) Unter der paritätischen Aufsicht der Reichsfachschaft Film und des damals noch bestehenden Verbandes der Filmindustriellen nahm der "Filmnachweis" am 19. Juli 1934 seine Tätigkeit auf. (Vgl. die entsprechende Verordnung der Reichsfilmkammer vom 17.7.1934, veröffentlicht im Film-Kurier vom 19. 7. 1934)
Außer dieser auf Verbesserung der Kontrollmöglichkeiten angelegten Institution befand sich in der Reichsfilmkammer als der Verwaltungszentrale eine Abteilung für "Hoheitsfragen", eine "Wirtschaftsabteilung", eine "juristisch-wissenschaftliche Abteilung" und eine "Finanzabteilung". Für jede dieser Abteilungen war ein Referent bestellt.

133) Vgl. die Verordnung der Reichsfilmkammer vom 6. 2. 1935, veröffentlicht im Film-Kurier vom 9. 2. 1935.

134) Hans Schmidt-Leonhardt: Die Reichskulturkammer, a.a.O., S. 18

135) Gerhard Menz: Der Aufbau des Kulturstandes, a.a.O., S. 10.

136) Hans Schmidt-Leonhardt: Die Reichskulturkammer, a.a.O., S. 18.

137) Während § 3 des Filmkammergesetzes "die für die Ausübung des Filmgewerbes erfor-

derliche Zuverlässigkeit" verlangte, erforderte § 10 der Ersten Durchführungsverordnung zum Kulturkammergesetz, daß "die in Frage kommende Person die für die Ausübung ihrer Tätigkeit erforderliche Zuverlässigkeit und Eignung" besaß.

138) Vgl. hierzu Gerhart Heyer: Aufbau und Zuständigkeit der Reichsfilmkammer, a.a.O., S. 14 f., sowie H. Rohwer-Kahlmann: Die Reichsfilmkammer, a.a.O., S. 69; vgl. vor allem zu den einzelnen wirtschaftlichen und fachlichen Bedingungen Bruno Pfennig: Erwerb und Verlust der Einzelmitgliedschaft nach der Reichskulturkammergesetzgebung, in: Ufita, 7. Jg., H. 1/1934, S. 28—49, hier S. 35 ff.; ferner W. Plugge und G. Roeber: Die berufsständische Neuordnung des deutschen Filmwesens, ebd., S. 15 ff.

139) W. Plugge und G. Roeber: Die berufsständische Neuordnung des deutschen Filmwesens, a.a.O., S. 16; weiter hieß es: "Die nichtarische Abstammung ist auch in bezug auf die Filmschaffenden kein Ablehnungs- oder Ausschließungsgrund." Auch für Heyer war 1937 die Frage der "nichtarischen Abstammung" — zumindest auf dem Papier — noch unklar. (Vgl. G. Heyer: Aufbau und Zuständigkeit der Reichsfilmkammer, a.a. O., S. 15 f.) Schrieber forderte im Jahre 1934 die Anwendung "besonders strenger Maßstäbe bei Fremdstämmigen" etwa sinngemäß der Beamtengesetzgebung; er stellte jedoch formal exakt fest: "Nichtarier sind also ebenso wie Ausländer von der Zugehörigkeit zur Reichskulturkammer nicht ausgeschlossen". (Karl Friedrich Schrieber: Die Reichskulturkammer, a.a.O., S. 29)

140) Bereits im Gesetz zur Wiederherstellung des Berufsbeamtentums vom 7.4.1933 (RGBl I 1933 S. 175) hieß es in § 3: Beamte, die nicht arischer Abstammung sind, sind in den Ruhestand zu versetzen.

141) Schriftleiter durfte nach dem Schriftleitergesetz vom 4. 10. 1933 (RGBl I 1933 S. 713) nur sein, wer selbst arischer Abstammung war, und falls er verheiratet war, eine Ehefrau arischer Abstammung hatte.

142) Jahrbuch der Reichsfilmkammer 1937, Berlin 1937, S. 194.

143) Über die Zahl der ausgewanderten, ausgebürgerten, verhafteten und mit Berufsverbot belegten Juden und Antifaschisten aus dem Bereich des Films fehlen bis heute exakte Unterlagen. Erst nach eingehenden Untersuchungen wird sich hierüber Genaueres sagen lassen. Einen wichtigen ersten Einblick bietet das Sammelwerk: Juden im deutschem Kulturleben, hrsg. von Siegmund Kaznelson, 2. stark erweiterte Auflage, Berlin 1959, insbes. das Kapitel "Film" von Rudolf Arnheim, S. 220 ff.; vgl. allgemein zur Vertreibung der Juden Wolfgang Scheffler: Judenverfolgung im Dritten Reich 1933 bis 1945, Frankfurt/Main—Wien—Zürich 1961; Helmut Genschel: Die Verdrängung der Juden aus der Wirtschaft im Dritten Reich, Göttingen 1966.

144) Vgl. Rede in den Tennishallen von Berlin am 19. 5. 1933; zitiert nach Curt Belling: Der Film in Staat und Partei, a.a.O., hier S. 33, 34/35, S. 35 und 36.

145) Vgl. Rede bei der ersten Jahrestagung der RFK am 5. 3. 1937 in der Berliner Krolloper; zit. nach dem Jahrbuch der Reichsfilmkammer 1937, Berlin 1937, S. 63.

146) Vgl. hierzu die von Albrecht zusammengestellten Arbeitsverdienste von Schauspielern in den Kriegsjahren (G. Albrecht, a.a.O., S. 408). An dieser Spitze der Gagenliste standen Hans Albers (durchschnittliches Jahreseinkommen: 238.666 RM) und Paula Wessely (130.000 RM). Zarah Leander erhielt nach einem Vertrag vom 1. 9. 1940 für fünf bis sechs Filme 1 Mio RM. (Zusatz: Bei Meinungsverschiedenheiten mit der Ufa AG entscheidet das Propagandaministerium; vgl. BA R 2/4802)

147) Vgl. § 2 des Filmkammergesetzes sowie analog dazu § 3 der Ersten Durchführungsverordnung zum Kulturkammergesetz.

148) H. Rohwer-Kahlmann: Die Reichsfilmkammer, a.a.O., S. 34.

149) Protokoll der Vorstandssitzung vom 29. 3. 1933, zit. nach Gerd Albrecht: Nationalsozialistische Filmpolitik, a.a.O., S. 18 f., Anm. 53; unmittelbar betroffen von dieser Entlassungsmöglichkeit war der Regisseur Eric Charell.

150) Rede auf der Jahrestagung der Reichsfilmkammer 1937, a.a.O., S. 65.

151) Heinrich August Winkler: Unternehmerverbände zwischen Ständeideologie und Nationalsozialismus, in: Vierteljahrshefte für Zeitgeschichte, Stuttgart, 17. Jg., H. 4, Oktober 1969, S. 341 ff., hier S. 362.

152) Vgl. Alexander Jason: Handbuch des Films 1935/36, a.a.O., S. 48 f.

153) RGBl 1933 S. 393. Bereits die Weimarer Regierung hatte das alte Gesetz am 29. 11. 1931 (RGBl I 1931 S. 689) und am 29. 6. 1932 (RGBl 1932 S. 341) verlängert.

154) Vgl. die Amtliche Begründung zur Vierten Verordnung über die Vorführung ausländischer Bildstreifen vom 28. 6. 1933; abgedruckt in: Filmhandbuch, a.a.O., III C 12.

155) Vgl. hier § 2 der Dritten Verordnung über die Vorführung ausländischer Bildstreifen; sowie ausführlich Henning von Boehmer und Helmut Reitz: Der Film in Wirtschaft und Recht. Seine Herstellung und Verwertung. Mit einer graphischen Übersicht über den Umlauf des Geldes in der Filmindustrie, Berlin 1933, S. 65 ff.

156) Vgl. § 2 der Vierten Verordnung über die Vorführung ausländischer Bildstreifen vom 28. 6. 1933.

157) Vgl. zur Weiterbeschäftigung von "Nichtariern" aufgrund von Sondergenehmigungen Gerd Albrecht: Die nationalsozialistische Filmpolitik, a.a.O., S. 208 f.

158) RGBl I 1937 S. 665.
Außerdem wurde die Gültigkeit des Gesetzes und der Verordnungen auf unbegrenzte Zeit festgesetzt.

159) RGBl I 1935 S. 1146.
Dieses "Blutschutzgesetz" verbot vor allem die Eheschließung zwischen Juden und Nichtjuden.

160) Vgl. Wolfgang Scheffler: Judenverfolgung im Dritten Reich 1933 bis 1945, Frankfurt/Main, Wien, Zürich 1961, S. 28 ff.; Helmut Genschel: Die Verdrängung der Juden aus der Wirtschaft im Dritten Reich, Göttingen, Berlin, Frankfurt/Main, Zürich 1966, S. 114 ff.; sowie die Gesetzestexte im Zusammenhang bei Bruno Blau: Das Ausnahmerecht für die Juden in Deutschland 1933 bis 1945, Düsseldorf, 2. Aufl. 1954.

161) Arnold Raether: Der Aufbau der Reichsfilmkammer, in: Filmtheaterführung. Zweites Schulungsjahr 1935/36, hrsg. von dem Landesverband Berlin-Brandenburg-Grenzmark e.V., Berlin 1936, S. 23.

162) Vgl. die Begründung zum Gesetz über die Vorführung ausländischer Filme vom 11. 7. 1936 (BA R 2/4788).

163) RGBl Nr. 107 S. 953.
Gültig war bis zum Neuerlaß eines Filmgesetzes durch die Nationalsozialisten die Fassung einschließlich der Gesetze vom 23. 12. 1922 und 31. 3. 1931 sowie der Dritten Notverordnung vom 6. 10. 1931. (Vgl. den Kommentar von Ernst Seeger in der zweiten Auflage: Reichslichtspielgesetz vom 12. Mai 1920, a.a.O.; sowie weitere Literatur im Anhang.)

164) Vgl. zur Entwicklung der Filmzensur-Gesetzgebung u.a. Kurt Zimmereimer: Filmzensur, Breslau/Neukirch 1934 (als Diss. gedruckt in: Abhandlungen der Rechts- und Staatswissenschaftlichen Fakultät der Universität Königsberg, H. 5), S. 41 ff.

165) Demgegenüber hatten vorherige Entwürfe ausdrücklich auch die Vorzensur von Filmen abgelehnt. Vgl. im einzelnen K. Zimmereimer: Filmzensur, a.a.O., hier S. 74 ff.; sowie Walter König: Das öffentliche Lichtspielrecht im Deutschen Reich in Vergangenheit und Gegenwart, Berlin 1937 (Diss. Tübingen 1937), insbes. S. 53 ff.

166) In diesem Zusammenhang muß auch das NS-Gesetz über den Neuaufbau des Reiches vom 30. 1. 1934 (RGBl I 1934 S. 75), das die Hoheitsrechte der Länder beseitigte, gesehen werden; denn das Widerrufsrecht von Filmzulassungen, wie es das Reichslichtspielgesetz von 1920 vorsah, wurde den Ländern damit genommen. So hatte z.B. 1926 die Württembergische Regierung den bereits zugelassenen Potemkin-Film wieder verboten. Vgl. hierzu Ludwig Cellarius: Präventivpolizei und Repressivmaßnahmen, insbes.

im Lichtspielwesen, Gießen (Diss.) 1933, S. 77 ff.
167) RGBl 1934 S. 95.
Den Kommentar nannte sein Verfasser Seeger bezeichnenderweise "Nachtrag": Lichtspielgesetz vom 16. Februar 1934, nebst Durchführungsverordnungen und Gebührenordnung sowie den geltenden Kontingentbestimmungen, zugleich Nachtrag zur 2., neubearbeiteten Auflage des "Reichslichtspielgesetzes vom 16. Mai 1920". Für die Praxis erläutert von Dr. jur. Ernst Seeger, Berlin 1934.
168) Vgl. Die Gesetze und Verordnungen für das deutsche Filmwesen, zusammengestellt von Ministerialrat Dr. Seeger, Leiter der Abteilung Film im Reichsministerium für Volksaufklärung und Propaganda, Teil II: Einschließlich Reichslichtspielgesetz vom 16. 2. 1934, Berlin 1934, hier S. 4.
169) Die Erste Verordnung zur Durchführung des Lichtspielgesetzes vom 20.2.1934 löste (mit Wirkung vom 28. 2. 1934) die im süddeutschen Zentrum der Filmindustrie ansässige Prüfstelle auf. (RMBl 1934 S. 83). Die Oberprüfstelle blieb auch weiterhin in Berlin.
170) Demgegenüber waren die Beisitzer vor 1933 bzw. 1934 mit vollem Stimmrecht auf Vorschlag der Interessenverbände vom Innenminister für drei Jahre ernannt worden.
171) Die wesentlichen Auskünfte über die Arbeit der Filmprüfstelle und über den Ablauf der Prüfverfahren erhielt der Verfasser von Dr. Arnold Bacmeister.
172) In § 17 des Lichtspielgesetzes war genau bestimmt, daß je ein Beisitzer "den Kreisen des Lichtspielgewerbes, der Kunst und des Schrifttums" angehören mußten, während der vierte Beisitzer aus einer der anderen Kammern berufen wurde. Damit zerfiel das Gremium nicht mehr in einen "künstlerischen" und einen "volkstümlichen" Teil, wie es das Weimarer Filmgesetz verlangte: Persönlichkeiten der "Volksbildung, der Volks- und Jugendwohlfahrt" wurden am Prüfungsverfahren nicht mehr beteiligt. Für Seeger lag die Begründung darin, daß die Reichskulturkammer "Trägerin der Sachkunde auf diesem Kulturgebiet" war, in ihr aber waren diese Interessengruppen nicht mehr vertreten. (Vgl. Lichtspielgesetz vom 16. Februar 1934, für die Praxis erläutert von Ernst Seeger, a.a.O., S. 30 f.)
173) In den 12 Jahren NS-Herrschaft waren u.a. Leiter einer Prüfkammer: Dr. phil. Hans Erich Schrade (SA-Sturmführer und Geschäftsführer der Reichstheaterkammer), Dr. Leonhardt Böttger (Legationssekretär im Auswärtigen Amt und Dolmetscher Görings), Walter von Allwörden (Leiter der Kontingentstelle) und Dr. jur. Arnold Bacmeister, der spätere Leiter der Filmprüfstelle.
174) Gemäß § 21 war "den von der zuständigen Behörde mit der Überwachung betrauten Amtspersonen des öffentlichen Sicherheitsdienstes gelegentlich der Vorführung des Films" die Zulassungskarte vorzulegen.
175) Vgl. die Zweite Verordnung zur Durchführung des Lichtspielgesetzes vom 8. März 1934 (RMBl S. 116).
176) Gemeint ist hier § 5 des Lichtspielgesetzes: Verbotene Filme können auf Antrag zur Verbreitung im Ausland zugelassen werden.
Walter Burk: Das Lichtspielwesen in Deutschland unter rechtspolitischer Beleuchtung des Lichtspielgesetzes, Pfungstadt 1935 (Diss. Gießen 1935), S. 29.
177) Vgl. § 12 des Lichtspielgesetzes, nach dem Goebbels als Propagandaminister "die Nachprüfung eines von der Prüfstelle zugelassenen Filmes durch die Oberprüfstelle anordnen" konnte.
178) Vgl. Walter Burk: Das Lichtspielwesen in Deutschland, a.a.O., S. 51 f.; K. Zimmereimer: Filmzensur, a.a.O., S. 100 f.)
179) Der öffentlichen Vorführung war die in Vereinen oder anderen "geschlossenen Gesellschaften" gleichgestellt. Diese Regelung blieb jedoch dubios und irreal, da nirgends der Charakter der Nicht-Öffentlichkeit eindeutig festgelegt war.
180) Walter Burk: Das Lichtspielwesen in Deutschland, a.a.O., S. 47 f.

181) Amtliche Begründung zum Lichtspielgesetz, in: Reichsanzeiger vom 20. 2. 1934.
182) Vgl. Jabob Overmans S.J.: Selbstzensur der amerikanischen Filmindustrie, in: Stimmen der Zeit, 61. Jg., H. 11/August 1931; ausführlich zitiert bei Wolfgang Petzet: Verbotene Filme. Eine Streitschrift, Frankfurt/Main 1931, S. 136 f.
Vgl. zur Entwicklung des sog. "Production Code" die Darstellung von Ruth A. Ingles: Der amerikanische Film. Eine kritische Studie, Nürnberg 1951, insbes. S. 105 ff.
183) Vgl. hierzu H. v. Boehmer und H. Reitz: Der Film in Wirtschaft und Recht, a.a.O., S. 44.
184) Vgl. Berliner Tageblatt vom 12. Juli 1931.
185) Im Katalog der Aufgaben des Dramaturgischen Büros der RFK waren zusätzlich aufgeführt:
— Beteiligung des Reichspropagandaministeriums bei politisch bedeutsamen Filmen und
— Entgegenwirken einer Serien-Fabrikation.
(Vgl. Kinematograph vom 4. 11. 1933; sowie Walter Burk: Das Lichtspielwesen in Deutschland, a.a.O., S. 48)
186) Vgl. § 2 des Lichtspielgesetzes vom 16. 2. 1934.
187) Carl Schmitt: "Verfassungslehre", 1. Aufl., München-Leipzig 1928, S. 168.
188) Kinematograph Nr. 27 vom 8. 2. 1934.
189) Kinematograph Nr. 243 vom 15. 12. 1934.
190) In der Anordnung der Reichsfilmkammer hieß es:
"Wenn der Reichsfilmdramaturg von einem dieser Vorhaben Exposé und Drehbuch zur Begutachtung und Prüfung a n f o r d e r t , . . .". (Vgl. Kinematograph Nr. 243 vom 15. 12. 1934; Hervorhebung vom Verfasser.)
191) Vgl. die Erklärung von Dr. Scheuermann im "Kinematograph" Nr. 10 vom 15. 1. 1935.
192) Vgl. Völkischer Beobachter vom 1./2. 12. 1935.
193) Vgl. Kinematograph Nr. 243 vom 15. 12. 1934.
194) Vgl. hierzu Berliner Börsen-Zeitung vom 30. 11. 1934; sowie Walter Burk: Das Lichtspielwesen in Deutschland, a.a.O., S. 49 f. — Burk wandte sich im übrigen gegen eine Veränderung im Vorzensurverfahren.
195) Vgl. in diesem Zusammenhang die Amtliche Begründung zum Lichtspielgesetz: "Mit der Zulassung eines Films durch seine Organe übernimmt der Staat in gewissem Umfang die Mitverantwortung für die moralische und auch künstlerische Gestaltung". (Reichsanzeiger vom 20. 2. 1934)
196) Kinematograph Nr. 14 vom 19. 1. 1935 (Hervorhebung vom Verfasser).
197) Vgl. hierzu Walter Keim: Filmpropaganda und Filmpolitik der nationalsozialistischen Bewegung 1930—1935, Marburg 1963 (masch.schriftl. Staatsexamensarbeit), S. 33 f.
198) So z.B. Gerhart Heyer: Aufbau und Zuständigkeit der Reichsfilmkammer, a.a.O., S. 25; vgl. auch Walter Burk: Das Lichtspielwesen in Deutschland, a.a.O., S. 49 f.
199) Vgl. § 12 des Lichtspielgesetzes vom 16. 2. 1934:
"Der Reichsminister für Volksaufklärung und Propaganda kann die Nachprüfung eines von der Filmprüfstelle zugelassenen Films durch die Oberprüfstelle anordnen und die weitere Vorführung des Films bis zu deren Entscheidung untersagen."
200) Vgl. den Text des Zweiten Änderungsgesetzes.
Dieses Ergänzungsgesetz wurde von Heinz Tackmann als Abs. 2 des § 12 in das Lichtspielgesetz einbezogen. (Vgl. Filmhandbuch der Reichsfilmkammer, a.a.O., III B I, S. 3 f.) Demgegenüber fügten andere Kommentatoren die ergänzende Vorschrift als § 23 a in das Lichtspielgesetz ein. (Vgl. Walter Schubert: Das Filmrecht des nationalsozialistischen Staates, a.a.O., S. 10; Bruno Pfennig: Das neue Filmrecht, a.a.O., S. 372; Walter König: Das öffentliche Lichtspielrecht, a.a.O., S. 122 und 126 f.)

201) Vgl. die Amtliche Begründung im Reichsanzeiger Nr. 150 von 1935; zit. nach F. Schack: Änderungen und Ergänzungen des Lichtspielgesetzes vom 16. Februar 1934, in: Ufita, 8. Jg. 1935, S. 405 bis 409, hier S. 406 f.
202) Vgl. die Amtliche Begründung zum Zweiten Gesetz zur Änderung des Lichtspielgesetzes.
203) Als Leiter einer nachgeordneten Dienststelle war Bacmeister Beamter des Propagandaministeriums. Im Jahre 1942 leitete er das Referat 2, das u.a. für die Sachgebiete "Filmzensur", "Filmfachpresse", "Filmschaffende", "Filmgagen" und "Filmherstellung" zuständig war. (Vgl. Geschäftsverteilungsplan vom 1. 11. 1942; BA R 2/4750)
204) Vgl. Licht-Bild-Bühne und Film-Kurier vom 31.3.1936.
205) Krause war in einen Verleumdungsprozeß mit dem Regisseur Geza von Bolvyra verwickelt, der jedoch zu seinen Gunsten entschieden wurde. (RDC-RKK Willi Krause) Vielleicht war der Rücktritt in diesem Zusammenhang zu sehen.
206) Dieser 1935 produzierte Film, ausgezeichnet mit dem höchsten Prädikat "staatspolitisch und künstlerisch besonders wertvoll", war ein Auftragsfilm der Reichspropagandaleitung der NSDAP (Hauptamt Film), durch deren Verleihsystem er auch vertrieben wurde. (Vgl. zu diesem Film Erwin Leiser: "Deutschland, erwache!". Propaganda im Film des Dritten Reiches, Reinbek bei Hamburg 1968, S. 35 ff.)
207) Während das Filmgesetz von 1920 bereits in § 1 die Zensurmaßstäbe formulierte, legte im NS-Gesetz erst § 7 die Verbotsgründe im einzelnen dar.
Vgl. zur Interpretation in erster Linie die beiden Kommentare von Ernst Seeger, auf die sich sämtliche Literatur stützte: Reichslichtspielgesetz vom 12. Mai 1920, Kommentar von Ernst Seeger in der zweiten Auflage, a.a.O.; Lichtspielgesetz vom 16. Februar 1934, Kommentar von Ernst Seeger, Nachtrag zur zweiten Auflage, a.a.O.
208) Vgl. § 1 des Reichslichtspielgesetzes vom 12. 5. 1920.
209) Vgl. den Kommentar von Ernst Seeger in der zweiten Auflage, a.a.O., S. 73 f.
210) Vgl. Kurt Zimmereimer: Filmzensur, a.a.O., S. 106 f.; sowie die historische Darstellung bei Johanne Noltenius: Die Freiwillige Selbstkontrolle der Filmwirtschaft und das Zensurverbot des Grundgesetzes, Göttingen 1958 (= Göttinger Rechtswissenschaftliche Studien Band 23), insbes. S. 70 f.
211) Vgl. etwa Hermann Boß: Filmzensur als Hüterin deutscher Kultur, in: Rundfunk und Film im Dienste deutscher Kultur, hrsg. von Richard Kolb und Heinrich Siekmeier, Düsseldorf 1933, S. 342 ff., hier S. 352.
212) Vgl. hierzu Kurt Zimmereimer: Filmzensur, a.a.O., S. 14 ff.; hier S. 19 und S. 132 ff.; Paul Dienstag und Alexander Elster: Handbuch des deutschen Theater-, Film-, Musik- und Artistenrechts, Berlin 1932, S. 336 f.
213) Vgl. hierzu die weiteren Ausführungen bei Johanne Noltenius: Die Freiwillige Selbstkontrolle der Filmwirtschaft, a.a.O., insbes. S. 61 ff.; Nolternius, die auch die verschiedenen Argumentationen der Oberprüfstelle zitiert, faßt zusammen: "Es ist jedoch nicht mehr zu übersehen, daß eine Polizeizensur zur Aufrechterhaltung der öffentlichen Sicherheit und Ordnung wesensmäßig etwas anderes darstellt als eine politische Zensur, mag diese auf dem Hintergrund einer politischen Situation auch noch so verständlich sein." (ebd., S. 66/67)
214) Die Entscheidungen der Oberprüfstelle wurden in der Weimarer Zeit im "Archiv für Urheber-, Film- und Theaterrecht" veröffentlicht. Die NS-Zensoren fühlten sich diesem Publizitätsgedanken nicht mehr verpflichtet: Nach der Erneuerung des Lichtspielgesetzes wurden die Urteile der obersten Zensurbehörde nicht mehr verbreitet.
215) Vgl. zur FSK: Filmhandbuch, Neue Ausgabe, hrsg. von der Spio, Neuwied u. Berlin o.J., Loseblatt-Sammlung, Gruppe 11 "Zulassung", S. 1 ff.
216) Vgl. im einzelnen den Kommentar von Ernst Seeger, Nachtrag zur zweiten Auflage, a.a.O., hier S. 14 ff.; sowie Günter Sühnhold: Das Lichtspielgesetz vom 16. 2. 1934, München 1939 (= Filmfachbücherei Nr. 1), S. 20; ferner Albert Hellwig; Lichtspiel-

gesetz vom 12. Mai 1920 nebst den ergänzenden reichsrechtlichen und landesrechtlichen Bestimmungen. Kommentar, Berlin 1921, S. 89.

217) U.a. fiel hierunter die Darstellung einer Operation, Geburt oder Hypnose.

218) Hermann Boß: Filmzensur als Hüterin deutscher Kultur, a.a.O., S. 344.

219) Hermann Boß: Filmzensur als Hüterin deutscher Kultur, a.a.O., S. 342.

220) Vgl. das Urteil der Oberprüfstelle in: Ufita, 5. Jg. 1932, S. 399 ff.; sowie ferner den Kommentar von Ernst Seeger in der zweiten Auflage, a.a.O., S. 16; Kurt Zimmereimer: Filmzensur, a.a.O., S. 109.

221) Vgl. den Kommentar von Ernst Seeger in der zweiten Auflage, a.a.O., S. 33.

222) Der Text bezog sich ausdrücklich auf "mit Korporationsrechten innerhalb des Reichsgebietes bestehende Religionsgemeinschaften". (Vgl. den Kommentar von Ernst Seeger in der zweiten Auflage, a.a.O., S. 31 ff.)

223) Walter Burk: Das Lichtspielwesen in Deutschland, a.a.O., S. 42, sowie H. v. Boehmer und H. Reitz: Der Film in Wirtschaft und Recht, a.a.O., S. 56.

224) Kommentar zum Reichslichtspielgesetz vom 12. Mai 1920 von Ernst Seeger, 2. Auflage, a.a.O., S. 43.

225) Kommentar zum Reichslichtspielgesetz vom 12. Mai 1920 von Ernst Seeger, 2. Auflage, a.a.O., S. 49 f. und 58 ff., hier S. 58.
In die NS-Ideologie fügte sich auch das Verbot der Schilderung der Homosexualität, wie es 1927 ein Urteil der Oberprüfstelle zum Ausdruck brachte. (Vgl. Kurt Zimmereimer, Filmzensur, a.a.O., S. 115)

226) Kurt Zimmereimer: Filmzensur, a.a.O., S. 114.

227) W. Burk: Das Lichtspielwesen in Deutschland, a.a.O., S. 45.

228) Hermann Boß: Filmzensur als Hüterin deutscher Kultur, a.a.O., S. 346.

229) Hermann Boß, ebd., S. 346.

230) Hermann Boß, ebd., S. 347 f.

231) Hermann Boß, ebd., S. 348.

232) Hermann Boß, ebd., S. 348.

233) Vgl. Walter Burk: Das Lichtspielwesen in Deutschland, a.a.O., S. 43; Walter König: Das öffentliche Lichtspielrecht im Deutschen Reich in Vergangenheit und Gegenwart, Berlin 1937 (Diss. Tübingen), S. 106.

234) Vgl. den Kommentar von Albert Hellwig, a.a.O., S. 106.

235) Hermann Boß, ebd., S. 351.

236) Vgl. den Abdruck der Entscheidung der Oberprüfstelle in: Ufita, 4. Jg. 1931, S. 82 ff.; sowie im einzelnen Wolfgang Petzet: Verbotene Filme, a.a.O., S. 93 ff.; H. v. Boehmer und H. Reitz: Der Film in Wirtschaft und Recht, a.a.O., S. 54.

237) Vgl. Walter Schubert: Das Filmrecht des nationalsozialistischen Staates unter Ausschluß des Filmarbeitsrechts, Würzburg 1939 (Diss. Kiel), S. 7.

238) Vgl. den Abdruck der Entscheidung der Oberprüfstelle in: Ufita, 6. Jg. 1933, S. 282 ff.

239) Vgl. § 7 des Lichtspielgesetzes von 1934: "Eine Gefährdung des deutschen Ansehens ist auch anzunehmen, wenn der Film im Ausland mit einer Deutschland abträglichen Tendenz vorgeführt wird oder vorgeführt worden ist; die Prüfstelle kann in diesem Falle die Zulassung von der Prüfung des ausländischen Films in der Fassung abhängig machen, in der er in seinem Ursprungsland herausgebracht worden ist."

240) Vgl. Wolfgang Petzet: Verbotene Filme, a.a.O., S. 95 ff., insbes. S. 106; H. v. Boehmer und H. Reitz: Der Film in Wirtschaft und Recht, a.a.O., S. 55.

241) Vgl. Walter Burk: Das Lichtspielwesen in Deutschland, a.a.O., S. 43.

242) Walter Schubert: Das Filmrecht des nationalsozialistischen Staates, a.a.O., S. 7 (Hervorhebung vom Verfasser).
243) RGBl I 1931 S. 537, insbes. auch S. 567: 7. Teil § 6 der Notverordnung.
244) Vgl. Kurt Zimmereimer: Filmzensur, a.a.O., S. 142.
245) Vgl. das Urteil der Oberprüfstelle vom 9. 4. 1932, abgedruckt in: Ufita, 5. Jg. 1932, S. 399 ff.; ferner H. v. Boehmer und H. Reitz: Der Film in Wirtschaft und Recht, a.a.O., S. 51.
246) Vgl. Walter Schubert: Das Filmrecht des nationalsozialistischen Staates, a.a.O., S. 6; Günter Sühnhold: Das Lichtspielgesetz vom 16. 2. 1934, a.a.O., S. 19.
247) Vgl. H. v. Boehmer und H. Reitz: Der Film in Wirtschaft und Recht, a.a.O., S. 51 f.
248) Ufita, 7. Jg. 1934, S. 209 ff.
249) Vgl. Walter Burk: Das Lichtspielwesen in Deutschland, a.a.O., S. 42; Arnold Bacmeister: Wann verletzt ein Film das nationalsozialistische Empfinden, in: Film-Kurier Nr. 109 vom 11. 5. 1934.
Hervorgehoben wurde damals auch der besondere Schutz der NS-Symbole und des Hitler-Grußes.
250) Vgl. die Entscheidung der Oberprüfstelle vom 21. 4. 1934, abgedruckt in: Ufita, 7. Jg. 1934, S. 326 ff.
251) A. Bacmeister: Bedeutung und Arbeitsweise der Filmprüfstelle in Berlin. Ein Rückblick auf die Jahre 1934–1945, als Manuskript vorhanden im Bundesarchiv: BA kl. Erw./ 291.
252) Vgl. die Entscheidung der Oberprüfstelle vom 21. 4. 1934, abgedruckt in: Ufita, 7. Jg. 1934, S. 326 ff.
253) Vgl. die Amtliche Begründung zum Lichtspielgesetz (Reichsanzeiger vom 20. 2. 1934: Filmhandbuch der Reichsfilmkammer, a.a.O., S. III B 2).
254) Vgl. im einzelnen Walter Burk: Das Lichtspielwesen in Deutschland, a.a.O., S. 30; Walter König: Das öffentliche Lichtspielrecht im Deutschen Reich, a.a.O., S. 16.
255) In den Jahren 1913 bis 1924 schwankten die Steuersätze zwischen 15 und 60%; im Jahre 1924 wurden sie auf 20% gesenkt. 1928 wurde der Höchstsatz der V-Steuer einheitlich für das Reich auf 12,5% festgesetzt. (Vgl. Max Kullmann: Die Entwicklung des deutschen Lichtspieltheaters, Kallmünz 1935 (Diss. Nürnberg 1935), S. 97)
256) Vgl. Alexander Jason: Handbuch der Filmwirtschaft. Statistiken seit 1923, Bd. III "Die erste Tonfilmperiode", Berlin 1932, S. 67.
257) Die Institutionen gliederten sich in sog. "kleine Kammern" und "große Kammern", wobei die letzteren als Beschwerdeinstanzen fungierten. (Vgl. H. v. Boehmer und H. Reitz: Der Film in Wirtschaft und Recht, a.a.O., S. 37 f.)
258) Vgl. zur Entwicklung der vergebenen Prädikate und zu deren häufigen Änderungen Gerd Albrecht: Nationalsozialistische Filmpolitik, a.a.O., insbes. S. 24 und S. 111 ff. Von 1939 bis 1942 standen acht verschiedene Prädikate zur Auswahl.
259) Annemarie Schweins, a.a.O., S. 120.
260) Vgl. Filmstatistisches Taschenbuch 1957, hrsg. v.d. SPIO, Wiesbaden 1957, S. 40.
261) Grundlage für die Steuerbegünstigung von Filmen war das Vergnügungssteuergesetz vom 7. 6. 1933 (RGBl I 1933 S. 353). Vgl. auch Filmhandbuch der Reichsfilmkammer, a.a.O., IV C 12, mit den entsprechenden Neufassungen und Ergänzungen.
262) Vgl. zu den Voraussetzungen der Prädikatsvergaben u.a. Walter Burk: Das Lichtspielwesen in Deutschland, a.a.O., S. 27 f.; Günter Sühnhold: Das Lichtspielgesetz vom 16. 2. 1934, a.a.O., S. 25 f.
263) Das NS-Gesetz hatte die untere "Schutzgrenze" von 6 Jahren aufgehoben, so daß auch jüngere Kinder in Begleitung Erwachsener Jugendvorstellungen besuchen konnten.

Ferner bestand für die Altersgruppe der Jahre 14 bis 18 eine gesonderte Verbotsregelung.

264) Der überbeschäftigte Raether trat im Oktober 1935 von seinem Posten als Vizepräsident der RFK zurück und legte vorübergehend (von 1936 bis 1939) auch sein Ehrenamt als Leiter der Filmabteilung der RPL nieder; hauptamtlich holte ihn Winkler zur Cautio.

265) Partei-Nummer 97.362; Eintritt 1927 oder 1928.
Nach einem Studium an der Kunstakademie in Düsseldorf und an der Staatlichen Musikhochschule in Köln war Weidemann als Maler bekanntgeworden und hatte in einigen Galerien Westdeutschlands ausgestellt. Weidemann gehörte — wie auch Hippler — zu einer Gruppe von Studenten, Malern, Bildhauern, Kunstkritikern und -dozenten usw., die als "kunstpolitische Opposition" gegen die Völkischen um Rosenberg auftraten und die Expressionisten um die "Brücke" und den "Blauen Reiter" umschwärmten. (Vgl. hierzu ausführlich Hildehard Brenner: Die Kunstpolitik des Nationalsozialismus, a.a.O., S. 65 ff.) 1930 wurde er von der Partei zum Propagandaleiter, später zum Geschäftsführer und stellvertretenden Gauleiter in Essen auserkoren. Seit 1933 saß er als stellvertretender Leiter der Propaganda-Abteilung im Goebbels-Ministerium, bis er Anfang 1935 zur Filmabteilung wechselte und ein Jahr später Raether im Amt folgte.

266) Vgl. in diesem Zusammenhang Gerd Albrecht: Nationalsozialistische Filmpolitik, a.a.O., S. 64 ff.

267) Schreiben Weidemanns vom 26. 7. 1936 an Goebbels. (BDC-RKK Personalakte Hans Jacob Weidemann)

268) "Pg. Leichtenstein" hinterließ seinerzeit trotz der Aberkennung seiner fachlichen Fähigkeiten und trotz aller Ablehnung in Filmkreisen keinen unangenehmen Eindruck: Der damalige Besetzungschef der Ufa AG, Jobst von Reiht-Zanthier, schildert ihn als "freundlichen blonden Mann". (J. v. Reiht-Zanthier: Sie machten uns glücklich. Erinnerungen an große Schauspieler in goldenen und nicht nur goldenen Jahren, München 1967, S. 219) Andere sahen in ihm ein humorvolles bajuwarisches Original.

269) U.a. war er Beauftragter des Ministeriums beim Internationalen Institut für Lehrfilmwesen in Rom. Jedoch war er auch nicht von Verleumdungen verschont: Man warf ihm vor, während seines Aufenthaltes in den USA im Hause einer jüdischen Familie verkehrt zu haben. Damals sollte Heusinger von Waldegg feststellen, wieweit es möglich wäre, in deutschen Vereinen und Klubs, an Universitäten und Hochschulen "Stützpunkte" zu errichten, von denen aus man propagandistische Filmvorführungen organisieren wollte.

270) Quaas, ehemals Mitglied der Deutschen Völkischen Partei, war bereits als Elektrotechniker, Cutter, Aufnahmeleiter und technischer Leiter in der Filmindustrie tätig gewesen. 1938 übernahm er außerdem die Leitung des Reichsfilmarchivs.

271) Vgl. ausführlich zur Person von Fangauf Willi A. Boelcke: Kriegspropaganda, a.a.O., S. 85; sowie den Nachruf in: Wildente, 25. Folge, April 1962, S. 80—81.

272) 1936 betrug das Durchschnittsalter der Mitarbeiter noch 37 Jahre; Seeger war mit 52 Jahren der älteste, Heusinger von Waldegg mit 27 Jahren der jüngste Mitarbeiter.

273) Völkischer Beobachter vom 20. 7. 1935.

274) Geschäftsverteilungsplan der Reichsfilmkammer vom 6. 1. 1936 (**BA** R 56 VI/10).

275) Geschäftsverteilungsplan der Reichsfilmkammer vom 20. 5. 1937 (BA R 56 VI/10).

276) Geschäftsverteilungsplan der Reichsfilmkammer vom 1. 12. 1940 (R 56 VI/ vorl. 1).

277) Vgl. die Bekanntmachung über den Filmnachweis vom 27. März 1936 (Film-Kurier vom 28. 3. 1936).

278) Auf Gefahren eines Filmnachweis-Zwanges als Knebelung der "schöpferischen Freiheit" wies auch die Rheinisch-Westfälische Filmzeitung (15. 6. 1935) hin: "Die organisatorische Zange preßt den natürlichen Entwicklungsgang unbarmherzig zusammen und ge-

fährdet den Endsieg der Sache."

279) Vgl. den Geschäftsverteilungsplan der RFK vom 6. 1. 1936 (BA R 56 VI/10), in dem die Stelle erstmals auftaucht.
280) Vgl. den Geschäftsverteilungsplan der RFK vom 1. 3. 1938 (BA R 56 VI/10).
281) Jahrbuch der Reichsfilmkammer 1937, a.a.O., S. 194.
282) Die Allgemeine Filmtreuhand GmbH war Eigentum der Reichsfilmkammer. Sie fungierte als Haltegesellschaft für die Film-Revisionsgesellschaft, die Filmexportgesellschaft und übernahm 1936 treuhänderisch für das Reich auch die Geschäftsanteile der Filmkreditbank. Außerdem war sie Inkassostelle für die von den Kinos abzuführenden Gebühren der musikalischen Aufführungsrechte der Filme, den sog. "Stagma-Gebühren".
Die im Jahre 1936 aus der früheren Revisionsstelle der Fachgruppe Inländischer Filmvertrieb hervorgegangene Film-Revisions GmbH hatte die Aufgabe, aufgrund des Verleihabschlusses auf prozentualer Grundlage die Abrechnungen der Filmtheater gegenüber den Verleihfirmen nachzuprüfen und eventuell die Wiedergutmachung festgestellter Unrichtigkeiten durchzuführen. Die Gründung der Filmrevisions GmbH ging auf Vorarbeiten des bereits 1932 gegründeten Büros "Theaterkontrolle" der Ufa AG zurück.
Die Deutsche kinotechnische Gesellschaft beschäftigte sich mit der Forschung auf filmtechnischem Gebiet.
Die am 27. Juni 1935 von Fachverbänden der Reichsfilmkammer (Gesamtverband der Filmherstellung und Filmverwertung und Verband der deutschen Kultur-, Lehr- und Werbefilmhersteller) zusammen mit der Filmkreditbank gegründete Deutsche Filmexport GmbH sollte die Ausfuhr deutscher Filme erhöhen. Sie war zu diesem Zeitpunkt neben den Exportorganisationen der Ufa und Tobis die einzige Außenhandelsorganisation in der Filmwirtschaft. Im Aufsichtsrat der Gesellschaft saßen die maßgebenden Vertreter der Ministerien, der Reichsfilmkammer und der Bankwelt. Eine bedeutende Rolle hat die Deutsche Filmexport-Gesellschaft nie gespielt, auch nicht vor Kriegsbeginn und der Neuorganisation der gesamten Filmwirtschaft im Jahre 1942.
Die Kontingentstelle war eine Dienststelle des Reichsministeriums für Volksaufklärung und Propaganda.
283) Vgl. die Unterlagen im Bundesarchiv: R 56 VI/10.
284) Vgl. Handbuch der Reichskulturkammer, bearbeitet von Günther Gentz und hrsg. von Hans Hinkel, Berlin 1937, S. 281.
285) Vgl. hier Jahrbuch der Reichsfilmkammer 1937, Berlin 1937, S. 192 f.; sowie insbesondere Filmhandbuch der Reichsfilmkammer, a.a.O., I D 2—4.
286) Vgl. hierzu Gerhard Menz: Der Aufbau des Kulturstandes, a.a.O., S. 19; Hans Schmidt-Leonhardt: Die Reichskulturkammer, a.a.O., S. 21 f.; Harry Rohwer-Kahlmann: Die Reichsfilmkammer, a.a.O., S. 31 f.
287) Seit 1935 waren es die Bezirksleitungen und Bezirksgruppen der Fachgruppen Filmtheater und Inländischer Filmvertrieb. Außenstellen gab es in Berlin, Breslau, Königsberg, Leipzig, Hamburg, Düsseldorf, Frankfurt am Main, München, Wien.
288) Film-Kurier vom 3. 7. 1939.
289) Es ging damals um die Verbindung Lehnichs zu einem Herbert Volck, dem staatsfeindliche Äußerungen nachgesagt wurden. Lehnich, mit Volck seit langem persönlich bekannt, mußte sich gegen gleiche Vorwürfe verteidigen. Nach seiner Verhandlung, die sich wegen der Folgen eines schweren Autounfalls lange hingezogen hatte, erklärte sich im Jahre 1942 der Reichsführer SS und Chef der Deutschen Polizei Heinrich Himmler einverstanden, gegen Lehnich nichts weiter zu unternehmen. (Vgl. BDC-RKK Personalakte Oswald Lehnich).
290) Vgl. J. Wulf: Theater und Film im Dritten Reich, a.a.O., S. 318 f.
291) Die Sonderstellung Bruno Pfennigs, seit 1936 Hauptabteilungsleiter der "Allgemeinen Verwaltung" neben anderen Sachbearbeitungen und Vertretungen, wurde bereits er-

wähnt: Er nahm nach seinem Austritt aus der Kammer 1938 ehrenamtlich die Verbindung zwischen Winkler und der RFK wahr und mußte bei allen gesetzlichen wirtschaftlichen Maßnahmen seitens der Kammer (Anordnungen, Erlasse usw.) gehört werden.

292) Vgl. das Schreiben Hinkels vom 28. 4. 1943 an den Leiter der Personalabteilung des Promi; BDC-RKK Carl Auen.

293) Vgl. zu den einzelnen Anordnungen und ihren wirtschaftlichen Folgen die Parallel-Arbeit von Jürgen Spiker "Film und Kapital".

294) M. Horkheimer und Th. W. Adorno: Kulturindustrie, in: Dialektik der Aufklärung, Amsterdam 1947, S. 159.

295) Die — wenn auch bedenkliche — Unterscheidung von Albrecht zwischen "manifesten und latenten politisch-propagandistischen Filmen" verdeutlicht zweifellos das quantitative Verhältnis von Unterhaltungsfilmen und dem filmischen Versuch einer planmäßig staatlich gelenkten propagandistischen Massenbeeinflussung. 1936 waren von einer Gesamtproduktion von 112 Filmen 10 zur Propagierung bestimmter politisch-ideologischer Inhalte angelegt, d.h. bei 8,9% der Filme handelte es sich um sog. "P-Filme". (Gerd Albrecht: Nationalsozialistische Filmpolitik, a.a.O., S. 107)
Diese Trennung erliegt der Gefahr, Absicht und Wirkung der Propaganda zu verwechseln. Denn sie setzt eine propagandistische Wirkung der P-Filme voraus, ohne zu fragen, wie sie sich erst vollzieht, d.h. der Erfolg wird apriori bescheinigt. (vgl. Gerhard Bliersbach: NS-Filme heute, unveröff. Manuskript, Köln 1968)

296) Hildegard Brenner kommt in ihrer Untersuchung des gesamten Kulturbereichs — hier der Reichskulturkammer — zu diesem Ergebnis, das ohne weiteres auf den Filmsektor speziell zu übertragen ist. (H. Brenner: Die Kunstpolitik des Nationalsozialismus, a.a. O., S. 63)

297) Vgl. hierzu die TV-Serie von Gerhard Schoenberner: Film im Dritten Reich, eine Produktion des WDF.

298) Friedrich Pflughaupt, Mitinhaber der Carl-Froelich-Tonfilm-Studio, machte als Kleinproduzent auf diese Mißstände in einem Schreiben an Scheuermann aufmerksam. Er forderte die Kammer auf, Maßnahmen gegen ein weiteres Ansteigen der Gagen zu ergreifen, um damit den ersten Schritt zur allgemeinen Senkung der Herstellungskosten zu tun. Nur so könnte die Existenz der kleinen selbständigen Produzenten erhalten bleiben. (Pflughaupt an Scheuermann vom 19.3.1935; BA R 56 VI/vorl. 7)

299) Vgl. Frankfurter Zeitung vom 27. 9. 1936.

300) Vgl. C. Froelich in: Der Film, 20. Jg., Nr. 27 vom 6. 7. 1935; sowie auch Frankfurter Zeitung vom 18. 8. 1935.

301) Vgl. Die Entwicklung der Filmwirtschaft, in: Wochenbericht des Instituts für Konjunkturforschung Nr. 7, 10. Jg., Berlin vom 17. 2. 1937, S. 35.

302) Vgl. zu diesen Angaben Ludwig Klitzsch: Die Entwicklung der deutschen Filmwirtschaft, in: Jahrbuch der Reichsfilmkammer, a.a.O., S. 162 ff., hier S. 169.

303) Sechs Jahre Aufbauarbeit am deutschen Film, in: Wochenbericht des Instituts für Konjunkturforschung Nr. 10, 12. Jg., Berlin vom 8. 3. 1939.

304) Vgl. Beilage zur Licht-Bild-Bühne Nr. 234 vom 6. 10. 1936.
Die Konzernproduktionen schließen Auftrags- und Eigenproduktionen ein; denn im Auftrag von Konzernen produzierende Gesellschaften waren finanziell nicht mehr selbständig.

305) 1932/33 besuchten 238,4 Millionen Personen die Filmvorführungen; die Bruttoeinnahmen betrugen 176,4 Millionen RM. 1937/38 ermöglichten 396,4 Millionen Filmbesucher Bruttoeinnahmen von 309,2 Millionen RM. (Sechs Jahre Aufbauarbeit am deutschen Film, Wochenbericht des Instituts für Konjunkturforschung Nr. 10, a.a.O., S. 60)

306) Klitzsch vermutete für die Saison 1936/37 bei der Gegenüberstellung von Einnahmen und Kosten einen Verlust von 10 bis 15 Millionen RM. (Film-Kurier Nr. 56 vom 8.3. 1937) Generaldirektor Bausback vom Tobis-Konzern errechnete ein Defizit von 10,5

Millionen RM für die gesamte Filmwirtschaft. (Rheinisch-Westfälische Filmzeitung Nr. 35 vom 28.8.1937) Eine Verlustbilanz von mindestens 10 Millionen RM errechnete ebenso die Frankfurter Zeitung (27. 9. 1936).

307) Auf die Problematik einer Grenzziehung zwischen Partei- und Staatsapparat — zumal das erklärte Ziel des NS die Verschmelzung von Partei und Staat war — sei nur hingewiesen. Wenn hier zwischen Staat und Partei unterschieden wird, so wird unter "Staat" jener staatliche Behörden- und Beamtenapparat verstanden, d.h. institutionell: Ministerien, Verwaltungsbehörden, nachgeordnete Dienststellen u.ä. und personell: Beamte und Angestellte, vor allem Verwaltungsjuristen aus der Weimarer Zeit und nachgerückte NSDAP-Funktionäre.

308) Dieser Begriff von Patalas soll die "oberste Schicht" der Propagandafilme fassen und kann in diesem Sinne verwandt werden. (Vgl. E. Patalas: Reise in die Vergangenheit, in: Filmkritik, 9. Jg., H. 11/Nov. 1965, S. 647)

309) Leisers Arbeit über die "Propaganda im Film des Dritten Reiches" ("Deutschland, erwache!", a.a.O.) reproduziert das Modell solcher Abwehr. Seinem Untersuchungsprogramm: "Der Mechanismus der Einbeziehung des Films in die gesteuerte Propaganda soll so direkt wie möglich gezeigt werden" (S. 8) ist jenes personalistische Vorurteil anzusehen: An der wie selbstverständlichen Subsumtion "des Films" der Fiktion Propaganda und an der tautologischen Wendung "gesteuerte Propaganda", die deren Kalkül herauszustreichen sich müht. Leisers Insistieren auf dem propagandistischen Kalkül soll seiner Hypothese den Anstrich von Wahrheit geben, den sie nicht besitzt: Die Hypothese "gesteuerte Propaganda" ist die methodische wie theoretische Reduzierung des Faschismus. Ihr personalistischer Zuschnitt läßt den Nazismus schrumpfen und trumpft noch als Erklärung auf. Das hat, methodisch, die Verwechslung von propagandistischer Absicht und propagandistischer Wirkung zur Folge.
Auch Albrecht versteht unter "Propaganda" und "Ideologie" allein die Selbstdeutungen und Erklärungen von Hitler und Goebbels (vgl. insbes. das Kapitel "Propaganda und Ideologie im Spielfilm des Dritten Reiches", a.a.O., S. 284 ff.). Dem sich aus dieser personalistischen Sichtweise ergebenden Fehlschluß, daß "Nicht-Propagandafilme" ideologiefrei und unpolitisch wären, versucht Albrecht mit der Differenzierung von "manifester" und "latenter" Propaganda zu entgehen. Eine solche Unterscheidung ist jedoch als rein formale nur brauchbar, d.h. eine irgendwie geartete Wertung der propagandistischen Wirkung kann damit in keinem Fall angedeutet werden.
Geradezu grotesk wirkt diese Zweiteilung, wenn Rabenalt vom "unpolitischen" NS—Film spricht. (Vgl. Arthur Maria Rabenalt: Film im Zwielicht. Über den unpolitischen Film des Dritten Reiches und die Begrenzung des totalitären Anspruches, München 1958).
Der Autor stützt sich hier vor allem auf ein unveröffentlichtes Manuskript von Gerhard Bliersbach: NS-Filme heute, Köln 1968.

310) Vgl. die Liste der ca. 150 Spielfilme, die von den Nazis als "Propagandafilme" betrachtet wurden, Gerd Albrecht: Nationalsozialistische Filmpolitik, a.a.O., insbes. das Kapitel: Das Gesamtangebot an deutschen Spielfilmen, S. 97 ff. (Ohne Angaben der jeweiligen Produktionsfirmen bleibt diese Liste doch im wesentlichen unbrauchbar.).

311) Bei dieser Kategorisierung werden inhaltliche Kriterien nicht berücksichtigt, d.h. es bleibt unwesentlich, ob es sich um parteipolitische, rassische oder allgemein weltanschaulich-ideologische "Propagandafilme" handelte. Es wird unterschieden zwischen Kurzfilmen und Langfilmen mit und ohne Spielhandlung; Voraussetzung der Einbeziehung in die Betrachtung ist die Kennzeichnung als "Propagandafilm" durch die Nazis selbst.

312) Junghans hatte sich als Regisseur des Proletarierfilms "So ist das Leben" einen international anerkannten Namen gemacht. (Vgl. S. Kracauer: Von Caligari bis Hitler, a.a.O., S. 127) Die künstlerische Oberleitung des auf der Biennale in Venedig mit dem Luce-Preis ausgezeichneten Filmes "Jugend der Welt" war Hans Weidemann in seiner Eigenschaft als Leiter der "dramaturgischen Hauptstelle" übertragen worden.

313) Belling spricht von 14.585 kurzen (15 m) und 7.200 längeren Filmeinsätzen (C.Belling: Der Film in Staat und Partei, a.a.O., S. 125) bei den Wahlen im März 1936. 1938 ka-

men 5.560 Kopien zum Einsatz. (Hugo Fischer: Der Film als Propagandawaffe der Partei, in: Jahrbuch der Reichsfilmkammer 1939, Berlin 1939, S. 66 ff., hier S. 72) Ein direkter Vergleich der Filmeinsätze ist hier nicht möglich, da Belling die Zahl der Kopien nicht nennt und Fischer nicht auf die Vorführungen der Filmkopien eingeht. Über die Situation im April 1938 schreibt Fischer: "Alle deutschen Lichtspieltheater standen zwei Wochen lang im Zeichen der Wahl." (ebd., S. 72)

314) Vgl. den Artikel "NS-Tonfilmberichte der Reichspropagandaleitung" in: Licht-Bild-Bühne vom 31. 8. 1933; sowie den zitierten Aufsatz von Hans Barkhausen.

315) Vgl. Curt Belling: Der Film in Staat und Partei, a.a.O., S. 73.

316) Pro Kopie und pro 30 Lauftage zahlte die Partei z.B. eine Lizenz von 125.— RM an die Ufa-Filmverleih GmbH. (Vgl. Richtlinien für den Film-Vertrieb 1937/38, a.a.O., S. 128)

317) Produktionsleiter war Dr. Walter Scheunemann. Die bisher nicht vorliegenden Finanzunterlagen der DFG wie auch des Filmamtes der RPL würden erst aufschlußreiche Ergebnisse über die Parteifilmarbeit und ihre Wirtschaftlichkeit bringen.

318) Vgl. die Aktenbände: BA aus BDC, Ufa-Sonderproduktion.

319) Vgl. das Abkommen zwischen Winkler und der NSDAP vom 18. 8. 1943 (BA aus BDC, Ufa-Sonderproduktion)

320) Durch die Anordnung der RFK betr. Maßnahmen zur Förderung des "Kulturfilms" vom 17. 7. 1934 (Film-Kurier vom 21. 7. 1934) war die Vorführung eines solchen Films im Beiprogramm zur Verpflichtung für alle Kinos geworden.
Die Möglichkeit, "Wahlfilme" als Anhängsel der Wochenschauen einzusetzen, wurde bereits erwähnt.

321) "Kinolose Orte" waren Gemeinden oder Dörfer, die mindestens 5 km vom nächsten Kinoort entfernt waren. (Vgl. Richtlinien für den Film-Vertrieb 1937/38, a.a.O., S. 128)

322) Carl Neumann: Der Parteifilm einst und jetzt, in: Deutsche Filmzeitung, H. 3 vom 1. 3. 1936, S. 2.

323) Eine wesentliche Rolle bei diesem "Konkurrenzkampf" spielte es, daß die gewerblichen Kinobesitzer weitaus höhere Leihmieten für Spielfilme der privaten Filmwirtschaft zahlen mußten.

324) C. Belling: Der Film im Dienste der Partei, a.a.O., S. 23 f.

325) Von diesen — im Krieg grau gestrichenen — Tonfilmwagen (auch "Wanderapparaturen" genannt) gab es 1936 bereits 350.
Die Filmauswertung in kinolosen Orten hatte vor allem auch in Österreich großen Erfolg: Begeistert strömte man aus den abgeschiedenen Alpentälern und Bergdörfern zu den "Lichtspielstellen" der NSDAP.

326) Vgl. Curt Belling: Der Film in Staat und Partei, a.a.O., S. 73.

327) Vgl. hierzu etwa die Anweisung Goebbels' an alle Ortsgruppen der NSDAP zum Besuch des Parteitagsfilms "Der Sieg des Glaubens" (Film-Kurier v. 2. 12. 1933).

328) Vgl. Rheinisch-Westfälische Filmzeitung vom 23. 11. 1935.

329) So die "Würdigung" Neumanns in der Rheinisch-Westfälischen Filmzeitung vom 23. 11. 1935.
Seine besondere Vorliebe für den Film war nicht zuletzt dadurch bedingt, daß sein Vater in Hamburg einen eigenen Filmverleih geführt und eine eigene Filmzeitung herausgegeben hatte.

330) Vgl. C. Neumann: Bedeutung der Parteifilmstellen, in: Rheinisch-Westfälische Filmzeitung vom 22.1.1936.

331) Rheinisch-Westfälische Filmzeitung vom 23. 11. 1935.

332) Curt Belling: Film als Propaganda — Propaganda für den Film, in: Filmtheaterführung II 1936, a.a.O., S. 76.

333) Außerdem gab es für die routinemäßige Arbeit mehrere "Stellenleiter" innerhalb dieser

Hauptstellen.
1942 änderte das Filmamt seinen Namen in "Hauptamt Film", zusammen mit den übrigen Ämtern der RPL, um. Die Hauptstellen wurden nunmehr als "Ämter" innerhalb des Hauptamtes geführt.

334) Quaas baute gleichzeitig innerhalb des Filmamtes ein parteieigenes "Filmarchiv" auf, das intensiv Film- und Bildmaterial aus der Parteigeschichte sammelte, wobei einzelne Szenen und Bilder zur Einblendung in neue Filme dienen sollten. Später wurde Quaas dann noch zum Leiter des staatlichen "Reichsfilmarchivs" von Goebbels berufen.

335) Belling war zweifellos der aktivste Werbetrommler der Parteifilmarbeit: als Verfasser der einschlägigen Bücher über den Parteifilm, als Schreiber einer Unmenge von Artikeln in Zeitungen und Zeitschriften und als Redner auf allen möglichen Versammlungen und Veranstaltungen.
Der gelernte Kaufmann war bereits vor 1933 als Filmjournalist bekanntgeworden, insbesondere durch seine eigene "Kampfzeitschrift", die erste nationalsozialistische, 1927 gegründete "Deutsche Film-Tribüne" (später unter dem Titel "Neue Film-Hölle" erschienen). Wegen der unverhohlenen antisemitischen Tendenz wurde das Erscheinen des Blattes, nach einem weitverbreiteten Boykott, im Jahre 1930 eingestellt. Belling gab — wahrscheinlich seit 1931 — dann noch die Zeitschrift "Der Deutsche Film" heraus und leitete die Berliner Schriftleitungen der "Rheinisch-Westfälischen Filmzeitung" und der "Deutschen Filmzeitung", bis er 1933 Pressereferent in der Hauptabteilung Film der RPL wurde und 1935 die Hauptstelle "Presse und Funk" übernahm.
Böhme war Verbindungsmann zur Filmwirtschaft, d.h. er hatte die Verbreitung der großen Parteifilme in den öffentlichen Kinos zu besorgen und die obligatorischen Vorfilme der Kinoprogramme daraufhin zu überwachen, inwieweit hier der Einsatz von Parteipropagandafilmen voranzutreiben war.
Bärwald, Leiter der Landesfilmstelle in Breslau, war verantwortlich für den Filmeinsatz auf Parteifilmveranstaltungen und überwachte in diesem Zusammenhang die Arbeit der Gaufilmstellen.
Schütze, Bannführer der HJ, war Kontaktmann zur Reichsjugendführung und veranstaltete in Verbindung mit der HJ die "Jugendfilmstunden".
In den Händen von Meinke lag die Planung, Herstellung und Verbreitung von jährlich vier "staatspolitischen Filmen" für die deutschen Schulen.

336) Nach der erfolgreichen Okkupations- und Expansionspolitik der Nationalsozialisten (Besetzung Österreichs und der Tschechoslowakei, Kriegszug durch Ost- und Westeuropa) erhöhte sich die Zahl der Gaufilmstellen im Jahre 1940 auf insgesamt 41 bzw. im Jahre 1941 auf 42; daneben gab es noch eine "Filmstelle der NSDAP" in Böhmen und Mähren und einen "Arbeitsbereich der NSDAP in den Niederlanden, Amt Film". (Vgl. Reichs-Kino-Adreßbuch 1940, Berlin 1940 bzw. Reichs-Kino-Adreßbuch 1942, Berlin 1942)

337) Auf der Gauebene könnte es den Anschein haben, als geriete die Filmpropaganda bis zu einem gewissen Umfang außerhalb der Zuständigkeit Goebbels; es ist jedoch fraglich, ob es zu einem Tauziehen zwischen den Berliner Ressortchefs in der Amtsleitung und dem lokalen Parteiapparat gekommen ist. Jedenfalls ist — nach einer sicher oberflächlichen Untersuchung — nichts bekannt geworden, daß die Parteifilmarbeit auf dieser Ebene unter Rivalitätskämpfen litt.

338) Vgl. Curt Belling: Der Film in Staat und Partei, a.a.O., S. 72 f.

339) Vgl. Kinematograph Nr. 118 vom 22. 6. 1934.

340) Erste rechtliche Grundlage dieser "Zusammenarbeit" war die Anordnung des Reichspropagandaleiters, Dr. Goebbels, und des Reichsschatzmeisters der NSDAP, Schwarz, vom 11. Mai 1933. (Vgl. Kinematograph Nr. 116 vom 20. 6. 1934) Da in zahlreichen Fällen diese Verfügung nicht beachtet wurde, mußte sie in mehreren Abständen immer wieder in den Filmfachzeitschriften veröffentlicht werden.
Zuletzt wurde durch die Anordnung der Parteikanzlei A 7/42 (unterzeichnet von Bormann) betr. Filmarbeit in der Partei, ihren Gliederungen und angeschlossenen Verbänden vom 17. 2. 1942 die Parteifilmarbeit geregelt und dem Hauptamt Film der RPL unterstellt. (Reichsverfügungsblatt A vom 20. 2. 1942)

341) Vgl. hierzu im einzelnen, insbesondere in bezug auf ein General-Filmbezugsabkommen für die Filmarbeit an kinolosen Orten zwischen der RPL und der Ufa von 1936, den Band: Richtlinien für den Film-Vertrieb 1937/38, hrsg. von der Ufa-Filmverleih GmbH, o.O., o.J., dessen Inhalt als "vertrauliches Aktenstück. . . streng geheimzuhalten" war. (s. ebd. S. 1)

342) Vgl. Curt Belling: Der Film in Staat und Partei, a.a.O., S. 73. Für die folgenden Jahre, als sich die Zahl der Parteifilmveranstaltungen mehr als verdoppelte, fehlen genaue Angaben. Auch liegt keine exakte Aufschlüsselung dieser Einnahmen vor.

343) In welchem Umfang hier propagandistische Erfolge zu erzielen waren, verdeutlichen die Zahlen der kinolosen Orte: 1935/36 gab es in Deutschland 48.411 Gemeinden mit insgesamt ca. 23 Millionen Einwohnern, in denen sich kein Kino befand. (Vgl. Curt Belling: Der Film in Staat und Partei, a.a.O., S. 71)
Ein weiterer Nebeneffekt der NSDAP-Filmarbeit auf dem "flachen Land" war es, zumindest teilweise durch diese Filmveranstaltungen die Landflucht zu verhindern.

344) Vgl. hierzu auch das Kapitel über die Tochtergesellschaften der Ufa-Film.
Durch eine Intensivierung der Umkopierung von Normalspielfilmen auf Schmalfilmformate wurde Anfang der 40er Jahre die filmische "Flachland-Aktion" wieder besonders aktuell.

345) Es sei hier lediglich angemerkt, daß sich seit Kriegsbeginn die Parteifilmarbeit noch auf einen zusätzlichen Sektor verlagerte: Bis in die, nun tatsächlichen, "vordersten Linien" des Kriegsschauplatzes wurden die "Propaganda-" und "Unterhaltungsfilme" getragen. Diese "Wehrmachtsbetreuung" mit Filmen der Partei und der Privatindustrie war bereits vor dem Krieg in die Wege geleitet worden: Seit 1936 fanden Filmvorführungen an allen Standorten, Truppenübungsplätzen und Fliegerhorsten statt. Das Angebot war vom Parteipropagandafilm über Wochenschauen bis zu Spielfilmen der Industrie breit gestreut. Wesentlich bleibt in diesem Zusammenhang — ungeachtet der Kompetenzstreitigkeiten zwischen OKW einerseits, Propagandaministerium und Reichspropagandaleitung andererseits — die Beschickung der Wehrmachtsstellen mit den propagandistischen Kurz- und Langfilmen der Partei und den "unpolitischen" Unterhaltungsspielfilmen der Filmindustrie.
In den Rahmen der erweiterten Abspielbasis gehörte auch die Einrichtung eines "Filmvolkstages", der, seit 1935, der Bevölkerung einmal im Jahr (Ende April) einen kostenlosen Filmbesuch ermöglichte.

346) Vgl. C. Belling: Der Film in Staat und Partei, a.a.O., S. 74 f.; sowie: 10 Jahre Filmarbeit der NSDAP, in: Der Deutsche Film, 5. Jg., H. 11/12, Mai/Juni 1941, S. 240.

347) Vgl.: Der Gesundungsweg des deutschen Films, in: Frankfurter Zeitung vom 4. 10. 1936.

348) Vgl. zu dieser ebenso häufigen allgemeinen Beobachtung des Kapitalismus den Abschnitt "Der Staat als Garant des Monopolprofits" bei Ernest Mandel: Marxistische Wirtschaftstheorie, a.a.O., S. 522 ff.
Mandel nennt Beispiele innerhalb des NS-Regimes aus der Stahlindustrie, aus der Gas- und Elektrobranche und von Schiffahrtsgesellschaften und Schiffswerften.

349) Im Gegensatz zur "Sozialisierung" und "Vergesellschaftung" ist die "Verstaatlichung" oder "Verreichlichung" auch innerhalb der privatwirtschaftlichen Ordnung möglich. "Verstaatlichung" meint deshalb nur die Herausnahme eines Wirtschaftszweiges aus der "Privatwirtschaft" im Sinne einer Überführung in den Besitz des Staates, so daß die kapitalistische Wirtschaftsstruktur beibehalten werden kann.

350) Vgl. Kurt Wolf, a.a.O., S. 68.

351) Vgl. zu diesem allgemeinen Trend vor allem Rudolf Hilferding: Das Finanzkapital, Wien 1910, insbes. S. 111 ff, und S. 144 f. (zitierte Ausgabe: Berlin 1947); Paul M. Sweezy: Theorie der kapitalistischen Entwicklung, a.a.O., S. 202 ff.
Vgl. zur "Herrschaft der Manager" ausführlich bei J. Hirsch: Zur politischen Ökonomie des politischen Systems, a.a.O., hier S. 198 ff.; s. dort weitere Literaturhinweise.

352) Vgl. R. Hilferding, a.a.O., S. 120.
Marx sprach im Zusammenhang mit der Aufhebung des Kapitals als Privateigentum innerhalb der Grenzen der kapitalistischen Produktionsweise von "Gesellschaftsunternehmungen" im Gegensatz zu "Privatunternehmungen". Vgl. Karl Marx: Das Kapital, Bd. III, S. 477 (zitierte Ausgabe: Dietz-Verlag Berlin 1951).

353) Vgl. weiterführende Literatur bei J. Hirsch, a.a.O., S. 199.

354) Vgl. R. Hilferding, a.a.O., S. 140.

355) Die erste in den Akten festgehaltene Quelle für die Pläne und Motive bezüglich der Kapitalverschiebungen in der deutschen Filmwirtschaft war ein Schreiben von Staatssekretär Walther Funk an Ministerialdirektor Dr. Alfred Olscher im Reichsfinanzministerium vom 14. Dezember 1936 (BA R 2/4790). Olscher leitete die wichtige und größte Abteilung des Finanzministeriums, die Abteilung I (u.a. allgemeine Haushaltsangelegenheiten, Gesamthaushalt des Reiches, Haushaltsgesetz).
Olscher war gleichzeitig Direktor der Reichskreditgesellschaft und Vorstandsmitglied der Vereinigten Industrie-Unternehmungen AG (Viag); von 1938 bis 1942 saß er als stellvertretender Vorsitzender im Aufsichtsrat der Ufa AG.

356) Vgl. das Schreiben Funks vom 14. 12. 1936 an Olscher.

357) Winkler fand bei der Ufa eine Planwirtschaft hinsichtlich der Ausgaben und Einnahmen vor, die sich für seine Zwecke bestens eignete. Er wollte nun diese von der Ufa in jahrelanger Arbeit erworbene Erfahrung der Etatwirtschaft auch den anderen Firmen zukommen lassen. (Vgl. das Schreiben Winklers v. 15. 11. 1938 an Burmeister; BA R 2/4790)

358) Die überaus interessante Lebensgeschichte Winklers ist bis heute nirgendwo ausführlich dargestellt; es fehlt noch immer eine Biographie und kritische Auseinandersetzung mit dem "Lebenswerk" jenes Mannes, der für die Kommunikationsgeschichte in Deutschland, insbesondere auf dem Gebiet der Presse und des Films, 25 Jahre lang von 1920 bis 1945 eine bedeutende und einflußreiche Rolle gespielt hat.
Vgl. zur Tätigkeit Winklers im Pressesektor die Darstellungen von Peter de Mendelssohn: Zeitungsstadt Berlin. Menschen und Mächte in der Geschichte der deutschen Presse, Berlin 1959, insbes. S. 324 ff. u. 388 ff.; Oron J. Hale: Presse in der Zwangsjacke. 1933–1945, Düsseldorf 1965, S. 132 ff. u. passim; Margret Boveri: Wir lügen alle. Eine Hauptstadtzeitung unter Hitler, Olten u. Freiburg im Breisgau 1965, insbesondere S. 227 ff.; W. B. Lerg: Max Winkler, der Finanztechniker der Gleichschaltung, in: ZV und ZV, 60. Jg., Nr. 13 v. 1. 5. 1963, S. 610–612; sowie ferner die umstrittene Untersuchung: Presse in Fesseln. Eine Schilderung des NS-Pressetrusts, Berlin 1947 (s. hierzu O. J. Hale, a.a.O., S. 332 ff.).

359) Vgl. hierzu wie zu den folgenden Ausführungen eine Aufzeichnung von Martin Broszat über eine Unterredung mit Winkler am 11. April 1960 in Düsseldorf (IfZ Best.-Nr. ZS 517).
Die Angaben über den Werdegang und die Tätigkeiten Winklers entstammen (bis auf die Aufzeichnung von Broszat und die Schilderungen von Margret Boveri) der anonymen Untersuchung von "Fritz Schmidt": Presse in Fesseln, a.a.O., insbes. S. 43 ff. Dieser Band ist auch die genannte oder ungenannte Quelle der meisten anderen pressegeschichtlichen Darstellungen. (Vgl. zur Entstehung dieses Buches O. J. Hale, a.a.O., S. 332 ff.)

360) Vgl. M. Boveri, a.a.O., hier S. 228. Margret Boveri sprach noch mit Winkler vor dessen Tod im Jahre 1961.

361) Vgl. Nr. 58 des Notariatsregisters für 1929 des Justizrates Dr. Becherer, verhandelt in Berlin am 17. 1. 1929 (Ufi-Ffm Akte 490).

362) Vgl. Nr. 620 des Notariatsregisters für 1933 des Justizrates Dr. Becherer, verhandelt in Berlin am 16. 11. 1933 (Ufi Ffm Akte 490).
Damals existierte bereits ein Abtretungsangebot der Geschäftsanteile an Winkler vom 3. 1. 1931 (Nr. 12 des Notariatsregisters für 1931). (Ufi Ffm Akte 490)

363) Vgl. Nr. 125 der Urkundenrolle für 1939 des Notars Zimmermann, verhandelt in Berlin am 13. 5. 1939 (Ufi Ffm Akte 490).

364) Vgl. die schriftliche Erklärung Winklers vom 12. September 1947, die dieser in Nürnberg in bezug auf den Aufkauf der Ullstein AG gemacht hatte (IfZ 1948/56).

365) In der Tat hatte es zwei Haussuchungen und auch Beschlagnahmungen von Akten im Büro Winkler gegeben. Winkler selbst meinte zu dieser "Akteneinsicht": "Ich war Treuhänder der bisherigen Regierungen und bin so lange Treuhänder der jetzigen Regierung, bis der Herr Reichskanzler mich absetzt. Somit habe ich die Pflicht, über die Akten Auskunft zu geben". (Zit. nach M. Boveri, a.a.O., S. 229).

366) Vgl. M. Boveri, a.a.O., S. 230.
Boveri beschreibt auch weitere von Winkler selbst geschilderte Einzelheiten der Verhandlungen und Besprechungen mit den neuen Machthabern. (Ebd., S. 229 ff.)

367) So schilderte Winkler sein erstes Zusammentreffen mit Goebbels gegenüber Margret Boveri im Jahre 1961 (vgl. M. Boveri, a.a.O., S. 230)

368) Vgl. ausführlich zur Pressegeschichte im Dritten Reich die zitierten Darstellungen von Schmidt, Mendelssohn, Hale und Boveri, sowie Karl-Dietrich Abel: Presselenkung im NS-Staat. Eine Studie zur Geschichte der Publizistik in der nationalsozialistischen Zeit, Berlin 1968.

369) Hugenberg erzielte 1944 für den Scherl-Verlag einen Verkaufspreis von 64 Mio. RM, und zwar in lukrativen Aktien der schlesischen Schwerindustrie.

370) Die Transaktionen wurden von Winklers gelehrigem Adlatus Stabsleiter Dr. Rolf Rienhardt fortgeführt, der die von Winkler kontrollierten Unternehmen in die beiden Gesellschaften "Standarte GmbH" und "Herold-Verlag" hinüberzog. Rienhardt selbst wurde 1943 nach Auseinandersetzungen mit Amann von dessen Vertrauten Wilhelm Baur, Verlagsleiter des Berliner "Völkischen Beobachters" abgelöst. Auf die Hilfe Winklers, etwa beim Scherl-Aufkauf 1944, konnte man jedoch nie ganz verzichten.

371) Der Titel ist Winkler wahrscheinlich im Zusammenhang mit dem Ufa-Aufkauf im März 1937 verliehen worden. Er tauchte zum erstenmal offiziell in einem Aktenvermerk Winklers vom 8. Juni 1937 auf. (BA R 2/4790)
Ebenfalls im Jahre 1937 trat Winkler der NSDAP bei; zwei Jahre später wurde ihm, nunmehr auch Leiter der HTO, das Goldene Parteiabzeichen verliehen.

372) Mit Manipulationshilfe der "Holländischen Buiten-Bank", einem Tarnunternehmen in Reichsbesitz, bewahrte Winkler in den 20er Jahren zahlreiche deutsche Grundbesitzer in Polen vor dem wirtschaftlichen Ruin (Broszat-Aufzeichnung).

373) Vgl. zum Aufgabenkreis und zur Tätigkeit der HTO Dieter Petzina: Autarkiepolitik im Dritten Reich, a.a.O., S. 139 ff.; Enno Georg: Die wirtschaftlichen Unternehmungen der SS, Stuttgart 1963.

374) "Rechtsgrundlagen" waren die Verordnungen über die Sicherstellung des Vermögens des ehemaligen polnischen Staates vom 15. 1. 1940 (RGBl I S. 174) sowie zur Behandlung von Vermögen der Angehörigen des ehemaligen polnischen Staates in den in das Deutsche Reich eingegliederten Ostgebieten vom 17. 9. 1940 (RGBl I S. 1270).

375) Die verwaltete Vermögensmasse hatte nach den Angaben Winklers einen Wert von rund 20 Milliarden RM. Vgl. hierzu die Aussage Winklers während des Kreuzverhörs im Prozeß um das SS-Wirtschafts- und Verwaltungshauptamt am 7. August 1947 in Nürnberg, abgedruckt bei Robert M. W. Kempner: SS im Kreuzverhör, München, 2. Aufl. 1965, S. 146 ff.

376) Vor allem Himmler, Reichskommissar für die Festigung deutschen Volkstums, intervenierte: Außer der ihm übertragenen Erfassung, Beschlagnahme und Verwaltung des landwirtschaftlichen Vermögens gelang es ihm, auch Einfluß auf die Bestellung von Treuhändern für nichtlandwirtschaftliche Vermögen (Industrieunternehmen etc.) zu gewinnen.

377) Vgl. Margret Boveri, a.a.O., S. 228.

378) Vgl. die eidesstattliche Erklärung Winklers vom 11. 8. 1948 im Prozeß gegen Fritz Hippler (IfZ Mc 31 d).

379) Winkler besaß ein Rittergut bei Fürstenwalde in der Mark und ein idyllisches Seegrundstück in Gatow. (Vgl. Fritz Schmidt: Presse in Fesseln, a.a.O., S. 100)

380) Eine Einsicht in die Entnazifizierungsakte Winklers war dem Verfasser verwehrt. Aufgrund des Gesetzes zum Abschluß der Entnazifizierung im Landes Niedersachsen vom 18. 12. 1951 war die Akte nicht zugänglich. (Schreiben des Niedersächsischen Staatsarchivs vom 24. 6. 1968 an den Verfasser)

381) Diese Treuhanderklärung findet sich in mehrfacher Ausführung bei den Restakten der Cautio im Bundesarchiv: BA aus BDC Cautio-Akte.

382) Winkler vom 15. 11. 1938 an Burmeister; BA R 2/4790.

383) Vgl. Schreiben des Rechnungshofes des Deutschen Reiches vom 15. 11. 1937 an das Promi; BA aus BDC Cautio-Akte.

384) Vgl. Schreiben der Cautio vom 13. 1. 1938 an das Promi (BA aus BDC Cautio).

385) Ausgenommen von der Oberaufsicht des Promi waren die beiden Treuhandmassen "Vereinigte Finanzkontore GmbH" (Berlin) und "Neue Revisions- und Treuhandgesellschaft mbH" (Berlin), für die der Reichsminister der Finanzen allein zuständig war. Die "NRT" war 1938 hauptsächlich für die Wirtschaftsprüfungen und Revisionen der reichseigenen Filmfirmen gegründet worden; die "Verfikon" diente vor allem als Beteiligungsgesellschaft an Banken und verschiedenen anderen Wirtschaftsunternehmen in Reichsbesitz, d.h. sie verwaltete die Anteile und kontrollierte die Firmen im Auftrage des Reiches.

386) Vgl. Geschäftsbericht der Cautio zum 31. 3. 1941 (BA R 55/647).

387) Die für den Werberat verwaltete "Auslandsverlag GmbH" war in die Verwaltung der Export-Abteilung des Wirtschaftsministeriums überführt und die "Reichsausschuß für volkswirtschaftliche Aufklärung GmbH" an den Werberat direkt gegeben worden. Die Presse-Treuhandmassen entsprachen denen von 1945.

388) Ufi-Ffm Akte 490.

389) Winkler vom 29. 8. 1940 an von Manteuffel im RFM; BA R 2/4791.

390) Der DLD war eine Vertriebsstelle für die propagandistischen Lichtbilder des Promi. Seine Anteile verwaltete für das Ministerium die Reichskreditgesellschaft. (Der DLD war 1933 aus der Zuständigkeit der Reichskanzlei in den Geschäftsbereich des Goebbels-Ministeriums übergegangen.) Sämtliche Aufträge der GmbH flossen der Privatwirtschaft zu. 1934 trat die RKG die treuhänderische Verwaltung an die Cautio ab, nachdem inzwischen Imhof wegen Arbeitsüberlastung seinem Vertreter Otto Jamrowski die Geschäftsführung in die Hände gegeben hatte.

391) Durch Verfügung des Präsidenten der RFK vom 12. 10. 1938 war Pfennig vor Erlaß aller Anordnungen, Bestimmungen etc. der Kammer zu unterrichten. Er war berechtigt, an den Sitzungen der Fachausschüsse der Filmkammer teilzunehmen und den Standpunkt Winklers zu den einzelnen Fragen darzulegen.

392) Darüber hinaus war Pfennig Geschäftsführer der Allgemeinen Filmtreuhand GmbH, der Ostmärkischen Filmtheater Betriebsgesellschaft mbH, stellvertretender Leiter der Haupttreuhandstelle Ost und Beauftragter Winklers in verschiedenen Gremien und Institutionen.

393) In der einstweiligen Verfügung der NSDAP, Gau Berlin, zum Parteiausschluß Pfennigs hieß es: "Der Beschuldigte hat in den Jahren 1941 und 1942 fortgesetzt in erheblichen Mengen Fleisch, Wurst, Schinken, Speck, Butter, Butterschmalz, Kaffee, Kakao, Eier, Mehl, Schokolade, Geflügel, Spirituosen und andere Lebens- und Genußmittel, sowie 2 Pr. Strümpfe von dem Direktor der Prag-Film A.-G. Karl Schulz ohne Bezugsberechtigung und größtenteils auch zu Überpreisen bezogen." (BDC Personal-Akte Pfennig)

394) Merten hatte seine Banklaufbahn zunächst als Beamter der Rheinischen Creditbank

in Straßburg begonnen und seit 1916 seine Kenntnisse in Wirtschaftsfragen als Direktor der Deutschen Agrar- und Industriebank in Prag vertieft.

395) Dahlgrün, Pg. seit 1933, bearbeitete seit August 1941 Sonderaufgaben für den Reichsbeauftragten und war seit Januar 1943 auch für die Ufa-Film tätig.
Referent für Sonderaufgaben war Dahlgrün seit April 1941 außerdem bei der HTO, u.a. für Rechts- und Wirtschaftsfragen des Bergbaus und der eisenverarbeitenden Industrie. Als Interessenvertreter der Cautio war Dahlgrün jedoch nur im Aufsichtsrat der Tobis-Tonbild-Syndikat.

396) Waldraff war von 1930 bis 1937 Revisor bei der Ufa. Als einziger leitender Angestellter der Cautio trat er nicht der NSDAP bei.

397) Raether arbeitete von 1937 bis 1939 im Büro Winkler.
Müller-Scheld, ehemaliger Gaupropagandaleiter in Hessen-Nassau, war nur einige Monate 1937 bei der Cautio beschäftigt. Im März 1938 wurde er zum Präsidenten der Deutschen Filmakademie ernannt, die niemals ihren vollen Lehrbetrieb aufnehmen konnte.
Sternberg-Raasch, für die Erledigung besonderer Rechtsfragen zuständig, wurde später von Dr. Eberhard Schwabe abgelöst.

398) Der Vertrag des Filmexportfachmanns der Filmkammer wurde 1943 auf die Ufa-Film übertragen. Im Juli 1944 schied Schwarz bei der RFK aus und siedelte ganz zur Ufi über. Dort übernahm er das "Auslandsreferat der Ufa-Film" und war nun nebenamtlich für die Kammer tätig.

399) Trotz ihrer einflußreichen und machtvollen Stellung im gesamten Filmsektor waren die Mitarbeiter im Büro Winkler gegenüber den Vorstandsmitgliedern der von Winkler betreuten Unternehmen unterbezahlt: So erhielt z.B. Pfennig jährliche Bezüge in Höhe von ca. 47.000 RM, während das Vorstandsmitglied der Ufa AG, Fritz Kuhnert, ein Gehalt von 70.000 RM bezog. Auch Winkler selbst stand nur ein jährliches Gehalt von ca. 48.000 RM zur Verfügung, währenddessen Ludwig Klitzsch Jahresbezüge von 120.000 RM bekam.

400) Vgl. den Aufsatz von Hans-Joachim Blank: Verwaltung und Verwaltungswissenschaft, in: Politikwissenschaft, a.a.O., S. 368—405, insbes. S. 390 ff. und die Literaturangaben S. 403 ff.
Zur Stellung der Beamten im Nationalsozialismus vgl. die unkritische, in der Quellensammlung jedoch verdienstvolle Arbeit von Hans Mommsen: Beamtentum im Dritten Reich. Mit ausgewählten Quellen zur nationalsozialistischen Beamtenpolitik, Stuttgart 1966 (= Schriftenreihe der Vierteljahrshefte für Zeitgeschichte Nr. 13).

401) Vgl. zur Konstanz bürokratischer Organisationen und zur personellen Kontinuität der Beamten im Wechsel der politischen Systeme Thomas Ellwein: Das Erbe der Monarchie in der deutschen Staatskrise, München 1954; Wolfgang Runge: Politik und Beamtentum im Parteienstaat, Stuttgart 1965; Wolfgang Zapf: Wandlungen der deutschen Elite, München, 2. Aufl. 1966.

402) H.-J. Blank, a.a.O., S. 388.

403) H.-J. Blank, a.a.O., S. 391.
Blank weist auf die Verwandtschaft der Weberschen Soziologie mit dem Rechtspositivismus hin: Hier wie dort reduziere sich die Legitimität auf Legalität, d.h. auf formale Rationalität. (ebd., S. 394 ff.) Vgl. hierzu auch Herbert Marcuse: Industrialisierung und Kapitalismus im Werk Max Webers, in: ders., Kultur und Gesellschaft 2, Frankfurt/Main 1965, S. 107 ff.
Endpunkt dieses unreflektierten, aber effizienten positivistischen Legalitätverständnisses waren die KZ's: "Der Formalismus einer gegenüber materialen Rechtsprinzipien gleichgültigen Bürokratie gipfelte im bürokratisch organisierten Massenmord der Nazi-Zeit, wo Beamte in getreuer Pflichterfüllung Kleidung, Haare und Zahngold ermordeter Juden mit eben der gleichen Sorgfalt verwalteten, die sie nach dem Zusammenbruch des Dritten Reiches in der Bundesrepublik auf die Ausarbeitung von Haushaltsplänen verwandten." (H.-J. Blank, a.a.O., S. 391)

404) Vgl. hierzu H. Mommsen, a.a.O., S. 14 f.
Daß sich die Ministerialbürokratie in den meisten klassischen Ministerien (Justiz-, Innen-, Arbeits- und Finanzministerium) personell bis in die letzten Kriegsjahre praktisch nicht verändert hatte, hat vor allem die Analyse von Franz Neumann bestätigt. (Vgl. F. Neumann: Behemoth, a.a.O., insbes. das Kapitel "The Ministerial Bureaucracy", S. 300 ff.) Neumann kommt schließlich zu dem Ergebnis, daß die herrschende Klasse im NS-Deutschland (Industrie, Armee, Partei und Bürokratie als Schlüsselgruppen) nur wegen identischer Interessen und nicht aufgrund gleicher Herkunft oder Ideologie einheitlich war: "Nothing holds them together but the reign of terror and their fear lest the collapse of the regime destroy them all". (ebd., S. 323)

405) Vgl. zur Person Greiners W.A. Boelcke: Kriegspropaganda, a.a.O., S. 60.
Greiner promovierte 1910 in Heidelberg und trat 1921 als Oberregierungsrat ins Reichsfinanzministerium ein. Bereits ein Jahr später wurde er zum Ministerialrat befördert. 1941 wurde er noch im Alter von 64 Jahren zur Wehrmacht verpflichtet, wahrscheinlich, weil es zu Differenzen zwischen ihm und Goebbels gekommen war.

406) Vgl. Willi A. Boelcke, a.a.O., S. 60.

407) Außerdem saß Greiner — wie die meisten höheren Beamten des Propagandaministeriums — in weiteren vom Reich kontrollierten Institutionen, nämlich im Aufsichtsrat der "Philharmonischen Orchester GmbH" und der "Eildienst GmbH" sowie im Kuratorium des Kaiser-Wilhelm-Instituts für Strömungsforschung in Göttingen.

408) Sven Hedin beschreibt Ott als "gemütlichen und gepflegten Herrn mittleren Alters, von der alten Schule". (S. Hedin: Ohne Auftrag in Berlin, Stuttgart und Tübingen 1950, S. 11)
Von 1926 bis 1927 war Ott im Sekretariat des Völkerbundes in Genf beschäftigt gewesen, bevor er als Referent ins Reichswirtschafts- und anschließend ins Reichsfinanzministerium berufen wurde. (Vgl. zur Person Otts W. A. Boelcke, a.a.O., S. 60 f.)
Nach dem Krieg setzte Ott seine Arbeit im staatlichen Verwaltungsdienst als Staatssekretär im Niedersächsischen Innenministerium, von 1952 bis 1956, fort.

409) Fassung der RHO vom 13. 12. 1933; RGBl I 1933 Teil II Nr. 56.

410) Ott war zusätzlich noch ehrenamtlicher Geschäftsführer der "Künstlerspende" und Aufsichtsratsmitglied der "Philharmonischen Orchester GmbH" und der Reichsrundfunkgesellschaft.

411) Allein diese Funktionen der Haushaltsabteilung, wie auch des Finanzministeriums, ermöglichen heute die Rekonstruktion und Analyse der Filmgeschichte im 3. Reich: Alle wichtigen Vorgänge und Entscheidungen sind in deren Akten festgehalten (Originale, Abschriften und Durchschläge) und spiegeln so den filmgeschichtlichen Ablauf wider. Diese Akten der Haushaltsabteilung des Promi und des Finanzministeriums sind im Gegensatz zu den Akten der Filmabteilung, der Cautio usw. in erheblichen Beständen beinahe vollständig überliefert.

413) Getzlaff war 1919 dem Freikorpsverband in Berlin und Jena beigetreten und 1932 Mitglied der NSDAP geworden. Außerdem war er Obersturmführer bei der Waffen-SS und gehörte dem SD an.

414) Vgl. § 48 der RHO, der die Zustimmung des Reichsfinanzministers bei der Gründung von reichseigenen Gesellschaften vorsah. Als in den Jahren 1940 und 1941 die Continental-Films (Paris), die Deutsche Wochenschau GmbH, die Berlin–Film und die Deutsche Schmalfilmvertriebs GmbH ohne vorherige Genehmigung durch das RFM von Winkler gegründet worden waren, weigerte sich die Finanzbehörde lange Zeit, ihre Zustimmung nachträglich zu erteilen.

415) Zum Aufgabenbereich der Unterabteilung I C gehörte u.a.: Einzelhaushalte des Reiches einschließlich aller aus dem Geschäftsbereich der verschiedenen Ressorts anfallenden finanziellen Einzelfragen. (Vgl. Handbuch für das Deutsche Reich 1936, a.a.O., S. 141)
Leiter der übergeordneten Abteilung I (Allgemeine Haushaltsangelegenheiten; Gesamthaushalt des Reichs etc.) war Dr. Alfred Olscher, Ministerialdirektor, Direktor der Reichskreditgesellschaft, Vorstandsmitglied der Vereinigten Industrie-Unternehmungen

AG und seit 1938 stellvertretender Aufsichtsratsvorsitzender der Ufa AG.

416) Burmeister war aktiver Offizier von 1912 bis 1921. In der SS (Förderndes Mitglied seit 1934) erhielt er den Rang eines Sturmbannführers.

417) Eidesstattliche Erklärung Winklers über seine Tätigkeit bei der HTO vom 7. 4. 1948; IfZ Archiv 1386/54.

418) Vermerk von Burmeister vom 14. 10. 1940; BA R 2/4809.

419) Von der scharfen Kontrolle durch das RFM zeugen nicht zuletzt die rege Korrespondenz und die zahlreichen Aktenvermerke in den überlieferten Akten.

420) Die Haushaltspläne des Promi sind nur sehr unvollständig überliefert: 1933—1935, 1937—1939 und 1942—1943. (BA R 2/4752—57 sowie R 55/vorl. 402)

421) Vgl. BA R 2/4788.

422) Auf der Ausgabenseite des Einzelplanes XVII waren u.a. Kosten für Münzprägung, Zuschüsse für die NSDAP und ihre Gliederungen verbucht, auf der Einnahmenseite Gelder aus den Besitz- und Verkehrssteuern, Zöllen und Verbrauchssteuern und aus der Beteiligung des Reiches an wirtschaftlichen Unternehmungen. (Vgl. die überlieferten Pläne für 1938, 1941 und 1942; BA R 2/13058, 13059, 13060)

423) Wegen der "Vertraulichkeit der Ausgaben" war diese allgemeine Formulierung der Zweckbestimmung gewählt worden. (Vgl. Anmeldung zum Haushaltsentwurf 1938 von Burmeister v. 25. 6. 1938 an Ref. Weiß im RFM; BA R 2/13058).

424) Vgl. Vermerk von Burmeister vom 1. 4. 1940 (BA R 2/4794).

425) Anfang 1942 hatte sich der Mittelbestand nach erneuten Ausgaben und verschiedenen Einnahmen (Kapitalrückflüsse und -erträge) auf 64.984.000 RM fixiert.

426) Vgl. das Schreiben des Staatssekretärs im RFM Reinhardt vom 22. 7. 1941 an Goebbels (BA aus BDC Deutsche Filmtheater).

427) Oft traf Winkler unter Zeitdruck ohne vorherige Zustimmung des RFM schnelle Entscheidungen. Nach der Gründung der Bavaria-Filmkunst rügte Schwerin v. Krosigk: "Ich bitte ... dringend dafür Sorge zu tragen, daß in Zukunft die Ressorts nicht vor vollendete Tatsachen gestellt werden." (Schreiben v. Krosigk vom 24. 6. 1938 an Promi; BA R 55/476).

428) Heute wird die Rekonstruktion der Geschehnisse u.a. dadurch erschwert, daß wesentliche Teile der Aktenbestände durch Kriegsfolgen vernichtet wurden.

429) Frankfurter Zeitung vom 21. 1. 1938: "Die Ufa im Zeitraffer".
Natürlich gab es eine Reihe von Journalisten, die über die Vermögensverhältnisse informiert waren. Vgl. hierzu ein Zitat aus der Sammlung "Traub": "Es sollen von nun an keine Angriffe gegen die Ufa mehr gerichtet werden, die sich jetzt bekanntlich in Reichsbesitz befindet". (zit. nach G. Albrecht, a.a.O., S. 20)

430) Ein maschinenschriftliches Stenogramm der Rede befindet sich im Deutschen Institut für Filmkunde (Wiesbaden); vgl. dort S. 20/21.

431) Die Gesellschaft war als "Tonbild-Syndikat AG" am 30. August 1928 in Berlin gegründet und im November in "Tobis Tonbild-Syndikat AG" umfirmiert worden. Ihr Kapital war von ursprünglich 12 Mio. RM auf 5,4 Mio RM zusammengelegt worden.
Die Tobis besaß Lizenzen für das Tri-Ergon- und das Meisterton-Verfahren und arbeitete mit der Klangfilm-Gruppe (AEG, Siemens, Telefunken) eng zusammen, die sich später auf den Geräteverkauf verlegte.
Durch Gebietskartell-Verträge, auf dem "Pariser Tonfilmfrieden" von 1930 beschlossen, beherrschte die Tobis-Klangfilm-Gruppe beinahe den gesamten europäischen Kontinent.

432) Die HBB war im Jahre 1925 zusammen mit holländischen Interessenten mit einem 5 Mio. hfl.-Kapital eröffnet worden, um den vom wirtschaftlichen Ruin bedrohten deutschen Grundbesitz in Polen aus reichseigenen und preußischen Mitteln auf unauffällige Weise zu kreditieren. Die Lage der deutschen Großgrundbesitzer war damals besonders

kritisch, da die polnische Nationalbank keine Wechsel mehr auf Namen von deutschstämmigen Personen annahm und deshalb der kreditbedürftige deutsche Grundbesitz Pleite zu gehen drohte. Von der HBB gelangten die für die Kreditierungen und Umschuldungen bestimmten Gelder meist über die zu diesem Zweck gegründete Landwirtschaftliche Bank in Danzig, einem "Briefkasten" der Buitenbank, zu den "Volksdeutschen".

Hinter der HBB, von deren Kapital Preußen und das Reich mehr als 50% besaßen, standen demnach deutsche Gelder und Interessen. Die Bank selbst hatte einen holländischen Geschäftsführer und Aufsichtsrat und war deshalb klar als holländisches Unternehmen ausgewiesen. (Vgl. die Aufzeichnung von Broszat über seine Unterredung mit Winkler am 11. 4. 1960 in Düsseldorf; IfZ AZ. 2617/60 Bestand ZS 517)

433) Vgl. die Anlagen zu einem Schreiben Winklers an das Promi vom 15. 2. 1938; BA R 55/491.

434) Die Tobis AG nahm Kredite bei der Filmkreditbank, der Reichskreditgesellschaft, der Dresdner Bank, der Hollandschen Buitenbank und direkt bei der Cautio auf.

435) Schreiben W. Funks vom 14. 12. 1936 an Olscher (BA R 2/4790).

436) Vgl. hierzu ein Schreiben Winklers an das Propagandaministerium vom 15. 2. 1938, in dem er sehr detailliert auf die Entwicklung der Ufa und Tobis einging und die späteren Vorgehensweisen schilderte; BA R 55/491.

437) So verfügte Georg von Stauß, Vorstandsmitglied der Deutschen Bank und stellvertretender Aufsichtsratsvorsitzender der Ufa AG — nach dem Ausscheiden Hugenbergs wurde er zum Aufsichtsratsvorsitzenden bestellt —, über Ufa-Aktien im Wert von nominell 2,1 Mio. RM.

438) BA R 2/4799. Vgl. ferner zu den Kaufverhandlungen die Korrespondenz zwischen Klitzsch, Winkler und der Dedi-Bank in den Akten der Hauptbuchhaltung der Ufa AG (Ufi-Ffm) sowie die Aktenordner Opriba/Cautio-ULC und U/11/1—2 (Ufi-Bln).

439) Vgl. Schreiben Winklers vom 15. 2. 1938 an das Promi (BA R 55/ 491).

440) Die Umwandlung des Aufsichtsrates kostete der Cautio insgesamt 107.400 RM, da Winkler den ausscheidenden Mitgliedern ihre Tantiemen bis zum Abschluß der jeweiligen Amtsperiode zahlte.

441) 1936/37 war zum erstenmal seit 1930/31 wieder eine Dividenden-Ausschüttung von 6% möglich gewesen.

442) Ein aktenkundlicher Nachweis für einen planmäßigen politischen Druck gegen Hugenberg und die Ufa, wie es immer wieder seit 1945 behauptet wurde, existiert nicht. Ein immer wieder in der Nachkriegsliteratur zitiertes persönliches Schreiben Goebbels an Hugenberg, in dem Goebbels sich verpflichtete, die allgemeine Bedrängnis des Scherl-Verlages durch die NSDAP zu beenden und den Verlag in seinem nunmehrigen (d.h. nach dem Ufa-Verkauf) Bestand nicht mehr zu verkleinern, konnte in den amtlichen Unterlagen und in den Akten der Ufa AG nicht gefunden werden. (Das Schreiben wird in einem Gutachten des Rechtsanwalts Dr. Osthoff aus dem Jahre 1953 erwähnt, das dieser im Zusammenhang mit dem Rückerstattungsverfahren der Opriba, der Rechtsnachfolgerin des Scherl-Verlages, für die Cautio anfertigte; Ufi-Bln Akte Opriba/Cautio-ULC). Jedoch impliziert dieses — sicher existierende — Tolerierungsversprechen keineswegs das Eingeständnis Goebbels', gegen die Ufa AG mit den Mitteln des Drucks und der Nötigung gearbeitet zu haben. Im übrigen war diese Zusage kein Hindernis, daß Winkler 1944 den Rest des Scherl-Verlages — wieder gegen eine mehr als angemessene Bezahlung — für das Reich aufkaufte.

443) Die 1920 gegründete Terra-Film AG betrieb durch eine Reihe von Verleih- und Produktionsfirmen die Herstellung und den Vertrieb von Filmen; Ende der 20er Jahre war an ihr der Ullstein-Verlag wesentlich beteiligt, der neben dem Scherl-Verlag der zweite Pressekonzern mit größeren Filmbeteiligungen war. 1928 ging das Ullstein-Paket an die I.G. Farbenindustrie, die im Krisenjahr 1932 die Aktienmehrheit an eine Schweizer Finanzgruppe unter Führung des Industriellen Scontoni abgab.

444) Vgl. u.a. das Schreiben Winklers vom 8. 8. 1939 an das Promi; BA R 55/502.

445) Die Majorität der Bavaria, einer Auffanggesellschaft für den 1932 in Konkurs gegangenen Emelka-Konzern, lag 1936 bei der Neuen Deutschen Lichtspiel-Syndikat GmbH, einer genossenschaftlichen Selbsthilfsorganisation von ca. 250 führenden Kinobesitzern. Die NDLS war zur Selbstversorgung mit Filmen gegründet worden, d.h. um der deutschen Filmindustrie den süddeutschen Raum zu erhalten und zu sichern. Das Experiment dieser Gruppe von mittelständischen Kinobesitzern scheiterte jedoch an der faschistischen Filmpolitik.

446) Vgl. den Bericht Winklers vom 8. 6. 1937; BA R 2/4790.

447) Der Bavaria-Direktor Victor Fasolt hatte Zusagen verschiedener Aktionäre — u.a. stand ein 10-Jahres-Kredit eines Geldgebers aus Schottland in Höhe von 3 Mio. RM in Aussicht —, durch finanzielle Zuschüsse die Schwierigkeiten vorläufig zu überbrücken. Die Vorhaben scheiterten jedoch am Widerstand des Filmkammer-Präsidenten Oswald Lehnich. Winkler selbst, den Fasolt um Beistand bat, lehnte das Angebot einer 50%igen Beteiligung mit der Begründung ab, daß ihn bzw. seine Auftraggeber nur die absolute Majorität interessieren würden. (Vgl. den Aktenvermerk von Merten vom 23. 3. 1937 über eine Vorsprache Fasolts in Berlin; Ufi-Ffm 21/037)
Daneben gab es sehr konkrete Vorstellungen, eine "Bavaria Nova" zu gründen, an der zu gleichen Teilen bayrische Kreise — gedacht war an das Bankhaus Merck, Finck & Co. —, Münchner Theaterbesitzer und die Cautio beteiligt werden sollten. Auch dieser Plan stieß auf die Ablehnung Winklers und der RFK. (Vgl. den Aktenvermerk von Merten vom 16. 10. 1937 über eine Besprechung Winklers mit Vertretern der Bayerischen Staatsregierung über den Vergleich der alten Bavaria und die Gründung einer neuen Gesellschaft; Ufi-Ffm 21/037)

448) Nach der Gründung der neuen Bavaria schrieb das Propagandaministerium an das Finanzministerium: "München besitzt auf Grund des dort entfalteten Kunstlebens alle Voraussetzungen für eine bodenständige Filmerzeugung". (Schreiben des Promi vom 31. 3. 1938 an das RFM; BA R 2/4818)

449) Die bayrischen Interessen im Aufsichtsrat der "Bavaria-Filmkunst GmbH" vertraten u.a.: der Vorsitzende Generaldirektor Friedrich Döhlemann (Bayrische Gemeindebank) Ratsherr Max Reinhard (ehemaliger Filmunternehmer der Stummfilmzeit und Direktor des Kulturamtes der Stadt München), Albert Pietzsch (Präsident der Industrie- und Handelskammer in München, Leiter der Reichswirtschaftskammer, Direktor und Mitbesitzer der Elektrochemischen Werke München AG) sowie seit August bzw. September 1938 Ministerialrat Albert Gorter (Vertreter des Bayrischen Finanzministeriums und der Bayrischen Staatsbank) und Direktor Helmreich (Bayrische Vereinsbank).

450) Vgl. das Schreiben von Ott vom 21. 9. 1938 an das RFM; BA R 55/ 500).

451) Vgl. hierzu eine Niederschrift vom 7. 9. 1935 über eine Besprechung, die Hinkel, Raether und Melzer am 3. 9. 1935 über die Frage der österreichischen Filmproduktion und der österreichischen Firmen führten. (BA aus BDC RFA-RFK 1)

452) Dies bezog sich auf Filme, die mit österreichischem Kapital oder in deutsch-österreichischer Gemeinschaftsproduktion hergestellt waren.

453) Vgl. im einzelnen Johannes Eckardt: Deutsch-österreichisches Filmschaffen, in: Der Deutsche Film, 1. Jg. 1936/37, H. 10, S. 298 f. sowie Teil II in H. 11, S. 324 ff.; dort heißt es u.a. im Hinblick auf die Pläne der NS-Filmführung: "Wir müssen uns bewußt machen, daß die Zukunft des gesamten deutschen Volkes mit davon abhängt, ob es uns gelingt, auch das Filmschaffen Österreichs zu einem Ausdruck jener wahren Kräfte des Volkstums zu machen, das uns in dem uns verwandten Lande aus der Seele eines gleichen Volkes lebendig ist".

454) Vgl. den Bericht Winklers vom 15. 11. 1938 an Burmeister; BA R 2/4814.

455) Vgl. den Bericht Winklers vom 6. 6. 1937; BA R 2/4790.

456) Vgl. die Verordnung über die Einführung des Lichtspielgesetzes und des Gesetzes über die Vorführung ausländischer Filme im Lande Österreich vom 11. 6. 1938 (RGBl I

1938 S. 625).

457) Vgl. die Verordnung über die Einführung der Reichskulturkammergesetzgebung im Lande Österreich vom 11. 6. 1938 (RGBl I 1938 S. 624). Am 18. 6. 1938 wurde zusätzlich eine Anordnung betr. Einführung der Anordnungen der Reichsfilmkammer im Lande Österreich (VB v. 21. 6. 1938) sowie eine Anordnung zur Überleitung des Filmwesens im Lande Österreich (VB v. 21. 6. 1938) erlassen.

458) Vgl. den Bericht Winklers vom 8. 6. 1938; BA R 2/4790.

459) Vgl. den Vermerk Burmeisters vom 24. 6. 1938 über eine Besprechung, die am 8. 6. 1938 im RFM stattfand (BA R 2/4814).

460) Schon 1936 hatte die RFK einen Vertreter nach Prag entsandt, um die dortigen "jüdischen" Verhältnisse unter die nationalsozialistische Lupe zu nehmen. U.a. betonte Dr. Fritz Olimsky in seinem Reisebericht vom 26. 10. 1936 (BA R 56 VI/9), daß es in Prag keinen "arischen deutschen Filmjournalisten" gäbe und selbst die Vertreter der deutschen Filmfachpresse (Film-Kurier, Licht-Bild-Bühne) wären Juden. "Es ist selbstverständlich", schrieb er über diese "Zeitungsjuden", "daß hier — früher oder später — eine Änderung eintreten muß".

461) Vgl. das Schreiben Winklers vom 3. 8. 1939 an Goebbels (BA R 55/498).

462) Die AB-Film war 1921 als Aktiengesellschaft tschechoslowakischen Rechts gegründet worden. Ihr ursprüngliches Aktienkapital von 3 Mio. K war 1926 auf 1,5 Mio. K herabgesetzt worden. Die Gesellschaft beschränkte ihr Geschäft auf die Vermietung von Ateliers. Im Gegensatz zu den beiden anderen Atelierbetriebsstätten in Hostiwar (Host-Film) und Radlitz (Foja-Film) war die wirtschaftliche Situation der Prager Firma 1939 gut.

463) Von Manteuffel vom Reichsfinanzministerium hatte zunächst wegen der kriegsbedingten knappen Finanzlage Bedenken gegen den Kauf der Aktienmehrheit. Außerdem hielt er es politisch nicht für ratsam, da der Reichsprotektor die Kontrolle kaum gerne aus der Hand geben würde. Er plädierte deshalb für eine Anmietung der Ateliers. Diese Anmietung war jedoch nach der Meinung Max Winklers unwirtschaftlich: Denn da aufgrund der gefährdeten finanziellen Situation des Vermieters nur eine hohe Miete in Frage käme, würde der Mietaufwand in wenigen Jahren den Kaufpreis erreichen und sogar übertreffen. Auch war für Winkler Milos Havel kein "geeigneter Vertragspartner" wegen seiner "moralischen und finanziellen Unzuverlässigkeit". Die Bereitstellung von Reichsmitteln wollte er durch die Verwendung von Geldern aus eigenen Finanzierungsgesellschaften und durch Mittelbeschaffung über den Kreditweg (Böhmische Unionbank) überflüssig machen. Eine enge Zusammenarbeit mit dem Reichsprotektor sollte den Kauf politisch nicht anfechtbar machen.
(Vgl. hierzu den Vermerk Burmeisters vom 13. 9. 1939 über eine Besprechung zwischen Vertretern der Cautio, des Reichsprotektorats, des Propagandaministeriums und des Finanzministeriums am 30. 8. 1939 im RFM; BA R 2/4833)

464) Nach Aussagen von Friedrich Merten, dem Mitarbeiter Winklers bei der Cautio, im Jahre 1953 wurde Havel aufgrund des § 175 StGB verhaftet. Die Kaufverhandlungen wurden von Rechtsanwalt Dr. Viktor Martin, dem Interessenvertreter Havels, weitergeführt. Schließlich soll — so die Angaben Mertens — Havel die Freilassung in Aussicht gestellt worden sein, wenn er seine Preisforderung für die AB-Aktien herabsetzte. In der Tat wurde Havel dann unmittelbar nach dem Kaufabschluß aus der Haft entlassen.
(Vgl. hierzu eine Notiz aus den Akten der Ufa-Film i.L. vom 16. 10. 1953, gez. Burckhardt, über die Aussage Mertens vom 13. 10. 1953 in Düsseldorf; Ufi-Ffm 465) Zweifellos ist mit dieser Behauptung Mertens noch nicht erwiesen, daß die Verhaftung im direkten Zusammenhang mit dem Aktienkauf stand.

465) Vgl. die Verordnung des Reichsprotektors in Böhmen und Mähren über die Errichtung der Filmprüfstelle in Böhmen und Mähren vom 26. 10. 1940 (Verordnungsblatt des Reichsprotektors 1940, S. 569; zitiert in: Filmhandbuch, a.a.O., III E 1 a).

466) Vgl. die Verordnung des Reichsprotektors in Böhmen und Mähren über die Errichtung der Böhmisch-Mährischen Filmzentrale vom 26. 10. 1940 (Verordnungsblatt des Reichsprotektors 1941; zitiert in: Filmhandbuch, a.a.O., III E 1 b).

467) Vgl. hierzu die Rede Goebbels' auf der Kriegstagung der RFK am 15. 2. 1941 in Berlin, in der er ausdrücklich von einer "Dezentralisation" nach der "Verreichlichung" sprach (S. 21 des maschinenschriftlichen Stenogramms; DIF Wiesbaden).

468) Vgl. das Schreiben Winklers vom 15. 11. 1938 an Burmeister; BA R 2/4790.

469) Rede von Goebbels auf der Kriegstagung der RFK 1941, a.a.O., S. 26 f.

470) Vgl. zur Entstehungsgeschichte dieses Films die Selbstbiographie von Veit Harlan: Im Schatten meiner Filme, hrsg. von H. C. Opfermann, Gütersloh 1966, insbes. S. 180 ff.

471) Im "Altreich" stieg die Zahl der Besucher von ca. 240 Mio. (1932/33) auf ca. 410 Mio. (1938/39). (Wochenbericht des Instituts für Konjunkturforschung Nr. 10 vom 8. 3. 1939)

472) 1935 gab es im Deutschen Reich ca. 4.700 Kinos (Wochenbericht des Instituts für Konjunkturforschung Nr. 16/17 vom 30. 4. 1935), 1939 fast 5.000 Kinos im "Altreich". "Großdeutschland" verfügte 1939 über insgesamt ca. 6.100, einschließlich Polens, Böhmen und Mährens und der Slowakei über ca. 8.100 Filmtheater. (Wochenbericht des Instituts für Konjunkturforschung Nr. 7 vom 16. 2. 1940)

473) Peter de Mendelssohn nannte Max Winkler einen "treuen Diener seines Herrn" und deutete damit dessen unproblematisierte Anpassung an das jeweils bestehende Regime an (Peter de Mendelssohn, a.a.O., S. 324 ff.)

474) Vgl. den Vermerk Herbells zur Ansprache Goebbels am 15. 2. 1939 im Promi; Ufi-Ffm Akte "Bavaria — Büro Winkler II".

475) Vgl. das Schreiben Winklers vom 15. 11. 1938 an Burmeister; BA R 2/4790.

476) Vgl. hierzu das Protokoll der AR-Sitzung der Wien-Film v. 13. 12. 1939 (R 2/4815); das Schreiben der Bavaria v. 18. 12. 1939 an Ott (R 2/4791); sowie das Schreiben Winklers v. 23. 12. 1939 an die Produktionschefs (G. Albrecht, a.a.O., S. 526).

478) Vgl. das Schreiben Winklers vom 13. 5. 1942 an Staatssekretär Reinhardt (BA aus BDC Deutsche Filmtheater 1).

479) Vgl. die Schreiben Winklers vom 12. 5. 1939 an die reichsmittelbaren Filmgesellschaften in Berlin, München und Wien (BA R 55/485).

480) Vgl. die Stellungnahme der Tobis v. 20. 5. 1939 an Ott; BA R 55/485.

481) Vgl. BA R 55/485.

482) Vgl. den Aktenvermerk von Burmeister vom 26. 5. 1939 (BA R 2/4791).

483) Vgl. das Schreiben Winklers v. 5. 6. 1939 an Goebbels (BA R 55/485).

484) Vgl. den Vermerk Burmeisters über die Besprechung vom 6. 7. 1939 (BA R 2/4791).

485) Vgl. das Schreiben Winklers vom 22. 8. 1940 an das RFM (BA R 2/4820) sowie sein Schreiben vom 22. 8. 1940 an die Geschäftsführung der Bavaria (BA R 55/500 a).

486) Vgl. das Schreiben Winklers v. 22. 8. 1940 an den Finanzminister; BA R 2/4820.

487) Vgl. das Memorandum der Ufa AG vom 12. 6. 1941 "Gedanken über die Organisation einer Haltegesellschaft für das staatsmittelbare Filmschaffen" (DIF). Vgl. zum folgenden vor allem die Aktenbestände im Bundesarchiv: R 55/485; R 2/4791 u. 4792; BA aus BDC Deutsche Filmtheater 1; sowie das Protokoll vom 29. 5. 1941 über eine Besprechung, die am 27. 5. 1941 zwischen den Vertretern der Cautio, der RFK, des Promi (F- und H-Abt.) und der Filmfirmen im Propagandaministerium stattfand (BA aus BDC Deutsche Filmtheater 1).

488) Vgl. die Ministervorlage der H-Abteilung vom 10. 7. 1941 an Goebbels (BA R 55/485).

489) Vgl. die Aktennotiz Herbells über eine Aussprache zwischen ihm und Pfennig am 7. 7. 1941 in Berlin (Ufi-Ffm Bavaria-Filmkunst: Büro Winkler 1938—1943 II).

490) Vgl. den Vermerk des RFM v. 22. 10. 1941 über die Besprechung zwischen v. Manteuffel, Ott und Winkler am 21. 10. 1941 im RFM (BA R 2/4792) sowie den Vermerk der Haushaltsabteilung des Promi über dieses Gespräch (BA R 55/485).
491) Vgl. die Ministervorlage der Haushaltsabteilung vom 2. 12. 1941 an Goebbels (R 55/485).
492) Anordnung über die Zulassung als Filmhersteller vom 6. 6. 41 (VB v. 12. 6. 1941).
493) Vgl. Nr. 152 des Jahres 1941 der Urkundenrolle des Notars Dr. Zencke, Berlin; BA R 55/497.
494) Vgl. hierzu die "Denkschrift über die Neuordnung der Führung der reichsmittelbaren Filmgesellschaften", die Winkler Anfang Dezember 1941 dem Propagandaminister zur Genehmigung vorlegte (BA R 55/485).
495) Vgl. den Erlaß des Reichsfinanzministers vom 22. 7. 1941 (BA aus BDC Deutsche Filmtheater 1).
496) Vgl. hierzu die Ministervorlage von Ott an Goebbels vom 10. 7. 1941 (BA R 55/485) sowie das Protokoll des RFM vom 22. 10. 1941 über die Besprechung zwischen von Manteuffel, Ott und Winkler am 21. 10. 1941 im RFM (BA R 2/4792).
497) Lediglich für den Bau des Großkinos an der Berliner Prachtstraße und des Großateliers in München-Geiselgasteig — zwei Lieblingsideen Hitlers — stellte das Finanzministerium weitere Haushaltsmittel in Aussicht.
498) Vgl. das Schreiben Winklers v. 10. 7. 1941 an Goebbels; BA aus BDC Deutsche Filmtheater 1.
499) Vgl. Nr. 153 Jahr 1941 der Urkundenrolle des Notars Dr. G. Donner, Berlin; BA R 2/4844 .
500) Vgl. in diesem Sinne das Schreiben Winklers an Goebbels v. 21. 4. 1941; BA aus BDC Deutsche Filmtheater 1.
501) Vgl. BA R 55/485.
502) Vgl. die Anlage zu einem Schreiben Winklers vom 4. 12. 1941 an Goebbels ; BA R 55/485 .
503) Vgl. das Schreiben Winklers vom 19. 12. 1941 an von Manteuffel; BA R 2/4792;
504) Vgl. die Rede Goebbels vom 28. 2. 1942, abgedruckt bei G. Albrecht, a.a.O., S. 484 ff., hier S. 493.
505) Vgl. zu dem Zitat Hitlers und zur Kriegswirtschaftsverordnung: Gewinn-Abführung nach §§ 22 ff. KWVO im Bereich der deutschen Filmtheater, hrsg. v. d. RFK, verfaßt von R. Ott u. W. Schreier, Berlin o. J., (1941) S. 11 f.
506) Die wesentlichen Rechtsgrundlagen waren — neben der allgemeinen Kriegswirtschaftsverordnung vom 4. 9. 1939 (Reichsgesetzblatt I 1939 S. 1609) — die Verordnung über die Erfassung außergewöhnlicher Gewinnsteigerungen während des Krieges vom 31.3. 1942 (RGBl I 1942 S. 162; RStBl 1942 S. 401) und die Erste Verordnung zur Durchführung der Gewinnabführungsverordnung vom 31. 3. 1942 (ebd.).
507) Vgl. den Vermerk Burmeisters vom 3. 6. 1941; BA R 2/4794.
508) Vgl. hierzu das Schreiben Burmeisters vom 23. 6. 1942 an den Reichskommissar für die Preisbildung (BA aus BDC Deutsche Filmtheater 1); den Vermerk Burmeisters vom 4. 9. 1943 (BA R 2/4853); sowie den Vermerk Burmeisters vom 2. 5. 1944 (BA R 2/4846).
509) Rechtsgrundlagen waren die Verordnung zur Verlängerung der Geltungsdauer des Gesetzes zur Erhöhung der Körperschaftsteuer für die Jahre 1938 bis 1940 vom 31. 12. 1940 (RGBl I 1941 S. 26; RStBl 1941 S. 33),die Verordnung über die Änderung von Steuergesetzen vom 20. 8. 1941 (RGBl I 1941 S. 510; RStBl 1941 S. 593) und die genannte Gewinnabführungs-Verordnung vom 31. 3. 1942.

510) Vgl. das Protokoll der gemeinsamen Sitzung des Aufsichtsrates und der Geschäftsführung der Ufa-Film vom 29. 3. 1944; Ufi-Ffm 21/003.

511) Hier ging es um die finanzielle Unterstützung der "Ufatreu-Gefolgschaftshilfe GmbH". Diese Versorgungseinrichtung für die gesamte deutsche Filmwirtschaft gewährte den Filmschaffenden nach 10jähriger Tätigkeit im Filmgewerbe bei vollendetem 65. Lebensjahr oder bei Berufsunfähigkeit eine Altersrente von mindestens 25% des letzten jährlichen Berufseinkommens. Ebenso war eine entsprechende Versorgung der Witwen und Waisen vorgesehen.

512) Dies betraf u.a. die 1942 verabredete Dividendenzahlung aus dem Gesellschaftskapital der Ufa-Film von 65 Mio. RM an das Reichsfinanzministerium.

513) Risikorückstellungen waren in erster Linie für das unsichere Auslandsgeschäft notwendig.

514) Vgl. hierzu die Denkschrift Winklers vom November 1941 (BA R 55/485), in der er die "für die Zeit nach dem erfolgreich beendeten Kriege" auf die Filmwirtschaft zukommenden Aufgaben im einzelnen aufführte.

515) Vgl. hierzu die Aktennotiz von Herbell v. 18. 12. 1941 (Ufi-Ffm Bavaria-Filmkunst: Büro Winkler 1938—1943 II).
Bei der Bavaria kursierten die ersten Gerüchte über den geplanten Umbau der deutschen Filmwirtschaft im April 1941. (Ähnliche Unterlagen der anderen Firmen sind nicht überliefert). Herbell selbst war bei einem Aufenthalt in Berlin "gerüchteweise Verschiedenes zu Ohren gekommen". In einem persönlichen Gespräch erklärte ihm damals Pfennig, daß diese Pläne schon seit längerer Zeit bestünden, jedoch nicht vor Kriegsende realisiert würden. Winkler scheint in der Tat — trotz des Tempos, das er bei der Neuorganisation vorlegte — die Kriegszeit für die organisatorischen Maßnahmen ungünstig gefunden zu haben. Vielleicht ging er bei seinem Vorhaben von einem "Blitzsieg" aus und beabsichtigte, die endgültige Neuordnung nach dem Krieg vorzunehmen. Andererseits erkannte er, daß gerade die Kriegsbewirtschaftung eine solche Umorganisation ökonomisch notwendig machte.
Noch im September 1941 versicherte Pfennig in einem weiteren Gespräch mit Herbell, daß die Gründung der Holding-Gesellschaft "nicht so bald zu erwarten" wäre, da vor allem noch verschiedene steuerliche Entwicklungen abgewartet werden müßten. Herbell hatte in dieser persönlichen Unterredung den Eindruck, als würde Pfennig den Zentralisationsmaßnahmen ablehnender gegenüberstehen, als sich dies aus einer anschließenden Unterhaltung im Beisein Winklers ergab.
Vgl. die Notizen Herbells v. 28. 4. 1941 und 12. 9. 1941 (Ufi-Ffm Bavaria-Filmkunst: Büro Winkler 1938—1943 II).

516) Vgl. die Notiz Herbells v. 18. 12. 1941.

517) Vgl. die Ministervorlage v. 21. 4. 1944; BA R 55/663.

518) Die Gründung der DFV war u.a. noch durch den Wunsch Baldur von Schirachs beschleunigt worden, der als Reichsstatthalter in Wien für die dortige Produktionsfirma einen gesonderten Verleih aufziehen wollte.

519) Die DFV blieb bei der Werbung im übrigen anonym, d.h. die Spielfilme wurden weiterhin als "Ein Bavaria-Film" oder "Ein Jannings-Film der Tobis" angekündigt.
Die Verwertung der deutschen Filme im Ausland erfolgte ausschließlich durch die Ufa AG bzw. deren Auslandsabteilung.

520) Nr. 12 der Urkundenrolle des Jahres 1942 des Notars Dr. Kurt Zencke, Berlin (BA R 55/485).

521) Folgende Treuhandmassen wurden in die Ufi zur Festsetzung des Kapitals eingebracht:

	Kapital	Baugeld
	Mio. RM	
Ufa AG	34,00	—
Intertobis	3,07	—
Tobis AG	0,78	—
Tobis-Filmkunst	10,00	—
Terra-Filmkunst	2,25	—
Wien-Film	4,30	2,265
Bavaria-Filmkunst	4,00	2,772
Filmtheater in Österreich	0,50	0,700
Film-Finanz	0,50	—
	58,950	5,737
	64,687	
zuzüglich Liquiditätserlös der Tobis-Sascha	0,297	
	64,984	

Dieser Betrag wurde auf 65 Mio. RM abgerundet, indem Winkler den Buchwert der Ufa-Aktien um 16.000 RM erhöhte. Vgl. die "Erläuterung zur Feststellung des Kapitals der Ufa-Film GMBH" (BA R 2/4845).

522) Vgl. zu den Entwürfen: Ufi-Ffm 21/115; ein Durchschlag der Rede findet sich im DIF, sowie ein Abdruck bei G. Albrecht, a.a.O., S. 484 ff.

523) Vgl. etwa den Filmkurier Nr. 51 vom 2. 3. 1942.
Die Frankfurter Zeitung berichtete zum erstenmal in ihrer Ausgabe vom 11. 3. 1942 ausführlich über die "Neuordnung der Filmwirtschaft". Die Vorschläge für die Presseverlautbarungen kamen von Winkler (vgl. Ufi-Ffm 21/002).

524) Vgl. BA R 2/4792; sowie den Abdruck bei G. Albrecht, a.a.O. S. 529 ff.

525) Die Zweite Durchführungsbestimmung vom 20. 3. 1942 betraf die Atelierraumnutzung, die Dritte Durchführungsbestimmung vom 27. 4. 1942 das Organverhältnis zwischen der Ufa-Film und ihren Tochtergesellschaften.

526) Vgl. die Geschäftsordnung des Aufsichtsrates der Ufa-Film GmbH (Ufi-Ffm 21/003).

527) Vgl. die Geschäftsordnung der Ufa-Film (Ufi-Ffm 21/003).

528) Von den fünf genannten Sachbearbeitern bzw. Prokuristen waren Waldraff und Krcek ehemalige leitende Angestellte der Cautio. Auch die weiteren Mitarbeiter Dr. Selle, Dr. Wieder und Boettcher (Steuern, Devisen, Statistik) waren von der Cautio zur Ufi übergewechselt.
Mielke und Wolf hatten den seit Jahren durch die wirtschaftliche Überwachung der bisherigen freien Produzenten eingearbeiteten Apparat bei der Filmkreditbank geleitet.

529) Kaelber, seit 1919 in der Filmbranche tätig, war bis zur Ernennung zum Generaldirektor der Ufa AG (Klitzsch wurde in den Aufsichtsrat abgeschoben) im März 1943 Vorstandsvorsitzender der Terra-Filmkunst; Fritzsche war zuletzt Firmenchef und Betriebsführer der Tobis-Filmkunst.

530) Vgl. zur Person Hipplers vor allem W. A. Boelcke: Kriegspropaganda 1939–1941, a.a.O., S. 83 f.
Bacmeister charakterisierte Fritz Hippler — in einem Gespräch mit dem Verfasser — als "selbstherrlich", "eigenwillig", "begabt" und "ehrgeizig".

531) Bereits 14 Tage nach der Uraufführung des Westwallfilms saß Hippler im Ministerium; vgl. hierzu den Aufsatz von H. Barkhausen: Die NSDAP als Filmproduzentin, a.a.O., S. 21.

532) Beide Filme waren Auftragsproduktionen der Amtsleitung Film; Herstellerin war die Deutsche Film-Herstellungs- und Verwertungs GmbH (DFG).
Vgl. in diesem Zusammenhang Fritz Hippler: Betrachtungen zum Filmschaffen, Berlin, 6. Aufl. 1944 (=Schriftenreihe der Reichsfilmkammer Bd. 8). In diesem Buch resumierte Hippler im Jahre 1940 seine Erfahrungen und Vorstellungen vom nationalsozialistischen Film.

533) Vgl. hierzu die zitierte TV-Serie von Gerhard Schoenberner: Film im Dritten Reich, insbesondere Teil 8 mit dem Titel: Deutschland erwache, Jude verrecke!
Vgl. ferner Erwin Leiser: "Deutschland, erwache!", a.a.O., insbes. S. 73 ff. und S. 137 ff.; Joseph Wulf: Theater und Film im Dritten Reich, a.a.O., S. 456 ff. (NS-Dokumente).

534) Hippler wurde damals "aus rein technischen Fragen" entlassen: Nach eigenen Aussagen versuchte er Goebbels immer wieder auszureden, auch die kleinsten Einzelheiten (Exposé, Drehbuch, Chargenrollen usw.) von der unmittelbaren Genehmigungspflicht des Ministers abhängig zu machen (vgl. das Interview mit Fritz Hippler in der TV-Sendung des Senders Freies Berlin "UFA – Januskopf des deutschen Films" vom 28. 2. 1968, verfaßt von Alfred Berndt). Im Gegensatz zu den meisten Mitwirkenden des NS-Films, die heute vor der Realität die Augen verschließen, äußert sich Hippler in dem Interview offen über die damalige Situation: ". . . alle Filmschaffenden (kamen) in jener Zeit den ihnen gestellten Aufgaben mit sehr großer Freude fast ohne Ausnahme nach . . . für mich (stellte sich) kein Gewissenskonflikt, denn ich war damals ein überzeugter Nationalsozialist."

535) Im Leistungssteigerungserlaß vom 28. 2. 1942 war sein Wirkungskreis festgelegt (Absatz II): "Dem Reichsfilmintendanten obliegt die allgemeine Produktionsplanung, die Ausrichtung der künstlerischen und geistigen (!) Gesamthaltung der Produktion und endlich die Überwachung des künstlerischen Personaleinsatzes sowie der Nachwuchserziehung."

536) Vgl. die nur bruchstückhaft überlieferten Unterlagen: BA R 55/664, BA aus BDC Reichsfilmintendanz I–III und BA aus BDC Ministervorlagen über vorzuführende Filme 1–3.

537) Dieter (Karl Dietrich) v. Reichmeister, NSDAP-Mitglied seit 1931, Träger des Goldenen Ehrenzeichens und SS-Brigadeführer, war nacheinander Schriftleiter bei der DAZ, Pressereferent und persönlicher Adjutant im Rust-Ministerium und Kultusreferent in der Presseabteilung der Reichsregierung. Von Reichmeister hatte im November 1939 Ewald von Demandowsky als Reichsfilmdramaturg abgelöst.

538) Vgl. zur Person Froweins den Nachruf in: Die Wildente, 28. Folge, März 1965, S. 126 ff.

539) Die Beurteilung der Partei-Kanzlei über Bauer lautete: "Eifriger SA-Mann" (BDC-PKC Akte Bauer). Bauer selbst sprach 1945 von einem "nachweislich erzwungenen Partei-Eintritt" (Vgl. die Rechtfertigungsschrift Bauers: "Wie entstand ein Film im Nazi-Deutschland" vom August 1945, die allerdings wenig informativ ist, da sie lediglich den Leistungssteigerungserlaß wiedergibt; Ufi-Ffm 21/088)

540) Der Journalist Erwin Gölz hatte sich den "Künstlernamen" Frank Maraun gegeben. Maraun bzw. Gölz war u.a. Schriftleiter für die Filmbeilage und Kulturpolitik bei der Berliner Börsenzeitung, bevor er 1940 als Referent ins Promi eintrat. Ungefähr zur gleichen Zeit, genau am 1. Mai 1940, wurde die "Deutsche Filmakademie" stillgelegt. Die Filmabteilung des Promi erledigte die noch anfallenden Arbeiten, bis auch dieses Restbüro am 1. 7. 1942 aufgelöst wurde. Am 30. 11. 1942 eröffnete Goebbels feierlich eine "Lehrstelle für den Filmnachwuchs" innerhalb der Reichsfilmintendanz und unter der Leitung von Maraun. Der "Nachwuchschef" erstattete jeden Monat nach stummen Test- und Probeaufnahmen dem Minister einen "Nachwuchsbericht" und legte ihm die Probeaufnahmen zur Beurteilung vor. Bei Zustimmung erhielt der Bewerber einen Ausbildungsvertrag über 2 Jahre bei einer der Staatsfirmen.

541) Kostenüberschreitungen mußten von der Ufa-Film genehmigt werden. Bei diesen Ausnahmen handelte es sich um aufwendige "Propagandafilme" wie um kostspielige Farb- und Revue-Filme. Für die einzelnen Filme stellte die Ufa-Film außerdem Schätzungen über die voraussichtlichen Einspielergebnisse auf und errechnete später sehr detailliert

die tatsächlichen Einspielergebnisse. Vgl. zu den Kosten und Einspielergebnissen der gesamten Spielfilmproduktion G. Albrecht, a.a.O., insbes. das Kapitel "Produktionskosten — Einspielergebnisse", S. 218 ff. sowie die Tabellen S. 409 ff.; Albrecht zeigt auf, daß die weitaus größte Zahl der seit 1942 produzierten Filme den Höchstbetrag an Produktionskosten von 1 Mio. RM überschritten. Bei Kostenüberschreitungen mußten Produktionsleiter und Regisseur mit einer hohen Geldstrafe und sogar mit einem zeitweisen Beschäftigungsverbot rechnen — was allerdings nicht allzu oft vorkam.

542) So wurde der Harlan-Film "Kolberg" erst nach Vornahme "einiger radikaler Kürzungen" Goebbels vorgeführt. Die Entscheidung hierüber hatte der Staatssekretär Dr. Naumann nach einer "Blitzvorlage" der Reichsfilmintendanz getroffen (Vgl. BA aus BDC Ministervorlagen über vorzuführende Filme 2).
Natürlich konnte sich der Propagandaminister vorher, d.h. in jedem Augenblick des Herstellungsprozesses einschalten.

543) Müller-Goerne verfügte z.B. am 17. 4. 1944, daß dem "Juden" Karl Ehrlich jede weitere Beschäftigung im Film untersagt wurde, und verlangte von der Wien-Film "sofortige Veranlassung und Vollzugsmeldung" innerhalb einer Woche. Am 17. 10. 1942 hatte die Wien-Film an die Reichsfilmintendanz berichtet, daß Ehrlich nach außen nicht mehr in Erscheinung treten, keinerlei Unterschriften mehr leisten oder Sonderentschädigungen erhalten würde. (Vgl. BA aus BDC Personalbeauftragte beim Reichsfilmintendanten)

544) Auf diesen Sitzungen kamen ca. 50 Personen zusammen: sämtliche Produktions- und Firmenchefs, die Vertreter der Ministerien (Propaganda- und Finanzministerium), der Partei (Amtsleitung Film), der Reichsfilmkammer, der Ufa-Film, der Reichsfilmintendanz und der Cautio sowie Winkler als Reichsbeauftragter für die deutsche Filmwirtschaft.
Hier ging es um allgemeine Berichte über den Einsatz der bedeutenden und hochdotierten Schauspieler, Schauspielerinnen und Regisseure sowie den Rückblick und die Vorschau der Produktionsprogramme, d.h. die Einstellungen und Besetzungen wurden in diesen Sitzungen geplant und koordiniert und das Volumen der Produktion und die Erreichung des Produktionssolls bestimmt und überwacht.
Bis 1942 gab es lediglich regelmäßige Besprechungen zwischen den Produktionschefs und Winkler, um den Einsatz der Filmschaffenden abzusprechen und aufeinander abzustimmen.

545) Diese vierteljährlichen Treffen zwischen Winkler, Ott und von Manteuffel fanden in einem der Ministerien statt und behandelten allgemeine Zukunftsprojekte und Grundsatzfragen der Dachorganisation. Dieses Gremium sollte zur Klärung und Übereinstimmung bei allen Planungen und Aufgaben beitragen.

546) Vgl. das Protokoll der AR-Sitzung der Ufa-Film v. 26. 3. 1942 (Ufi-Ffm 21/003).

547) Die steuerlichen Vorteile lagen, wie bereits erwähnt, insbesondere bei der Körperschaftsteuer nach dem Gewinn- und Verlustausgleich und bei der Umsatzsteuer aufgrund des Organschaftsverhältnisses, d.h. die besonders bedeutenden Umsätze zwischen den Produktionsfirmen und den Betrieben und Konzerngesellschaften der Ufa AG waren umsatzsteuerfrei.

548) Winkler erließ namens der Ufa-Film am 1. 5. 1942 eine sog. "Allgemeine Geschäftsanweisung der Ufa-Film an die ihr angeschlossenen Filmherstellungsgesellschaften". In der Sonderanweisung an die Prag-Film vom 29. 6. 1942 war aus rechtlichen Erwägungen ein Gewinn- und Verlustausgleich nicht vorgesehen.

549) Mit der Ufa AG schloß Winkler bzw. die Ufa-Film einen Interessengemeinschaftsvertrag mit Dividendengarantie am 20. 5. 1942.

550) Vgl. den Vermerk des RFM vom 2. 5. 1944 (BA R 2/4846).

551) Vgl. den Vermerk des RFM vom 15. 7. 1944 sowie die Anlagen hierzu (BA R 2/4845)

552) Eine Sonderstellung nahm die ebenfalls im Besitz der Ufa-Film befindliche "Continental-Films S.A.", Paris ein, die von Alfred Greven geleitet wurde.
Eine Neuartigkeit auf dem Produktionszweig war die 1941 gegründete "Deutsche

Zeichenfilm GmbH", die die Herstellung abendfüllender Zeichenfilme — nach dem Vorbild Disneys — sich zum Ziel gesetzt hatte. Sie konnte jedoch während des Krieges die Produktion nicht aufnehmen: Im Herbst 1944 wurde sie deshalb, ohne über Vorarbeiten hinausgekommen zu sein, stillgelegt.

553) Vgl. die Vorlage der H-Abt. vom 6. 12. 1941 an den Staatssekretär; BA R 55/485.

554) Vgl. das Schreiben Hinkels vom 31. 8. 1944 an Goebbels (BA R 55/662).

555) Vgl. BA R 55/669.

556) Die Stellung als Filmkammer-Präsident hatte Froelich nicht zuletzt Hitler zu verdanken, der seine Filme schätzte und seine Berufung gewünscht hatte. Das Repertoire Froelichs als Regisseur — er drehte von 1933 bis 1945 insgesamt 22 Spielfilme — umfaßte direkte aktuell-agitatorische Propagandafilme wie läppische "Problemfilme" und Klamaukkomödien: "Der Choral von Leuthen" (1933), "Heimat" (1938) — "Traumulus" (1936), "Es war eine rauschende Ballnacht" (1939) — "Die Umwege des schönen Karl" (1938), "Neigungsehe" (1944) u.v.a.

557) Neben dem Präsidenten (Froelich) und Vizepräsidenten (Melzer) wies der Stellenplan der RFK seit 1941 folgende Besetzung und Geschäftsverteilung auf: Wolfgang Liebeneiner war (ehrenamtlich) Leiter der Fachschaft Film; Carl Auen leitete die Abteilung Soziale Betreuung und Beratung; Dr. Günther Schwarz unterstanden die Fachgruppen Filmaußenhandel und Filmherstellung; Fritz Alberti war Leiter des Filmnachweises und Dr. Emil Stumm Leiter der Rechts- und Rohstoffabteilung mit dem Abstammungsnach; Dr. Joachim Grassmann leitete die Fachgruppe Filmbearbeitung und Karl Schierach die Fachgruppe Inländischer Filmvertrieb; Wilhelm Schreier war für die Fachgruppe Filmtheater zuständig und Alexander Bauer für die Fachgruppe Filmateliers.

558) Vgl. das Protokoll vom 25. 10. 1939 über eine Besprechung zwischen v. Manteuffel, Klitzsch und Pfennig; BA R 2/4799.

559) Vgl. im Gegensatz dazu die Bemühungen Albrechts, das "NS-Führungsprinzip" von dieser allgemeinen herrschaftsorientierten Organisationsform abzugrenzen; G. Albrecht, a.a.O., S. 233 ff.

560) Vgl. das Schreiben Leichtensterns v. 30. 4. 1938 an den Staatssekretär im Promi (BA aus BDC RMVP A 1164); sowie das Schreiben Otts vom 30. 4. 1938 an Goebbels (BA aus BDC RMVP A 1164).

561) Vgl. das Protokoll der AR-Sitzung der Ufi vom 29. 3. 1944; BA R 2/4846.

562) "Rechts"grundlage war eine Reihe sukzessiv erschienener Verordnungen über die Beschlagnahmungen polnischen Vermögens, die auch das polnische Filmvermögen (Betriebsstätten und Kinos) betrafen: In erster Linie die Verordnung über die Beschlagnahme des Vermögens des früheren polnischen Staates vom 15. 11. 1939 und die Verordnung über die Beschlagnahme von privatem Vermögen vom 24. 1. 1940 ermöglichten es, daß praktisch jedes Filmvermögen durch die deutsche Verwaltung beschlagnahmt und eingezogen werden konnte. Vgl. hierzu ausführlich den Aufsatz von Bohdan Ziółkowski: Der Film als wichtigstes Mittel der NS-Propaganda im sogenannten Generalgouvernement in den Jahren 1939—1944, abgedruckt in dem von M. Dammeyer zusammengestellten und bearbeiteten Protokoll über das erste Arbeitsseminar der Westdeutschen Kurzfilmtage Oberhausen zum Thema "Der Spielfilm im Dritten Reich" (Oktober 1965), S. 76—98.

563) Vgl. u.a. Martin Broszat: Nationalsozialistische Polenpolitik 1939—1945, Frankfurt/Main 1965.

564) Vgl. vor allem das grundsätzliche Schreiben Winklers v. 2. 1. 1941 an den Leiter der Abteilung Propaganda bei der Regierung des Generalgouvernements, Ohlenbusch (Ufi-Ffm 21/115.).

565) Aufsichtsratsvorsitzender der "FIP" war der Leiter der Abt. Propaganda bei der Regierung im Generalgouvernement und Generalbevollmächtigte für die Filmtheater, Ohlenbusch. Zum Geschäftsführer hatte Winkler den Direktor der Ufa-Budapest-Film AG, Fliegel, bestellt. Vgl. den Vermerk von Pfennig v. 14. 1. 1942 (Ufi-Ffm 21/115) über

eine Besprechung zwischen Winkler, Raether, Ohlenbusch, weiteren Vertretern des Generalgouvernements und den Direktoren Schultz und Krone von der Ufa-Auslandsabteilung.

566) Die Verordnung über die Erfassung von Filmgerät v. 18. 10. 1940 hatte die Anmeldung aller Filmanlagen und -apparaturen zur Pflicht gemacht und damit die Voraussetzung zur Beschlagnahme geschaffen. Eine Entschädigung wurde gezahlt.

567) Die größte und modernste Kopieranstalt, die "Falanga" in Warschau, wurde von dem ehemaligen Mitinhaber, Stefan Dekierowski, unter der Aufsicht und Führung der FIP weiterhin geleitet. Ein Pole als technischer Leiter bot für die Nationalsozialisten den besten Schutz vor den Angriffen polnischer Widerstandskämpfer und der vorrückenden russischen Armee. Nach Auskunft Ohlenbuschs wurde der Betrieb Dekierowskis in der Tat von Überfällen verschont. (Vgl. das Schreiben Ohlenbuschs v. 11. 3. 1944 an das Promi; Ufi-Ffm 21/115)

568) Vgl. das Schreiben Ohlenbuschs v. 11. 3. 1944 an das Promi (Ufi-Ffm 21/115).

569) Die illegale Presse rief zum Boykott der deutschen "Kulturveranstaltungen" auf; während der Kinovorführungen wurden Brände entfacht; Kinogänger bespritzten polnische Widerstandskämpfer mit ätzender Säure; in den Kinos wurden Tränengasbomben geworfen; Vorführapparaturen und Filme wurden vernichtet und zerstört; (Vgl. die Schilderungen von Ziólkowski, a.a.O., S. 93 ff.)

570) Ohlenbusch spricht in seinem Schreiben an das Promi (Ufi-Ffm 21/115) von jährlich 20 Mio. Besuchern.
Über die Einnahmen bzw. Lizenzen liegen keine Angaben vor.

571) Vgl. hierzu den Abschnitt "Die nationalsozialistische Politik der kulturellen Ausrottung des polnischen Volkes" bei Ziólkowski, a.a.O., S. 83 ff.

572) Verschiedene Verordnungen vom März und August 1940 verboten den Polen die Tätigkeit auf den Gebieten Musik, Kunst, Theater, Film, Literatur und Presse; eine Verordnung vom Oktober 1940 untersagte ihnen den Besitz von Filmen und Filmapparaturen. (Vgl. B. Ziólkowski, a.a.O., S. 80)

573) B. Ziólkowski, a.a.O., S. 96.

574) Vgl. D. Petzina, a.a.O., S. 143.

575) Vgl. das Schreiben des Generalreferats Ostraum v. 16. 9. 1941 an die H-Abt. des Promi mit dem Entwurf eines Gesellschaftsvertrages, den Winkler angefertigt hatte (BA R 55/506).
Dr. Eberhard Taubert, Oberregierungsrat in der Propagandaabteilung, war einer der "Judenexperten" im Promi.

576) Vgl. den Vermerk Pfennigs v. 13. 10. 1941; BA R 55/506.

577) Vgl. die entsprechenden Bestimmungen und Verordnungen in: Filmhandbuch, a.a.O., III E 11 ff.
Vgl. allgemein zur Besatzungs- und Eroberungspolitik in der UdSSR, insbesondere auch in den Reichskommissariaten Ostland und Ukraine Alexander Dallin: Deutsche Herrschaft in Rußland, 1941—1945. Eine Studie über Besatzungspolitik, Düsseldorf 1958.

578) Vorstandsvorsitzender der ZFO war Dr. jur. Erich Müller-Beckedorff, stellvertretender Vorsitzender der Geschäftsführung der Tobis AG. Außerdem saß als Vertreter des Ostministeriums SS-Brigadeführer Zimmermann von der Politischen Abteilung in der Geschäftsführung.
Mitglieder des AR — den Vorsitz führte Ott — waren Vertreter des Promi (Taubert), der RFK (Schwarz), des RFM (Burmeister), des Reichswirtschaftsministeriums (Schlotterer) und des Ostministeriums (Leibbrandt). Den Vorschlag Rosenbergs, seinem Vertreter den AR-Vorsitz anzubieten, lehnte Goebbels ab. (Vgl. das Schreiben Winklers v. 11. 5. 1944 an Zimmermann; BA aus BDC ZFO 1)

579) Vgl. hierzu die Prüfungsberichte der Gesellschaften: Ufi-Ffm.
In den besetzten Gebieten Südosteuropas gründete Winkler zusätzlich die "Deutsche Kaukasus-Film GmbH" und die "Elbrus-Film GmbH" — jedoch ohne Erfolg.

580) BA R 55/506.
581) Vgl. das Protokoll der AR-Sitzung der ZFO vom 21. 7. 1943; BA aus BDC ZFO 1.
582) Vgl. die Unterlagen über verschiedene Filme: BA aus BDC ZFO 2.
1944 versuchte die ZFO die antibolschewistischen Filme auch im neutralen Ausland (z.B. in der Schweiz) zu vertreiben, indem sie die Tobis AG einschaltete. (Müller-Beckedorff war im Vorstand beider Gesellschaften.) Der Plan scheiterte jedoch am Widerstand verschiedener Stellen und Personen. (Vgl. den Bericht von Müller-Beckedorff v. 30. 3. 1944 an Winkler; BA aus BDC ZFO 1)
583) Vgl. den Bericht von Rechtsanwalt Gerhardt von der Cautio, den dieser dem Aufsichtsrat auf der Sitzung am 21. 7. 1943 erstattete (BA aus BDC ZFO 1).
584) Vgl. das AR-Sitzungsprotokoll v. 21. 7. 1943; BA aus BDC ZFO 1.
585) Winkler bemängelte vor allem, daß die ZFO die Produktion aufgenommen hatte, ohne die Kostenfrage vorher zu klären, und somit auf eigenes Risiko gehandelt hätte. (Vgl. den Vermerk der Cautio v. 1. 3. 1944; BA aus BDC ZFO 1)
586) Zu diesem Zeitpunkt gelang es Winkler auch, Rosenbergs Zustimmung zur Übertragung aller Geschäftsanteile der Zentralfilm auf die Cautio zu erhalten: Damit ressortierte die Zentralfilm vollständig zur Cautio.
587) Vgl. allgemein zur unterschiedlichen Behandlung der einzelnen besetzten Länder nach 1939 D. Petzina, a.a.O., S. 140 ff.; ferner in bezug auf Frankreich Eberhard Jäckel: Frankreich in Hitlers Europa. Die deutsche Frankreichpolitik im Zweiten Weltkrieg, Stuttgart 1966; in bezug auf die Niederlande Konrad Kwiet: Reichskommissariat Niederlande. Versuch und Scheitern nationalsozialistischer Neuordnung, Stuttgart 1968.
588) Vgl. die "streng vertrauliche" Bestätigung der Cautio v. 17. 12. 1940 über den Vertrag mit Greven (BA aus BDC Continental-Films Personalangelegenheiten); sowie den Bericht der Cautio v. 28. 6. 1941 über den Stand der Treuhandmasse "Greven" zum 31. 3. 1941 (BA R 2/4841).
Aus politischen Tarnungsgründen tauchte die Continental-Films nicht im offiziellen Organisationsplan der Ufa-Film auf.
Die Arbeit Grevens — bei ihm debütierten immerhin Henri Decoin und Henri-Georges Clouzot, und er erzielte mit "Die Kinder des Olymp" von Marcel Carné (1943 begonnen und wegen der Kriegsereignisse erst 1945 fertiggestellt) sogar großen Erfolg — verdient zweifellos eine kritische und ausführliche Betrachtung, wie die gesamte Filmpolitik der Nazis in den besetzten Westgebieten.
Zwei für das Temperament und die Gesinnung Grevens bezeichnende Zitate seien hier aufgeführt: "Wenn Herr Merten es so eilig hat oder eine Spur von Mißtrauen hat, warum kommt er nicht selber her und riskiert sein Leben auf der Eisenbahn für seine so lebenswichtigen Bilanzunterlagen", schrieb er am 13. 7. 1944 an Winkler (BA aus BDC RBF 9 + 7); und: "Die Stimmung in der Etappe ist zum Kotzen, wo bleibt da das Aufräumen? Ich möchte mal SS-Gruppenführer oder Sonderbeauftragter sein, ich würde aber aufräumen und umlegen. Die Strolche dienen nur mit ihrer Saustimmung den Feinden, also kann man sie ruhig umlegen", hieß es in einem Bericht v. 24. 8. 1944 an Winkler, als Greven Paris räumen mußte (ebd.).
589) Vgl. die Vertragsbestätigung von der Cautio v. 17. 12. 1940 (BA aus BDC Continental-Films Personalangelegenheiten).
Nach 1942 wurde aus Verschleierungsmotiven das Bankhaus Papenberg & Co. als Geldgeber der Ufa-Film und Continental-Films zwischengeschaltet, d.h. es war im Außenverhältnis Gläubiger der Greven-Betriebe.
Im Jahre 1943 versuchte das Propagandaministerium, über die bei der Havas-Agentur liegenden Gaumont-Aktien (25%) Einfluß auf diesen größten französischen Filmkonzern (Produktion, Ateliers und Kopierwerke) zu erlangen. Winkler besaß bereits die Zusage von Havas, die Anteile an die Continental zu verkaufen. Daneben verfügte die an Gaumont beteiligte französische Elektroindustrie (Chamon-Gruppe) über ein fertiges Televisionsverfahren, für dessen Start der umfangreiche Kinopark von Gaumont von Bedeutung war. Vgl. hierzu das Protokoll über eine Besprechung im Propagandaministerium

am 2. 11. 1943 zwischen Vertretern der Agence Havas, der Continental-Films (Greven), dem Auswärtigen Amt (Kiesinger), der Filmabteilung des Promi (Hippler), der Ufa-Film (Merten) u.a. (Ufi-Ffm 21/119). Winkler hatte sich bereits 1942 für die Bilanzen, Satzungen, Börsenkurse, Personalbesetzung und die allgemeinen Geschäfte und Finanzierungen von Gaumont (vgl. das Schreiben Winklers v. 7. 5. 1942 an die Reichskreditgesellschaft; Ufi-Ffm 21/119) interessiert.

Die Verhandlungen scheiterten, jedoch ebenso wie die Bemühungen Winklers, Aktien des Pathé-Konzerns zu erwerben. (Vgl. den Bericht von Merten v. 5. 5. 1942; Ufi-Ffm 21/119)

590) Vgl. zur allgemeinen Situation des französischen Films in der Besatzungszeit u.a. U. Gregor und E. Patalas: Geschichte des Films, Gütersloh 1962, insbes, S. 248 ff.

591) Vgl. den Überblick der Cautio über den Stand der Treuhandmasse "Greven" zum 31. 3. 1941 (BA R 2/4841); sowie den Vermerk des RFM vom 29. 7. 1941 über den Stand des Neuaufbaus deutscher Filminteressen in den besetzten westlichen Gebieten (BA R 2/4841).

592) Vgl. den Cautio-Bericht v. 3. 2. 1942 an die H-Abt. des Promi; BA R 2/4841.

593) Vgl. den Cautio-Bericht v. 27. 5. 1941 (BA R 2/4841).

594) Kinos usw. aus nicht-jüdischem Besitz wurden nach den Angaben des Finanzministeriums "in großzügiger Weise" aufgekauft;
vgl. hierzu den Vermerk des RFM v. 29. 7. 1941 (BA R 2/4841).

595) Nach der Neuorganisation der deutschen Filmwirtschaft durch die Gründung der Ufa-Film im Jahre 1942 war der Export und Vertrieb deutscher Filme im Ausland auf die Auslandsabteilung der Ufa AG übergegangen. Treuhänderin für die Interessen der Ufa AG in den besetzten westlichen Gebieten war die Continental bzw. deren Tochtergesellschaft die Tobis-Cinema. Nach dem Willen des RFM und des Promi sollte nun der Tobis-Begriff auch nach außen hin nicht mehr mit dem Auslandsvertrieb in Verbindung gebracht werden können. Winkler gelang es aber, mit Rücksicht auf die holländische Mentalität den Namen "Tobis" in Holland aufrechtzuerhalten.
Winkler verhinderte auch die Errichtung einer "holländischen", d.h. von den Greven-Unternehmen unabhängigen Halte-Gesellschaft für den Verleih: Nach seiner Vorstellung würde eine solche Konzentrierung der "rein kaufmännischen Einstellung der Holländer" widersprechen.
Vgl. den Bericht der Ufi v. 9. 7. 1942 über die holländischen Filmgeschäfte (BA R 2/4841).

596) Vgl. Bericht: BA aus BDC RBF 3.

597) Vgl. Schreiben von Greven v. 4. 1. 1945 an die Cautio; BA aus BDC Continental-Films Personalangelegenheiten.

598) Winkler zitierte seine Ansprache in dem späteren Schreiben v. 1. 9.1944 an Hinkel (BDC Totaler Kriegseinsatz 1).

599) Vgl. das Protokoll über die gemeinsame Sitzung des Aufsichtsrats und der Geschäftsführung der Ufi v. 29. 3. 1944; BA R 2/4846.

600) Vgl. das Schreiben der DFV (gez. Zimmermann) an Winkler v. 6. 3. 1944 (Ufi-Ffm 21/119).

601) Vgl. zur Biographie Hinkels ausführlich W.A. Boelcke, a.a.O., S. 85 ff.

602) Vgl. das Schreiben Hinkels v. 13. 9. 1944 an Goebbels (BDC Totaler Kriegseinsatz Bd. 1).

603) Vgl. den Vermerk Hinkels v. 29. 7. 1944 (BA R 55/656).

604) Vgl. das Schreiben Hinkels v. 26. 7. 1944 an Staatssekretär Naumann (BA R 55/656). Das Programm Hinkels, das dieser seit längerem vorbereitet haben mußte, umfaßte insgesamt 16 Punkte, die im wesentlichen den späteren Entscheidungen Goebbels' entsprachen.

605) Vgl. den Vermerk Hinkels v. 29. 7. 1944 (BA R 55/656).

606) Vgl. das Protokoll über die Sitzung der Berliner Firmenchefs bei Winkler am 27. 7. 1944 (BA aus BDC Totaler Kriegseinsatz 2).

607) Das geheime Schreiben Hinkels vom 29. 7. 1944 an die Produktionschefs, das insgesamt 19 Programm-Punkte umfaßte, war betitelt: "Entscheidungen des Herrn Reichsministers über Zuständigkeiten und Maßnahmen zur Beschränkung des deutschen Filmschaffens im Sinne der totaleren Kriegsauffassung vom Freitag, d. 28. Juli 1944, 14—15 Uhr". (BA R 55/656)

608) Vgl. das Schreiben Winklers v. 29. 7. 1944 an Goebbels über den Leiter der Filmabteilung (BA aus BDC Totaler Krieg 2). "Umstellung der deutschen Filmwirtschaft auf den totalen Kriegseinsatz", nannte Winkler sein Programm.

609) Hinkel teilte Winkler seine Entscheidung erst am 9. 8. 1944 mit, nachdem die Produktionschefs bereits informiert waren. Er begründete die Maßnahme mit der Beseitigung von Kompetenzkonflikten innerhalb der einzelnen Gesellschaften. (BDC Totaler Kriegseinsatz Bd. 1)

610) Während Winkler die Produktionschefs 1942 — mit wenigen Ausnahmen — in ihren Ämtern beließ, gab es immer wieder personelle Schwierigkeiten und Bedenken bei der Bestellung der Firmenchefs: "Wirtschaftsführer von Format aus der gewerblichen Wirtschaft" (!) — solche konnten nach den Vorstellungen Winklers allein die gestellte Aufgabe, auch ohne branchenmäßige Vorkenntnisse, lösen — waren während des Kriegs kaum zu gewinnen. Zweit- oder Minderrangige würden aber nur Unheil und Verwirrung anrichten. (Vgl. das Protokoll der vierten Geschäftsführer-Sitzung der Ufa-Film vom 3. 6. 1942; Ufi-Ffm 21/003)
Schließlich stellte der Produktionschef noch im Einvernehmen, oder besser nach der Weisung des Reichsfilmintendanten die sog. "Hausgemeinschaften" zusammen, die den Produktionsgesellschaften einen Stamm von Schauspielern, Schauspielerinnen und Regisseuren sichern und damit bessere Dispositionsmöglichkeiten geben sollten. Überschneidungen wollte man seitens der Konzernspitze auf diese Weise verhindern und Abwerbungen, die zu überhöhten Gagenbildungen führten, für alle Zeiten unmöglich machen.

611) Vgl. das Schreiben Hinkels v. 31. 8. 1944 an Goebbels; BA R 55/662. Der Ufa-Filmkunst teilte er die Ernennung erst am 6. 9. 1944 mit (BA R 55/662).

612) Vgl. das Schreiben Winklers v. 13. 9. 1944 an Goebbels (BDC Totaler Kriegseinsatz Bd. 1).

613) Vgl. das Protokoll der Besprechung v. 2. 10. 1944 (BDC Totaler Kriegseinsatz Bd. 2) sowie das undatierte Rundschreiben (ebd.).

614) Ein Abdruck des endgültigen Organisationsplanes findet sich bei G. Albrecht, a.a.O., S. 531 ff.

615) Vgl. das Schreiben Hinkels v. 22. 1. 1945 an die Produktionschefs (BA aus BDC Präsident der RFK).

616) Winkler setzte sich auf sein Gut bei Fürstenberg an der Oder ab; nur ein kleiner Personenkreis der aktivsten Volksstürmer des Propagandaministeriums um Kurt Parbel blieb zurück.

617) Vgl. hierzu die Aktennotiz von Herbell v. 10. 12. 1941 über eine Besprechung mit Pfennig in Berlin am 9. 12. 1941 (Ufi-Ffm Bavaria-Filmkunst: Büro Winkler 1938—1943).

618) Vgl. die Rede Goebbels' vom 28. 2. 1942, S. 107 des Manuskripts, DIF.

Quellen- und Literaturverzeichnis

Quellen

I. Ungedruckte Quellen
(Akten, Notizen, Protokolle, Manuskripte, Gutachten, Memoranden, Organisationspläne, Geschäfts- und Prüfungsberichte, Geschäftsordnungen, mündliche Auskünfte etc.)

Bundesarchiv (BA)
1. Haushaltsabteilung des Reichspropagandaministeriums (R 55/476–507)
2. Filmabteilung des Reichspropagandaministeriums (R 55/651–676)
3. Reichsfinanzministerium (R 2/4787–4860; R 2/4750)
4. Reichsfilmkammer (R 56/VI 1–18)
5. Akten der reichsmittelbaren Filmfirmen, der Cautio und der Ufa-Film: 45 Bde. von der Ufi i.L. (Frankfurt/Main) (FA 125)
6. Akten der Filmabteilung, der Reichsfilmkammer, des Büros Winkler, des Büros des Reichskunstwarts Hinkel, der Reichsfilmintendanz u.a. aus dem Berlin Document Center (BA aus BDC)
7. Reichshaushaltspläne und Haushalt des Propagandaministeriums (R 2/4752–4767; R 2/13058–13060; R 2/21901–21921; R 2/24935; R 55/vorl. 402)
8. Einzelstücke (R 24/192; kl. Erw./291)

Berlin Document Center (BDC)
1. Personalunterlagen, sog. "Biographic Files" über Filmschaffende und Ministerialbeamte
(BDC-RKK, d.i. "Reichskulturkammer"; BDC-PKC, d.i. "Partei-Kanzlei-Correspondence" u.a.m.)
2. Restakten aus dem Büro Winkler, der Reichsfilmkammer und der Filmabteilung

Ufa-Film GmbH i.L. in Frankfurt/Main (Ufi-Ffm)
1. Akten der Filmfirmen, der Cautio, der Ufa-Film, der Filmkreditbank, des Rechnungshofes
2. Akten über Rückerstattungsverfahren nach 1945

Ufa-Film GmbH i.L. Zweigstelle Berlin (Ufi-Bln)
1. Personalakten der Filmfirmen und des Ufi-Konzerns incl. der Rückerstattungsverfahren
2. Akten der Filmfirmen, der Cautio, der Ufa-Film, der Filmkreditbank

Deutsches Institut für Filmkunde (DIF)
1. Restakten der Reichsfilmkammer
2. Nicht zur Veröffentlichung bestimmte Gutachten, Memoranden, Manuskripte etc.

Institut für Zeitgeschichte (IfZ)
Material zur Person und Tätigkeit Max Winklers:
Vernehmungs- und Gesprächsprotokolle, eidesstattliche Erklärungen, Tätigkeitsberichte der Haupttreuhandstelle Ost etc.

Privatarchiv Joseph Wulf (Berlin)
Denkschrift über die "Reichsfilmstelle"

Privatarchiv Margret Boveri (Berlin)
Gesprächsprotokoll mit Max Winkler

Mündliche Auskünfte
Gespräch mit Arnold Bacmeister über die Arbeitsweise und personelle Besetzung der Filmprüfstellen

II. Gedruckte Quellen
  1. Dokumentesammlungen, Statistiken, Nachschlagewerke, Handbücher:
     ALBRECHT, Gerd: Nationalsozialistische Filmpolitik. Eine soziologische Untersuchung über die Spielfilme des Dritten Reiches, Stuttgart 1969 (Anhang).
     Almanach der Filmschaffenden 1938/39, hrsg. von der Reichsfilmkammer, Berlin 1938/39.
     Almanach der deutschen Filmschaffenden (Filmdarsteller und -darstellerinnen) 1943, hrsg. von der Reichsfilmkammer, Berlin 1943.
     BAUER, Alfred: Deutscher Spielfilm-Almanach (1929–1950), Berlin 1950.
     BOELCKE, Willi A. (Hrsg.): Kriegspropaganda 1939–1941. Geheime Ministerkonferenzen im Reichspropagandaministerium, Stuttgart 1966.
     DERS.: Wollt Ihr den totalen Krieg? Die geheimen Goebbels-Konferenzen 1939–1943, Stuttgart 1967.
     Der Deutsche Film 1942/43. Erste Staffel: Übersicht der Filmproduktion. Struktur des Filmschaffens in Deutschland, Berlin 1943, hrsg. von Karl Klär.
     Der Deutsche Film 1943/44. Kleines Filmhandbuch für die deutsche Presse, hrsg. von Karl Klär, Berlin 1944.
     Der Deutsche Film 1945. Kleines Filmhandbuch für die deutsche Presse, hrsg. von Karl Klär, Berlin 1945.
     Das Deutsche Filmschaffen im vierten Kriegsjahr, o.O., o.J. (1942).
     Die deutschen Filmschaffenden 1935, hrsg. von der Reichsfachschaft Film e.V., Berlin 1935.
     Filmstatistisches Taschenbuch 1957, hrsg. von der SPIO, Wiesbaden 1957.
     Gedanken über die Organisation einer Haltegesellschaft für die staatsmittelbare Filmwirtschaft, hrsg. von der Ufa AG, Berlin 1941.
     GRENSEMANN, Heinrich: Leitfaden für den Geschäftsbetrieb der Reichskulturkammer, Berlin 1937.
     Handbuch der Reichskulturkammer, hrsg. von Hans Hinkel, bearbeitet von

Günther Gentz, Berlin 1937.

Handbuch der Reichsschrifttumskammer, hrsg. von Wilhelm Ihde, Leipzig 1942.

Handbuch für das Deutsche Reich 1936, hrsg. vom Reichs- und Preußischen Ministerium des Innern, 46. Jg., Berlin 1936.

INSTITUT FÜR KONJUNKTURFORSCHUNG (Hrsg.): Lage und Aussicht der deutschen Filmwirtschaft 1939/40, Berlin 1940.

DASS.: Deutschlands Versorgung mit Filmen während der ersten acht Kriegsmonate, Berlin 1940.

DASS.: Filmherstellung und -angebot in Deutschland seit der Machtübernahme 1933–1940, Berlin 1941.

DASS.: Der Aufstieg des deutschen Films (Film- und Filmtheaterstatistiken), Berlin 1943.

Jahresbericht der Reichsfilmkammer, erstattet zum Jahrestag ihrer Gründung, zum 14. 7. 1934, Berlin 1934.

JASON, Alexander: Der Film in Ziffern und Zahlen. Die Statistik der Lichtspielhäuser in Deutschland 1895–1925, Berlin 1925.

DERS.: Handbuch der Filmwirtschaft. Statistiken seit 1923, 3 Bde., Berlin 1930–1932.

DERS.: Handbuch des Films 1935/36, Berlin 1935.

DERS.: Das Filmschaffen in Deutschland 1935–39, 2 Bde., Berlin 1940.

KEMPNER, Robert W. M.:: SS im Kreuzverhör, München, 2. Aufl. 1965.

KOCHENRATH, Hans-Peter: Der Film im Dritten Reich. Dokumente zu dem Seminar im Sommersemester 1963, hrsg. von der AG für Filmfragen an der Universität zu Köln, Köln 1963.

Meldungen aus dem Reich. Auswahl aus den geheimen Lageberichten des Sicherheitsdienstes der SS 1939–1944, hrsg. von Heinz Boberach, Neuwied/ Berlin 1965.

PARDO, Herbert und Siegfried SCHIFFNER: Jud Süß. Historisches und juristisches Material zum Fall Veit Harlan, Hamburg 1949.

Der Prozeß gegen die Hauptkriegsverbrecher vor dem Internationalen Militärgerichtshof Nürnberg. 14. November 1945 – 1. Oktober 1946, hrsg. vom Internationalen Militärgerichtshof Nürnberg, Nürnberg 1948.

Organisationsbuch der NSDAP, hrsg. vom Reichsorganisationsleiter der NSDAP, München 1943.

Reichs-Kino-Adreßbuch 1940, Berlin 1940.

Reichs-Kino-Adreßbuch 1942, Berlin 1942.

Staatspolitische Filme, hrsg. von Walther Günther im Auftrage der Reichspropagandaleitung der NSDAP, Amtsleitung Film, Bd. I–XI, Berlin o. J.

Die Verwaltungs-Akademie. Ein Handbuch für den Beamten im nationalsozialistischen Staat, hrsg. von H.-H. Lammers und H. Pfundtner, Berlin 1934 ff., Bd. I "Die weltanschaulichen, politischen und staatsrechtlichen Grundlagen des nationalsozialistischen Staates"; Bd. II "Der Aufbau des nationalsozialistischen Staates"; Bd. III "Die Wirtschaftsordnung des nationalsozialistischen Staates".

WULF, Joseph: Presse und Funk im Dritten Reich, Reinbek bei Hamburg 1966.

DERS.: Theater und Film im Dritten Reich, Reinbek bei Hamburg 1966.

2. Gesetzestexte (incl. Verordnungen, Erlasse etc.) und Gesetzeskommentare:

Das Ausnahmerecht für die Juden in Deutschland 1933—1945, bearbeitet von Bruno Blau, Düsseldorf, 2. Aufl. 1954.

BEUSS, Werner: Das Lichtspielgesetz, nebst Durchführungsbestimmungen. Unter besonderer Berücksichtigung der Überwachung der Lichtspielveranstaltungen durch die Ortspolizeibehörden, Berlin 1934.

DIENSTAG, Paul und Alexander ELSTER: Handbuch des deutschen Theater-, Film-, Musik- und Artistenrechts, Berlin 1932.

ERLER, Hellmuth: Das rechtliche Wesen der Reichskulturkammer, Dresden 1937.

Der Film im öffentlichen Recht. Gesetze, Erlasse und sonstige behördliche Bestimmungen zum gesamten Lichtspielwesen. Unter besonderer Berücksichtigung des Reiches und Freistaats Preußen, zusammengestellt von Werner Beuss und Hans Wollenberg, Berlin 1932.

Filmhandbuch. Als ergänzbare Sammlung hrsg. von der Reichsfilmkammer, begründet und bearbeitet von Heinz Tackmann, Berlin o.J. (1938 ff.).

Filmhandbuch. Neue Ausgabe, hrsg. von der Spio, Neuwied/Berlin, o.J.

Die Gesetze und Verordnungen für das deutsche Filmwesen, zusammengestellt von Ernst Seeger, Teil I: Vom 13. 3. bis 24. 8. 1933, Berlin 1933; Teil II: Einschl. Lichtspielgesetz vom 16. 2. 1934, Berlin 1934.

HELLWIG, Albert: Die Filmzensur. Eine rechtsdogmatische und rechtspolitische Erörterung, Berlin 1914.

DERS.: Lichtspielgesetz vom 12. Mai 1920, nebst den ergänzenden reichsrechtlichen und landesrechtlichen Bestimmungen, Berlin 1921.

KÖNIG, Walter: Das öffentliche Lichtspielrecht im Deutschen Reich in Vergangenheit und Gegenwart, Berlin 1937.

Lichtspielgesetz vom 16. 2. 1934, nebst Durchführungsverordnungen und Gebührenordnung sowie den geltenden Kontingentbestimmungen, zugleich Nachtrag zur 2., neubearbeiteten Auflage "Reichslichtspielgesetz vom 12. 5. 1920, für die Praxis erläutert von Ernst Seeger, Berlin 1934.

LIEBMANN, Manfred: Die verwaltungsrechtliche Stellung der Filmprüfstellen und der Filmoberprüfstelle, Aschaffenburg 1933.

Das Recht der Reichskulturkammer. Sammlung der für den Kulturstand geltenden Gesetze und Verordnungen, der amtlichen Anordnungen und Bekanntmachungen der Reichskulturkammer und ihrer Einzelkammern, unter Mitwirkung der Kammern hrsg. von Karl Friedrich Schrieber, 5 Bde., Berlin 1935—1937.

Reichslichtspielgesetz vom 12. Mai 1920. In der Fassung der Gesetze vom 23. 12. 1922 und **31**. 3. 1931 sowie der Dritten Notverordnung vom 6. 10. 1931 nebst den Ausführungs- und den Kontingentbestimmungen sowie der

Gebührenordnung vom 25. 11. 1921 (in der Fassung der Verordnungen vom 16. 11. 1923 und 6. 7. 1929). Für die Praxis erläutert von Ernst Seeger, 2. unter Berücksichtigung der Rechtsprechung der Filmoberprüfstelle neubearbeitete Auflage, Berlin 1932.
SÜHNHOLD, Günter: Das Lichtspielgesetz vom 16. 2. 1934, München 1939.
SCHMIDT-LEONHARDT, Hans und Peter GAST: Das Schriftleitergesetz vom 4. 10. 1933, nebst den einschlägigen Bestimmungen, Berlin, 3. Aufl. 1944.
SCHREIER, Wilhelm und Richard OTT: Gewinnabführung nach §§ 22 ff. KWVO im Bereich der deutschen Filmtheater, Berlin 1941.
SCHRIEBER, Karl Friedrich und Bruno PFENNIG: Filmrecht, Berlin 1936 (= Das Recht der Reichskulturkammer in Einzelausgaben).
SCHUBERT, Walter: Das Filmrecht — unter Ausschluß des Filmarbeitsrechts, Würzburg 1939.

3. Selbstdarstellungen

BELLING, Kurt: Der Film im Dienste der Partei, Berlin 1937.
DERS. und Alfred SCHÜTZE: Der Film in der Hitler-Jugend, Berlin 1937.
DERS.: Der Film in Staat und Partei, Berlin 1936.
BUCHNER, Hans: Völkerverseuchung durch Filmmonopol, in: Der Wettkampf, 4. Jg., H. 39, März 1927, S. 97 ff.
CÜRLIS, Hans: 20 Jahre Kulturfilmschaffen (1919—1939), Berlin 1939.
Deutsche Kultur im neuen Reich. Wesen, Aufgabe und Ziele der Reichskulturkammer, hrsg. von E. A. Dreyer, Berlin 1934.
FEDER, Gottfried: Das Programm der NSDAP und seine weltanschaulichen Grundgedanken, München 1930.
Der Film und seine Welt, hrsg. von Felix Henseleit, Berlin 1933.
FRAUENDORFER, Max: Der ständische Gedanke im Nationalsozialismus, München, 4. Aufl. 1933.
25 Jahre Wochenschau der Ufa. Geschichte der Ufa-Wochenschau und Geschichten aus der Wochenschau-Arbeit, Berlin 1939.
GOEBBELS, Joseph: Die Zeit ohne Beispiel. Reden und Aufsätze von 1939—41, München, 4. Aufl. 1942.
DERS.: Signale der neuen Zeit. 25 ausgewählte Reden, München 1933.
DERS.: Der steile Aufstieg. Reden und Aufsätze 1942—43, München 1943.
DERS.: Das eherne Herz. Reden und Aufsätze von 1941—42, München, 8. Aufl. 1943.
DERS.: Vom Kaiserhof zur Reichskanzlei, München 1934.
HEYDE, Ludwig: Presse, Rundfunk und Film im Dienste der Volksführung, Dresden 1943.
HEYER, Gerhart: Aufbau und Zuständigkeit der Reichsfilmkammer, Hamburg 1937.
HIPPLER, Fritz: Betrachtungen zum Filmschaffen, Berlin, 6. Aufl. 1944.

Die Juden in Deutschland, hrsg. vom Institut zum Studium der Judenfrage, München 1939.

KLITZSCH, Ludwig: Ansprache anläßlich der Grundsteinlegung der Deutschen Filmakademie am 4. März 1938, Berlin 1938.

KRIEGK, Otto: Der deutsche Film im Spiegel der Ufa. 25 Jahre Kampf und Vollendung, Berlin 1943.

MEIER-BENNECKENSTEIN, Paul (Hrsg.): Das Dritte Reich im Aufbau. Der organisatorische Aufbau, Berlin 1939.

MENZ, Gerhard: Der Aufbau des Kulturstandes. Die Reichskulturkammergesetzgebung, ihre Grundlagen und ihre Erfolge, München/Berlin 1938.

MÜLLER, Georg Wilhelm: Das Reichsministerium für Volksaufklärung und Propaganda, Berlin 1940.

PLUGGE, Walter und Georg ROEBER: Die berufsständische Neuordnung des deutschen Filmwesens, Berlin 1934 (Sonderdruck aus "Ufita").

ROSENBERG, Alfred: Wesen, Grundsätze und Ziele der N.S.D.A.P., München 1930.

Rundfunk und Film im Dienst nationaler Kultur, hrsg. von Richard Kolb und Heinrich Siekmeier, Düsseldorf 1933.

SANTÉ, Georg: 25 Wochenschau der Ufa, Berlin 1939.

SEEGER, Ernst: Der Film im nationalsozialistischen Staat, in: Das Recht des Schöpferischen Menschen, Festschrift zum Berliner Internationalen Kongreß für Gewerblichen Rechtsschutz 1936, hrsg. von Hans Frank, Berlin 1936.

SCHMIDT, Richard: Filmschaffende, Berlin 1943.

SCHMIDT-LEONHARDT, Hans: Die Reichskulturkammer, Berlin 1936 (Sonderdruck aus "Die Verwaltungs-Akademie).

SCHRIEBER, Karl Friedrich: Die Reichskulturkammer. Organisation und Ziele der deutschen Kulturpolitik, Berlin 1934.

Terra 1919–1934, hrsg. von der Terra-Film, Berlin 1934.

TRAUB, Hans: Die Ufa-Lehrschau. Der Weg des Films von der Planung bis zur Vorführung, Berlin 1941.

WAGENFÜHR, Rolf: Die deutsche Industrie im Kriege. 1939–1945, Berlin, 2. Aufl. 1963.

4. Tagebücher, Memoiren

HARLAN, Veit: Im Schatten meiner Filme. Selbstbiographie, hrsg. von H. C. Opfermann, Gütersloh 1966.

HEDIN, Sven: Ohne Auftrag in Berlin, Stuttgart/Tübingen 1950.

KREBS, Albert: Tendenzen und Gestalten der NSDAP. Erinnerungen an die Frühzeit der Partei, Stuttgart, 2. Aufl. 1965.

LOCHNER, Louis P.: Goebbels Tagebücher aus den Jahren 1942–1943, Zürich 1948.

REIHT-ZANTHIER, Jobst von: Sie machten uns glücklich. Erinnerungen an große Schauspieler in goldenen und nicht nur goldenen Jahren, München 1967.

Das Tagebuch von Joseph Goebbels 1925/26. Mit weiteren Dokumenten hrsg. von H. Heiber, Stuttgart, 2. Aufl. 1961.

Das politische Tagebuch Alfred Rosenberg 1934/35 und 1939/40, hrsg. von H.-G. Seraphim, München 1964.

5. Periodica

   a) Zeitungen
      Deutsche Allgemeine Zeitung
      Frankfurter Zeitung
      Völkischer Beobachter

   b) Zeitschriften
      Archiv für Urheber-, Film- und Theaterrecht (Ufita)
      Der deutsche Film
      Deutsche Filmzeitung
      Der Film
      Film und Bild in Wissenschaft, Erziehung und Volksbildung
      Film-Journal
      Film-Kurier
      Film-Nachrichten
      Filmwelt
      Filmwoche
      Inter-Film
      Kinematograph
      Licht-Bild-Bühne
      Nationalsozialistische Monatshefte
      Reichsfilmblatt
      Rheinisch-Westfälische Filmzeitung
      Süddeutsche Monatshefte

   c) Jahrbücher
      Jahrbuch der Filmindustrie, hrsg. von Karl Wolffsohn, Berlin, Jg. 1 1922/23, Jg. 2 1923/25, Jg. 3 1926/27, Jg. 4 1930, Jg. 5 1933.

      Jahrbuch der Filmindustrie 1933, hrsg. von Curt Moreck, Berlin 1933.

      Jahrbuch der Reichsfilmkammer 1937, hrsg. von der Reichsfilmkammer, Berlin 1937.

      Jahrbuch der Reichsfilmkammer 1938, hrsg. von der Reichsfilmkammer, Berlin 1938.

      Jahrbuch der Reichsfilmkammer 1939, hrsg. von der Reichsfilmkammer, Berlin 1939

      Jahrbuch für deutsche Filmwerbung 1936, hrsg. von A. Brugger und K. Sommerfeld, Berlin 1936.

      Filmstatistisches Jahrbuch, bearb. von G. von Pestalozzi und hrsg. von der Spio, Jg. 1952/53 und Jg. 1954/55, Wiesbaden 1953 und 1954 (Vergleichszahlen aus dem Dritten Reich zur Wirtschaftsstruktur des Filmwesens der BRD).

      Nationalsozialistisches Jahrbuch 1932, 1933, 1934, 1943 und 1944,

hrsg. unter Mitwirkung der Reichsleitung der NSDAP, München.
d) Mitteilungsblätter, Pressedienste, Rundschreiben, Berichte u.ä.

Amtliches Mitteilungsblatt der Reichskulturkammer
Deutschland-Berichte der SOPADE
Mitteilungsblatt der Internationalen Filmkammer
Nachrichtenblatt des Reichsministeriums für Volksaufklärung und Propaganda
Pressedienst der Reichsfilmkammer
Rundschreiben der Reichsfilmkammer
Wochenberichte des Instituts für Konjunkturforschung (bzw. des Instituts für Wirtschaftsforschung)

Literatur

1. Bücher und Dissertationen

ABEL, Karl-Dietrich: Presselenkung im NS-Staat. Eine Studie zur Geschichte der Publizistik in der nationalsozialistischen Zeit, Berlin 1968.

ADLER, Hans Günther: Die Juden in Deutschland. Von der Aufklärung bis zum Nationalsozialismus, München 1960.

ALBRECHT, Gerd: Nationalsozialistische Filmpolitik. Eine soziologische Untersuchung über die Spielfilme des Dritten Reiches, Stuttgart 1969.

ARNHEIM, Rudolf: Film als Kunst, Berlin 1932.

BÄCHLIN, Peter: Der Film als Ware, Basel 1945 und 1947.

BAGIER, Guido: Der kommende Film. Eine Abrechnung und eine Hoffnung. Was war? Was ist? Was wird? Stuttgart/Berlin 1928.

BALASZ, Bela: Der Film. Werden und Wesen einer neuen Kunst, Wien 1949.

BEIJERINCK, Fritz Hendrik: Die Entwicklung der Tonfilmindustrie. Ein Beitrag zur Weltelektrovertrustung, Diss. Berlin 1933.

BENJAMIN, Walter: Das Kunstwerk im Zeitalter seiner technischen Reproduzierbarkeit, Frankfurt (Main) 1963.

BERNHARD, Ludwig: Der Hugenberg-Konzern. Psychologie und Technik einer Großdynastie der Presse, Berlin 1928.

BETZ, Hans Walther: Weißbuch des deutschen Films, Berlin 1936.

BOEHMER, Henning und Helmut REITZ: Der Film in Wirtschaft und Recht. Seine Herstellung und Verwertung. Mit einer graphischen Übersicht über den Umlauf des Geldes in der Filmindustrie, Berlin 1933.

BÖSE, Georg: Der erhobene Zeigefinger. Die Filmzensur, ihre Geschichte und Soziologie, Baden-Baden 1948.

BOHN, Horst: Entflechtung und Neuordnung des ehemaligen Ufi-Konzerns unter betriebswirtschaftlichem Aspekt, Diss. Bonn 1957.

BORSTOFF, Hans: Entstehung des Standortes der Filmindustrie in der unteren Friedrichstraße, Berlin 1938.

BOTTOMORE, T. B.: Elite und Gesellschaft. Eine Übersicht über die Entwicklung des Eliteproblems, München 1966.

BOVERI, Margret: Wir lügen alle. Eine Hauptstadtzeitung unter Hitler, Olten/Freiburg i.B. 1965.

BRACHER, Karl Dietrich: Die Auflösung der Weimarer Republik, Stuttgart/Düsseldorf, 2. Aufl. 1957.

DERS.: Die deutsche Diktatur. Entstehung — Struktur — Folgen des NS, Köln/Berlin 1969.

DERS.: Wolfgang SAUER und Gerhard SCHULZ: Die nationalsozialistische Machtergreifung. Studien zur Errichtung des totalitären Herrschaftssystems in Deutschland 1933/34, Köln/Opladen 1960.

BRAMSTEDT, Ernest Kohn: Goebbels and the National Socialist Propaganda 1925–1945, East Lansing 1965.

BRENNECKE, Otto: Staat und Filmwirtschaft, Diss. Tübingen 1953.

BRENNER, Hildegard: Die Kunstpolitik des Nationalsozialismus, Reinbek bei Hamburg 1963.

BROSZAT, Martin: Der Nationalsozialismus. Weltanschauung, Propaganda und Wirklichkeit, Stuttgart, 3. Aufl. 1961.

DERS.: Der Staat Hitlers. Grundlegung und Entwicklung seiner inneren Verfassung, München 1969.

DERS.: Nationalsozialistische Polenpolitik 1939–1945, Stuttgart 1961, Frankfurt (Main) 1965 (Taschenbuch-Ausgabe).

BUB, Gertraude: Der deutsche Film im Weltkrieg und sein publizistischer Einsatz, Berlin 1938.

BUCHNER, Hans: Im Banne des Films. Die Weltherrschaft des Kinos, München 1927.

DERS.: Grundriß einer nationalsozialistischen Volkswirtschaftslehre, München, 5. Aufl. 1933.

BÜLOW, Friedrich: Der deutsche Ständestaat, Leipzig 1934.

BURK, Walter: Das Lichtspielwesen in Deutschland unter rechtspolitischer Beleuchtung des Lichtspielgesetzes, Pfungstadt 1935 (Diss. Gießen 1935).

CARSTEN, Francis L.: Der Aufstieg des Faschismus in Europa, Frankfurt (Main) 1968.

CELLARIUS, Ludwig: Präventivpolizei und Repressivmaßnahmen, insbesondere im Lichtspielwesen, Düsseldorf 1933 (Diss. Gießen 1933).

CZICHON, Eberhard: Der Bankier und die Macht. Hermann Josef Abs in der deutschen Politik, Köln 1970.

DERS.: Wer verhalf Hitler zur Macht? Zum Anteil der deutschen Industrie an der Zerstörung der Weimarer Republik, Köln 1967.

DALLIN, Alexander: Deutsche Herrschaft in Rußland 1941–1945; eine Studie über Besatzungspolitik, Düsseldorf 1958.

DIEHL-THIELE, Peter: Partei und Staat im Dritten Reich. Untersuchungen zum Verhältnis von NSDAP und allgemeiner innerer Staatsverwaltung 1933–1945, München 1969.

DIETRICH, Valeska: Alfred Hugenberg. Ein Manager in der Publizistik, Berlin 1960 (Diss. 1959).

DRESLER, Adolf: Geschichte des VÖLKISCHEN BEOBACHTERS und des Zentralverlages der NSDAP, München 1937.

ECKERT, Gerd: Die publizistischen Gestaltungsmittel des Films, o.O. 1937/38 (masch.schriftl.)

EHRENBURG, Ilja: Die Traumfabrik, Berlin 1931.

ESENWEIN-ROTHE, Ingeborg: Die Wirtschaftsverbände von 1933 bis 1945, Berlin 1965.

ETZIONI, Amitai: Soziologie der Organisationen, München 1967.

FEST, Joachim C.: Das Gesicht des Dritten Reiches. Profile einer totalitären Herrschaft, München 1963.

FRAENKEL, Heinrich und R. MANVELL: Doctor Goebbels, London/Melbourne/Toronto 1960.

FRAENKEL, Heinrich: Unsterblicher Film. Die große Chronik, 2 Bde., München 1956 und 1957.

GENSCHEL, Helmut: Die Verdrängung der Juden aus der Wirtschaft im Dritten Reich, Göttingen/Berlin/Frankfurt/Zürich 1966.

GEORG, Enno: Die wirtschaftlichen Unternehmungen der SS, Stuttgart 1963.

GIESE, Hans Joachim: Die Filmwochenschau im Dienste der Politik, Dresden 1940 (Diss. Leipzig).

GREGOR, Ulrich und Enno PATALAS: Geschichte des Films, Gütersloh 1962.

GROLLA, Margarete: Entwicklung und Aufbau der deutschen Filmwirtschaft, Halle (Diss.) 1943.

GÜNTHER, Walther: Der Film als politisches Führungsmittel. Die anderen gegen Deutschland, Leipzig 1934.

HAGEMANN, Walter: Publizistik im 3. Reich. Ein Beitrag zur Methodik der Massenführung, Hamburg 1948.

DERS.: Vom Mythos der Masse. Ein Beitrag zur Psychologie der Öffentlichkeit, Heidelberg 1951.

HALE, Oron J.: Presse in der Zwangsjacke. 1933–1945, Düsseldorf 1965.

HALLGARTEN, Georg Wolfgang Fritz: Hitler, Reichswehr und Industrie. Zur Geschichte der Jahre 1918–1933, Frankfurt (Main) 1962;

HAUG, Wolfgang Fritz: Der hilflose Antifaschismus. Zur Kritik der Vorlesungsreihen über Wissenschaft und NS an deutschen Universitäten, Frankfurt (Main) 1967.

HAVELKA, J.: Filmwirtschaft in Böhmen und Mähren 1942, Prag 1943.

HEIBER, Helmut: Joseph Goebbels, Berlin 1962 (Taschenbuch-Ausgabe 1965 München).

HEINZ, Walter: Zur betriebswirtschaftlichen Seite des Films, insbesondere zur Bewertung kommerzieller Rechte, München 1953.

HELLMICH, Hanns: Die Finanzierung der deutschen Filmproduktion, Diss. Breslau 1935.

HERRIGER, Hans-Peter: Die Subventionierung der deutschen Filmwirtschaft, Köln/Opladen 1966.

HERZ, Walter: Die photo- und kinematographische Industrie Deutschlands in ihrer volkswirtschaftlichen Stellung, Emsdetten 1936 (Diss. Köln).

HILFERDING, Rudolf: Das Finanzkapital, Wien 1910 (Berlin 1947).

HIRSCH, Joachim: Haushaltsplanung und Haushaltskontrolle in der Bundesrepublik Deutschland, Stuttgart/ Berlin/ Köln/ Mainz 1968.

HUBER, Ernst Rudolf: Verfassungsrecht des Großdeutschen Reiches, Hamburg, 2. Aufl. 1939.

Hugenbergs Ringen in deutschen Schicksalsstunden. Tatsachen und Entscheidungen in den Verfahren zu Detmold und Düsseldorf 1949/50, hrsg. von Borchmeyer, 3 Teile, Detmold 1951.

HULL, David Stewart: Film in the Third Reich. A Study of the German Cinema 1933—1945, Berkeley und Los Angeles 1969.

INGLIS, Ruth A.: Der amerikanische Film. Eine kritische Studie, Nürnberg 1951.

JÄCKEL, Eberhard: Frankreich in Hitlers Europa, Stuttgart 1966.

KALBUS, Oskar: Vom Werden deutscher Filmkunst, 2 Bde., Altona/Bielefeld 1935.

KALLMANN, Alfred: Die Konzernierung in der Filmindustrie, erläutert an den Filmindustrieen Deutschlands und Amerikas, Würzburg 1932 (Diss. Jena).

KEIM, Walter: Filmpropaganda und Filmpolitik der nationalsozialistischen Bewegung 1930—1935, masch.schriftl. Staatsexamensarbeit, Marburg 1963.

KERR, Alfred: Der Einfluß des deutschen Nationalismus und Militarismus auf Theater und Film in der Weimarer Republik, London 1945.

KIRST, Hans Hellmut: Bilanz der Traumfabrik. Kritische Randnotizen zur Geschichte des Films, München 1963.

KLIESCH, H. J.: Die Film- und Theater-Kritik im NS-Staat, Diss. Berlin 1957.

KLIMSCH, Günther Wilhelm: Die Entwicklung des NS- Filmmonopols von 1930 bis 1940 in vergleichender Betrachtung zur Presse-Konzentration, Diss. München 1954.

KNIETZSCH, Horst: Film — gestern und heute. Gedanken und Daten zu sieben Jahrzehnten Geschichte der Filmkunst, Leipzig/ Jena/ Berlin 1961.

KOCH, Heinrich und Heinrich BRAUNE: Von deutscher Filmkunst. Gehalt und Gestalt, Berlin 1943.

KÖHLER, Gerhard: Kunstanschauung und Kunstkritik in der nationalsozialistischen Presse. Die Kritik im Feuilleton des "Völkischen Beobachter" 1920—1932, München 1937 (Diss. 1936).

KOERNER, Ralf Richard: So haben sie es damals gemacht... Die Propagandavorbereitungen zum Österreich-Anschluß durch das Hitlerregime 1933 bis 1938, Wien 1958.

KRACAUER, Siegfried: Das Ornament der Masse. Essays, Frankfurt (Main) 1963.

KRACAUER, Siegfried: From Caligari to Hitler. A Psychological History of the German Film, Princeton 1947, Neuaufl. 1966 (gekürzte deutsche Ausgabe: Von Caligari bis Hitler. Ein Beitrag zur Geschichte des deutschen Films, Reinbek bei Hamburg 1958).

KÜHNL, Reinhard: Das Dritte Reich in der Presse der Bundesrepublik. Kritik eines Geschichtsbildes, Frankfurt (Main) 1966.

DERS.: Deutschland zwischen Demokratie und Faschismus. Zur Problematik der bürgerlichen Gesellschaft seit 1918, München 1969.

DERS.: Die nationalsozialistische Linke 1925—1930, Meisenheim am Glan 1966.

KUCZYNSKI, Jürgen: Studien zur Geschichte des staatspolitischen Kapitalismus in Deutschland 1918—1945, Berlin 1963.

KWIET, Konrad: Reichskommissariat Niederlande. Versuch und Scheitern nationalsozialistischer Neuordnung, Stuttgart 1968.

LAMPE, Felix: Geschichte des deutschen Filmschaffens. Erinnerung an 25 Jahre Filmentwicklung von 1917 bis 1942 zur Ergänzung der Ufa-Gedenkschrift, o.O. 1943.

LEISER, Erwin: Deutschland, erwache! Propaganda im Film des Dritten Reichs, Reinbek bei Hamburg 1968.

LIPSCHÜTZ, Rahel: Der Ufa-Konzern. Geschichte, Aufbau und Bedeutung des deutschen Filmgewerbes, Diss. Berlin 1932.

LOCHNER, Louis P.: Die Mächtigen und der Tyrann. Die deutsche Industrie von Hitler bis Adenauer, Darmstadt 1955.

MANDEL, Ernest: Marxistische Wirtschaftstheorie, Frankfurt (Main) 1968.

MANZ, Hanspeter: Die UFA und der frühe deutsche Film, Zürich 1963.

MAREK, Kurt W. und Ernst-Günther PARIS: Meilensteine 1895—1939. 44 Jahre Deutsche Filmgeschichte, Wien 1939.

MASER, Werner: Die Frühgeschichte der NSDAP, Frankfurt (Main) 1965.

MASSING, Paul W.: Vorgeschichte des politischen Antisemitismus, Frankfurt (Main) 1959.

MAYER, Otto: Deutsches Verwaltungsrecht, München/ Leipzig 1895/96, 2. Aufl. 1914.

MAYNTZ, Renate: Soziologie der Organisation, Hamburg, 3. Aufl. 1968.

MENDELSOHN, Peter de: Zeitungsstadt Berlin. Menschen und Mächte in der Geschichte der deutschen Presse, Berlin 1959.

MEYER, Barbara: Gesellschaftliche Implikationen bundesdeutscher Nachkriegsfilme, Diss. Frankfurt (Main) 1964.

MILWARD, Alan S.: Die deutsche Kriegswirtschaft 1939 bis 1945, Stuttgart 1966.

MITSCHERLICH, Alexander: Auf dem Wege zur vaterlosen Gesellschaft. Ideen zur Sozialpsychologie, München 1963.

DERS.: Der Leitwert Pflicht — Gehorsam. Ein Deutungsversuch, in: Wolfgang Hartenstein und Günter Schubert: Mitlaufen oder Mitbestimmen. Untersuchung zum demokratischen Bewußtsein und zur politischen Tradition, Frankfurt (Main) 1961.

MITSCHERLICH, Alexander und Margarete MITSCHERLICH; Die Unfähigkeit zu trauern. Grundlagen kollektiven Verhaltens, München 1968.

MÖHL, Walter: Die Konzentration im deutschen Filmtheatergewerbe, Berlin (Diss.) 1937.

MOHRMANN, Heinz: Aufbau und neuere Entwicklung des Filmtheatergewerbes, Berlin (Diss.) 1935.

MOMMSEN, Hans: Beamtentum im Dritten Reich. Mit ausgewählten Quellen zur nationalsozialistischen Beamtenpolitik, Stuttgart 1966.

MOSSE, George L.: Nazi Culture. Intellectual, Cultural and Social Life in the Third Reich, New York 1966.

MÜLLER, Gottfried: Dramaturgie des Theaters und des Films, Würzburg 1941.

MÜLLER, Renate: Untersuchung zur Struktur des Dritten Reiches und zur Theorie des Totalitarismus, Marburg (Diss.) 1961.

NAUMANN, Werner: Der deutsche Arbeitsdienst. Eine historisch-kritische Darstellung seiner Ideengeschichte und praktischen Verwirklichung, Diss. Jena 1934.

NEUMANN, Carl, Curt BELLING und Hans Walther BETZ: Film-"Kunst", Film-Kohn, Filmkorruption. Ein Streifzug durch vier Filmjahrzehnte, Berlin 1937.

NEUMANN, Franz L.: Behemoth. The Structure and Practice of National Socialism, London 1943.

DERS.: Demokratie und autoritärer Staat. Studien zur politischen Theorie, hrsg. von H. Marcuse, eingeleitet von H. Pross, Frankfurt (Main) 1967.

NOLTE, Ernst: Der Faschismus in seiner Epoche. Die Action française – Der italienische Faschismus – Der Nationalsozialismus, München 1963.

NOLTENIUS, Johanne: Die Freiwillige Selbstkontrolle der Filmwirtschaft und das Zensurverbot des Grundgesetzes, Göttingen 1958.

OERTEL, Rudolf: Filmspiegel. Ein Brevier aus der Welt des Films, Wien 1941.

OESTREICH, Paul: Walther Funk. Ein Leben für die Wirtschaft, München, 3. Aufl. 1941.

OLIMSKY, Fritz: Tendenzen der Filmwirtschaft und deren Auswirkung auf die Filmpresse, Berlin (Diss.) 1931.

PASCHKE, Gerhard: Der deutsche Filmmarkt, Berlin (Diss.) 1935.

PAUL, Alexander: Der Film der Gegenwart und die Rassenfrage, Leipzig 1936.

PETZET, Wolfgang: Verbotene Filme. Eine Streitschrift, Frankfurt (Main) 1931.

PETZINA, Dieter: Autarkiepolitik im Dritten Reich. Der nationalsozialistische Vierjahresplan, Stuttgart 1968 (Diss. Mannheim 1965).

PLEYER, Peter: Deutscher Nachkriegsfilm 1946–1948, Münster 1965.

Politik – Regierung – Verwaltung. Untersuchungen zum Regierungsprozeß in der Bundesrepublik Deutschland, hrsg. von Th. Ellwein, 2 Bde., Berlin /Köln/ Mainz 1966, 1967, 1968.

RABENALT, Arthur Maria: Film im Zwielicht. Über den unpolitischen Film des Dritten Reiches und die Begrenzung des totalitären Anspruchs, München 1958.

RÄMISCH, Raimund Hubert: Die berufsständische Verfassung in Theorie und Praxis des Nationalsozialismus, Diss. Berlin 1957.

RAHM, Hans Georg: "Der Angriff" 1927–1930. Der nationalsozialistische Typ der Kampfzeitung, Berlin (Diss.) 1938.

RATHGEB, Kaspar: Die Filmindustrie als Problem der Handelspolitik, Birkeneck 1935 (Diss. München).

REICH, Wilhelm: Massenpsychologie des Faschismus, Kopenhagen 1933.

REITLINGER, Gerald: Die Endlösung. Hitlers Versuch der Ausrottung der Juden Europas 1939–1945, Berlin 1956.

RETSCHLAG-ZIMMERMANN, Eve: Geschichtliche Entwicklung und Bedeutung des Problemfilms, Leipzig (Diss.) 1944.

RICHTER, Hans: Die nationalsozialistische Filmpublizistik im 3. Reich. Eine zeitungswissenschaftliche Untersuchung über Einsatz von Wochenschau und Dokumentarfilm unter wesentlicher Berücksichtigung der Filmtageszeitung "Film-Kurier", Diss. Wien 1963.

RIESS, Curt: Das gab's nur einmal, Hamburg 1956/57.

ROHNSTEIN, Paul: Die wirtschaftliche Entwicklung der deutschen Filmindustrie, Diss. Würzburg 1932.

ROHWER-KAHLMANN, Harry: Die Reichsfilmkammer. Ständischer Aufbau und Hoheitsmacht, Leipzig (Diss.) 1936.

ROSENBERG, Arthur: Geschichte der Weimarer Republik, Frankfurt (Main) 1961.

ROSTEN, Kurt: Vom Bonzentum zum Dritten Reich, Berlin, 2. Aufl. 1932.

RUNGE, Wolfgang: Politik und Beamtentum im Parteienstaat, Stuttgart 1965.

SALLER, Karl: Die Rassenlehre des Nationalsozialismus in Wissenschaft und Propaganda, Darmstadt 1961.

SALOMON, Ernst von: Der Fragebogen, Reinbek bei Hamburg, 2. Aufl. 1967.

SANDER, Rolf: Die Einengung der polizeilichen Zuständigkeit durch das Kulturrecht, Hamburg 1938 (Diss. Lübeck).

SATTIG, Ewald: Die deutsche Filmpresse, Berlin 1937 (Diss. Leipzig 1936).

SHIRER, William L.: Aufstieg und Fall des Dritten Reiches, 2 Bde., München/Zürich, 3. Aufl. 1964.

SIMON, Herbert Veit: Zensur über Bühne und Film. Geschichtliche Entwicklung der Film- und Theaterzensur mit ihren rechtlichen Grundlagen, Berlin 1932 (Diss. Leipzig).

SIX, Franz Alfred: Die politische Propaganda der NSDAP im Kampf um die Macht, Heidelberg (Diss.) 1936.

SOENKE, Jürgen: Studien über zeitgenössische Zensursysteme, Frankfurt (Main) 1941.

SONTHEIMER, Kurt: Antidemokratisches Denken in der Weimarer Republik. Die politischen Ideen des Nationalsozialismus zwischen 1918 und 1933, München 1962.

SWEEZY, Paul M.: Theorie der kapitalistischen Entwicklung, Köln 1958.

SCHEFFLER, Wolfgang: Judenverfolgung im Dritten Reich 1933 bis 1945, Wien/ Zürich/ Frankfurt (Main) 1961.

SCHMEER, Karlheinz: Die Regie des öffentlichen Lebens im 3. Reich, München 1956 (Diss. Münster 1953).

(SCHMIDT, Fritz): Presse in Fesseln. Eine Schilderung des NS-Pressetrusts, Berlin 1947.

SCHMITT, Carl: Fünf Leitsätze für die Rechtspraxis, Berlin 1933.

DERS.: Verfassungslehre, München/ Leipzig, 1. Aufl. 1928.

SCHMITT, Walter: Das Filmwesen und seine Wechselbeziehungen zur Gesellschaft. Versuch einer Soziologie des Filmwesens, Freudenstadt 1932 (Diss. Heidelberg)

SCHOENBAUM, David: Die braune Revolution. Eine Sozialgeschichte des 3. Reichs, Köln/Berlin 1968.

SCHOENBERGER, Gerhard: Der gelbe Stern. Die Judenverfolgungen in Europa 1933–1945, Hamburg 1960.

SCHÜTTE, Manfred: Politische Werbung und totalitäre Propaganda, Düsseldorf 1967.

SCHULTZ, Wolfgang: Grundgedanken nationalsozialistischer Kulturpolitik, München 1939.

SCHUMANN, Hans Gerd: Nationalsozialismus und Gewerkschaftsbewegung. Die Vernichtung der deutschen Gewerkschaften und der Aufbau der Deutschen Arbeitsfront, Hannover/ Frankfurt (Main) 1958.

SCHWEINS, Annemarie: Die Entwicklung der deutschen Filmwirtschaft, Wickede a.d. Ruhr 1958 (Diss. Nürnberg 1959).

SCHWEITZER, Arthur: Big Business in the Third Reich, Bloomington 1964.

STEINBÖHMER, Gustav: Politische Kulturlehre, Hamburg 1933.

STENZEL, Albert: Vom Kintopp zur Filmkunst, Berlin 1935.

STEPUN, Fedor: Theater und Kino, Berlin 1932.

STERN-RUBARTH, Edgar: Die Propaganda als politisches Instrument, Berlin 1921.

STROHM, Walter: Die Umstellung der deutschen Filmwirtschaft vom Stummfilm auf den Tonfilm unter dem Einfluß des Tonfilmpatentmonopols, Diss. Freiburg i.B. 1934.

STROTHMANN, Dietrich: Nationalsozialistische Literaturpolitik. Ein Beitrag zur Publizistik im Dritten Reich, Bonn (Diss.) 1960.

TAYLOR, Telford: Die Nürnberger Prozesse. Kriegsverbrechen und Völkerrecht, Zürich 1951.

Theorien über den Faschismus, hrsg. von Ernst Nolte, Köln/ Berlin 1969.

TRAUB, Hans: Als man anfing zu filmen. Ein geschichtlicher Abriß über die Entstehung des Films, München 1934.

DERS.: Der Film als politisches Machtmittel, München 1933.

DERS.: Die UFA. Ein Beitrag zur Geschichte des deutschen Filmschaffens. Berlin 1943.

TRAUB, Hans: Zeitung, Film, Rundfunk. Die Notwendigkeit ihrer einheitlichen Betrachtung, Berlin 1933.

TRAUB-GROLMANN, H. v.: Die Verflechtung der publizistischen Führungsmittel "Zeitung" und "Film" und ihre soziologischen Wechselwirkungen, Diss. München 1945.

TREUE, Wilhelm: Wirtschaft und Politik 1933—1945, Braunschweig 1953.

UMBEHR, H. und WOLLENBERG (Hrsg.): Der Tonfilm. Grundlagen und Praxis seiner Aufnahme, Bearbeitung und Vorführung, Berlin, 3. Aufl. 1939.

WALTER, Harald: Die Werbung für den deutschen Film durch den Einsatz publizistischer Führungsmittel, Leipzig (Diss.) 1941.

WALTHER, Barbara: Die Ufi-Entflechtung und dessen Auswirkung auf die Neugestaltung der deutschen Filmwirtschaft, Diplomarbeit Wiesbaden 1951.

WEDEL, Hasso von: Die Propagandatruppen der Deutschen Wehrmacht, Neckargemünd 1962.

WELTER, Erich: Der Weg der deutschen Industrie, Frankfurt (Main) 1943.

DERS.: Falsch und richtig planen. Eine kritische Studie über die deutsche Wirtschaftslenkung im Zweiten Weltkrieg, Heidelberg 1954.

WIDERA, Horst: Die Sicherung der Rentabilität der deutschen Filmwirtschaft, Hamburg (Diss.) 1939.

WOLF, Kurt: Entwicklung und Neugestaltung der deutschen Filmwirtschaft seit 1933, Heidelberg (Diss.) 1938.

WOLLENBERG, H. H.: Fifty Years of German Film, London 1948.

WORTIG, Kurt: Der Film in der deutschen Tageszeitung, Limburg 1940 (Diss. Berlin).

Wunderwelt Film. Künstler und Werkleute einer Weltmacht, hrsg. von Heinz W. Siska, Heidelberg / Berlin / Leipzig o.J. (1943).

ZAPF, Wolfgang: Wandlungen der deutschen Elite. Ein Zirkulationsmodell deutscher Führungsgruppen 1919—1961, München, 2. Aufl. 1966.

ZGLINICKI, Friedrich von: Der Weg des Films, Berlin 1956.

ZIMMEREIMER, Kurt: Filmzensur, Breslau/ Neukirch 1934 (Diss. Königsberg).

2. Sammelwerke und Aufsätze

AGNOLI, Johannes: Zur Faschismus-Diskussion (I) u. (II), in: Politologie, 9. Jg., H. 2, August 1968 u. H. 4, Dezember 1968, S. 24 ff.bzw. S. 32 ff.

Antisemitismus. Zur Pathologie der bürgerlichen Gesellschaft, hrsg. von H. Huss und A. Schröder, mit Beiträgen von F. Bauer, M. v. Brentano, I. Fetscher, P. Fürstenau u.a., Frankfurt (Main) 1965.

BAUER, Otto, Herbert MARCUSE und Arthur ROSENBERG u.a.: Faschismus und Kapitalismus. Theorien über die sozialen Ursprünge und die Funktion des Faschismus, Wien/Frankfurt (Main), 2. Aufl. 1967.

Bei der Ufa machte man das so... Kino — das große Traumgeschäft, in: Der Spiegel, 20 Folgen über die Geschichte der Ufa, 4. Jg., H. 36/1950 bis 5. Jg., H. 1/1951.

BERNDT, Alfred: UFA — Januskopf des deutschen Films, unveröff. Kommentarliste einer TV-Produktion des Senders Freies Berlin.

BLIERSBACH, Gerhard: NS-Filme heute, unveröff. Manuskript, Köln 1968.

DERS.: Untersuchungen über Ausprägungsformen des Erlebens zweier NS-Filme, Vordiplom-Arbeit, Köln 1967.

BROSZAT, Martin: Kompetenzen und Befugnisse der Haupttreuhandstelle Ost, in: Gutachtenband II des Instituts für Zeitgeschichte, München 1966.

Bürokratische Organisation, hrsg. von Renate Mayntz, Köln/ Berlin 1968.

BUSSHOFF, Heinrich: Berufsständisches Gedankengut zu Beginn der 30er Jahre in Österreich und Deutschland, in: Zeitschrift für Politik, 12. Jg., H. 4, November 1966, S. 451 ff.

CZICHON, Eberhard: Hermann Josef Abs. Bankier und Politiker, in: Blätter für deutsche und internationale Politik, H. 7, Juli 1967, S. 690 ff. (Teil I) und H. 9, September 1967, S. 910 ff. (Teil II).

Dr. Edgar Stern-Rubarth plante 1921 ein Reichspropagandaministerium, in: Die Wildente, Folge 27/März 1965.

EICHHOLTZ, Dietrich: Monopole und Staat in Deutschland 1933—1945, in: Monopole und Staat in Deutschland 1917—1945, hrsg. von der Deutschen Historiker-Gesellschaft, Berlin 1966.

Faschismus-Theorien (I)—(V), in: Das Argument 30 (4. Aufl., Okt. 1968), 32 (4. Aufl., Okt. 1968), 33 (2. Aufl., Sept. 1968), 41 (2. Aufl., Mai 1968) u. 47 (Juli 1968).

Filme contra Faschismus, zusammengestellt von W. Klaue und M. Lichtenstein, Berlin 1965.

GRAML, H.: Die Auswanderung der Juden aus Deutschland zwischen 1933 und 1939, in: Gutachtenband des Instituts für Zeitgeschichte, München 1968.

Internationaler Faschismus 1920—1945, München 1966 (Deutsche Buchausgabe von Heft 1 des "Journal of Contemporary History", erschienen unter dem Titel "International Fascism 1920—1945", London 1966).

Juden im deutschen Kulturbereich. Ein Sammelwerk, hrsg. von Siegmund Kaznelson, Berlin, 2. Aufl. 1959.

KÜHNL, Reinhard: Zum Funktionswandel der NSDAP von ihrer Gründung bis zur "Machtergreifung", in: Blätter für deutsche und internationale Politik, H. 8, August 1968, S. 802 ff.

Der Kultur- und Dokumentarfilm im Dritten Reich. NS-Seminar II. Teil der Westdeutschen Kurzfilmtage Oberhausen vom 11.— 14.12.1969 (Protokoll), Oberhausen 1970.

KUNTZE-JUST, Heinz: Guten morgen, UFA! Die Geschichte eines Filmkonzerns, in: Film-Telegramm, 2. Jg., H. 47/1954 — 3. Jg., H. 25/1955.

LERG, Winfried B.: Edgar Stern-Rubarths "Propaganda als politisches Instrument", in: Gazette, 10. Jg., 1964, S. 15 ff.

DERS.: Max Winkler, der Finanztechniker der Gleichschaltung, in: ZV + ZV, 60. Jg., H. 13 v. 1. 5. 1963, S. 610 ff.

MANSILLA, H. C. F.: Neomarxistische Kritik des Faschismus, in: Politologie, 9. Jg., H. 3, Okt. 1968, S. 27 ff.

PATALAS, Enno: Reise in die Vergangenheit, in: Filmkritik, 9. Jg., H. 11/ Nov. 1965, S. 647.

DERS.: Von Caligari bis Canaris. Autorität und Revolte im deutschen Film, in: Film 56, H. 2/1956, S. 56 ff.

PETZINA, Dieter: Hitler und die deutsche Industrie, in: Geschichte in Wissenschaft und Unterricht, 17. Jg., H. 8/1966, S. 482 ff.

Politische Psychologie. Eine Schriftenreihe, hrsg. von Wanda von Bayer-Katte, Bd. 1 "Politische Psychologie als Aufgabe unserer Zeit", Bd. 2 "Autoritarismus und Nationalismus — ein deutsches Problem?", Frankfurt (Main) 1963.

Probleme des deutschen Wirtschaftslebens. Erstrebtes und Erreichtes. Eine Sammlung von Abhandlungen, hrsg. vom Deutschen Institut für Bankwissenschaft und Bankwesen, Berlin/ Leipzig 1937.

RICHTER, Hans: Die Entwicklung des politischen Films, in: Deutsche Blätter, 2. Jg., H. 1, Jan. 1944, S. 21 ff. (Teil I) u. H. 2/1944, S. 17 ff. (Teil II).

Der Spielfilm im Dritten Reich. 1. Arbeitsseminar der Westdeutschen Kurzfilmtage Oberhausen (1.—5. 10. 1965), zusammengestellt und bearbeitet von M. Dammeyer, Oberhausen 1966.

SCHEFFLER, Klaus Norbert: Die Verstaatlichung der deutschen Filmwirtschaft 1937 bis 1942 und die Bildung der "Ufa-Film GmbH" ("Ufi"), in: Deutsche Filmkunst, 9. Jg., H. 1/1961, S. 20 ff.

SCHOENBERNER, Gerhard: Film im Dritten Reich, unveröffentlichte Kommentarliste einer TV-Produktion des Westdeutschen Fernsehens.

Der Weg in die Diktatur. Zehn Beiträge von K. D. Bracher, Th. Eschenburg u.a., München 1962.

Von Weimar zu Hitler 1930—1933, hrsg. von Gotthard Jasper, Köln/Berlin 1968.

WINKLER, Heinrich August: Unternehmerverbände zwischen Ständeideologie und Nationalsozialismus, in: Vierteljahrshefte für Zeitgeschichte, 17. Jg., H. 4/ Okt. 1969, S. 341 ff.

Zeitgeschichte in Film- und Tondokumenten, hrsg. v. Günter Moltmann und Karl Friedrich Reimers, Göttingen/ Frankfurt (Main) 1970.

3. Nachschlagewerke

BERTHOLD, F. und HARTLIEB H. v.: Filmrecht. Ein Handbuch, München/ Berlin 1957.

Führerlexikon, Berlin 1934/35.

Handwörterbuch der Sozialwissenschaften, Stichworte "Filmrecht" u. "Filmwirtschaft", Bd. 3, Stuttgart/ Tübingen/ Göttingen 1961.

Jahrbuch für Wirtschaftsgeschichte 1963, Berlin 1963, Teil III, darin: Dietrich Eichholtz "Probleme einer Wirtschaftsgeschichte des Faschismus in Deutschland".

Jahrbuch für Wirtschaftsgeschichte 1967, Berlin 1967, Teil IV, darin: Heinz Mohrmann "Zur staatsmonopolistischen Konkurrenz deutscher Großbanken unter dem Faschismus".

STOCKHORST, Erich: 5 000 Köpfe. Wer war was im Dritten Reich, Velbert/

Kettwig 1967.

WALDEKRANZ, Rune und Verner ARPE; Knaurs Buch vom Film, München/ Zürich 1956.

Wer leitet? Die Männer der Wirtschaft und der einschlägigen Verwaltung einschließlich Adreßbuch der Direktoren und Aufsichtsräte 1941/42, Berlin 1942.

Wörterbuch der Soziologie, Stichwort "Film", Stuttgart 1955.

4. Bibliographien und Bestandsverzeichnisse

CORDES, Hans: Das deutsche Filmschrifttum im 2. Halbjahr 1938, Berlin 1939.

FACIUS, Friedrich, Hans BOOMS u. Heinz BOBERACH: Das Bundesarchiv und seine Bestände. Übersicht, Boppard am Rhein 1961.

Filmbibliographie (Fortsetzung der Traub-Lavies Bibliographie), in: Der deutsche Film 1945, hrsg. von K. Klär, Berlin 1945.

Filmbibliographie. Manuskriptmaterial für Archiv und Kulturredaktion, Celle 1948 ff.

Internationale Filmbibliographie, hrsg. von Hans Peter Manz, Zürich 1952 ff.

Kinematographie, Sonderheft 2 zum 10jährigen Bestehen des "Filmstudio": Die deutsche Filmliteratur 1940–1960, Frankfurt (Main) 1962.

Literatur zu Film und Fernsehen, hrsg. vom Wissenschaftlichen Institut für Jugend- und Bildungsfragen in Film und Fernsehen, zusammengestellt von G. Vogg, E. Schaar, W. Böhm, München 1967.

TRAUB, Hans und Hanns-Wilhelm LAVIES: Das deutsche Filmschrifttum, Leipzig 1940.

WERHAHN, Jürgen W.: Bibliographie des Film- und Fernsehrechts 1896 bis 1962, Baden-Baden 1963.

Personenregister

Adorno 113
Althusser 8
Alberti 110, Anm. 557
Allwörden Anm. 173
Amann 137
Auen 43, 48, 49, 56, 108–110
  Anm. 557
Bacmeister 10, 74, 84, 94,
  Anm. 171, 173, 203, 530
Baer 94, 95
Baerwald 24, 125, Anm. 335
Bauer, Alfred 199, Anm. 539
Bauer, Alexander Anm. 557
Bausback Anm. 306
Belitz 49, 56
Belling 125, 127, Anm. 13, 313, 335
Bischoff 21
Bloch 12
Boeckies 38
Böhme 125, Anm. 335
Boettscher Anm. 528
Boettger Anm. 173
Bolten-Baeckers 22
Bolvary Anm. 205
Boß 91
Bracher 37
Brecht 1, 90, 93
Broszat 136
Brüning 136
Bürklin 163
Burmeister 150, 153, 178–181, 189
  Anm. 416, 578

Carné Anm. 588
Clouzot Anm. 588
Correll 49, 56, 144, 218
Cremer 43

Dahlgrün 145, 200, 220
  Anm. 395
Decoin Anm. 588
Dekierowski Anm. 567
Demandowsky 85, Anm. 537
Döhlemann Anm. 449
Donner 144

Ehrlich Anm. 543
Engels 11, 12

Engl 24, 26, 38, 44
Esser 20, 21

Fangauf 101, 125
Fasolt Anm. 447
Fischer 84, 99, 100, 208
  Anm. 47, 313
Forst 206
Franzl Anm. 25
Frentz 120
Fries 208
Fritzsche 198, 200, Anm. 528
Froelich 57, 106, 108, 115, 119, 188,
  196, 206, 209, Anm. 298, 556, 557
Frowein 199, 224
Funk 36, 38, 47, 51, 52, 54, 133, 134,
  136, 158, 161, Anm. 58, 59, 355
Furtwängler 54

Gast 53, 208
Getzlaff 148, 149, 153, 180, Anm. 413
Geyer 49, 56
Goebbels 15, 20–23, 25, 27, 29, 30,
  32–36, 38, 42–46, 48, 50–56,
  61–63, 65, 70, 73, 74, 76, 79, 81–85,
  97, 99–102, 104, 106–109, 112, 113,
  118, 120, 122, 124, 125, 131, 136–
  139, 142, 144–151, 153–156, 158,
  159, 162, 170, 173–177, 179, 183,
  184, 187, 188, 191, 192, 194–196,
  198, 199, 208–212, 214, 215, 221–
  226, 229, Anm. 12, 27, 30, 41, 87,
  225, 334, 336, 340, 405, 442, 534,
  540, 542, 578, 604
Gölz ("Frank Maraun") 199, Anm. 540
Göring 23, 136–138, 215, Anm. 58
Gorter Anm. 449
Grassmann 110, Anm. 557
Greiner 147, 151, Anm. 405, 407
Greven 100, 218–221, Anm. 552, 588,
  589, 595
Grieving 105, 161
Gritzbach 137
Gründgens 52
Gutterer 188, 196, 197, 200, 223

Harlan Anm. 542
Havel 170, Anm. 463, 464

Hedin 36, Anm. 408
Hein 197
Helmreich Anm. 449
Henkel 38
Herbell 175, 191, Anm. 515
Heusinger von Waldegg 99, 100, 125 Anm. 47, 269, 272
Himmler 21, 52, Anm. 289, 376
Hindenburg 136
Hinkel 52, 61, 108—110, 145, 166, 198, 208, 209, 222—226, Anm. 25, 27, 29, 604, 607, 609
Hippler 84, 100, 120, 184, 188, 198, 200, 208, 225, Anm. 265, 530—532, 534
Hitler 13, 21, 23, 30, 36, 45, 46, 48, 63, 99, 113, 136, 147, 154, 164, 188, 189, 192, 204, 209, 210, 229, Anm. 66, 497, 556
Hölaas 161
Horkheimer 113
Hugenberg 15, 16, 30, 131, 145, 160, 161, Anm. 369, 441

Jacob 105
Jamrowski Anm. 390
Johnsen 24, 46
Junghans 120, Anm. 312

Imhof 135, 144, 145, Anm. 390

Kaelber 105, 161, 197, 200, Anm. 529
Käsemann 23
Kaufmann 122
Kiehl 38, Anm. 68
Klitzsch 30, 38, 44, 48, 49, 52, 106, 131, 160, 161, 183, 185, 186, 188, 191, 196, 203, 204, Anm. 67, 306, 399, 529
Kolb 28
Kosek 170
Krause ("Peter Hagen") 79, 81, 82, 84, 85, 119, Anm. 47, 205
Krauß 52
Krcek 197, Anm. 528
Kreger 145
Kreimeier 19
Kuhnert 161, Anm. 399
Kühnl 12, 13

Lehmann 105, 158

Lehnich 106—108, 209, Anm. 289, 447
Leichtenstein 100, 198, Anm. 268
Leibbrandt Anm. 578
Ley 36, 43, 45, 50, 52
Liebeneiner 224, Anm. 557
Loos 56
Lukács 18

Maerz 38
Manteuffel 144, 150, 151, 153, 180, 188, 196, 211, Anm. 463, 545
Marc, Karl 8, 11, Anm. 352
Marx (Konsul) 36
Meinke 125, Anm. 335
Melzer 108, 125, 166, 209, 210, Anm. 69, 557
Menz 52, 59
Merten 145, 180, 188, 196, 197, 200 Anm. 394, 464, 588
Meydam 44, 49, 56, 105
Mielke 197, Anm. 528
Milestone 27
Moraller 52
Muchow Anm. 79
Müller 34
Müller-Beckedorff Anm. 578, 582
Müller-Goerne 108—110, 199, Anm. 543
Mulert 44, 49, 56
Mussolini 92

Naumann 22, Anm. 542
Neumann 24, 26, 124, 125, Anm. 329
Nierentz 84, 85

Ohlenbusch Anm. 565, 750
Olimsky Anm. 460
Olscher 134, Anm. 355, 415
Ott, 148, 149, 153, 180, 184, 188, 196 Anm. 408, 410, 545

Parbel 209, 210, 224
Pfennig 56, 144, 145, 170, 183, 188, 196, 197, 204, Anm. 291, 391—393, 399, 515
Pfitzner 44, 49, 56
Pflughaupt Anm. 298
Pietzsch Anm. 449
Pilder 38, 56, Anm. 66
Pilzer 167, 169
Plugge 44, 49, 56, 60, 106, 108

Porten 209
Posse 38
Post 38
Quaas 24, 99, 101, 125, Anm. 51, 270, 334
Quadt 108, 109

Rabenalt 81, Anm. 309
Raether 25, 27, 34, 35, 38, 44, 49, 55, 71, 73, 99, 101, 106, 108, 124, 146, 166, 188, 196, Anm. 13, 29, 30, 79, 264, 397
Reichmeister 199, Anm. 537
Reiht-Zanthier 268
Reinhard, Max Anm. 449
Reinhardt 185
Remarque 27, 92
Riefenstahl 21, 120
Rienhardt 137, 142, Anm. 370
Rimmler 208
Roeber 108—110
Rohwer-Kahlmann 52
Rosenberg 25, 36, 37, 43, 44, 50, 61, 215, 218, Anm. 25, 27, 265, 578, 586
Rust Anm. 537

Sage 23, Anm. 12
Schenk 168
Scheuermann 38, 44, 49, 54—56, 80, 107, 209, Anm. 121, 298
Scheunemann Anm. 317
Schiersch Anm. 557
Schilling Anm. 66
Schirach 52, Anm. 518
Schlotterer Anm. 578
Schmidt, Richard 105
Schmidt, Walter 43
Schmidt-Leonhardt 52, 60, 62, Anm. 116
Schmidt-Schwarzenberg 150
Schmitt 79
Schreier Anm. 557
Schrade Anm. 173
Schröder 37
Schütze 125, Anm. 335
Schuschnigg 167
Schulz 170, Anm. 393
Schulze 26, 101, 121, 124, Anm. 30, 51

Schwabe Anm. 397
Schwarz 108, 109, 146, Anm. 398, 557, 578
Schwerin v. Krosigk 143, 149, 150, 153, 159, 181, Anm. 427
Scontoni Anm. 443
Seeger 22, 34, 73, 75, 84, 90, 92 Anm. 47, 49, 167, 172, 272
Selle Anm. 528
Selpin 151
Sponholz 151
Stark 21—24, 26, 59, Anm. 12, 24, 29
Stauß Anm. 66, 437
Steinhoff 120
Stern-Rubarth Anm. 41
Sternberg-Raasch 146, Anm. 397
Strasser, Gregor 20, 21, Anm. 79
Strauß, Richard 54
Strehle 38
Streicher 23
Stumm Anm. 557

Tackmann 210, 224
Taubert 215, 217, Anm. 575, 578
Theobald 161
Tienhoven 156
Traub Anm. 13

Ucicky 30, 120

Volck Anm. 298

Wagner 164
Waldraff 145, Anm. 396, 528
Wehner 38
Weidemann 99, 100, 108, 125, 198 Anm. 47, 265, 312
Weidenmann 119
Wieder Anm. 528
Winkler 9, 10, 14, 15, 35, 37, 39, 56, 66, 102, 104, 121, 122, 126, 131—198, 200—205, 207—299, Anm. 58, 65, 66, 264, 291, 307—372, 374, 379, 380, 399, 414, 427, 440, 442, 447, 463, 473, 515, 544, 545, 548, 549, 585, 586, 588, 589, 595, 608, 610, 616
Witt 105, 161
Wolf 40, 130, 197, Anm. 528
Wysbar 151

Zimmer 144
Zimmermann, Hans 135
Zimmermann, Heinr.
 (Filmprüfstelle) 74, 84
Zimmermann, Heinz
 (Ufa AG) 161, 200
Zimmermann
 (Ostministerium) Anm. 578

Ziółkowski 215
Zoch 81
Zöberlein 28

Kunst und Gesellschaft

Sozialistische Zeitschrift für

KuG 1–5   vergriffen (werden nicht wieder aufgelegt)

KuG 6   POPMUSIK – PROFITE FÜR DAS KAPITAL (wird wieder aufgelegt, sobald genügend Nachbestellungen vorliegen)

KuG 7   KULTURPOLITIK – POLITISCHER FILM – MEDIENTHEORIE

Der Revisionismus als Hort bürgerlicher Kulturideologie – Zur Kritik der DKP-Kulturpolitik / Politische Filmgruppen in Frankreich nach dem Mai 68 / Grundsätzliche Überlegungen zu einer materialistischen Theorie der Massenmedien

KuG 8/9   PROLETARISCHE KULTURREVOLUTION IN CHINA

Zur Prol. Kulturrevolution in China / Die Permanenz der Revolution – Die Permanenz der Kritik (Maotsetungideen, theoretischer und praktischer Teil) / "Die Bühne leuchtet feuerrot" – Pekingoper und Kulturrevolution / Echo aus der Zukunft. Ein sowjetischer Sciense-fiction-Autor über die VR China / Bibliographie

KuG 10   GEORG WEERTH – Der erste Dichter des deutschen Proletariats
SOZIALISTISCHE KULTURPOLITIK? Diskussion der DKP-Kulturpolitik mit verschiedenen Beiträgen und Repliken zu Heft 7

KuG 11/12   LITERATUR UND PARTEILICHKEIT 1 – DER BUND PROLETARISCH – REVOLUTIONÄRER SCHRIFTSTELLER 1929 – 1933

Zur Geschichte der Organisierung und Arbeit kommunistischer Schriftsteller in Deutschland 1925 – 33 / Die Bündnispolitik der Kommunisten mit fortschrittlichen Schriftstellern im Spiegel der "Linkskurve" / Die proletarische Literatur in Deutschland (Otto Biha 1931) / Was heißt Niveauanhebung der prol.-rev. Literatur? Zur Neuherausgabe von Bredels "Maschinenfabrik N&K / Rezensionen zu H. Gallas' "Marxistische Literaturtheorie" und zur Diskussion in "alternative" Nr. 82

KuG 13/14   LITERATUR UND PARTEILICHKEIT 2 – ARBEITERLITERATUR IN DER BRD

Zur Kontinuität der deutschen Arbeiterdichtung / Der WERKKREIS LITERATUR DER ARBEITSWELT / Gespräch mit Peter Neuneier / Arbeiterliteratur in der BRD: "Schreibende Fiktion" oder Parteinahme im "Kampf der Lohnabhängigen"? Zu einer Theorie westdeutscher Arbeiterliteratur / Rezension des Romans "Akkord ist Mord" / Bibliographie

KuG 15/16   SCHAUBÜHNE AM HALLESCHEN UFER: MÄRZSTÜRME
April 1973   Abdruck des ersten von Mitgliedern der Schaubühne am Halleschen Ufer selbst verfaßten Stückes / Fotos / Texte von Wolfgang Schwiedrzik und Michael König über die Arbeit am Stück / Politisch-historische Dokumentation der Märzkämpfe 1921 in Leuna und Mansfeld

Wieder aufgelegt: DER FILM ALS WARE von Peter Bächlin (mit einem Nachwort von Klaus Kreimeier)

Bächlins Buch aus dem Jahre 1947 ist die bislang einzige marxistische Untersuchung über den Warencharakter des Films, die auf umfangreichem empirischem Material beruht.

KUNST UND GESELLSCHAFT erscheint 6mal im Jahr. Der Preis des Einzelheftes beträgt (ab Heft 11/12) DM 5.–, das Abonnement für 6 Hefte (ab Heft 15) DM 15.–. Abonnementsbestellungen an die Redaktion richten: KuG, 1 Berlin 12, Uhlandstr. 194a, Tel.: 313 81 67